Die Bonus-Seite

Ihr Vorteil als Käufer dieses Buches

Auf der Bonus-Webseite zu diesem Buch finden Sie zusätzliche Informationen und Services. Dazu gehört auch ein kostenloser **Testzugang** zur Online-Fassung Ihres Buches. Und der besondere Vorteil: Wenn Sie Ihr **Online-Buch** auch weiterhin nutzen wollen, erhalten Sie den vollen Zugang zum **Vorzugspreis**.

So nutzen Sie Ihren Vorteil

Halten Sie den unten abgedruckten Zugangscode bereit und gehen Sie auf **www.galileocomputing.de**. Dort finden Sie den Kasten **Die Bonus-Seite für Buchkäufer**. Klicken Sie auf **Zur Bonus-Seite/Buch registrieren**, und geben Sie Ihren **Zugangs-code** ein. Schon stehen Ihnen die Bonus-Angebote zur Verfügung.

Ihr persönlicher
Zugangscode

vbnd-jrip-u93e-k5sa

Christian Solmecke, Jakob Wahlers

Recht im Social Web

Galileo Press

Liebe Leserin, lieber Leser,

kennen Sie diese Unsicherheit, fremde Inhalte, wie z. B. Fotos, Videos oder Texte, auf Ihrer Social-Media-Präsenz zu posten? Was ist erlaubt und wann droht juristischer Ärger? Ein unbedachtes Posting kann schwerwiegende Folgen haben. Ich kann Sie beruhigen. Mit diesem Buch haben Sie den (rechts)sicheren Weg aus dieser Ungewissheit gewählt.

Ich freue mich, dass ich mit Christian Solmecke und Jakob Wahlers zwei erfahrene Rechtsanwälte gewinnen konnte, die sich auf Internetrecht, Datenschutz und Social Media spezialisiert haben. Die Autoren ermöglichen Ihnen den sicheren Start ins Social Web. Sie erfahren alles über die Verwendung von Bildern, Videos, Musik und Texten auf Ihrer Social-Media-Seite. Weitere Schwerpunkte sind z. B. Datenschutz, Werbung, Haftung sowie das Arbeitsverhältnis im Social Web. Mit vielen Tipps und Tricks, einem übersichtlichen Glossar und hilfreichen Mustertexten finden Sie sich leicht zurecht. Das besondere an diesem Buch ist die klare und verständliche Sprache. Die Autoren haben bewusst vermieden, einen juristischen Fachtext zu verfassen. Hier bleiben garantiert keine Rechtsfragen offen!

Dieses Buch wurde mit großer Sorgfalt lektoriert und produziert. Sollten Sie dennoch Fehler finden oder inhaltliche Anregungen haben, scheuen Sie sich nicht, mit mir Kontakt aufzunehmen. Ihre Fragen und Änderungswünsche sind jederzeit willkommen.

Ich freue mich auf Ihre Rückmeldung!

Ihr Stephan Mattescheck
Lektorat Galileo Computing

stephan.mattescheck@galileo-press.de
www.galileocomputing.de
Galileo Press · Rheinwerkallee 4 · 53227 Bonn

Auf einen Blick

Wir hoffen sehr, dass Ihnen dieses Buch gefallen hat. Bitte teilen Sie uns doch Ihre Meinung mit. Eine E-Mail mit Ihrem Lob oder Tadel senden Sie direkt an den Lektor des Buches: *stephan.mattescheck@galileo-press.de*. Im Falle einer Reklamation steht Ihnen gerne unser Leserservice zur Verfügung: *service@galileo-press.de*. Informationen über Rezensions- und Schulungsexemplare erhalten Sie von: *britta.behrens@galileo-press.de*.

Informationen zum Verlag und weitere Kontaktmöglichkeiten finden Sie auf unserer Verlagswebsite *www.galileo-press.de*. Dort können Sie sich auch umfassend und aus erster Hand über unser aktuelles Verlagsprogramm informieren und alle unsere Bücher versandkostenfrei bestellen.

An diesem Buch haben viele mitgewirkt, insbesondere:

Lektorat Stephan Mattescheck, Erik Lipperts
Korrektorat Sibylle Feldmann
Fachgutachten Karim-Patrick Bannour
Herstellung Melanie Zinsler
Einbandgestaltung Nils Schlösser
Titelbild dreamstime_3024855 – Social network icons colored © Luppload, 123rf_12803115 – Illustration von Social Media Icons gesetzt in Baumform © pkdinkar
Typografie und Layout Vera Brauner, Maxi Beithe
Satz SatzPro, Krefeld
Druck und Bindung Offizin Andersen Nexö Leipzig

Dieses Buch wurde gesetzt aus der Linotype Syntax (9,25/13,25 pt) in FrameMaker. Gedruckt wurde es auf chlorfrei gebleichtem Offsetpapier (90 g/m^2).

Der Name Galileo Press geht auf den italienischen Mathematiker und Philosophen Galileo Galilei (1564–1642) zurück. Er gilt als Gründungsfigur der neuzeitlichen Wissenschaft und wurde berühmt als Verfechter des modernen, heliozentrischen Weltbilds. Legendär ist sein Ausspruch *Eppur si muove* (Und sie bewegt sich doch). Das Emblem von Galileo Press ist der Jupiter, umkreist von den vier Galileischen Monden. Galilei entdeckte die nach ihm benannten Monde 1610.

Bibliografische Information der Deutschen Nationalbibliothek
Die Deutsche Nationalbibliothek verzeichnet diese Publikation in der Deutschen National-bibliografie; detaillierte bibliografische Daten sind im Internet über *http://dnb.d-nb.de* abrufbar.

ISBN 978-3-8362-2608-0
© Galileo Press, Bonn 2014
1. Auflage 2014

Inhalt

3 Die Verwendung von Bildern und Videos im Social Web

Geleitwort

Social Media revolutioniert die Welt – und unser Rechtssystem kommt irgendwann hinterher, hoffentlich bald!

»Wieso haben wir eigentlich z. B. kein deutsches Pinterest?«, wird man oft gefragt, wenn es um fehlende deutsche digitale Player von Weltrang geht. Die Antwort ist genauso bitter wie einfach: »Weil die Gründer im Knast sitzen würden, wenn sie damit online gegangen wären!«.

Vom Beginn des World Wide Web Mitte der Neunzigerjahre hat es rund 15 Jahre gedauert, bis die Menschen wirklich begriffen haben, dass »dieses Internet« mehr kann als das »Einer-sendet-und-viele-empfangen-Prinzip« der alten Massenkommunikationskanäle TV, Radio oder Print. Das Social Web mit dem Kernelement der »von Nutzern generierten Inhalte« war geboren und ließ schnell die für die Struktur des Massenkommunikationszeitalters etablierten juristischen Konzepte wahrhaftig »alt« aussehen. Durch Facebook, YouTube, Instagram & Co. kann heute jeder immer und überall Inhalte produzieren, senden und empfangen – also genau das, was noch vor wenigen Jahren das Privileg großer Medienhäuser war. Mit einem Klick sind heute von jedem normalen Internetnutzer Texte, Bilder, Videos kreiert, umgestaltet oder Millionen von Menschen zugänglich gemacht. Allein auf Facebook werden pro Tag 350 Millionen Bilder hochgeladen, auf YouTube sind es rund 100 Stunden Videomaterial, das pro Minute hochgeladen wird! Jahrzehntealte urheberrechtliche Regelungen sind dafür genauso wenig ausgelegt wie Datenschutzkonzepte aus den Siebzigerjahren, die den Bürger vor zu viel Zugriff auf seine Daten durch den Staat oder Unternehmen schützen sollten – noch nie hatte man sich Gedanken darüber machen müssen, dass Menschen freiwillig Informationen über sich selbst gebefreudig in sozialen Netzwerken veröffentlichen.

Wie bei jeder Revolution werden Systeme der Welt davon nachhaltig verändert und im Kern weggefegt. In Nordafrika haben die politischen Regime, die sich über 40 Jahre unter anderem durch die Kontrolle der Medien halten konnten, zu spüren bekommen, was es bedeutet, wenn Inhalte auf einmal von jedem erstellt werden können. In politisch stabileren Regionen wie bei uns beschränkt sich diese Veränderung zum Glück meist auf Unternehmen, die sich an die Marktmachtverschiebung zugunsten der Nachfrager durch den Kontrollverlust über Inhalte anpassen müssen. Dieser Übergang stellt für Unternehmen eine gewaltige Aufgabe dar, der sie sich mittlerweile in großem Ausmaß stellen. Überall werden Budgets und Kapazitäten ins Social Web umgeleitet, und die Generation Facebook ist längst in der Unternehmenswelt angekommen – als Nachfrager genauso wie als Mitarbeiter oder Nachfolger. Während die Dämme in den Märkten also brechen und alte Denkansätze auf ihre Zukunftsfähigkeit geprüft werden, sind die Beharrungskräfte im Rechtssystem leider besonders groß. Die Vorstellungen von Datenschutz, Urheberrecht und Wettbewerbsrecht sind von politischen Entscheidern aus der Vorgängergeneration gestaltet worden, die vom Massenkommunikationszeitalter geprägt wurden und oft noch wenig Zugang zur neuen Kulturtechnik Social Web spüren. Diese alten Führungskreise scheinen hierzulande eher bewahren als reformieren zu wollen – die Einführung des Leistungsschutzrechts zum Schutz der Verleger zeigt dies exemplarisch. Man kann nur hoffen, dass dem Anpassungsdruck der Märkte möglichst schnell nachgegeben wird, um Deutschlands Wettbewerbsfähigkeit und Innovationskraft auch im digitalen Zeitalter zu erhalten. In der Zwischenzeit gilt es, die bestehenden Regelungen zu respektieren und den Schaden sowie ungenutzte Chancen zu begrenzen. Dieses Buch hilft dabei, die Stolperfallen bei Facebook & Co. auf dem unausweichlichen Weg in das neue Zeitalter so weit wie möglich zu umgehen. Deswegen sollte diese Pflichtlektüre bei keinem Entscheider fehlen, der im Social Web unbehelligt von Abmahnwellen unterwegs sein will und muss. Viel Spaß und Erfolg dabei!

Prof. Dr. Klemens Skibicki, Köln

1 Einführung

Focus on how to be social, not on how to do social.
– Jay Baer

Täglich bekommen wir in der Kanzlei rechtliche Anfragen im Bereich Social Media. Diese reichen von der Schülerin, auf deren Namen Fake-Accounts auf Facebook angelegt werden, über den Politiker, der auf Twitter beleidigt wird, bis hin zu Unternehmen, die aufgrund eines Postings oder eines fehlerhaften Impressums abgemahnt werden. In den letzten Jahren haben sich – parallel zur Entwicklung des Social Web – die rechtlichen Probleme in diesem Zusammenhang potenziert. Betroffen sind Urheberrecht, Markenrecht, Wettbewerbsrecht, Arbeitsrecht, Persönlichkeitsrecht, Strafrecht, Datenschutzrecht und viele weitere Rechtsgebiete.

Beispiel

Allein eine einzige Facebook-Seite eines Unternehmens kann zahlreiche Rechtsverletzungen enthalten und zu mitunter sehr teuren Abmahnungen führen:

▶ Der Name der Facebook-Seite ist rechtlich unzulässig: Abmahnung wegen Marken- und Namensrechtsverletzung.

▶ Die Seite hat kein ordentliches Impressum: Abmahnung wegen Wettbewerbsrechtsverletzung.

▶ Auf der Facebook-Seite wird ein rechtswidriges Gewinnspiel durchgeführt: Abmahnung wegen Wettbewerbsrechtsverletzung.

▶ Das Unternehmen verwendet auf der Facebook-Seite fremde Fotos ohne die erforderliche Lizenz: Abmahnung wegen Urheberrechtsverletzung.

▶ Auf den Fotos sind fremde Personen abgebildet, die hierzu nicht ihre Einwilligung erteilt haben: Abmahnung wegen Persönlichkeitsrechtsverletzung.

▶ Sie machen nicht deutlich, dass es sich bei Ihrer Seite um eine Unternehmensseite handelt: Abmahnung wegen Wettbewerbsrechtsverletzung.

Die obige Liste ließe sich beliebig fortführen. Ist ein Unternehmen nicht nur bei Facebook, sondern auch bei Twitter, YouTube und in einem Blog unterwegs, vervielfachen sich die rechtlichen Fallstricke nochmals.

Als Betreiber des größten rechtlichen YouTube-Kanals (*www.wbs-law.tv*) im deutschsprachigen Raum mit über 32.000 Abonnenten wissen wir, wie man juristische Sachverhalte für Nichtjuristen verständlich aufbereitet. Statt ellenlanger Zitate aus Gesetzestexten, Gerichtsentscheidungen und juristischer Fachliteratur setzen wir in unseren Videos auf eine einfache, anschauliche und leicht verständliche Sprache.

Diesen Ansatz haben wir auch in diesem Buch gewählt. Wir möchten Ihnen das notwendige Know-how für den Umgang mit sozialen Medien wie Blogs, sozialen Netzwerken oder Foto- und Videoplattformen vermitteln, ohne Sie mit Fachchinesisch oder Textwüsten zu erschlagen. Alle rechtlichen Gesichtspunkte werden wir Ihnen anhand von Beispielen und Bildern veranschaulichen. In Kästen erhalten Sie wichtige Hinweise und Tipps. Außerdem geben wir Ihnen Checklisten und Mustertexte an die Hand, mit denen Sie direkt mit der Umsetzung dieses Buchs starten können.

1.1   An wen sich dieses Buch richtet

Wir haben dieses Buch in erster Linie für Praktiker geschrieben, die sich berufsbedingt täglich mit dem Social Web beschäftigen. Neben den Social-Media-Agenturen, Social-Media-Managern, PR-Leuten und klassischen Werbeagenturen haben wir auch die Inhaber und Verantwortlichen von kleineren Unternehmen im Blick, die beispielsweise als Start-up eine Präsenz im Social Web aufbauen oder ihr bestehendes Geschäft auch ins Netz bringen möchten.

Obwohl dieses Buch keinerlei juristische Kenntnisse voraussetzt, ist es sicherlich auch für Anwälte oder Unternehmensjuristen interessant, die sich bislang nicht mit dem Thema Social Media auseinandergesetzt haben.

Zuletzt können auch Personen, die sich rein privat im Social Web bewegen, eine Menge mit diesem Buch lernen und so die eine oder andere Stolperfalle umgehen.

1.2   Überblick über das Buch

Wie im Kasten »Beispiel« weiter oben gezeigt, machen die rechtlichen Probleme im Social Web meistens nicht an den Grenzen einzelner Rechtsgebiete (z. B. des Urheberrechts) halt. Daher haben wir unser Buch auch nicht nach dieser juristisch zwar sinnvollen, aber wenig praxisnahen Unterteilung aufgebaut, sondern einzelne Anwendungsfälle herausgenommen und diese rechtlich betrachtet.

> **Hinweis**
>
> Sollte es durch diesen Aufbau an manchen Stellen zu Überschneidungen oder Dopplungen kommen, machen wir Sie mit entsprechenden Hinweiskästen oder Verweisen darauf aufmerksam.

In **Kapitel 2** lernen Sie, wie Sie rechtssicher ins Social Web starten. Wir erläutern Ihnen die einzelnen Kanäle (Blogs, soziale Netzwerke, Plattformen) anhand der rechtlichen Gegebenheiten, helfen Ihnen bei der rechtssicheren Namensfindung und geben Ihnen Hinweise für ein abmahnsicheres Impressum. Außerdem lernen Sie, dass professionelle Kommunikation im Social Web immer transparent sein muss. Zuletzt stellen wir Ihnen die rechtlichen Hintergründe der Nutzergenerierung dar.

Kapitel 3 ist voll und ganz der bildlichen Darstellung im Social Web gewidmet. Alle Rechtsfragen rund um die Verwendung von Fotos, Grafiken und Videos erläutern wir Ihnen anhand von konkreten Beispielen. Sie lernen, was es mit dem Urheberrecht an Bildern auf sich hat und welche Rechte Sie sonst noch bei Bildern im Social Web beachten müssen.

Auch Musik macht ein wesentliches Element von Social Media aus. In **Kapitel 4** zeigen wir Ihnen, wie Sie Musik im Social Web rechtssicher einsetzen.

Wenn Sie Texte im Social Web veröffentlichen, sollten Sie sich **Kapitel 5** zu Gemüte führen. Dort erläutern wir Ihnen, wann Texte rechtlich geschützt sind, wie Sie richtig zitieren und bei welchen Textveröffentlichungen Sie Vorsicht walten lassen müssen.

Wer Inhalte im Internet veröffentlicht, wird häufig auch auf den Begriff der Lizenzierung stoßen. In **Kapitel 6** zeigen wir Ihnen, was eine Lizenz ist, was sie beinhaltet und welche Besonderheiten im Social Web gelten. Außerdem stellen wir Ihnen Alternativen zu klassischen Lizenzen, zum Beispiel die CC-Lizenzen, vor.

Unternehmenskommunikation im Social Web berührt auch häufig den Bereich der Markenrechte. Wir erläutern Ihnen in **Kapitel 7**, was eine Marke ist, wie Sie eine eigene Marke erhalten können und welche rechtlichen Fragen bei der Nutzung von fremden Marken auf Sie zukommen.

Kapitel 8 bringt Ihnen den Themenkomplex der Aussagen im Social Web näher. Die Begriffe Meinungsfreiheit, unwahre Tatsachenbehauptung, Distanzierung und Laienprivileg werden nach der Lektüre dieses Kapitels keine Fremdwörter mehr für Sie sein.

Wo viele Nutzer Inhalte generieren, fallen auch viele Daten an. Daher erfahren Sie in **Kapitel 9**, was Sie beim Datenschutz beachten müssen. Wir zeigen Ihnen auf, in welchen Fällen der Datenschutz überhaupt eine Rolle spielt, wie Sie problemlos Daten verarbeiten können und welche Besonderheiten bei Social Plugins, Like-Buttons oder Facebook-Apps gelten. Außerdem gehen wir auf die datenschutzrechtlichen Themen Google Analytics und Cookies ein und stellen die wesentlichen Inhalte einer Datenschutzerklärung dar.

Wenn Sie als Unternehmen im Social Web aktiv sind, betreiben Sie in erster Linie Werbung. In **Kapitel 10** stellen wir Ihnen die rechtlichen Rahmenbedingungen für Werbung im Social Web dar. Sie lernen, welche Werbeaussagen und Werbeformen rechtlich problematisch sind, wie Sie Gewinnspiele auf Facebook durchführen und wie Sie Ihre Fans und Follower mittels Social Media Monitoring beobachten dürfen.

Wo gehobelt wird, da fallen Späne – das gilt auch im Social Web. In **Kapitel 11** erfahren Sie alles über die Haftung in den sozialen Medien. Was passiert, wenn meine Mitarbeiter oder meine Nutzer rechtsverletzende Inhalte hochladen? Wie sieht es mit der Haftung für Links aus? Wie reagiere ich auf eine Abmahnung? Und wie mahne ich die Verletzung meiner Rechte ab? Diese und weitere Fragen klären wir dort.

Kapitel 12 behandelt das schwierige Thema Social Media im Arbeitsverhältnis. Sie lernen anhand von Fallbeispielen, was sich Ihre Mitarbeiter im Social Web leisten dürfen und wo die Grenze zur Kündigung liegt. Außerdem zeigen wir, wie Sie mittels Social Media Guidelines vielen Rechtsstreitigkeiten vorbeugen können und was mit Social-Media-Accounts nach Beendigung eines Arbeitsverhältnisses passiert.

Wenn Sie genug vom Social Web haben und Ihr Projekt an Dritte weitergeben möchten, sollten Sie **Kapitel 13** aufmerksam lesen. Dort zeigen wir Ihnen, wie Sie Social-Media-Accounts veräußern können und welche rechtlichen Gesichtspunkte Sie dabei im Blick haben müssen.

In **Kapitel 14** haben wir Ihnen einige Mustertexte abgedruckt, die Sie verwenden können, um beispielsweise ein rechtssicheres Impressum, eine Datenschutzerklärung, Social Media Guidelines oder Gewinnspielbedingungen zu erstellen.

1.3   Immer auf dem neuesten Stand

Das Social Web lebt von der Schnelligkeit und Aktualität der dort verbreiteten Informationen. Doch genauso schnell, wie sich die Inhalte in den sozialen Medien wandeln, unterliegen auch die rechtlichen Rahmenbedingungen einem steten Veränderungsprozess. Vor allem die Betreiber der großen Social-Media-Plattformen halten ihre Nutzer mit regelmäßigen Änderungen der Nutzungsbedingungen auf Trab. Außerdem schießen ständig neue Social-Media-Angebote aus dem Boden, die das Potenzial haben, auch für Unternehmen interessant zu werden.

Um hier auch rechtlich auf dem Laufenden zu bleiben, empfehlen wir Ihnen Folgendes:

▶ Die gesetzlichen Grundlagen, die wir in diesem Buch dargestellt haben, können Sie in der Regel auch auf andere und neue Social-

Media-Angebote übertragen. Der urheberrechtliches Schutz von Bildern (siehe Abschnitt 3.1.1, »Das Recht am Bild = Urheberrecht«) gilt generell, egal ob Sie ein Foto auf Facebook, Twitter, Pinterest, Flickr, Picasa, Instagram oder Google+ veröffentlichen. Namensrechte (siehe Abschnitt 2.2, »Der richtige Name für meinen Social-Media-Auftritt«) müssen Sie ebenfalls auf allen Plattformen beachten. Für die Haftung (siehe Kapitel 11, »Wenn mal etwas schiefgeht – Haftung im Social Web«) gilt nichts anderes. Wenn Sie einmal die Grundlagen kennen, wird es Ihnen nicht schwerfallen, auch auf neuen Plattformen rechtssicher zu handeln.

▶ Über Änderungen bei den Nutzungsbedingungen der Social-Media-Angebote, Gesetzesänderungen und neue Gerichtsurteile zu bislang ungeklärten Fragen berichten wir ständig aktuell auf unserem Kanzlei-Blog und in unseren eigenen Social-Media-Kanälen. Die Adressen hierzu finden Sie im Kasten unten.

Adressen, um auf dem Laufenden zu bleiben

▶ *www.wbs-law.de* – Unsere Kanzlei-Website mit aktuellen Nachrichten und Hintergrundinformationen. Dort können Sie auch unseren wöchentlichen Newsletter abonnieren und bekommen so alle aktuellen Themen per E-Mail geliefert.

▶ *www.wbs-law.de/rss-feeds* – Hier können Sie unsere aktuellen Beiträge bequem per RSS-Feed abonnieren.

▶ *www.wbs-law.tv* – Unser YouTube-Kanal mit täglichen Updates.

▶ *www.facebook.com/die.aufklaerer* – Unser Auftritt bei Facebook.

▶ *twitter.com/solmecke* – Der Twitter-Feed von Christian Solmecke, der regelmäßig mit aktuellen Updates und interessanten Links gefüttert wird.

1.4 Servus Österreich

Ein besonderes Anliegen war es uns, mit diesem Buch auch Leser in Österreich zu erreichen. Österreich ist der zweitgrößte deutschsprachige Markt im Social Web, wird aber leider in den meisten rechtlichen Veröffentlichungen zu diesem Thema »vergessen«. Obwohl die rechtlichen Rahmenbedingungen in Deutschland und Österreich gar nicht weit auseinanderliegen, gibt es in Detailfragen kleine Unterschiede. Dem tragen wir dadurch Rechnung, dass wir in den einzelnen Kapiteln und Abschnitten in speziellen Infokästen auf die besondere Rechtslage in Österreich hinweisen und Informationsquellen speziell für unsere österreichischen Leser nennen.

> **Hinweis**
>
> An dieser Stelle möchten wir unsere Leser in Österreich auf die sehr informative und umfassende Website *www.internet4jurists.at* hinweisen. Sie wird von Dr. Franz Schmidbauer, einem Richter am Landesgericht Salzburg, betrieben und bietet vertiefende Informationen zu allen Rechtsgebieten mit Internetbezug. Außerdem finden Sie dort alle relevanten österreichischen Gesetze und Gerichtsentscheidungen.

1.5   Dankeschön!

Bevor wir nun in die Materie einsteigen und Ihnen in Kapitel 2 alles Wichtige zum Start ins Social Web näherbringen, möchten wir uns bei einigen wichtigen Menschen bedanken, ohne die dieses Buch nie zustande gekommen wäre. Zuallererst sind dies die zahlreichen Nutzer unserer kanzleieigenen Social-Media-Angebote. Unsere 32.000 Abonnenten auf YouTube, über 12.000 Fans auf Facebook und die unzähligen Leser unseres Kanzlei-Blogs haben dafür gesorgt, dass uns die rechtlichen Themen für dieses Buch nie ausgingen. Viele der hier behandelten Fragen beruhen letztlich auf Kommentaren und Anregungen unserer treuen Leserschaft.

Ein besonderer Dank gilt auch unseren Mitarbeitern Nico Czajkowski, Valentino Halim, Herwin Henseler, Jens Neldner und Michelle Petruzzelli, ohne deren Unterstützung wir dieses Buchprojekt nicht in dieser kurzen Zeit hätten verwirklichen können.

Für das Geleitwort zu diesem Buch danken wir Herrn Prof. Dr. Klemens Skibiki.

Zuletzt möchten wir auch herzlich Galileo Press, unseren Lektoren Stephan Mattescheck und Erik Lipperts und dem Fachgutachter Herr Karim-Patrick Bannour danken. Ihren Anmerkungen und Tipps ist es zu verdanken, dass wir in diesem Buch eine klare und anschauliche Sprache gefunden haben, die auch für Nichtjuristen verständlich ist.

2 Der Start ins Social Web – was muss ich beachten?

Es ist beschlossene Sache – Ihr Unternehmen soll eine Präsenz im Social Web erhalten. Mit dieser Entscheidung fangen die rechtlichen Unsicherheiten allerdings erst an. Welche Plattform soll es sein? Wie muss der Auftritt gestaltet sein? Welchen Namen darf ich registrieren? Dieses Kapitel führt Sie Schritt für Schritt durch den Aufbau Ihrer neuen Dependance im Social Web.

In vielerlei Hinsicht ist es heutzutage für Unternehmen sinnvoll, sich im Social Web zu präsentieren und dort auch aktiv zu kommunizieren. Die Vorteile liegen klar auf der Hand:

Ein Auftritt im Social Web kann aus verschiedenen Gründen sinnvoll sein

- ▶ Social-Media-Kanäle sind eine hervorragende Plattform für die Präsentation Ihrer Produkte – Sie erreichen mit einem Auftritt im Social Web Ihre Zielgruppe viel genauer als mit klassischen Werbeformen.

- ▶ Soziale Medien bieten auch für Ihre Kunden einen schnellen und unkomplizierten »Draht« zu Ihrem Unternehmen. Wird einem Kunden über Twitter schnell geholfen, ist die Wahrscheinlichkeit sehr groß, dass der Kunde dies sofort in die Netzwelt hinauspostet.

- ▶ Der Aufbau einer Social-Media-Präsenz ist sehr kostengünstig zu bewerkstelligen. Eine Website zu entwickeln, erfordert einen viel höheren Ressourceneinsatz als das Anlegen einer Facebook-Seite.

Auch wenn die Einstiegshürden sehr gering sind, sollten Sie dennoch vor dem Start Ihrer Social-Media-Präsenz über die rechtlichen Voraussetzungen und Konsequenzen nachdenken. In den folgenden Abschnitten erfahren Sie, wie sich die einzelnen Plattformen rechtlich unterscheiden, welchen Namen Sie für Ihren Auftritt wählen sollten, wie Sie ein Impressum rechtssicher einbinden und welche Mittel Sie zur Nutzergewinnung einsetzen dürfen.

Rechtslage in Österreich

Grundsätzlich können Sie davon ausgehen, dass die hier dargestellten Rechte und Pflichten beim Aufbau einer Social-Media-Präsenz auch in Österreich gelten. Dies liegt vor allem daran, dass viele der Vorgaben vertraglicher Art sind und die einzelnen Plattformen für Österreich keine gesonderten Vertragstexte bereithalten. Sollten sich einmal Unterschiede zwischen der deutschen und österreichischen Rechtslage ergeben, weisen wir Sie in einem Infokasten darauf hin.

2.1   Welche Plattform soll ich wählen?

Bei der Wahl der Plattform spielen mehrere Faktoren eine Rolle. Neben den Nutzungsbedingungen ist auch die Frage nach dem zeitlichen und personellen Aufwand entscheidend

Die Wahl der richtigen Plattform im Social Web hängt von vielen Faktoren ab. Ob man als Unternehmen ein eigenes Blog führt, eine Facebook-Seite betreut, twittert oder gar Podcasts online stellt, wird nicht selten eine Frage der finanziellen und personellen Ressourcen sein. Allerdings stellen sich bei der Wahl der richtigen Plattform auch rechtliche Fragen. So haben die verschiedenen Anbieter häufig detaillierte Bedingungen für kommerzielle Auftritte im Social Web, und auch der Gesetzgeber reguliert einige Bereiche stärker als andere. Auf den folgenden Seiten stellen wir Ihnen die wichtigsten Social-Media-Plattformen vor und weisen Sie auf die rechtlichen Vor- und Nachteile hin. Eine Anmerkung vorab: »Die« richtige Plattform gibt es nicht. Vielmehr müssen Sie anhand Ihrer Ziele und Ihres gewünschten Publikums sowie der rechtlichen und auch der weiteren Gegebenheiten selbst entscheiden, wo Sie im Social Web aktiv werden möchten.

2.1.1   Blogs

Grundsätzlich gibt es zwei Möglichkeiten, ein Blog zu starten

Blogs nehmen im Social Web eine Sonderstellung ein, denn Blogs gewähren den Inhabern die meisten Freiheiten – sei es gestalterisch, sei es rechtlich. Auf der anderen Seite bedeuten der Aufbau und die Pflege eines Firmen-Blogs auch deutlich mehr Aufwand im Gegensatz zu Präsenzen auf Social-Media-Plattformen wie Google+ oder Facebook. Während sich bei Facebook schnell ein Foto oder kurzer Text »teilen« lässt, sind bei einem Blog durch die offenere Struktur mehr Schritte bis zur Veröffentlichung notwendig. Es gibt zwei Wege, ein Blog zu starten: die Registrierung bei einem der unzähligen Blog-Anbieter oder die Installation einer Blog-Software auf einem eigenen Server. Wir möchten Ihnen hier beide Möglichkeiten kurz vorstellen und die rechtlichen Vorgaben hierzu beleuchten.

Blog bei einem Blog-Anbieter

Der einfache Weg, ein eigenes Blog zu beginnen, ist die Anmeldung bei einem Blog-Anbieter wie zum Beispiel WordPress (siehe Abbildung 2.1).

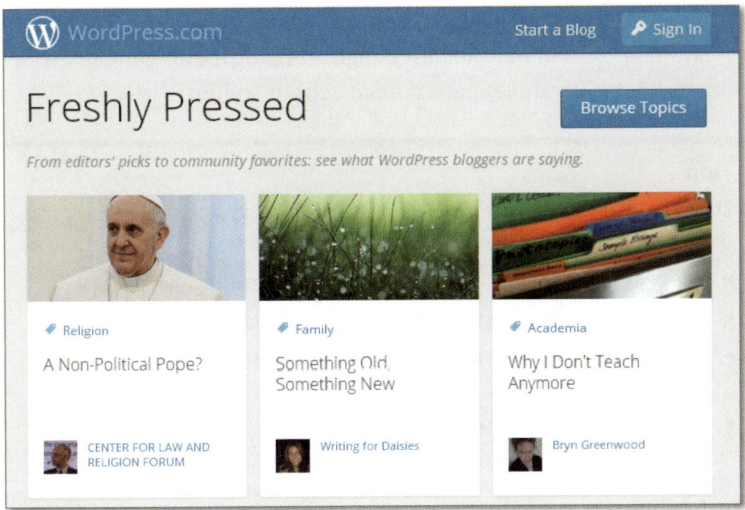

Abbildung 2.1 Zu den bekanntesten Blog-Anbietern gehört WordPress.

Viele dieser Anbieter stellen eine kostenlose Grundversion eines Blogs bereit, die sich häufig durch Zahlungen erweitern lässt. Kostenlose Blogs enthalten zudem meist Werbeanzeigen und keinen eigenen Domainnamen.

Viele Bloganbieter bieten eine kostenlose Grundversion an

Tipp

Große Blog-Anbieter sind:

▶ Blogger von Google: *www.blogger.com*

▶ WordPress: *www.wordpress.com*

▶ Tumblr: *www.tumblr.com*

▶ Blog.de: *www.blog.de*

Es gibt deutliche Unterschiede im Leistungsumfang und in den rechtlichen Bedingungen der Blog-Nutzung. Die Nutzungsbedingungen sollten daher stets genau durchgelesen werden

Das Angebot der Blog-Anbieter unterscheidet sich teilweise deutlich im Umfang der Leistungen, aber auch bei den rechtlichen Bedingungen der Nutzung. Jeder Blog-Anbieter macht die Inanspruchnahme seiner Dienste von sogenannten Nutzungsbedingungen abhängig, die Sie bei der Registrierung akzeptieren und fortan einhalten müssen. Alle Nutzungsbedingungen der Anbieter hier darzustellen, würde den Rahmen dieses Buchs sprengen, deshalb der Rat: Auch wenn es mühsam ist – lesen Sie sich vor der Entscheidung für oder gegen einen Anbieter sorgfältig dessen Nutzungsbedingungen durch. Nur so sind Sie vor Überraschungen sicher. Im Folgenden möchten wir Ihnen beispielhaft einige Nutzungsbedingungen großer Blog-Anbieter vorstellen, auf die Sie achten sollten.

Tipp

Unter folgenden Links können Sie sich die vollständigen Nutzungsbedingungen in der jeweils aktuellen Version abrufen:

▶ Blogger: *http://www.google.com/intl/de/policies/terms*

▶ WordPress: *http://de.wordpress.com/tos* (Englisch)

▶ Tumblr: *http://www.tumblr.com/policy/en/terms_of_service* (Englisch)

▶ Blog.de: *http://blog.de/company/tos.php*

Rechteübertragung | Viele Blog-Anbieter haben in ihren Nutzungsbedingungen Klauseln, die eine Übertragung von Rechten an den Blog-Anbieter beinhalten. Blogger verwendet beispielsweise folgende Regelung:

»Indem Sie urheberrechtlich oder sonst rechtlich geschützte Inhalte in unseren Diensten einstellen, räumen Sie Google und den zur Google Gruppe gehörenden Unternehmen sowie den Vertragspartnern von Google unentgeltlich die notwendigen, nicht ausschließlichen, weltweiten und zeitlich unbegrenzten Rechte ein, diese Inhalte ausschließlich zum Zweck der Erbringung des jeweiligen Dienstes und lediglich in dem dafür nötigen Umfang zu nutzen. [...] Achten Sie darauf, dass Sie, wenn Sie Inhalte in unsere Dienste hochladen, Ihrerseits über die hierzu eventuell notwendigen Rechte verfügen.«

Der Anbieter lässt sich damit von Ihnen das Recht einräumen, beispielsweise die von Ihnen hochgeladenen Bilder (die urheberrechtlich geschützt sind) zur Erbringung des Diensts zu nutzen. Das bedeutet, Blogger darf Ihre Bilder insbesondere dazu benutzen, um Ihr Blog im Internet anzuzeigen. Vor allem der letzte Satz ist sehr wichtig und gilt auch für andere Anbieter, die das nicht so ausdrücklich sagen: Sie müssen immer darauf achten, dass Sie überhaupt befugt sind, Inhalte auf Ihr Blog hochzuladen und entsprechende Rechte an Google zu vergeben.

Sie müssen über die Rechte an den Bildern, die Sie in Ihr Blog einbinden wollen, verfügen dürfen

Beispiel

Sie lassen von einem Fotografen ein Foto Ihres neuesten Produkts anfertigen, um dieses in einem Onlineshop zu bewerben. Der Fotograf räumt Ihnen hierfür das Recht zur Nutzung des Fotos ein. Er erlaubt Ihnen aber nicht, Dritten Nutzungsrechte zu erteilen (= Recht zur Unterlizenzierung). In diesem Fall dürfen Sie das Foto nicht auf Ihr Blog von Blogger hochladen, da Sie hierfür (auch) das Recht zur Unterlizenzierung benötigen.

Beim Anbieter Tumblr ist diese Rechteeinräumung noch weitgehender. Hier heißt es in den Nutzungsbedingungen:

»*The reference in this license to ›derivative works‹ is not intended to give Tumblr itself a right to make substantive editorial changes or derivations, but does enable Tumblr Subscribers to redistribute Subscriber Content from one Tumblr blog to another in a manner that allows Subscribers to, e.g., add their own text or other Content before or after your Subscriber Content (›Reblogging‹).*«

Dies bedeutet, dass Sie bei der Nutzung von Tumblr allen anderen Tumblr-Mitgliedern das Recht einräumen, Ihre Inhalte weiterzuverbreiten (»redistribute«) und nach Belieben mit eigenen Inhalten (z. B. Texten) anzureichern. Das ermöglicht zwar die beliebte »Reblog«-Funktion auf Tumblr (siehe Abbildung 2.2), birgt aber rechtliche Risiken, wenn Sie für die auf Tumblr hochgeladenen Inhalte nicht das Recht besitzen, Dritten unbegrenzte Lizenzen zur Weiterverbreitung zu erteilen.

Bei Tumblr erstreckt sich die Rechteeinräumung sogar auf die anderen Nutzer des Blogs

Ein Urheber, dessen Bild Sie unerlaubt so weiterverbreiten, wird Sie abmahnen und auf Schadenersatz in Anspruch nehmen können.

Abbildung 2.2   Die Reblog-Funktion auf Tumblr

Anbieter legen fest, was für Inhalte nicht auf dem Blog veröffentlicht werden dürfen. Beachten Sie die Nutzungsbedingungen

Verbotene Inhalte | Die meisten Blog-Anbieter schreiben Ihnen auch genau vor, welche Inhalte Sie nicht auf der Blog-Plattform veröffentlichen dürfen. Dass hierunter strafbare Inhalte wie Kinderpornografie und verfassungsfeindliches Gedankengut fallen, versteht sich von selbst. Aber auch so manche strafrechtlich irrelevante Inhalte sind auf den Blog-Plattformen untersagt.

Google verbietet Ihnen, auf Blogger folgende Inhalte zu veröffentlichen: derbe Inhalte (z. B. Unfallszenen, Schusswunden), Hassreden, Gewalt (Drohungen), personenbezogene Inhalte, falsche Identitäten, Spam, Viren, Werbung für illegale Aktivitäten (z. B. Drogenrezepte). Bei jugendgefährdenden Inhalten (Nacktheit, Pornografie) besteht eine Besonderheit: Sie müssen diese als nicht jugendfrei kennzeichnen, damit sie von einem entsprechenden Filter erkannt werden.

> **Tipp**
>
> Die Inhaltsrichtlinie von Blogger mit zahlreichen Beispielen finden Sie hier: *http://www.blogger.com/content.g?hl=de*.

Beim deutschen Anbieter blog.de sieht die Liste der verbotenen Inhalte ähnlich aus, und auch der Dienst Tumblr hat unter *http://www.tumblr.com/policy/de/community* eine Reihe von unerwünschten Inhalten zusammengestellt.

Wenn Sie gegen die jeweiligen Regeln verstoßen und beispielsweise dennoch ein pornografisches Bild auf Blogger hochladen, droht Ihnen der sofortige Ausschluss von der Plattform. Rechtlichen Schutz dagegen gibt es kaum, denn nach den Nutzungsbedingungen der meisten Anbieter (z. B. Tumblr, Abbildung 2.3) reicht es aus, wenn der Anbieter »der Ansicht« ist, dass Sie gegen die Nutzungsbedingungen verstoßen haben.

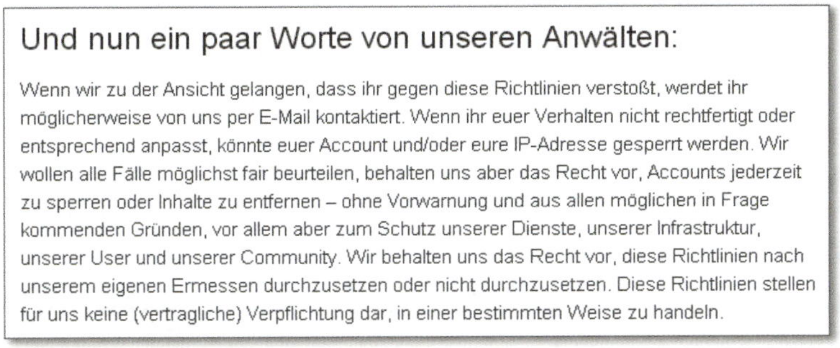

Ein Verstoß kann den Ausschluss von der Plattform bedeuten

Und nun ein paar Worte von unseren Anwälten:

Wenn wir zu der Ansicht gelangen, dass ihr gegen diese Richtlinien verstoßt, werdet ihr möglicherweise von uns per E-Mail kontaktiert. Wenn ihr euer Verhalten nicht rechtfertigt oder entsprechend anpasst, könnte euer Account und/oder eure IP-Adresse gesperrt werden. Wir wollen alle Fälle möglichst fair beurteilen, behalten uns aber das Recht vor, Accounts jederzeit zu sperren oder Inhalte zu entfernen – ohne Vorwarnung und aus allen möglichen in Frage kommenden Gründen, vor allem aber zum Schutz unserer Dienste, unserer Infrastruktur, unserer User und unserer Community. Wir behalten uns das Recht vor, diese Richtlinien nach unserem eigenen Ermessen durchzusetzen oder nicht durchzusetzen. Diese Richtlinien stellen für uns keine (vertragliche) Verpflichtung dar, in einer bestimmten Weise zu handeln.

Abbildung 2.3   Auszug aus den Tumblr-Nutzungsbedingungen

Tipp

Die Anbieter von Blogs räumen sich häufig das Recht ein, aus beliebigen Gründen und ohne Vorwarnung Blogs zu sperren oder zu löschen. Was für ein privates Blog nicht sonderlich dramatisch ist, kann für ein Unternehmens-Blog fatal sein. Sie sollten sich daher überlegen, etwas mehr Aufwand zu betreiben und Ihr Blog auf einem eigenen Server zu betreiben. So sind Sie vor der Willkür der Blog-Anbieter sicher. Mehr hierzu erfahren Sie weiter unten.

Haftungsausschluss und Haftungsfreistellung | Ein weiterer Bestandteil aller Nutzungsbedingungen ist der Haftungsausschluss und die Haftungsfreistellung. Mit den entsprechenden Klauseln sichern sich die Blog-Anbieter rechtlich so weit wie möglich ab. Ansprüche von Nutzern oder von Dritten sollen so möglichst ins Leere laufen. Gerade die US-amerikanischen Anbieter verwenden dabei Formulierungen, die nach deutschem Recht nicht zulässig sind. Dies hilft Ihnen im Zweifel aber reichlich wenig, denn was nützt es, wenn Ihnen ein deutsches Gericht zwar recht gibt, Sie den Anbieter in den USA aber nicht »zu fassen« bekommen.

> **Tipp**
>
> Auch aufgrund der häufig unklaren Haftungslage sollten Sie darüber nachdenken, auf einen deutschen Blog-Anbieter zu setzen oder Ihr Blog gleich selbst zu betreiben. Mehr hierzu erfahren Sie im folgenden Abschnitt.

Blog auf dem eigenen Server

Das Anlegen und Betreiben eines Blogs bedeutet weniger Aufwand, als man denkt, und bringt mehr Freiheiten mit sich

Ein Blog können Sie nicht nur bei den oben beschriebenen Blog-Anbietern registrieren. Es ist auch mit relativ wenig Aufwand möglich, ein Blog selbst zu betreiben (Fachbegriff: zu hosten). Hierfür wird eine (häufig kostenlose) Software auf Ihrem eigenen Server installiert. Fortan können Sie über Ihr Blog frei verfügen, das Design bestimmen und beliebige Inhalte veröffentlichen.

> **Tipp**
>
> Die bekanntesten Softwarepakete, um ein Blog selbst zu betreiben, sind:
>
> ► WordPress (kostenlos): *de.wordpress.org*
>
> ► Drupal (kostenlos): *www.drupal.org*
>
> ► Movable Type (kostenlos): *www.movabletype.org*
>
> ► Serendipity (kostenlos): *www.s9y.org*

Die mit Abstand beliebteste Blog-Software ist WordPress. Für WordPress stehen unzählige Designs (Themes) und Erweiterungen (Plugins) zur Verfügung, um das Blog an die eigenen Wünsche anzupassen. Gerade diese Anpassungsfähigkeit ist der Grund, weshalb auch viele Unternehmen (z. B. Daimler, siehe Abbildung 2.4, und Ritter Sport, siehe Abbildung 2.5) auf die Lösung WordPress setzen. Das eigene Blog kann problemlos in den eigenen Firmenauftritt und die Corporate Identity eingebunden werden.

Kein Unterwerfen irgendwelcher Nutzungsbedingungen

Setzen Sie auf WordPress (oder eine andere Blog-Software), sind Sie nicht an irgendwelche Nutzungsbedingungen einer Plattform gebunden. Sie allein bestimmen die Regeln, die auf Ihrem Blog gelten sollen. Sie müssen auch keine Rechte an einen Anbieter übertragen, die Sie möglicherweise gar nicht haben (siehe oben).

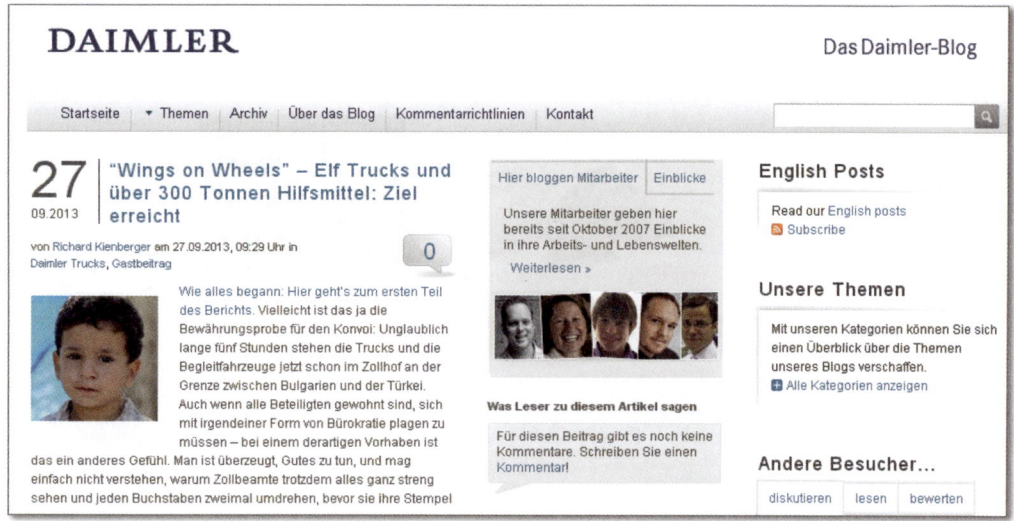

Abbildung 2.4   Daimler nutzt die Software WordPress. Die Darstellung wurde dem Design der eigenen Homepage angepasst. Der Vorteil der Designauswahl liegt darin, dass es dem Unternehmen möglich ist, einen einheitlichen Webauftritt zu gestalten.

Hinweis

Die Freiheit ist nicht grenzenlos. Die gesetzlichen Regelungen zu Urheberrecht, Persönlichkeitsrecht, Markenrecht, Datenschutzrecht etc. müssen Sie selbstverständlich auch mit einem eigenen Blog einhalten. Mehr zu diesen rechtlichen Beschränkungen erfahren Sie in den folgenden Kapiteln.

Hinweis

Blog-Software kann üblicherweise kostenlos heruntergeladen und eingesetzt werden. Die Anbieter veröffentlichen die Software unter Open-Source-Lizenzen wie z. B. der GPL. Bevor Sie die Blog-Software auf Ihrem Server installieren, sollten Sie sich einmal mit den Lizenzbedingungen beschäftigen und auf deren Einhaltung achten. Im täglichen Betrieb Ihres Unternehmens-Blogs besteht aber kaum Gefahr, dass Sie mit den Bedingungen in Konflikt geraten.

Abbildung 2.5   Auch das Blog von Ritter Sport ist an das Design der Ritter Sport-Homepage angepasst und sorgt dadurch für einen einheitlichen Webauftritt.

2.1.2   Soziale Netzwerke

Soziale Netzwerke erlauben auf einfache Art und Weise die Kontaktaufnahme mit dem Kunden

Soziale Netzwerke haben das Social Web geprägt wie kein anderes Medium. Durch das Aufkommen von Facebook & Co. war es plötzlich auch technisch unversierten Internetnutzern möglich, sich im World Wide Web zu vernetzen und sich zu präsentieren. Während bei Blogs aufgrund des höheren Administrationsaufwands die Einstiegshürde relativ hoch ist, bieten die sozialen Netzwerke ein niederschwelliges und attraktives Angebot für eine Vielzahl von Nutzern. Daher ist es auch für Sie als Unternehmen sinnvoll, den Nutzern zu folgen und sich aktiv in den sozialen Netzwerken zu präsentieren. So bieten Sie Ihren Kunden und Interessenten eine sehr einfache Möglichkeit der Kontaktaufnahme und können Ihre Produkte und Dienstleistungen in einem Medium präsentieren, das gerade in der jüngeren Zielgruppe mittlerweile das Fernsehen vom Thron gestoßen hat.

In den folgenden Abschnitten stellen wir Ihnen die wichtigsten sozialen Netzwerke Facebook, Twitter, Google+ und XING vor und erläutern Ihnen die rechtlichen Aspekte eines Profils in diesen Netzen.

Facebook

Das 2004 von Mark Zuckerberg, Dustin Moskovitz und Chris Hughes gegründete soziale Netzwerk Facebook (siehe Abbildung 2.6) zählt weltweit mittlerweile über eine Milliarde Mitglieder.

In Deutschland tummeln sich immerhin 26 Millionen Menschen (Österreich: 3 Millionen) auf der blau-weißen Website. In den bald zehn Jahren hat sich das Netzwerk von einer einfachen Kontaktplattform für Studenten zu einer der größten Unterhaltungs-Websites der Welt entwickelt. Auch im mobilen Bereich ist Facebook ganz vorne dabei. In den App-Stores von Google und Apple (siehe Abbildung 2.7) rangiert Facebook regelmäßig auf den obersten Plätzen der Download-Charts.

Facebook ist eine der größten Unterhaltungs-Websites der Welt und hat eine enorme Reichweite

Abbildung 2.6 Die Facebook-Startseite ist wohl mittlerweile jedem Internetnutzer bekannt. In der Grafik auf der linken Hälfte veranschaulicht sie den Sinn und den Effekt von Facebook: die weltweite Vernetzung der Nutzer.

Für Unternehmen ist ein Auftritt auf Facebook daher heutzutage fast unumgänglich. Mittel der Wahl ist dabei eine Unternehmensseite in dem sozialen Netzwerk. Diese ist Dreh- und Angelpunkt für alle Aktivitäten Ihres Unternehmens. Hier versammeln sich Ihre »Fans« (d. h. Kunden und Interessenten, die bei Ihnen auf »Gefällt mir« geklickt haben) und verbreiten Ihre Botschaften über Ihre Chronik und die Newsstreams Ihrer Fans.

Unternehmen sollten sich mit einer Unternehmensseite bei Facebook präsentieren

Abbildung 2.7   In den App-Topcharts von Apple rangiert die Facebook-App auf Rang zwei. Nicht schlecht, wenn man bedenkt, dass Facebook in seiner ursprünglichen Form für die Kommunikation mittels Computern entwickelt wurde und seine Wurzeln nicht originär im mobilen Bereich hat.

Die Nutzung von Facebook ist – auch als Unternehmen – grundsätzlich kostenlos. Allerdings verlangt Facebook von Ihnen, dass Sie bei der Anmeldung mehrere Regelwerke (Nutzungsbedingungen) akzeptieren und diese im täglichen Betrieb auch einhalten. Wenn Sie vorhaben, eine Unternehmensseite auf Facebook zu betreiben, sind folgende Regelungen für Sie wichtig:

▶ Die allgemeinen Facebook-Nutzungsbedingungen: *https://www.facebook.com/legal/terms*

▶ Die besonderen Facebook-Nutzungsbedingungen für deutsche Nutzer: *https://www.facebook.com/terms/provisions/german/index.php*

▶ Die Facebook-Community-Standards: *https://www.facebook.com/communitystandards*

▶ Die Nutzungsbedingungen für Facebook-Seiten: *https://www.facebook.com/page_guidelines.php*

▶ Die Facebook-Werberichtlinien: *https://www.facebook.com/ad_guidelines.php*

▶ Die Zahlungsbedingungen: *https://www.facebook.com/payments_terms*

▶ Möchten Sie Facebook-Apps einsetzen, zusätzlich die Richtlinie zur Facebook-Plattform: *http://developers.facebook.com/policy*

Alle Regelungen im Rahmen dieses Kapitels darzustellen, würde den Rahmen sprengen, zumal die Vorgaben ständig überarbeitet und geändert werden. Wir möchten Ihnen daher ans Herz legen, die Bedingungen einmal vollständig durchzulesen und Ihr Verhalten danach auszurichten. Im Fall einer Verletzung der Nutzungsbedingungen droht nämlich der Super-GAU im Facebook-Marketing: die Sperrung oder Löschung des Accounts.

Bei einer Missachtung der Nutzungsbedingungen droht die Sperrung des Accounts

In den weiteren Kapiteln dieses Buchs werden wir jeweils auf die themenspezifischen Regelungen von Facebook eingehen und Ihnen erläutern, wie Sie sich vertragskonform verhalten.

Tipp

Sollten Ihnen die Begriffe »Fans«, »Follower«, »Chronik«, »Stream« und »Like« noch überhaupt nichts sagen, empfehlen wir Ihnen, sich über folgende Links mit den wichtigsten Funktionen von Facebook vertraut zu machen:

▶ Facebook Beginner's Guide von Netzwelt.de: *http://www.netzwelt.de/news/95139-erste-schritte-facebook-beginner-s-guide.html*

▶ Grundlagen für Facebook-Seiten: *https://www.facebook.com/help/387958507939236*

▶ »Facebook Marketing Einführung & Überblick« auf allfacebook.de: *http://allfacebook.de/einfuehrung-ueberblick*

Darüber hinaus finden Sie bei Galileo Press u.a. folgende Titel, die Ihnen den Start bei Facebook einfach machen:

▶ »Face to Face. Handbuch Facebook-Marketing« von Lukas Adda

▶ »Follow me! Erfolgreiches Social Media Marketing mit Facebook, Twitter und Co.« von Anne Grabs und Karim-Patrick Bannour

---

Twitter

Twitter ist kein soziales Netzwerk im klassischen Sinn, sondern eine sehr offene Kommunikationsplattform. Nutzer und Unternehmen

Twitter ist ein Microblog

können sich ein Profil erstellen (wie z. B. Christian Solmecke in Abbildung 2.8) und kurze öffentliche Nachrichten erstellen (sogenannte Tweets). Insofern ähnelt Twitter zunächst einmal einem Blog (siehe Abschnitt 2.1.1), daher auch häufig die Bezeichnung »Microblog«. Interessant wird Twitter aber durch die Vernetzung aller Nutzer untereinander. Jeder Nutzer kann jedem anderen Nutzer »folgen« und erhält künftig beim Aufruf seiner Twitter-Seite auch die Nachrichten der Personen und Unternehmen, denen er folgt. Darüber hinaus gibt es die Möglichkeit, Tweets von anderen zu wiederholen (»Retweet«) und auf andere Tweets zu antworten (»@-Reply«).

Abbildung 2.8   Auch wenn die Kommunikationsmöglichkeiten bei Twitter im Vergleich zu anderen Netzwerken eingeschränkter sind, ist es möglich, eine Menge Leute, sogenannte Follower, zu erreichen. Mit dem Twitter-Profil von Christian Solmecke (@solmecke) können so zurzeit über 2.000 Follower erreicht werden.

Ähnlich wie Facebook hat der Dienst Twitter eigene Nutzungsbedingungen, die Sie bei der Registrierung akzeptieren müssen. Daneben gibt es noch die Twitter-Regeln für Inhalte, die ebenfalls verbindlich für alle Nutzer sind.

Tipp

Die aktuellen Nutzungsbedingungen von Twitter können Sie unter *https://twitter.com/tos* abrufen. Die Twitter-Regeln finden Sie hier: *https://support.twitter.com/articles/87137-die-twitter-regeln*.

Auch hier gilt: Lesen Sie sich die Bedingungen einmal komplett durch, bevor Sie als Unternehmen auf Twitter starten. Ein Verstoß gegen die Bedingungen kann schwerwiegende Konsequenzen nach sich ziehen. In den Nutzungsbedingungen heißt es:

> »Wir können Ihre Benutzerkonten zeitweilig sperren oder kündigen oder Ihnen die Bereitstellung der Dienste jederzeit aus beliebigem Grund verwehren, insbesondere, wenn wir Grund zu der Annahme haben, dass (i) Sie gegen die vorliegenden Bedingungen (http://twitter.com/tos) oder die Twitter-Regeln verstoßen haben, (ii) Sie für uns eine Gefahr oder ein mögliches rechtliches Risiko darstellen oder (iii) es wirtschaftlich nicht mehr vertretbar ist, Ihnen die Dienste bereitzustellen.«

In den weiteren Kapiteln dieses Buchs gehen wir auf einzelne Themen der Social-Media-Nutzung ein und weisen Sie in diesem Zusammenhang auch auf mögliche Konflikte mit den Twitter-Regeln hin.

Google+

Das Netzwerk Google+ ist noch relativ jung. Gegründet im Jahr 2011, wuchs es dann aber relativ schnell und zählt derzeit ca. 540 Millionen Nutzer. Während Facebook sich mehr und mehr zum digitalen Logbuch der Nutzer entwickelt, setzt Google+ mit seinen Communitys, Kreisen und Videochats (»Hangouts«) stärker auf die Diskussion zwischen den Nutzern. Gerade deshalb tummeln sich im sozialen Netzwerk von Google deutlich mehr Professionals, was je nach Zielgruppe für Unternehmen sehr interessant sein kann.

Google+ fördert den Austausch zwischen den Nutzern mit seinen Kommunikationskreisen

Google hält für alle seine Dienste (also auch E-Mail, Kalender, Maps etc.) einheitliche Nutzungsbedingungen bereit, allerdings gibt es besondere Bedingungen für Nutzer aus Deutschland.

Tipp

Die Nutzungsbedingungen von Google (die auch für Google+ gelten) für Nutzer aus Deutschland finden Sie hier: *https://www.google.de/policies/terms/regional.html*.

Für Nutzer aus allen anderen Ländern gelten die allgemeinen Bedingungen unter *https://www.google.com/policies/terms*.

XING

XING ist eine reine Businessplattform

Eine Sonderstellung in den sozialen Netzwerken nimmt XING ein. Das deutsche Netzwerk versteht sich als Businessplattform, und so haben private Inhalte dort eigentlich nichts zu suchen. Interessant ist XING deshalb insbesondere für den Recruitment-Bereich und um mit Businesskontakten in Verbindung zu bleiben.

> **Tipp**
>
> Die jeweils aktuellen Nutzungsbedingungen (AGB) von XING können Sie hier einsehen: *https://www.xing.com/terms*.

2.1.3   Foto- und Videocommunitys

Neben den klassischen sozialen Netzwerken gibt es noch eine Vielzahl von »Special Interest«-Communitys, beispielsweise zum Teilen von Fotos oder Videos. Die beiden größten Vertreter dieser Gattung, Flickr und YouTube, sollen hier nicht unerwähnt bleiben.

Flickr

Bei Flickr steht die Veröffentlichung von Fotos im Vordergrund

Flickr ist eine Fotocommunity des Suchmaschinenanbieters Yahoo!. Das Veröffentlichen und Teilen von Fotografien steht hier im Vordergrund. Zahlreiche professionelle Fotografen haben auf Flickr ein Profil, um für ihre Arbeit zu werben. Aber auch Unternehmen wie BASF (siehe Abbildung 2.9) sind auf der Plattform aktiv und verbreiten dort Bilder von Veranstaltungen, Firmenstandorten oder neuen Produkten.

> **Tipp**
>
> Wenn Sie Flickr nutzen möchten, müssen Sie die allgemeinen Nutzungsbedingungen von Yahoo! (*http://info.yahoo.com/legal/de/yahoo/utos/de-de*) und die Community-Richtlinien (*http://www.flickr.com/help/guidelines*) akzeptieren und beachten.

In Kapitel 3, »Die Verwendung von Bildern und Videos im Social Web«, erfahren Sie, wie Sie Bilder rechtlich sicher auf Ihrem Flickr-Profil (und anderen Social-Media-Kanälen) verbreiten können.

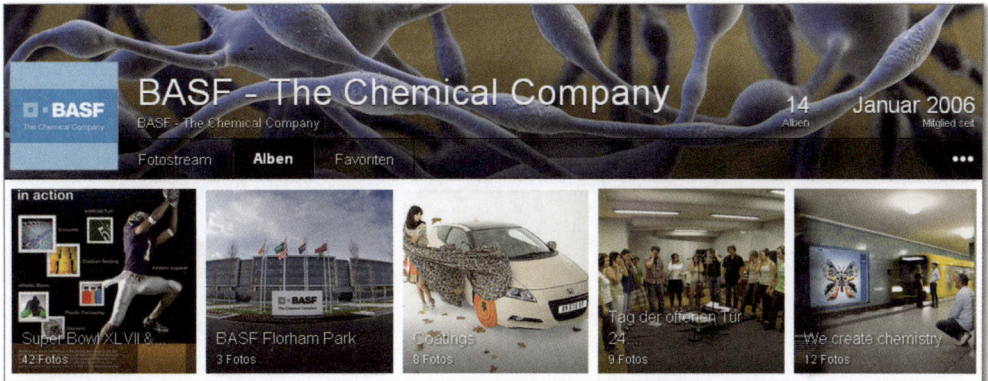

Abbildung 2.9 BASF nutzt sein Flickr-Profil zur Darstellung des eigenen Unternehmens. (http://www.flickr.com/photos/basf)

YouTube

YouTube ist die größte Videoplattform der Welt und gehört mittlerweile zum Google-Konzern. Auf YouTube können Nutzer Profile erstellen und darüber Videos teilen. Einige Community-Funktionen (Kommentare, Teilen) runden das Angebot ab. Aufgrund der großen Verbreitung von YouTube und der Verzahnung mit anderen Google-Diensten ist das Videoportal auch für Unternehmen sehr interessant. Neben Werbeclips und Firmenvideos produzieren viele Unternehmen auf YouTube eigene Formate (z. B. die Lufthansa das Format »Klugzeug«, siehe Abbildung 2.10), um ihre Produkte und Dienstleistungen bekannt zu machen.

YouTube bietet eine hervorragende Möglichkeit, Werbeclips und Firmenvideos zu veröffentlichen

Auch für Inhalte auf YouTube macht Google Ihnen Vorgaben in seinen Nutzungsbedingungen und Community-Richtlinien.

Tipp

Die Nutzungsbedingungen von YouTube können Sie hier abrufen: *http://www.youtube.com/t/terms*. Die Community-Richtlinien finden Sie unter *http://www.youtube.com/t/community_guidelines*.

Ein Verstoß gegen diese Richtlinien ahndet der Betreiber ebenfalls mit einem Ausschluss von der Plattform. Daher gilt – wie immer – der Tipp: Lesen Sie sich vor Beginn Ihrer YouTube-Aktivitäten die Richtlinien sorgfältig durch. Nur so vermeiden Sie böse Überraschungen.

Abbildung 2.10   Lufthansa nutzt den eigenen YouTube-Kanal, um Fragen von interessierten YouTube-Nutzern zu beantworten. Auf diese Weise schafft es das große Unternehmen, eine persönliche und direkte Bindung zu den Nutzern herzustellen.

2.1.4   Pinterest und Instagram

Relativ neu im Bereich der sozialen Bildernetzwerke sind Pinterest und Instagram. Während bei Pinterest das »Teilen« von interessanten Bildern aus dem World Wide Web im Vordergrund steht, setzt Instagram auf das Veröffentlichen eigener Fotos der Nutzer. Für Unternehmen können beide Plattformen je nach Zielgruppe zwar interessant sein – allerdings ist uns aus unserer anwaltlichen Praxis bisher kein Fall bekannt, in dem sich eine Rechtsstreitigkeit um eine dieser Plattformen entsponnen hat. Sollten Sie auf einem dieser Netzwerke tätig sein, gelten selbstverständlich die gleichen rechtlichen Rahmenbedingungen wie bei den »großen« Plattformen.

Hinweis

Für welche Social-Media-Plattform Sie sich am Ende entscheiden, bleibt ganz Ihnen überlassen. Sie sollten sich in erster Linie Gedanken darüber machen, wo Ihre Zielgruppe bereits »heimisch« ist, statt zu versuchen, Ihre Kunden auf eine bestimmte Plattform zu locken. Da die Nutzungsbedingungen aller Plattformen relativ ähnlich sind, sollten diese bei der Wahl des richtigen Netzwerks eine eher untergeordnete Rolle spielen.

Für alle Plattformen gilt: Ein Verstoß gegen die Nutzungsbedingungen kann unangenehme Folgen für Ihre Unternehmensdarstellung haben. Bleiben Sie also immer auf dem Laufenden, was Neuerungen in Ihrem Netzwerk anbelangt. Hierfür empfehlen wir Ihnen, regelmäßig folgende offizielle Blogs/Accounts zu besuchen:

- Blogger: *http://bloggerindraft.blogspot.de*
- WordPress: *http://en.blog.wordpress.com*
- Facebook: *https://www.facebook.com/fbsitegovernance*
- Twitter: *https://blog.twitter.com/de/deutschland*
- Google+: *http://googleplusplatform.blogspot.de*
- XING: *http://blog.xing.com/category/german*
- Flickr: *http://blog.flickr.net/de*
- YouTube: *http://youtube-global.blogspot.de*

2.2   Der richtige Name für meinen Social-Media-Auftritt

Haben Sie sich für eine Plattform (siehe oben) entschieden, werden Sie meist bereits bei der Anmeldung gefragt, unter welchem Namen Ihr Auftritt geführt werden soll.

Die erste Entscheidung betrifft den Namen des Auftritts

Hinweis

Die Namenswahl hat im Social Web insbesondere Bedeutung für die Internetadresse (URL), unter der Ihr Auftritt dann auffindbar ist. So ist Ihre Facebook-Seite unter *http://facebook.com/IHRNAME*, Ihr Twitter-Account unter *http://twitter.com/IHRNAME* und Ihr Google+-Profil unter *http://plus.google.com/+IHRNAME* erreichbar.

Bei der Wahl des Namens spielt der Wiedererkennungs- wert eine große Rolle

Bei der Wahl des Namens für Ihren Social-Media-Auftritt werden Sie in erster Linie an den Namen Ihres Unternehmens, ihre Marke oder ihren persönlichen Namen denken. Dies ist grundsätzlich auch sehr sinnvoll, denn es erhöht den Wiedererkennungswert Ihres Social-Media-Auftritts ungemein. Auch rechtlich ist eine solche Vorgehens- weise in der Regel nicht zu beanstanden. Dennoch empfehlen wir Ihnen, sich vor der Registrierung eines Namens in Social Web zu ver- gewissern, dass Sie den gewünschten Namen auch tatsächlich nut- zen dürfen.

2.2.1 Grundsätzlich gilt: Wer zuerst kommt, mahlt zuerst

Im Social Web gilt der Prioritätsgrundsatz

Wenn Sie einen Namen im Social Web registrieren, so gilt zunächst der Prioritätsgrundsatz. Das heißt, wenn Sie das erste Unternehmen sind, das sich diesen Namen für den Social-Media-Auftritt ausge- sucht hat, dürfen Sie ihn auch führen. Andere Unternehmen, die denselben Namen registrieren wollen, haben dann Pech gehabt. Al- lerdings gilt dieser Prioritätsgrundsatz nicht, wenn jemand anderes ein »besseres Recht« an dem gewählten Namen hat. Ein solches bes- seres Recht kann sich aus

- dem Markenrecht,
- dem Namensrecht
- oder dem Wettbewerbsrecht

ergeben. Die möglichen Konflikte mit den genannten besseren Rechten möchten wir Ihnen in den folgenden Abschnitten zeigen.

2.2.2 Markennamen

Vorsicht bei fremden Markennamen

Grundsätzlich gilt, dass Sie bei der Wahl Ihres Social-Media-Namens von fremden Markennamen die Finger lassen sollten. Insbesondere wenn Sie im gleichen Segment wie der Markeninhaber tätig sind, kann dies schnell zu teuren Abmahnungen oder Gerichtsverfahren führen. Gleiches gilt, wenn Sie eine Marke verwenden wollen, die einen sehr großen Bekanntheitsgrad besitzt.

> **Beispiel**
>
> Auch wenn die Firma Henkel für das bekannte Waschmittel »Persil«
> noch kein Profil unter *http://plus.google.com/+persil* eingerichtet hat,
> dürfen Sie diesen Namen weder registrieren noch für das Social-
> Media-Profil Ihres Waschmittels verwenden. Der Prioritätsgrundsatz
> (siehe Abschnitt 2.2.1) gilt nicht, da Henkel das »bessere Recht« an
> dem Namen Persil hat.

Auch ein Name, der einer Marke ähnlich ist, birgt die Gefahr einer
Markenrechtsverletzung.

> **Beispiel**
>
> Daher dürften Sie als Waschmittelhersteller Ihren Auftritt bei Google+
> nicht unter dem Namen Presil (*http://plus.google.com/+presil*) eröffnen.

Es gibt allerdings einige Ausnahmefälle, in denen Sie einen fremden
Markennamen für Ihr Social-Media-Profil verwenden dürfen. So ist
die Verwendung einer fremden Marke dann erlaubt, wenn Ihr *eigener Name* genau wie die Marke lautet und Sie Vorkehrungen treffen,
dass es nicht zu Verwechslungen mit dem Markeninhaber kommt.

*Unter bestimmten Vo-
raussetzungen darf ein
Markenname verwen-
det werden*

> **Beispiel**
>
> Heißen Sie Oliver Schell und betreiben eine freie Tankstelle, dürfen Sie
> trotz der bekannten Marke Shell einen Facebook-Auftritt unter dem
> Namen »Freie Tankstelle Oliver Schell« anlegen und betreiben. Lassen
> Sie aber Namensbestandteile weg und nennen sich nur »Tankstelle
> Schell«, so besteht die Gefahr von Verwechslungen – eine Registrie-
> rung dieses Namens wäre nicht erlaubt.

Darüber hinaus dürfen Sie fremde Markennamen auch dann für den
Namen Ihres Social-Media-Auftritts verwenden, wenn Sie:

▶ Produkte, die mit dieser Marke gekennzeichnet sind, verkaufen,

▶ Dienstleistungen rund um die genannten Markenprodukte erbringen oder

▶ ein Gewinnspiel veranstalten, bei dem es ein Markenprodukt zu
gewinnen gibt.

> **Beispiel**
>
> Daher darf beispielsweise eine Firma aus Dortmund unter der Face-book-Adresse *https://www.facebook.com/IPhoneSofortReparaturDort-mund* (siehe Abbildung 2.11) für die Reparatur der beliebten Smart-phones werben.

Abbildung 2.11   Die abgebildete Facebook-Seite verwendet die Marke »iPhone« in zulässiger Weise, um auf eine Leistung hinzuweisen, die direkt mit dem iPhone im Zusammenhang steht.

In Kapitel 7 dieses Buchs, »Was bei der Nennung und Abbildung von Marken und Markenlogos zu beachten ist«, erläutern wir ausführlich, was Sie beim Umgang mit fremden Marken beachten müssen. Falls Sie Ihre Social-Media-Präsenz unter einem fremden Markennamen betreiben möchten, empfehlen wir Ihnen, insbesondere Abschnitt 7.2 aufmerksam zu lesen.

2.2.3   Unternehmens- und Behördennamen

Auch bei der Verwendung fremder Unternehmensnamen für Ihren Social-Media-Auftritt sollten Sie vorsichtig sein. Grundsätzlich gilt hier dasselbe wie für Markennamen: Sie dürfen einen fremden Unternehmensnamen nur dann verwenden, wenn keine Gefahr besteht, dass Sie mit dem fremden Unternehmen verwechselt werden.

Bei Unternehmensnamen, die lediglich beschreibend sind (z. B. »Online Werbeagentur GmbH & Co. KG«), besteht diese Verwechslungsgefahr nicht, weil ein solcher Name gar nicht auf ein bestimmtes Unternehmen hinweisen kann. Keine Verwechslungsgefahr besteht auch, wenn das Unternehmen, dessen Namen Sie verwenden, nur regional beschränkt auftritt.

Unternehmensnamen dürfen nur dann als Account-Name genutzt werden, wenn keine Verwechslungsgefahr entsteht

Beispiel

Sie möchten für Ihren Blumenladen in Köln den Namen »Flower Power« auf Facebook verwenden. In Berlin gibt bereits einen Blumenladen namens »Flower Power«. Da dieser aber regional begrenzt auftritt, kann er Ihnen nicht verbieten, den Namen »Flower Power« für Ihren Facebook-Auftritt zu nutzen.

Ebenfalls gesperrt sind die Namen staatlicher Behörden. Die Freude an einem Twitter-Profil unter dem Namen »Gesundheitsministerium« wird sicherlich nicht lange währen.

Ausnahme: eine satirisch-kritische Namensnutzung

Ausnahmsweise erlaubt sind nur solche Accounts, die sich satirisch-kritisch mit staatlichen Einrichtungen auseinandersetzen. Voraussetzung hierfür ist aber, dass genau das auch deutlich wird, indem beispielsweise das Wort »Satire« in der Beschreibung verwendet oder eine sonstige Distanzierung vom »echten« Namensinhaber vorgenommen wird.

Beispiel

Unter dem Namen »Verfaschungsschutz« (siehe Abbildung 2.12) werden Meldungen wie »Ebenfalls bestätigte die #NSA, ausschließlich den Kongress der USA belogen zu haben. Deutsche Anfragen wurden stets ehrlich beantwortet.« getwittert. Grundsätzlich wäre der Account-Name verboten, weil eine Verwechslungsgefahr mit dem echten Verfassungsschutz besteht. Durch den Hinweis »Wir verfolgen nicht. Wir beobachten nur. Weil es echt schwer ist, eine Parodie zu sein, bei DEM Vorbild.« wird aber schnell klar, dass es sich um einen reinen Satire-Account handelt, der rechtlich zulässig ist.

Abbildung 2.12   Bei dem Twitter-Account Verfaschungsschutz (@bundesamtfvs) muss das Bundesamt für Verfassungsschutz herhalten. Eine solche Satire ist zulässig.

2.2.4   Fremde Personennamen

Auch Personennamen können vor einer willkürlichen Verwendung geschützt werden

Das Namensrecht schützt nicht nur Unternehmen (siehe Abschnitt 2.2.3), sondern auch jede natürliche Person. Daher sind fremde Personennamen grundsätzlich für eine Registrierung Ihres Social-Media-Accounts tabu. Das Gesetz unterscheidet dabei auch nicht zwischen prominenten und unbekannten Personen – ein Peter Müller kann Ihnen die Nutzung seines Namens genauso untersagen wie ein Thomas Gottschalk.

> **Beispiel**
>
> Sie möchten mit Ihrer Fußballschule das ganz große Rad drehen und legen dazu eine Facebook-Seite unter dem Namen »Fußballschule Franz Beckenbauer« (*http://facebook.com/fussballschulefranzbeckenbauer*) an. Dies wäre unzulässig und könnte untersagt werden.

Dasselbe gilt für in der Öffentlichkeit bekannte Pseudonyme oder Künstlernamen.

> **Beispiel**
>
> Daher wäre es im obigen Beispiel auch unzulässig, Ihre Fußballschule unter dem Namen »Kaiser Franz Fußballschule« zu registrieren.

Nur wenn Sie selbst ebenfalls den entsprechenden Namen tragen, kann Ihnen keiner verbieten, diesen Namen auch für Ihre Social-Media-Aktivitäten einzusetzen.

> **Beispiel**
>
> Wenn Sie im obigen Beispiel selbst den Namen »Franz Beckenbauer« tragen, dann ist es Ihnen auch erlaubt, unter diesem Namen Ihre Fußballschule auf Facebook zu promoten. Selbst der »Kaiser« kann Ihnen dann rechtlich nichts anhaben.

2.2.5 Städtenamen

Neben Unternehmen und Personen haben auch Städte und Gemeinde ein Namensrecht an ihrem Namen. Daher dürfen Sie Ihre Social-Media-Aktivitäten nicht so gestalten, dass Ihr Account mit einem offiziellen Städte-Account verwechselt werden kann. Ein Account namens »Stadt München« oder »Köln Info« wäre beispielsweise nicht erlaubt. Bei Namen wie »Hamburger Hotels« oder »Berlinreisen« besteht allerdings keine Verwechslungsgefahr, diese können Sie problemlos verwenden.

Auch bei Städtenamen darf keine Verwechslungsgefahr geschaffen werden

> **Hinweis**
>
> Neben diesen gesetzlichen Vorgaben schränken ebenfalls einige Social-Media-Anbieter selbst die Verwendung von Städtenamen ein. Mehr dazu erfahren Sie in Abschnitt 2.2.7.

2.2.6 Buch- und Filmtitel

Wenn Sie einen Auftritt im Social Web planen, dürfen Sie bei der Auswahl des Namens grundsätzlich auch keine existierenden Titel von Büchern, Filmen, TV-Sendungen, Zeitschriften, Blogs etc. (sogenannte Werktitel) verwenden. Solche Titel sind ebenfalls vom Gesetz besonders geschützt, wenn sie nicht nur rein beschreibend sind, sondern ein gewisses Maß an Individualität aufweisen.

> **Beispiel**
>
> Eine Facebook-Seite namens »Wetten dass« wäre damit ebenso unzulässig wie ein Blog mit dem Titel »Der Herr der Ringe«.

2.2.7   Vorgaben der Plattformen beachten

Die Plattformen haben unterschiedliche Vorgaben, was die Namensauswahl betrifft

Neben den gesetzlichen Rahmenbedingungen für die Namenswahl, die wir Ihnen in den Abschnitten 2.2.1 bis 2.2.6 beschrieben haben, stellen die Plattformbetreiber eigene Regeln auf, die bei der Wahl des Namens für Ihren Social-Media-Auftritt unbedingt beachtet werden müssen. Verstoßen Sie gegen die Plattformregeln, droht im schlimmsten Fall die Löschung des Auftritts, was einen massiven Imageverlust bei Kunden und »Fans« bedeuten kann. In den folgenden Abschnitten stellen wir Ihnen daher die Plattformvorgaben der wichtigsten Social-Media-Anbieter vor.

Facebook

Das größte soziale Netzwerk Facebook hat seine Regelungen zur Benennung von Facebook-Seiten unter *https://www.facebook.com/page_guidelines.php* zusammengefasst. Folgende Bedingungen sollten Sie unbedingt einhalten:

Facebook stellt sehr umfangreiche Sonderregeln hinsichtlich der Namensgebung auf

▶ Der Seitenname und die Adresse Ihrer Facebook-Seite müssen die Inhalte auf der Seite genau wiedergeben. Es wäre daher unzulässig, unter dem Namen »Haralds Hundeseite« Kochrezepte zu veröffentlichen.

▶ Der Seitenname darf nicht ausschließlich aus allgemeinen Begriffen bestehen. Seiten mit Namen wie »Bier«, »Pizza« oder auch »Straßenverkehr« werden von Facebook gelöscht. Erlaubt ist hingegen beispielsweise »Pizza La Fiamma«.

> **Hinweis**
>
> Unter die vorherige Regel fallen auch Seitentitel, die nur aus einem Städtenamen bestehen. Das mussten die Betreiber der Facebook-Seite »München« im Jahr 2012 schmerzhaft erfahren, als Facebook die Seite mit über 400.000 Fans unangekündigt löschte. Einige Tage später konnten die Betreiber die Seite unter dem Namen »Stadtportal München« wieder eröffnen. Heute heißt die Seite »München.de« (siehe Abbildung 2.13).

▶ Der Seitenname muss eine richtige und grammatikalisch richtige Großschreibung enthalten und darf nicht ausschließlich aus Großbuchstaben bestehen. Ausnahme hiervon sind Akronyme wie z. B. ADAC oder TÜV.

Abbildung 2.13   Durch die Ergänzung ».de« wurde die Facebook-Seite der Stadt München ausreichend individualisiert. Der bloße Stadtname München war nach Meinung von Facebook zu allgemein.

▶ Im Seitentitel dürfen keine überflüssigen Zeichen oder Symbole enthalten sein. Hierunter fallen beispielsweise Seitennamen, bei denen Satzzeichen inflationär gebraucht werden (z. B. !!!!!).

▶ Zuletzt dürfen im Seitennamen auch keine überflüssigen Beschreibungen und unnötigen Vermerke auftauchen. Es wäre zum Beispiel nicht erlaubt, eine Facebook-Seite mit dem Namen »Das ist die Facebook-Seite von Rosis Rosenladen aus Köln« zu erstellen.

Twitter

Auch auf der Plattform Twitter existieren einige Regeln für die Wahl des richtigen Namens:

Twitter reguliert ebenfalls die Namenswahl

▶ Twitter verbietet explizit das *Name Squatting*, d. h., das gezielte Belegen eines Twitter-Namens. Stellt Twitter fest, dass ein Account zwar registriert, aber nicht genutzt wird, kann dieser gelöscht werden.

▶ Verboten ist auf Twitter auch die »Identitätstäuschung«. Sie dürfen daher keinen Account unter »Max Mustermann« eröffnen, wenn Sie »Monika Musterfrau« heißen.

▶ Das Verwenden von fremden Markennamen ist bei Twitter nochmals ausdrücklich untersagt (siehe Abschnitt 2.2.2).

> **Tipp**
>
> Twitter hält für Parodie- oder Fan-Accounts unter *https://support.twit-ter.com/groups/56-policies-violations/topics/236-twitter-rules-policies/articles/20170144-parodie-kommentar-oder-fan-accounts* einige Hinweise bereit, wie diese ohne Probleme betrieben werden können. So wird dort beispielsweise empfohlen, den eigenen Account nicht wie die parodierte Person zu nennen, sondern mit einem Zusatz wie »nicht/kein« oder »Pseudo« zu kennzeichnen.

Google+

Bei Google+ sind lediglich die allgemeinen Richtlinien zu beachten

Google macht Ihnen grundsätzlich keine besonderen Vorgaben bei der Namenswahl. Sie können den Namen Ihrer Seite frei wählen, wenn er nicht gegen die allgemeinen Inhaltsrichtlinien (*http://www.google.com/intl/de/+/policy/content.html*) verstößt. Damit sind bestimmte Inhalte (wie z. B. Tabakwerbung, Mobbing, Belästigung etc.) auch bei der Namenswahl tabu.

Bei Google+ können Sie den Namen Ihres Auftritts bis zu drei Mal im Jahr ändern. Ab einer bestimmten Anzahl an »Followern« ist eine Namensänderung aber nicht mehr möglich.

XING

Der Betreiber des Businessnetzwerks XING macht in seinen allgemeinen Geschäftsbedingungen folgende Vorgaben für Ihren Account-Namen:

▶ Ein persönliches Profil darf nur unter dem richtigen Namen betrieben werden. Pseudonyme und Künstlernamen sind nicht erlaubt.

▶ Ein Unternehmensprofil darf nur unter dem offiziellen Unternehmensnamen geführt werden. Die Verwendung von Begriffen und Marken anderer Unternehmen ist ausdrücklich untersagt.

Blogger

Das Blog-Angebot von Google unterliegt grundsätzlich denselben Nutzungsbedingungen wie Google+ (siehe oben). Für den Namen des Blogs sind keine besonderen Beschränkungen vorgesehen.

Tumblr

Auch die Plattform Tumblr macht Ihnen nicht viele Vorgaben zum Namen Ihres Angebots. Nach den Nutzungsbedingungen dürfen Sie für einen Tumblr-Account keinen Namen einer anderen Person oder eines anderen Unternehmens verwenden, wenn hierdurch unklar wird, wer hinter dem Account steckt.

2.2.8   Folgen bei Verstößen

Verstöße gegen die oben skizzierten Grundsätze bei der Namensfindung können schwerwiegende Folgen für Sie haben. Verletzen Sie mit Ihrem Social-Media-Auftritt Namens- oder Markenrechte Dritter, können Abmahnungen und Schadenersatzansprüche die Folge sein. Die entsprechenden Forderungen können von einigen wenigen 100 Euro bis zu mehreren 10.000 Euro (bei bekannten Marken) betragen.

Die Verletzung von Namensrechten und die Missachtung der Nutzungsbedingungen können folgenschwer sein

---

Checkliste

Um rechtlich auf der sicheren Seite zu sein, beachten Sie bei der Wahl Ihres Namens im Social Web folgende Punkte:

▸ Ist der gewünschte Name bereits registriert? Falls ja, können Sie die Herausgabe nur verlangen, wenn Sie ein »besseres« Recht haben, wie z. B. das Marken- oder Namensrecht (siehe Abschnitt 2.2.9).

▸ Verletzt der gewünschte Name Markenrechte Dritter? Hier hilft nur eine umfangreiche Recherche oder die Befragung eines spezialisierten Rechtsanwalts (siehe Abschnitt 2.2.2).

▸ Stehen dem gewünschten Namen möglicherweise Namensrechte Dritter entgegen? Hierunter fallen Unternehmens- und Personennamen, Städtenamen sowie Buch- und Filmtitel (siehe Abschnitt 2.2.3 bis Abschnitt 2.2.6).

▸ Erlaubt auch der Plattformbetreiber die Registrierung des Namens? Vorsicht ist insbesondere bei Facebook geboten. DIe Plattform stellt umfangreiche Sonderregeln auf (siehe Abschnitt 2.2.7).

Viel schwerer wiegt allerdings, dass viele Plattformen bei Verstößen gegen die Nutzungsbedingungen nicht zimperlich sind und Ihr Profil sofort und unumkehrbar löschen. Zwar steht Ihnen hiergegen der Rechtsweg offen – aber häufig nur theoretisch, da die meisten Plattformanbieter nicht in Deutschland sitzen und daher nur schwer bis gar nicht erreichbar sind. Ein mit viel Geld und Arbeit aufgebautes Social-Media-Profil kann sich so binnen kürzester Zeit in die sprichwörtliche Luft auflösen. Neben dem finanziellen Schaden erleiden Sie durch eine solche Löschung einen hohen Imageverlust bei Ihrer Zielgruppe.

2.2.9   Was tun, wenn der gewünschte Name schon weg ist?

Möglicherweise mussten Sie aber auch schon überrascht feststellen, dass bei der Plattform Ihrer Wahl bereits ein Account auf Ihren Firmennamen oder Ihre Marke eingetragen ist. Zum Teil werden solche Seiten regelrecht »reserviert«, um sie dem eigentlichen Namensinhaber später teuer zu verkaufen (sogenanntes Account-Grabbing). Wie kann man sich dagegen wehren?

Gegen ein unzulässiges Reservieren von Account-Namen können Sie vorgehen

Die oben beschriebene Marken- und Namensrechte (siehe Abschnitt 2.2.2 bis Abschnitt 2.2.6) können einen Unterlassungsanspruch gegen den Reservierenden begründen. Voraussetzung ist aber, dass eine mehr oder weniger große Verwechslungsgefahr gegeben ist. Ist das der Fall, können Sie den Reservierenden abmahnen und zur Unterlassung auffordern. Reagiert er hierauf nicht, ist eine einstweilige Verfügung ein gutes Mittel, um schnell einen Erfolg zu erzielen. Aber auch der Weg über eine Unterlassungsklage steht Ihnen offen.

Möglich ist ebenfalls, in einem sogenannten Notice-and-take-down-Verfahren den Plattformbetreiber direkt anzuschreiben und ihn auf den Rechtsverstoß hinzuweisen. In den Fällen, in denen man glaubhaft seine Rechte an einem Namen geltend machen kann, hat dieses Verfahren – mit etwas Geduld – häufig auch Aussicht auf Erfolg.

Tipp

Die Praxis zeigt, dass bei einem Namens- oder Markenverstoß ein Notice-and-take-down-Verfahren häufig das bessere Mittel ist. Während die Durchsetzung im Wege einer Unterlassungsklage manchmal Jahre dauern kann, reagieren unserer Erfahrung nach die Plattformbetreiber innerhalb weniger Wochen und löschen den rechtsverletzenden Account. Manche Plattformen bieten für solche Fälle einfache Kontaktmöglichkeiten an:

▶ Facebook (siehe Abbildung 2.14): *https://www.facebook.com/help/contact/208282075858952*

▶ Twitter: Namensrechtsverstoß: *https://support.twitter.com/forms/impersonation*; Markenrechtsverstoß: *https://support.twitter.com/forms/trademark*

▶ Blogger: *https://support.google.com/blogger/answer/82112?id=&url=*

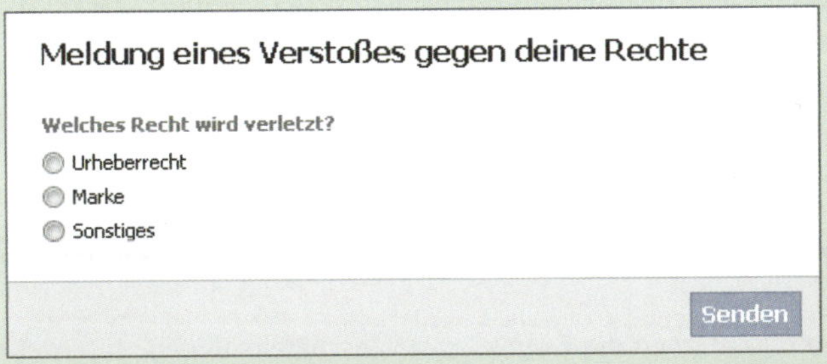

Meldung eines Verstoßes gegen deine Rechte

Welches Recht wird verletzt?

○ Urheberrecht
○ Marke
○ Sonstiges

Senden

Abbildung 2.14   Bei Facebook gibt es zur Meldung von Rechtsverstößen ein einfaches Formular. Mit diesem kann Facebook durch Anklicken mitgeteilt werden, welches Recht verletzt wurde.

Bei den übrigen Plattformen können Sie Verstöße per E-Mail melden. Die E-Mail-Adresse finden Sie üblicherweise unter den Punkten KONTAKT oder IMPRESSUM.

Hinweis

Wenn Sie mehr zu den Themen Abmahnung und Durchsetzung eigener Rechte erfahren möchten, empfehlen wir Ihnen, Kapitel 11, »Wenn mal etwas schiefgeht – Haftung im Social Web«, aufzuschlagen.

2.3   Wer bin ich – die Impressumspflicht in den sozialen Netzwerken

Sobald Sie sich für einen (möglichst rechtssicheren) Namen entschieden und Ihren Auftritt im Social Web eingerichtet haben, sollten Sie sich um ein ordnungsgemäßes Impressum kümmern. Sie kennen ein solches Impressum wahrscheinlich aus Ihrer Tageszeitung oder auch von großen Nachrichten-Websites. Aber auch im Social Web spielt das Impressum eine wichtige Rolle. Lesen Sie in den nächsten Abschnitten, wann Sie ein Impressum benötigen (fast immer) und wie Sie dieses rechtssicher in Ihren Social-Media-Auftritt implementieren können.

Nach der Einrichtung eines Social-Media-Auftritts sollte ein Impressum angelegt werden

2.3.1   Wer braucht ein Impressum?

Bei der gewerblichen Nutzung ist ein Impressum erforderlich

Zweck eines Impressums ist es, im Fall einer Rechtsverletzung (z. B. Beleidigung oder Fotoklau) den Verantwortlichen schnell und unkompliziert ausfindig zu machen. Daher hat der Gesetzgeber festgeschrieben, dass *jedes »geschäftsmäßige« Internetangebot*, also klassische Websites, Blogs, Social-Media-Profile, Twitter-Accounts und YouTube-Kanäle, die notwendigen Kontaktangaben bereithalten muss. Nur rein private Internetangebote, wie zum Beispiel ein Onlinetagebuch, benötigen kein Impressum.

> **Achtung**
>
> Achten Sie darauf, dass die Grenze zum »geschäftsmäßigen« Internetangebot sehr schnell überschritten ist. Schalten Sie beispielsweise auf Ihrem Onlinefotoalbum eine Werbeanzeige, um die Kosten für den Server zu decken, wird Ihr Angebot nicht mehr als rein privat angesehen.

Häufig wird eingewendet, dass die großen Social-Media-Plattformen ja ein Impressum hätten (z. B. Facebook, siehe Abbildung 2.15) und man deshalb nicht auf jeder Facebook-Seite noch ein eigenes Impressum bereithalten müsse.

Abbildung 2.15   Das Impressum von Facebook (www.facebook.com/legal/terms)

Diese Ansicht ist falsch und daher sehr gefährlich. Sobald Sie in einem Netzwerk ein eigenes abgrenzbares Angebot schaffen, indem Sie zum Beispiel eine Facebook-Seite einrichten, müssen Sie ebenfalls ein Impressum haben. Der Grund hierfür ist der Zweck der Impressumspflicht: Ein Rechtsverletzer soll schnell und effektiv verfolgt werden können. Würden Sie sich mit Ihrem Facebook-Auftritt hinter dem Plattformbetreiber »verstecken« können, wäre dieser Zweck gerade nicht erfüllt.

Das Impressum von Facebook genügt nicht. Für Ihre Unternehmensseite benötigen Sie ein eigenes Impressum

Tipp

Gehen Sie auf Nummer sicher und stellen Sie sich darauf ein, dass Sie ein Impressum brauchen.

2.3.2   Die Pflichtangaben – was im Impressum stehen muss

Im Gesetz (genauer in § 5 Telemediengesetz, in Österreich § 5 E-Commerce-Gesetz) ist ein Katalog von Pflichtangaben geregelt, die grundsätzlich in einem Impressum auftauchen müssen. Dabei ist es egal, ob sich das Impressum auf einer Website, einem Twitter-Kanal oder einer Facebook-Seite befindet. Die Pflichtangaben gelten für alle Plattformen gleichermaßen.

Die Pflichtangaben eines Impressums ergeben sich aus dem Gesetz

Tipp

Da die Voraussetzungen für ein wirksames Impressum auf allen Plattformen gleich sind, können Sie auch ein zentrales Impressum auf Ihrer Website erstellen und von Ihren Social-Media-Auftritten hierauf verlinken.

Rechtslage in Österreich

In Österreich sind die Voraussetzungen für ein wirksames Impressum über eine Vielzahl von Gesetzen verstreut. Neben dem E-Commerce-Gesetz enthalten auch das Unternehmensgesetzbuch, die Gewerbeordnung, das Konsumentenschutzgesetz und das Mediengesetz Vorgaben für das Impressum in einem Onlineangebot.

Um dieser verwirrenden Gesetzeslage Herr zu werden, bietet die Wirtschaftskammer Österreich (WKO) einen genialen Service. Mitglieder der WKO (also fast alle Gewerbetreibende) können den Impressums-

In Österreich entstammen die Impressumsvorschriften verschiedenen Rechtsquellen

pflichten nach den verschiedenen Gesetzen Genüge tun, indem sie sich über die Website *http://firmen.wko.at/Web/ECGHint.aspx* registrieren, einen Eintrag im »Firmen A–Z« erstellen und von ihren Onlineangeboten dann auf diesen Eintrag verlinken. Ein Beispiel für eine solche Umsetzung bildet die Onlineagentur »Webdots« in Abbildung 2.16.

Impressum

Ing. Patrizia Faschang, BA MA
webdots.at
Müllerweg 19a
4950 Altheim
Mail: office@webdots.at
Mobil: +43 (0) 676 848 998 228
Fax/Festnetz: 07723 42649

Informationspflicht lt. ECG und Mediengesetz **WKO**.at

UID: ATU65434005
Steuernummer: 208/8379

Abbildung 2.16   Das Impressum der Website webdots.at hält eine Verlinkung (grau hinterlegter Button) zu dem Service der Wirtschaftskammer Österreich (WKO) bereit.

Weitere Infos zu dieser Möglichkeit und den allgemeinen Voraussetzungen eines Impressums hat die WKS in einem PDF zusammengefasst, das unter *http://portal.wko.at/wk/dok_detail_file.wk?angid=1&docid=1482941&conid=645626* kostenfrei heruntergeladen werden kann.

Name, Anschrift, Rechtsform, Vertretungsberechtigter

Das Impressum muss offenlegen, mit wem es der Nutzer zu tun hat und wie er den Verantwortlichen erreichen kann

Zunächst müssen Sie im Impressum Name (inklusive Vorname) und Anschrift des Betreibers des Social-Media-Auftritts angeben. Bei der Anschrift reicht die Angabe eines Postfachs nicht, hier müssen Sie Straße, Hausnummer, Postleitzahl und Ort benennen. Ist der Betreiber des Auftritts eine juristische Person (GmbH, UG, AG, e. V.), eine Personengesellschaft (GbR, OHG) oder ein Verein, müssen Sie die korrekte Rechtsform angeben. Sind Sie eingetragener Kaufmann, müssen Sie das ebenfalls mitteilen. In diesen Fällen ist es auch erforderlich, die vertretungsberechtigte Person zu benennen. Im Fall einer GmbH ist dies der Geschäftsführer, bei einer AG der Vorstand, bei einer GbR sind es die Gesellschafter. Gibt es in Ihrem Unternehmen einen Prokuristen, kann auch dieser angegeben werden.

Angaben über das Grund- und Stammkapital

Machen Sie in Ihrem Social-Media-Auftritt Angaben zum Kapital Ihres Unternehmens, müssen Sie im Impressum das Grundkapital Ihres Unternehmens und die Summe aller ausstehenden Einlagen angeben.

Angaben zur Kontaktaufnahme

Das Gesetz sieht an dieser Stelle vor, dass Sie »Angaben, die eine schnelle elektronische Kontaktaufnahme und unmittelbare Kommunikation mit ihnen ermöglichen« im Impressum machen müssen. Das heißt, Sie müssen zumindest eine E-Mail-Adresse und eine zweite Möglichkeit der elektronischen Kontaktaufnahme, z. B. Telefonnummer oder Faxnummer, in Ihrem Impressum nennen. Wichtig ist, dass Sie auf die dort eingehenden Anfragen innerhalb der Geschäftszeiten schnell reagieren können. Ein »totes« E-Mail-Postfach reicht also genauso wenig aus wie ein Anrufbeantworter, der nie abgehört wird.

Hinweis

Im Gesetz ist nicht gefordert, dass die Kontaktaufnahme kostenlos möglich sein muss. Daher können Sie auch eine Mehrwertrufnummer (0900-Nummer) als Kontaktmöglichkeit angeben, wenn Sie die Kosten hierfür angeben. Achten Sie dabei aber auf die neuen gesetzlichen Regelungen zur kostenlosen Warteschleife.

Aufsichtsbehörde

Benötigen Sie für Ihr Unternehmen eine behördliche Zulassung (z. B. als Arzt, Rechtsanwalt, Gaststätte), müssen Sie im Impressum auch die für Sie zuständige Aufsichtsbehörde nennen. Da gesetzlich nicht ganz klar geregelt ist, welche zusätzlichen Angaben notwendig sind, sollten Sie sicherheitshalber sowohl die Adresse als auch einen Link zur Website der Aufsichtsbehörde mit aufführen.

Registerangaben

Sollten Sie in ein öffentliches Register (zum Beispiel das Handelsregister) eingetragen sein, müssen Sie dies ebenfalls im Impressum veröffentlicht. Angegeben werden müssen Registernummer und Registergericht.

Berufsrechtliche Angaben

Üben Sie einen gesetzlich reglementieren Beruf aus, dessen Ausübung an den Besitz eines Diploms oder eines anderen Befähigungsnachweises gebunden ist, unterliegen Sie einer erweiterten Impressumspflicht. Sie müssen dann einige zusätzliche berufsrechtliche Angaben machen. Unter diese Pflicht fallen alle klassischen »freien Berufe«, d. h. Ärzte, Zahnärzte, Tierärzte, Apotheker, Rechtsanwälte, Steuerberater, Wirtschaftsprüfer, Psychotherapeuten sowie Gesundheitshandwerker. Außerdem werden Architekten, Innenarchitekten, Landschaftsarchitekten, Stadtplaner, Ingenieure und Heilberufe (z. B. Hebammen, Logopäden) ebenfalls von dieser Pflicht erfasst.

Angegeben werden müssen in diesem Fall:

▶ Die Kammer, der der Betreiber des Social-Media-Angebots angehört.

▶ Die gesetzliche Berufsbezeichnung und der Staat, in dem diese verliehen worden ist.

▶ Die entsprechenden berufsrechtlichen Regelungen und wie diese zugänglich sind (z. B. über einen Link auf die Website der Kammer).

Diese Vorgaben haben wir beispielsweise auf unserer Website *www.wbs-law.de* im Impressum umgesetzt, wie Abbildung 2.17 zeigt.

Berufshaftpflichtversicherung

Haben Sie eine Berufshaftpflichtversicherung abgeschlossen, müssen Sie zu dieser im Impressum ebenfalls Angaben machen. Aufgeführt werden müssen Name und Anschrift sowie der räumliche Geltungsbereich des Versicherungsschutzes.

Umsatzsteuer-Identifikationsnummer

Besitzen Sie eine Umsatzsteuer-Identifikationsnummer (USt-IdNr.) oder Wirtschafts-Identifikationsnummer (W-IdNr.), müssen Sie diese ebenfalls ins Impressum aufnehmen. Häufig werden auch die Steuernummer und das Finanzamt mit angegeben (siehe Abbildung 2.18). Diese Angaben haben aber im Impressum nichts zu suchen.

Informationen nach § 2 DL-InfoV:

Die genannten gesetzlichen Berufsbezeichnungen "Rechtsanwalt" bzw. "Rechtsanwältin" sowie Fachanwaltsbezeichnungen wurden sämtlich in der Bundesrepublik Deutschland verliehen.

Rechtsanwaltskammer und zuständige Aufsichtsbehörde:

Rechtsanwaltskammer Köln
Riehler Strasse 30
50668 Köln

Tel. 0221-97 30 10-0
Fax. 0221-97 30 10-50
E-Mail: kontakt@rak-koeln.de

Berufshaftplichtversicherung:

Allianz Versicherungs-Aktiengesellschaft
Generalvertretung
Berrenrather Straße 482
50937 Köln

Der räumliche Geltungsbereich des Versicherungsschutzes umfasst Tätigkeiten in den Mitgliedstaaten der Europäischen Union.

Berufsrechtliche Regelungen:

- Berufsordnung für Rechtsanwälte (BORA)
- Bundesrechtsanwaltsordnung (BRAO)
- Rechtsanwaltsvergütungsgesetz (RVG)
- Berufsregeln der Rechtsanwälte der Europäischen Union (CCBE)
- Fachanwaltsordnung (FAO)

Diese Gesetze und Verordnungen sind im Bundesgesetzblatt veröffentlicht.
Sie können auch über die Bundesrechtsanwaltskammer bezogen werden.
Sie befinden sich zudem auf ihrer Internetseite www.brak.de/seiten/06.php.

Abbildung 2.17   Das Impressum auf der Website Rechtsanwaltskanzlei WILDE BEUGER SOLMECKE (www.wbs-law.de) muss Angaben über die Aufsichtsbehörde, die Berufshaftpflichtversicherung und über die speziellen berufsrechtlichen Regelungen enthalten.

Steuernummer: 41▒▒▒/41▒▒ Finanzamt ▒▒▒▒▒▒
USt-IdNr.: DE - 23▒▒▒▒▒▒
Geschäftsform: Einzelunternehmung

Abbildung 2.18   Die hier abgebildete Steuernummer und die Angabe des zuständigen Finanzamts sind überflüssig. Nicht vergessen werden darf die Umsatzsteuer-Identifikationsnummer oder die Wirtschafts-Identifikationsnummer.

Abwicklung oder Liquidation von Kapitalgesellschaften

Befindet sich Ihre Aktiengesellschaft, GmbH oder Kommanditgesellschaft auf Aktien in Abwicklung oder Liquidation, so müssen Sie dies im Impressum vermerken (sogenannter Liquidationsvermerk).

Liquiditätsvermerk

Angabe der inhaltlich verantwortlichen Person

*Verantwortliche
Person bei journalis-
tisch-redaktioneller
Gestaltung*

Betreiben Sie nicht nur einen werblichen Auftritt im Social Web, sondern gestalten Ihr Angebot journalistisch-redaktionell, müssen Sie eine inhaltlich verantwortliche Person im Impressum benennen. Häufig wird diese Person auch als »verantwortlich im Sinne des Presserechts« oder kurz »V. i. S. d. P.« bezeichnet.

Unter journalistisch-redaktionell gestalteten Angeboten werden alle Medienangebote gefasst, die zur Meinungsbildung in der Öffentlichkeit beitragen wollen, indem dort regelmäßig neue Artikel und Kommentare veröffentlicht werden. Neben politischen Blogs (z. B. Netzpolitik.org, siehe Abbildung 2.19) fallen hierunter auch Twitter-Accounts oder Facebook-Seiten (z. B. Caschys Blog – siehe Abbildung 2.20), wenn dort regelmäßig meinungsbildende Beiträge gepostet werden.

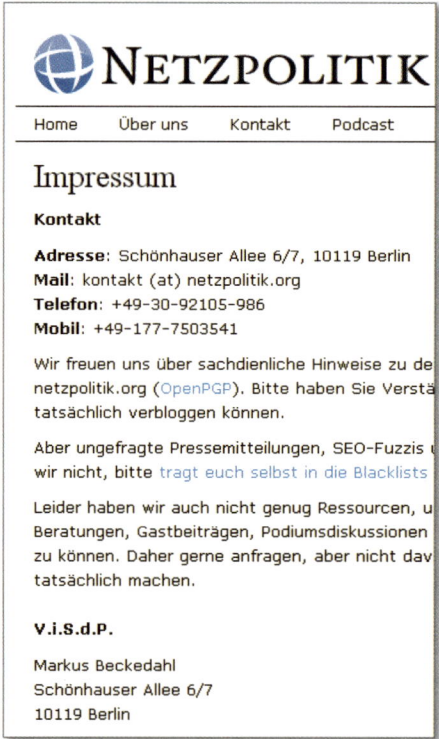

Abbildung 2.19 Das Impressum des Blogs Netzpolitik.org weist die verantwortliche Person im Sinne des Presserechts unter der Abkürzung »V. i. S. d. P.« im Impressum aus.

Abbildung 2.20   Im Facebook-Impressum von Caschys Blog wird auf die Bezeichnung der Person als »V. i. S. d. P.« verzichtet. Dafür wird dargelegt, wer nach § 55 Abs. 2 des Rundfunkstaatsvertrags die Verantwortlichkeit trägt. Welche dieser beiden Darstellungsarten genutzt wird, ist eine Frage des Geschmacks. Zulässig ist beides.

Wichtig ist, dass die inhaltlich verantwortliche Person ihren ständigen Aufenthalt in Deutschland hat, voll geschäftsfähig ist und strafrechtlich ohne Beschränkungen verfolgt werden kann.

Erwartungen an die »V. i. S. d. P.«

Tipp

Ein Musterimpressum einer GmbH finden Sie am Ende dieses Buchs in Kapitel 14, »Mustertexte«. Außerdem erhalten Sie über eine Websuche nach den Stichwörtern »Impressum Generator« eine Vielzahl von kostenlosen Diensten, die Ihnen ein rechtssicheres Impressum für Ihr Social-Media-Angebot erstellen.

2.3.3   Aussehen und Position des Impressums

Nachdem Sie nun wissen, wann Sie ein Impressum benötigen und welche Angaben dort enthalten sein müssen, geht es nun um die Frage der praktischen Umsetzung. Im Gesetz ist geregelt, dass ein

Impressum »leicht erkennbar, unmittelbar erreichbar und ständig verfügbar« sein muss. Was diese drei Voraussetzungen bedeuten, möchten wir Ihnen in den folgenden Abschnitten erläutern.

Leichte Erkennbarkeit

Keine lange und aufwendige Suche nach dem Impressum

Das Impressum ist dann »leicht erkennbar«, wenn es an gut wahrnehmbarer Stelle steht und ohne langes Suchen auffindbar ist. Bewährt und auch in der Rechtsprechung anerkannt ist es, von jeder Seite des Webangebots einen Link auf eine eigene Unterseite zu setzen. Der Link kann dann die Beschriftung »Impressum« (wie beim Blog der Sparkasse Bielefeld in Abbildung 2.21), »Kontakt« oder »Anbieterangaben« haben. Rechtlich problematisch sind zweideutige Links wie »Weitere Infos« oder »Über uns«, da ein durchschnittlicher Internetnutzer hier nicht unbedingt die Angaben eines Impressums vermuten würde.

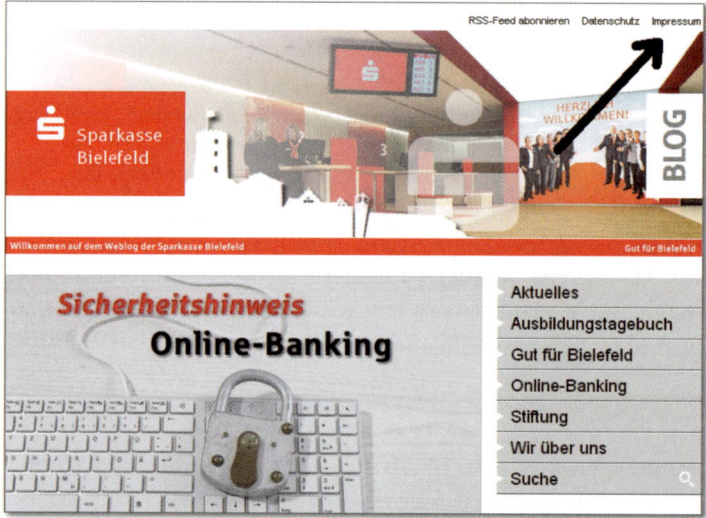

Abbildung 2.21   Das Blog der Sparkasse Bielefeld genügt der Voraussetzung der leichten Erkennbarkeit (schwarzer Pfeil). Auf dieser Seite kann das Impressum sozusagen auf den ersten Blick gefunden werden.

Hinweis

Ihr Impressum muss nicht nur auf Ihrer Website, sondern auch bei Facebook & Co. und in mobilen Apps »leicht erkennbar« sein. Wie Sie das am besten umsetzen, lesen Sie in Abschnitt 2.3.4.

Unmittelbare Erreichbarkeit

Ihr Impressum ist nur dann rechtssicher, wenn es auch unmittelbar erreichbar ist. Die Gerichte in Deutschland gehen davon aus, dass dies gewährleistet ist, wenn der Nutzer von jeder beliebigen Seite eines Angebots mit zwei Klicks zum Impressum gelangen kann.

Die Verlinkung auf eine andere Seite genügt der Zwei-Klick-Vorgabe

> **Beispiel**
>
> Ein Nutzer googelt nach »Tulpenzwiebeln« und landet auf einem Blog-Artikel Ihres Blumen-Blogs, das Sie im Rahmen Ihres Blumenhandels betreiben. Nun möchte er wissen, wer hinter dem Angebot steckt, und klickt zunächst auf den Link STARTSEITE (erster Klick) und dann auf den dort erscheinenden Link IMPRESSUM (zweiter Klick), wo die gewünschten Infos erscheinen. Er kann Ihr Impressum also von einer beliebigen Stelle Ihres Angebots aus mit zwei Klicks erreichen. Ihr Impressum ist daher »unmittelbar erreichbar«.

Diese Zwei-Klick-Regel gilt selbstverständlich auch für Ihre Angebote auf den Social-Media-Plattformen. In Abschnitt 2.3.4 lernen Sie, wie Sie dort diese Vorgabe erfüllen können.

Ständige Verfügbarkeit

Zuletzt muss Ihr Impressum auch »ständig verfügbar« sein. Dies bedeutet, dass ein Nutzer jederzeit auf die Angaben im Impressum zugreifen können muss. Ein kurzer Ausfall wegen Wartungsarbeiten oder Überarbeitung des Impressums ist allerdings unschädlich.

> **Achtung**
>
> Falls Sie in Ihren Social-Media-Profilen auf ein Impressum Ihrer Website verlinken, müssen Sie dafür sorgen, dass der Link auch immer abrufbar ist. Ändert sich beispielsweise die Struktur Ihrer Website, müssen alle Links in den sozialen Netzwerken entsprechend angepasst werden.

2.3.4   Das Impressum auf den verschiedenen Social-Media-Plattformen

Die oben aufgeführten Voraussetzungen gelten auch für Angebote innerhalb sozialer Netzwerke, also für Facebook-Seiten, Twitter-Accounts, Google+-Profile etc. Hier stellt sich aber das Problem, dass diese Plattformen es Ihnen nicht leicht machen, die gesetzlichen Vorgaben auch umzusetzen. So lässt sich beispielsweise eine Facebook-Seite kaum gestalterisch ändern. Sie müssen daher mit dem Design arbeiten, das Ihnen der Betreiber vorgibt. Wie Sie trotz dieser Einschränkung auch in den sozialen Netzwerken ein rechtlich einwandfreies Impressum bereitstellen können, möchten wir Ihnen anhand einiger Beispiele verdeutlichen.

> **Hinweis**
>
> Bei den folgenden Beispielen handelt es sich um solche, die sich in der Praxis bewährt haben. Selbstverständlich gibt es auch andere Gestaltungsmöglichkeiten, die rechtlich ebenso zulässig sind. Im Zweifel sollten Sie aber einen Experten Ihre konkrete Umsetzung prüfen lassen.

Facebook

Ein Impressum auf Facebook kann unterschiedlich umgesetzt werden

Ein Impressum auf Facebook rechtlich einwandfrei unterzubringen, ist nahezu ein Ding der Unmöglichkeit. Betrachtet man allein die Website von Facebook, ergeben sich auf den ersten Blick zunächst mehrere Möglichkeiten. So können die Angaben unter dem Link INFO eingetragen, in einer eigenen »Impressums«-App bereitgehalten oder per Link auf die Website (siehe Abbildung 2.22) verfügbar gemacht werden.

Abbildung 2.22   Die Facebook-Seite von Greenpeace Deutschland hat einen Link zum Impressum gesetzt.

Die Impressumspflicht gilt auch für die App-Version

Da Facebook allerdings auch auf mobilen Geräten über diverse Apps abrufbar ist, müssen Sie innerhalb dieser Apps ebenfalls die gesetzlichen Vorgaben für das Impressum einhalten. Ruft man die Facebook-Seite von Greenpeace Deutschland über die iPhone-App auf, so fehlt dort der direkte Impressumslink (siehe Abbildung 2.23).

Abbildung 2.23   Die Darstellung der Facebook-Seite von Greenpeace
Deutschland in der iPhone-App zeigt keinen Link, der zum Impressum führt.
Die Tatsache, dass der Link auf der PC-Version abrufbar ist, genügt nicht. Hier
wäre eine Abmahnung denkbar.

Hier hilft es nur, die Informationen zusätzlich unter dem Link INFO
zu hinterlegen, da dieser auch über die App aufgerufen werden kann
(siehe Abbildung 2.24).

Abbildung 2.24   Der Info-Bereich einer Facebook-Seite in der iPhone-App

Tipp

Nach dem Motto »doppelt und dreifach hält besser« sollten Sie Ihr Impressum möglichst über einen direkten Link, im Infobereich und auch über eine eigene App verfügbar machen.

Hinweis

Es gibt Gerichte, die ein Impressum unter dem Link INFO für nicht ausreichend ansehen. Dies hat zur Folge, dass Sie auf Facebook nach Ansicht dieses Gerichts ein rechtssicheres Impressum nicht vorhalten können, da in den mobilen Anwendungen weder der direkte Link noch die Impressums-App angezeigt werden. Sie sollten allerdings dies nicht zum Anlass nehmen, nunmehr gänzlich auf die Impressumsvorschriften zu pfeifen. Es kann durchaus sein, dass andere Gerichte diese Thematik ganz anders beurteilen. Mit dem oben genannten Tipp haben Sie zumindest alles getan, was in Ihrer Macht steht, um ein Impressum richtig umzusetzen.

Twitter

Auch auf der Plattform Twitter lässt sich kein absolut wasserdichtes Impressum verwirklichen. Man kann zwar im Twitter-Profil einen Impressumslink unterbringen, wie das Beispiel der Deutschen Telekom AG in Abbildung 2.25 zeigt.

Abbildung 2.25 Das Twitter-Profil der Deutsche Telekom AG hat einen Link zum Impressum integriert. Eine gute Lösung für die Ansicht auf einem PC.

Problematisch ist hier aber wieder die Darstellung in der mobilen Twitter-App. Diese zeigt beim Aufruf des Telekom-Profils nämlich zunächst keinen Impressumslink an (siehe Abbildung 2.26). Nur der Experte weiß, dass er einmal nach links wischen muss, um an die nötigen Informationen zu gelangen (siehe Abbildung 2.27). Ob dies den oben genannten Voraussetzungen der »leichten Erkennbarkeit« und »unmittelbaren Erreichbarkeit« genügt, können wir nicht mit Sicherheit sagen, da Gerichte hierüber noch nie entschieden haben.

Schwierigkeiten der Darstellung in der Twitter-Mobile-App

Abbildung 2.26   Bei dem Twitter-Profil der Deutsche Telekom AG innerhalb der iPhone-App ist ein Wischen erforderlich, um zu dem Impressumslink zu gelangen. Eine gerichtliche Entscheidung darüber, ob dies den Grundsätzen der Erreichbarkeit und Erkennbarkeit genügt, gibt es noch nicht.

Hinweis

Auch hier gilt: Wegen der schlechten Einbindung eines Impressums innerhalb der Twitter-App besteht eine rechtliche Unsicherheit, die Sie aber nicht dazu verleiten sollte, nunmehr gar kein Impressum zu veröffentlichen. Nutzen Sie die Möglichkeiten, die Twitter bietet, und hinterlegen Sie ein Impressumslink in Ihrem Profil.

Abbildung 2.27   Wischt man in der App der Telekom AG einmal einmal nach links, erscheinen alle erforderlichen Informationen auf einen Blick.

Google+

Auch bei Google+ gibt es Schwierigkeiten beim Impressum

Auch Google macht es Ihnen auf seiner Google+-Plattform nicht leicht, ein Impressum rechtssicher zu hinterlegen. Betreiben Sie eine Google+-Seite, sollten Sie Ihr Impressum unter dem Register Info im Bereich Über mich hinterlegen, wie es Spiegel Online in Abbildung 2.28 getan hat (siehe rote Umrandungen).

Diese Infos sind dann auch über die mobilen Apps von Google+ abrufbar.

> **Hinweis**
>
> Wie bei Facebook (siehe oben) gibt es auch hier die Unsicherheit, dass einige Gerichte einen Link unter Info nicht für ausreichend erachten. Da aber keine anderen Möglichkeiten eines Impressums existieren, sollten Sie zumindest diese Variante umsetzen.

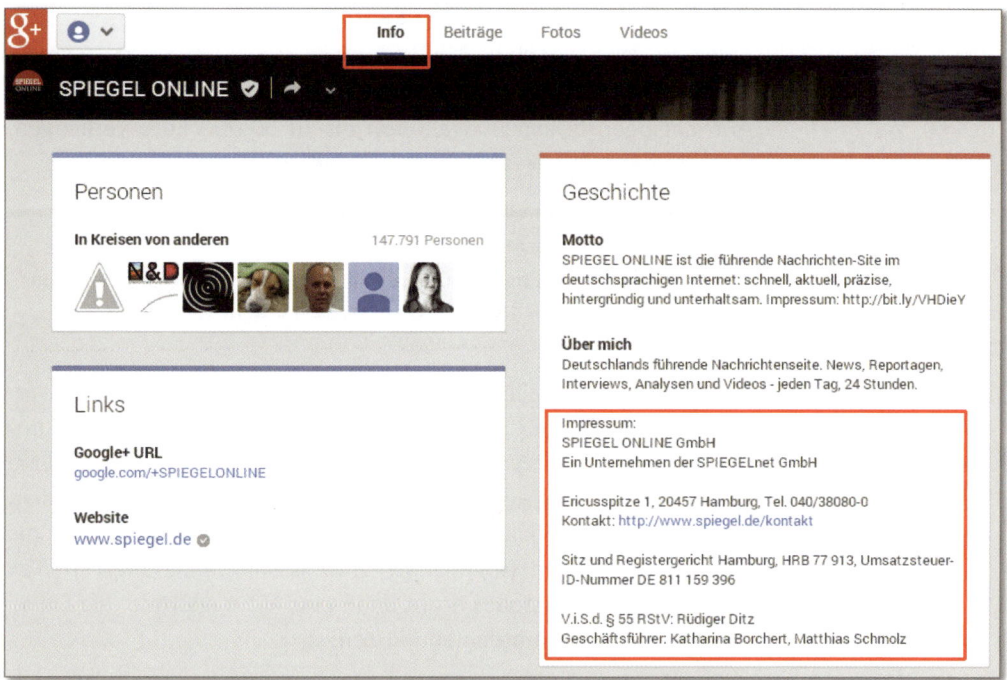

Abbildung 2.28   Das Register »Info« der Google+-Seite von Spiegel Online

Sonstige Plattformen

Natürlich gibt es neben oben genannten Plattformen noch unzählige andere Social-Media-Anbieter, bei denen sich ein sicheres Impressum ebenfalls nur schwer umsetzen lässt. Um nicht den Rahmen dieses Buchs zu sprengen, können wir auf diese Plattformen nicht einzeln eingehen. Beachten Sie aber folgende allgemeine Hinweise:

Allgemeine Hinweise zur Impressumspflicht

▶ Hinterlegen Sie Ihr Impressum (notfalls über einen Link) in Bereichen wie »Info«, »Über mich/uns«, »Autor«, »Betreiber« oder »Kontakt«.

▶ Bieten sich mehrere Stellen für ein Impressum an, sollten Sie alle Möglichkeiten nutzen.

▶ Achten Sie auf Designänderungen bei den Plattformen. Ein rechtssicherer Impressumslink auf der Startseite kann durch eine Änderung plötzlich an einer ganz anderen Stelle auftauchen oder komplett verschwinden.

2.3.5 Folgen eines Impressumsverstoßes

Ein Verstoß gegen die Impressumspflicht kann auf zwei Ebenen negative Auswirkungen für Sie haben. Zum einen kann die zuständige Aufsichtsbehörde ein Bußgeld von bis zu 50.000 Euro verhängen, was allerdings in der Praxis relativ selten vorkommt.

> **Rechtslage in Österreich**
> In Österreich ist ein Impressumsverstoß günstiger. Hier kann ein maximales Bußgeld von 20.000 Euro verhängt werden.

Ein Verstoß gegen die Impressumspflicht kann wettbewerbsrechtlich abgemahnt werden

Häufiger kommt es allerdings vor, dass Mitbewerber Impressumsverstöße im Wege einer Abmahnung verfolgen, denn ein falsches Impressum stellt einen Verstoß gegen das Wettbewerbsrecht dar. Eine solche Abmahnung kostet Sie dann ungefähr 500 Euro, außerdem müssen Sie eine Erklärung abgeben, einen Impressumsverstoß nie wieder zu begehen (sogenannte Unterlassungserklärung). Im Fall eines erneuten Verstoßes droht dann eine Vertragsstrafe, die Sie an Ihren Konkurrenten bezahlen müssen.

2.4 Mit offenen Karten – Transparenzgebot im Social Web

Kommerzielle Kommunikation muss als solche erkennbar sein

Stellen Sie sich folgende Situation vor: Der Besitzer eines Autohauses möchte den Absatz seiner Kleinwagen steigern und legt in verschiedenen sozialen Netzwerken einige (Fake-)Profile unter verschiedenen Namen und mit Profilfotos von attraktiven Männern und Frauen an. Dann versucht er, durch Freundschaftseinladungen einen möglichst großen Freundeskreis aufzubauen, und lässt seine Alter Egos Sätze wie:»Cool, habe mir gerade den neuen Matschubischi 200 gekauft, fährt sich super!« und »Super Wochenendtrip mit meiner neuen Karre (Wolfswagen Cricket) – 1000 Kilometer ohne Tankstopp!« posten. Hier wird jeder vernünftige Mensch annehmen, dass dies nicht unbedingt zulässig sein kann.

Das hat sich auch der Gesetzgeber gedacht und das sogenannte Transparenzgebot in verschiedenen Gesetzen verankert. Dieses besagt, dass kommerzielle Kommunikation im Internet (und auch offline) für andere auch als solche erkennbar sein muss. Da gerade im

Social Web die Grenzen zwischen geschäftlicher und privater Kommunikation immer mehr verschwimmen, sollten Sie schon bei der Einrichtung Ihres Social-Media-Profils darauf achten, dass Ihre unternehmerischen Botschaften für die anderen Nutzer auch als solche erkannt werden. In den folgenden Abschnitten lernen Sie, welche gesetzlichen Vorgaben für kommerzielle Angebote bestehen und wie Sie diese am besten im Social Web umsetzen.

2.4.1   Gesetzliche Regelungen für kommerzielle Angebote

Das Transparenzgebot ist in verschiedenen Gesetzen verankert. So heißt es zum Beispiel in § 6 des Telemediengesetzes (TMG) unmissverständlich:

»Diensteanbieter haben bei kommerziellen Kommunikationen, die Telemedien oder Bestandteile von Telemedien sind, mindestens die folgenden Voraussetzungen zu beachten: 1. Kommerzielle Kommunikationen müssen klar als solche zu erkennen sein.«

Ähnliche Regeln finden sich im Wettbewerbsrecht (UWG) und im Rundfunkstaatsvertrag.

Rechtslage in Österreich

Auch in Österreich ist das Transparenzgebot gesetzlich fixiert. Die entscheidende Regelung findet sich in § 6 des E-Commerce-Gesetzes.

Für Ihren Auftritt im Social Web bedeutet dies, dass Sie den kommerziellen Hintergrund Ihrer Aktivitäten nicht nur nicht verschleiern dürfen, sondern im Zweifel sogar aktiv auf eine Kommerzialität des Auftritts hinweisen müssen.

Manchmal ist ein Hinweis auf den kommerziellen Charakter notwendig

---

Beispiel

Betreiben Sie für Ihren Blumenhandel eine Facebook-Seite »Rosis Rosentipps«, müssen Sie auf der Facebook-Seite darauf hinweisen, dass diese ein Angebot Ihres Blumenhandels ist. Andernfalls ist für Nutzer nicht klar, ob es sich um ein rein privates oder um ein kommerzielles Angebot handelt.

Wann liegt ein kommerzielles Angebot vor?

*Kommerziell =
nicht rein privat*

Ein kommerzielles Angebot liegt vereinfacht gesagt immer dann vor, wenn Sie Ihren Auftritt im Social Web mit dem Ziel betreiben, direkt oder indirekt Geld zu verdienen.

> **Hinweis**
>
> Statt des Worts »kommerziell« werden auch die Begriffe »geschäftsmäßig«, »geschäftlich«, »unternehmerisch« oder »werbend« verwendet. Letztlich haben alle den gemeinsamen Zweck, eine Abgrenzung zu rein privaten Handlungen zu schaffen.

Auch vermeintlich private Accounts können kommerziell genutzt werden

Da diese Definition des Worts »kommerziell« sehr weitgehend ist, fallen hierunter nicht nur Werbebotschaften, sondern auch scheinbar private Twitter-Accounts von Stars wie Lena (siehe Abbildung 2.29), da diese letztlich ebenfalls dazu dienen sollen, den Absatz von CDs und Filmen zu fördern und damit am Ende Geld zu verdienen.

Abbildung 2.29 Der Twitter-Account von Lena Meyer-Landrut (@Lenas_view) hat nicht nur den Zweck, ihre Fans auf dem Laufenden zu halten. Durch die ständige Connection zwischen Künstler und Fan wird eine Bindung geschaffen, die auch dazu führt, dass der Fan ein Fan bleibt und weiterhin die CDs von Lena kauft.

> **Tipp**
>
> Sie können also davon ausgehen, dass jeder Auftritt im Social Web, den Sie im Zusammenhang mit Ihrem Unternehmen einrichten, als kommerziell gilt und daher als solcher gestaltet werden muss.

Wie setze ich die Transparenz richtig um?

Steht also fest, dass Sie ein kommerzielles Angebot im Social Web betreiben, so stellt sich nun die Frage, wie Sie das Transparenzgebot richtig umsetzen. Hierzu sollten Sie folgende Tipps beherzigen:

Wählen Sie für Ihren Social-Media-Auftritt einen aussagekräftigen *Namen*. Eine Facebook-Seite unter dem Namen »Gartenbau Müller GmbH« wird jeder Nutzer sofort als kommerzielles Angebot erkennen, eine Seite unter dem Namen »Gartenfreunde« eher nicht.

> **Hinweis**
>
> Natürlich gibt es auch Fälle, in denen Sie mit dem Namen nicht gleich alles verraten möchten (siehe auch das Beispiel in Abbildung 2.30). Hier sollten Sie dann darauf achten, dass Sie zumindest in anderen Punkten für Klarheit sorgen.

Vielfach sollte auch durch die *Inhalte*, die Sie im Rahmen Ihres Social-Media-Auftritts verbreiten, schnell klar sein, dass es sich dabei nicht um eine private Angelegenheit, sondern um einen kommerziellen Auftritt handelt. So ist beispielsweise die Facebook-Seite des »Mannes, der immer die Wahrheit sagt« (siehe Abbildung 2.30) zwar nicht am Namen, aber sehr schnell an den Inhalten als kommerzielles Angebot des Mobilfunkanbieters FONIC erkennbar.

Klarstellung der kommerziellen Nutzung durch den Seiteninhalt genügt

Abbildung 2.30   »Der Mann, der immer die Wahrheit sagt« ist eine Werbeseite des Mobilfunkanbieters FONIC. Dies ergibt sich zwar nicht aus dem Seitennamen, erschließt sich jedoch problemlos aus dem Inhalt.

Ist die kommerzielle Nutzung nicht offensichtlich, sollte ein Hinweis darauf erfolgen

Sollte sich eine Kommerzialität Ihres Social-Media-Auftritts weder aus dem Namen noch aus den Inhalten eindeutig ergeben, sollten Sie Unklarheiten durch einen entsprechenden *Hinweis* ausräumen. Dies können Sie erreichen, indem Sie beispielsweise in Ihrem Profil auf Ihren Beruf hinweisen und gleichzeitig auf eine berufliche Website verlinken, so wie es der Journalist Richard Gutjahr in seinem Twitter-Account in Abbildung 2.31 umgesetzt hat.

Abbildung 2.31 Das Twitter-Profil des Journalisten und Bloggers Richard Gutjahr (@gutjahr)

2.4.2 Was sagen die Plattformbetreiber?

Das Transparenzgebot in den Nutzungsbedingungen

Nicht nur der Gesetzgeber, sondern auch die Betreiber der Social-Media-Plattformen möchten, dass Sie kommerzielle Kommunikation als solche kennzeichnen. Deshalb findet sich hierzu in manchen Nutzungsbedingungen ein entsprechender Passus, den Sie vor Einrichtung eines kommerziellen Angebots sorgfältig durchlesen sollten. Bei den wichtigsten Plattformen Facebook, Twitter und Google+ gilt Folgendes:

Facebook

Auf Facebook müssen Sie für Ihre kommerziellen Angebote eine eigene Facebook-Seite (*https://www.facebook.com/pages/create*) erstellen. Die persönliche Chronik ist für unternehmerische Angebote grundsätzlich tabu. Der entsprechende Passus in den Nutzungsbedingungen (§ 4 Nr. 4) lautet:

*»Du wirst deine persönliche Chronik nicht primär für deinen eige-
nen kommerziellen Profit nutzen, sondern eine Facebook-Seite für
solche Zwecke verwenden.«*

Da es sich bei dieser Vorschrift um eine sogenannte weiche Regel
handelt, können Sie gelegentliche kommerzielle Inhalte auch über
Ihre private Facebook-Chronik verbreiten, solange diese nicht Über-
hand nehmen.

*Gelegentliche Wer-
bung auf der privaten
Chronik ist zulässig*

> **Tipp**
>
> Sie sollten diesen Spielraum möglichst nicht ausnutzen, da Sie in jedem
> Fall die gesetzlichen Transparenzregeln (siehe Abschnitt 2.4.1) einhal-
> ten müssen.

Twitter

Auf Twitter gibt es grundsätzlich keine unterschiedlichen Profilarten.
Jeder Twitter-Nutzer kann sich ein Twitter-Profil anlegen. Auch in
den Nutzungsbedingungen unterscheidet der Betreiber nicht zwischen privater und kommerzieller Kommunikation. Die gesetzlichen
Regeln zur Transparenz (siehe Abschnitt 2.4.1) müssen Sie selbstverständlich auch auf Twitter einhalten.

*Keine Trennung zwi-
schen privat und kom-
merziell bei Twitter*

Google+

Im sozialen Netzwerk von Google gibt es – wie bei Facebook – eine
Trennung zwischen privaten Profilen und Google+-Seiten. Für Ihre
kommerzielle Kommunikation sollten Sie daher nach Möglichkeit
eine eigene Google+-Seite einrichten (*https://plus.google.com/
pages/create*).

2.4.3   Rechtsfolgen bei Verstößen

Halten Sie sich nicht an das Transparenzgebot, begehen Sie einen
Wettbewerbsverstoß, der von Ihren Mitbewerbern kostenpflichtig
abgemahnt werden kann. Eine solche Abmahnung kann Sie
1.000 Euro und mehr kosten. Außerdem müssen Sie sich vertraglich
zur Unterlassung künftiger Verstöße verpflichten.

Außerdem droht – wenn Sie die Bedingungen der Plattformbetreiber
nicht beachten – der Ausschluss Ihres Unternehmens von der jewei-

ligen Plattform. Dies kann unter Umständen mit erheblichen Image-schäden verbunden sein.

Checkliste: Einrichtung eines Social-Media-Auftritts

Wenn Sie einen Social-Media-Auftritt anlegen, sollten Sie unbedingt folgende Punkte beachten, um in rechtlicher Hinsicht nicht gleich auf die Nase zu fallen:

▸ Prüfen Sie, ob die gewählte Plattform und die jeweiligen Nutzungs-bedingungen zu Ihrem Vorhaben passen (siehe Abschnitt 2.1).

▸ Achten Sie bei der Namenswahl auf fremde Marken- und Namens-rechte und Werktitel sowie auf die Regeln der Plattformbetreiber (siehe Abschnitt 2.2).

▸ Erstellen Sie ein vollständiges Impressum und binden Sie es richtig in Ihren Auftritt ein (siehe Abschnitt 2.3).

▸ Halten Sie sich an das Transparenzgebot und richten Sie (wenn möglich) eine Unternehmensseite für Ihren Auftritt ein (siehe Abschnitt 2.4).

2.5   Aus Besuchern Fans machen – Nutzergenerierung im Social Web

Die Gewinnung von Fans und Freunden sollte eine hohe Priorität haben

Haben Sie Ihren Auftritt im Social Web erfolgreich eingerichtet und die gröbsten rechtlichen Klippen dabei umschifft, stellt sich nun für Sie die Frage, wie Sie möglichst schnell möglichst viele Nutzer für Ihren Auftritt begeistern. Nichts ist für ein Unternehmen im Social Web wertvoller als ein großer Stamm an interessierten Kontakten, die sich über die neuesten Produkte informieren, mit dem Unterneh-men kommunizieren und das Unternehmen und seine Produkte an-deren Nutzern des Netzwerks empfehlen.

Doch auch beim Thema »Nutzergenerierung« lauern einige rechtli-che Fallstricke, die wir Ihnen in den folgenden Abschnitten näher-bringen möchten.

2.5.1   Werbung für den Social-Media-Auftritt

Der vielleicht klassischste Weg, neue »Follower« und »Fans« Ihrer Unternehmensseite im Social Web zu gewinnen, ist die Werbung für

Ihren Auftritt. Dies kann sowohl online als auch offline über die verschiedensten Kanäle erfolgen. Da Sie allerdings bei einer solchen Werbung immer auch den Namen und die Markenzeichen der Plattform nennen, sollten Sie hierbei einige Dinge beachten.

Werbung für die Facebook-Seite

Möchten Sie auf Ihre Unternehmensseite auf Facebook aufmerksam machen, können Sie das beispielsweise über einen normalen Link von Ihrer Website aus tun oder auch ein Logo von Facebook auf Flyern abdrucken. Facebook hat unter der Adresse *https://www.facebookbrand.com* (siehe Abbildung 2.32) eine Reihe von Hinweisen dazu bereitgestellt, wie Sie die Marke Facebook nutzen dürfen, um auf Ihren Facebook-Auftritt hinzuweisen.

Facebook hält Regeln für die Nutzung der Marke »Facebook« bereit

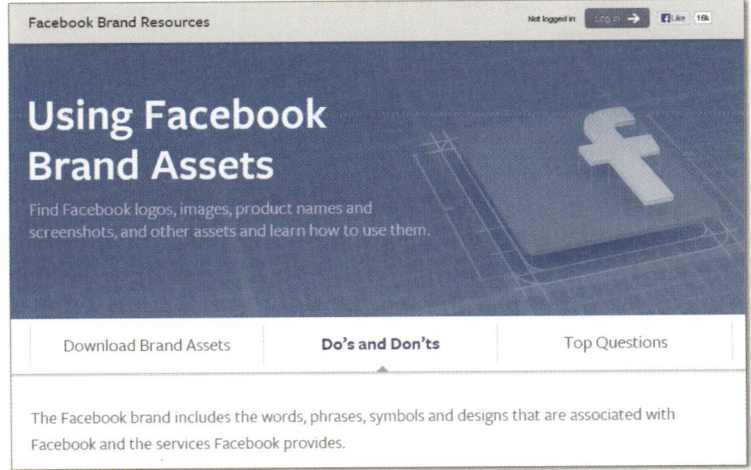

Abbildung 2.32 Auf dieser Seite finden Sie die Hinweise zur richtigen und möglichen Nutzung der Markenzeichen von Facebook.

Danach müssen Sie

▸ das Wort Facebook grundsätzlich in Anführungszeichen nennen, außer es ist Teil einer Internetadresse,

▸ das Wort Facebook in der gleichen Schriftgröße und im gleichen Stil wie den übrigen Inhalt Ihrer Website darstellen,

▸ bei der Verwendung der Marke Facebook und Facebook-Markenzeichen genug Raum um diese lassen, sodass sie sauber und ordentlich erscheinen,

▶ die allgemeinen Facebook-Nutzungsbedingungen beachten (*https://www.facebook.com/policies*).

Verboten ist es,

▶ die Marke Facebook so zu verwenden, dass Dritte annehmen können, dass zwischen Ihnen und Facebook eine Partnerschaft oder eine Unterstützung besteht (z. B. dürfen Sie nicht »(...) in Zusammenarbeit mit Facebook« schreiben),

▶ die Marke Facebook mit Ihrem Namen oder Ihrer Marke zu kombinieren,

▶ Marken, Namen, Domains, Logos oder andere Inhalte zu nutzen, die mit Facebook verwechselt werden könnten,

▶ andere als die unter *https://www.facebookbrand.com* zur Verfügung gestellten Logos, Bilder oder Markenzeichen von Facebook zu verwenden,

▶ die Markenzeichen von Facebook in irgendeiner Weise zu verändern.

Facebook erlaubt nur bestimmte Logos und Symbole

Besonders der vorletzte Punkt ist sehr wichtig, wenn Sie für Ihre Facebook-Präsenz werben möchten. Sie dürfen nur die in Abbildung 2.33 gezeigten Logos und Symbole hierfür verwenden. Sollten Sie dagegen verstoßen, drohen Ihnen der Ausschluss von der Plattform und zusätzlich markenrechtliche Abmahnungen.

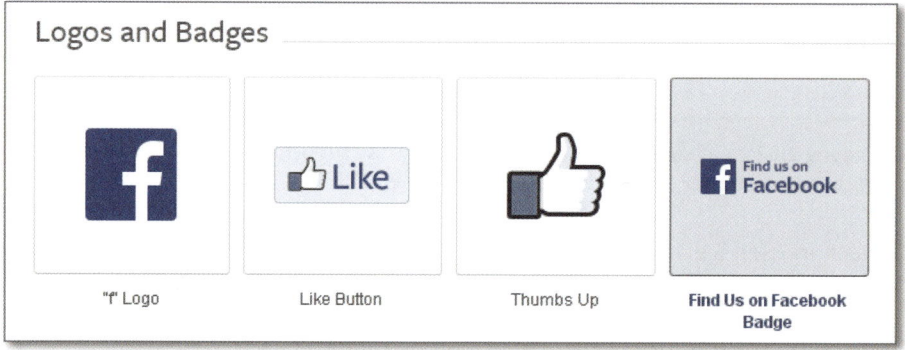

Abbildung 2.33   Hier sehen Sie die von Facebook offiziell freigegebenen Logos und Symbole.

Tipp

Möchten Sie für Ihre Facebook-Präsenz die Werbetrommel rühren, besuchen Sie vorher die Seite *https://www.facebookbrand.com* und schauen nach, ob die geplante Werbemaßnahme mit den Richtlinien von Facebook vereinbar ist.

Werbung für das Twitter-Profil

Auch Twitter reguliert den Umgang mit seinen Marken und Logos mithilfe einer Richtlinie, die Sie unter *https://twitter.com/logo* abrufen können. Insbesondere der typische »Twitter-Vogel« darf nur in einer bestimmten Art und Weise dargestellt werden (siehe Abbildung 2.34).

Abbildung 2.34   Diese Twitter-Symbole dürfen vom Nutzer verwendet werden. Beachtet werden muss dabei, dass nichts bearbeitet werden darf.

Erlaubt ist es nach diesen Richtlinien, den offiziellen, unveränderten Twitter-Vogel zu verwenden, um auf Twitter hinzuweisen, wenn sichergestellt ist, dass dieser nach rechts schaut und 150 Prozent Freiraum um den Vogel herum gewährleistet ist.

Eine Veränderung oder Bearbeitung des Logos ist nicht erlaubt

81

Verboten ist es, wie Abbildung 2.35 zeigt,

▶ Sprechblasen oder Wörter um den Vogel herum anzuordnen,

▶ den Vogel zu drehen oder zu spiegeln,

▶ den Vogel zu animieren,

▶ den Vogel zu duplizieren oder die Farbe des Vogels zu ändern,

▶ andere Symbole als den Vogel zu nutzen.

Abbildung 2.35   Die hier aufgezeigten Darstellungsformen des Twitter-Vogels oder des Twitter-Schriftzugs dürfen nicht verwendet werden.

Tipp

Lesen Sie sich vor der geplanten Werbemaßnahme die Regeln unter *https://twitter.com/logo* einmal sorgfältig durch. So vermeiden Sie, wegen einer Markenrechtsverletzung von Twitter verbannt oder sogar abgemahnt zu werden.

Google+

Styleguide für das Google+-Symbol

Google stellt für Nutzer seines Netzwerks Google+ ein umfangreiches Download-Paket, einen sogenannten Styleguide, zur Verfügung, das Informationen zur Werbung mit Google+-Symbolen und Marken liefert (siehe Abbildung 2.36). Dieses können Sie sich unter *https://www.google.com/+/business/assets/google+styleguide.zip* kostenlos herunterladen.

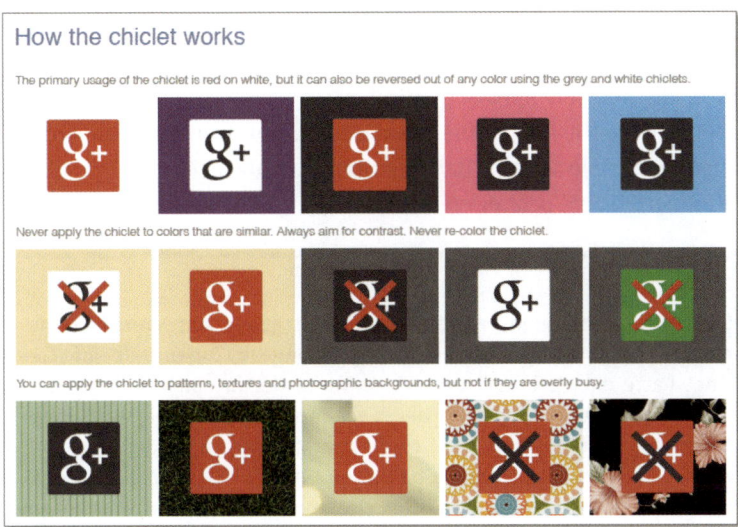

Abbildung 2.36   Hier sehen Sie einen Auszug aus dem Google+-Styleguide.

2.5.2 Darf ich Nutzer auf Facebook dazu animieren, Fan oder Follower zu werden?

Grundsätzlich spricht nichts dagegen, wenn Sie Facebook-Nutzer dazu animieren, Fan Ihrer Facebook-Seite zu werden und auf den »Gefällt mir«-Button zu klicken. So können Sie beispielsweise auf Ihrer Website die Aufforderung »Like us on Facebook« (zu Deutsch: Zeig auf Facebook, dass du uns magst) problemlos unterbringen. Möchten Sie dabei offizielle Facebook-Markenzeichen verwenden, müssen Sie natürlich die in Abschnitt 2.5.1 genannten Bedingungen beachten.

Aktive Werbung zur Gewinnung von Fans und Freunden ist erlaubt

Aufforderung, auf »Gefällt mir« zu klicken

Während es früher bei Facebook verboten war, im Titelbild oder auch sonst Nutzer dazu zu animieren, auf den »Gefällt mir«-Button zu klicken, ist dies mittlerweile kein Problem mehr. Das Verbot ist in den aktuellen Nutzungsbedingungen für Facebook-Seiten nicht mehr enthalten.

Tipp

Die jeweils aktuellen Nutzungsbedingungen für Facebook-Seiten finden Sie hier: *https://www.facebook.com/page_guidelines.php*.

Gewinnspielteilnahme durch »Gefällt mir«-Klick

»Gefällt mir« als Gewinnspielvoraussetzung

Das Gleiche gilt für Gewinnspiele. Bis vor Kurzem war es nicht erlaubt, die »Gefällt mir«-Schaltfläche für Gewinnspiele einzusetzen, wenn dies nicht im Rahmen einer Facebook-App geschah. Inzwischen dürfen Sie aber im Rahmen von Gewinnspielen die Teilnahme damit verbinden, dass ein Nutzer »Fan« Ihrer Facebook-Seite wird.

Beispiel

Ein solches Vorgehen verstößt auch nicht gegen das Wettbewerbsrecht, wie das Landgericht Hamburg Anfang 2013 geurteilt hat. Geklagt hatte ein Verbraucherschutzverband, der in einem solchen Gewinnspiel eine Irreführung der Facebook-Nutzer sah, weil diese annehmen würden, dass die Gewinnspielteilnehmer die Seite des Gewinnspielveranstalters positiv bewerten würden. Das sah das Gericht nicht so. Nach Ansicht des Gerichts wüssten Facebook-Nutzer, dass ein Klick auf »Gefällt mir« nicht immer eine positive Äußerung darstelle, sondern eher ein »allgemeines Informationsinteresse« ausdrücke.

Mehr zum Thema »Gewinnspiele im Social Web« erfahren Sie in Abschnitt 10.3.

Fangates

Fangates dürfen eingesetzt werden

Auch sogenannte Fangates (zu Deutsch: Fantore) sind nicht generell verboten. Bei dieser Art der Nutzergewinnung wird einem Internetangebot eine Seite (oder ein Pop-up-Fenster) vorgeschaltet, die dazu animiert, Fan der dazugehörigen Facebook-Seite zu werden. Der Onlineableger des FOCUS setzt beispielsweise ein solches Fangate ein (siehe Abbildung 2.37).

Die Facebook-Nutzungsbedingungen enthalten kein Verbot solcher Fangates. Auch wettbewerbsrechtlich stellt die Generierung von Fans über ein solches Werkzeug keine Verbrauchertäuschung dar. Hier kann man die Ausführungen des Landgerichts Hamburg (siehe oben) eins zu eins übertragen.

2.5.3 Der Kauf von Fans, Followern und Likes

Eine hohe Anzahl von Kontakten auf den Social-Media-Plattformen ist für viele Unternehmen ein Zeichen großer Beliebtheit. Eine Unternehmenspräsenz mit 15.000 Fans macht deutlich mehr her als eine mit nur 150. Genau diese Erkenntnis machen sich auch einige Anbieter zunutze und bieten im Internet »Fans« und »Follower« zum Kauf an. Auf der Website fanslave.com kann man beispielsweise 1.000 Facebook-Fans für 99Euro kaufen (siehe Abbildung 2.38).

Abbildung 2.37   Der Freundefang über Pop-ups ist von Facebook gestattet. Auf diese Weise können Sie Personen für eine Facebook-Freundschaft begeistern, die Ihre Facebook-Seite noch gar nicht kennen.

Abbildung 2.38   Auf Webseiten wie fanslave.com kann man sich »echte« Fans kaufen. Diese werden auch nach Zielgruppen kategorisiert angeboten.

Die Frage nach der rechtlichen Zulässigkeit eines solchen Vorgehens kann mittlerweile mit »Ja« und einem kleinen »aber« beantwortet werden.

Die Facebook-Nutzungsbedingungen schweigen sich (wie so oft) zu diesem Thema aus, sodass ein Kauf von Fans zumindest vonseiten des Betreibers in Ordnung gehen dürfte.

Der Kauf von Facebook-Fans ist nicht per se unzulässig. Darunter kann aber das Image leiden

Aber auch von Gesetzes wegen ist der Fankauf nicht unbedingt verboten. Seit das Landgericht Hamburg Anfang 2013 sehr praxisnah entschieden hat, dass »Gefällt mir«-Angaben nicht aussagen, dass den Nutzern das Angebot auch wirklich gefällt (siehe oben), kann man von einer Irreführung von Verbrauchern nicht mehr ausgehen.

Hinweis

Da die im Beispiel angesprochene Entscheidung des Landgerichts Hamburg bislang die einzige auf diesem Gebiet ist, besteht eine gewisse Unsicherheit, ob andere Gerichte das genauso sehen. Aus unserer Sicht ist die Argumentation des Gerichts aber sehr überzeugend und wird sicherlich von den meisten Gerichten auch so übernommen.

Gekaufte Fans haben kein Interesse an Inhalten

Ob es aus Marketingsicht allerdings sinnvoll ist, Fans zu kaufen, möchten wir an dieser Stelle nicht bewerten. Letztlich müssen Sie immer davon ausgehen, dass den gekauften Fans Ihre Produkte und Dienstleistungen herzlich egal sind. Häufig kann daher der Kauf von nicht zielgruppenrelevanten Kontakten sogar schädlich sein, da die durchschnittliche Interaktionsrate (auch Engagement genannt) Ihrer Fans und somit Ihre Reichweite sinken.

Fazit

Bei der Nutzergenerierung im Social Web haben Sie nach den aktuellen Facebook-Regeln und der Rechtsprechung grundsätzlich freie Hand:

▶ Die Aufforderung, den »Gefällt mir«-Button zu betätigen, ist rechtlich nicht zu beanstanden.

▶ Auch Gewinnspiele dürfen von einem »Like« abhängig gemacht werden.

▶ Ebenfalls erlaubt sind Fangates.

▶ Schließlich können Sie Fans auch legal »kaufen«.

3 Die Verwendung von Bildern und Videos im Social Web

Ein Bild sagt mehr als tausend Worte – dieser alte Satz gilt auch im Social Web. Bevor Sie allerdings Bilder und Videos in Ihre Social-Media-Aktivitäten einbeziehen, sollten Sie sich die rechtlichen Grundlagen aneignen. Andernfalls laufen Sie Gefahr, die Freude am Social Web aufgrund von Abmahnungen und Klagen schnell wieder zu verlieren.

Ohne Bilder und Videos wären soziale Netzwerke jeglicher Art bloß triste Textsammelsurien. Erst die bildliche Darstellung, egal ob in Bewegtbild mit Ton oder in Gestalt eines Fotos dessen, was uns beschäftigt, unterhält oder entsetzt, erweckt ein Profil zum Leben.

Bilder sind wesentlicher Bestandteil des Social Web

Und wo bekommt man diese wichtigen Bestandteile der Profile her? Genau, aus dem Internet. Hier lauert aber auch die Gefahr der unberechtigten Nutzung eines Bilds oder eines Videos, was wiederum eine Rechtsverletzung darstellt.

Das Risiko einer Rechtsverletzung können Sie dadurch verringern, dass Sie die gewünschten Medien für Ihr Profil selbst herstellen. Allerdings müssen auch dabei einige Regeln beachtet werden, um rechtlich bedenkenlos zu handeln.

Im folgenden Kapitel lernen Sie, inwiefern Sie die Möglichkeiten, die Ihnen das World Wide Web in Bezug auf Bilder bietet, sorgenfrei für Ihre sozialen Netzwerke ausschöpfen können und wovon dringend abzuraten ist. Sie erfahren, dass an einem Bild gleich mehrere Rechte bestehen können – auch solche, an die Sie vielleicht gar nicht gedacht haben. Außerdem geben wir Ihnen Tipps an die Hand, bei deren Beachtung Sie vor Abmahnungen sicher sind.

Rechtslage in Österreich

Die in diesem Kapitel behandelten Rechtsprobleme gelten grundsätzlich auch in Österreich. Grund ist, dass das österreichische Recht sehr nah am deutschen Recht ist. Sollten sich Abweichungen ergeben, wird das in Hinweiskästen deutlich gemacht.

3.1   Ein Bild – mehrere Rechte

Eine unberechtigte Bildnutzung kann gleich mehrere Rechte verletzen

Jedes Bild ist geschützt. Das ist der Grundsatz, von dem Sie ausgehen sollten, wenn Sie ein Bild für Ihr Social-Media-Profil nutzen wollen. So ist es möglich, durch die Verwendung eines Bilds Datenschutzrechte, Markenrechte, Persönlichkeitsrechte und schließlich Urheberrechte zu verletzen. Gerade eine ungenehmigte kommerzielle Nutzung kann für das nutzende Unternehmen ein teurer Spaß werden. Abmahnungen, Unterlassungserklärungen und fiktive Lizenzgebühren sind nicht selten die Folgen, mit denen sich Unternehmen in solchen Fällen auseinandersetzen müssen.

Sofern es sich also bei dem gewünschten Bild um eins handelt, das nicht aus der sprichwörtlich eigenen Feder stammt, sollten Sie vorher prüfen, ob das Bild frei nutzbar ist oder ob Sie gegebenenfalls um Erlaubnis fragen müssen.

Aber nicht nur bei der Verwendung fremder Bilder sollten Sie Vorsicht walten lassen. Auch selbst aufgenommene Fotos können Ihnen durch deren Veröffentlichung Schwierigkeiten bereiten, denn es ist nicht auszuschließen, dass im Hintergrund ein rechtlich geschütztes Motiv, eine andere Person oder ein sonst rechtlich geschütztes Objekt mit geknipst wurde. Ob bewusst oder unbewusst – mit der Veröffentlichung eines solchen Bilds können Sie dann Markenrechte, Persönlichkeitsrechte und natürlich auch Urheberrechte verletzen.

Grundsätzlich dürfen fremde Bilder nur genutzt werden, wenn Sie diesbezüglich eine Genehmigung haben oder eine gesetzliche Ausnahme greift

Um auf Nummer sicher zu gehen, müssten Sie dafür Sorge tragen, dass die jeweiligen Rechteinhaber mit der Veröffentlichung des Fotos einverstanden sind. Damit Sie aber nicht nach jedem Schnappschuss mit einem Stapel »Blanko-Einwilligungserklärungen« durch die Gegend laufen und sich von den jeweiligen Rechteinhabern das Okay holen müssen, gibt es in bestimmten Fällen Ausnahmen bei der Einwilligungserfordernis, die wir Ihnen im folgenden Kapitel aufzeigen.

3.1.1   Das Recht am Bild = Urheberrecht

Sie sollten immer im Hinterkopf behalten, dass an jedem Bild Urheberrechte bestehen. Hierbei ist es unerheblich, ob es sich bei dem Bild um einen einfachen Schnappschuss vom letzten Bowlingabend oder um ein aufwendig produziertes Porträtfoto handelt. Letztendlich sollten Sie bei jeder Verwendung eines Bilds überprüfen, ob Sie das Recht haben, dieses Bild für den beabsichtigten Zweck zu verwenden (Recht am Bild).

Wenn Sie auf Ihrer Social-Media-Präsenz Fotos, Grafiken, Gemälde, Zeichnungen oder auch Landkarten verwenden möchten, müssen Sie sich in 99,9 Prozent der Fälle über das Urheberrecht an diesen Bildern Gedanken machen. Kaum eine Social-Media-Seite kommt ohne urheberrechtlich geschützte Elemente aus. So enthält beispielsweise die Facebook-Seite des Musiksenders MTV die Arbeit von Fotografen, Designern und Grafikern (siehe Abbildung 3.1).

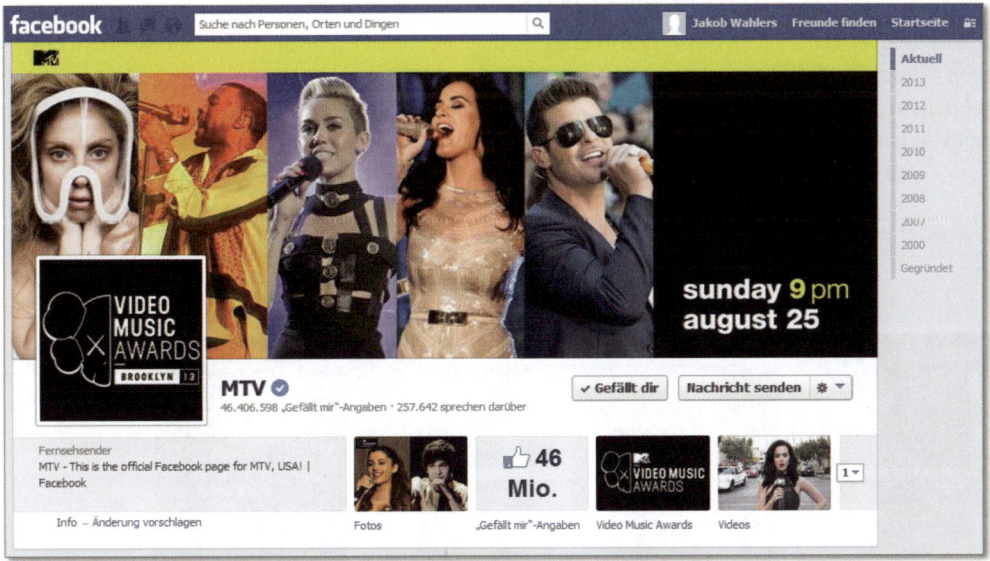

Abbildung 3.1   Die Facebook-Seite von MTV ist reich geschmückt mit allerlei Fotos von prominenten Persönlichkeiten. Ohne eine entsprechende Genehmigung dürfte MTV keines dieser Bilder verwenden.

Auf den folgenden Seiten möchten wir Ihnen zunächst einen kurzen Überblick über das Urheberrecht verschaffen. Das Urheberrecht verfolgt das Ziel, die Ergebnisse kreativer Arbeit zu schützen. Ohne das Urheberrecht wäre es Fotografen, Designern, Grafikern oder Künstlern kaum möglich, das notwendige Geld für ihren Lebensunterhalt zu verdienen.

Das Urheberrecht schützt den Urheber davor, dass sein Werk von jedermann frei genutzt werden kann

Geschützt vom Urheberrecht sind alle »Werke«. Von einem Werk sprechen Juristen, wenn ein Bild in Eigenarbeit entstanden und das

Ergebnis eines kreativen Prozesses ist. Die reine Idee für ein Bild, egal wie kreativ und außergewöhnlich sie ist, ist selbst nicht urheberrechtlich geschützt. Erst wenn Sie zur Tat schreiten und beispielsweise auf den Auslöser Ihrer Kamera drücken, entsteht der urheberrechtliche Schutz.

Das Urheberrecht steht selbstverständlich dem Urheber selbst zu. Urheber ist derjenige, der das Werk erschaffen hat. Sofern Sie ein Foto zum Beispiel gemeinsam mit Ihrem Partner angefertigt haben, sind Sie beide Urheber, sogenannte Miturheber.

Welche Bilder sind geschützt?

Für den urheberrechtlichen Schutz spielt es keine Rolle, welchen künstlerischen Wert das Bild hat

Urheberrechtlichen Schutz genießen grundsätzlich alle Arten von Bildern, also Fotografien, Gemälde, Grafiken, technische Zeichnungen und Karten. Dieses Wissen ist wertvoll, wenn Sie dabei sind, eine Profilseite für Ihr Unternehmen bei Facebook oder Google+ zu erstellen. Auf einer gewöhnlichen Facebook-Unternehmensseite kommen – wie das Beispiel in Abbildung 3.2 zeigt – die unterschiedlichsten Bildelemente zum Einsatz. Jedes einzelne von ihnen ist urheberrechtlich geschützt.

Abbildung 3.2   Die Facebook-Seite eines Modesalons zeigt verschiedene Fotografien, Grafiken und Karten. All diese Bilder unterliegen einem urheberrechtlichen Schutz.

Auf den künstlerischen Wert eines Gemäldes oder einer Fotografie kommt es dabei nicht an. So ist das von Ihnen geschossene Familienfoto vom letzten Strandurlaub ebenso urheberrechtlich geschützt wie ein Gemälde von Picasso.

Auch die Verwendung von Bildern als »Avatare« oder Titelbilder (siehe Abbildung 3.3), die bei Facebook oder Google+ obligatorisch sind, verlieren nicht aufgrund dieser Nutzung ihren Schutz.

Abbildung 3.3   Das Titelbild unserer Facebook-Seite »Die Aufklärer« darf natürlich nicht einfach von jedem verwendet werden.

Achtung

Avatare und Titelbilder sind wie normale Bilder zu behandeln:

▶ Nicht nur im Profil gepostete Bilder können das Urheberrecht und sonstige Rechte verletzen.

▶ Die Verwendung eines Bilds als Avatar oder Titelbild ändert nichts an dessen rechtlichem Schutz!

Schießen Sie mit Ihrem Smartphone ein Foto und posten diesen Schnappschuss anschließend auf Twitter oder Facebook, so wie Christian Solmecke in Abbildung 3.4, gilt nichts anderes – auch dieser unterliegt dem Urheberrecht.

Abbildung 3.4   Ein besonderer künstlerischer Mehrwert oder eine bestimmte Herstellungsform ist für die Entstehung des Urheberrechts nicht erforderlich. Auch gepostete Schnappschüsse vom Smartphone sind geschützt.

Voraussetzung für den Schutz ist eine schöpferische Eigenleistung des Fotografen

Es muss lediglich eine schöpferische Eigenleistung des Fotografen oder des Malers vorliegen. Nicht geschützt wäre eine Fotografie von einem anderen Foto, Gemälde oder einer sonstigen »zweidimensionalen Vorlage«, denn sofern Sie lediglich etwas abfotografieren, erbringen Sie keine schöpferische Eigenleistung.

Tipp

Merken Sie sich folgende Regeln:

▸ *2-D-Regel*: = Abfotografieren von einer Vorlage – Es entsteht kein Urheberschutz des Fotografen.

▸ *3-D-Regel*: = Fotografieren von Skulpturen, Gebäuden oder anderen Gegenständen – Urheberrechtlicher Schutz des Fotografen, weil Perspektive für das Foto vom Fotografen frei gewählt und das Motiv in Szene gesetzt wurde.

Abbildung 3.5   Diese Abbildung zeigt den Unterschied: Beide Fotos zeigen eine Postkarte mit einem historischen Motiv. Links wurde die Postkarte frontal fotografiert (kein Urheberrechtsschutz des Fotos), rechts wurde die Postkarte leicht schräg von der Seite im dreidimensionalen Raum fotografiert (Urheberrechtsschutz des Fotos).

Entstehung und Dauer des Urheberrechts

Das Urheberrecht entsteht, wenn mit der Umsetzung einer Idee in ein Werk begonnen wird. Die bloße Idee eines Werks an sich wird noch nicht durch das Urheberrecht geschützt. Die Idee muss zumindest in Ansätzen schon in die Tat umgesetzt worden sein. Das Urheberrecht an einem Foto entsteht also, sobald der Fotograf auf den Auslöser gedrückt hat, jenes an einem Gemälde, sobald der Künstler die ersten Pinselstriche getan hat.

Das Urheberrecht entsteht erst mit der Entstehung des Werks selbst

Diese Erschaffung eines Werks reicht für die Entstehung des Urheberrechts vollkommen aus. Es ist also nicht erforderlich, dass Sie ein geschossenes Foto in irgendein Register eintragen. Zeichen wie das allseits bekannte »©« (siehe Abbildung 3.6) sind für die Entstehung eines Urheberrechts ebenfalls nicht erforderlich, sondern weisen allenfalls auf ein bestehendes Urheberrecht hin.

Abbildung 3.6   Der urheberrechtliche Schutz ist nicht von der Eintragung z. B. in eine Art »Urheberverzeichnis« abhängig, wie es von Patenten oder Marken bekannt ist.

Hinweis

Ein Bild, das urheberrechtlich »sowieso« geschützt ist, muss nicht mit einem © gekennzeichnet werden. Ein Bild, das »sowieso« nicht dem Urheberrecht unterliegt, kann nicht durch das bloße Hinzufügen eines © geschützt werden.

Das Urheberrecht überlebt den Urheber und besteht noch lange darüber hinaus

Die Dauer des Urheberrechts ist schon ein wenig klarer geregelt als die Entstehung. Urheberrechte erlöschen grundsätzlich 70 Jahre nach dem Tod des Urhebers. Für die Bestimmung des Zeitpunkts des Erlöschens ist also nicht auf die Entstehung des Werks, sondern auf den Todeszeitpunkt des Urhebers abzustellen. Dies hat zur Folge, dass ein urheberrechtlicher Schutz eines Werks für weit über 100 Jahre bestehen kann.

Beispiel

Picasso malte sein erstes Bild im zarten Alter von neun Jahren im Jahr 1889. Er verstarb im Jahr 1973. Der Urheberrechtsschutz an diesem ersten Werk erlischt somit erst im Jahr 2044 und dauerte bis dahin ganze 155 Jahre an.

Wenn der ursprüngliche Urheberrechteinhaber verstirbt, gehen die Urheberrechte auf dessen Erben über. Diese führen dann das Urheberrecht des Verstorbenen sozusagen fort und sind zur Erteilung von Nutzungslizenzen und auch zu Schadenersatzforderungen bei Rechtsverletzungen berechtigt.

Was verbietet das Gesetz?

Der Grundsatz des Urheberrechts liegt darin, dass der Urheber als Einziger das Recht hat, sein Werk zu nutzen. Der Urheber eines Bilds darf daher allein bestimmen, ob und wie sein Bild von wem kopiert, verbreitet oder öffentlich zugänglich gemacht wird.

Der Urheber bestimmt, wer sein Werk nutzen darf

Hinweis

Im Gesetz sind viele verschiedene Arten geregelt, wie der Urheber seine Rechte ausüben kann. Im Social Web sind aber vor allem drei Verwertungsarten interessant: die Vervielfältigung, die öffentliche Zugänglichmachung und die Bearbeitung eines Werks. Daher beschränken wir uns hier auf diese drei Verwertungsarten.

Ohne die Einwilligung des Urhebers dürfen Sie (bis auf wenige Ausnahmen – siehe unten) seine Bilder also weder vervielfältigen noch öffentlich zugänglich machen noch bearbeiten. Doch was genau ist hiermit gemeint?

1. **Vervielfältigung**

   Das Recht zur Vervielfältigung erlaubt es dem Rechteinhaber, Kopien eines Bilds anzufertigen. Umfasst vom Vervielfältigungsrecht ist jede Art von Kopie, durch die das Bild wiedergegeben werden kann. Es spielt also weder eine Rolle, ob Sie das Bild im Browser mit Rechtsklick abspeichern (siehe Abbildung 3.7), es abfotografieren oder in realistischer Weise abmalen, noch, ob die Kopie eine gewisse Qualität aufweist.

Eine Vervielfältigung darf nur von dem Urheber oder dem Rechteinhaber vorgenommen werden

Bild speichern unter...

Bild-URL kopieren

Bild kopieren

Bild in neuem Tab öffnen

Abbildung 3.7 Die Browserfunktion »Bild speichern unter...«. Wer diese Funktion nutzt, vervielfältigt ein Bild.

So ist das Einscannen eines Bilds und dessen Speicherung auf der Festplatte genauso eine Kopie wie die Ablichtung auf dem Bürokopiergerät. Entscheidend ist, dass die erstellte Kopie als solche wahrgenommen werden kann.

Tipp

Um rechtlich auf der sicheren Seite zu sein, merken Sie sich Folgendes: Eine Kopie ist eine Kopie – auf die Art des Kopiervorgangs oder dessen Qualität kommt es nicht an.

2. Öffentliche Zugänglichmachung

Besondere Relevanz der öffentlichen Zugänglichmachung im Social Web

Die öffentliche Zugänglichmachung ist besonders in den sozialen Medien ein großes Thema. Ein öffentliches Zugänglichmachen ist dann gegeben, wenn Sie ein Bild derart im Internet, etwa auf Ihrem Facebook-Profil, anbieten, dass es von einem unbestimmten Personenkreis betrachtet werden kann.

Rechtslage in Österreich

Die »öffentliche Zugänglichmachung« heißt im österreichischen Recht »öffentliche Zurverfügungstellung«. Die Rechtslage ist allerdings die gleiche.

Die öffentliche Zugänglichmachung kann durch eine Einschränkung des Empfängerkreises verhindert werden

Das Recht des Urhebers zur öffentlichen Zugänglichmachung verletzen Sie nur dann nicht, wenn Sie den Empfängerkreis des Bilds so einschränken, dass nur mit Ihnen persönlich verbundene Personen (z. B. Ihre Familie oder enge Freunde) das Bild betrachten können. Facebook bietet die Möglichkeit, bei jedem Bild genau auszuwählen, wer das Bild sehen darf (siehe Abbildung 3.8). Sofern Sie hier nur Personen angeben, mit denen Sie persönlich verbunden sind, können Sie das Bild ohne Bedenken teilen. Wenn Sie jedoch ein Bild auf die Facebook-Seite Ihres Unternehmens hochladen, gibt es diese Einschränkungsmöglichkeit nicht – hier liegt immer eine öffentliche Zugänglichmachung vor.

Beispiel

Das Hochladen eines geschützten Fotos in die geschlossene Facebook-Gruppe, in der Sie mit Ihren besten Freunden den nächsten gemeinsamen Urlaub planen, ist danach zulässig. Hier kann von einem engen persönlichen Verhältnis ausgegangen werden.

Hingegen ist das Hochladen desselben Bilds auf die öffentliche Seite Ihres Facebook-Profils unzulässig, da hier in der Regel die persönliche Nähe zu allen »Freunden« des sozialen Netzwerks fehlt.

Abbildung 3.8   Bei Facebook kann die Veröffentlichung eines Beitrags inklusive Foto auf eine bestimmte Gruppe beschränkt werden.

Achtung

Beachten Sie, dass auch bei einer geschlossenen Gruppe das Näheverhältnis fehlen kann. Das ist dann der Fall, wenn Sie nicht zu allen Personen in der Gruppe ein Näheverhältnis pflegen! Sofern Sie ein Bild aber nur in einer solchen Gruppe veröffentlichen, wird dies tatsächlich kaum Folgen haben, da ihre Veröffentlichung wohl nicht vom Urheber selbst eingesehen werden kann.

Ein Bild kann auch dann zugänglich gemacht werden, wenn Sie dieses überhaupt nicht aktiv über ein Netzwerk verbreiten. In Abbildung 3.9 haben wir ein Foto auf den Speicherplatz unserer Website hochgeladen. Jeder, der den genauen Link (zu erkennen an der Endung *.jpg* in der Adresszeile) kennt, kann dieses Foto abrufen. Auch das ist schon eine öffentliche Zugänglichmachung.

Hinweis

Merken Sie sich: Auch wenn Sie ein Foto nicht aktiv verbreiten, dieses aber theoretisch von jedermann über das Internet abgerufen werden kann, begehen Sie eine »öffentliche Zugänglichmachung«.

---

3. **Die Bearbeitung von Bildern**

Bilder, die in den sozialen Netzwerken verwendet werden, werden auch gern zuvor vom Nutzer bearbeitet. Eine Farbänderung hier, ein Zuschnitt dort, fertig! Diese Bearbeitung von Bildern ist

Bildbearbeitung nur mit Einwilligung des Urhebers

aber wiederum ausschließlich dem Urheberrechteinhaber vorbehalten. Eine solche Bearbeitung liegt bereits dann vor, wenn das Bild auch nur minimal verändert wird, z. B. hinsichtlich der Farbgebung oder der Größe. Auch die Erstellung eines Plagiats fällt unter das Bearbeitungsverbot, sodass Sie das Urheberrecht nicht dadurch umgehen können, dass Sie ein Werk nachstellen, also zum Beispiel die Mona Lisa nachmalen.

Abbildung 3.9 In diesem Beispiel haben wir ein Foto auf den Server unseres Kanzlei-Blogs geladen. Das Foto ist dann für jedermann über die genaue Adresse zugänglich (zu erkennen an der Endung .jpg in der Adresszeile), ohne dass wir es in irgendeinen Artikel eingebunden haben.

4. **Die Einwilligung oder Lizenz für die Verwendung von Bildern**

Die Verwendung fremder Bilder setz eine Einwilligung bzw. Lizenz voraus

Die zu Anfang des Kapitels erwähnte Farblosigkeit von Profilen der sozialen Netzwerke würde wohl dominieren, wenn man tatsächlich nur seine selbst angefertigten Bilder oder Fotos verwenden dürfte.

Wer die eigene Kreativität nicht unnötig beanspruchen möchte oder über eine solche nicht verfügt, der hat durchaus die Möglichkeit – trotz der oben genannten Verbote –, Bilder und Fotos anderer Urheber zu verwenden. Dies allerdings nur dann, wenn diesbezüglich eine Einwilligung oder eine Lizenz erteilt wurde. Diese Einwilligung ist bei dem Urheber des Fotos selbst oder dem Inhaber der Nutzungsrechte einzuholen.

Um Ihr Wissen im Bereich der Lizenzvergabe zu vertiefen, schlagen Sie bitte Kapitel 6, »Erlaubnis zur Nutzung von Inhalten – die Lizenz«, auf. Dort werden Sie ausführlich über Einwilligungen und Lizenzen informiert.

3.1.2 Das Recht am Motiv

Rechtlichen Schutz genießt nicht bloß das Bild an sich, sondern möglicherweise auch das abgebildete Motiv. Stellt das Bild eine Person dar, kann beispielsweise ihr Persönlichkeitsrecht betroffen sein. Bei der Abbildung von Markenprodukten können Sie leicht eine Markenrechtsverletzung begehen. Und auch bei der Abbildung von fremden Sachen können Sie leicht in die Abmahnfalle tappen. Daher sollten Sie sich bei jeder Verwendung eines Bilds zusätzlich fragen, ob Sie das Recht haben, die abgebildeten Motive zu zeigen (Recht am Motiv). Ein Bild kann natürlich auch mehrere geschützte Motive enthalten.

Das Recht am abgebildeten Motiv kann die Nutzung des Bilds durch dessen Urheber (z. B. des Fotografen) einschränken

---

Checkliste

Beachten Sie die folgenden Hinweise, um bei der Bildverwendung niemandem auf die Füße zu treten:

▶ Beachten Sie Urheberrechte! Zuwiderhandlungen enden oft mit kostspieligen Abmahnungen. Ist die Herkunft eines Bilds nicht ermittelbar, sollte im Zweifel lieber auf die Verwendung verzichtet werden.

▶ Vervielfältigen Sie kein Bild, dass Sie nicht selbst hergestellt haben.

▶ Ein öffentliches Zugänglichmachen erfordert keine aktive Verbreitung. Prüfen Sie Ihren Server!

▶ Die Bildbearbeitung steht ausschließlich dem Rechteinhaber zu.

▶ Können oder wollen Sie auf die Verwendung eines »fremden« Bilds nicht verzichten, versuchen Sie, für die konkrete Nutzung eine Lizenz zu bekommen. Das spart oft Ärger, Geld und Zeit.

3.2 Verschiedene Arten von Bildern

Bilder kommen in den unterschiedlichsten Arten vor, beispielsweise als Fotografien, Grafiken, Gemälde, Skizzen, Landkarten oder Designs. Grundsätzlich können Sie sich merken, dass jedes fremde Bild

– unabhängig von der Art – geschützt ist und Sie daher eine Einwilligung für die Nutzung benötigen. Im Folgenden stellen wir Ihnen die wichtigsten Arten von Bildern vor und weisen Sie auf Besonderheiten bei der Nutzung hin.

3.2.1   Fotografien

Urheberrechte entstehen an jedem Foto, egal welche Qualität dieses hat

Die wohl am häufigsten im Social Web verwendete Bildart ist die der Fotografie (von Juristen häufig auch Lichtbild genannt). Hier gilt: Jedes von einem Menschen gemachte Foto, sei es auch noch so schlecht, ist gesetzlich geschützt und darf grundsätzlich nicht »einfach so« verwendet werden.

Tipp

Gehen Sie bei fremden Fotografien davon aus, dass Sie eine Einwilligung für die Nutzung benötigen. Nur in wenigen Ausnahmefällen – die wir weiter unten darstellen – können Sie auf diese verzichten.

3.2.2   Grafiken

Auch Grafiken fallen unter bestimmten Umständen unter das Urheberrecht. Dass die Abgrenzung aber häufig schwierig sein kann, zeigt folgendes Beispiel:

Beispiel

In einem Fall, der 2012 durch die Presse ging, hatte ein Grafikdesigner mithilfe eines weiblichen Models den Abdruck eines roten Kussmundes erstellt und auf seiner Website veröffentlicht. Diese Grafik wurde von einem Unternehmen zur Gestaltung von verschiedenen Produkten verwendet – unberechtigt, wie das OLG Köln entschied. Denn der Grafiker hat bei der Erstellung des Kussmundabdrucks einen individuellen Gestaltungsspielraum gehabt und diesen auch ausgenutzt. Die Kussmundgrafik war daher urheberrechtlich geschützt.

Das Beispiel zeigt, dass eine Grafik, in der ein individueller oder fast künstlerischer Gestaltungsspielraum verwirklicht wird, dann urheberrechtlich geschützt ist, wenn sich diese Grafik vom Durchschnitt abhebt. Handelt es sich bei der Grafik dagegen etwa um einen einfachen Smiley oder ein Tortendiagramm, dürfen Sie diese ohne die

Einwilligung des Urhebers verwenden. Anders als Fotografien sind Grafiken also nicht per se rechtlich geschützt. Hier soll es darauf ankommen, ob tatsächlich kreative Arbeit in die Erstellung geflossen ist.

Abbildung 3.10   Diese Abbildung verdeutlicht den Unterschied. Während das Strichmännchen links durchschnittlich gezeichnet ist (jeder hätte es so gemacht), weist die Zeichnung rechts bereits einige kreative Ansätze auf und ist daher urheberrechtlich geschützt.

Tipp

Als Faustregel können Sie sich fragen: »Hätte ich die Grafik aufgrund einer groben Beschreibung genauso angefertigt?« Wenn ja, können Sie die fremde Grafik frei verwenden. Andernfalls sollten Sie davon ausgehen, dass Sie für die Abbildung eine Einwilligung benötigen.

3.2.3   Landkarten

Natürlich haben Sie ein Interesse daran, dass Ihre Fans und Freunde aus den sozialen Netzwerken auch in der realen Welt bei Ihnen vorbeischauen. Dafür eignet es sich hervorragend, einen Kartenausschnitt auf der Social-Media-Präsenz anzubieten, um den Geschäftssitz und den Weg dorthin einfach illustriert zu veröffentlichen. Wie bei Fotografien können Sie auch bei Landkarten oder Stadtplänen davon ausgehen, dass diese grundsätzlich nicht ohne eine Einwilli-

Die Landkartennutzung von Google setzt ebenfalls eine Genehmigung voraus. Es gibt jedoch auch eine kostenfreie Alternative

gung verwendet werden dürfen. Sie dürfen daher keine Kartenaus-schnitte aus Google Maps oder aus Ihrem Straßenatlas kopieren, um eine Wegbeschreibung zu Ihrem Unternehmen im Facebook-Profil anzubieten. Hierfür benötigen Sie eine Lizenz, die Sie bei Google unter *https://developers.google.com/maps/licensing?hl=de* bekom-men können und die unter Umständen viel Geld kostet.

Eine Ausnahme stellt die »Open Street Map« (*http://www.open-streetmap.org*) dar. Dieses Projekt hat sich zum Ziel gesetzt, eine freie Alternative zu Google Maps zu schaffen. Sie können die Karten von Open Street Map grundsätzlich frei und kostenlos verwenden. Die genauen Bedingungen dafür finden Sie hier: *http://www.open-streetmap.org/copyright*.

3.2.4   Ideen und Gestaltungskonzepte

Ideen sind nicht geschützt

Wie oben bereits erwähnt, sind reine Ideen für ein Bild oder eine Gestaltung nicht vom Urheberrecht geschützt. Daher können Sie eine gute Idee eines anderen problemlos selbst in die Tat umsetzen. Haben Sie zum Beispiel eine tolle Aktion auf Facebook entdeckt, bei der ein Unternehmen jeden Tag ein Foto zu einem bestimmten Thema veröffentlicht, können Sie diese Idee auch auf Ihrer Face-book-Seite verwirklichen.

Achtung

Wenn Sie allerdings in großem Stil die Ideen eines Konkurrenten über-nehmen und dadurch Ihre Präsenz im Social Web der des Konkurren-ten immer mehr angeglichen wird, können Sie wettbewerbsrechtliche Probleme bekommen. Sie begehen dann nämlich unter Umständen eine verbotene Nachahmung.

Checkliste

▶ Die Einschränkungen, die Ihnen aus Abschnitt 3.1, »Ein Bild – meh-rere Rechte«, bekannt sind, gelten weitestgehend auch für Grafiken und Landkarten.

▶ Ideen und Gestaltungskonzepte sind hingegen nicht urheberrecht-lich geschützt. Sie dürfen sich also von anderen Mitbewerbern inspirieren lassen. Sollten Sie allerdings zu sehr »abkupfern«, bege-ben Sie sich in die Gefahr, eine Abmahnung zu erhalten.

3.3 Arten der Bildnutzung

Bilder werden im Social Web für die verschiedensten Zwecke genutzt. Normalerweise gilt für alle Arten und Zwecke dasselbe: Sie benötigen für die Verwendung von fremden Bildern die Einwilligung des Urhebers.

> **Tipp**
> Grundsätzlich gilt: Für jede Verwendung eines fremden Bilds – egal in welcher Art und für welchen Zweck – ist eine Einwilligung des Urhebers notwendig.

Es gibt allerdings bestimmte Arten und Zwecke der Bildnutzung, die besonders zu behandeln sind. In den folgenden Abschnitten lernen Sie, in welchen Fällen Sie ein an sich geschütztes Bild verwenden dürfen, ohne den Urheber um Erlaubnis fragen zu müssen.

3.3.1 Aktuelle Berichterstattung

Wenn Sie eine Bildberichterstattung über ein aktuelles Tagesereignis für Ihr Online-Blog anfertigen, erlaubt Ihnen das Gesetz, im Rahmen dieser Berichterstattung auch urheberrechtlich geschützte Bilder zu verwenden. So berichteten bereits kurz nach dem Einsturz des Kölner Stadtarchivs im Jahr 2009 diverse Blogs und Twitter-Nutzer von diesem Ereignis und verwendeten hierfür selbst aufgenommene Fotos des Unglücksorts. Diese Fotos durften im Rahmen der aktuellen Berichterstattung über das Ereignis auch von anderen Medien verwendet werden. Ein Blog-Artikel zum heutigen Zeitpunkt dürfte mangels Aktualität aber nicht mehr mit den fremden Fotos angereichert werden.

Geht es um die Bildberichterstattung über ein tagesaktuelles Thema, können die Bildrechte gelockert werden

Hinsichtlich der Bilder müssen Sie allerdings darauf achten, dass das Hauptaugenmerk auf dem Ereignis liegt und nicht etwa auf dem mit abgelichteten und urheberrechtlich geschützten Motiv. Grund dieser Ausnahme ist das hohe Interesse der Öffentlichkeit, über aktuelle Tagesgeschehnisse informiert zu werden. Das Urheberrecht soll nicht dazu führen, dass die Öffentlichkeit nicht mehr umfassend über Tagesereignisse informiert werden kann.

Abbildung 3.11   Als in einer Raffinerie bei Köln ein Tank mit Chemikalien explodierte, nutzte das Online-Angebot des Kölner Stadtanzeigers auch viele Fotos von Twitter, um eine schnelle Bildberichterstattung zu gewährleisten.

Unzumutbarkeit, eine Genehmigung einzuholen

Für diese Ausnahme ist es erforderlich, dass es sich tatsächlich um ein aktuelles Tagesgeschehen handelt. Die Bildberichterstattung muss also gerade von einem Ereignis handeln, das in dieser Form am nächsten Tage nicht mehr vorzufinden ist. Der Grund dafür liegt darin, dass es dem Berichterstatter andernfalls zumutbar wäre, eine Erlaubnis für die Verwendung des urheberrechtlich geschützten Bilds einzuholen.

Außerdem müssen Sie das Bild des Tagesereignisses aus dem Internet entfernen, sobald kein öffentliches Interesse an dem Geschehnis mehr gegeben ist. Auch ein Verbleib der Bildberichterstattung in Ihrer Timeline oder in Ihrem Blog-Archiv ist damit unzulässig.

3.3.2   Kritiken und Rezensionen

Text- und Bildzitate

Möchten Sie auf Ihrem Firmen-Blog oder Ihrer Facebook-Seite eine Kritik oder Rezension eines Buchs, einer DVD, eines Musikalbums oder einer anderen Website veröffentlichen, dürfen Sie hierfür auch Abbildungen der entsprechenden Werke verwenden. Im Beispiel der Musikkritik dürfen Sie also das CD-Cover abbilden, ohne dafür den Urheber zu fragen.

Ermöglicht wird diese Art der Verwendung durch das Zitatrecht. Zitate sind nicht nur in schriftlicher Form möglich. Auch Bilder können Sie zitieren. Wichtig ist, dass Sie sich inhaltlich mit dem übernommenen Werk auseinandersetzen. So kann beispielsweise die Musik-Website laut.de auf ihrer Facebook-Seite auch das Plattencover eines Musikalbums abbilden (siehe Abbildung 3.12), wenn sie sich mit der Platte im Rahmen einer Kritik auseinandersetzt.

Abbildung 3.12   Die Veröffentlichung eines Plattencovers auf Facebook im Rahmen einer Kritik unterliegt dem Zitatrecht und ist bedenkenlos möglich.

Eine bloße Abbildung eines Bilds, ohne weiter darauf einzugehen, ist dagegen kein Bildzitat.

Beispiel

Die Zeitung Berliner Kurier übernahm im Jahr 1998 Bilder aus einem Fernsehbericht des Politikmagazins Report, ohne sich allerdings näher mit diesen Bildern auseinanderzusetzen. Das Landgericht Berlin sah hierin eine Urheberrechtsverletzung, da die Zeitung die Bilder nicht als »Behelf« für eigene Ausführungen herangezogen, sondern sich durch den Abdruck der Bilder eigene Ausführungen gerade erspart hatte.

Bei einem Bildzitat müssen Sie die gleichen Anforderungen wie bei einem Textzitat erfüllen, das heißt die Quelle des Zitats nennen und das Bild unverändert wiedergeben.

Achtung

Falls Sie ein Foto eines urheberrechtlich geschützten Bilds oder Motivs für Ihr Zitat nutzen wollen, beachten Sie, dass die Nutzung des Fotos selbst wiederum Urheberrechte des Fotografen verletzen kann.

Tipp

Sie sollten Bildzitate möglichst nur dann einsetzen, wenn Sie sich – beispielsweise im Rahmen einer Kritik – mit dem abgebildeten Werk inhaltlich auseinandersetzen und das entsprechende Foto selbst hergestellt haben.

3.3.3   Abbildung zum Weiterverkauf

Der Erschöpfungs-
grundsatz

Stellen Sie sich vor, Sie haben die DVD »The Dark Knight« gesehen und möchten diese nun auf eBay verkaufen. Um den Verkauf anzukurbeln, verlinken Sie die eBay-Auktion auf Ihrem Google+-Profil und stellen ein Foto des DVD-Covers dazu online (siehe Abbildung 3.13). Eigentlich bräuchten Sie hierfür erst die erforderlichen Rechte, was sich unter Umständen aber sehr schwierig gestalten kann. Auch das höchste deutsche Gericht, der Bundesgerichtshof, hat dieses Problem erkannt und diese Art der Nutzung in einem Urteil ausdrücklich erlaubt. Allerdings sind einige Punkte zu beachten.

Abbildung 3.13   Eine solche Abbildung der DVD »The Dark Knight« auf Google+ darf zum Weiterverkauf verwendet werden. Das Bild (Foto), das für den Weiterverkauf genutzt wird, sollte selbst hergestellt sein.

1. Das zu veräußernde bzw. beworbene Produkt muss in der europäischen Union gekauft worden sein. Bei importierter Ware gilt die Ausnahme nicht!

2. Sofern Sie Bilder oder Fotos des Produkts verwenden wollen, die von Dritten angefertigt wurden, greifen Sie eventuell in deren Rechte an dem Bild ein. Gehen Sie dieser Gefahr aus dem Weg und stellen Sie eigene Bilder her!

3. Das veröffentlichte Bild darf von Ihnen nicht verändert werden. Es ist also nur eine Eins-zu-eins-Abbildung zulässig. Ansonsten läge wiederum eine unzulässige Bearbeitung vor.

Rechtslage in Österreich

Das oben angesprochene Urteil des BGH gilt selbstverständlich nicht unmittelbar auch in Österreich. Aufgrund der sehr ähnlichen Regelungen im österreichischen Recht können Sie aber davon ausgehen, dass Sie auch in Österreich urheberrechtlich geschützte Werke zum Weiterverkauf abbilden dürfen.

3.3.4 Verlinkung von Bildern

Grundsätzlich keine Urheberrechtsverletzung begehen Sie bei einer *Verlinkung* von Bildern. Sie können also ruhigen Gewissens einen Link, der zu einem Bild auf einer fremden Internetseite führt, über Google+ verteilen (siehe Abbildung 3.14). Auch die beliebte Onlineenzyklopädie Wikipedia arbeitet nach diesem Prinzip, wie Abbildung 3.15 zeigt.

Bilder können grundsätzlich bedenkenlos verlinkt werden

Abbildung 3.14 Das Posten eines Links zu einem Bild verletzt grundsätzlich keine Urheberrechte.

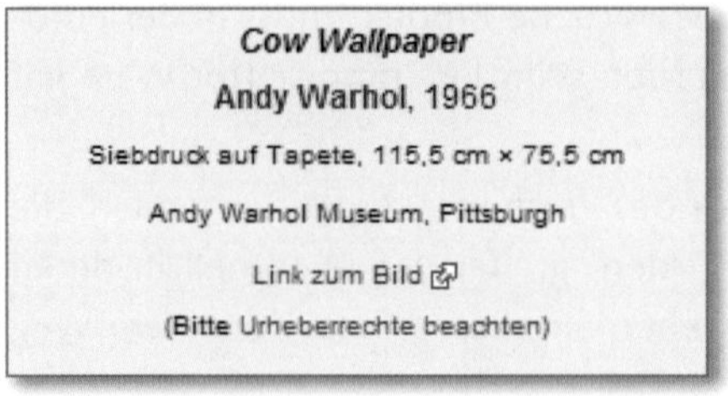

Cow Wallpaper
Andy Warhol, 1966
Siebdruck auf Tapete, 115,5 cm × 75,5 cm
Andy Warhol Museum, Pittsburgh
Link zum Bild 🗗
(Bitte Urheberrechte beachten)

Abbildung 3.15 So verfährt auch Wikipedia, um dem Lizenzdschungel aus dem Weg zu gehen.

Die Verlinkung von offensichtlich rechtswidrigen Inhalten ist verboten

Der Link fungiert sozusagen nur als eine Art Wegweiser zu dem Bild, ist aber nicht als eine tatsächliche Bereitstellung zu bewerten. Dies wird dann klar, wenn man bedenkt, dass der Link »ins Leere« führen würde, sobald die Bilddatei vom Eigentümer der Internetseite gelöscht wird. Achten Sie aber darauf, dass Sie durch die Linksetzung nicht dazu beitragen, offensichtlich rechtswidrige Inhalte weiter zu verbreiten. Hier begeben Sie sich ansonsten in die Gefahr, eine Abmahnung zu erhalten!

Tipp

Sofern Sie Ihren Freunden und Followern gern ein Foto zeigen würden, aber nicht über die hierfür erforderliche Einwilligung verfügen, verlinken Sie dieses Foto einfach. Auch die Wikipedia arbeitet nach diesem Prinzip (siehe Abbildung 3.15).

3.3.5 Teilen von Links und Bildern

Das Teilen von Bildern ist rechtlich anders zu bewerten

Das »Teilen« von Bildern und Links ist etwas anders zu bewerten als eine bloße Verlinkung. Hierbei wird nämlich automatisch eine Kopie des Bilds, wenn auch in Miniaturansicht, auf Ihrem Profil erstellt.

Sobald Sie einen Link über Ihre Facebook-Seite teilen, erzeugt Facebook automatisch ein Miniaturbild (*Thumbnail*) und bietet Ihnen nur die Möglichkeit, das Bild durch ein eigenes zu ersetzen (BILD HOCHLADEN) (siehe Abbildung 3.16).

Auch bei Google+ wird beim Teilen automatisch ein Miniaturbild erzeugt, dieses lässt sich aber ganz leicht entfernen, wenn man auf das kleine x in der rechten oberen Ecke des Bilds klickt (siehe Abbildung 3.17).

Abbildung 3.16 Wird ein Link auf Facebook geteilt, erstellt Facebook automatisch ein sogenanntes Miniaturbild von dem Bild, das sich hinter dem Zielpfad verbirgt. Wird dieses Miniaturbild dann gepostet, liegt eine öffentliche Zugänglichmachung vor. Sie können das Bild jedoch auch entfernen, bevor Sie den Link posten. Dafür klicken Sie einfach auf das kleine x oben rechts.

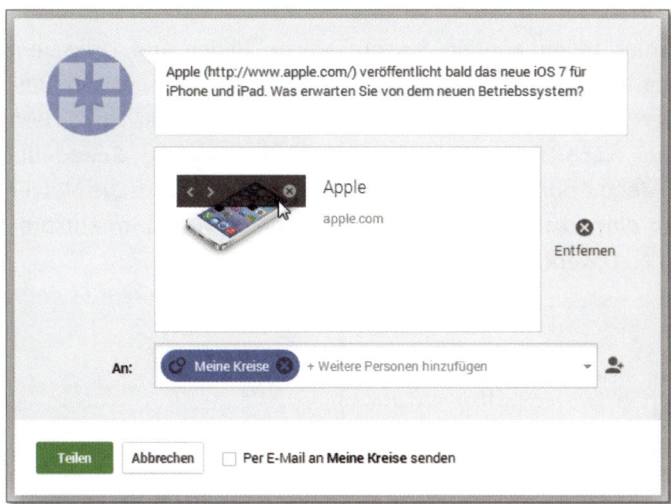

Abbildung 3.17 Wie Facebook, so auch Google+. Hier können Sie ebenfalls das Miniaturbild entfernen.

Folge des Miniaturbilds ist, dass Sie das betreffende Bild auf Ihrem Profil für andere zugänglich machen und somit womöglich eine Urheberrechtsverletzung begehen. Sofern der Rechteinhaber des auf diese Weise eingebundenen Bilds sich mit eben dieser Zugänglich-

In dem Posten eines Miniaturbilds kann eine Urheberrechtsverletzung liegen

machung auf Ihrem Profil nicht einverstanden erklärt hat, begeben Sie sich in die Gefahr, eine Urheberrechtsverletzung zu begehen. Ob eine Urheberrechtsverletzung wirklich vorliegt, ist aber hinsichtlich solcher Thumbnails unter den Juristen noch nicht ganz geklärt.

Exkurs: Der Streit um die Vorschaubilder bzw. Thumbnails

Nach einem Urteil des Landgerichts Berlin ist der teilende Nutzer nämlich als »Herr des Angebots« zu verstehen. Dies führt dazu, dass Sie durch das Teilen und die damit verbundene Einbettung des Vorschaubilds ein geschütztes Werk öffentlich zugänglich machen (zum öffentlichen Zugänglichmachen gab es bereits mehr weiter oben). Zwar hat der Bundesgerichtshof in einem Urteil hinsichtlich der von Google verwendeten Vorschaubilder entschieden, dass in der Anzeige dieser Vorschaubilder keine rechtswidrige Handlung zu sehen ist, wenn der Rechteinhaber der Bilder sich bzw. seine Bilder nicht vor einer Verwendung als Vorschaubild geschützt hat – ob diese Rechtsprechung aber in Zukunft auch auf die Vorschaubilder in den sozialen Netzwerken Anwendung findet, ist noch sehr umstritten.

Wird das »Teilen« eines Bilds oder Artikels auf einer Homepage angeboten, ist die Weiterverbreitung in der Regel erlaubt

Bedenkenlos teilen können Sie nur solche Bilder und Links, bei denen der Rechteinhaber hierzu aktiv auffordert, indem er zum Beispiel einen »Teilen«-Button in sein Blog eingebunden hat. So fordern zahlreiche Nachrichten-Websites, wie zum Beispiel Sueddeutsche.de (siehe Abbildung 3.18), mit den »Teilen«-Buttons die Nutzer auf, eben dies zu tun und somit auch ein Miniaturbild im entsprechenden Netzwerk zu erstellen.

Abbildung 3.18   Die Süddeutsche Zeitung bietet auch einen »Teilen«-Button an. Dieses Angebot beinhaltet die Einwilligung zum Weiterverteilen.

Checkliste

Um rechtlich auf der sicheren Seite zu sein, sollten Sie beim Teilen von Bildern und Links folgende Hinweise beachten:

Teilen von Bildern und Links

▸ Ein hohes Abmahnrisiko besteht beim Einbetten fremder Bilder über Links als Vorschaubild auf Ihrer Social-Media-Präsenz. Da eine Verlinkung ohne das Vorschaubild allerdings unbedenklich ist, verzichten Sie am besten einfach auf die Verwendung eines solchen. Bei Facebook können Sie das Vorschaubild vor dem Posten durch ein eigenes Bild ersetzen; bei Google+ können Sie das Vorschaubild mit einem Klick entfernen.

▸ Holen Sie sich gegebenenfalls vor der Veröffentlichung eine Einwilligung beim Rechteinhaber.

▸ Unbedenklich ist es, wenn Sie einen »Teilen«-Button auf einer anderen Internetseite anklicken und somit ein Vorschaubild entsteht. Durch das Angebot des »Teilen«-Buttons hat der Rechteinhaber stillschweigend in die Verwendung seines Bilds eingewilligt. Allerdings müssen Sie auch hier darauf achten, dass der Seiteninhaber tatsächlich Rechteinhaber des Bilds ist! Sollte dies nicht der Fall sein, begehen Sie auch hier eine Urheberrechtsverletzung. Haben Sie also Zweifel an der Rechteinhaberschaft, sehen Sie vom Teilen ab. Auch sollten Sie Vorsicht bei dem Teilen von Inhalten walten lassen, die andere Nutzer auf ihren Social-Media-Profilen veröffentlichen.

Achtung

Es gibt Anwendungen in den sozialen Netzwerken, die die Bilder Ihres Profils mit Bildern Ihrer Freunde aus demselben Netzwerk in einem neuen Bildmosaik wiedergeben! Dabei handelt es sich zwar nicht direkt um Vorschaubilder, vergleichbar sind diese beiden Formen dennoch, da in dieser Zugänglichmachung eine Urheberrechtsverletzung liegen kann.

3.3.6 Screenshots

Durch die bloße Anfertigung eines Screenshots begehen Sie noch keine Urheberrechtsverletzung. Für eine solche ist es – wie oben thematisiert – erforderlich, dass Sie den Screenshot veröffentlicht bzw. weiterverbreitet haben. Eine solche Weiterverbreitung liegt schon dann vor, wenn Sie einen selbst angefertigten Screenshot, der ein geschütztes Bild zeigt, twittern oder auf Ihrem Profil von Google+, Face-

Screenshots können erst dann urheberrechtlich relevant werden, wenn diese öffentlich zugänglich gemacht werden

111

book etc. veröffentlichen. Screenshots können aber auch der Ausnahme des »Zitats« unterliegen. Wie weiter oben bereits erläutert, dürfen Sie Fotos und Bilder dann im Rahmen eines Zitats veröffentlichen, wenn Sie diese in dem Gesamtbeitrag auch thematisieren.

Sollten Ihre Screenshots Personen abbilden, denken Sie auch an deren Persönlichkeitsrecht, und bemühen Sie sich um eine Einwilligung (mehr dazu unten).

Nicht jeder öffentlich zugänglich gemachte Screenshot verletzt Urheberrechte

Bei der Nutzung von Screenshots stellt sich zuerst die Frage, ob das auf dem Screenshot Gezeigte überhaupt einen urheberrechtlichen Schutz genießt. Davon können Sie immer dann ausgehen, wenn der Screenshot normale Bilder, längere Texte oder ein Standbild eines Videos beinhaltet. Ein Screenshot einer Nachrichten-Website (siehe Abbildung 3.19) enthält zum Beispiel urheberrechtlich geschützte Fotos, Grafiken und Logos.

Abbildung 3.19   Screenshot der Nachrichten-Website www.washingtonpost.com

Kein urheberrechtlicher Schutz für die Oberfläche einer Standardsoftware

Möchten Sie auf einem Screenshot Standardsoftware abbilden und diesen Screenshot auf Ihrem Tech-Blog posten, wird das Urheberrecht in den meisten Fällen keine Rolle spielen. Der Grund hierfür ist, dass die Oberfläche von Standardsoftware grundsätzlich keinen Urheberrechtschutz genießt, da sie nicht individuell genug ist. Aus diesem Grund muss beispielsweise der Betreiber des Tech-Blogs *www.stadt-bremerhaven.de* bei einem Screenshot einer Office-Software (siehe Abbildung 3.20) keine Einwilligung von Microsoft einholen.

Abbildung 3.20   Standardsoftware ist in der Regel nicht urheberrechtlich geschützt. Die Veröffentlichung eines Screenshots ist daher unbedenklich und erlaubt.

Anders sieht es bei Screenshots von Computerspielen aus – diese sind aufgrund ihres Designs in nahezu allen Fällen urheberrechtlich geschützt (siehe Abbildung 3.21). Bei solchen Screenshots oder auch bei der Anfertigung eines sogenannten Let's play-Videos sollten Sie daher Vorsicht walten lassen.

Die Oberfläche und Gestaltung eines Computerspiels ist urheberrechtlich geschützt

Tipp

Lassen Sie sich auch die Nutzung von Screenshots genehmigen. Dadurch erhöhen Sie nicht nur die Chancen, den gewünschten Screenshot tatsächlich nutzen zu dürfen, sondern gehen auch einem möglichen Rechtsstreit aus dem Weg.

Abbildung 3.21 Ein solcher Screenshot aus dem Computerspiel Call of Duty ist an sich unzulässig. Da sich der Betreiber der Facebook-Seite aber inhaltlich mit dem abgebildeten Werk auseinandersetzt, kann er sich auf das Zitatrecht berufen (siehe oben).

3.4 Die verschiedenen Motive

Wie wir Ihnen oben schon dargelegt haben, existieren an einem Bild häufig mehrere Rechte. Neben dem Recht am Bild (Urheberrecht) müssen Sie in vielen Fällen auch Rechte an den abgebildeten Motiven beachten, um nicht mit dem Gesetz in Konflikt zu geraten. Schwierigkeiten bereiten hier vor allem Abbildungen von fremden Personen, Gegenständen und auch Marken, wie unser Beispiel in Abbildung 3.22 zeigt. Das Foto wurde beim Champions-League-Finale 2013 aufgenommen und zeigt Personen, Markenlogos, Vereinswappen, Bandenwerbung und fremdes Eigentum. In den folgenden Abschnitten erfahren Sie, was Sie bei der Abbildung dieser Motive beachten müssen und wann Sie ohne Zögern auf den »Posten«-Button klicken können.

Abbildung 3.22 Dieses Foto zeigt gleich mehrere rechtlich geschützte Objekte: So sind neben den anderen Besuchern im Stadion verschiedene Marken mit abgebildet. (Foto: Nico Czajkowski)

Die sozialen Netzwerke werden heutzutage von Einzelpersonen wie auch von Unternehmen als eine Art öffentliches Tagebuch genutzt. Und bei einem Tagebuch halten selbstverständlich viele persönliche Elemente Einzug. Das wichtigste dabei sind wohl wiederum Fotos – ob vom letzten Urlaub, dem Betriebsausflug, der Party am vergangenen Samstag oder der Shoppingtour durch die Kölner Einkaufsstraßen. Doch wie verhält es sich, wenn auf den selbst geschossenen Fotos Personen mit abgelichtet wurden, die damit nicht einverstanden sind? Was es mit dem »Recht am eigenen Bild« auf sich hat, wann Sie eine Einwilligung der abgebildeten Personen benötigen und wann Sie Personen auch ohne Einwilligung abbilden dürfen, soll Ihnen nun erläutert werden.

Häufig sind auf Bildern Personen abgebildet

3.4.1 Das Recht am eigenen Bild

Bei Facebook hat vor einiger Zeit eine Seite mit dem Namen »die peinlichsten Partyfotos« binnen kürzester Zeit eine riesen Fangemeinde bekommen. Das ist auch kein Hexenwerk, wenn man sich den Inhalt dieser Seite anschaut. Nach dem Motto »nomen est

Praxisbeispiel: »Die lustigsten Partyfotos«

omen« finden Sie dort viele abgedrehte, alberne und vor allem lustige Fotos. Lustig sind diese Bilder aber regelmäßig vor allem für den Betrachter. Jedoch musste für diese Bilder auch jemand gewissermaßen Modell stehen. Und hier liegt der Knackpunkt. Die Menschen, die auf dieser Seite in meist sehr peinlichen Situationen zu sehen sind, haben oft kein Interesse daran, dass solche Bilder online abrufbar sind. Hat so eine Person ein Recht darauf, die Verbreitung des Fotos zu unterbinden? Ja. Das Recht am eigenen Bild.

Es genügt, wenn die fotografierte Person von Freunden oder Bekannten erkannt werden kann

Aus diesem Recht ergibt sich für jeden Menschen die Möglichkeit, darüber zu entscheiden, ob die Veröffentlichung eines Bilds von sich genehmigt oder untersagt werden soll. Voraussetzung für dieses Recht ist, dass die Person auf dem Bild potenziell erkannt werden kann. Dafür ist es nicht erforderlich, dass das Gesicht der Person zu erkennen ist oder sie mit einem Vergleichsfoto von jedem wiedererkannt werden könnte. Es genügt bereits, wenn Familienangehörige, Freunde oder Bekannte die abgelichtete Person z. B. aufgrund einer eigenartigen Körperhaltung, einer speziellen Geste oder bestimmter anderer Details wie z. B. außergewöhnlichem Körperschmuck erkennen könnten.

Kein Schutz vor der Herstellung des Bilds

Das Recht am eigenen Bild bietet aber nur Schutz gegen die Veröffentlichung des Bildnisses. Sofern Sie ein Foto nur für private Zwecke nutzen wollen (z. B. für ein klassisches Fotoalbum) und dieses nicht bei einschlägigen Social-Media-Seiten hochladen, kann der unfreiwillig Fotografierte keine Löschung des Bilds von Ihnen verlangen.

Grundsätzlich nur mit Einwilligung

Einwilligung des Abgelichteten

Sie dürfen ein Foto grundsätzlich nur mit der Einwilligung des Abgebildeten veröffentlichen. Für die Frage, ab wann eine Einwilligung einer abgelichteten Person erforderlich ist, gilt das oben Gesagte: Sobald die Person von Freunden oder Bekannten auf dem Bild identifiziert werden kann, ist eine Einwilligung erforderlich.

Tipp

Merken Sie sich: Andere Personen dürfen Sie grundsätzlich nur mit der Einwilligung dieser Personen im Internet abbilden. Lediglich in wenigen Ausnahmefällen können Sie auf die Einwilligung verzichten. Dazu unten mehr.

Ausdrückliche Einwilligung

Bleiben wir zunächst bei der Einwilligung. Der einfachste Fall der Einwilligung ist jener, bei dem der Fotografierte auf Ihre Frage hin einer Veröffentlichung oder einer bestimmten Nutzung durch ein locker flockiges »Ja klar« oder das »Daumen-hoch-Zeichen« zustimmt.

Ein »Ja« stellt eine ausdrückliche Einwilligung dar

> **Tipp**
> Um Missverständnisse zu vermeiden und Ärger aus dem Weg zu gehen, sollten Sie stets versuchen, eine solche ausdrückliche Einwilligung zu erhalten.

Im Zweifelsfall müssen Sie nachweisen, dass der Abgebildete seine Einwilligung erteilt hat. Daher empfehlen wir, die Einwilligung entweder schriftlich einzuholen (einen Mustertext finden Sie in Kapitel 14) oder die Einwilligung kurz per Videoaufnahme festzuhalten.

Stillschweigende Einwilligung

Eine Einwilligung kann auch stillschweigend abgegeben werden. Von einer solchen Genehmigung können Sie aber nur dann ausgehen, wenn die einwilligende Person wusste oder wissen musste, dass sie in etwas einwilligt.

Eine stillschweigende Einwilligung wird auch »konkludente« Einwilligung genannt

Eine »Pose« des Fotografierten vor einem neutral gekleideten »privaten« Fotografen mag eine Einwilligung in das Foto sein, jedoch nicht in dessen Veröffentlichung. Der Fotografierte muss erkennen können, zu welchem Zweck und in welchem Umfang Sie das Foto von ihm verwenden wollen.

> **Beispiel**
> Das Foto einer jungen Dame, die eine auffällig tolle Frisur hat und in ein Foto eingewilligt hat, dürfen Sie dann trotzdem nicht für die Facebook-Kampagne zur Einführung Ihrer neuen Haarpflegeprodukte verwenden, wenn die Dame von der geplanten Werbung nichts weiß.

In ein heimlich aufgenommenes Foto einer Person kann diese ohnehin nicht stillschweigend einwilligen, da es dann bereits an der Kenntnis darüber fehlt, dass überhaupt ein Bild entstanden ist.

Aufnahmen eines Fotomodels

Von einem Fotomodel, das Sie engagiert haben, um Werbeaufnahmen anzufertigen, benötigen Sie jedoch keine Einwilligung, wenn Sie das Model für das Shooting bezahlt haben. Dann wird auch ohne das Wissen des Models über die konkrete Verwendung von einer Einwilligung ausgegangen.

> **Tipp**
>
> Merken Sie sich, dass für das Recht am eigenen Bild in etwa dasselbe wie für das Urheberrecht gilt: Die Rechte des Abgebildeten verbleiben bei diesem, bis er eine Verwendung genehmigt. Die Einwilligung muss für das konkrete Bild und ebenfalls für die konkrete Nutzung des Bilds erteilt werden.

Einwilligung von nicht zurechnungsfähigen oder minderjährigen Personen

Vorsicht! Auch eine ausdrücklich erklärte Einwilligung kann in bestimmten Fällen wirkungslos sein.

Bei Minderjährigen sollten die Eltern um die Einwilligung gebeten werden

Minderjährige bis zur Vollendung des siebten Lebensjahrs können grundsätzlich nicht selbst einwilligen. Dann ist stets die Einwilligung des gesetzlichen Vertreters, in der Regel sind das die Eltern, erforderlich.

Ob ein Minderjähriger, der zwar das 7., jedoch das 18. Lebensjahr noch nicht vollendet hat, schon selbst einwilligen kann, ist eine Frage des Einzelfalls. Hierbei kommt es auf die Einsichtsfähigkeit des Minderjährigen an. Bei einer geplanten kommerziellen Nutzung eines Fotos sollten Sie aber auch bei einem 16-Jährigen die Eltern konsultieren.

> **Tipp**
>
> Gehen Sie bei Minderjährigen im Alter bis 16 Jahren auf Nummer sicher und holen Sie sich die Einwilligung eines Erziehungsberechtigten ein.

Die Einwilligung eines Betrunkenen kann unwirksam sein

Die eingangs erwähnten »peinlichen Partyfotos« sind in doppelter Hinsicht tückisch. Denn nicht nur für den Fotografierten können sie unangenehme Folgen haben. Auch der Fotograf dieser Schnappschüsse kann Schwierigkeiten bekommen. Die Einwilligung einer betrunkenen oder aus anderen Gründen auch nur vorübergehend nicht voll zurechnungsfähigen Person ist nicht wirksam. Bei Partyfotos können Sie oft davon ausgehen, dass sich die abgelichteten Personen zumindest in der Nähe eines einwilligungsausschließenden Zustands befinden. In diesem Fall ist es ratsam, nachträglich, d. h. im wieder zurechnungsfähigen Zustand, eine Einwilligung der abgelichteten Person einzuholen.

Widerruf oder Anfechtung der Einwilligung

Doch selbst wenn Sie eine Einwilligung erhalten haben, ist diese nicht in Stein gemeißelt. Einwilligungserklärungen können unter bestimmten Voraussetzungen widerrufen oder auch angefochten werden.

Ein *Widerruf* ist dann möglich, wenn dieser durch einen wichtigen Grund gerechtfertigt ist. Da eine Einwilligung bewusst abgegeben wird, liegt ein wichtiger Grund in nur wenigen Extremfällen vor – etwa wenn der Einwilligende einen Schicksalsschlag erleidet, an den er durch das Foto stets erinnert werden würde.

In Ausnahmesituationen ist ein Widerruf möglich

Des Weiteren kann eine Einwilligung auch angefochten werden. Die *Anfechtung* setzt voraus, dass der Einwilligende sein Okay nur gegeben hat, weil er über die Verwendung des Bilds getäuscht wurde. So wäre die Einwilligung über die Verwendung eines Fotos, das eine Frau im Bikini am Strand zeigt und nach Angaben des Fotografen für die Facebook-Seite des Strandbads gedacht war, dann aber auf einer Erotik-Website auftauchte, wegen der Täuschung über den Verwendungszweck anfechtbar.

Eine Anfechtung ist möglich, wenn der Einwilligende getäuscht wurde

Sofern die Verwendung eines Fotos wirksam angefochten oder aber dessen konkreter Nutzung wirksam widersprochen wurde, dürfen Sie das Foto nicht mehr nutzen. Um Abmahnungen zu vermeiden, sollten Sie dann auch tatsächlich von einer Nutzung absehen.

Checkliste Einwilligung

▶ Der Einwilligende muss wissen, worin er einwilligt. Das bedeutet, dass Sie ihm zumindest im Rahmen der Möglichkeiten darlegen sollten, wie Sie das Bild später verwenden möchten.

▶ Denken Sie außerdem daran, dass Sie im Fall der Fälle den Beweis für die erteilte Einwilligung erbringen müssen. Sorgen Sie also dafür,

> dass Sie entweder eine schriftliche Einwilligung erhalten, die Einwilligung auf Video aufgezeichnet wird oder der Abgelichtete seine Einwilligung in Gegenwart eines Ihnen bekannten Zeugen abgibt.
>
> ▶ Bei Minderjährigen sollten Sie eine Einwilligung der Eltern einholen, wenn der Minderjährige jünger als 16 Jahre alt ist. Ab 16 Jahren können Sie von einer Einwilligungsfähigkeit des Minderjährigen mit Blick auf nicht kommerzielle Verwendungen ausgehen. Für kommerzielle Verwendungen benötigen Sie auch hier noch die Einwilligung der Eltern.

Erlaubt: Abbildung von Personen der Zeitgeschichte

Der Persönlichkeitsschutz von Personen der Zeitgeschichte ist, aufgrund deren öffentlichen Lebens, weniger intensiv

Wenn Sie eine berühmte Persönlichkeit vor die Linse bekommen und dies mit Ihrem virtuellen Freundeskreis in den sozialen Netzwerken durch den Upload des Bilds teilen wollen, brauchen Sie möglicherweise keine Einwilligung dieser Person. Eine Person wird ab einem bestimmten Berühmtheitsgrad als eine sogenannte Person der Zeitgeschichte bezeichnet. Voraussetzung hierfür ist, dass ein gesteigertes öffentliches Interesse an dem Leben oder der Tätigkeit dieser Person besteht. Dieses öffentliche Interesse entsteht dadurch, dass sich diese Person in der Öffentlichkeit bewegt. Kommt also beispielsweise Heino in Ihrem Radiosender vorbei und trällert dort ein Liedchen, können Sie diesen Besuch ohne Heinos Einwilligung fotografisch auf Ihrem Blog begleiten, wie dies der Sender N-Joy in Abbildung 3.23 getan hat.

Zu den Personen der Zeitgeschichte werden neben Musikstars außerdem Schauspieler, Wissenschaftler oder Schriftsteller gezählt, eben jeder, der sich ins sprichwörtliche Rampenlicht begibt.

Auch unbekannte Personen dürfen unter Umständen abgebildet werden

Es ist nicht Voraussetzung, dass eine Person der Zeitgeschichte dauerhaft im Rampenlicht steht. Ein vorübergehendes gesteigertes Interesse der Öffentlichkeit an einer an sich unbekannten Person ist schon ausreichend. Hier dürfen allerdings nur solche Fotos veröffentlicht werden, die die Person mit dem aktuellen Ereignis in einen Zusammenhang bringen.

HEINO ZU BESUCH BEI N-JOY

Erstmal gibt's gut gelaunt einen Kaffee und dann...

Abbildung 3.23 Heino bewegt sich hier bewusst in der Öffentlichkeit und muss aufgrund des Interesses an seiner Person davon ausgehen, dass er fotografiert wird.

Beispiel

Die mutmaßliche Terroristin Beate Zschäpe ist als Beteiligte des gegen sie geführten Strafprozesses ebenfalls als Person der Zeitgeschichte anzusehen. Daher dürfen von ihr auch ohne Einwilligung Fotos veröffentlicht werden, wenn diese im Zusammenhang mit dem Strafprozess gegen sie stehen.

Seit 2004 wird von den Gerichten allen Personen der Zeitgeschichte ein stärkerer Schutz der Privatsphäre zugestanden. Für die Veröffentlichung von Bildern, die berühmte Personen in ihrer Freizeit zeigen, ist nun ein gewisser Informationswert der Bilder für die Öffentlichkeit erforderlich.

Stärkerer Schutz der Privatsphäre von bekannten Personen

Beispiel

Ein öffentliches Interesse an einem Bild, das Dieter Bohlen beim Sockenkauf zeigt, ist für das öffentliche Informationsbedürfnis wohl eher gering und wäre somit nicht von der Ausnahme gedeckt.

Rechtslage in Österreich

In Österreich existiert keine ausdrückliche gesetzliche Erlaubnis, Personen der Zeitgeschichte abzubilden. Das Gesetz spricht dort nur davon, dass eine Veröffentlichung nicht die »berechtigten Interessen des Abgebildeten« verletzen darf. Die österreichischen Gerichte fordern insoweit eine Interessenabwägung. Bevor Sie ein Foto einer Person der Zeitgeschichte veröffentlichen, sollten Sie sorgfältig abwägen, ob das Informationsbedürfnis der Öffentlichkeit höher ist als das Persönlichkeitsrecht des Abgebildeten. Vor allem bei entwürdigenden oder bloßstellenden Fotos müssen Sie sehr vorsichtig agieren oder im Zweifel eine Einwilligung einholen.

Erlaubt: Personen neben Gebäuden und Landschaften

Personen, die als Beiwerk abgelichtet werden, dürfen der Veröffentlichung nicht widersprechen

Ohne Einwilligung dürfen Sie Fotos von Personen auch dann veröffentlichen, wenn diese nur als *Beiwerk* neben Gebäuden und Landschaften auftauchen. Möchten Sie zum Beispiel die überdimensionale Leuchtreklame in Hongkong zeigen, werden Sie das kaum schaffen, ohne auch Personen auf dem Foto zu zeigen. Diese sind aber nur Beiwerk neben der Schilderlandschaft und dürfen daher ohne Einwilligung gezeigt werden (siehe Abbildung 3.24).

Abbildung 3.24   Hier könnten theoretisch Hunderte Menschen ihr Recht am eigenen Bild geltend machen. Da sie aber nur als Beiwerk in Erscheinung treten, greift dieses Recht hier nicht. (Foto: Jakob Wahlers)

Solange also eine oder mehrere Personen zufällig mit auf einem Foto sind, können Sie bedenkenlos davon ausgehen, dass Sie dieses Foto auch ohne deren Einwilligung veröffentlichen dürfen.

Anders ist dies zu bewerten, wenn von einer Person eine wesentliche Wirkung für das Foto ausgeht. Eine solche wesentliche Wirkung ist dann gegeben, wenn Sie die bestimmte Person gezielt mitfotografiert haben. So wäre das malerische Foto eines Fischerboots in Abbildung 3.25 weniger charmant, wenn Sie die dazugehörigen Fischer nicht abbilden könnten.

Die Abgrenzung vom Beiwerk zum Hauptdarsteller

Abbildung 3.25 Dieses Foto ist vermutlich nicht nur gemacht worden, um die Fischer abzulichten. Dem Fotografen ging es sicher eher um die gesamte Kulisse. Die Fischer auf dem Fischerboot sind dabei aber mehr Hauptdarsteller als Beiwerk. Hier wäre eine Einwilligung der Fischer erforderlich. (Foto: tpsdave)

Sollten sich die Fischer gegen eine Veröffentlichung des Bilds wehren, sollten Sie von selbiger absehen. Tatsächlich wird es die Fischer aber wohl kaum interessieren.

> **Tipp**
>
> Merken Sie sich folgende Faustformel: Sind die mitfotografierten Personen für den Sinn des Bilds austauschbar, sind diese nur Beiwerk und können Ihnen die Veröffentlichung nicht verweigern.

Eine Grenze besteht dann, wenn die Intimsphäre einer Person betroffen ist

Sollten Sie in die Verlegenheit kommen und mit Ihrem Foto eine Person in einer misslichen Lage erwischen, sodass deren Intimsphäre dadurch verletzt werden könnte, dürfen Sie das Bild nicht veröffentlichen. Von der Veröffentlichung eines Fotos müssen Sie dann absehen, wenn Sie zum Beispiel bei dem Schnappschuss vom Betriebsgrillfest im Garten des Chefs versehentlich den Nachbarn mit aufgenommen haben, als dieser gerade in seinem Garten, ohne zu bemerken, dass nebenan die Post abgeht, nackt umherstolziert.

> **Rechtslage in Österreich**
>
> Auch wenn im österreichischen Recht nicht ausdrücklich der Begriff »Beiwerk« genannt ist, können Sie die hier angesprochenen Grundsätze auch in Österreich anwenden. Die Rechtsprechung geht dort davon aus, dass rein zufällig abgebildete Personen dann abgebildet werden dürfen, wenn das Foto keine negativen Zusammenhänge darstellt.

Erlaubt: Teilnehmer von öffentlichen Veranstaltungen

Bei einer *öffentlichen Veranstaltung* dürfen die Fotos, die Sie von den Teilnehmern gemacht haben, unter gewissen Voraussetzungen ohne Einwilligung veröffentlicht werden. Um eine öffentliche Versammlung handelt es sich, wenn:

Begriff der öffentlichen Versammlung

1. mehrere Personen zu einem gemeinsamen Zweck zusammenkommen und

2. es keine Privatveranstaltung ist.

Anforderungen an den gemeinsamen Zweck

Von einem gemeinsamen Zweck können Sie dann ausgehen, wenn die Personen ein Ziel verfolgen, das nur gemeinsam erreicht werden kann, z. B. eine politische Demonstration (siehe Abbildung 3.26), die Unterstützung des Fußballvereins oder die Teilnahme an einem Marathon. Ein gemeinsamer Zweck ist hingegen nicht anzunehmen, wenn sich eine Menschentraube vor der Käsetheke beim Super-

markt Ihres Vertrauens gebildet hat, weil der Gouda gerade im Angebot ist. Hier will jeder für sich ein eigenes Ziel, nämlich den günstigen Gouda, erreichen.

Abbildung 3.26   Die Teilnehmer dieser politischen Demonstration
verfolgen einen gemeinsamen Zweck. Welchen, wissen wir leider nicht.
(Foto: Claudia Schorr)

Der Umstand, dass Eintrittskarten für eine Veranstaltung verkauft
werden, macht diese nicht zur Privatveranstaltung.

> **Tipp**
> Als Abgrenzungsmerkmal zwischen einer privaten und einer öffentli-
> chen Versammlung können Sie sich eine hypothetische Gästeliste vor-
> stellen: Sofern der Veranstalter eine solche erstellen könnte, weil er die
> meisten Teilnehmer persönlich kennt, wird es sich um eine private Ver-
> anstaltung handeln. Denken Sie zum Beispiel an einen Geburtstag oder
> eine Grillparty im Garten.

Es dürfen keine Einzelpersonen auf Ihrem Foto aus der Menschenmenge hervorgehoben werden. Wenn sich eine bestimmte Person

*Hervorheben einzelner
Personen*

jedoch selbst hervorhebt, etwa weil sie in einem besonders ungewöhnlichen Kostüm erscheint oder aber eine gewisse Rolle bei der Versammlung übernimmt, darf diese Person auch gesondert abgelichtet und hervorgehoben werden.

Beispiel

Ein bei der Fußball-WM im Stadion als Wikinger verkleideter Italien-Fan. Bei einem Spiel einer skandinavischen Mannschaft wäre das Wikinger-Outfit mit Blick auf den geschichtlichen Hintergrund nicht unbedingt Alleinstellungsmerkmal, bei einem italienischen Fußballfan bei dem Spiel Italien gegen Deutschland hingegen schon. Die gleiche Ausnahmestellung haben etwa auch die Vorredner einer Demonstration, da sie sich bewusst und gezielt von der »Masse« abheben.

Merken Sie sich also: Fotos einer öffentlichen Versammlung dürfen einwilligungsfrei veröffentlicht werden, wenn sie die Menschenmasse an sich zeigen. Die Bilder dürfen sich ausnahmsweise auf einzelne Personen konzentrieren, wenn diese Personen gewollt hervortreten.

Achtung

Sofern Personen aus der Masse herausgepickt werden, die sich nicht sonderlich hervortun, ist wiederum eine Einwilligung nach den oben genannten Kriterien erforderlich.

Rechtslage in Österreich

Das österreichische Gesetz kennt die hier behandelte Ausnahme nicht ausdrücklich. Allerdings gelten die vorstehenden Grundsätze auch in Österreich.

3.4.2 Bilder von Events

Vor der Veröffentlichung von Eventbildern sind mehrere Einwilligungen erforderlich

Wenn Sie beispielsweise in Ihrem Blog oder auf Ihrem kommerziell genutzten Profil Bilder von Sport-, Musik- oder sonstigen Events veröffentlichen möchten, benötigen Sie gleich mehrere Einwilligungen. Wer Ihnen diese erforderlichen Genehmigungen erteilen kann, erfahren Sie in den nächsten Abschnitten.

Genehmigung vom Veranstalter

Sofern ein Event nicht im öffentlichen Raum, sondern auf einem privaten oder abgetrennten Gelände stattfindet, brauchen Sie zunächst die Genehmigung des Veranstalters. Der Veranstalter hat das ausschließliche Recht, zu bestimmen, inwiefern Fotos von dem Event angefertigt bzw. veröffentlicht werden dürfen. Er kann zum Beispiel die Erlaubnis für Fotos auf die private Nutzung begrenzen. Für Ihr kommerzielles Blog dürfen Sie dann keine Fotos schießen.

> **Tipp**
> Beachten Sie immer das Hausrecht des Veranstalters, um Probleme zu vermeiden. Zum Hausrecht erfahren Sie unten mehr.

Einwilligung der Eventbesucher

Sollten Sie selbst ein werbewirksames Event für Ihr Unternehmen planen und die dabei gemachten Schnappschüsse veröffentlichen wollen, benötigen sich auch hierfür die Einwilligung jedes abgebildeten Eventbesuchers.

Ein Eventbesucher muss in die Veröffentlichung einwilligen

> **Tipp**
> Wenn Sie nicht jeden Besucher einzeln fragen möchten, können Sie auch in der Einladung oder beim Einlass zu Ihrem Event auf die Anfertigung von Fotos hinweisen. Dabei müssen Sie Ihren Besuchern aber die Möglichkeit lassen, diese vorab erteilte Einwilligung jederzeit zu widerrufen. Beachten Sie, dass diese Art der Einwilligung nicht ganz »wasserdicht« ist, da ein Teilnehmer immer behaupten kann, den Hinweis nicht gesehen zu haben.

Sollten Sie für Ihr Event Eintrittskarten verkaufen und möchten die Einwilligung in Ihren AGB regeln, bedenken Sie, dass dem Käufer einer Eintrittskarte die Geschäftsbedingungen vor dem Kauf zugänglich sein müssen. Nicht ausreichend für die Einbeziehung der Bedingungen in den Vertrag ist ein Abdrucken auf der Rückseite der Eintrittskarte, denn sobald der Käufer die Karte erhält, hat er diese bereits gekauft, was zur Folge hat, dass die allgemeinen Geschäftsbedingungen nicht Vertragsbestandteil geworden sind.

Einwilligungen durch die Anerkennung der AGB

Bild von der Menge bei einer privaten Veranstaltung

Auch ein Bild von der Menschenmenge auf einem Event ist nicht pauschal einwilligungsfrei: Eine Einwilligung von jedem Einzelnen auf dem Bild ist nämlich dann erforderlich, wenn es sich nicht um eine öffentliche Versammlung handelt. Ist bei einem Event also kein gemeinsamer Zweck der Gäste ersichtlich, wie zum Beispiel bei einem Diskothekenbesuch, ist auch die Veröffentlichung eines Fotos von der »Menge« einwilligungsbedürftig.

Auch das Personal auf einem Event gibt seine Persönlichkeitsrechte nicht an der Garderobe ab, sodass es hinsichtlich der Einwilligung wie jeder andere Gast zu behandeln ist.

Sonderfall Gigapixelbilder

Bei Gigapixelbildern handelt es sich im Prinzip um viele Einzelbilder

Gigapixelbilder sind hochauflösende Bilder, die aus mehreren Einzelbildern, zum Beispiel von einem großen Event in einem Stadion, zusammengesetzt sind. Es handelt sich dabei also um eine Art digitale Collage.

Durch die hohe Auflösung besteht die Möglichkeit, jede einzelne Person auf dieser Collage durch eine Zoomfunktion genau zu erkennen. Zwar wirkt diese Collage wie ein Bild einer großen Veranstaltung, bei dem die Menschenmenge an sich fotografiert wird, da es sich jedoch um eine Vielzahl von Einzelbildern der abgebildeten Personen handelt, ist eine Einwilligung auch von jeder einzelnen Person auf einem solchen Gigapixelbild erforderlich.

Tipp

Sofern Sie ein Gigapixelbild planen, weisen Sie durch Aushänge bei der Veranstaltung darauf hin! Geben Sie den Teilnehmern und Gästen die Möglichkeit, das »Foto-Areal« zu verlassen, oder bieten Sie eine nachträgliche Anonymisierung an.

3.4.3   Darf ich Mitarbeiterbilder veröffentlichen?

Die Veröffentlichung von Mitarbeiterbildern gibt dem Unternehmen natürlich eine persönliche Note und trägt in Zeiten von »Briefkastenfirmen« auch dazu bei, eine gewisse Vertrauensgrundlage zu schaffen.

Regelungen für alle Mitarbeiter

Mit Fotos von Ihrem Team zeigen Sie Ihren Kunden: »Hier arbeiten tatsächlich Menschen!« Aber auch Ihre Angestellten und Mitarbeiter sind normale Menschen. Ihnen steht daher ebenfalls ein Recht am eigenen Bild zu. Auf die Art der veröffentlichten Bilder kommt es dabei grundsätzlich nicht an. Sie könnten Bilder von Betriebsfesten oder Ausflügen auf der eigenen Homepage oder aber der Facebook-Seite des Unternehmens veröffentlichen. Vergessen Sie jedoch nicht, Ihre Mitarbeiter um ihre Einwilligung zu bitten. Diese kann, wie oben festgestellt, ausdrücklich, also mündlich oder schriftlich, gegeben werden, aber auch genauso stillschweigend durch eine Hinnahme der Veröffentlichung des Bilds durch den Mitarbeiter, dessen Bild veröffentlicht wurde

Bilder von Ihren Mitarbeitern schaffen ein gutes Bild nach »außen«. Ihre Mitarbeiter müssen aber einverstanden sein

Hinweis

Unter welchen Voraussetzungen eine stillschweigende Einwilligung erfolgen kann, lesen Sie weiter oben.

Tipp

Weisen Sie Ihre Mitarbeiter freundlich darauf hin, dass Sie Fotos für eine Webpräsenz machen wollen. Dies gibt Ihren Mitarbeitern die Möglichkeit, sich darauf vorzubereiten und sich von Ihrer Schokoladenseite zu präsentieren, und verhindert zudem Ärger im Team.

Eine Einwilligung zur Veröffentlichung eines Mitarbeiterfotos kann auch im Arbeitsvertrag festgelegt werden. Dies erfordert allerdings eine ausdrückliche Regelung und kann nicht etwa in einen Standardarbeitsvertrag hineingelesen werden.

Einwilligungspflicht für bestimmte Mitarbeiter

Es gibt aber auch Mitarbeiter, die für das Unternehmen eine besondere Rolle einnehmen. Damit sollen jene gemeint sein, die das Unternehmen nach außen vertreten, wie etwa die/der PR-Beauftragte oder der/die Pressesprecher/-in. Ohne einen entsprechenden Auftritt nach außen wären diese Positionen nahezu sinnlos und zweckverfehlt. Daher besteht für diese Mitarbeiter eine Pflicht zur Einwilligung.

Bei manchen Positionen besteht eine Einwilligungspflicht

> **Tipp**
>
> Als Faustregel merken Sie sich: Wenn den Mitarbeiter eine Repräsentationspflicht hinsichtlich des Unternehmens trifft, ist von einer Einwilligungspflicht auszugehen.

Löschen des Mitarbeiterfotos bei Ausscheiden aus dem Unternehmen

Ein Mitarbeiter kann die Löschung seines Bilds bei Ausscheiden aus dem Betrieb verlangen

Jetzt haben Sie sich die Mühe gemacht und Ihr Unternehmen mit freundlichen Bildern in den sozialen Netzwerken vorgestellt und positioniert, da scheidet schon ein Mitarbeiter aus Ihrem Unternehmen aus. Dieser Mitarbeiter ist jedoch ebenfalls auf den Bildern bei Facebook und Google+ zu sehen. Kann er die Löschung seiner Bilder verlangen? Mit einer Ausnahme lautet die Antwort: Ja, er kann. Da man sich aber nicht mit fremden Federn schmücken sollte, dürfte die Löschung des Bilds auch im Interesse des Arbeitgebers liegen. Die genannte Ausnahme besteht dann, wenn es sich um Bilder handelt, auf denen der ausgeschiedene Mitarbeiter mit anderen, noch bei Ihnen beschäftigten Mitarbeitern zusammen abgelichtet ist, wie ein Teamfoto oder ein Bild des letzten Betriebsausflugs. Diese Bilder sind für den Arbeitgeber meistens aufwendiger anzufertigen als Einzelbilder. Daher ist bezüglich solcher Bilder zu differenzieren:

▶ Für Bilder von Betriebsveranstaltungen oder Betriebsfeierlichkeiten bedarf es eines wichtigen Grunds des ehemaligen Mitarbeiters, die Löschung verlangen zu können. Ein wichtiger Grund besteht beispielsweise dann, wenn das Ansehen des ehemaligen Mitarbeiters durch die Verbindung mit dem Unternehmen leiden könnte.

▶ Sofern kein besonderer Grund für das Löschungsbegehren besteht, hat der ehemalige Arbeitnehmer bei solchen Fotos auch keinen Löschungsanspruch.

Eine erteilte Einwilligung kann aber auch automatisch erlöschen, wenn das Mitarbeiterfoto mit einer bestimmten Funktion des Mitarbeiters im Betrieb verknüpft war. Ist auf der Facebook-Seite des Unternehmens ein Bild des Sekretärs Fritz Tipp mit der Bezeichnung »Sekretär« abgebildet, wird diese Angabe durch das Ausscheiden von Herrn Tipp schlicht falsch und muss geändert werden. Das Unternehmen hat das Bild dann zu löschen.

3.4.4   Die Abbildung von Gebäuden und Gegenständen

Möchten Sie Fotos veröffentlichen, auf denen Gebäude und andere Gegenstände zu sehen sind, müssen Sie auch hier auf die Rechte an diesen Motiven achten. Während Sie bei der Veröffentlichung von Personenfotos »nur« das Recht am Bild berücksichtigen müssen, kann es bei Gebäuden und Gegenständen sein, dass dieses Motiv gleich mehrfach geschützt ist.

Motive können von mehreren Rechten geschützt sein

Beachten müssen Sie hier unter Umständen folgende Rechte:

▶ Urheberrechte

▶ Haus- und Eigentumsrechte

▶ Persönlichkeitsrechte

▶ Markenrechte

Lassen Sie sich nicht durch die juristischen Begriffe abschrecken! Im Folgenden werden wir alle vier Rechte einzeln betrachten und Ihnen erklären, was Sie dürfen und was Sie lassen sollten.

Urheberrechte

Gebäude wie das Hundertwasserhaus in Wien oder öffentliche und frei zugängliche Kunstwerke wie Michelangelos David in Florenz sind urheberrechtlich geschützt. Nach den Grundsätzen des Urheberrechts dürften Sie dann zwar ein Foto dieser Werke anfertigen, dieses aber nicht vervielfältigen, verbreiten oder veröffentlichen.

Erlaubt: Fotos von der Straße aus

Es gibt allerdings eine wichtige Ausnahme, die von den Juristen *Panoramafreiheit* genannt wird. Gemeint ist hiermit, dass Fotos dieser Werke dann veröffentlicht und verbreitet werden dürfen, wenn diese Fotos von frei zugänglichen Stellen (z. B. der Straße) aus gemacht wurden. Machen Sie daher beispielsweise von oben erwähntem Hundertwasserhaus in Wien ein Foto von der Straße aus (siehe Abbildung 3.27) und veröffentlichen dieses Foto in Ihrem Reise-Blog, ist das rechtlich unbedenklich. Fotografieren Sie das Hundertwasserhaus allerdings aus dem Fenster des gegenüberliegenden Gebäudes, begehen Sie mit der Veröffentlichung des Fotos eine Urheberrechtsverletzung.

Die Panoramafreiheit als Ausnahme

Abbildung 3.27   Die Panoramafreiheit erlaubt es, das Hundertwasserhaus in Wien fotografieren zu dürfen und dieses Foto auch über Facebook mit den Freunden zu teilen. (Foto: Jakob Wahlers)

Die Panoramafreiheit umfasst auch die kommerzielle Nutzung des Bilds

Auch die gewerbliche Nutzung eines Panoramafotos ist zulässig, sodass Sie das Bild des Hundertwasserhauses bedenkenlos in Ihr Reise-Blog, bei Twitter oder bei Urlaubsbotschaften via Facebook einbinden dürfen. Denken Sie daran, den Urheber auch im Rahmen der Panoramafreiheit stets zu benennen, wenn Sie dessen Identität ohne größere Schwierigkeiten ermitteln können oder Ihnen dieser bekannt ist.

Grenze der Panoramafreiheit

Wird ein Gebäude für ein Event vorübergehend etwa durch eine besondere Ausleuchtung und andere Lichteffekte durch einen Künstler besonders in Szene gesetzt, ist dies als »nicht bleibendes« Werk hingegen nicht von der Panoramafreiheit erfasst, was zur Folge hat, dass die Nutzung einer Fotografie nur dem Urheber zusteht.

Beispiel

Das Künstlerehepaar Christo hatte im Jahr 1995 im Rahmen einer Kunstaktion den Berliner Reichstag vollständig in Stoffbahnen gehüllt. Ein Postkartenverlag hatte daraufhin Postkarten mit unterschiedlichen Motiven des verhüllten Reichstags vertrieben, ohne hierfür eine Lizenz der Künstler einzuholen. Die Künstler klagten und erhielten vor dem höchsten deutschen Zivilgericht Recht. Der BGH sah – wie die Vorinstanzen – den verhüllten Reichstag nicht als »bleibendes« Werk an, sondern als eine vorübergehende Präsentation. Der Postkartenverlag konnte sich daher nicht auf die Panoramafreiheit berufen.

Aber nicht nur berühmte Bauwerke oder öffentlich zugängliche Kunstwerke sind urheberrechtlich geschützt. An jedem Gebäude besteht das sogenannte Architektenurheberrecht. Für das zulässige Fotografieren von Gebäuden ist daher entscheidend, dass diese Aufnahmen von der öffentlichen Straße aus und ohne Hilfsmittel angefertigt werden.

Hilfsmittel wie etwa eine Leiter dürfen nicht genutzt werden

Tipp

Merken Sie sich: Das, was jedermann von der Straße aus sehen kann, darf auch genehmigungsfrei fotografiert und verbreitet werden.

Hinsichtlich der Panoramafreiheit gelten im Ausland teilweise andere Regelungen als in Deutschland. In Frankreich gibt es hierzu beispielsweise keine Regelungen. Ein Hundertwasserhaus in Frankreich dürften Sie daher nicht in Ihrem Reise-Blog veröffentlichen, selbst wenn das Foto von der Straße aus angefertigt wurde. Selbiges gilt auch für den oben erwähnten David in Florenz, Italien. Auch dort gibt es keine Panoramafreiheit. In den Niederlanden, Österreich, Spanien, der Schweiz, Großbritannien und in den USA sind Sie auf der sicheren Seite, sofern Sie darauf achten, dass das »Motiv« öffentlich frei zugänglich ist bzw. dieses sich auf öffentlichem Grund befindet.

Die Panoramafreiheit im Ausland

Allerdings ist es relativ unwahrscheinlich, dass ausländische Urheber Sie in Deutschland für die Veröffentlichung der Bilder in einem sozialen Netzwerk belangen werden. Das liegt zum einen daran, dass ein Rechtsstreit über Ländergrenzen hinweg immer sehr zeit- und kostenintensiv ist. Zum anderen werden die deutschen Gerichte bei der Beurteilung des Falls hauptsächlich deutsches Recht anwenden und daher auch die Panoramafreiheit berücksichtigen.

Sollten Sie ein solches Foto allerdings im großen Stil kommerziell nutzen wollen, also zum Beispiel für eine Werbekampagne, empfehlen wir Ihnen trotzdem, zuvor rechtlichen Rat einzuholen, um sich möglichen Ärger zu ersparen.

133

Erlaubt: Motiv als unwesentliches Beiwerk

Auch Gebäude können Beiwerk sein

Ähnlich wie bei der Abbildung von Personen verhält es sich, wenn Sie ein Foto veröffentlichen, auf dem ein rechtlich geschütztes Motiv (z. B. eine andere Fotografie) abgebildet ist. Stellt dieses Motiv nicht den Mittelpunkt des Bilds dar und ist es beliebig austauschbar, können Sie das Bild bedenkenlos über Ihre Social-Media-Kanäle verbreiten.

Haus- und Eigentumsrechte

Nach dem Hausrecht hat der Hausherr das Sagen

Getreu dem alten Spruch »My home is my castle« hat der Besitzer eines Hauses, Grundstücks oder einer Wohnung auch das Hausrecht. Der Inhaber des Hausrechts kann Ihnen genau vorschreiben, was Sie auf seinem Grund und Boden tun und lassen dürfen. So kann beispielsweise der Wirt eines Restaurants seinen Gästen verbieten, das Essen zu »instagrammen« (siehe Abbildung 3.28). Tun die Gäste es doch, kann er sie rausschmeißen und auch ein Hausverbot erteilen.

Abbildung 3.28   Der Aufforderung auf dem abgebildeten Hinweisschild in einem Berliner Restaurant sollte Folge geleistet werden, wenn man dort noch öfter essen möchte. (Foto: Pierre Schydlowski)

Eingeschränkt ist das Hausrecht nur von der sogenannten Panoramafreiheit, die weiter oben bereits besprochen wurde.

Das Hausrecht gilt immer dann, wenn Sie den öffentlich gewidmeten Bereich, wie Straßen oder Bürgersteige, verlassen und ein Privatgrundstück betreten. So hat der Fußballbundesligaklub ein Hausrecht in seinem Stadion, die Flughafengesellschaft ein Hausrecht hinsichtlich des Flughafengeländes, und der Bürgermeister übt das Hausrecht in seinem Rathaus aus.

Für eine Hausrechtsverletzung ist es aber nicht mal erforderlich, ein Grundstück oder Gebäude zu betreten. So verletzen Sie das Hausrecht eines Gartenfreundes mit einem liebevoll angelegten chinesischen Garten schon dadurch, dass Sie ohne Genehmigung eine Leiter an den zwei Meter hohen Gartenzaun stellen und in den Garten hineinfotografieren, ohne das Grundstück zu betreten.

> **Tipp**
> Um eine Verletzung des Hausrechts eines anderen zu vermeiden, holen Sie sich stets eine Genehmigung, wenn Sie ein privates oder auch staatliches Grundstück betreten, dort Fotos machen und diese veröffentlichen wollen.

Persönlichkeitsrechte

Für die Erläuterung des Persönlichkeitsrechts ist das oben genannte Beispiel der »peinlichsten Partyfotos« geradezu prädestiniert. Denn ein Bild, das so schräg und komisch ist, dass es von Tausenden von Menschen auf Facebook betrachtet wird, ist natürlich auch dazu geeignet, das Persönlichkeitsrecht des Abgebildeten zu verletzen. Das Persönlichkeitsrecht ist ein verfassungsrechtliches Gut und erfährt als solches einen großen und ernst zu nehmenden Schutz. Aus Rücksicht auf eben diese Persönlichkeitsrechte soll an dieser Stelle kein Beispielfoto zur Erläuterung dienen; mit ein wenig Vorstellungskraft kann sich aber jeder Leser denken, um welche Art von Fotos es sich handelt.

Das Persönlichkeitsrecht ist ein Gut von Verfassungsrang und erfährt einen besonderen Schutz

Das Persönlichkeitsrecht schützt die Menschen aber nicht nur vor der Veröffentlichung der peinlichsten Bilder aller Zeiten. Auch sonstige Motive, die ihren privaten Lebensbereich betreffen, dürfen nicht gegen den Willen der betreffenden Person veröffentlicht werden. So dürfen Sie ohne die Einwilligung der entsprechenden Person weder deren Wohnung oder Haus noch deren Garten fotografieren und veröffentlichen. Der Grund dafür ist, dass diese Bereiche als Rückzugsraum einer Person gelten und sie nicht dulden muss, dass Dritte darin Einsicht haben. Nicht darunter fallen dagegen »Allerweltsgegenstände« wie zum Beispiel ein Fahrrad einer Person.

> **Tipp**
> Achten Sie also darauf, dass Sie mit der Veröffentlichung eines Bilds, egal ob Fotografie oder Zeichnung, nicht das Persönlichkeitsrecht verletzen. Eine Verletzung der persönlichen Ehre kann für eine Person durchaus Motivation genug sein um entsprechende rechtliche Schritte einzuleiten.

Eine Verletzung des Persönlichkeitsrechts kann – wie eine Urheberrechtsverletzung – eine teure Abmahnung zur Folge haben.

Markenrechte

Bei Markenrechts-verletzungen besteht eine erhöhte Abmahn-gefahr

Markenzeichen und Firmenlogos sind heutzutage an jeder Ecke zu finden. Sie sollten daher besonders darauf achten, dass Sie mit der Veröffentlichung eines Fotos in einem sozialen Netzwerk keine Markenrechte verletzen. Darauf ist insbesondere deswegen hinzuweisen, weil Markenrechte in der Regel gewerblich genutzt werden, was wiederum eine erhöhte Abmahngefahr mit sich bringt, denn dort, wo eine Privatperson Sie eventuell noch höflich bittet, ein Foto aus dem Netz zu nehmen, machen Unternehmen kurzen Prozess und lassen über ihren Anwalt eine Abmahnung versenden. Allerdings müssten Sie die Marke schon in einem sehr schlechten Licht darstellen um abgemahnt zu werden. Ein »normales« Ablichten etwa im Hintergrund ist für die betroffene Marke schließlich eher eine Art Werbung.

Alles Wissenswerte zum richtigen Umgang mit fremden Marken finden Sie in Kapitel 7, »Was bei der Nennung und Abbildung von Marken und Markenlogos zu beachten ist«.

3.5   Besonderheiten bei der Verwendung von Videos

Dass die sozialen Netzwerke hinsichtlich der Bildnutzung keine rechtsfreien Zonen sind, wissen Sie bereits. Bleibt noch die Frage, inwieweit Sie Videos in sozialen Netzwerken verwenden dürfen, die nicht von Ihnen selbst hergestellt wurden.

Besonders aktuell bei der Verwendung von Videos in sozialen Netzwerken ist zurzeit des Thema *Framing*. Unter Framing versteht man die Einbindung oder Einbettung eines Videos in ein Nutzerprofil eines sozialen Netzwerks oder auf einer Homepage.

Das Einbinden eines Videos wird Framing oder Embedding genannt

Diese Einbindung erreichen Sie, wenn Sie den Link zu einem bestimmten Video von einem Videoportal wie YouTube oder Dailymotion auf Ihrem Profil veröffentlichen oder aber ein bereits in das Profil eines Freundes eingebundenes Video teilen. Die sozialen Netzwerke stellen dann nämlich nicht bloß den Link in Ihrem Profil dar, sondern betten das Video in Ihr Profil ein, sodass es sich mit einem Klick starten lässt (siehe Abbildung 3.29).

Abbildung 3.29   Wird ein Video von YouTube auf der Facebook-Seite eingebunden, kann es direkt von dieser Seite aus betrachtet werden. Eine offensichtliche Weiterleitung zur Videoplattform erfolgt nicht.

Ob in einer solchen Einbindung schon eine Urheberrechtsverletzung zu sehen ist, haben die Gerichte noch nicht endgültig geklärt.

Exkurs: Der Rechtsstreit um das Framing

In einem noch zur Entscheidung stehenden Fall hat nun der Rechteinhaber eines Videos geklagt, da sich dessen Konkurrenz auf diese Weise des Videos für das eigene Unternehmen bedient hat. Die Klage des Rechteinhabers liegt nun dem Bundesgerichtshof in Karlsruhe vor, der darüber zu entscheiden hat, ob in dieser Einbindung die vom Kläger gerügte öffentliche Zugänglichmachung liegt (Näheres zur öffentlichen Zugänglichmachung siehe oben). Frühere Gerichtsentscheidungen hatten stets bekräftigt, dass durch die Verlinkung eines Videos keine Urheberrechte verletzt werden. Der BGH stellt sich aber nun die Frage, ob durch eine solche Einbindung ein unbenanntes Verwertungsrecht des Rechteinhabers verletzt werden könnte. Da das Europarecht und ganz besonders die Multimedia-Richtlinie (Richtlinie 2001/29/EG) hier eine entscheidungsrelevante Rolle spielen, hat der Bundesgerichtshof das Problem dem Europäischen Gerichtshof vorgelegt (Beschluss vom 16. Mai 2013 – I ZR 46/12 – Die Realität). Von dieser Vorlagemöglichkeit macht der BGH dann Gebrauch, wenn er vom EuGH wissen möchte, wie das deutsche Recht im Sinne des europäischen Rechts anzuwenden ist. Eine Entscheidung des Europäischen Gerichtshofes in Luxemburg steht allerdings noch aus.

Hinweis

Um diesbezüglich auf dem Laufenden zu bleiben, möchten wir Ihnen unsere Webpräsenz und unsere Seiten bei YouTube, Facebook und Twitter nahelegen. Dort halten wir unsere Freunde und Folger hinsichtlich der medial relevanten Rechtsprechung und weiterer Neuigkeiten stets auf dem aktuellen Stand. Sie finden uns unter *www.wbs-law.de*.

Was Videos in sozialen Netzwerken grundsätzlich betrifft, kann man sagen, dass das gute alte Urheberrecht hier schon eine ganze Menge klarstellt. Der Werkbegriff des Urheberrechts erfasst auch Videos. Wenn Sie sich vor Augen führen, dass ein Video nichts anderes ist als eine Aneinanderreihung von vielen Einzelbildern, die mit einer Audiospur unterlegt werden, erkennen Sie, dass es keinen Grund für eine gesonderte rechtliche Behandlung gibt.

Dabei kommt es, wie bei den Bildern, nicht auf einen etwaigen künstlerischen Wert des Videos an. Ein Kurzvideo von der letzten Betriebsfeier oder aus dem Sommerurlaub ist ebenso geschützt wie der offizielle Trailer einer großen Filmproduktion. Urheberrechtsschutz gilt, wie bei anderen Werken auch, für Ausschnitte aus Videos oder Filmen.

Ein Video muss keine künstlerischen Merkmale vorweisen, um urheberrechtlichen Schutz zu erfahren

Ähnlich der Bildzitate können Film- oder Videoausschnitte ebenso ausnahmsweise ohne Einwilligung für die Verwendung zulässig sein, wenn diese korrekt zitiert werden. Für die Zitierweise dürfen wir Sie an dieser Stelle nach oben zu den Bildzitaten verweisen.

Auch das Zitatrecht kann Anwendung finden

Tipp

Wenn Sie ein Video in Ihrem Profil veröffentlichen wollen, gehen Sie auf Nummer sicher! Fragen Sie am besten vor dem Einbetten eines Videos beim Urheber um Erlaubnis. In den meisten Fällen wird dieser kaum etwas dagegen haben.

4 Musik im Social Web

Die Musik hat von allen Künsten den tiefsten Einfluss auf das Gemüt.
Ein Gesetzgeber sollte sie deshalb am meisten unterschützen.

Napoleon Bonaparte

Das Zitat von Napoleon Bonaparte stellt den Wert der Musik für die Menschheit zweifelsfrei dar. Zugegeben, es ist schon ein paar Hundert Jahre her, dass sich Napoleon so äußerte. An diesem Wert hat sich aber auch in der modernen Medienwelt rein gar nichts geändert. Musik ist überall zu finden. Und wird sie häufig verwendet, ohne dass der Verwender dazu berechtigt wäre. Insofern hat auch die geforderte gesetzliche Unterstützung von Napoleon noch immer eine große Aktualität.

Inwiefern Sie Musik in Ihr soziales Netzwerk einbinden dürfen – sei es als Hintergrund in einem Werbeclip oder einfach weil Sie denken, Sie haben gerade den nächsten Sommerhit entdeckt, und diesen nun mit Ihren Freunden teilen wollen –, erfahren Sie in diesem Kapitel.

Auch bei der Verwendung von Musik kann es Probleme geben

Rechtslage in Österreich

Wie auch bei den Bildern besteht in Österreich prinzipiell die gleiche Rechtslage wie in Deutschland. Sollten sich Unterschiede ergeben, weisen wir Sie in einem Infokasten darauf hin.

4.1 Urheberrechtlicher Schutz von Musik

Wenn Sie in sozialen Netzwerken Werbung für Ihr Unternehmen machen wollen, bieten sich Werbeclips hervorragend dafür an. Der große Vorteil solcher Clips ist, dass sie sich wunderbar in das Facebook- oder Google+-Profil Ihres Unternehmens einbinden lassen und für die potenziellen Kunden allemal interessanter sind als gewöhnliche Werbebilder. Vergessen Sie nicht die Reichweite, die ein interessanter Werbeclip haben kann, wenn er so gut gemacht ist, dass er von anderen Nutzern geteilt wird! Diese Werbeclips sind meistens mit Musik untermalt oder stellen die Musik sogar in den Vordergrund. Der Zweck von Musik in der Werbung ist einleuchtend: Sie hat einen großen Wiedererkennungswert. Musik generiert Aufmerksamkeit und überträgt diese im Idealfall auf Ihr Produkt. Das macht sie in der Werbung daher besonders wertvoll.

> **Hinweis**
>
> Inwiefern es zulässig ist, in den sozialen Netzwerken zu werben, erläutern wir in Kapitel 7, »Was bei der Nennung und Abbildung von Marken und Markenlogos zu beachten ist«, ausführlich.

*Musik ist urheber-
rechtlich geschützt*

Die Musik genießt jedoch wie ein Bild, ein Text und ein Film den Schutz des Urheberrechts. Bevor Sie nun einen von Musik begleiteten Werbeclip in den sozialen Netzwerken verwenden, oder »just for fun« einzelne Musikstücke auf Ihrer Pinnwand anbieten, sollten Sie sich dringend mit der Frage der Urheberschaft hinsichtlich des von Ihnen gewählten Musikstücks befassen.

4.1.1   Wann und wo beginnt der urheberrechtliche Schutz von Musik?

Für Sie ist daher zunächst interessant, ab wann eine Melodie, ein Rhythmus oder auch nur einzelne Töne überhaupt einen rechtlichen Schutz genießen. Hinsichtlich des Urheberrechts an einem Musikstück stellt sich daher die Frage, ab wann Musik eigentlich Musik ist. Dies ist in diesem Fall nicht als eine Frage des Geschmacks zu verstehen, sondern vielmehr dahin gehend, welche Schaffenskraft aufgewendet werden muss, um einen urheberrechtlichen Schutz zu erlangen. Dürfen Sie zum Beispiel einen Akkord aus einem bekannten Top-100-Charthit für Ihre Zwecke verwenden?

*Der urheberrechtliche
Schutz von Musik
verlangt, dass eine
schöpferische Leistung
erbracht wird*

Die Antwortet lautet: Ja. Einzelne Töne oder Akkorde sind nicht urheberrechtlich geschützt. Vielmehr ist eine schöpferische Leistung erforderlich. Diese Leistung ergibt sich bei Musikwerken aus der Komposition der Melodie, dem Aufbau von Tonfolgen, einer Rhythmisierung oder der Instrumentierung. Auf die Qualität der Musik kommt es nicht an; so genießt ein Kinderlied denselben urheberrechtlichen Schutz wie ein Song aus den »Top Ten« der Charts.

4.1.2   Was umfasst das Urheberrecht?

Das Sie ein bekanntes Musikstück nicht ohne die Erlaubnis des Urhebers zum Beispiel für Ihre Werbung auf Facebook oder Google+ verwenden dürfen, sollte klar sein. Was müssen Sie aber hinsichtlich der Nutzung von Musikstücken noch beachten?

Für den Schutz der Musik gilt genau das Gleiche, was bereits oben für Bilder festgestellt wurde. Es ist also grundsätzlich Vorsicht geboten, wenn Sie vorhaben, ein Musikstück zu bearbeiten, zu verändern, zu verbreiten oder dieses öffentlich zugänglich machen wollen.

Bearbeitung und Veränderung von Musik und Text

Gerade wenn Sie ein passionierter Hobbymusiker sind, könnten Sie nun auf die Idee kommen, ein bestimmtes urheberrechtlich geschütztes Musikstück einfach selbst neu aufzunehmen und damit den Urheberschutz zu umgehen. Aber auch wenn eine eigene Schaffenskraft in dem neu aufgenommenen Musikstück liegt, ist diese Methode mit äußerster Vorsicht zu genießen. Bei einem eigens aufgenommenen Musikstück, das sich streng an dem Originalsong orientiert, liegt nämlich eine Kopie des Originals vor. Wird diese Kopie veröffentlicht, begehen Sie eine Urheberrechtsverletzung.

Eine ungenehmigte Bearbeitung eines Musikstücks, also der Komposition, ist nicht zulässig

Die Verwendung einzelner Töne aus einem Musikstück (sogenannter Samples = Stücke) ist allerdings zulässig. Beim Sampling werden einzelne Töne aus einem Musikwerk ausgeschnitten und in einem anderen musikalischen Kontext verarbeitet oder damit kombiniert. Da das Urheberrecht bei der Musik nur Kombinationen von Tönen schützt und eben nicht die Tonquelle bzw. die Töne an sich, ist die Verwendung von Samples grundsätzlich zulässig.

Sampling stellt urheberrechtlich regelmäßig kein Problem dar

> **Tipp**
>
> Kopieren Sie keinen Song, aber lassen Sie sich von diesem inspirieren! Einzelne Töne dürfen Sie dabei von anderen Songs auch sampeln und diese dann für Ihr Meisterwerk verwenden. Achten Sie aber darauf, dass Sie nicht ganze Tonfolgen kopieren. Dann nämlich greift wieder das Urheberrecht ein.

Das Markenzeichen schützt Hörzeichen und Signaltöne

Ähnlich wie bei den Samples verhält es sich mit Erkennungs- oder Hörzeichen, die Ihnen über Ihr Smartphone zum Beispiel akustisch mitteilen, dass Sie eine neue Nachricht in Ihrem Facebook-Postfach haben. Das bekannteste Beispiel für ein solches Zeichen ist hier wohl das »Oh Oh« des ICQ-Messengers. Solche Erkennungszeichen sind grundsätzlich nicht vom urheberrechtlichen Schutz erfasst. Dies bedeutet aber nicht, dass Sie sie frei nach Ihrem Gusto verwenden können. Erkennungstöne und Zeichen dieser Art finden ihren Schutz häufig dadurch, dass sie als sogenannte Hörzeichen dem Markenrechtsschutz unterfallen. Dieser Schutz setzt im Gegensatz zum Urheberrechtsschutz jedoch eine Eintragung in das Register des deutschen Patent- und Markenamts bzw. ein internationales Pendant voraus.

Der Liedtext ist als sogenanntes Sprachwerk ebenfalls urheberrechtlich geschützt

Aber nicht nur der instrumentale Teil der Musik ist geschützt. Auch die Liedtexte sind als Sprachwerke ebenfalls vom Urheberrechtsschutz umfasst. Jetzt könnte man überlegen, einen geschützten Liedtext abzuändern, um den Urheberrechtsschutz zu umgehen, und auch noch idealerweise das Produkt, für das Sie werben wollen, mit in den Text einzubinden. Dadurch würde zwar ein neuer Liedtext entstehen, dessen Grundlage war jedoch ein bereits existierender Liedtext. Das Recht, einen Liedtext zu ändern bzw. zu bearbeiten, liegt wiederum ausschließlich bei dem Urheber. Somit würde auch bei einer Abänderung eines Songtexts eine Urheberrechtsverletzung vorliegen.

Sie dürfen einen Liedtext nicht ohne die Einwilligung des Urhebers auf Ihrem Profil in einem sozialen Netzwerk verbreiten, öffentlich zugänglich machen oder anders, zum Beispiel in einem Werbeclip, öffentlich verwerten.

Achtung

Nicht nur die Musik an sich, sondern auch die Songtexte sind meist urheberrechtlich geschützt!

Musik in Form eines Soundfiles in das Profil des sozialen Netzwerks einbinden

Einbinden von Soundfiles

Wenn Sie ein Soundfile auf einer Internetseite wie zum Beispiel Soundcloud.com gefunden haben und diesen mit Ihren Freunden teilen möchten, bieten sich soziale Netzwerke wie Facebook oder Google+ dafür an. Einen reinen Soundfile auf Ihr Profil zu pinnen, wird zwar eher die Ausnahme sein, denn meistens werden Musikstücke durch die Einbindung eines Musikvideos in das Profil geladen. Dies ändert jedoch nichts daran, dass die Rechte des Urhebers verletzt werden können, da in dem Bereitstellen auf Ihrem Profil ein öffentliches Zugänglichmachen liegt.

Wenn es wie bei Soundcloud die Möglichkeit gibt, den Inhalt direkt über einen »Teilen«-Button in Ihr Profil einzubinden (siehe Abbildung 4.1), können Sie dies aber als Genehmigung hinsichtlich der Einbettung in Ihrem Profil verstehen. Eine Veröffentlichung ist dann rechtlich unbedenklich.

Ausnahme: »Teilen« gewünscht

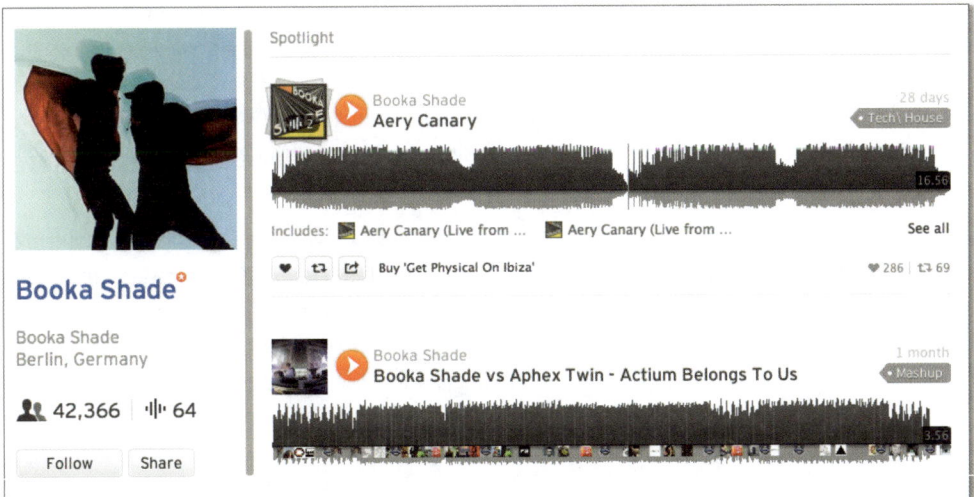

Abbildung 4.1   Bei Soundcloud.com gelangt man über den »Share«-Button zu einer Auflistung der gängigen sozialen Netzwerke. Dort kann man dann etwa Facebook oder Google+ auswählen und den Soundfile dort einbinden.

Tipp

Wenn es keinen »Teilen«-Button gibt, verzichten Sie am besten auf die Einbindung des Musikstücks in Ihr Profil. Sollten Sie ein im Internet gefundenes Soundfile trotzdem auf Ihrem Profil anzeigen wollen, dann setzen Sie einfach einen Link, der direkt zu dem Soundfile führt. Ein einfacher Link gilt rechtlich nämlich nur als »Wegweiser« und ist daher (fast) immer erlaubt. Achten Sie aber darauf, dass die verlinkte Datei nicht bereits rechtswidrig angeboten wird.

> **Hinweis**
>
> Von einem rechtswidrigen Angebot können Sie dann ausgehen, wenn Sie bei einer verständigen Betrachtung des konkreten Angebots zu dem Schluss kommen müssen, dass dieses Angebot nicht legal sein kann.
>
> So ist es zum Beispiel, wenn Ihnen jemand die aktuellen Top-100-Charthits kostenfrei im Internet anbietet. Es ist schwer zu glauben, dass die Rechteinhaber dieser Songs mit einer kostenlosen Verbreitung einverstanden wären.

Musikvideo von YouTube, Dailymotion, MyVideo oder ähnlichen Plattformen in das Profil des sozialen Netzwerks einbinden

Wenn Sie Musikvideos von YouTube, Dailymotion oder ähnlichen Plattformen in Ihre Social-Media-Präsenz integrieren, handelt es sich dabei in erster Linie um die Einbindung eines Videos (siehe hierzu Abschnitt 3.5, »Besonderheiten bei der Verwendung von Videos«). Jedoch wird dadurch automatisch auch das darin enthaltene Musikstück mit eingebunden.

Wenn ein Musikvideo vom Rechteinhaber selbst ins Internet gestellt wurde, können Sie dieses problemlos in Ihr Profil einbinden

Handelt es sich dabei um »offizielle« Musikvideos, die vom Interpreten oder dem Plattenlabel selbst bei den Videoportalen eingestellt wurden, dürfte die Verbreitung über Ihre Social-Media-Kanäle kein Problem sein. Sofern das Video aber nicht vom Rechteinhaber selbst bei YouTube & Co. hochgeladen wurde, begeben Sie sich mit dem »Framing« in eine rechtliche Grauzone, die noch nicht endgültig von den Gerichten geklärt wurde (siehe Abschnitt 3.5).

> **Tipp**
>
> Ist das Musikvideo offensichtlich nicht vom Urheberrechteinhaber zum Beispiel auf YouTube bereitgestellt worden, sollten Sie auf die Einbettung verzichten.

Was ist, wenn ein Freund einen Soundfile oder ein Musikvideo auf meinem Profil postet?

Sowohl Seitenbetreiber als auch »Poster« können haften

Auch das ist keine Seltenheit. Man postet dem besten Freund ein Musikvideo, das man richtig gut findet, oder bindet ein Liebeslied auf der Pinnwand der Herzensdame ein, um ihr auf unglaublich romantische Art und Weise die Liebe zu gestehen.

Wer wäre im Falle des Falles nun verantwortlich für die Urheberrechtsverletzung? Derjenige, der das urheberrechtlich geschützte Musikstück auf der Pinnwand gepostet bzw. eingebettet hat, oder derjenige, dem die Pinnwand gewissermaßen »gehört«?

Aus urheberrechtlichen Gesichtspunkten kommt hier eine Haftung von beiden infrage. Für eine genauere Betrachtung des Problems möchte ich Sie jedoch auf Kapitel 11, »Wenn mal etwas schiefgeht – Haftung im Social Web«, verweisen, in dem wir ausführlich die Haftungsfragen besprechen.

> **Tipp**
> Verzichten Sie auf das Musikvideo und schreiben Sie einen guten alten Liebesbrief!

4.2 Die Lizenzierung der Musik

Angenommen, Sie haben sich dazu entschlossen, ein bestimmtes Musikstück unbedingt für Ihren Werbespot nutzen zu wollen, oder Sie können bei aller Vernunft nicht auf die Einbindung eines Titels auf Ihrem Profil verzichten. Dann gilt es nun, herauszufinden, wer der Rechteinhaber des Musikstücks ist und bei wem Sie dann die Erlaubnis für die Nutzung einholen können. Bei Musikstücken gibt es in der Regel mehrere Urheberrechteinhaber. Dies ist dadurch zu erklären, dass an der Entstehung eines Musikstücks häufig mehrere kreative Köpfe beteiligt sind.

Bei einem Musiktitel gibt es häufig mehrere Rechteinhaber

> **Hinweis**
> Potenzielle Urheberrechteinhaber sind:
> ▶ Texter/Songwriter für den Liedtext
> ▶ der Komponist des Musikwerks für die Musik
> ▶ der Produzent des Musikwerks für die Musik
> ▶ der Tonträgerhersteller für eine konkrete Aufnahme

Diese Verteilung der Urheberrechte an nur einem Musiktitel kann es natürlich erschweren, die erforderliche Einwilligung bzw. Nutzungslizenz zu bekommen.

Rechteinhaber können Musiker, Plattenfirmen und Verwertungsgesellschaften sein

Oft sind die Rechte aber auch an eine bestimmte Person, an die Plattenfirma (Musikverlag) oder an eine Verwertungsgesellschaft (z. B. die GEMA) übertragen. Die Folge dieser Übertragung ist, dass natürlich auch nur dieser eine Rechteinhaber ein Nutzungsrecht einräumen kann (zum Thema Verwertungsgesellschaft siehe Abschnitt 4.2.2).

4.2.1 Wie darf ich Musik verwenden?

Wenn der Rechteinhaber ausgemacht ist, geht es um die Frage Ihres konkreten Nutzungsvorhabens. Grundsätzlich ist vor der Verwendung, egal in welcher Form, eine Einwilligung, auch Lizenzierung genannt, durch den Rechteinhaber erforderlich.

Der Erwerb eines Musiktitels berechtigt nicht zu dessen kommerzieller Nutzung

Der einfache Erwerb eines Musikstücks, z. B. über Amazon Music oder iTunes, berechtigt Sie ausschließlich dazu, dieses Lied für private Zwecke zu nutzen, d. h. zu Hause, im Auto oder in Ihrer Freizeit am Badesee. Eine Berechtigung für eine Weiterverbreitung bzw. ein Veröffentlichen in den sozialen Netzwerken erwerben Sie jedoch durch den Kauf des Titels nicht.

Eine solche Lizenz benötigen Sie aber dann, wenn Sie beispielsweise der Meinung sind, dass sich das neue Daft-Punk-Lied ausgezeichnet als Hintergrundmusik für Ihren geplanten Werbeclip eignen würde. Darin läge eine kommerzielle Nutzung des Liedes.

Im Zweifel sollte von einer Lizenzierungspflicht ausgegangen werden, um einer Rechtsverletzung vorzubeugen

Wann ein Musikstück lizenzfrei verwendet werden kann, ist schwierig zu pauschalisieren. Gehen Sie aber davon aus, dass aktuelle Musikstücke, die Sie aus dem Radio kennen oder die von bekannten Interpreten sind, vor einer Nutzung in jedem Fall lizenziert werden müssen. Bei eher unbekannten Titeln oder Interpreten, die Sie dazu noch auf irgendeiner Homepage kostenlos herunterladen können, sollten Sie vorsichtshalber immer bei dem Künstler anfragen, ob Sie das bestimmte Lied verwenden dürfen.

Sollten Sie also ein bestimmtes Musikstück für eine Werbekampagne benötigen, ist es in jedem Fall ratsam, diesbezüglich eine Nutzungserlaubnis einzuholen.

> **Tipp**
> Lassen Sie sich eine Nutzungserlaubnis schriftlich erteilen, denn Sie tragen im Fall der Fälle die Beweislast für die erteilte Nutzungserlaubnis.

4.2.2 Wann muss ich die GEMA fragen?

Das Recht, Ihnen eine Nutzungslizenz zu erteilen, ist oft auf Dritte übertragen und liegt dann beispielsweise bei der Plattenfirma oder aber bei einer Verwertungsgesellschaft. Diese sind dann berechtigt, über eine Lizenzierung des Musikstücks zu entscheiden.

Eine solche Verwertungsgesellschaft ist die Gesellschaft für musikalische Aufführungs- und mechanische Vervielfältigungsrechte, kurz GEMA.

Verwertungsgesellschaft für Musik

Rechtslage in Österreich

In Österreich gibt es ebenfalls Verwertungsgesellschaften, die ähnlich wie die GEMA Lizenzen einräumen können. Die wichtigsten Verwertungsgesellschaften sind die AKM (*www.akm.at*) und die AUME (*www.aume.at*), die sich kürzlich zusammengeschlossen haben.

Eine Verwertungsgesellschaft schließt mit den Künstlern, Komponisten und anderen Schaffensbeteiligten Verträge, durch die sie berechtigt ist, einem Dritten ein Nutzungsrecht an einem Musiktitel für einen bestimmten Zweck einzuräumen. Für dieses Nutzungsrecht ist dann eine Lizenzgebühr an die Verwertungsgesellschaft zu entrichten.

Die Verwertungsgesellschaft ist berechtigt, die Nutzungsrechte einzuräumen

Tipp

Bei der GEMA gibt es im »Lizenzshop« (siehe Abbildung 4.2) für viele mögliche Vorhaben mit einem Musikstück eine entsprechende Lizenz. Sie sollten also bereits vor der Lizenzierung wissen, ob Sie das Musikstück für einen Podcast, einen Werbeclip oder als Hintergrundmusik einsetzen wollen, um sich so auch die passende Lizenz verschaffen zu können.

Erworbene GEMA-Lizenzen gestatten also regelmäßig nur die Nutzung auf eine bestimmte Art und Weise. Sofern Sie das lizenzierte Musikwerk in sozialen Netzwerken nutzen wollen, ergibt sich ein besonderes Problem: Facebook, Google+ etc. lassen sich von ihren Nutzern beim Hochladen von Dateien nämlich wiederum die Nutzungsrechte an den eingestellten Dateien einräumen (siehe Abbildung 4.3).

Problem: Weiterlizenzierung an die sozialen Netzwerke

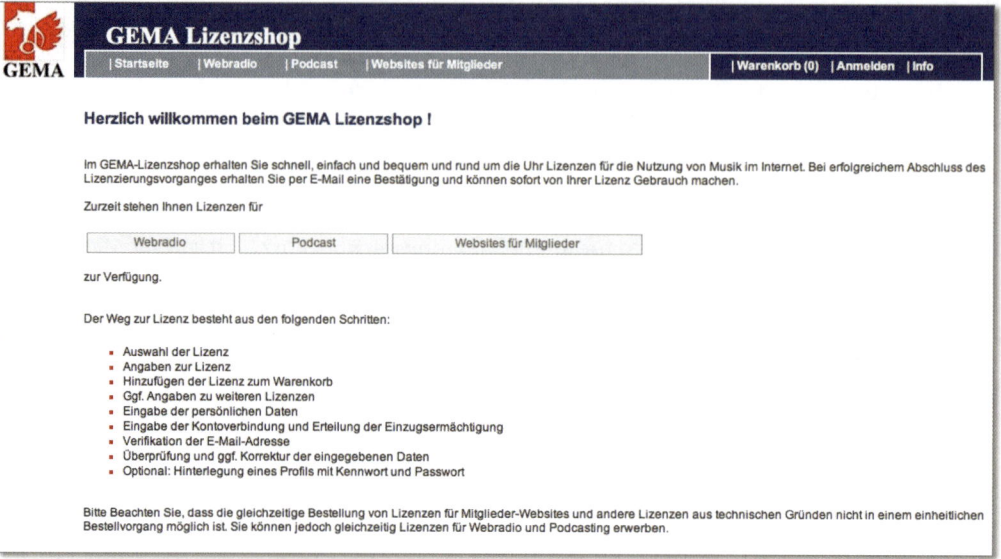

Abbildung 4.2   Im Lizenzshop der GEMA kann ganz bequem ausgewählt werden, wofür man einen bestimmten Titel lizenzieren lassen möchte. Der »GEMA Lizenzshop« ist über folgenden Link zu finden: http://online.gema.de/lipo/portal.

---

2. Teilen deiner Inhalte und Informationen

Dir gehören alle Inhalte und Informationen, die du auf Facebook postest. Zudem kannst du mithilfe deiner Privatsphäre- und Anwendungseinstellungen kontrollieren, wie diese ausgetauscht werden. Ferner:

1. Für Inhalte wie Fotos und Videos, die unter die Rechte an geistigem Eigentum (sog. „IP-Inhalte") fallen, erteilst du uns durch deine Privatsphäre- und Anwendungseinstellungen die folgende Erlaubnis: Du gibst uns eine nicht-exklusive, übertragbare, unterlizenzierbare, gebührenfreie, weltweite Lizenz zur Nutzung jeglicher IP-Inhalte, die du auf oder im Zusammenhang mit Facebook postest („IP-Lizenz"). Diese IP-Lizenz endet, wenn du deine IP-Inhalte oder dein Konto löschst, außer deine Inhalte wurden mit anderen Nutzern geteilt und diese haben die Inhalte nicht gelöscht.

Abbildung 4.3   Mit diesem Passus in den Nutzungsbedingungen lässt sich Facebook die Nutzungsrechte an den veröffentlichten Inhalten (z. B. Musik) von demjenigen übertragen, der diesen Inhalt postet. Dies ist dann gefährlich, wenn man nicht zur Übertragung der Rechte befugt ist, was wohl die Regel sein wird.

Selbst wenn Sie also eine Nutzungslizenz der GEMA erhalten haben, sind Sie nicht automatisch dazu berechtigt, anderen ein Nutzungsrecht einzuräumen. Vor der Einbindung von lizenzierter Musik auf Ihrem Profil sollten Sie sich daher grundsätzlich von der GEMA bestätigen lassen, dass diese Art der Rechteeinräumung von der Lizenz umfasst bzw. gestattet ist.

Achtung

Die Bezeichnung GEMA-frei wird häufig verwendet, um auszudrücken, dass für ein bestimmtes Musikstück keine Nutzungslizenz bei der GEMA einzuholen ist. Dies bedeutet aber nicht, dass das Musikstück schlechthin lizenzfrei verwendet werden kann. Im Zweifel sollten Sie immer den Urheber des Musikstücks ausfindig machen und ihn zur Rechtesituation befragen.

4.2.3 Creative-Commons-Lizenzierung

Wenn Musik aus Ihrem privaten oder kommerziell genutzten Social-Media-Profil nicht wegzudenken ist, gibt es für Sie auch noch die Möglichkeit, Musikstücke zu verwenden, die eine *Creative-Common-Lizenz*, eine sogenannte CC-Lizenz, haben.

Die kostenfreien CC-Lizenzen

Rechtslage in Österreich

Auch in Österreich können Sie problemlos CC-lizenzierte Musik nutzen. Die CC-Lizenz ist nicht an Ländergrenzen gebunden.

Die Creative-Commons-Lizenzierung ist im Vergleich zu einer GEMA-Lizenzierung deutlich einfacher zu erlangen. Es ist nicht einmal ein Lizenzantrag erforderlich. Bei einer CC-Lizenz wird vielmehr durch bestimmte Symbole auf die Einschränkung hinsichtlich der Nutzung hingewiesen (siehe Abbildung 4.4).

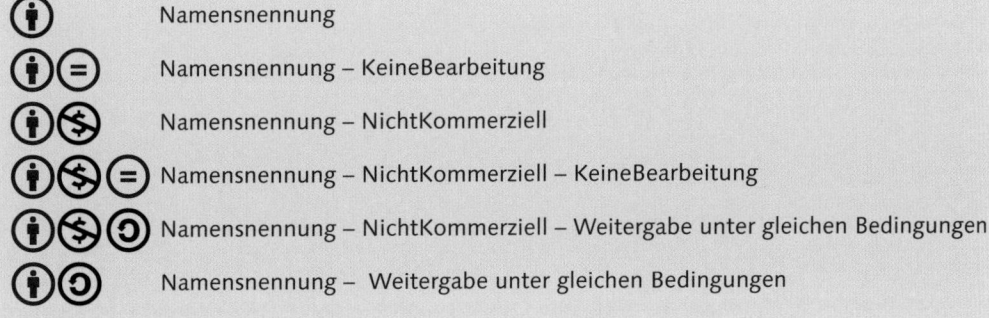

Abbildung 4.4 Die Symbole der CC-Lizenzen

So können Sie sofort erkennen, wofür Sie das betreffende Musikstück nutzen dürfen. Diese CC-Lizenzierung geht also von einer
grundsätzlich freien Verwendung aus, die durch den Urheber entsprechend eingegrenzt werden kann.

So dürften Sie ein CC-lizenziertes Musikstück, das die in Abbildung
4.5 dargestellten Zeichen aufweist, in Ihrem kommerziellen Facebook-Profil oder bei Google+ einbinden, wenn Sie den Urheber nennen und es nicht bearbeiten.

Abbildung 4.5   Diese CC-Lizenz fordert, dass der Name des Urhebers
(Männchen im Kreis) bei der Nutzung genannt wird, und verbietet die
Bearbeitung (Gleichzeichen) des Werks. Die Bedeutung der Zeichen ist
jeweils der Legende zu entnehmen.

Hinweis

In Kapitel 6, »Erlaubnis zur Nutzung von Inhalten – die Lizenz«, erfahren Sie mehr über Lizenzen und den richtigen Umgang mit CC-
Lizenzen.

5 Die richtige Verwendung von Texten

Neben Bildern sind auch Texte unverzichtbarer Bestandteil im Social Web. Texte werden für Werbeaussagen, aber auch zur gezielten Kundeninformation genutzt. Nachfolgend erfahren Sie, wie Sie Texte im Social Web richtig einsetzen und wie Sie Abmahnfallen umgehen.

Mit Aufkommen des Internets hat sich auch die Verbreitung von Texten drastisch erhöht. Wikipedia, Blogs, digitale Archive und Datenbanken sind häufig offen zugänglich und bieten für jedermann die Möglichkeit, durch simples »Copy-and-paste« Inhalte zu übernehmen.

Texte können im Internet schnell und einfach verbreitet werden

Auch wenn das Internet einen freien Informationsfluss gewährleisten soll, sind die Inhalte von Dritten in den meisten Fällen rechtlich geschützt und dürfen nicht einfach übernommen werden. Sehr schnell kann man sich dann Unterlassungs- und Schadenersatzansprüchen ausgesetzt sehen. In diesem Kapitel lernen Sie, wie Sie Texte im Social Web gefahrlos verwenden können und wann Sie von einer Übernahme eines Texts lieber die Finger lassen sollten.

Als Faustregel gilt hier vorweg: Die Regeln der Offlinewelt (Briefgeheimnis, Schutz der Intim- und Privatsphäre einer Person, das Urheberrecht) gelten auch im Onlinebereich. Zwar gibt es einige Sonderregeln, die Sie im Social-Media-Bereich zu beachten müssen, aber ein gesunder Maßstab sind immer die bereits bekannten Regeln.

5.1 Der rechtliche Schutz von Texten

Stellen Sie sich vor, Sie finden in einem Internetforum ein kurzes Gedicht, wie zum Beispiel:

> *»Dein Rosenduft*
> *erfrischt die Luft,*
> *es ist Sommer*
> *endlich weg der Donner.«*

Dieses gefällt Ihnen trotz des etwas »schiefen« Reims wunderbar und passt außerdem auch perfekt zu Ihrem neuen Produkt, einem Lufterfrischer. Also beschließen Sie, das Gedicht auf Ihre Facebook-Seite direkt unter die Neuankündigung für das entsprechende Produkt zu setzen, damit es lebendiger gestaltet ist.

Als Sie das Gedicht in dem Forum gefunden hatten, gab es keine Hinweise darauf, wer das Gedicht wann verfasst hat. Eine Woche nachdem Sie den Eintrag auf Ihrer Facebook-Seite eingestellt haben, meldet sich der Verfasser bei Ihnen und verlangt, dass Sie das Gedicht sofort von der Seite entfernen. Nun stellen Sie sich natürlich die Frage: »Darf er das?«

Ein Text ist dann urheberrechtlich geschützt, wenn er eine sogenannte Schöpfungshöhe erreicht

Dazu müssen Sie wissen: Texte sind durch das Urhebergesetz geschützt! Sobald ein Text ein Minimum an Kreativität und Eigenleistung mit sich bringt, ist er eine persönliche, geistige Schöpfung im Sinne des Gesetzes. Gängige und umgangssprachliche Formulierungen hingegen sind vom Schutz nicht umfasst (z. B. der im Internet verbreitete Spruch »Hallo Welt«). Für den urheberrechtlichen Schutz ist eine gewisse Schöpfungshöhe nötig. Die Anforderungen sind allerdings nicht sehr hoch, es gilt das Prinzip der »kleinen Münze«. So kann eine kreative Überschrift für einen Zeitungsartikel wie »1. FC Köln – Geißböcke trampeln sich zurück in die 1. Liga« bereits dem Urheberrecht unterfallen.

> **Tipp**
>
> Wenn Sie herausfinden möchten, ob ein Text urheberrechtlich geschützt ist, können Sie sich fragen: »Hätte ich den Text genauso geschrieben, wenn mir jemand dies zur Aufgabe gestellt hätte?« Für reine Beschreibungen (z. B. eines technischen Geräts) und einzelne Worte würden Sie das wohl bejahen, in allen anderen Fällen dürfte allerdings Ihr fiktiver Text eher abweichen.

Im obigen Fall wird man ebenfalls davon ausgehen müssen, dass das Gedicht geschützt ist. Auch wenn es sich hier nur um eine vierzeilige Eigenkreation handelt, so genügt sie dennoch der gesetzlich geforderten Schöpfungshöhe, um urheberrechtlichen Schutz zu genießen!

Der urheberrechtliche Schutz entsteht schon bei Teilvollendung

Der Verfasser des Texts, der sogenannte Urheber, genießt bereits dann urheberrechtlichen Schutz, wenn Teile des Werks fertiggestellt sind. Einer Namensnennung vor oder nach dem Text bedarf es nicht.

Tipp

Merken Sie sich folgende Regel: Die meisten Texte sind rechtlich geschützt. Dabei kommt es nicht darauf an, wie lang oder hochwertig sie sind, sondern ob sie von einer Person in einem kreativen Prozess geschaffen wurden.

Es gibt viele Möglichkeiten, Urheberrechte zu verletzen. Im Folgenden sollen diejenigen aufgeführt werden, die in der Praxis am häufigsten auftauchen.

Rechtslage in Österreich

Da der rechtliche Schutz von Texten in Österreich ähnlich dem deutschen Urheberrecht ausgestaltet ist, können Sie die nachfolgenden Ausführungen auf Österreich anwenden. Sollten sich Unterschiede zur deutschen Rechtslage ergeben, weisen wir Sie in Infoboxen darauf hin.

5.1.1 Texte vervielfältigen

Im oben genannten Beispiel markieren Sie das Gedicht im Forum und benutzen die Copy-and-paste-Funktion, um es anschließend auf Ihrem Facebook-Profil einzustellen und somit zu veröffentlichen (siehe Abbildung 5.1).

Copy-and-paste kann eine Vervielfältigung darstellen

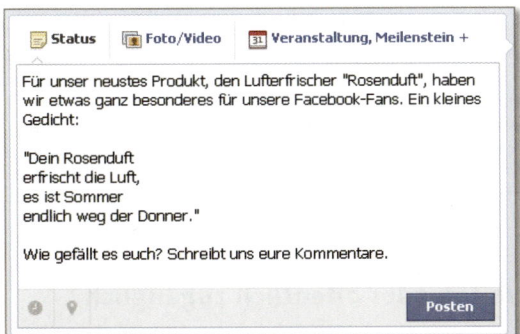

Abbildung 5.1 Wie dargestellt, könnte mit dem Gedicht geworben werden. Die Übernahme des Gedichts ist rechtlich als eine Vervielfältigung zu qualifizieren.

Das Kopieren eines Texts ist eine Vervielfältigung, wie sie im Urheberrechtsgesetz beschrieben wird.

Die Kopie eines urheberrechtlich geschützten Werks ist schneller hergestellt, als man vermutet

Im digitalen Zeitalter gibt es verschiedene Möglichkeiten der Vervielfältigung. So ist bereits das Kopieren einer PDF-Datei von einem USB-Stick auf den Computer eine Vervielfältigung. Wird diese Kopie anschließend in einer Facebook-Gruppe oder auf den Server eines Cloud-Diensts (z. B. Dropbox oder Rapid Share) hochgeladen, stellen diese Handlungen für sich genommen erneut Vervielfältigungen dar. Ebenso ist das Zusenden einer Textdatei an einen Freund per E-Mail eine Vervielfältigung, da auch hier eine Kopie angefertigt wird.

Die unerlaubte Vervielfältigung

Die Vervielfältigung ist ein Recht, das ausschließlich dem Urheber zusteht. Zunächst ist daher nur er berechtigt, dass Werk zu vervielfachen. Andere Menschen brauchen hierzu seine Erlaubnis, eine sogenannte Lizenz. Andernfalls würde die Handlung, nämlich das unerlaubte Vervielfältigen, in das Recht des Urhebers eingreifen und eine Urheberrechtsverletzung darstellen

Im obigen Fall wurden also direkt zwei Vervielfältigungen angefertigt: zum einen durch den (so schon benannten) Copy-and-paste-Vorgang, zum anderen durch das Aufspielen dieser Kopie auf die Server der Facebook-Seite, damit das Gedicht auf dieser dargestellt werden kann.

Sie können sich also merken: Kopien, also Übernahmen eines Texts, sind immer Vervielfältigungen und verletzen daher möglicherweise Urheberrechte.

> **Achtung**
>
> Da auch Textteile bereits geschützte Werke im Sinne des Urheberrechtsgesetzes sind, kann schon die Vervielfältigung eines Textteils eine Urheberrechtsverletzung darstellen.

5.1.2 Texte verbreiten oder öffentlich zugänglich machen

Fast automatisch folgt auf die Vervielfältigung in so gut wie allen Fällen auch die Verbreitung oder »öffentliche Zugänglichmachung« des fremden Texts. Sobald der Text beispielsweise auf Ihrer öffentlichen Facebook-Seite gepostet wird, kann eine unbestimmte Menge von Nutzern darauf zugreifen.

Rechtslage in Österreich

Die öffentliche Zugänglichmachung wird im österreichischen Recht »öffentliche Zurverfügungstellung« genannt. Inhaltliche Abweichungen ergeben sich daraus aber nicht.

Es ist Ihnen grundsätzlich nicht gestattet, einen geschützten Text ohne Einwilligung durch den Rechteinhaber der Öffentlichkeit anzubieten. Dies gilt im Onlinebereich (öffentliche Zugänglichmachung auf Websites, Blogs, sozialen Netzwerken) genauso wie bei der Offlineverbreitung (z. B. in Büchern, Zeitungen, Flyern).

Es stellt sich nun also die Frage, ab wann von einer öffentlichen Zugänglichmachung im Web die Rede ist. Bereits das Anbieten eines Texts durch Posten auf der eigenen Facebook-Pinnwand kann eine öffentliche Zugänglichmachung sein. Zwar dürften Sie häufig davon ausgehen, dass der (enge) Freundeskreis, wenn denn der Post ausschließlich für diesen sichtbar ist, keine »Öffentlichkeit« im Sinne des Gesetzes ist, allerdings ist es in sozialen Netzwerken üblich, dass man mit Personen befreundet ist, die man kaum oder nur flüchtig kennt. Wenn nun der Post auch für diese User sichtbar ist, kann das Merkmal der Öffentlichkeit gegeben sein, und eine Verletzung des Urheberrechts durch öffentliche Zugänglichmachung läge vor. Folglich gilt dies erst Recht für Posts auf öffentlichen Facebook-Seiten.

Im Social Web ist eine öffentliche Zugänglichmachung die Regel

Auch bei Twitter-Profilen hat man kaum Einfluss darauf, wer die eigenen Tweets lesen kann. Selbst wenn man alle seine Follower persönlich kennt, können möglicherweise Personen außerhalb dieses Kreises auf den Kanal zugreifen und sämtliche Nachrichten lesen. Hier ist also stets von einer öffentlichen Zugänglichmachung auszugehen.

Tipp

Merken Sie sich Folgendes: Wenn Sie einen fremden Text einer unbestimmbaren Anzahl von (unbekannten) Personen im Internet zugänglich machen, verletzen Sie möglicherweise Urheberrechte. Dabei reicht es auch schon aus, wenn eine einzige Ihnen unbekannte Person den Inhalt wahrnehmen kann.

5.2   Grundsatz: Kopie und Veröffentlichung nur mit Erlaubnis

Eine »Generaleinwilligung« ist ausreichend. Eine Beschränkung muss jedoch eingehalten werden

Manch ein Urheber hat womöglich ein Interesse daran, dass sein Gedicht weiterverbreitet wird, beispielsweise um den eigenen Bekanntheitsgrad zu steigern. So könnte es sein, dass er in dem Forum eine kleine Nachricht unter dem Gedicht hinterlassen hat: »Verwendet das Gedicht gerne für eure Liebsten und verbreitet es!«

Kopieren oder verbreiten dürfen Sie einen Text jederzeit, wenn der Rechteinhaber eingewilligt hat. Bestenfalls sollten Sie diese Einwilligung schriftlich fixieren und auch die möglichen Nutzungsarten festlegen (also welche Handlungen man konkret mit dem Text vornehmen darf und welche ausgeschlossen sind).

In dem oben genannten Beispiel hat der Verfasser zwar geschrieben, dass man das Gedicht verbreiten darf, allerdings nicht, ob damit jede Form der Verbreitung eingeschlossen ist. Unter dem Passus »für eure Liebsten« kann man auch eine private, also nicht gewerbliche Nutzung (zum Beispiel um ein Produkt zu bewerben) verstehen. Bei unklaren Einwilligungen sollte man von einer gewerblichen Nutzung absehen bzw. noch mal nachfragen. Die private Verwendung (z. B. Posting des Gedichts auf der privaten Facebook-Pinnwand) sollte durch die obige Formulierung jedoch eingeschlossen sein.

Eine Einwilligung kann sich auch aus bestimmten Umständen ergeben. Schreibt z. B. ein Blogger unter seine Beiträge, dass diese gern und überall verbreitet werden dürfen, so ist dies als Einwilligung für eine Vervielfältigung und Verbreitung anzusehen. Allerdings müssen Sie auch hier genau aufpassen. Die Einwilligung, einen Link zu verbreiten, ist keine Einwilligung den dahinterstehenden Inhalt zu kopieren oder zu verbreiten.

> **Hinweis**
>
> Übrigens bräuchten Sie keine Einwilligung, einen Link zu verbreiten. Links dürfen grundsätzlich verbreitet werden – es sei denn, sie führen zu Inhalten, die Rechtsverstöße sind. Grund hierfür ist, dass Links nur Wegweiser zu Inhalten sind.

Eine stillschweigende (konkludente) Einwilligung zur Verbreitung von Pressemitteilungen können Sie in der Regel ebenfalls annehmen, da Pressemitteilungen dem Zweck nach der größtmöglichen Verbreitung dienen. Dennoch sollte man auch hier auf entsprechende Hinweise der Urheber achten. So findet sich beispielsweise auf dem Presseportal der Polizei Köln (*www.presseportal.de/polizeipresse/pm/12415/polizei-koeln*) ein Hinweis, dass das veröffentlichte Material zur redaktionellen Verwendung und zur persönlichen Information verwendet werden darf (siehe Abbildung 5.2).

Die konkludente Einwilligung

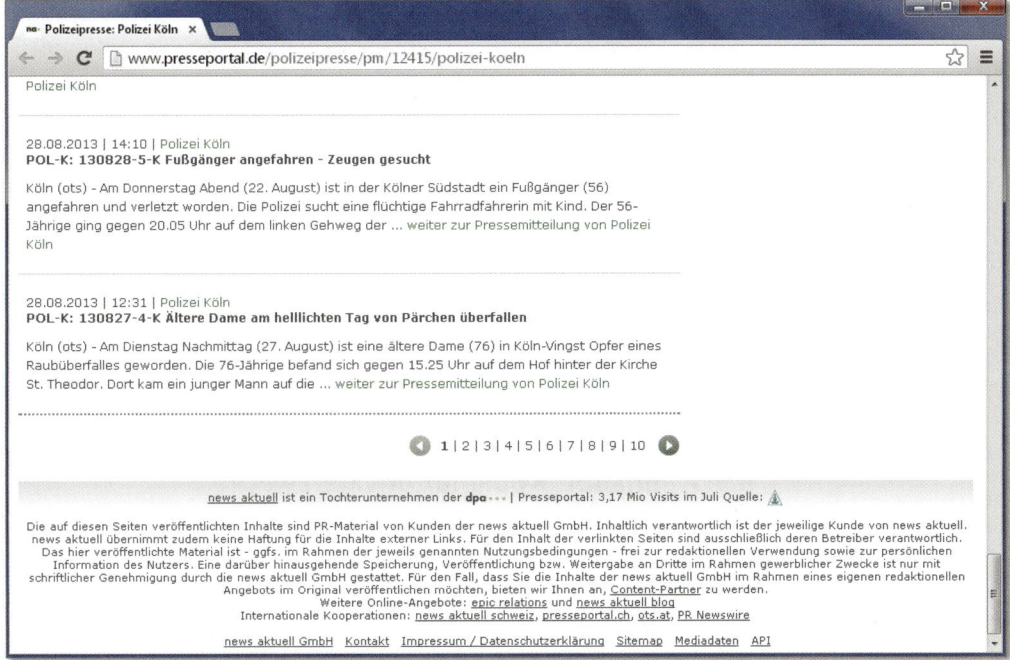

Abbildung 5.2   Die Neuigkeiten aus dem Presseportal der Polizei Köln dürfen sowohl für die private Information wie auch für die redaktionelle Verwendung genutzt werden. Es wird genau bestimmt, welche Verwendung zulässig ist.

Journalistische Texte (Onlineartikel, Interviews, Kommentare etc.) werden selten eine Einwilligung zur Verbreitung enthalten. Hier sieht das Urheberrecht jedoch bestimmte Ausnahmen vor, unter denen eine Verbreitung dennoch möglich ist (siehe unten).

Ausnahme bei journalistischen Texten

> **Tipp**
>
> Merken Sie sich: Der Urheber eines Texts kann eine Einwilligung erteilen, auf deren Basis Sie die Texte nutzen dürfen. Allerdings kann die Einwilligung auch nur bestimmte Formen der Nutzung umfassen. Deshalb sollte die Einwilligung detailliert formuliert werden, um den Rahmen des rechtlichen »Dürfens« genau abzustecken.

Eine besondere Form der Erlaubnis oder Einwilligung ist die Lizenz. In einer Lizenz ist genau geregelt, wie Sie mit einem fremden Text umgehen dürfen und wie viel Sie dafür gegebenenfalls bezahlen müssen. Alles weitere zum Thema Lizenzen erfahren Sie in Kapitel 6, »Erlaubnis zur Nutzung von Inhalten – die Lizenz«.

5.3 Was erlaubt das Gesetz?

Wie wir Ihnen bereits erläutert haben, läuft in den meisten Fällen ohne die Einwilligung des Urhebers des Texts nichts. Allerdings gibt es auch im Urheberrechtsgesetz selbst einige Ausnahmen, in denen Sie auch ohne Einwilligung fremde Texte vervielfältigen und veröffentlichen dürfen.

5.3.1 Erlaubt: Kopie für private Zwecke

Häufig findet sich im Alltag die Situation wieder, dass Sie einer bestimmten Person ein Gedicht (oder einen sonstigen Text) zeigen wollen. Statt ihn nun auf die eigene Facebook-Seite zu setzen, kopieren Sie den Text und versenden ihn als private Nachricht an jene Person.

Eine Privatkopie ist zulässig, wenn die Kopiervorlage nicht offensichtlich rechtswidrig ist

Das Urheberrechtsgesetz gestattet die Vervielfältigung von Werken zum privaten Gebrauch. Allerdings darf die Quelle, von der Sie die Kopie anfertigen, nicht offensichtlich rechtswidrig sein. Das heißt, die Quelle darf nicht ersichtlich entgegen dem Willen des Rechteinhabers entstanden sein, z. B. durch das Hochladen durch einen Unbefugten.

Beispiel

Die Kopie eines offensichtlich rechtswidrig eingescannten und anschließend veröffentlichten Literaturbestsellers in PDF-Form genießt nicht den Schutz einer Privatkopie nach dem Urheberrechtsgesetz.

Als grobe Richtschnur für die Frage, wie viele Privatkopien der Einzelne anfertigen darf, gelten maximal sieben Kopien. Diese dürfen alle ausschließlich nur für den privaten Gebrauch angefertigt werden! Gerade im Internet wird diese Ausnahme allerdings selten Anwendung finden, denn hier ist der Personenkreis, dem das Werk möglicherweise zugänglich gemacht wird (z. B. über einen Upload in einer offenen Facebook-Gruppe), häufig so groß, dass man von einzelnen Kopien nicht mehr sprechen kann.

Mehr als sieben Privatkopien sollten nicht angefertigt werden

Außerdem sind Social-Media-Auftritte meistens zwangsläufig mit einem Erwerbszweck (Werbung oder PR) verbunden, sodass auch hier der private Rahmen nicht zutreffen wird. Der Versand einzelner Kopien an Bekannte per E-Mail oder über sonstige geschlossene Kommunikationsformen ist wiederum unproblematisch. Sie können also jederzeit ein Gedicht, oder auch andere geschützte Textformen, an Freunde verschicken.

Wenn Sie ein Unternehmensprofil nutzen, können Sie sich nicht auf die Ausnahme des privaten Gebrauchs berufen

Tipp

Merken Sie sich: In einer kleinen, geschlossenen Gruppe können Sie Textdateien austauschen (also vervielfältigen und öffentlich zugänglich machen). Allerdings ist die Ausnahme in Form der Privatkopie in dem Moment nicht mehr gültig, in dem Kopien von rechtswidrig erstellten Vorlagen ausgetauscht werden. Außerdem ist aufgrund der Anonymität hinsichtlich dessen, was in den jeweiligen kleinen Gruppen ausgetauscht wird, die Wahrscheinlichkeit einer rechtlichen Verfolgung insgesamt eher gering. Außenstehenden (und damit insbesondere den Rechteinhabern) ist es kaum möglich ist, Kenntnis von einem Verstoß zu erlangen.

5.3.2 Erlaubt: Zitate

Unter bestimmten Voraussetzungen dürfen ganze Texte oder Textausschnitte im Rahmen eines Zitats vervielfältigt oder verbreitet werden. Nehmen wir an, Sie zitieren von einem Gedicht die ersten beiden Zeilen »Dein Rosenduft erfrischt die Luft ...« und stellen den Auszug unkommentiert auf Ihre Facebook-Seite.

Belegfunktion des Zitats

Eine gesetzliche Regel, wie lang ein Zitat sein darf, existiert nicht. Es kommt zunächst darauf an, wofür das Zitat verwendet wird. Ein Zitat muss immer eine Belegfunktion erfüllen, also in einem bestimmten Kontext stehen.

Möchten Sie eine kurze Neuigkeit aus der Tageszeitung zitieren, die Ihr Unternehmen betrifft, wäre es überzogen, den kompletten Artikel zu zitieren, wenn er sich inhaltlich noch auf ganz andere Elemente bezieht. Das Gleiche gilt für wissenschaftliche Veröffentlichungen. Auch hier erfüllen Zitate eine Belegfunktion und sollten sparsam verwendet werden.

Ein Zitat erfordert, dass Sie sich mit dem Inhalt auseinandersetzen

Eine eigene Kommentierung, auf die ein längerer fremder Text folgt, ist kein Zitat. Schreiben Sie beispielsweise auf Ihrem Blog »Dieses Buch ist toll:« und kopieren anschließend ein komplettes Kapitel in Ihren Artikel, so ist dies nicht vom Zitatrecht umfasst.

> **Tipp**
> Zitieren Sie nur Textpassagen, die für Ihren Standpunkt relevant sind. Dabei ist weniger mehr, und die Gefahr, eine Abmahnung für das verwendete Zitat zu erhalten, sinkt.

> **Tipp**
> Ein reiner Hyperlink ist niemals ein Zitat, auch wenn er auf einen kompletten Textbeitrag verweist. Hyperlinks können deshalb in der Regel unproblematisch gepostet und verbreitet werden, da dies gerade die Funktionsweise des Internets ausmacht. Das Gleiche gilt für Deep-Links (siehe unten). Möchten Sie also Ihre Leser auf einen tollen Text hinweisen, setzen Sie lieber einen Link, statt den Text zu kopieren. Achten Sie allerdings darauf, dass Sie auch dabei unter gewissen Umständen haftbar gemacht werden können, nämlich dann, wenn sich hinter dem Link offensichtlich rechtswidrige Inhalte befinden und dies Ihnen bekannt ist.

Eindeutige Markierung des zitierten Texts

Ein von Ihnen zitierter Text sollte gekennzeichnet werden, damit jeder Leser erkennen kann, dass es sich nicht um Ihren eigenen Text handelt. Klassischerweise verwenden Sie dafür "doppelte" oder 'einfache' Anführungszeichen. Ebenso sind kursive, unterstrichene oder fette Textmarkierungen denkbar. Eine bestimmte vorgeschriebene Zitatform gibt es also nicht. Allerdings müssen Sie die entsprechende Quelle, aus der die Textpassagen übernommen werden, immer angeben! Diese Regel ist unbedingt zu beachten, da Sie sonst Gefahr laufen, sich den Text zu eigen zu machen. Außenstehende könnten in dem Fall annehmen, dass der zitierte Text von Ihnen selbst verfasst wurde und nicht von einem Dritten stammt.

Bei einem Zitat sind immer zu nennen: Name des Autors, Titel des Werks, Quelle des Texts (Zeitschrift, Onlinezeitung, Buch, Blog, Forum, etc.). Bei Onlinepublikationen sollte auch der entsprechende Hyperlink genannt werden. Sogenannte *Deep-Links* sind dabei ebenfalls möglich. Deep-Links verweisen direkt auf einen bestimmten Artikel, ohne dass ein mühsamer Umweg über eine Hauptseite gegangen werden muss (siehe Abbildung 5.3).

Die erforderlichen Angaben eines Zitats

Abbildung 5.3   Auf der Abbildung sehen Sie, wie ein rechtssicheres Zitat aussehen kann: Der zitierte Text wird in Anführungszeichen gesetzt. Dahinter werden Autor, Titel und Quelle genannt.

> **Tipp**
> Bei Büchern oder Zeitungen/Zeitschriften sollte außerdem die jeweilige Ausgabe mit Seitenangabe genannt werden, damit der Leser die Quelle schnell überprüfen kann.

5.3.3   Erlaubt: Formulare und amtliche Sammlungen

Einen weiteren Sonderfall bilden Formulare und amtliche Werke (im Internet). So dürfen Gerichtsurteile – soweit es sich um die Originalentscheidungen handelt – jederzeit übernommen werden. Beispiele für Quellen von Originalentscheidungen sind:

Amtliche Texte dürfen in der Regel verwendet werden

- ▶ Bundesgerichtshof: *www.bundesgerichtshof.de* (siehe Abbildung 5.4)

- ▶ Bundesverfassungsgericht: *www.bverfg.de*

- ▶ Gerichtsentscheidungen aus Nordrhein-Westfalen: *www.justiz.nrw.de/Bibliothek/nrwe2/index.php*

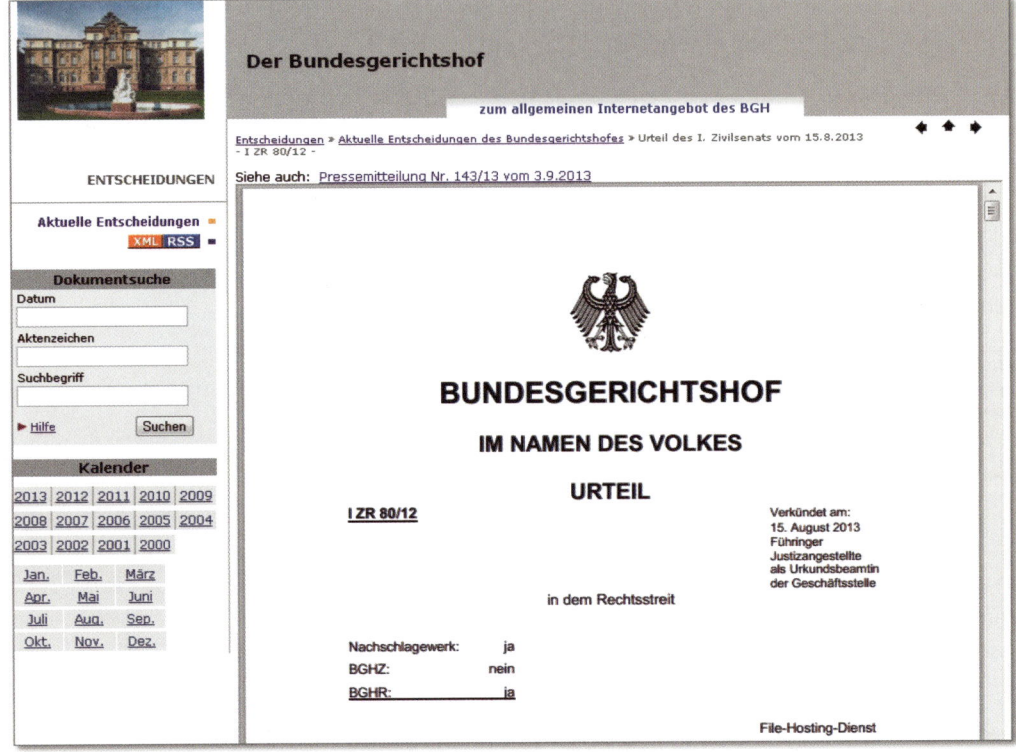

Abbildung 5.4   Eine Originalentscheidung des BGH darf problemlos zitiert werden. Wenn Sie dies auch fachlich richtig machen wollen, geben Sie das Datum und das Aktenzeichen mit an: BGH, Urteil vom 15.08.2013, Az. I ZR 80/12.

Das Gleiche gilt für Gesetzestexte, z. B. von *www.gesetze-im-internet.de*.

Kommentierungen von freien Texten sind urheberrechtlich geschützt

Achten Sie jedoch immer darauf, ob die Vorlage eine individuelle Kommentierung enthält. Dann wiederum greift nämlich der Urheberrechtsschutz, und das entsprechende Dokument darf nicht einfach übernommen werden. Auch hier ist der Maßstab immer die

Schöpfungshöhe, die als relativ niedrig angesehen wird. Standardisierte Formulierungen von Verträgen und Schriftsätzen können Sie also bedenkenlos übernehmen. Sofern ein Vertrag oder Formular aber Besonderheiten aufweist, die nicht alltäglich sind, sollten Sie vorsichtig sein.

5.3.4 Was ist mit kurzen Texten?

Schon kurze Textabschnitte können Urheberrechtsschutz genießen, deshalb dürfen sie auch nicht einfach übernommen und verbreitet werden. Indiz ist hier erneut die Schöpfungshöhe (siehe Abschnitt 5.1). Ein kurzer Ausschnitt aus einem Buch mit allgemeinen Formulierungen wie »Der Tag war wunderschön!« ist kaum bestimmbar und keinem speziellen Werk zuzuordnen.

Anders ist es hingegen, wenn eine ganz bestimmte Romanfigur beschrieben wird und handelt. Bereits dann können kurze Textpassagen ausreichen, um eine Verletzungshandlung zu begründen. Einzelne Worte aus Überschriften oder Slogans können schon mal problemlos verwendet werden. Allerdings können neben dem Urheberrechtsgesetz auch andere Schutzgesetze wie z. B. das Markenrecht betroffen sein. So können bereits einzelne Worte dem Markenschutz unterliegen (z. B. »Apple«). Hier müssen Sie mit der Übernahme vorsichtig sein. Mehr zum Markenrecht erfahren Sie auch in Kapitel 7, »Was bei der Nennung und Abbildung von Marken und Markenlogos zu beachten ist«.

Bei ganz kurzen Textausschnitten kommt es auf die individuelle Bestimmbarkeit der Quelle an

Tipp
Auch für kurze Texte gilt: Im Zweifel benötigen Sie die Erlaubnis des Urhebers.

5.4 Darf ich veröffentlichen, was andere über mich schreiben?

Im Internet existierten mittlerweile zahlreiche Bewertungsportale, auf denen Kunden Bewertungen von Unternehmen veröffentlichen können. Fällt eine solche Bewertung positiv für Sie aus, liegt der Gedanke nahe, diese Bewertung zu übernehmen und beispielsweise für

Werbezwecke zu nutzen. Allerdings sollten Sie hier vorsichtig sein: Schreibt ein Dritter über Sie oder Ihr Unternehmen etwas, genießt auch dieser Text meist einen urheberrechtlichen Schutz. So zeigt der in Abbildung 5.5 abgebildete Kommentar über ein Sushi-Restaurant auf der Plattform Yelp einige Besonderheiten, die für einen solchen Schutz sprechen. Die Formulierungen sind nicht profan und alltäglich, sondern gut gewählt und zeugen von eigener Kreativität. Die »Schöpfungshöhe« ist hier erreicht.

Abbildung 5.5 In diesem Yelp-Beitrag wird ein asiatisch-japanisches Restaurant gelobt. Wäre doch toll, wenn das Restaurant mit dieser Kundenmeinung werben könnte. An dem Text ist aufgrund der gewählten Ausdrucksweise jedoch ein Urheberrecht entstanden. Die Werbung mit diesem Text wäre also von der Einwilligung des Urhebers abhängig.

Auch durch das Zitatrecht darf nicht ein ganzer Text übernommen werden

Allein aus der Tatsache, dass Sie, oder Ihr Unternehmen, in dem Text erwähnt werden, kann jedoch nicht automatisch das Recht abgeleitet werden, diesen eigenständig zu verbreiten. Auch hier ist die Einräumung der entsprechenden Rechte durch den Verfasser als Rechteinhaber erforderlich. Die Veröffentlichung im Rahmen des Zitats hingegen ist ohne Einräumung von Rechten möglich – doch Vorsicht: Der komplette Text kann nicht als Zitat gepostet werden!

Tipp

Merken Sie sich: Auch ein fremder Text, der Informationen über Sie enthält, ist urheberrechtlich geschützt und darf nicht einfach von Ihnen vervielfältigt und/oder verbreitet werden.

Möchten Sie also beispielsweise einen Kommentar über Ihr Unternehmen aus der Plattform Yelp auf Ihrer Facebook-Präsenz posten, fragen Sie vorher bei dem Autor nach, ob er damit einverstanden ist.

5.5 Die Veröffentlichung von E-Mails, SMS und Chats

Im Zeitalter des Web 2.0 werden kaum noch Nachrichten durch handschriftliche Vermerke ausgetauscht. Sie werden vielleicht selbst schon die Erfahrung gemacht haben, dass Sie auch mit Ihren Vorgesetzten Nachrichten per SMS oder Chat ausgetauscht haben.

Stellen Sie sich einmal folgende Konversation mit Ihrem Abteilungsleiter auf Facebook vor:

Abteilungsleiter: Momentan läuft es bei mir privat nicht so gut. Ich bin häufig krank und werde wohl in nächster Zeit kaum die Entwicklungsabteilung leiten können.

Sie: Das wird die neuen Lufterfrischer aber für einige Zeit verschieben.

Abteilungsleiter: Ja, da kann man nichts machen.

Sie: Das sollten unsere Aktionäre aber besser nicht erfahren.

Abteilungsleiter: Ja, erst mal kein Wort darüber.

Durch die einfache Möglichkeit, mittels Copy-and-paste binnen Sekunden lange Textpassagen zu übernehmen, kommt es im Internet immer häufiger vor, dass vertrauliche Korrespondenzen zwischen Personen an die Öffentlichkeit gelangen. Dies ist rechtlich hoch problematisch, denn vertrauliche Konversationen genießen Schutz. Veröffentlicht man gegen den Willen der beteiligten Personen einen Schriftverkehr im Netz, greift man damit in ihr gesetzlich geschütztes Persönlichkeitsrecht ein.

Vertrauliche Nachrichten

Textformen, die niemals (ohne Einwilligung des Verfassers) veröffentlicht werden sollten, sind:

▶ private E-Mails, SMS und sonstige Nachrichten,

▶ geschäftliche und betriebsinterne Mitteilungen,

▶ Chatverläufe (wenn der Chat nicht öffentlich war).

Die Veröffentlichung einer persönlichen Information bedarf der Erlaubnis

Der abgebildete Beispielchat auf Facebook enthält persönliche Informationen über den Vorgesetzten (Krankheit). Außerdem hat er zum Ausdruck gebracht, dass er mit einer Verbreitung der Information nicht einverstanden ist. Der Chat darf also nicht öffentlich gemacht werden.

5.5.1   Wann ist eine Veröffentlichung ausnahmsweise zulässig?

Angenommen, es hätte nun weiterer Schriftverkehr mit dem Vorgesetzten stattgefunden:

> *Abteilungsleiter: Das Unternehmen fährt immer mehr vor die Wand. Wir könnten billiger produzieren, wenn wir die Filteranlage abstellen.*
>
> *Sie: Aber dann wird doch der ganze See vergiftet.*
>
> *Abteilungsleiter: Das ist mir egal. Ich werde den Filter noch in der nächsten Stunde abschalten. Dann bekommen die Anwohner eben Magenprobleme.*

Da Sie sich um die Gesundheit der Anwohner und die Umwelt sorgen, möchten Sie die Aussage Ihres Abteilungsleiters gern öffentlich machen. Doch dürfen Sie das?

Bei öffentlichem Interesse dürfen persönliche Nachrichten veröffentlicht werden

Unter strengen Voraussetzungen ist die Veröffentlichung bestimmter (geheimer) Informationen erlaubt. Dies ist vor allem dann der Fall, wenn die Öffentlichkeit ein besonderes Interesse an der Veröffentlichung hat.

Das ist unter anderem dann der Fall, wenn die Politik, Unternehmen oder ähnliche Institutionen Handlungen vorgenommen haben, die der Öffentlichkeit schaden könnten.

Beispiele

Von einem besonderen öffentlichen Informationsinteresse können Sie ausgehen, wenn:

▶ eine Straftat droht oder begangen wurde,

▶ Verbraucher betrogen werden,

▶ politisches Handeln, das für die Öffentlichkeit von großer Relevanz ist, verheimlicht werden soll (z. B. Verschwendung von Steuergeldern, Bestechung etc.).

Im oben gezeigten Beispiel droht den betroffenen Anwohnern durch die vorsätzliche Handlung des Vorgesetzten ein Gesundheitsschaden, was eine Straftat darstellen würde (Körperverletzung). Die Veröffentlichung des Chatverlaufs könnte somit legitimiert sein.

> **Tipp**
>
> Merken Sie sich folgende Faustregel: Je größer die mögliche Gefahr ist, desto größer ist das öffentliche Interesse, und desto eher dürfen Sie private Nachrichten öffentlich machen.

Der Maßstab für die Veröffentlichung muss immer das besondere Interesse der Öffentlichkeit sein. Interne Informationen aus Rache, Konkurrenzdenken oder wirtschaftlichen Erwägungen zu verbreiten, ist nicht erlaubt und kann schwere (strafrechtliche) Konsequenzen nach sich ziehen. Auch der Pranger auf der eigenen (oder fremden) Facebook-Fanpage, die mit vertraulichen Informationen gefüttert wird, ist tabu, solange die Öffentlichkeit kein besonderes Interesse an der Veröffentlichung hat.

Der Pranger auf der eigenen Pinnwand kann gefährlich werden

Die Veröffentlichung einer Konversation wie die erste oben in Abschnitt 5.5 mag für die Öffentlichkeit vielleicht von Relevanz sein, weil möglicherweise Arbeitsplätze und Kapital auf dem Spiel stehen, allerdings sind die dort aufgeführten Informationen sehr intim (Krankheit) und die Konversation in einem sehr engen Kreis (nur zwei Personen). Im Rahmen einer Abwägung überwiegt hier also das Interesse der kranken Person, sodass eine Veröffentlichung das Persönlichkeitsrecht verletzten würde.

> **Tipp**
>
> Merken Sie sich folgende weitere Regel: Intimste Informationen über eine Person dürfen niemals veröffentlich werden. Es muss immer abgewogen werden, wie hoch das Interesse der Öffentlichkeit (und nicht das eigene) verglichen mit dem Interesse des Verfassers ist.

5.5.2   Einwilligung in die Veröffentlichung privater Nachrichten

Wir gehen wieder von unserem Fall aus, dass zwischen Ihnen und Ihrem Vorgesetzten eine schriftliche Unterhaltung stattgefunden hat. Vonseiten Ihres Vorgesetzten folgt zudem der Zusatz:

»Das kannst du ruhig weitersagen.«

oder

»Wenn die Zeitung das hier abdruckt, habe ich kein Problem damit.«

Die richtige Deutung einer möglichen Einwilligung

Eine Veröffentlichung von privaten Korrespondenzen ist immer dann unproblematisch, wenn die Beteiligten ihre Einwilligung erteilt haben. Allerdings sollten Sie nicht zu verfrüht eine »stillschweigende« Einwilligung annehmen. Formuliert der Betroffene nur sehr vage (Variante 1), dass er mit der Veröffentlichung einverstanden ist, sollten Sie dennoch davon absehen. In einem möglichen Prozess könnte die Aussage des Betroffenen ganz anders gewertet werden. Eine Beschreibung der eingewilligten Verbreitungsform (Variante 2) ist konkreter und viel klarer umzusetzen.

Eine Einwilligung kann immer nur für eigene Textpassagen gelten. Nehmen an einer Konversation mehrere Personen teil, müsste jede Person einzeln einwilligen.

Das Schwärzen von Textpassagen

Veröffentlichen Sie nur die Passagen, für die Sie eine Erlaubnis haben, und schwärzen die anderen Passagen, kann dies trotzdem ein Rechtsverstoß sein, wenn sich aus den Umständen der Konversation nachvollziehen lässt, wer beteiligt war.

Der Einwilligende muss zur Einwilligung befugt sein

Bei der Veröffentlichung von Geschäftsgeheimnissen ist große Vorsicht geboten. Hier müssen Sie sich fragen, ob der Einwilligende überhaupt dazu befugt ist. So mag beispielsweise ein Abteilungsleiter vielleicht einwilligen, dass eine Konversation mit Betriebszahlen veröffentlicht wird, der Geschäftsführer des Unternehmens hat damit aber wahrscheinlich ein größeres Problem.

Tipp

Bei privaten Konversationen gilt: Eine Veröffentlichung ist mit Einwilligung aller Beteiligten gestattet. Die Einwilligung gilt jeweils nur für Informationen, für die die Person Befugnisse hat (also eigene intime und private Details und Geschäftsbefugnisse).

---

6 Erlaubnis zur Nutzung von Inhalten – die Lizenz

James Bond benötigte für seine Arbeit als britischer Geheimagent eine Lizenz zum Töten. So weit müssen Sie nicht gehen. Allerdings wird auch für Ihren Auftritt im Social Web häufig eine Lizenz erforderlich sein – die Lizenz zum Posten.

»Posten«, »Teilen«, »Speichern« und »Liken«, das ist nur eine Auswahl an Interaktionsmöglichkeiten, die das Web 2.0 zu bieten hat. Weg vom reinen Informationsnetz, dem wir damals noch als »Consumer« begegnet sind, hat sich das Internet durch Social Media zu einer virtuellen Welt entwickelt, in der jeder von uns als »Prosumer« (Verbraucher, der gleichzeitig Produzent von Inhalten ist) unterwegs ist und mit seinen Freunden, Fans oder Besuchern direkt und unmittelbar interagieren kann.

Diese Interaktionen reichen von den altbekannten E-Mails bis hin zu Fotos, Bildern und Videos, die gepostet, geteilt oder gespeichert werden. Jede dieser Aktionen birgt ein beträchtliches Risiko, wenn diese Inhalte rechtlich geschützt sind und die entsprechenden Voraussetzungen für ein Einbetten und Hochladen in Social Media nicht gegeben sind.

Wenn Sie also nicht selbst die Urheber-, Marken- oder sonstigen erforderlichen Rechte für eine Nutzung des Inhalts haben, benötigen Sie die Erlaubnis des Rechteinhabers. Denn nur in Ausnahmefällen ist es Ihnen gestattet, fremde Inhalte zu nutzen (siehe dazu die Kapitel 3, 4, 5 und 7). In allen anderen Fällen liegt die Prämisse für eine erlaubte Benutzung in der Erteilung einer sogenannten *Lizenz*.

Eine Lizenz ist eine Erlaubnis, geschützte Inhalte zu nutzen

In diesem Kapitel informieren wir Sie über die verschiedenen Arten von Lizenzen und den richtigen Umgang damit. Auf diese Weise können Sie sich ein ganz genaues Bild davon machen, was Sie im Web 2.0 »dürfen« und was nicht.

Rechtslage in Österreich

Da die Lizenzierung von Inhalten auf Verträgen zwischen zwei oder mehr Personen oder Unternehmen basiert, gelten in Österreich dieselben rechtlichen Bedingungen wie in Deutschland. Die Darstellungen in diesem Kapitel können also auf Österreich übertragen werden.

6.1 Die Lizenzierung von Inhalten

Die Lizenzierung erfolgt regelmäßig gegen ein Entgelt

Die Erteilung von Lizenzen für die Nutzung von Marken und urheberrechtlich geschützten Werken wie beispielsweise Computersoftware oder Unternehmens-Know-how ermöglicht einerseits die Nutzung eines rechtlich geschützten, fremden Inhalts durch den sogenannten *Lizenznehmer*. Gleichzeitig liegt darin – aus Sicht des Urhebers bzw. Rechteinhabers (der sogenannte *Lizenzgeber*) – die wichtigste Form der wirtschaftlichen Verwertung, da die meisten Lizenzen gegen die Zahlung einer Lizenzgebühr erteilt werden. Auch ideell gelingt es dem Urheber durch die Lizenzierung, auf seine Kosten zu kommen, da auf diese Weise sein Werk in der Gesellschaft schneller verbreitet und bekannt gemacht wird.

Die erlaubte Nutzung eines geschützten Inhalts kann als Inspiration zur Schaffung von Neuem dienen, wie das insbesondere in der Musik (Coversong) oder aber bei Patenten, im Bereich technischer Erfindungen, der Fall ist. Allgemein betrachtet, leistet die Lizenzierung von Inhalten einen enormen Beitrag zu Fortschritt und Innovation und befeuert daher gleichzeitig den Wettbewerb.

Der Open Content

Wie gesagt, der Rechteinhaber lässt sich im Regelfall für die Fremdnutzung durch die Veranschlagung einer Lizenzgebühr entlohnen. Es kommt aber auch schon mal vor, dass die Lizenzierung allein von ideellen Beweggründen getragen wird, sodass der Berechtigte sich an einer unentgeltlichen Nutzung seines geistigen Eigentums, die sich auch in Form einer Weiterverarbeitung ausdrücken kann, erfreut. Aus purem Idealismus oder zur innovativen Selbstvermarktung angebotene unentgeltliche Lizenzen werden unter dem Begriff des »Open Content« zusammengefasst.

Entgeltliche Lizenzierungen sind beispielsweise in der Musik- und Filmindustrie sowie im Verlagswesen an der Tagesordnung. Otto Normalverbraucher kennt sie von Computerspielen, Antivirenprogrammen oder sonstiger Computersoftware. Auch im Sportbereich spielen sie eine große Rolle. Um große Geldsummen geht es z. B. bei Lizenzen zur Übertragung von Sportereignissen wie den Spielen der Champions League.

In der Musik, beim Film oder bei Computersoftware ist eine Lizenzierung längst üblich

6.1.1 Was ist eine Lizenz?

Bei einer Lizenz handelt es sich also um die Einräumung oder Übertragung eines Nutzungsrechts für einen rechtlich geschützten Inhalt. Im allgemeinen Sprachgebrauch werden die Begriffe *Nutzungserlaubnis* und *Lizenz* als Synonyme verwendet, was rechtlich grundsätzlich nicht zu beanstanden ist.

Charakteristisch für die Lizenz ist, dass der ihr zugrunde liegende spezielle Inhalt vom Lizenznehmer stets nur in einer ganz bestimmten Art und Weise und zu einem klar definierten Zweck verwendet werden darf. Das bedeutet, dass alle anderen Nutzungsarten, die nicht von der Lizenz erfasst sind, grundsätzlich weiterhin verboten sind.

Nutzungserlaubnis für einen bestimmten Zweck

Zu unterscheiden sind die flexiblen Lizenzverträge, angepasst auf Ihr jeweiliges Vorhaben, von den Standardlizenzen, die pauschale und abstrakt gehaltene Nutzungsrechte beinhalten und pauschal für jedermann gelten. Greifen Sie auf diese Lizenzkategorie zurück, zu deren größten Vertretern die kostenlosen Creative-Commons-Lizenzen (CC-Lizenzen) und die Lizenzen der Onlinebildarchive gehören, sind keine Vertragsverhandlungen notwendig. Die Lizenzerteilung läuft hier quasi »auf Bestellung«. So bietet beispielsweise das Bildarchiv Getty Images für jedes Foto verschiedene Standardlizenzen an, die sich nach der gewünschten Verwendungsart richten (siehe Abbildung 6.1).

Standardlizenzen, wie die kostenfreie CC-Lizenz, räumen pauschale Nutzungsrechte ein

In jedem Fall ist der Umfang der erteilten Nutzungsarten zu beachten. Das gilt ebenfalls für die CC-Lizenzen, da auch diese urheberrechtlich geschützten Werke nicht »vogelfrei« sind.

Nehmen wir an, dass Sie bei Getty Images ein Foto zu den in Abbildung 6.1 genannten Lizenzbedingungen erworben haben. Dann können Sie damit drei Monate lang Ihre Website oder Ihr Blog schmücken. Kommen Sie nun auf die Idee, das Bild auch auf Plakate und Flyer für eine Silvesterparty zu drucken, begehen Sie eine Urheberrechtsverletzung. Dasselbe gilt, wenn Sie, ebenfalls nicht abgesprochen, das Bild auch im nächsten Jahr wieder einsetzen wollen.

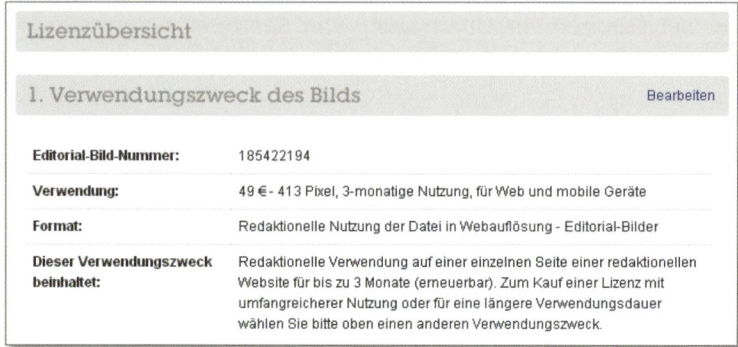

Abbildung 6.1   Hier ist die Lizenzübersicht für ein Foto auf Getty Images zu sehen. Im Absatz »Verwendungszweck« ist geregelt, in welchem Umfang das konkrete Bild verwendet werden darf.

Eine lizenzwidrige Nutzung stellt eine Urheberrechtsverletzung dar

Machen Sie sich daher klar, dass die Tatsache, das fremde Bild einmal zu haben, nicht bedeutet, Sie könnten es beliebig nutzen. Vielmehr bestimmen die erteilte Lizenz und der zugrunde liegende Lizenzvertrag den Umfang, in dem Sie mit dem Bild hantieren dürfen. Nur wenn der Lizenzvertrag eine Nutzung des Bilds für Ihre Homepage und Ihr Social-Media-Profil vorsieht, können Sie dies rechtlich auch tun. Im anderen Fall drohen Ihnen teure Abmahnungen und Schadenersatzansprüche.

6.1.2   Inhalt einer Lizenz

Ein Urheberrecht ist nicht übertragbar, Nutzungsrechte dagegen schon

Mit Erschaffung eines rechtlich geschützten Werks entstehen (allein) beim Urheber Verwertungsrechte, beispielsweise die Möglichkeit der Vervielfältigung, Verbreitung, Aufführung etc. Streng genommen verbleiben diese Rechte zu Lebzeiten stets beim Urheber selbst und sind nicht übertragbar. Das, was im Zuge von Lizenzvereinbarungen auf andere Personen übertragen wird, sind einzelne oder alle *Nutzungsrechte* an dem bestimmten Werk. Je nach Ausgestaltung des flexiblen Lizenzvertrags können dem Lizenznehmer einzelne oder alle Nutzungsarten an dem urheberrechtlich geschützten Werk eingeräumt werden.

Hinweis

Merken Sie sich: Im Rahmen einer Lizenz erwerben Sie nie Urheber-rechte, da diese immer beim Urheber bleiben. Sie können stets nur ein-zelne oder alle Nutzungsrechte an dem Werk eingeräumt bekommen.

Je nach Bedarf können Sie daher die Nutzungsrechteeinräumung fle-xibel gestalten. In oben genanntem Beispiel der Partybilder müssten Sie sich also Rechte für die Onlineerscheinung und für den Flyer- und Plakatdruck einräumen zu lassen.

Lizenzen sind flexibel gestaltbar

Achtung

Ein häufig gemachter Fehler ist, sich Bilder für einen bestimmten Zweck zu lizenzieren und diese dann auch für andere Zwecke zu nut-zen. Das ist eine klare Urheberrechtsverletzung und wird von vielen Rechteinhabern gnadenlos verfolgt. Gerade bei einer geplanten Veröf-fentlichung in sozialen Netzwerken sollten Sie lieber zweimal nachfra-gen, ob dies von der Lizenz gedeckt ist (mehr dazu unten).

Ausschließliches und einfaches Nutzungsrecht

Die Frage, ob Sie als Einziger den rechtlich geschützten Inhalt nutzen können oder aber »nur einer von vielen« sind, richtet sich danach, ob ein ausschließliches oder ein einfaches Nutzungsrecht erteilt wird. Zwischen beiden besteht ein himmelweiter Unterschied.

Das ausschließliche Nutzungsrecht, das allgemein auch als *exklusive Lizenz* bekannt ist, schließt – anders als das einfache Nutzungsrecht – alle anderen Personen von der Nutzung des Inhalts aus. Danach sind Sie der Einzige, der mit dem Werk hantieren darf. Trotz dieser privilegierten Position ist davon allerdings nicht das Recht umfasst, anderen Personen nach Belieben (weitere) Nutzungsrechte an dem Werk einzuräumen.

Die exklusive Lizenz

Nur dann, wenn Sie die ausschließliche Lizenz nicht für eigene Ge-schäfte, sondern allein für die Belange des Urhebers erteilt bekom-men haben, können Sie eigenständig Nutzungsrechte erteilen. In jedem anderen Fall ist die weitere Übertragung nur mit Zustimmung des Urhebers im Einzelfall möglich. Im Rahmen der kommerziellen Eigennutzung bleibt Ihnen daher die Einräumung von Lizenzen an

Nur eine ausschließli-che Lizenz berechtigt zur Unterlizenzierung

dem Werk vergönnt. Auf diese Weise soll der Urheber ungefragt vor unliebsamen und möglicherweise ehrverletzenden Nutzungsarten bewahrt bleiben. Der Urheber darf die Zustimmung grundsätzlich aber auf keinen Fall willkürlich verweigern. Liegt ein solcher Fall vor, können Sie rechtlich dagegen vorgehen.

Die einfache Nut-
zungslizenz

Im Gegensatz dazu kann der Urheber beim einfachen Nutzungsrecht beliebig vielen Personen Nutzungsrechte an seinen Werken einräumen.

Ermitteln Sie Ihre Be-
dürfnisse, bevor Sie
sich für eine Lizenz
entscheiden

Für die Praxis sollten Sie sich genau überlegen, welcher Nutzungsumfang für Sie infrage kommt, also ob Sie der einzige Nutzungsberechtigte sein wollen, der das Werk auf eine bestimmte Weise nutzen darf oder aber ob Sie die Nutzung durch Konkurrenten dulden würden. Nur wenn vertriebsrechtliche Gründe eine »Alleinnutzung« erforderlich machen, ist der Kauf einer exklusiven Lizenz vonnöten und empfehlenswert. Man kann sich vorstellen, dass die »Monopolstellung«, die mit der exklusiven Lizenz einhergeht, die Kosten für eine einfache Lizenz um ein Vielfaches übersteigt.

Verschiedene Nutzungszwecke

Haben Sie sich für eine der beiden Lizenzarten entschieden, setzt die Erlaubnis eine Mitteilung darüber voraus, zu welchem konkreten Zweck, in welchem Umfang und auf welche Art der Inhalt genutzt werden soll. An dieser Stelle ist es wichtig, so viele detaillierte Angaben zu machen wie möglich. Teilen Sie dem Lizenzgeber daher beispielsweise mit, ob Sie beabsichtigen, das Werk zu vervielfältigen, zu veröffentlichen oder zu bearbeiten, wo (in welchen Ländern) Sie es nutzen wollen und ob es sich um eine kommerzielle Nutzung handelt oder aber rein zu privaten Zwecken.

Soll es beispielsweise um ein Foto gehen, lassen Sie den Lizenzgeber also wissen, ob Sie es nur zu Dekorationszwecken auf Ihrer Homepage verwenden wollen oder aber zur spezifischen Bewerbung Ihres Produkts.

In den Standardlizenzbedingungen des Anbieters iStockphoto (abrufbar unter *http://deutsch.istockphoto.com/license.php*) lautet die entsprechende Regelung beispielsweise so:

»Zulässige Nutzungen. Vorbehaltlich der unter dem Abschnitt ›Untersagte Nutzungen‹ beschriebenen Beschränkungen stellen folgende Nutzungen »zulässige Nutzungen« von Inhalten dar:

– Werbe- und Promotion-Projekte, einschließlich gedrucktem Material, Produktverpackungen, Präsentationen, Film- und Videodarstellungen, Werbesendungen, Katalogen, Broschüren, Werbe-Grußkarten und Werbe-Postkarten (d. h. nicht für Zwecke des Wiederverkaufs oder der Lizenzierung);

– Unterhaltungsmaterialien, wie Bücher, Buchumschläge, Zeitschriften, Zeitungen, Leitartikel, Newsletter sowie Video-, Rundfunk- und Schauspieldarbietungen;

– Online- oder elektronische Veröffentlichungen;

– Drucke, Poster (d. h. verkörperte Darstellungen) und sonstige Reproduktionen zwecks privater Nutzung oder zu den oben unter (1) genannten Promotionzwecken, jedoch nicht zwecks Verkauf, Lizenzierung oder sonstigem Vertrieb; und

– sonstige Nutzungen, die iStockphoto schriftlich genehmigt hat.«

Vorsicht bei Social-Media-Veröffentlichungen

Vorsicht ist geboten, wenn Sie fremde Bilder, Videos oder Ähnliches auf einem Social-Media-Profil wie Ihrer Facebook-Fanseite veröffentlichen möchten. Hier kommen Sie mit dem übertragenen Recht zur Onlinenutzung nicht weit. Ein Großteil der bekannten sozialen Netzwerke lässt sich nämlich eine ganze Reihe von Nutzungsrechten an sämtlichen Nutzerinhalten einräumen. So findet sich in leicht abgewandelter Form stets derselbe gefährliche Satz in den Nutzungsbedingungen der jeweiligen sozialen Netzwerke:

Die Rechteübertragung an die sozialen Netzwerke

»Für Inhalte wie Fotos und Videos, die unter die Rechte an geistigem Eigentum (sog. ›IP-Inhalte‹) fallen, erteilst du uns durch deine Privatsphäre- und Anwendungseinstellungen die folgende Erlaubnis: Du gibst uns eine nicht-exklusive, übertragbare, unterlizenzierbare, gebührenfreie, weltweite Lizenz zur Nutzung jeglicher IP-Inhalte, die du auf oder im Zusammenhang mit Facebook postest (›IP-Lizenz‹).«

Der zitierte Satz stammt aus den Facebook-Nutzungsbedingungen (siehe Abbildung 6.2), findet sich aber ähnlich auch bei Google+, Twitter (siehe Abbildung 6.3), Tumblr und den anderen sozialen Netzwerken.

1. Für Inhalte wie Fotos und Videos, die unter die Rechte an geistigem Eigentum (sog. „IP-Inhalte") fallen, erteilst du uns durch deine Privatsphäre- und Anwendungseinstellungen die folgende Erlaubnis: Du gibst uns eine nicht-exklusive, übertragbare, unterlizenzierbare, gebührenfreie, weltweite Lizenz zur Nutzung jeglicher IP-Inhalte, die du auf oder im Zusammenhang mit Facebook postest („IP-Lizenz"). Diese IP-Lizenz endet, wenn du deine IP-Inhalte oder dein Konto löschst, außer deine Inhalte wurden mit anderen Nutzern geteilt und diese haben die Inhalte nicht gelöscht.

Abbildung 6.2 Die Facebook-Nutzungsbedingungen verdeutlichen, dass eine Rechteübertragung für alle geposteten Inhalte erfolgt.

5. Ihre Rechte

Sie behalten die Rechte an allen Inhalten, die Sie über die Dienste übermitteln, veröffentlichen oder anzeigen. Durch Übermittlung, Veröffentlichung oder Anzeigen von Inhalten über die Dienste gewähren Sie uns eine weltweite, nicht exklusive, unentgeltliche Lizenz (mit dem Recht zur Unterlizenzierung), diese Inhalte in sämtlichen Medien und über sämtliche Verbreitungswege, die gegenwärtig bekannt sind oder in Zukunft bekannt sein werden, zu verwenden, zu vervielfältigen, zu reproduzieren, zu verarbeiten, anzupassen, abzuändern, zu veröffentlichen, zu übertragen, anzuzeigen und zu verbreiten.

> Tipp Mit dieser Lizenz erteilen Sie uns die Erlaubnis, Ihre Tweets weltweit verfügbar zu machen und dies auch Dritten zu ermöglichen.

Abbildung 6.3 Auch Twitter lässt sich über die Nutzungsbedingungen eine Lizenz einräumen, die sie ihrerseits unterlizenzieren dürfen.

Hinweis

Alle von uns überprüften sozialen Netzwerke haben eine entsprechende Regelung in den Nutzungsbedingungen.

Eine solche Regelung hat zur Folge, dass Sie beim Posten eines fremden Inhalts in sozialen Netzwerken nicht nur eine Lizenz zur konkreten Onlineverwendung benötigen, sondern darüber hinaus das Recht haben müssen, dem jeweiligen Plattformbetreiber ein Nutzungsrecht in dem dort vorgesehenen Umfang einzuräumen.

Die Social-Media-Klausel im Lizenzvertrag

Gelöst wird dieses Problem über eine sogenannte Social-Media-Klausel in einem Lizenzvertrag. Einer der ersten kommerziellen Anbieter einer Social-Media-Lizenz für Fotos und Videos war ClipDealer (siehe Abbildung 6.4), der eine solche Nutzung gegen eine geringe Zusatzgebühr erlaubt.

Abbildung 6.4 ClipDealer bietet eine zusätzliche Social-Media-Lizenz an.

In den Lizenzbedingungen von ClipDealer lautet die entsprechende Social-Media-Klausel:

> »2.6 Social Media Lizenz
>
> *Beim Erwerb einer Social Media Lizenz gelten grundsätzlich die Regelungen der 2.1 bis 2.4. Die Lizenz enthält das Recht zur Nutzung der Inhalte innerhalb sozialer Netzwerke (z. B. Facebook, Google+, MySpace u. dgl.). In diesem Rahmen ist eine Unterlizenzierung der Inhalte gestattet (abweichend von Ziffer 2.3). Die Grundsätze des Urheber- und Persönlichkeitsrechts sowie die Einschränkungen der nachfolgenden Ziffer 3 sind zu beachten, insbesondere dürfen etwa Inhalte, auf denen eine Person abgebildet ist, nicht als Profilbild eingesetzt werden.«*

Tipp

Viele kommerzielle Inhalteanbieter haben mittlerweile auf den Social-Media-Trend reagiert und bieten spezielle Lizenzen für die Verwendung in sozialen Netzwerken an. Informationen hierzu finden Sie häufig in den FAQ oder auf der Hilfeseite. Sie können den Anbieter aber auch direkt per Mail nach einer Social-Media-Klausel fragen.

> **Checkliste**
>
> Bevor Sie fremde Bilder oder andere Inhalte bei Facebook & Co. veröffentlichen, sollten Sie folgende Fragen klären:
>
> ▸ Ist eine Nutzung des Werks in sozialen Netzwerken ausdrücklich erlaubt (z. B. durch eine Social-Media-Klausel)?
>
> ▸ Macht der Anbieter Ihnen Vorgaben zur Nutzung in sozialen Netzwerken, z. B. zur Größe oder der Dauer der Nutzung?
>
> ▸ Macht der Anbieter Ihnen Vorgaben zur Nennung der Quelle?

Was legal auf Facebook gepostet wurde, darf auch legal »geteilt« werden

Übrigens: Die Einräumung von Nutzungsrechten gegenüber einem sozialen Netzwerk können Sie auch für sich nutzen. Denn alle Inhalte, die legal auf Facebook & Co. veröffentlicht wurden, dürfen innerhalb der Plattformstrukturen auch durch die Nutzer verwendet werden. So dürfen Sie ein von anderen Personen oder Unternehmen gepostetes Bild mit einem Klick auf »Gefällt mir« liken oder dieses über Ihre eigene Facebook-Unternehmensseite teilen (siehe Abbildung 6.5).

Abbildung 6.5   So ist das Teilen eines fremden Fotos auf einer Facebook-Seite kein Problem.

Achtung

Die Nutzung der auf den Plattformen veröffentlichten Inhalte außerhalb der jeweiligen Plattform ist grundsätzlich nicht erlaubt. Hierzu zählen der Download der Inhalte und das erneute Veröffentlichen. Hierzu müssen Sie sich eine eigene Lizenz vom Urheber oder Rechteinhaber einräumen lassen.

Lizenz bei nutzergenerierten Inhalten / Crowdsourcing

Auch beim sogenannten *Crowdsourcing* oder anderen Aktionen, bei denen die Teilnehmer Fotos oder kreative Slogans im Rahmen etwa eines Gewinnspiels hochladen, müssen Sie an die Lizenzierung der nutzergenerierten Inhalte denken.

Crowdsourcing-Inhalte müssen lizenziert sein

Beim Crowdsourcing werden im Rahmen einer Promotion-Aktion kreative Verbraucher (meist) in eine Werbekampagne integriert. So können diese selbst das Design eines bestimmten Produkts oder den nächsten Werbeslogan für die Vermarktung kreieren und sich als stolze »Gewinner« der Aktion feiern lassen. So veranstaltete beispielsweise der Reifenhersteller Dunlop die »Art Car Competition«, bei der Nutzer ihren eigenen Rennwagen designen konnten.

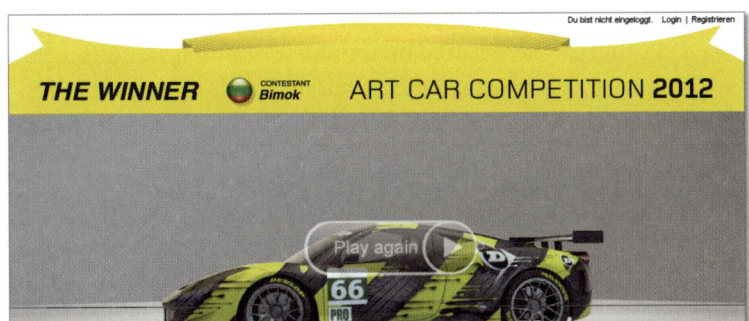

Abbildung 6.6 Bei der Crowdsourcing-Aktion von Dunlop haben die Teilnehmer ihren eigenen Rennwagen designt. An diesem Design kann der erstellende Nutzer ein Urheberrecht haben. Diesbezüglich muss sich das werbende Unternehmen die Nutzungsrechte einräumen lassen.

Weil es sich bei den Ergebnissen der Verbraucher regelmäßig um urheberrechtlich geschützte Werke handeln wird, sind Sie unbedingt gehalten, sich spätestens mit Übermittlung des Ergebnisses auch die notwendigen Nutzungsrechte an den Werken einräumen zu lassen.

Beispiel

So ließ sich der Reifenhersteller Dunlop die erforderlichen Rechte an den designten Autos (siehe Abbildung 6.6) mit folgenden Klauseln einräumen (*http://artcar.dunlop.eu/de/index.php?task=rulesContest*):

»NUTZUNGSRECHT

Mit der Teilnahme am Wettbewerb erkennt jeder Teilnehmer an, dass die ausschließlichen Nutzungsrechte am eingesandten Entwurf an den Veranstalter übergehen – sowie dieser zur Übertragung dieser Nutzungsrechte insbesondere an Konzerngesellschaften befugt ist – wenn der Teilnehmer unter den Gewinnern der nationalen Wettbewerbe ist. Die übertragenen Nutzungsrechte gelten neben der BRD in allen EU Mitgliedsländern vorbehaltlich abweichender nationaler Bestimmungen zum Urheberrecht. Der Rechtsweg ist ausgeschlossen.

VERÖFFENTLICHUNGEN UND NUTZUNGSARTEN

Der Veranstalter sowie die weiteren Nutzungsrechtsinhaber dürfen nach eigenem Ermessen die 20 bestprämierten Entwürfe ausstellen bzw. sie z. B. auf einem Rennwagen, in Presseveröffentlichungen, Werbeprogrammen, Zeitschriftenartikeln, Kalender, Poster, Webseiten, Miniaturfahrzeuge, Videos und Fotos verwenden oder in andere künstlerische Arbeiten oder Medien einfügen. Darüber hinaus hat Dunlop das Recht, diese Entwürfe zu vervielfältigen, zu verbreiten und zu vernichten.«

Haben Sie eine solche Rechteeinräumung versäumt und starten eine groß angelegte Marketingkampagne mit dem nutzergenerierten Produkt oder Slogan, können erhebliche Schadenersatzforderungen auf Sie zukommen.

Eine möglichst weitgehende und ausschließliche Einräumung der Nutzungsrechte ist ratsam

Da sich aber auch die Marketingstrategie schon mal ändern kann, weil die Kampagne mit den künstlerischen Werken der Verbraucher beispielsweise so erfolgreich war, dass nun eine weitere Kampagne damit gestartet werden soll oder andere Produkte ebenfalls damit beworben werden sollen, ist es ratsam, den Umfang der übertragenen Nutzungsrechte nicht unnötig zu beschränken. Denn wird dem kreativen Verbraucher, dessen Werk nun Ihr Produkt ziert, bewusst, dass Sie damit besonders große Umsätze erzielen, wird er die zweite Einräumung von Nutzungsrechten sicherlich nicht mehr allein für die Aussicht auf das Gewinnerpodest der Aktion machen. Denken Sie daher gleich am Anfang längerfristig und lassen Sie sich bei der Übersendung der Verbraucherwerke sogleich etwas flexiblere Lizenzen einräumen. So ist etwa eine Formulierung, die die Einräumung von bestimmten Nutzungsrechten »im Zusammenhang mit dem konkreten Gewinnspiel« gestattet, eher nachteilig, weil eine darüber hinausgehende Nutzung nicht gestattet ist. Ersetzen Sie diese Wendung lieber durch die Einräumung von Nutzungsrechten »auch für wirtschaftliche Zwecke«. In diesem Fall müssen Sie aber zwangsläufig einem weiteren Umstand besondere Aufmerksamkeit schenken. Denn durch die Einräumung wirtschaftlicher Nutzungsrechte übernehmen Sie zwangsläufig auch die Haftung für den Fall, dass das Bild Urheberrechte Dritter verletzt.

Um daher keine größeren Risiken einzugehen, sollten die folgenden Erklärungen unbedingt in den Teilnahmebedingungen enthalten sein:

▶ So müssen die Teilnehmer der Aktion mit dem Hochladen bzw. dem Übertragen ihres Ergebnisses versichern, dass diese von ihnen selbst stammen oder sie sämtliche erforderlichen Erlaubnisse für die bevorstehende Übertragung von den Berechtigten eingeholt haben, sodass also keine Rechte Dritter an dem rechtlich geschützten Werk bestehen.

▶ Diese Klausel sollte zudem dadurch abgerundet werden, dass Sie sich nicht dazu verpflichten, die bereitgestellten Werke auf mögliche Rechtsverletzungen Dritter hin zu überprüfen, und sich vorbehalten, die Nutzerinhalte abzulehnen, wenn diese offensichtlich rechtswidrig sind oder gegen die guten Sitten verstoßen.

▶ Da Sie natürlich nie ausschließen können, dass ein Teilnehmer der Aktion im Zweifel doch nicht sämtliche Rechte an dem Werk hat, das er Ihnen übersenden möchte, ist eine Haftungsfreistellung unerlässlich. Der Teilnehmer erklärt sich also damit einverstanden, Sie im Fall von allen Ansprüchen Dritter im Zusammenhang mit dem bereitgestellten Werk freizustellen.

6.1.3 Form der Lizenz

Die Übertragung von Nutzungsrechten in Form eines Lizenzvertrags kann mündlich, schriftlich oder auch konkludent, also durch schlüssiges Verhalten, ergehen. Gibt es einmal Probleme hinsichtlich der

Die Lizenzeinräumung sollte schriftlich fixiert werden

tatsächlichen Nutzungseinräumung, liegt es an Ihnen als Lizenznehmer, nachzuweisen, dass Ihre Handlungen nicht den Rahmen des gestatteten Nutzungsrechts gesprengt haben, und natürlich auch, dass überhaupt ein Nutzungsvertrag vorgelegen hat. Zu diesem Zweck empfiehlt es sich, das Geschäft von vornherein schriftlich zu vereinbaren und zu dokumentieren.

> **Tipp**
>
> Schließen Sie Lizenzverträge generell schriftlich bzw. in Textform (z. B. per E-Mail). Nur so können Sie im Streitfall belegen, dass Sie ein Nutzungsrecht haben.

Lizenzverträge sind häufig sehr umfangreich und »kleinkariert«. Stören Sie sich nicht daran, sondern sehen Sie dies als Chance, sich selbst abzusichern. Schließlich gehen Unklarheiten bei der Erlaubnis stets zu Ihren Lasten. Stellen Sie nachher fest, dass Sie den Bogen für bestimmte Nutzungsrechte zu weit gespannt haben und eine engere Fassung der Lizenzvereinbarung eigentlich ausgereicht hätte, bedeutet das nicht, dass Sie diese »unwesentlichere« Nutzung einfach vornehmen können. Denn sobald eine andere als die vereinbarte Nutzungsart vorliegt, bedarf es dafür einer eigenständigen (ausdrücklichen) Lizenz.

6.1.4 Was passiert, wenn der Lizenzgeber nicht berechtigt ist, die Lizenz zu erteilen?

Ermitteln Sie denjenigen, der tatsächlich über die gewünschte Lizenz verfügen darf

Bei der Übertragung von Nutzungsrechten müssen Sie stets sicherstellen, dass der Lizenzgeber auch tatsächlich der Verfügungsberechtigte des geschützten Inhalts ist. So kann es etwa sein, dass ein Musiker einer Plattenfirma oder einer Verwertungsgesellschaft wie der GEMA sämtliche Nutzungsrechte eingeräumt hat. Auch wenn der Musiker lebenslänglich das Urheberrecht an seinen Liedern haben wird, ist es möglich, dass er infolge einer ausschließlichen Rechteübertragung nicht mehr über die Übertragung weiterer Nutzungsrechte befinden kann. Dasselbe gilt für einen Autor, der seinem Verlag die Nutzungsrechte »im Ganzen abgetreten« hat, oder für ein Model, dass sämtliche exklusiven Bildrechte im Rahmen des Model-Release-Vertrags auf den Fotografen übertragen hat.

Dieses Problem kann Ihnen im Web 2.0 auf jeder Homepage begegnen, von der Sie sich ein Bild, einen Text oder ein sonstiges urheberrechtlich geschütztes Werk im Rahmen eines Rechtsgeschäfts beschaffen. Meldet sich nun der tatsächliche Rechteinhaber bei Ihnen in Form einer Abmahnung inklusive Schadenersatzforderungen, können Sie sich leider nicht auf den (verkappten) Lizenzvertrag mit dem vermeintlich Verfügungsberechtigten berufen, denn Sie haben ja einen Vertrag mit einem Nichtberechtigten geschlossen. Selbst wenn Sie dann einwenden, Sie seien davon ausgegangen, dass der Lizenzgeber berechtigt gewesen sei, ändern das nichts an der Sache, denn allein der »gute Glaube« an die Verfügungsbefugnis des vermeintlichen Rechteinhabers im Lizenzvertragsrecht zählt nicht.

Ein Lizenzvertrag mit einem unberechtigten Lizenzgeber lässt keine wirksame Lizenz entstehen

> **Hinweis**
> Auch wenn Sie selbst nichts falsch gemacht haben, können Sie bei einer fehlerhaften Rechtekette abgemahnt werden. Der urheberrechtliche Unterlassungsanspruch ist von Ihrem Verschulden unabhängig.

Dieses rechtliche Dilemma ist durchaus noch steigerungsfähig. So können Sie auch dann vom richtigen Lizenzgeber in Anspruch genommen werden, wenn Ihr Lizenzgeber – also der, von dem Sie unrichtigerweise das Bild oder den Text gegen Bezahlung bekommen haben – irrtümlich glaubte, er habe die nötigen Rechte zur Übertragung. Dies kann passieren, weil er das Werk seinerseits gegen Entgelt von einer Agentur erhalten hat, die es aber kurzerhand – und hier liegt der Knackpunkt – einfach von einer fremden Homepage (ohne Erlaubnis) kopiert hatte und damit natürlich keine Übertragungsbefugnis hat. Diese sogenannte Rechtekette lässt sich beliebig fortführen.

Im Fall der Nutzung einer wirkungslosen Lizenz werden die Rechte des tatsächlichen Rechteinhabers verletzt

In jedem Fall lautet der Grundsatz, dass Sie niemals eine gültige Nutzungserlaubnis erhalten können, wenn an einer Stelle in der Kette ein »faules Glied« steckt, das selbst keine Verfügungsbefugnis hatte. Dann wird aus einer Rechtekette eine sogenannte Verletzerkette, die fortwährend weiter besteht.

> **Hinweis**
> Merken Sie sich: einmal keine Nutzungserlaubnis = immer keine Nutzungserlaubnis!

Besondere Vorsicht ist im Internet geboten

Gerade im Internet bewegen wir uns auf vermintem Terrain, weil wir dort eher einem Irrtum über die »Identität« des Bildanbieters unterliegen als im realen Leben. Denn nicht immer ist der vermeintlich berechtigte Anbieter eines urheberrechtlich geschützten Inhalts auch tatsächlich der Berechtigte. Aber nur, weil es sich als besonders schwierig erweist, »hinter die Kulissen« zu blicken, sollten Sie nicht davon abrücken, herauszufinden, ob Ihr Lizenzgeber auch tatsächlich die Verfügungsbefugnis über den zu übertragenen Inhalt besitzt. Manchmal wird es auch erforderlich sein, die gesamte Rechtekette unter die Lupe zu nehmen.

> **Tipp**
>
> Wenn Sie daran zweifeln, dass die Rechtekette einwandfrei und lückenlos ist, lassen Sie sich von »Ihrem« Lizenzgeber die Belege vorlegen. Kann Ihr Lizenzgeber nicht nachweisen, dass er berechtigt ist, die gewünschte Lizenz zu erteilen, sollten Sie von dem Geschäft Abstand nehmen.

Ein schriftlicher Lizenzvertrag hilft bei Regressansprüchen

Am Beispiel der Verletzerkette wird zudem klar, warum es von Vorteil ist, einen schriftlichen Nutzungsvertrag mit dem Anbieter zu schließen. Denn wenn Sie mit Schadenersatzforderungen von dem Berechtigten überzogen werden, können Sie sich gegebenenfalls bei Ihrem Anbieter schadlos halten, wobei Ihnen die schriftliche Dokumentation Ihres Lizenzvertrags die Durchsetzung Ihrer Ansprüche erleichtert.

> **Hinweis**
>
> Falls Sie einmal in die Falle getappt sind und aufgrund einer Lücke in der Rechtekette in Anspruch genommen werden, wenden Sie sich sofort an Ihren Lizenzgeber. Häufig haben Sie Schadenersatzansprüche gegen diesen.

6.2   Was heißt lizenzfrei, was heißt freie Lizenz?

Keine unbeschränkte Nutzung

Wenn Sie sich auf die Suche nach Material für Ihren Social-Media-Auftritt machen, werden Sie häufiger die Ausdrücke lizenzfrei und freie Lizenz zu sehen bekommen. Auf den ersten Blick bedeuten diese das Gleiche, nämlich dass das gewünschte Material (z. B. ein

Foto) ohne eine Lizenz verwendet werden darf. Doch die Begriffe täuschen. Beide bedeuten nicht, dass Sie die entsprechend gekennzeichneten Inhalte kostenfrei und ohne Beschränkungen nutzen dürfen. In den nachfolgenden Abschnitten erläutern wir Ihnen daher die Bedeutung beider Begriffe.

6.2.1   Lizenzfreiheit (Royalty Free)

Der Begriff *lizenzfrei* ist sehr verwirrend gewählt. Er bedeutet weder, dass Sie ein urheberrechtlich geschütztes Werk kostenlos verwenden dürfen, noch, dass Sie für die Nutzung keine Lizenz bräuchten. Vielmehr verbirgt sich hinter dem Begriff eine bestimmte Lizenzierungsart, bei der Sie ein Werk einmalig für eine bestimmte Lizenzgebühr erwerben und das Werk dann unbegrenzt nutzen dürfen.

Lizenzfreie Bilder dürfen Sie nach Zahlung der Gebühr daher sowohl im Internet als auch auf Plakaten oder Flyern verwenden, ohne dafür jedes Mal extra bezahlen zu müssen. Lizenzfreiheit ist daher eigentlich nur eine andere Abrechnungsart.

Bei lizenzfreien Bildern gibt es keine Verwendungseinschränkungen

Beispiel

Sie planen für Ihr Unternehmen eine Werbeanzeige, die gleichzeitig im Social Web, auf Ihrer Website, als Flyer und in der Tageszeitung erscheinen soll. Für diese Werbeanzeige möchten Sie ein Foto lizenzieren.

▸ Sofern Sie die klassische Form der Lizenzierung wählen, müssen Sie dem Rechteinhaber für jede Nutzungsart (Social Media, Internet, Flyer, Zeitung) eine gewisse Lizenzgebühr überweisen.

▸ Wählen Sie dagegen ein lizenzfreies Foto aus, zahlen Sie eine einmalige Gebühr und können das Bild dann überall nutzen.

Einige Monate später möchten Sie die Werbekampagne wiederholen.

▸ Bei der klassischen Lizenzierung müssen Sie dann in der Regel erneut die einzelnen Nutzungsrechte für das Foto kostenpflichtig erwerben.

▸ Haben Sie das Foto dagegen lizenzfrei erworben, können Sie es einfach nochmals verwenden.

Viele Bildanbieter im Netz, zum Beispiel Getty Images (siehe Abbildung 6.7), bieten sowohl die klassische Lizenzierung für einzelne Nutzungszwecke (auch lizenzpflichtige) als auch eine lizenzfreie Lizenzierung an.

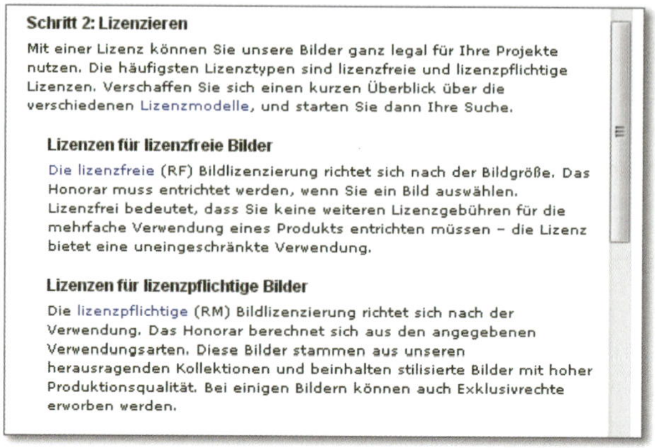

Abbildung 6.7 Getty Images bietet verschiedene Lizenzierungsformen an. Hier ist es für den Lizenznehmer sinnvoll, genau zu überlegen, was er mit dem Bild vorhat, um so die richtige Lizenz beantragen zu können.

> **Hinweis**
>
> Statt »lizenzfrei« wird auch häufig der englische Begriff »Royalty Free« bzw. die Abkürzung »RF« gebraucht.

6.2.2 Freie Lizenz

Kostenfreie Nutzung

Im Gegensatz zur lizenzfreien Lizenz, die nur von den Kosten für weitere Nutzungszwecke befreit, bietet Ihnen die *freie Lizenz* tatsächlich die Möglichkeit, Inhalte kostenfrei zu nutzen.

Eine freie Lizenz kann trotz ihrer Freiheit bestimmten Auflagen unterliegen

Möchten Sie also beispielsweise ein Foto nutzen, das unter einer freien Lizenz veröffentlicht wurde, müssen Sie hierfür keinen einzigen Cent bezahlen. Aber Vorsicht: Eine freie Lizenz ist immer noch eine Lizenz. Sie müssen sich trotz der Kostenfreiheit an bestimmte Bedingungen halten. Tun Sie das nicht, begehen Sie einen Lizenzverstoß und können deswegen abgemahnt oder gerichtlich in Anspruch genommen werden. Eine sehr bekannte freie Lizenz ist die CC-Lizenz (Creative-Commons-Lizenz), die wir Ihnen in Abschnitt 6.2.5 vorstellen.

> **Beispiel**
>
> Der Fotograf »Fritz Blitz« möchte seine Kunst einem breiten Publikum zugänglich machen und stellt seine Werke unter eine freie Lizenz. Die

einzige Lizenzbedingung lautet: »Bei jeder Veröffentlichung ist gut sichtbar auf den Urheber ›Fritz Blitz‹ hinzuweisen.«

In diesem Fall können Sie die Werke von Fritz Blitz nun ohne Kosten auch für Ihre Werbekampagne verwenden, müssen aber den Namen des Fotografen gut sichtbar in der Nähe des Bilds platzieren.

Hinweis

Im Bereich der freien Lizenzen hat sich eine große Zahl von Standardlizenzen herausgebildet, die auf die verschiedenen Werke angewendet werden. Eine sehr bekannte freie Lizenz für Software ist beispielsweise die GPL (General Public License), die unter anderem beim freien Betriebssystem Linux oder der Bürosoftware LibreOffice zum Einsatz kommt. Für andere Werkarten haben sich andere Lizenzen etabliert. Eine Liste mit sehr vielen bekannten freien Lizenzen finden Sie unter *http://www.ifross.org/lizenz-center*.

6.2.3   Was heißt Gemeinfreiheit?

Neben der Lizenzfreiheit und der freien Lizenz gibt es einen weiteren Begriff, der das Wort »Freiheit« in sich trägt – die *Gemeinfreiheit*. Als gemeinfrei werden geistige Schöpfungen bezeichnet, die

1. entweder nie urheberrechtlich geschützt waren oder

2. deren Schutzfrist abgelaufen ist.

Solche Inhalte sind dann »frei für die Allgemeinheit«. Gemeinfreie Inhalte dürfen Sie daher problemlos zu jedem beliebigen Zweck verwenden. Nun werden Sie sich sicher fragen, welche Inhalte denn gemeinfrei sind.

Wie erkennt man, welche Inhalte gemeinfrei sind?

Zum einen sind dies solche Inhalte, die der Gesetzgeber ausdrücklich von einem urheberrechtlichen Schutz ausgegrenzt hat. Hierzu zählen beispielsweise Gesetzestexte oder Urteile. Es steht Ihnen also frei, eine Datenbank mit allen deutschen Gesetzen oder Urteilen zu erstellen, urheberrechtlich verbieten kann Ihnen das niemand!

Werke, die keinem urheberrechtlichen Schutz unterstehen

Außerdem sind solche Inhalte gemeinfrei, deren Schutzfrist abgelaufen ist. Wie Sie aus Abschnitt 3.1.1, »Das Recht am Bild = Urheberrecht«, wissen, erlöschen Urheberrechte 70 Jahre nach dem Tod des Urhebers. Nach diesem Zeitraum dürfen die Werke daher von jedermann beliebig verwendet werden.

Abgelaufene Schutzfrist

Beispiele

Folgende Inhalte dürfen Sie beispielsweise frei verwenden, da sie gemeinfrei sind:

▶ Den Text des Grundgesetzes (*http://www.gesetze-im-internet.de/gg*).

▶ Das Urteil des BGH im »Katzenkönig-Fall« (*http://openjur.de/u/31658.html*).

▶ Das Gemälde »Mona Lisa« von Leonardo da Vinci (Achtung, nicht dagegen fremde Fotografien des Gemäldes Mona Lisa, denn diese könnten noch urheberrechtlich geschützt sein).

▶ Den Roman »Die Leiden des jungen Werthers« von Goethe (*http://www.gutenberg.org/ebooks/2407*).

6.2.4 Public Domain

Verzicht des Urhebers auf seine Rechte

Die Bezeichnung *Public Domain* wird häufig mit der Gemeinfreiheit gleichgesetzt, was nicht ganz korrekt ist. Public Domain ist ein Begriff aus dem angloamerikanischen Rechtssystem. Dort ist es möglich, dass ein Urheber auf all seine Rechte an einem Werk verzichtet und es der Allgemeinheit (Public Domain) zur freien Verwendung überlässt. Unter vielen Bildern in der Wikipedia finden Sie beispielsweise einen entsprechenden Hinweis (siehe Abbildung 6.8).

 I, the copyright holder of this work, release this work into the **public domain**. This applies worldwide.
In some countries this may not be legally possible; if so:
I grant anyone the right to use this work **for any purpose**, without any conditions, unless such conditions are required by law.

Abbildung 6.8 Hinweis auf die Public Domain unter einem Bild in der Wikipedia. Ein entsprechend gekennzeichnetes Bild kann absolut lizenzfrei verwendet werden.

Hinweis

Werke, die unter Public Domain stehen, können Sie grundsätzlich kostenfrei und ohne Einschränkungen verwenden. Allerdings sollten Sie zur Sicherheit immer prüfen, ob der Urheber überhaupt berechtigt war, dieses Werk freizugeben. Häufig haben Urheber nämlich exklusive Nutzungsrechte an einen Verlag übertragen und können dann ihr Werk gar nicht mehr freigeben. Falls Sie trotz Recherche und Nachfrage beim Urheber unsicher sind, sollten Sie auf eine Veröffentlichung eines Public-Domain-Werks verzichten.

6.2.5 Die Creative-Commons-Lizenzen (CC-Lizenzen)

Die *Creative-Commons-Lizenzen* (auch CC-Lizenzen genannt) sind eine Reihe von freien Standardlizenzen (siehe Abschnitt 6.2.2), die sich vor allem zur kostenlosen Lizenzierung von Texten, Bildern und Musik eignen. Die CC-Lizenzen haben ihre Wurzeln in der Open-Source-Bewegung im Bereich der Software. Da die dort angewandten Lizenzen nicht eins zu eins auf andere Werke (z. B. Bilder) übertragbar sind, wurden mit den CC-Lizenzen universell einsetzbare Standardlizenzen entwickelt.

CC-Lizenzen sind kostenfreie Standardlizenzen

Eine Besonderheit der CC-Lizenzen ist, dass sie sich mit einfachen Symbolen und Kürzeln darstellen lassen, was die Verwendung sehr erleichtert. Außerdem sind die CC-Lizenzen nach dem Baukastenprinzip aufgebaut, das heißt, ein Urheber kann sich die von ihm gewünschten Teile heraussuchen und diese (fast) beliebig zusammensetzen.

Die CC-Lizenzen erlauben einen schnellen Überblick über die Verwendungsmöglichkeiten

> **Beispiel**
>
> Der bereits bekannte Fotograf »Fritz Blitz« hat eine schöne Aufnahme des Kölner Doms erstellt, die er gern über das Internet kostenlos verbreiten möchte. Fritz Blitz besteht allerdings darauf, dass sein Name genannt wird und dass das Foto nicht kommerziell verwendet wird. Da er keine Lust hat, einen eigenen Lizenztext zu schreiben, wählt er die für ihn passenden Lizenzteile der CC-Lizenzen aus und stellt das Foto unter der BY-NC-Lizenz zur Verfügung. Mit dem Kürzel »BY« zeigt Fritz Blitz, dass er namentlich genannt werden will (by = von), und mit »NC«, dass er keine kommerzielle Nutzung (nc = non-commercial = nicht kommerziell) erlaubt.

In den nun folgenden Abschnitten zeigen wir Ihnen, welche verschiedenen CC-Lizenzen es gibt, wie Sie die für Sie passenden CC-Inhalte ganz einfach im Internet finden und wie Sie die Inhalte rechtssicher einsetzen.

Die verschiedenen CC-Lizenzen

Inhalte, die unter einer CC-Lizenz veröffentlicht wurden, erkennen Sie schnell an dem typischen CC-Logo (siehe Abbildung 6.9) und an den Lizenzsymbolen (siehe Abbildung 6.10).

Abbildung 6.9   Das charakteristische Creative-Commons-Logo. Während das allseits bekannte Copyright-Logo ein »C« im Kreis nutzt, enthält das Creavtive-Commons-Logo zwei »Cs«.

Abbildung 6.10   Die Lizenzsymbole für die BY-NC-ND-Lizenz

Wie oben schon erwähnt, sind die CC-Lizenzen nach dem Baukastenprinzip aufgebaut, d. h., der Urheber kann sich aus verschiedenen Modulen die für ihn passende Lizenz zusammenstellen.

Lizenzmodule

Folgende vier Lizenzmodule stehen den Urhebern dabei zur Verfügung:

Namensnennung (BY) | Das Modul *Namensnennung* ist in jeder CC-Lizenz verpflichtend enthalten. Ein Urheber, der sein Werk unter einer CC-Lizenz veröffentlicht, kann nicht auf seine Namensnennung verzichten. Das Modul wird durch das Männchen-Symbol (siehe Abbildung 6.11) und das Kürzel »BY« (englisch für »von«) gekennzeichnet.

Abbildung 6.11   Dieses Symbol verlangt, dass der Urheber bei der Verwendung genannt wird. Es ist obligatorisch, dieses Symbol anzuführen.

Ist ein Werk mit diesem Modul gekennzeichnet (was bei CC-Lizenzen immer der Fall ist, weil dieses Modul verpflichtend ist), müssen

Sie bei Verwendung des Werks den Namen des Autors bzw. Rechteinhaber in der von diesem festgelegten Weise nennen. Wie das genau auszusehen hat, wird im Kleingedruckten des Namensnennungsmoduls erklärt:

1. Der Name oder das Pseudonym des Urhebers muss angegeben werden.
2. Der Titel des Werks muss genannt werden.
3. Das Werk muss verlinkt werden.
4. Falls das Werk bearbeitet wurde, muss dies ebenfalls angegeben werden.

Weiter unten stellen wir Ihnen einige Beispiele dazu vor, wie Sie diese Vorgaben am besten umsetzen.

Nicht kommerziell (NC) | Das Modul *Nicht kommerziell* wird mit dem Kürzel »NC« (für den englischen Begriff »non-commercial«) und dem durchgestrichenen Dollar- bzw. Eurozeichen (siehe Abbildung 6.12) dargestellt.

Abbildung 6.12   Das durchgestrichene Dollarzeichen symbolisiert, dass das Werk nicht kommerziell verwendet werden darf. Ob ein Urheber sein Werk von der kommerziellen Nutzung ausschließt, bleibt ihm überlassen.

Hat ein Urheber sein Werk mit diesem Symbol versehen, dürfen Sie es nur für private Zwecke nutzen und weiterverbreiten. Eine kommerzielle Nutzung ist ausgeschlossen.

Hinweis

CC-Werke, die das Modul *Nicht kommerziell* beinhalten, dürften daher für Sie in aller Regel uninteressant sein. Sie dürfen diese Werke weder in Ihr Unternehmensprofil auf den Social-Media-Plattformen einbinden noch auf Ihrem Firmen-Blog posten. Diese Verwendungszwecke fallen nämlich klar unter den Begriff »kommerziell«.

Keine Bearbeitung (ND) | Beinhaltet eine CC-Lizenz das Kürzel »ND« (für den englischen Begriff »no derivates« = »keine Bearbeitungen«) oder das Symbol mit dem Gleichheitszeichen (siehe Abbildung 6.13), findet das Modul *Keine Bearbeitung* auf das entsprechende Werk Anwendung.

Abbildung 6.13   Das Symbol für das Modul »Keine Bearbeitung«

Wie der Name des Moduls schon vermuten lässt, ist es Ihnen in diesem Fall untersagt, das entsprechende Werk zu bearbeiten. Der Begriff der Bearbeitung ist dabei sehr weit gezogen. Jede Manipulation am Original, also auch das Zuschneiden oder die Farbveränderung, ist davon umfasst. Erlaubt ist lediglich die Vergrößerung oder Verkleinerung des Werks.

Weitergabe unter gleichen Bedingungen | Das vierte Modul trägt den sperrigen Namen *Weitergabe unter gleichen Bedingungen* und wird durch die Abkürzung »SA« (für den englischen Begriff »share alike«) und das Symbol mit dem runden Pfeil (siehe Abbildung 6.14) repräsentiert.

Abbildung 6.14   Ist dieses Symbol vom Urheber gewählt, dürfen Sie das Werk zur Weitergabe zur Verfügung stellen. Vorausgesetzt ist allerdings, dass dies zu den gleichen Bedingungen geschieht, zu denen dieses Werk Ihnen zu Verfügung gestellt wurde.

Kombination der Lizenzmodule zu einer CC-Lizenz

Die einzelnen Lizenzmodule können nahezu beliebig kombiniert werden

Aus den oben genannten Lizenzmodulen lassen sich insgesamt sechs verschiedene Lizenzen zusammenstellen. Jeder Urheber oder Rechteinhaber kann aus diesen Lizenzen die für ihn passende heraussuchen. Angewendet wird die jeweilige Lizenz auf ein Werk, indem der

Urheber dies den Interessenten mitteilt. Das tut er, indem er die oben genannten Symbole, Kürzel oder die ausgeschriebenen Modulnamen kombiniert und zum Beispiel unter ein von ihm erstelltes Foto setzt.

Beispiel

Unser Fotograf Fritz Blitz möchte sein Foto vom Kölner Dom gern so zur Verfügung stellen, dass es zwar kostenlos verwendet werden kann, aber eine kommerzielle Nutzung und eine Bearbeitung ausgeschlossen sein sollen. Die richtige CC-Lizenz hierfür ist die Kombination aus den Modulen *Namensnennung*, *Nicht kommerziell* und *Keine Bearbeitung*, abgekürzt BY-NC-ND. Zur Anwendung dieser Lizenz kann Fritz Blitz aber auch einfach die drei passenden Symbole (siehe Abbildung 6.15) verwenden.

Abbildung 6.15 Bei dieser Kombination ist der Urheber zu nennen, eine kommerzielle Nutzung sowie die Bearbeitung des Werks sind untersagt.

Tipp

Unter der Adresse *http://creativecommons.org/choose* finden Sie einen Generator, mit dem Sie durch die Beantwortung einiger Fragen ganz einfach die passende Lizenz zusammenstellen können (siehe Abbildung 6.16). Das Werkzeug liefert Ihnen sogar einen passenden HTML-Code, den Sie dann zur Anwendung der Lizenz auf Ihr Werk ganz einfach in Ihre Website integrieren können.

Finden von CC-Inhalten

Auch wenn die CC-Lizenzen auch für Offlineinhalte geeignet sind, werden die Inhalte in der Regel über das Internet verbreitet. Das hat den entscheidenden Vorteil, dass sich die freien Inhalte schnell und unkompliziert auffinden lassen. Zur Suche nach CC-Inhalten stehen zahlreiche Möglichkeiten zur Verfügung, von denen wir Ihnen einige kurz vorstellen möchten.

CC-Inhalte können über spezielle Suchmaschinen gefunden werden

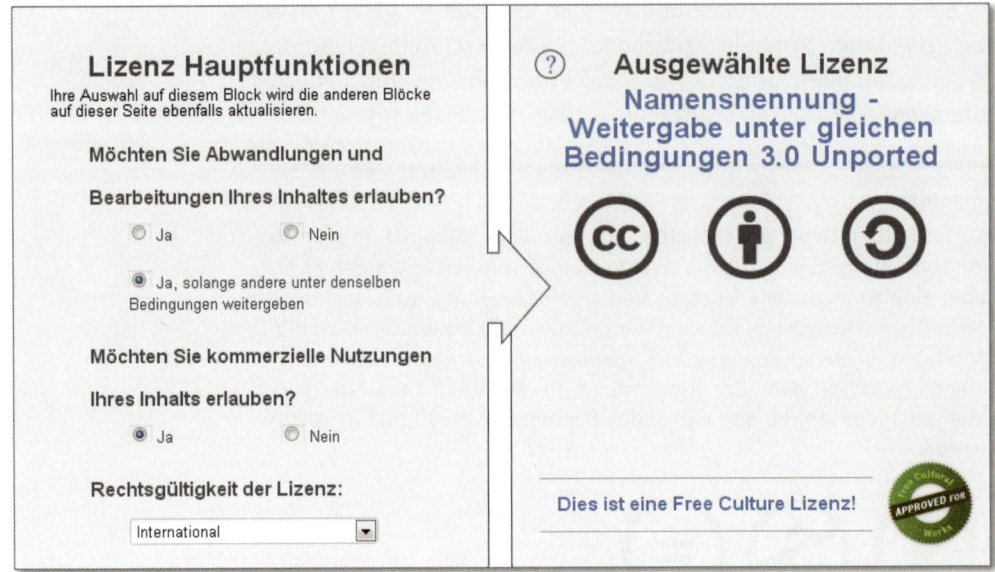

Abbildung 6.16   Mit dem CC-Lizenz-Generator kann der Urheber seine gewünschte CC-Lizenz zusammenstellen.

> **Hinweis**
>
> Wenn Sie CC-Inhalte über eine der hier vorgestellten Suchmöglichkeiten finden, sollten Sie sich immer bei der ursprünglichen Quelle vergewissern, ob die Inhalte tatsächlich (noch) unter einer CC-Lizenz stehen. Hierfür klicken Sie einfach auf den entsprechenden Link in der jeweiligen Suchmaschine und suchen auf der Zielseite nach Hinweisen auf die CC-Lizenz. Im Zweifel sollten Sie den Seiteninhaber nach der Lizenzierung der Inhalte fragen.

Die »CC-eigene« Suchmaschine

Die Creative Commons Corporation, also die Organisation, die die CC-Lizenzen entwickelt hat, bietet unter der Internetadresse *http:// search.creativecommons.org* eine mächtige Suchmaschine für CC-Inhalte an (siehe Abbildung 6.17). Nach Eingabe eines Suchworts (z. B. »Kölner Dom«) können verschiedene Plattformen, unter anderem Flickr, Google und Soundcloud, auf CC-Inhalte durchsucht werden.

Auch Google kann zur Suche von CC-Lizenzen genutzt werden

Daneben bietet sich auch die größte Suchmaschine der Welt – Google – zur Suche nach CC-Inhalten, genauer nach CC-Bildern, an. Hinter der Adresse *https://www.google.com/advanced_image_search* versteckt sich die erweiterte Bildersuche des Internetgiganten. Dort können Sie im obersten Feld das gewünschte Suchwort eingeben. Wenn Sie nun etwas nach unten blättern, finden Sie dort auch die Option, die Suche auf bestimmte Lizenzbedingungen einzugrenzen (siehe roter Kasten in Abbildung 6.18). Hier können Sie dann zum Beispiel auswählen, dass Ihnen die Suche nur solche Bilder anzeigen soll, die frei kommerziell verwendbar sind.

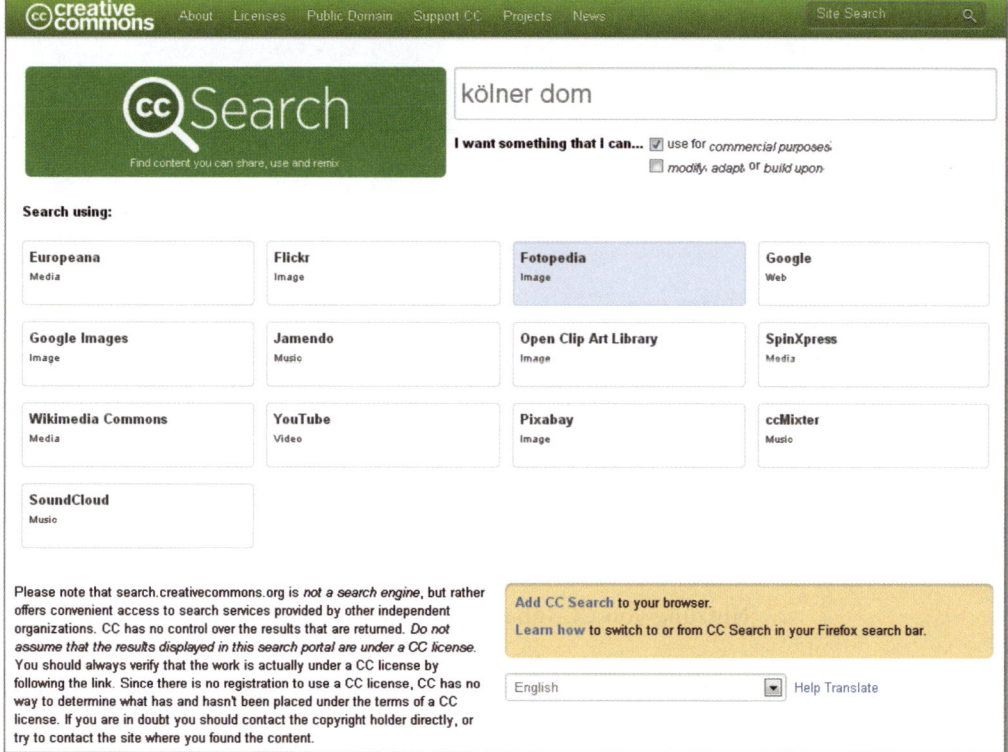

Abbildung 6.17   Die Suchmaschine für die CC-Lizenzen von Creative Commons. Über diese Schnittstelle ist ein Zugriff auf verschiedene Quellen möglich.

Tipp

Weitere Suchmaschinen für CC-Inhalte finden Sie unter den folgenden Links:

▶ *http://eng.letscc.net* für alle möglichen Inhalte

▶ *http://www.flickr.com/search/advanced* für Fotos (ganz unten die CC-Suche aktivieren)

> ▶ *https://soundcloud.com/search/sounds* für Musik (auf der linken Seite auf den Text neben dem ©-Symbol klicken)
>
> ▶ *http://www.jamendo.com/de/search* für Musik (auf FORTGESCHRITTENE SUCHE klicken)

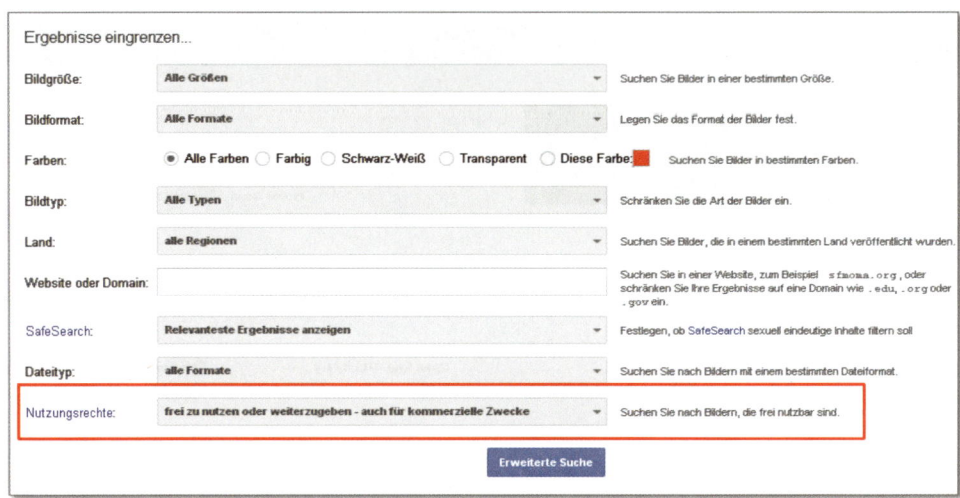

Abbildung 6.18   Über die erweiterte Bildersuche von Google kann bestimmt werden, dass nur frei nutzbare Inhalte angezeigt werden sollen.

Nutzung von CC-Inhalten im Social Web

Nachdem Sie nun wissen, wie Sie CC-Inhalte schnell und unkompliziert finden, möchten Sie sicherlich wissen, wie Sie diese Inhalte im Social Web für sich nutzen können.

Nutzung in Blogs | In einem Blog gestaltet sich die Nutzung von CC-Inhalten unproblematisch. Sie können dort jedes Werk, das unter einer bestimmten CC-Lizenz steht, unter den vorgegebenen Bedingungen veröffentlichen. Wie Sie einen CC-Inhalt in Ihrem Blog rechtssicher veröffentlichen, möchten wir Ihnen anhand eines Beispiels zeigen.

Das netzpolitische Blog Netzpolitik.org hat am 04.11.2013 einen Artikel über einen offenen Brief an den Premierminister des Vereinigten Königreiches, James Cameron, veröffentlicht (siehe Abbildung 6.19).

> # Offener Brief an UK-Premier Cameron veröffentlicht
>
> Von Anna Biselli | Veröffentlicht: 04.11.2013 um 13:44h | 4 Antworten
>
> Mehr als 70 bedeutende Bürgerrechtsorganisationen haben einen offenen Brief an David Cameron, den britischen Premierminister, veröffentlicht, in dem sie den Umgang der Regierung mit den NSA-Enthüllungen kritisieren. Dazu zählt insbesondere die massive Ausübung von Druck auf die Medien, wie die Forderung von Festplattenlöschungen bei The Guardian. Vor einer Woche hatte er erneut mit Konsequenzen gedroht, falls
>
> CC BY-NC-ND 2.0 **via Flickr/**The Prime Minister's Office

Abbildung 6.19   Hier sehen Sie, wie die korrekte Nutzung eines CC-Bilds in einem Blog funktioniert. Unter dem Bild befindet sich der Hinweis auf die CC-Lizenz mit den dazugehörigen Einschränkungen (BY-NC-ND).

Um dieses zu bebildern, griff die Autorin auf ein Foto von Cameron zurück, das auf Flickr unter der CC-Lizenz BY-NC-ND vom Büro des Premierministers veröffentlicht wurde. Das Foto durfte daher unter den Bedingungen *Namensnennung*, *Nicht kommerziell* und *Keine Bearbeitung* frei genutzt werden. Um die Lizenzbedingungen einzuhalten, platzierte die Autorin direkt unter dem Bild (daneben wäre auch okay gewesen) den Hinweis auf die Creative-Commons-Lizenz CC, gefolgt von den verwendeten Modulen BY-NC-ND. Diesen Text verlinkte sie dann mit den Original-Lizenzbedingungen dieser speziellen Lizenz (*http://creativecommons.org/licenses/by-nc-nd/2.0*). Um auch dem Namensnennungserfordernis gerecht zu werden, wurde hinter den Lizenzhinweis der Name des Rechteinhabers »The Prime Minister's Office« gesetzt, und dieser wurde mit der ursprünglichen Quelle (*http://www.flickr.com/photos/number10gov*) verlinkt.

Die Lizenzangaben müssen so platziert sein, dass sie ohne Zweifel als zu dem jeweiligen Bild gehörend verstanden werden

> **Hinweis**
>
> Eine CC-Lizenz räumt Ihnen immer nur die urheberrechtlichen Nutzungsrechte ein. Falls auf einem Bild auch Personen abgebildet sind, benötigen Sie zusätzlich deren Einwilligung. Im oben genannten Beispiel war diese allerdings entbehrlich, da es sich bei James Cameron um eine Person der Zeitgeschichte handelt. Mehr zu diesem Thema erfahren Sie in Abschnitt 3.4.1, »Das Recht am eigenen Bild«.

Achten Sie darauf, dass Sie Inhalte mit dem Modul NC in den aller-meisten Fällen nicht für Ihre Unternehmenskommunikation nutzen dürfen, da diese eine kommerzielle Nutzung darstellt. Im oben dar-gestellten Beispiel handelt es sich um ein nicht kommerzielles jour-nalistisches Blog – daher war dort die ND-Nutzung erlaubt.

Konflikt der sozialen Netzwerke mit der CC-Lizenz

Nutzung auf Facebook, Google+, Twitter und anderen Social-Me-dia-Plattformen | Anders gestaltet sich die Situation auf den klassi-schen Social-Media-Plattformen von Facebook, Google+, Twitter & Co. Denn die Plattformbetreiber lassen sich, wie oben in Abschnitt 6.1.2 beschrieben, sehr weitgehende Nutzungsrechte an den hoch-geladenen Inhalten einräumen, was wiederum in Konflikt mit den Bedingungen der CC-Lizenzen steht.

Beispiel

Sie möchten ein Bild, das unter der CC-Lizenz BY-ND (*Namensnennung, Keine Bearbeitung*) steht, auf Facebook hochladen. Da Facebook sich durch die Nutzungsbedingungen von Ihnen für alle hochgeladenen In-halte die »Lizenz zur Nutzung jeglicher IP-Inhalte, die du auf oder im Zusammenhang mit Facebook postest« einräumen lässt, erlauben Sie Facebook die Nutzung des Bilds ohne Beachtung der Beschränkungen der CC-Lizenz. Sie erlauben Facebook also, das Bild auch ohne Na-mensnennung zu nutzen und dieses auch zu bearbeiten. Indem Sie das Bild auf Facebook hochladen, verstoßen Sie also gegen die CC-Lizenz und begehen eine Urheberrechtsverletzung.

Auch die Bedingungen von Plattformen wie Google+, Twitter und Tumblr stehen einer Nutzung von CC-Inhalten entgegen.

Tipp

Aufgrund dieser Problematik raten wir Ihnen dringend davon ab, fremde CC-Inhalte auf Facebook & Co. zu veröffentlichen. Nur wenn Sie sicher sind, dass Sie alle Bedingungen der CC-Lizenz einhalten kön-nen – beispielsweise auf Ihrem eigenen Blog –, können Sie die entspre-chenden Inhalte bedenkenlos nutzen.

Bei YouTube ist eine CC-Lizenzierung möglich

Eine Ausnahme: YouTube | Unter den großen Social-Media-Platt-formen stellt lediglich YouTube eine löbliche Ausnahme dar. You-Tube ermöglicht es seinen Nutzern, deren Videos mit der CC-BY-

Lizenz zu versehen. Diese Videos können dann auch von anderen YouTube-Nutzern auf YouTube verwendet werden.

Tipp

Weitere Infos zur Nutzung von CC-Inhalten auf YouTube finden Sie unter *http://www.youtube.com/yt/copyright/de/creative-commons.html*.

Achtung

Die Nutzung von anderen CC-Inhalten ist auch auf YouTube nicht möglich. So dürfen Sie beispielsweise nicht ein CC-Musikstück zur Hinterlegung Ihres YouTube-Videos verwenden. Hier gilt das Gleiche wie bei allen anderen Plattformen: Durch das Hinterlegen Ihres Videos mit dem CC-Musikstück räumen Sie YouTube unbeschränkte Rechte an dem Musikstück ein, was Sie aber aufgrund der CC-Lizenz nicht dürfen. Sie begehen damit eine Urheberrechtsverletzung.

7 Was bei der Nennung und Abbildung von Marken und Markenlogos zu beachten ist

Ohne Marken geht es auch im Social Web heutzutage nicht mehr. Beim Betrieb eines Social-Media-Projekts sollten Sie unbedingt neben anderem das Markenrecht im Auge behalten und darüber nachdenken, auch für Ihre Produkte und Dienstleistungen markenrechtlichen Schutz zu erlangen.

Marken, Markenlogos und sonstige Grafiken zieren das Internet wie die Neonreklame den Times Square in New York. Man findet sie beispielsweise in der Domain einer Homepage, auf Buttons oder Bannern verschiedener Internetseiten oder als Ergebnis der Browsersuche. Ein Großteil dieser unter den Begriff der *Marken* zusammengefassten Zeichen genießt rechtlichen Schutz – Markenschutz.

Auch Social-Media-Plattformen wie Facebook, Twitter oder YouTube sind geprägt von Werbelogos, Slogans und anderen Firmenkennungszeichen, die unsere Aufmerksamkeit erregen (siehe Abbildung 7.1). Ein Großteil all dieser Zeichen, insbesondere die bekanntesten unter ihnen, können in uns gewisse Erinnerungen hervorrufen oder uns zu bestimmten Assoziationen leiten.

Die Benutzung von Marken im geschäftlichen Verkehr ist von immenser Bedeutung, weil die Marke als Aushängeschild eines Unternehmens durchaus geeignet ist, unsere Kaufentscheidung zu beeinflussen. Der Markeneffekt kann sogar so weit gehen, dass statt zu den günstigeren Produkten der Mitbewerber zum teureren Markenprodukt gegriffen wird.

Markenzeichen dienen als Aushängeschilder und können sogar die Kaufentscheidung beeinflussen

Markenrechtsverletzungen sind in der Geschäftswelt an der Tagesordnung. Gerade das Internet bietet hierfür einen besonders fruchtbaren Boden. Das liegt vor allem daran, dass bereits wenige Klicks ausreichen, eine Rechtsverletzung zu begehen, und Nutzer häufig nicht wissen, was ein Klick genau auslöst. Ständig sind wir beim Surfen durchs Netz der Verlockung ausgesetzt, eine Grafik, ein Bild, ein Video oder einen (Werbe-)Text, den man auf einer fremden Webseite gesehen hat, »mal eben« zu kopieren, um ihn anschließend für eigene Zwecke zu verwenden – die besten Freunde eines jeden Internetnutzers, »Copy und Paste«, lassen grüßen!

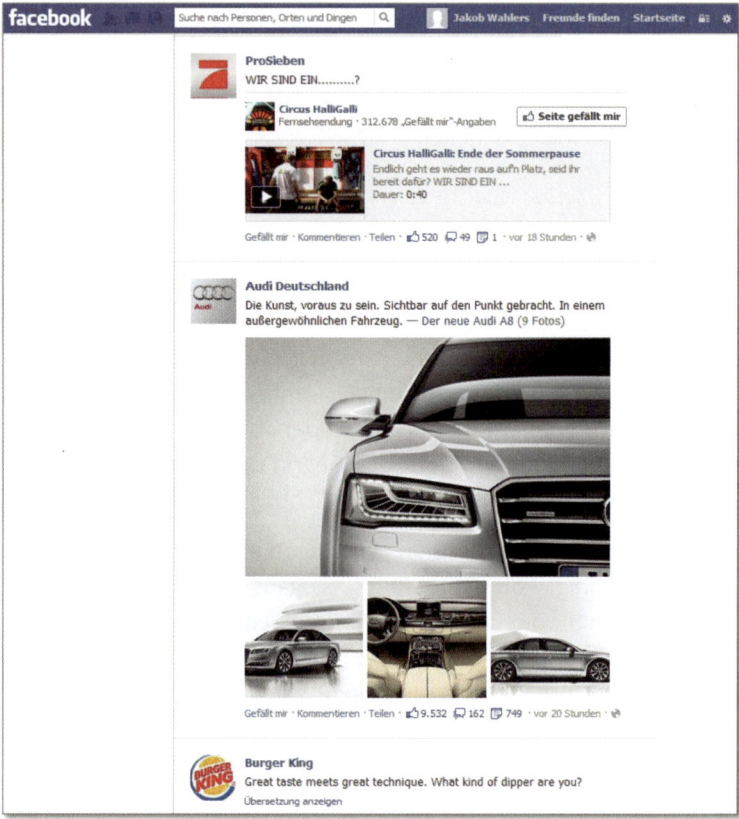

Abbildung 7.1 Markenlogos sind aus den Facebook-Streams nicht mehr wegzudenken. Das liegt natürlich daran, dass mittlerweile wohl alle großen Unternehmen eine Social-Media-Präsenz pflegen.

Eine bekannte Marke wirkt sich regelmäßig positiv auf den Umsatz aus

Dieses Verhalten ist markenrechtlich von großer Bedeutung. Denn zu der reinen »Leichtigkeit« oder besser »Leichtsinnigkeit« unseres Internetverhaltens gesellt sich im geschäftlichen Verkehr die Erkenntnis darüber, dass eine ruhmreiche Marke – ob fremd oder nicht – den Umsatz eines Unternehmens beflügeln kann.

Die anschließenden Ausführungen helfen Ihnen dabei, zu unterscheiden, wann Sie bedenkenlos eine fremde Marke gebrauchen können und wann nicht. Zudem wird Ihnen klar werden, was die wahren Vorteile einer Marke sind, warum Sie also selbst Ihre Produkte mit einer Marke schützen lassen sollten.

Rechtslage in Österreich

Auch in Österreich unterliegen Marken einem rechtlichen Schutz durch das Markenschutzgesetz. Die Rechtslage ist sehr vergleichbar mit der in Deutschland, sodass die meisten Ausführungen eins zu eins auch für Österreich gelten. Falls sich Abweichungen ergeben, machen wir das in Infokästen deutlich.

7.1 Die eigene Marke im Social Web

Apple, Google, Coca-Cola, IBM und Microsoft sind derzeit die Top 5 der bekanntesten und wertvollsten Marken der Welt. Auch im Social Web spielen diese Marken ganz oben mit. Die Facebook-Seite von Coca-Cola hat über 71 Millionen Fans (siehe Abbildung 7.2), bei den Marken nur noch getoppt von YouTube (76 Millionen) und Facebook selbst (94 Millionen).

Abbildung 7.2 Natürlich ist auch die Weltmarke Coca-Cola von der »Coca-Cola Company« bei Facebook vertreten. Noch näher kann man der Zielgruppe wohl nicht kommen.

Die Begeisterung für eine Marke kann z. B. bei Facebook durch ein »Gefällt mir« ganz einfach ausgedrückt werden

Marken dienen hauptsächlich dazu, Waren und Dienstleistungen eines Unternehmens von denen eines anderen Unternehmens zu unterscheiden. Marken sind einprägsam und vermitteln im Idealfall ein bestimmtes Lebensgefühl. Das ist auch der Grund dafür, dass Marken in den sozialen Netzwerken so beliebt sind. Durch einen einfachen Klick auf »Gefällt mir« kann der Facebook-Nutzer zeigen, dass er eine Marke cool findet und einen bestimmten Lifestyle pflegt. Er erhofft sich dadurch häufig, dass das Image der Marke auch ein wenig auf ihn abfärbt.

Die Markenbildung kann sich positiv auf das Image auswirken und die dahinterstehenden Produkte beliebter machen

Um auf Facebook & Co. unternehmerisch erfolgreich zu sein, gehört eine starke Marke einfach dazu. Deshalb sollten auch Sie sich überlegen, Ihre Produkte oder Dienstleistungen mit Markennamen auszustatten, um so den Wiedererkennungswert bei den Nutzern im Social Web zu steigern. Einer Fanpage der Marke EDEKA (siehe Abbildung 7.3) folgen die Nutzer einfach lieber als einer Seite der »Einkaufsgenossenschaft der Kolonialwarenhändler im Halleschen Torbezirk zu Berlin« (so der ursprüngliche Name).

Abbildung 7.3   Das EDEKA-Symbol ist allseits bekannt. Die oben genannte Vollversion der Abkürzung EDEKA wird wohl vielen Stammkunden nicht bekannt sein. EDEKA ist kurz, greifbar und einfach. So erfreut sich auch die Fanpage auf Facebook einer großen Beliebtheit.

Im Folgenden möchten wir Ihnen eine kleine Einführung in das Markenrecht geben, Ihnen aufzeigen, welchen Schutz eine eigene Marke bietet, und darstellen, wie Sie zu Ihrer eigenen Marke kommen.

7.1.1   Was schützt eine Marke?

Um den Wiedererkennungswert (auch Herkunftsgarantie genannt) einer Marke zu bewahren, gibt es das Markenrecht. Das Markenrecht schützt jeden Markeninhaber vor der unberechtigten Nutzung und Ausbeutung seiner Marke.

Marken werden durch das Markenrecht geschützt

Unter den Markenschutz fallen nicht nur Namen und Logos, sondern auch geschäftliche Bezeichnungen (z. B. Unternehmenskennzeichen und Firmenname), geografische Herkunftsangaben und Werktitel.

> **Merken Sie sich:**
>
> Vom Markenrecht geschützt sind
>
> ▸ Namen,
>
> ▸ Logos,
>
> ▸ geschäftliche Bezeichnungen (z. B. Firmennamen),
>
> ▸ Herkunftsbezeichnungen (z. B. »Schwarzwälder Schinken«) und
>
> ▸ Werktitel (z. B. der Titel eines Films).

In Einzelfällen kann es vorkommen, dass ein markenrechtlich geschütztes Zeichen gleichzeitig auch Urheberrechtsschutz genießt. Dies ist der Fall, wenn die Kreation des Zeichens eine gewisse individuell-schöpferische Leistung enthält, wie beispielsweise das auf keiner Demo gegen Kernenergie fehlende und als Folge der Katastrophe von Fukushima ins Gedächtnis gerufene Logo einer an den Enden gezackten, lachenden Sonne mit der Umschrift »ATOMKRAFT? NEIN DANKE« (siehe Abbildung 7.4) oder die Kühlerfigur von Rolls-Royce, die Flying Emily – auch Spirit of Ecstasy genannt (siehe Abbildung 7.5).

Der Markenschutz hat zur Folge, dass die Konkurrenz von der Benutzung derselben Marke grundsätzlich ausgeschlossen ist und eine Markenrechtsverletzung begehen kann, wenn sie die geschützte Marke im geschäftlichen Verkehr verwendet.

Abbildung 7.4   Allseits bekannt: das Logo »ATOMKRAFT? NEIN DANKE«. Einfach auf ein T Shirt drucken und bei der nächsten Demo verkaufen? Dadurch würden Sie sowohl eine Urheberrechtsverletzung wie auch eine Markenrechtsverletzung verwirklichen.

Abbildung 7.5   Kühlerfigur von Rolls-Royce – Flying Emily (Foto: Christian Jansky,CC-BY-SA 2.5, http://creativecommons.org/ licenses/by-sa/2.5/deed.en)

Umfang des Markenschutzes

Erwerben Sie Markenschutz für bestimmte Waren und Dienstleistungen, steht Ihnen damit das ausschließliche Recht zu, die Marke im geschäftlichen Verkehr nach Belieben zu nutzen. Die Marke wird dadurch auf eine bestimmte Weise bei Ihnen »monopolisiert«.

Dies hat zur Folge, dass Ihre Konkurrenz in dreifacher Hinsicht von der Benutzung Ihrer Marke ausgeschlossen ist:

Eine eingetragene Marke ist mehrfach geschützt

1. Verbot der Benutzung derselben (identischen) Marke für dieselbe Art von Waren oder Dienstleistungen (*Identitätsschutz*).

2. Verbot der Benutzung derselben oder einer nur ähnlichen Marke für die gleichen oder nur ähnliche Produkte, wenn der Konsument wegen der Ähnlichkeiten zwischen den beiden Marken und den angebotenen Produkten dem Irrtum unterliegen könnte, beide Waren und Dienstleistungen kämen aus ein und demselben Unternehmen (*Verwechslungsschutz*).

3. Schließlich dürfen Ihre Konkurrenten unter bestimmten Umständen eine ähnliche oder identische Marke sogar nicht mal für Produkte benutzen, die keinerlei Ähnlichkeiten mit Ihren Produkten vorweisen, wenn Ihre Marke beim Publikum einen Bekanntheitsgrad von mindestens 50 Prozent hat. Diese sogenannten »bekannten Marken« sind für die Konkurrenz absolut tabu, wenn deren Wertschätzung ohne rechtfertigenden Grund unlauter ausgenutzt wird (*Imagetransfer*).

Hinweis

Dieser Schutz des Markenrechts gilt für Namen und Logos gleichermaßen.

Die verschiedenen Markenarten: Wort-, Wort-Bild- und Bildmarke

Eine Marke kann in verschiedenen Formen auftauchen. Die gängigste Form ist die sogenannte *Wortmarke*. Hierzu gehören Wörter einschließlich Personennamen sowie Zahlen oder Buchstaben. »911«, »Haribo«, »FAZ« oder »Sat.1« sind typische Beispiele für diese Kategorie.

Die Marke muss nicht zwangsläufig ein einfacher Name sein

Daneben treten die *Bildmarken*, bei denen eine Abbildung oder Grafik die Marke darstellen soll, wie beispielsweise beim Mercedes-Stern (siehe Abbildung 7.6).

Abbildung 7.6 Hier ist eine der wohl bekanntesten Bildmarken abgebildet: der Mercedes-Stern.

Eine *Wort-Bild-Marke* ist eine Kombination aus Wörtern und Grafiken und findet sich beispielsweise im Lacoste-Emblem (siehe Abbildung 7.7).

Abbildung 7.7 Das Lacoste-Emblem verbindet das überaus bekannte Krokodil und die sieben Lettern in ihrer typischen Gestalt.

Kein allumfassender Schutz: die Markenklassen

Eine Marke wird nur in ihrer Markenklasse geschützt

Erlangt ein markenschutzfähiges Zeichen Markenschutz, bedeutet das nicht gleich, dass es damit für den Rest der Welt tabu ist und nicht mehr verwendet werden darf. Vielmehr erhält der Inhaber einer geschützten Marke nur da Schutz, wo es wirklich zu Verwechslungen zwischen den Produktherstellern kommen kann. Daher kann eine Marke auch stets nur für einzelne Waren- und Dienstleistungsklassen eingetragen werden und bleibt für andere Produktklassen grundsätzlich weiterhin verfügbar, es sei denn, es handelt sich um eine sehr bekannte Marke.

Es existieren insgesamt 45 Klassifikationen, in die die verschiedensten Produkte (34 Klassen) und Dienstleistungen (11 Klassen) eingeordnet werden.

Tipp

Listen der Waren- und Dienstleistungsklassen finden Sie auf der Website des Deutschen Patent- und Markenamts:

▶ *http://www.dpma.de/docs/service/klassifikationen/nizza/nizza10-2013listederwarennachklassen.pdf*

▶ *http://www.dpma.de/docs/service/klassifikationen/nizza/nizza10-2013listederdienstleistungennachklassen.pdf*

Rechtslage in Österreich

In Österreich gelten übrigens die gleichen Klassen wie in Deutschland. Sie können diese über die Website des Österreichischen Patentamts abrufen: *http://www.patentamt.at/Markenschutz/Klassifikation_(Nizza)*

7.1.2 Wie kann ich eine Marke schützen lassen?

Grundsätzlich gibt es drei Wege, wie Sie Markenschutz erlangen können. Der sicherste Weg ist, Ihr Zeichen als Marke in das vom Patentamt geführte Register (Markenregister) eintragen zu lassen.

Markenschutz durch Eintragung

Hinweis

Neben der Eintragung in das Markenregister können Sie markenrechtlichen Schutz auch dadurch erhalten, dass Ihr Zeichen innerhalb der beteiligten Verkehrskreise *Verkehrsgeltung* oder *notorische Bekanntheit* erwirbt. Da diese beiden Möglichkeiten allerdings unsicherer sind und auch gewisse Zeit in Anspruch nehmen, werden wir Sie in der weiteren Darstellung ausblenden.

Das Verfahren, nach dem Sie Ihre Marke schützen lassen, bestimmt sich nach dem geografischen Schutzumfang, den Sie haben möchten. Das heißt, wenn Sie Ihre Waren und Dienstleistungen nur im Inland vertreiben wollen und Ihnen daher nationaler Markenschutz ausreicht, können Sie einen Antrag auf Anmeldung Ihrer Marke beim Deutschen Patent- und Markenamt (DPMA) in der Markenabteilung in München stellen. Hierzu hält das Markenamt ein Antragsformular bereit, das unter *www.dpma.de/marke/recherche/index.html* kostenlos für den Download zur Verfügung steht.

Die Marke kann entweder für einzelne Länder oder aber auch für die gesamte EU geschützt werden

Rechtslage in Österreich

Das Onlineantragsformular für den österreichischen Bereich finden Sie beim zuständigen Patentamt unter *https://efiling.patentamt.at/marken*.

Planen Sie, europaweiten Markenschutz zu bekommen, empfiehlt es sich, eine *EU-Marke* anzumelden. Eine zusätzliche Markenanmeldung beim DPMA (für deutschen Markenschutz) können

Vorteil der EU-Marke: umfassender Schutz in der gesamten Union

Sie sich dann sparen. Denn mit der EU-Marke erhalten Sie in allen 27 EU-Mitgliedstaaten Schutz, ohne dass Sie die Marke in der gesamten EU tatsächlich auch benutzen müssen. In diesem Fall führt der Weg über das Harmonisierungsamt für den Binnenmarkt (HABM) in Alicante, Spanien. Nutzen Sie bitte hierzu das vom HABM konzipierte Formblatt, das Sie unter *https://secure.oami.europa.eu/ctm/efiling/displayform.htm?result=init&reloadable=YES&lang=DE* finden. Eine Onlineanmeldung ist möglich.

Der Markenschutz ist auch in Übersee möglich

Zusätzlich haben Sie eine dritte Option. Möchten Sie Ihre Waren und Dienstleistungen über die nationalen oder EU-Grenzen hinaus vertreiben, steht Ihnen der Weg frei, bei der Weltorganisation für geistiges Eigentum (WIPO) einen Registereintrag zu stellen, der allerdings (wie bei der nationalen Registermarke) über das Deutsche Patent- und Markenamt einzureichen ist. Die nötigen Formulare und Informationen finden sich unter *http://www.wipo.int/madrid/en/forms*. Haben Sie also einzelne Staaten außerhalb der EU im Visier, wie zum Beispiel die USA oder Indien, in denen Sie Ihre Produkte an den Mann oder die Frau bringen möchten, können Sie auf diesem Weg Markenschutz erlangen und Ihre Marke in die jeweiligen internationalen Register eintragen lassen.

Um Ihr Zeichen als Registermarke schützen zu lassen, müssen neben den erforderlichen Angaben wie Identität des Anmelders, Wiedergabe der Marke, Verzeichnis der Waren und Dienstleistungen, auch die gesetzlichen Anforderungen für einen Markenschutz vorliegen (absolute Schutzhindernisse). Weitere Informationen dazu gibt es weiter unten.

Prüfung der Marken-voraussetzungen durch die Markenstelle

Ob all dies der Fall ist, wird von der Markenstelle selbst geprüft. Stellt die Behörde fest, dass die gesetzlichen Anforderungen nicht erfüllt sind, wird Ihre Anmeldung zurückgewiesen, und eine Eintragung bleibt aus. Bestehen keinerlei rechtliche Bedenken, wird Ihre Marke in das Markenregister eingetragen, und die Eintragung wird veröffentlicht. Von diesem Augenblick an haben Sie Markenschutz, was Ihnen auch in Form einer Urkunde bestätigt wird.

Tipp

Eine Checkliste mit allen erforderlichen Angaben sowie weiteren Details zur Anmeldung finden Sie unter *http://www.dpma.de/marke/anmeldung/erforderlicheangaben/index.html*.

Checkliste für die Erlangung von Markenschutz

▸ Welcher Schutzumfang ist erwünscht? Nationale Marke, EU-Marke oder internationale Marke?

▸ Stehen ältere Rechte entgegen? Registermarke mit älterem Zeitrang, ältere bekannte Marke oder Notorietätsmarke?

▸ Welche Markenform soll angemeldet werden? Wort-, Bild-,Wort-Bild-, Hör- oder Farbmarke etc.?

▸ Welche Waren- und Dienstleistungsklassen sollen mit Ihrer Marke gekennzeichnet werden?

▸ Lässt sich die Marke grafisch darstellen?

▸ Besitzt Ihre Marke Unterscheidungskraft? Sowohl abstrakt als auch konkret?

▸ Es darf kein Freihaltebedürfnis bestehen; beispielsweise bei nur beschreibender Funktion der Marke.

▸ Die Markenanmeldung darf nicht ohne die Zustimmung des Inhabers der Marke von dessen Agenten oder einem Vertreter angemeldet werden. Inhaber können sein: eine natürliche Person (Mensch), eine juristische Person (AG, GmbH o. Ä.) sowie Personengesellschaften, die rechtsfähig sind (GbR oder OHG etwa).

▸ Bei Schutzfristverlängerungswunsch: Zahlung der Erneuerungsgebühr rechtzeitig vor Schutzfristablauf. Letzter Tag des Monats, in dem die Schutzdauer der Marke endet.

Voraussetzungen für eine Eintragung

Als Marke können alle Zeichen wie beispielsweise Buchstaben, Wörter und Personennamen eingetragen werden. Sämtliche für eine Wortmarke verwendbaren Zeichen können Sie unter *http://www.dpma.de/docs/marke/wortmarke_moeglichezeichen.pdf* abrufen.

Nicht nur Wörter, Bilder oder Zeichen sind eintragungsfähig

Eintragungsfähig sind zudem Abbildungen, Zahlen, Hörzeichen, dreidimensionale Gestaltungen einschließlich der Form einer Ware oder ihrer Verpackung sowie sonstige Aufmachungen einschließlich Farben und Farbzusammenstellungen. Grundlegende Voraussetzungen sind, dass sie sich grafisch darstellen lassen und geeignet sind, Waren oder Dienstleistungen eines Unternehmens von denjenigen anderer Unternehmen zu unterscheiden. Auch hinsichtlich der spezifischen Waren und Dienstleistungen bedürfen sie notwendiger Unterscheidungskraft.

Rechtslage in Österreich

Auch in Österreich ist die Eintragung von Buchstaben, Wörtern, Namen, Abbildungen, Zahlen, Hörzeichen und dreidimensionalen Gestaltungen als Marke möglich. Weitere Hinweise hierzu finden Sie im Informationsblatt MA 501, das Sie hier herunterladen können: *http://www.patentamt.at/Media/MA501.pdf*.

Kosten und Dauer des Markenschutzes

Eine Markenanmeldung lässt einige Kosten entstehen. Der dadurch entstehende umfassende Schutz ist das Geld aber wert

Die Anmeldegebühr für eine deutsche Marke einschließlich der Klassengebühr für bis zu drei Klassen liegt bei 300 Euro. Nehmen Sie eine elektronische Anmeldung vor, sparen Sie 10 Euro. Beabsichtigen Sie, den Markenschutz auf weitere Klassen zu erstrecken, fallen zusätzliche Gebühren in Höhe von 100 Euro je Klasse (ab der vierten Klasse) an. Überlassen Sie einem Anwalt die Markenanmeldung, müssen Sie mit zusätzlichen 450 Euro Rechtsanwaltsgebühren rechnen. Eine beschleunigte Prüfung der Anmeldung ist für weitere 250 Euro zu bekommen.

Tipp

▸ Auskünfte über weitere Kosten wie beispielsweise Verlängerungsgebühr oder Widerspruchs- und Löschungsgebühren finden Sie unter *http://www.dpma.de/marke/gebuehren/index.html*.

▸ Zudem finden Sie ein detailliertes Kostenmerkblatt mit weiteren möglichen Gebühren unter *http://www.dpma.de/docs/service/formulare/allgemein/a9510.pdf*.

▸ Zahlungshinweise, wie beispielsweise die Kontonummer des DPMA, können unter *http://www.dpma.de/docs/service/formulare/marke/m8643.pdf* abgerufen werden.

Rechtslage in Österreich

In Österreich kostet die Eintragung einer Marke insgesamt 359 Euro. Davon ist die Eintragung in bis zu drei Warenklassen umfasst. Jede weitere Klasse kostet Sie dann 72,00 Euro. Ein Informationsblatt mit allen weiteren Gebühren des Österreichischen Patentamts finden Sie hier: *http://www.patentamt.at/Media/Infoblatt_Gebuehren.pdf*.

Die Kosten für eine EU-Gemeinschaftsmarke liegen bei 900 Euro und ca. 600 Euro für den Rechtsanwalt. Die Kosten für einen noch weitergehenden (»internationalen«) Markenschutz bestimmen sich nach den Kostenregelungen der jeweiligen Staaten. Grundsätzlich kann mit einer doppelt so hohen Anmeldegebühr wie für die Anmeldung einer deutschen Marke gerechnet werden, wobei die Anwaltskosten etwa gleich sind.

Zwischen der Einreichung der erforderlichen Unterlagen und der Eintragung der Marke vergehen in der Regel sechs Monate. Etwa vier Monate nach Eingang Ihrer Unterlagen beim DPMA erhalten Sie die erste Rückmeldung, eine Empfangsbescheinigung mit Gebühreninformationen zu Ihrer Anmeldung. Mit der anschließenden Eintragung erhalten Sie dann Markenschutz für die angemeldeten Waren- und Dienstleistungsklassen. Dieser gilt rückwirkend für den Zeitpunkt des Anmeldetags und entfaltet zunächst wirksamen Schutz für zehn Jahre mit der Option auf Verlängerung. Der Schutz endet nach zehn Jahren mit Ablauf des Monats, in den der Anmeldetag fällt.

Vom Antrag bis zur Eintragung können bis zu sechs Monate vergehen

Rechtslage in Österreich

In Österreich arbeitet das zuständige Patentamt etwas schneller. Eine Eingangsbestätigung Ihrer Markenanmeldung erhalten Sie schon wenige Tage nach der Antragstellung. Sie werden darin auch zur Zahlung der Gebühren aufgefordert. Kommen Sie dieser Aufforderung nach, dauert es etwa drei Monate bis zur Eintragung Ihrer Marke. Die Schutzdauer beträgt dann ebenfalls zunächst zehn Jahre und kann dann verlängert werden.

Die Schutzdauer einer Gemeinschaftsmarke beläuft sich auch zunächst auf zehn Jahre und kann beliebig oft verlängert werden, während sich der Schutz einer internationalen Marke von vornherein gleich auf bis zu 20 Jahre erstrecken kann und die ständige Option besteht, ihn um weitere 20 Jahre zu verlängern.

Die Schutzfrist kann beliebig oft verlängert werden

7.2   Nennung von fremden Marken

Dem Markenrechte-
inhaber steht ein
Alleinverwertungsrecht
seiner Marke zu

Aufgrund dessen, dass der Inhaber eines eingetragenen Zeichens Markenschutz genießt, steht ihm grundsätzlich die alleinige Verwendung der Marke im Rahmen seines geografischen Schutzraums zu. Das bedeutet, dass grundsätzlich kein anderer die Marke nutzen darf. Um dieses Hemmnis zu überwinden, besteht die Möglichkeit, durch Lizenzvereinbarungen Nutzungsrechte vom Markeninhaber zu erwerben, die dem Erwerber gestatten, die Marke für einen bestimmten Zweck und in einem gewissen Umfang zu nutzen.

Ausnahme zur Allein-
verwertung der Marke

Zudem sieht das Markenrecht einige Ausnahmen von dem »Alleinverwertungsrecht« des Markeninhabers vor, die eine unentgeltliche Markennutzung rechtfertigen können. Hierunter fallen beispielsweise die Nutzung der fremden Marke im privaten Bereich sowie die Nutzung für wissenschaftliche, politische sowie amtliche Handlungen. Schließlich ist auch die Nennung der Marke zu Pressezwecken erlaubt.

7.2.1   Markennennung im privaten Umfeld

Für die private Nut-
zung sind Marken
nicht verschlossen

Das Markenrecht schützt den Inhaber einer Marke nur im »geschäftlichen Verkehr«. Im Umkehrschluss bedeutet dies, dass Sie für rein private Zwecke fremde Marken fast beliebig verwenden dürfen. So können Sie beispielsweise problemlos eine private Apple-Fanseite auf Facebook betreiben, wenn Sie von den Produkten mit dem angebissenen Apfel begeistert sind.

Achtung

Die Grenze zum »geschäftlichen Verkehr« ist schnell überschritten. Blenden Sie beispielsweise Werbung auf Ihrem Blog ein, um die laufenden Kosten zu decken, handeln Sie schon nicht mehr rein privat.

Eine Marke darf nicht
durch unwahre Äuße-
rungen herabgewür-
digt werden

Die Grenzen einer markenrechtlich erlaubten Verwendung sind allerdings da erreicht, wo Beleidigungen oder Schmähungen in Bezug auf das hinter der Marke stehende Unternehmen beginnen (mehr dazu im Abschnitt 7.2.3). Machen Sie sich bitte ebenfalls bewusst, dass Sie unter Umständen auch für fremde Einträge auf Ihrem privaten Blog oder in den Kommentaren eines Social-Media-Profils haften, wenn Sie Kenntnis von der Rechtsverletzung erlangen und den Eintrag nicht löschen bzw. sich davon unmissverständlich distanzieren.

Auch das Namensrecht eines anderen steht einer uferlosen Markennutzung zu privaten Zwecken entgegen. So kann ein Unternehmensinhaber beispielsweise Unterlassungsansprüche auch gegen eine Privatperson geltend machen, wenn diese den fremden Unternehmensnamen benutzt und es dabei zu einer Zuordnungsverwirrung über Namen und Produkte bzw. Namen und Unternehmen kommt.

7.2.2   Wann darf ich fremde Marken geschäftlich nutzen?

Auch im geschäftlichen Verkehr dürfen Sie in bestimmten Fällen fremde Marken nennen. Als Allererstes sei hier gesagt, dass Sie stets Ihren Namen als Unternehmenskennzeichen verwenden dürfen, selbst wenn bereits eine gleichlautende Marke für die gleiche Waren- oder Dienstleistungskategorie existiert, die auch Sie vertreiben wollen. In diesem Fall können Sie sich auf Ihr Namensrecht berufen und die Marke auch im geschäftlichen Verkehr nennen. Das Markengesetz sieht weitere Ausnahmen vom »Markenmonopol« des Inhabers vor, die im folgenden Abschnitt aufgezeigt werden.

Nennung einer Marke zum Verkauf von Markenprodukten

Als allgemeine Regel gilt jedenfalls, dass eine Markennennung stets dann zulässig ist, wenn sie dem Waren- oder Dienstleistungsabsatz der Originalmarke förderlich ist. Voraussetzung ist aber, dass die unter der Marke oder der geschäftlichen Bezeichnung laufenden Produkte ursprünglich mit Erlaubnis des Markenrechtinhabers auf den Markt, also in den Verkehr gebracht worden sind. Hiervon kann jedoch generell ausgegangen werden. Aus diesem Grund darf beispielsweise der Modeshop Frontline auf seinem Facebook-Profil ohne rechtliche Probleme Schuhe der Marke NIKE abbilden (siehe Abbildung 7.8).

Nennung der Marke zum Weiterverkauf

Abbildung 7.8   Die Abbildung der NIKE-Schuhe auf dem Facebook-Profil von »frontlineshop.com« ist zulässig, da dieser Shop das abgebildete Modell verkauft.

Nennung einer Marke bei Dienstleistungen für Markenprodukte

Für Werbung bezüglich des Verkaufs von Zubehörteilen oder anderen Services rund um das Markenprodukt, dürfen Sie die Marke verwenden

Eine Markennennung ist Ihnen auch dann gestattet, wenn Sie damit Leistungen rund um die Marke bewerben wollen. Diese Ausnahme ist insbesondere auf Zubehörhändler oder Ersatzteillieferanten, aber auch auf Servicedienstleister gemünzt. In Abbildung 7.9 bietet der Computerhändler Gravis das iPhone 5 über seine Facebook-Seite zu einem vergünstigten Preis an und fällt daher unter die oben genannte Ausnahme. Gleichzeitig bietet Gravis eine Versicherung (Hardwareschutz) für das iPhone an und darf auch aus diesem Grund den Markennamen iPhone verwenden.

Abbildung 7.9   In diesem Angebot wird nicht nur Apples iPhone abgebildet und angeboten. Auch die Hardwareversicherung soll beworben werden. Diese bezieht sich unmittelbar auf das Apple-Produkt, sodass eine Verbindung in der Werbung zulässig ist.

Sie dürfen das fremde Zeichen aber auch in diesem Fall nicht als *eigene Marke* verwenden. Es ist nur der Verweis und nicht die Hervorhebung eigener Leistungen gestattet.

Nennung einer Marke im Rahmen eines Gewinnspiels

Möchten Sie ein Markenprodukt im Rahmen eines Gewinnspiels in den sozialen Netzwerken verlosen, dürfen Sie hierfür ebenfalls die Marke des Produkts nennen. Das Kaufhaus Loden-Frey aus München hat sich beispielsweise diese Ausnahme zunutze gemacht und verlost auf seiner Google+-Seite ein Dirndl von Milka, wie Abbildung 7.10 zeigt.

Bei einem Gewinnspiel ist die Werbung mit der Marke des ausgelobten Preises zulässig

Abbildung 7.10   Auch bei der Verlosung eines Markenprodukts, wie hier des Milka-Dirndls, darf mit der Marke des ausgelobten Preises geworben werden.

Hinweis

Welche Regeln für Gewinnspiele auf sozialen Netzwerken gelten, lesen Sie ausführlich in Abschnitt 10.3, »Gewinnspiele im Social Web veranstalten«.

Achtung: Vorgaben der Markeninhaber beachten

Die Markennutzung ist von den Markeninhabern oft genau festgelegt

Bei der Nennung fremder Marken sind stets die individuellen markenrechtlichen Vorgaben der jeweiligen Unternehmen zu beachten. Viele Firmen halten Informationen und ausführliche Instruktionen auf ihrer Homepage darüber bereit, auf welche Weise und in welchem Umfang Sie deren Marke im geschäftlichen Verkehr nutzen dürfen. So stellt beispielsweise Apple unter der Adresse *http://www.apple.com/legal/intellectual-property/guidelinesfor3rdparties.html* detaillierte Informationen über die Nutzung der verschiedenen Apple-Marken (z. B. iPod, iPad, iPhone, iMac etc.) zur Verfügung (siehe Abbildung 7.11).

Abbildung 7.11   Die Apple-Richtlinien zur Markennutzung

Die verschiedenen Social-Media-Plattformen erlauben Ihnen ebenso, deren Marken in einem bestimmten *Format* zu nennen. Daher sollten Sie auch die jeweiligen Nutzungsrichtlinien berücksichtigen, wenn Sie lediglich auf Ihre Social-Media-Aktivitäten hinweisen – beispielsweise wenn Sie Ihre Kunden auf Flyern oder auf Ihrer Homepage dazu auffordern, Sie auf Facebook & Co. zu besuchen.

> **Hinweis**
>
> In Abschnitt 2.5.1 »Werbung für den Social-Media-Auftritt« erfahren Sie, wie Sie rechtssicher auf Ihre Social-Media-Aktivitäten hinweisen können.

Auch wenn die Vorgaben für die Nennung lediglich netzwerkinterne Regeln darstellen und keine darüber hinausgehende Verbindlichkeit besitzen, kann eine abweichende Form der Nennung der fremden Marke dazu führen, dass das Netzwerk sein Hausrecht geltend macht und Ihr Profil – sofern vorhanden – sperrt. Gerade dann, wenn Sie marketingtechnisch in einem sozialen Netzwerk unterwegs sind und eine Werbeanzeige platzieren wollen, die die Marke des Netzwerks enthält, empfiehlt es sich, die Formvorgaben zu berücksichtigen, da Ihre Anzeige ansonsten womöglich deaktiviert wird. Hier sitzen Sie leider am kürzeren Hebel.

Bei der Verletzung von Vorgaben der Netzwerke hinsichtlich der Nutzung ihrer Marken und Symbole droht eine Account-Sperrung

7.2.3 Nennung und Veränderung einer fremden Marke für Parodien/Satire

Die satirische Marken-
nutzung ist von der
Kunstfreiheit gedeckt

Möchten Sie fremde Marken für eine Parodie oder Satire benutzen, können Sie sich grundsätzlich auf die Meinungs- und Kunstfreiheit berufen und in diesem Zusammenhang eine Marke auch für geschäftliche Zwecke verwenden. Beliebtes Ziel von Markenparodien sind Marken der Firma Apple, wie Abbildung 7.12 zeigt. Der Betreiber des entsprechenden Shops kann sich auf die Kunstfreiheit berufen. Apple muss in diesem Fall dulden, dass sich über seine Marke iPod lustig gemacht wird.

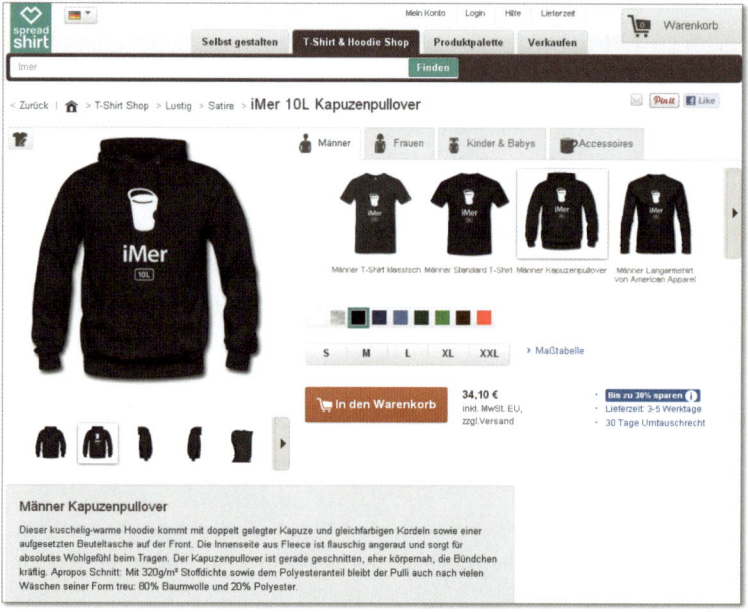

Abbildung 7.12 Auf der Homepage von Spreadshirt können Sie Kleidungsstücke mit einer Apple-Markenparodie erwerben. »iMer« ist angelehnt an Apple-Produkte wie z. B. iPod, iMac etc.

Satire zur Förderung
einer öffentlichen
Diskussion

Wie bei allen Freiheiten, gibt es allerdings auch hier Grenzen. Eine Veränderung ist unzulässig, wenn die künstlerische Veränderung nur darauf abzielt, die Originalmarke erheblich zu beeinträchtigen. Eine erlaubte satirische Darstellung der fremden Marke setzt demnach beispielsweise voraus, dass dadurch wenigstens der öffentliche Diskurs in einer die Öffentlichkeit berührenden Frage angestoßen oder aber gefördert wird.

Beispiel

Der mit dem Grimme-Online-Award ausgezeichnete Betreiber des TV-kritischen Blogs *www.fernsehkritik.tv* vertrieb auf seinem Blog T-Shirts mit dem Aufdruck »Scheiß RTL« und dem Logo der privaten Sendeanstalt. RTL klagte hiergegen wegen unerlaubter Ausnutzung seiner Marke und bekam Recht. Das Kölner Landgericht sah in der Gestaltung des T-Shirts eine Herabwürdigung der Marke RTL. Der Blogger konnte sich auch nicht auf die Kunst- oder Meinungsfreiheit berufen, da der Ausdruck »scheiß« zu plump und pauschal war. Es wurde damit nicht deutlich gemacht, was der Blogger genau an RTL kritisierte.

Hinweis

Für den Bereich der Internet-Memes (Internetphänomene) gelten markenrechtlich keine Besonderheiten. Ist das Meme in Form einer Parodie gehalten, die zu einer öffentlichen Diskussion anregt, wird die Nutzung der fremden Marke in der Regel zulässig sein.

7.2.4   Nennung fremder Marken bei Google AdWords

Fremde Marken als Schlüsselwörter

Eine besonders einfallsreiche Marketingstrategie ist die Google-AdWords-Werbung, bei der fremde Marken als Schlüsselwörter verwendet werden. Grundsätzlich funktioniert diese virtuelle Anzeigenwerbung, indem bestimmte Wörter, die sich auf das Unternehmensangebot beziehen (Suchanfragen), ausgewählt und als sogenannte Keywords gebucht werden. Gibt nun ein Internetnutzer über die Google-Suchfunktion eines dieser Keywords ein, weil er sich für die Waren oder Dienstleistungen interessiert, erscheint ihm die Werbebotschaft bei den Suchergebnissen mit Link auf die Unternehmens-Website.

Hinweis

Neben Google betreibt auch Facebook ein Werbenetzwerk, bei dem Unternehmen Anzeigenwerbung anhand von bestimmten Wörtern (Keywords) buchen können. Die Schnittpunkte zum Markenrecht sind dieselben wie bei Google, sodass Sie die unten stehenden Ausführungen auch auf Facebook-Werbeanzeigen übertragen können.

Profitieren durch die Nennung der fremden Marke

Von markenrechtlichem Interesse ist nun, inwiefern es bei der Ad-Words-Werbung zulässig ist, anstelle bestimmter Schlüsselwörter, die sich konkret auf das eigene Warenangebot oder das Unternehmen beziehen, eine fremde Marke, eine (fremde) Unternehmensbezeichnung oder eine dem fremden geschützten Zeichen ähnliche Bezeichnung als Schlüsselwort zu verwenden. Durch diese Methode profitiert der Werbende, der das fremde Zeichen benutzt, von den Interessenten des Wettbewerbers, weil immer dann, wenn ein Internetnutzer die fremde Marke eingibt, die eigene Anzeige (inklusive Link) in einem von der Trefferliste räumlich getrennten Werbeblock präsentiert wird.

So hat beispielsweise das Unternehmen wirkaufendeinauto.de seine Werbung auch unter dem markenrechtlich geschützten Begriff *autoscout24* geschaltet, wie Abbildung 7.13 zeigt. Gibt man »autoscout24« bei Google ein, erscheint als erster Treffer die Anzeige von »wirkaufendeinauto.de«, und erst an zweiter Stelle findet man den Inhaber der Marke selbst.

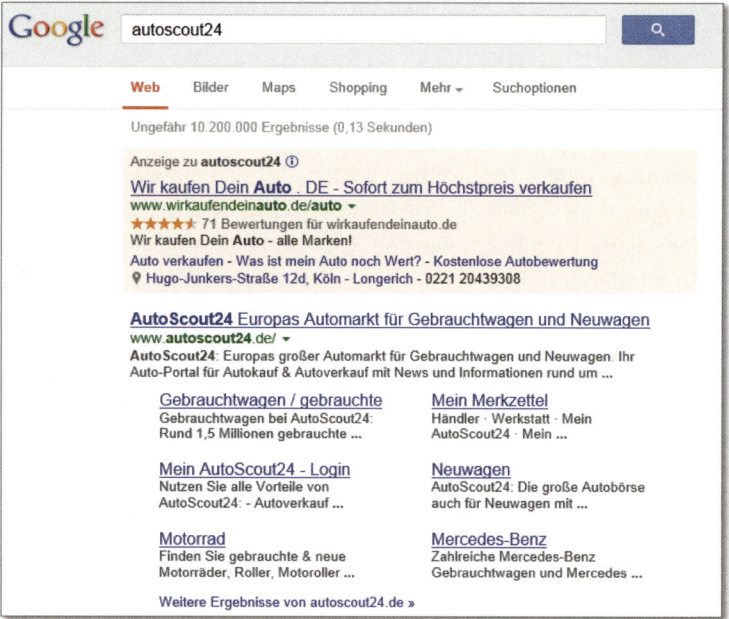

Abbildung 7.13 Durch die Aufnahme der Marke »autoscout24« als AdWords-Schlüsselwort verschaffte sich die Website wirkaufendeinauto.de direkte Vorteile aus der fremden Marke. In der Auflistung steht diese Homepage sogar über der Seite von AutoScout24.

Eine solche Werbeschaltung führt schließlich dazu, dass der Internetnutzer von seiner geplanten Suche nach einem bestimmten Hersteller im wahrsten Sinne des Wortes abgelenkt werden kann und durch das plötzliche Erscheinen der AdWords-Werbeanzeige ohne Umwege zu den Waren oder Dienstleistungen des Wettbewerbers gelangen kann.

Die Verfolgung dieser Werbestrategie ist von der Rechtsprechung als grundsätzlich zulässig erachtet worden. Es ist Ihnen also gestattet, potenzielle Kunden eines Wettbewerbers, die sich gezielt auf die Suche nach Informationen über diesen Unternehmer gemacht haben, durch die Nennung seiner Marke als Keyword diesem wegzuschnappen. Voraussetzung hierfür ist allerdings, dass durch Ihre Werbeanzeige keine Zuordnungsverwirrung eintreten darf. Es muss für den Internetnutzer ersichtlich sein, dass die Anzeige nicht vom gesuchten Markeninhaber selbst stammt. Hierfür sollten Sie folgende Punkte beachten:

Grundsätzlich keine Einwände der Rechtsprechung, wenn Verwechslungsgefahr geschaffen wird

▶ Die eigene Marke sollte in der Anzeige an prominenter Stelle erscheinen.

▶ Sie sollten in der Anzeige selbst nach Möglichkeit auf die Nennung der fremden Marke verzichten.

▶ Die Anzeige sollte so gestaltet sein, dass eine ausreichende Distanz zur fremden Marke hergestellt wird.

Die Firma wirkaufendeinauto.de in Abbildung 7.13 hat diese Leitlinien beachtet. Die eigene Marke wird an prominenter Stelle in der Überschrift der Anzeige genannt, die fremde Marke taucht in der Anzeige nicht auf. und der Text der Anzeige stellt eine ausreichende Distanz zu autoscout24 her. Die Werbung ist daher rechtlich nicht zu beanstanden.

7.3   Wann ist eine Abbildung von Markenlogos erlaubt?

Die Anforderungen für die Zulässigkeit einer Abbildung von fremden Markenlogos liegen noch ein Stück weit höher als die für die bloße Nennung einer Marke. In gewissen Fällen ist die Darstellung, wie auch die Nennung fremder Marken, zulässig, ohne dass es einer Lizenz bedarf (zur Lizenz im Einzelnen siehe Kapitel 6, »Erlaubnis zur Nutzung von Inhalten – die Lizenz«).

Denken Sie an den urheberrechtlichen Schutz eines Markenlogos

Dennoch ist hier besondere Vorsicht geboten. So kann trotz erlaubter markenrechtlicher Nutzung ein teurer Rechtsverstoß begangen werden. Dieses Risiko ergibt sich daraus, dass ein Markenlogo, das einen gewissen Grad an Individualität und Originalität aufweist, neben dem Markenschutz auch urheberrechtlichen Schutz genießen kann. Das Logo muss hierfür aus mehr als nur einfachen Linien, Kreisen oder Buchstaben bestehen.

Achtung

Bedenken Sie, dass Sie im Fall eines urheberrechtlich geschützten Markenlogos auch dann einen Rechtsverstoß begehen können, wenn Sie das fremde Markenlogo zu rein privaten Zwecken nutzen.

Keine Sorgen müssen Sie sich jedenfalls in den Fällen machen, in denen eine wissenschaftliche Auseinandersetzung Anlass der Abbildung ist oder wenn die Darstellung des Logos zu Pressezwecken erfolgen soll. Denn in diesen Fällen ist die Nutzung des auch urheberrechtlich geschützten Markenlogos vom Grundgesetz gedeckt.

Der für die erlaubte Nennung der fremden Marke geltende Grundsatz (siehe Abschnitt 7.2) kommt auch bei der Abbildung von fremden Markenlogos und Bildmarken zur Anwendung, sodass die Darstellung zum Zweck des Verkaufs der Markenware oder des Anbietens von Leistungen rund um die Marke erlaubt ist. Zudem darf das Logo ebenfalls für Gewinnspiele und sonstige Promotion verwendet werden, wenn am Ende auch tatsächlich das Markenprodukt verlost wird.

Planen Sie, Promotion in den sozialen Netzwerken zu betreiben, sind bei der Abbildung der fremden Marke ebenfalls die plattforminternen Grundsätze zu beachten. Um die Lebensdauer einer Werbekampagne zu verlängern, die möglicherweise das Logo der Plattform, auf der sie erscheint, enthält, sollten Sie die erwünschten Formatvorgaben des jeweiligen Netzwerks einhalten. Dies gilt insbesondere dann, wenn ein soziales Netzwerk die Verwendung seines Logos nur unter dem Vorbehalt einer Genehmigung erlaubt. Facebook bietet beispielsweise unter *www.facebookbrand.com* umfangreiche Informationen dazu an, wie Sie die Marke Facebook und das Facebook-Logo für Ihre geschäftlichen Zwecke nutzen dürfen (siehe Abbildung 7.14).

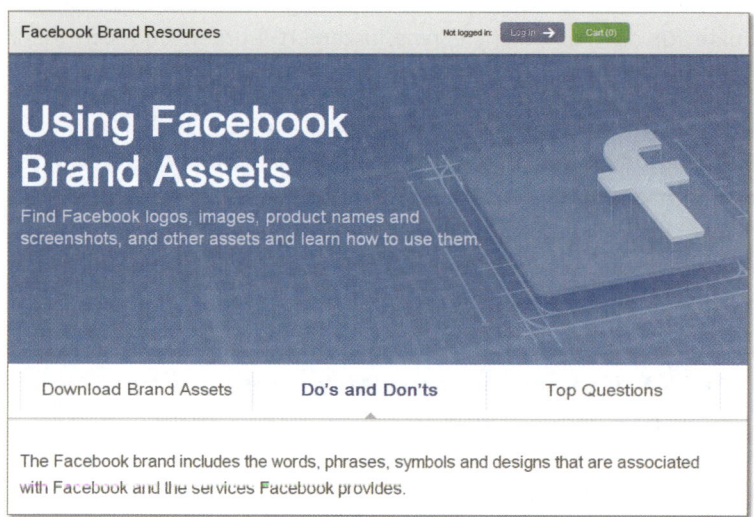

Abbildung 7.14 Hier finden Sie Informationen über die zulässige Nutzung des Facebook-Logos: www.facebookbrand.com.

Stellen Sie auch sicher, dass eine klare Abgrenzbarkeit zwischen Ihrer Promotion und der jeweiligen Social-Media-Plattform besteht und nicht der Anschein erweckt wird, das zugrunde liegende soziale Netzwerk stehe in irgendeiner (wirtschaftlichen) Verbindung zu Ihnen oder zum verlosten Markenprodukt.

Besondere Sensibilität bei der Markenabbildung ist immer dann gefordert, wenn die Darstellung eines Markenlogos im Zusammenhang mit der Bewerbung der eigenen Produkte oder Dienstleistungen erfolgt und bei der Betrachtung offensichtlich wird, dass die abgebildete Marke eigentlich nichts mit Ihrem Angebot zu tun hat.

Solange die Darstellung der Marke oder des Logos nur als schmückendes Beiwerk verwendet wird, kann die Abbildung sogar im Rahmen einer Werbung für die eigenen Waren oder Dienstleistungen zulässig sein. Unproblematisch ist dies, wenn Sie sich beispielsweise als Friseur in Ihrem Salon ablichten lassen und die beiden unverwechselbar ineinander verschlungenen »G« auf Ihrem T-Shirt hervorblitzen. Dasselbe gilt für die Rolex am Handgelenk. Ebenso wird

Werden Marken als Beiwerk mit abgelichtet, begehen Sie keine Markenrechtsverletzung

man wohl noch von einem schmückenden Beiwerk sprechen können, wenn Sie sich als Architekt in Ihrem Büro ablichten lassen und
Ihre komplette Computerausstattung mit dem Apfellogo unweiger-
lich auf dem Foto ins Auge sticht. Wichtig ist, dass die Markenprodukte für das Foto nicht eigens inszeniert wurden und sich mehr
oder minder zufällig im Bild befinden.

Die Regel der Aus-
tauschbarkeit

Das Logo oder das Markenprodukt selbst müssen durch ein anderes
Markenprodukt ausgetauscht werden können, ohne dass sich dabei
der Sinn des Bilds oder die Intention der Werbung ändert. Der
Schwerpunkt liegt also darauf, eindeutig kenntlich zu machen, dass
es sich um ein Angebot Ihres Unternehmens handelt und nicht um
eine Leistung des Originalmarkeninhabers.

Checkliste für die Abbildung von Markenlogos

Möchten Sie fremde Markenlogos in Ihrem Social-Media-Auftritt verwenden, achten Sie auf folgende Punkte:

▸ Erlaubt ist die Abbildung immer dann, wenn Sie auf fremde Markenprodukte und Dienstleistungen hinweisen möchten (z. B. im
Rahmen eines Gewinnspiels, des Verkaufs oder einer Werbung).

▸ Erlaubt ist eine Abbildung ebenfalls, wenn fremde Markenlogos
»rein zufällig« im Bild sind und ausgetauscht werden könnten.

▸ Möglicherweise müssen Sie Richtlinien der Markeninhaber beachten (z. B. bei Facebook).

▸ In bestimmten Fällen kann ein Logo auch urheberrechtlich geschützt sein. Für eine Abbildung brauchen Sie dann auch eine Erlaubnis des Urhebers oder Rechteinhabers.

8 Die Verbreitung von Aussagen im Social Web

»Jeder hat das Recht, seine Meinung in Wort, Schrift und Bild frei zu äußern und zu verbreiten.« (Art. 5 GG)

Immer wieder lassen Menschen im Social Web ihren Dampf ab. Nicht selten wird z. B. die eigene Facebook-Seite dafür genutzt, und es finden sich Zitate wie beispielsweise:

> *»Arbeitgeber: Menschenschinder und Ausbeuter*
>
> *Beruf: Leibeigener, dämliche Scheiße für Mindestlohn –20 % erledigen«*

Wenn ein Arbeitnehmer solche Aussagen öffentlich über seinen Arbeitgeber trifft, ist eine außerordentliche Kündigung die wahrscheinlichste Folge. Online wie auch offline gilt: Unbedachte Aussagen können schwerwiegende (rechtliche) Konsequenzen haben. Die Maßstäbe sind in beiden »Welten« identisch. Vermeintlich anonyme soziale Plattformen oder ein geringer Kreis von Lesern verringern nicht das Risiko einer Haftung!

Nicht jede Äußerung ist rechtlich zulässig

Für Unternehmen ist es aufgrund der großen Reichweite und Kosteneffizienz zunehmend von Bedeutung, sich auf Social-Media-Plattformen zu positionieren. Allerdings muss auch hier darauf geachtet werden, welche Informationen wie kommuniziert werden. Bereits kurze Mitteilungen über ein bestimmtes Thema oder unbedachte Aussagen (ins Blaue hinein) können schwerwiegende Folgen und kostenintensive juristische Auseinandersetzungen mit sich bringen. Anders als in der Offlinewelt sind sämtliche Aussagen, sobald sie in die Welt »gepostet« wurden, für fast jedermann sichtbar, nachvollziehbar und nur schwer wieder aus dem World Wide Web zu entfernen. Die rechtlichen Folgen sind aber (z. B. bei einer Beleidigung im Internet) die gleichen wie im Offlinebereich.

> **Beispiel**
>
> Es macht keinen Unterschied, ob Person A im persönlichen Gespräch zu Person B »Du bist ein Betrüger!« sagt oder ob A dies auf Bs Twitter-Account postet (bei Letzterem liest aber möglicherweise eine breite Öffentlichkeit mit, sodass dies für B auch zivilrechtliche Konsequenzen haben kann, wenn sein Bild in der Öffentlichkeit derart geschädigt wird).

Achten Sie also bereits vor einer Aussage im Social Web (egal auf welcher Plattform) darauf, dass diese rechtssicher formuliert ist, denn eine Vielzahl von Usern wird häufig die Möglichkeit haben mitzulesen. Das gilt für jedes Verhältnis, sei es zu anderen Unternehmen, zu Kunden oder zu Arbeitnehmern.

Darüber hinaus müssen Sie auch die Aussagen Dritter auf Ihren Social-Media-Profilen regelmäßig im Auge behalten. Sollten sich hier falsche oder beleidigende Inhalte finden, können sie unter Umständen zur Verantwortung gezogen werden.

Im folgenden Kapitel erfahren Sie die rechtlichen Rahmenbedingungen für Äußerungen im Social Web. Außerdem klären wir Sie über die möglichen Folgen von rechtswidrigen Äußerungen auf und geben Ihnen praktische Hinweise, wie Sie Haftungsfallen vermeiden können.

> **Rechtslage in Österreich**
>
> Die nachfolgenden Ausführungen gelten grundsätzlich auch im österreichischen Recht. Dieses gewährt die Meinungsfreiheit in Art. 13 StGG, die bei Rechtsbeeinträchtigungen Dritter (unwahre Tatsachenaussagen und Beleidigungen) eingeschränkt ist. Die wesentlichen Rechtsgrundlagen finden sich im österreichischen Mediengesetz, das Sie unter *http://www.ris.bka.gv.at/GeltendeFassung.wxe?Abfrage=Bundesnormen&Gesetzesnummer=10000719* abrufen können.

8.1   Darf ich meine Meinung frei äußern?

Die Freiheit, seine Meinung zu äußern, ist in Deutschland grundrechtlich garantiert

In Deutschland wird die Meinungsfreiheit grundrechtlich garantiert. Es darf also jedermann seine Meinung in Wort, Schrift und Bild frei äußern und verbreiten. Das gilt grundsätzlich und überall, also auch für Aussagen im Social Web. Was für den privaten Rahmen selbstverständlich ist, gilt natürlich auch im Geschäftsleben. Auch Unternehmen und deren Mitarbeiter können ihre Meinung zu einem bestimmten Thema nach außen tragen und damit ihr Recht auf freie Meinungsäußerung wahrnehmen. So kommentieren beispielsweise Mitarbeiter der Tagesschau-Redaktion regelmäßig die aktuelle Nachrichtlenlage aus ihrer Sicht im Tagesschau-Blog (siehe Abbildung 8.1), und gerade kleinere junge Unternehmen wie der Energiedienstleister Polarstern in Abbildung 8.2 stellen auf Facebook & Co. auch Beiträge zu polarisierenden Themen ein.

Abbildung 8.1   Das Tagesschau-Blog dient den Mitarbeitern des ARD-Studios dazu, die objektive Berichterstattungsbrille abzulegen und die aktuellen Geschehnisse aus ihrer Sicht zu kommentieren. (blog.tagesschau.de)

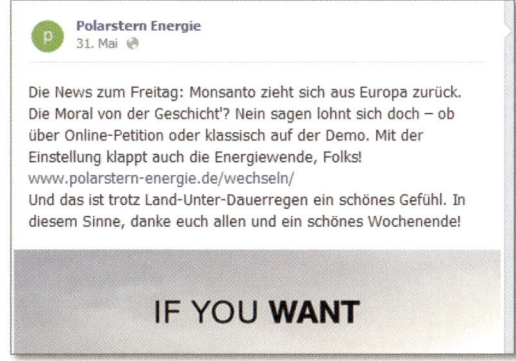

Abbildung 8.2   Auch Unternehmen können an der Meinungsbildung mitwirken: Hier ist ein meinungsbildender Beitrag auf der Facebook-Unternehmensseite von Polarstern Energie zu sehen.

Die eigene Meinung darf und muss sogar die eigene Sichtweise wiedergeben

Wie so häufig lässt sich nicht klar abgrenzen, welche Aussagen als Meinungsäußerungen den besonderen Schutz unseres Grundgesetzes genießen. Allgemein wird eine Meinung von Juristen als »Moment der Stellungnahme, des Dafürhaltens und des Meinens im Rahmen einer geistigen Auseinandersetzung« definiert. Vereinfacht gesagt, kann man immer dann von einer Meinungsäußerung ausgehen, wenn eine Aussage ein wertendes Element enthält und nicht nur Tatsachen wiedergibt (zur Tatsachenbehauptung siehe Abschnitt 8.3).

Beispiel

Folgende Aussagen enthalten wertende Elemente und sind daher Meinungsäußerungen:

▸ »Wir halten die neue Zinspolitik der Europäischen Zentralbank für Unsinn, da sie hauptsächlich zulasten der Kleinsparer geht.«

▸ »Aus unserer Sicht geht die neue Öko-Linie von H&M zwar in die richtige Richtung, reicht aber bei Weitem nicht aus.«

▸ »Der Tatort gestern war mal wieder richtig schlecht. Oder seht ihr das anders?«

Dagegen enthalten folgende Äußerungen keine Wertung und sind daher nicht als Meinungsäußerung einzuordnen:

▸ »Unser Unternehmen ist zum dritten Mal von der Stiftung Warentest für seinen guten Kundenservice ausgezeichnet worden.«

▸ »Wir sind durchschnittlich 20 Prozent günstiger als unser direkter Mitbewerber Möbel Stark.«

Diese »Key-Words« leiten häufig Meinungsäußerungen ein

Häufig sind Meinungsäußerungen personalisiert und weiter gefasst. Schlüsselwörter für eine Meinungsäußerung sind beispielsweise:

1. »Ich vermute, dass ...«

2. »Wir denken, ...«

3. »Es scheint, als ob ...«

4. »Aus meiner Sicht ...«

5. »Ich finde, dass ...«

Meinungsäußerung durch das »Gefällt mir«

Eine Meinungsäußerung muss nicht unbedingt lang sein – auch ein Klick auf »Gefällt mir« zählt schon dazu, da man dadurch den »gemochten« Beitrag für gut befindet.

Beispiel

Da ein Klick auf »Gefällt mir« ebenfalls als Meinungsäußerung gilt, hatte eine Arbeitnehmerin im Jahr 2012 die daraus folgenden Konsequenzen zu tragen. Ihr Ehemann hatte auf Facebook beleidigende Beiträge über ihren Arbeitgeber eingestellt, die sie dann »geliked« hat. Die Kündigung folgte prompt. Das Arbeitsgericht Dessau sah in dem Liken eine Meinungsäußerung der Arbeitnehmerin, die allerdings aufgrund der Beleidigung nicht zulässig war (siehe Abschnitt 8.2), die Kündigung war daher rechtmäßig.

Tipp

Um zwischen Meinungsäußerungen und Tatsachenbehauptungen abzugrenzen, können Sie sich auch die Frage stellen, ob man die Aussage überprüfen kann. Bei Meinungen wird dies schwerfallen. Niemand kann beispielsweise die Aussage »Mir schmeckt die Pizza in Italien besser als in Deutschland« tatsächlich verifizieren, während die Aussage »Die Pizzen in Italien sind größer als die Pizzen in Deutschland« zumindest theoretisch mit einem Zollstock bestätigt oder widerlegt werden kann.

8.2   Verbot von Beleidigungen und Schmähkritik

Von dem Grundsatz der freien Meinungsäußerung (siehe oben) gibt es einige Ausnahmen, die Sie beim Veröffentlichen von Inhalten im Social Web unbedingt beachten sollten, um nicht in die Haftung genommen zu werden. Die Grenze zur Unzulässigkeit wird von den Juristen da gezogen, wo die Grundrechte anderer unzumutbar betroffen werden – nämlich bei Beleidigungen und Schmähkritik. Um dies deutlich zu machen, erinnern wir uns an unser Rosenduft-Gedicht aus Abschnitt 5.1, »Der rechtliche Schutz von Texten«. Ein »Fan« des Blumenladens findet das Gedicht schlecht und veröffentlicht unter dem Beitrag seine Meinung, woraufhin der Inhaber der Facebook-Seite unflätig antwortet (siehe Abbildung 8.3).

Die Antwort des Blumenladens auf den Kommentar des Facebook-Nutzers ist ohne Zweifel überzogen, aber sie ist auch rechtlich unzulässig. Sie enthält nämlich mehrere Beleidigungen, die sich der Facebook-Nutzer nicht gefallen lassen muss.

Beleidigungen und Herabwürdigungen müssen nicht toleriert werden

Abbildung 8.3 In Facebook-Beiträgen verstecken sich meistens Meinungsäußerungen. Problematisch kann es dann werden, wenn diese Äußerungen dazu geeignet sind, einen anderen zu beleidigen.

Der Kontext der Beleidigung

Eine Beleidigung ist eine Aussage, die die Ehre einer Person verletzt. Anzeichen dafür ergeben sich meistens aus dem Inhalt der Aussage sowie aus den Umständen, unter denen die Aussage getätigt wurde. Schimpfwörter sind die gängigste Variante einer Beleidigung (z. B. »Du Arsch!«). Jedoch muss auch bei diesen der Kontext der Aussage berücksichtigt werden. Eine offensichtlich scherzhaft gemeinte Bezeichnung dieser Art unter Freunden ist keine Beleidigung.

> **Hinweis**
>
> Nicht nur Schimpfwörter wie »Arschloch«, »Scheißer«, »Mistkerl« sind Beleidigungen. Auch die Bezeichnung einer Person als »Sau« oder »Bulle« können hierunter fallen. Ausgangspunkt ist immer die Ehrverletzung einer Person.

Im oben beschriebenen Beispiel wird der Facebook-Nutzer als »Pappnase« bezeichnet, der seine »Fresse« halten solle. Für sich allein gesehen wird die Bezeichnung als »Pappnase« noch nicht die Ehre eines Menschen kränken. Liest man sich allerdings die gesamte Äußerung durch und berücksichtigt man auch, dass der Seitenbetreiber ja gerade dazu aufgefordert hat, die Meinung zum Gedicht kundzutun, wird ersichtlich, dass der aggressive Unterton darauf abzielt, die Person des Facebook-Nutzers herabzuwürdigen. In diesem Kontext wäre also auch die Bezeichnung als Pappnase als Beleidigung zu werten.

Die Beleidigung eines unüberschaubaren Personenkreises ist nicht möglich, da es an einer Zuordnung zu einer einzelnen Person fehlt.

Beleidigungen müssen individualisierbar sein

> **Beispiel**
>
> Die Liedzeile des bekannten Ärzte-Hits »Männer sind Schweine« stellt keine Beleidigung aller Männer dar, weil die Äußerung zu pauschal ist.

Anders in dem oben dargestellten Beispiel. Hier wird zwar vom Seitenbetreiber pauschalisiert, indem er »jedes nörgelnde Arschloch« anspricht. Da sich diese Äußerung aber eindeutig auf den vorherigen Satz und den darüberstehenden Facebook-Kommentar bezieht, ist ein konkreter Personenbezug gegeben. Daher ist auch diese Aussage als Beleidigung anzusehen.

Es hilft Ihnen ebenfalls nichts, Aussagen in Frageform zu verpacken oder ein »ich meine« davorzusetzen. Eine Beleidigung ist auch in diesen Formen der Äußerung erkennbar und daher unzulässig.

> **Beispiel**
>
> Auch folgende Äußerungen sind Beleidigungen:
>
> ▶ »Bist du ein Idiot?«
> ▶ »Ich meine, dass Fritz ein Vollspaten ist.«

Neben den beschriebenen Beleidigungen ist Schmähkritik nicht erlaubt. Um eine Schmähkritik handelt es sich, wenn durch die Äußerung eine Person (oder ein Unternehmen) in verachtender und unsachlicher Weise herabgewürdigt wird und dessen Ehre und Ansehen verletzt werden.

Die Schmähkritik

Indiz für Schmähkritik ist die undifferenzierte Auseinandersetzung mit einer Thematik. Im Zusammenhang mit dem Auftreten von Legionellen (krankheitserregenden Bakterien) im Abwasser der Brauerei Warsteiner lässt sich das gut veranschaulichen. Der Facebook-Nutzer in Abbildung 8.4 äußert sich auf der Warsteiner Facebook-

Seite völlig undifferenziert und ohne Sachbezug (und dazu mit einem Rechtschreibfehler) über die Qualität des Bieres – eine klare Schmähkritik.

Abbildung 8.4 Ein solch undifferenzierter Kommentar zielt lediglich darauf ab, den Betroffenen in der öffentlichen Anschauung herabzuwürdigen. Damit liegt eine Schmähkritik vor.

Sachbezogene Kritik ist erlaubt

Anders dagegen der Facebook-Nutzer in Abbildung 8.5, der sich sachbezogen mit der Thematik auseinandersetzt und dennoch scharfe Kritik an der Brauerei übt.

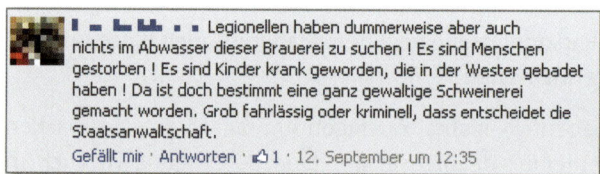

Abbildung 8.5 Eine Kritik, die mit Argumenten versehen ist und sich sachlich mit dem Thema auseinandersetzt, ist selbst dann keine Schmähkritik, wenn der Betroffene bei der Diskussion nicht gut wegkommt. Auf die Qualität der Argumente kommt es dabei übrigens nicht an.

Sie sehen, dass Kritik im Social Web durchaus möglich ist. Sollten Sie kritisch über Personen oder Unternehmen berichten wollen, achten Sie auf folgende Punkte:

1. Die Aussage muss sich auf ein konkretes Ereignis oder eine konkrete Eigenschaft beziehen. Dieses müssen Sie im Rahmen Ihrer Kritik auch ausführen.

2. Die kritische Äußerung darf in Bezug auf die Umstände nicht unverhältnismäßig sein. Bei deutlichen Missständen oder einem harschen Umgangston des Kritisierten darf die eigene Aussage ruhig etwas härter ausfallen.

3. Sofern in Ihrer Äußerung auch Tatsachen behauptet werden, müssen diese wahr sein (siehe unten).

Tipp

Bevor Sie auf Ihrer Facebook-Seite oder auf Twitter etwas Kritisches veröffentlichen, fragen Sie sicherheitshalber einen Dritten, ob er die Äußerung möglicherweise als beleidigend oder diffamierend ansieht. Auch der gesunde Menschenverstand hilft in vielen Fällen schon sehr viel weiter.

8.3 Tatsachenbehauptungen

Wie oben bereits ausgeführt, sind Meinungsäußerungen von Tatsachenbehauptungen zu unterscheiden. Während Sie fast alles »meinen« dürfen (siehe Abschnitt 8.1), haben Sie bei Tatsachenbehauptungen einen engeren Spielraum. Grundsätzlich dürfen Sie nur solche Tatsachen behaupten, die wahr sind. Die Wahrheit der Tatsache müssen Sie im Zweifel auch beweisen können. Nicht erlaubt sind die Behauptung von falschen Tatsachen (sei es bewusst oder unbewusst) und die Preisgabe von Tatsachen aus bestimmten geschützten Sphären.

Tatsachenbehauptungen müssen in der Realität überprüft werden können

Hinweis

Eine Äußerung kann also Meinung oder Tatsachenbehauptung sein. Unterscheiden lassen sie sich wie folgt:

▸ *Meinungen* enthalten immer persönliche, wertende Elemente (siehe Abschnitt 8.1).

▸ *Tatsachen* sind dagegen objektive Umstände in der Wirklichkeit, die zumindest theoretisch bewiesen oder widerlegt werden können (z. B. durch Zeugen, Dokumente, Sachverständige).

Tatsachenbehauptungen können sich nicht nur aus verbalen oder schriftlichen Äußerungen ergeben, sondern beispielsweise auch aus Fotos bzw. Fotomontagen.

Tatsachenbehauptungen durch Bilder

Tipp

Vorab ein gut gemeinter Rat: Da Tatsachenbehauptungen immer mit einem höheren rechtlichen Risiko behaftet sind als Meinungsäußerungen, sollten Sie vor einer Äußerung zweimal überlegen, ob Sie die Tatsache nicht lieber als Meinung »verpacken«. Ein simples »Wir meinen, ...«

vor einem Satz kann Sie mitunter vor teuren Abmahnungen schützen. Auch wenn Sie sich einer Tatsache sehr sicher sind, bedenken Sie, dass Sie diese beweisen müssen. Eine solche Pflicht besteht bei Meinungsäußerungen nicht.

8.3.1 Die Verbreitung von wahren Tatsachen

Über (tatsächliche) Wahrheiten darf man immer sprechen

Grundsätzlich dürfen Sie über nachweislich wahre Tatsachen frei berichten. So dürfen Sie beispielsweise auf Twitter behaupten, dass Sie die günstigsten Preise der Stadt haben. Achten Sie aber darauf, dass dies tatsächlich stimmt und Sie dies im Zweifel beweisen können.

Auch Äußerungen über Konkurrenten und Vergleiche sind in diesem Rahmen möglich, wie das Beispiel in Abbildung 8.6 zeigt.

Abbildung 8.6 Modomoto trifft hier eine Aussage über das Verhältnis zu einem Konkurrenten und den Kundenvorteilen gegenüber dem Konkurrenten. All diese Angaben können überprüft werden und sind somit Tatsachenbehauptungen.

Beispiel

In der Antwort eines Modomoto-Mitarbeiters in Abbildung 8.6 stecken folgende Tatsachenbehauptungen:

> ▸ Outfittery gehört nicht zu Modomoto.
>
> ▸ Modomoto existiert ein Dreivierteljahr länger als Outfittery.
>
> ▸ Modomoto hat einen größeren Markenstamm.
>
> ▸ Modomoto kann individueller auf Kundenwünsche eingehen.
>
> ▸ Modomoto arbeitet länger mit Marken zusammen und kommt so früher an neue Ware.
>
> ▸ Modomoto vertreibt einige Marken exklusiv.
>
> ▸ Alle Modeexperten haben Fashion oder Modedesign studiert und sind keine Verkäuferinnen.
>
> Alle Aussagen müsste Modomoto beweisen, wenn Outfittery die Richtigkeit anzweifelt. Problematisch könnte dabei insbesondere der letzte Punkt sein, der implizit die Tatsachenbehauptung enthält, dass die Outfittery-Mitarbeiter »nur« Verkäufer und keine Experten sind.

Es gibt allerdings einige Ausnahmen von dem oben genannten Grundsatz. Immer wenn eine besondere Schutzbedürftigkeit oder Interessenlage besteht, darf auch über wahre Tatsachen nicht berichtet werden. In diesem Zusammenhang ist es verboten ...

Grenzen der Äußerungsfreiheit

▸ über geheime Tatsachen aus dem Privat- oder Intimbereich (zum Beispiel Krankheit, Details des Liebeslebens),

▸ über nicht geheime Tatsachen aus dem Privatleben im Zusammenhang mit einer beruflichen oder unternehmerischen Äußerung oder

▸ über Tatsachen, die einer beruflichen Schweigepflicht (zum Beispiel von Ärzten oder Rechtsanwälten) unterfallen,

zu berichten.

Eigentlich sollte selbstverständlich sein, dass über *geheime Tatsachen aus dem Privat- oder Intimbereich* nicht öffentlich berichtet werden darf. Allerdings gibt es in der Praxis teilweise krasse Fälle, sodass wir an dieser Stelle nochmals darauf hinweisen möchten. Zu Tatsachen aus dem Privat- oder Intimbereich gehören beispielsweise

Private oder intime Tatsachen

▸ Details aus dem Liebes- und Sexualleben von Personen,

▸ die finanzielle Situation einer Privatperson,

▸ Krankheiten und Behinderungen,

> ▸ Religionsausübung sowie

> ▸ Umstände aus dem häuslichen Bereich.

Nur unter ganz eng gefassten Voraussetzungen, nämlich dann, wenn ein »überwiegendes Interesse« der Öffentlichkeit an einer Information besteht, darf auch über Geschehnisse aus dem Privatleben berichtet werden. Insofern ist beispielsweise die sachliche Nachricht über den Tod einer öffentlich bekannten Person in Ordnung.

Tipp

Da geheime Details aus dem Privat- und Intimleben im Rahmen einer professionellen Unternehmenskommunikation im Social Web ohnehin kaum eine Rolle spielen dürften, sollten Sie auf Nummer sicher gehen und aus diesem Bereich keine Tatsachen öffentlich machen.

Strafbarkeit einer Formalbeleidigung

Selbst wenn die Tatsachen, über die Sie berichten möchten, nicht geheim, sondern bereits öffentlich sind, ist eine Weiterveröffentlichung nicht immer erlaubt. Die *Äußerung über private Umstände im Rahmen von beruflicher und unternehmerischer Kommunikation* ist ebenfalls verboten und kann auch als »Formalbeleidigung« strafbar sein.

Beispiel

Sie finden auf der Facebook-Seite des Mitarbeiters eines Konkurrenten Karnevalsfotos, auf denen der Mitarbeiter angeheitert die sprichwörtliche Sau rauslässt, und möchten dieses Foto nun Ihren Followern auf Twitter zeigen, um deren Konsumentscheidung zu Ihren Gunsten zu beeinflussen. Eine solche Veröffentlichung (auch Verlinkung) wäre nicht erlaubt, denn das Foto stammt ersichtlich aus dem Privatleben des Mitarbeiters und hat mit dem Geschäftsleben nichts zu tun.

Sofern Sie *gesetzlich oder vertraglich zur Geheimhaltung verpflichtet* worden sind, dürfen Sie auch die hierunter fallenden Tatsachen nicht öffentlich machen.

Beispiele

Ein Arzt darf auf seiner Website nichts über die Krankheiten seiner Patienten verkünden. Ein Rechtsanwalt darf keine Details über die von ihm betreuten Mandate veröffentlichen.

> **Tipp**
>
> Prüfen Sie auch bei der Verbreitung von wahren Tatsachen, ob diese möglicherweise besonders geschützt sind und daher nicht veröffentlicht werden dürfen. Hierzu zählen
>
> ▶ geheime Tatsachen aus der Privat- und Intimsphäre von Personen,
>
> ▶ Tatsachen aus der Privatsphäre im Zusammenhang mit geschäftlicher Kommunikation,
>
> ▶ Tatsachen, die einer vertraglichen oder gesetzlichen Geheimhaltungspflicht unterliegen.

8.3.2 Die Verbreitung von unwahren Tatsachen

In der täglichen Kommunikation über Ihre Social-Media-Kanäle dürfte es häufig vorkommen, dass Sie sich zu bestimmten Umständen äußern möchten, deren Wahrheitsgehalt Sie aber nicht eindeutig nachweisen können. Gerade im Bereich von Werbeaussagen oder Äußerungen über Konkurrenzunternehmen sollten Sie hier äußerste Vorsicht walten lassen, da ansonsten teure Abmahnungen drohen.

> **Tipp**
>
> Angesichts des Risikos, wegen einer unwahren Tatsachenbehauptung belangt zu werden, wiederholen wir unseren Rat, Ihre Äußerung lieber als Meinung darzustellen. So gehen Sie vielen Problemen ganz einfach aus dem Weg.

Rechtlich gesehen ist es verboten, unwahre Tatsachen zu behaupten und zu verbreiten. Zwar werden Sie nicht bestraft, wenn Sie vor Freunden lügen und sich beispielsweise größer machen, als Sie sind. Sobald Sie aber diesen privaten Bereich verlassen und öffentlich Unwahrheiten verbreiten, kann das in Rechte Dritter eingreifen und schwerwiegende Folgen haben.

Das Verbreiten von unwahren Tatsachen in der Öffentlichkeit kann Konsequenzen nach sich ziehen

> **Achtung**
>
> Als unwahr werden bereits solche Äußerungen behandelt, deren Wahrheitsgehalt Sie nicht beweisen können. Bevor Sie also öffentliche Aussagen treffen, sollten Sie immer prüfen, ob Sie diese Aussagen auch belegen können (beispielsweise mit Zeugen, Dokumenten, Fotos etc.).

8.3.3   Die Verbreitung von fremden Aussagen

Die Hintertür mit den fremden Aussagen

Ein beliebter »Trick« ist es, nicht eigene Aussagen zu treffen, sondern lediglich fremde Aussagen zu wiederholen und diesen beispielsweise die Worte »Ich habe gehört, dass ...« voranzustellen oder, wie der Blumenladen in Abbildung 8.7, sich auf Aussagen Dritter zu berufen.

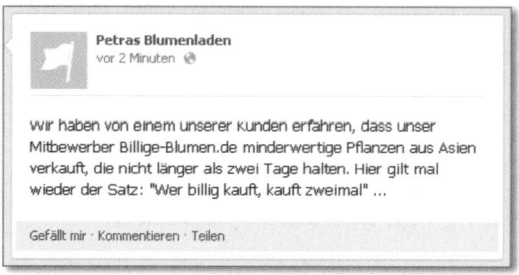

Abbildung 8.7   Durch das Aufgreifen, Kommentieren und Weiterverbreiten einer Aussage macht man sich diese zu eigen. Fortan haftet man für die Aussage wie für eine eigene.

Allerdings ist eine solche Herangehensweise mindestens genauso gefährlich wie das Treffen eigener Aussagen, denn auch wenn Sie fremde Aussagen in der oben beschriebenen Art wiederholen, machen Sie sich diese zu eigen und haften dafür wie für eigene Aussagen.

In dem Beispiel aus Abbildung 8.7 müsste der Blumenladen also nachweisen können, dass die Website Billige-Blumen.de minderwertige Pflanzen aus Asien verkauft, die maximal zwei Tage halten.

> **Achtung**
>
> Merken Sie sich: Auch wenn Sie fremde Tatsachenbehauptungen wiedergeben, müssen Sie grundsätzlich deren Wahrheitsgehalt nachweisen können.

Haftungsbefreiung durch Distanzierung von der fremden Aussage

Nur wenn Sie sich ausdrücklich von der fremden Aussage distanzieren (dazu gleich) oder sich auf die Pressefreiheit bzw. das Laienprivileg (siehe Abschnitt 8.4) berufen können, sind Sie vor Rechtsverletzungen gefeit.

Sofern Sie eine fremde Aussage wiedergeben, sich aber wirksam davon distanzieren, kann Ihnen rechtlich (fast) nichts passieren. Für eine solche Distanzierung ist es allerdings notwendig, dass Sie die fremde Aussage richtigstellen oder dieser unzweideutig widersprechen. Für das oben beschriebenen Bespiel bedeutet dies, dass der Blumenladen einen klarstellenden Satz einfügen müsste, um rechtssicher zu handeln (siehe Abbildung 8.8).

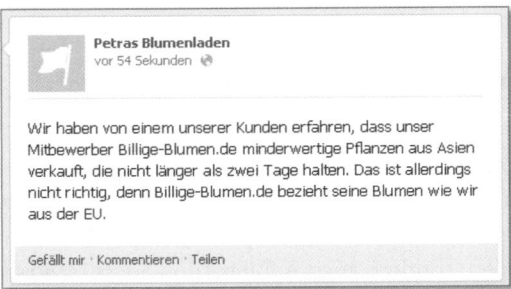

Abbildung 8.8 Bei diesem Beitrag distanziert sich Petras Blumenladen ausreichend von der fremden Aussage. Man kann sich aber nicht nur dadurch distanzieren, dass man der Aussage widerspricht, auch der Satz »Ob diese Aussage zutrifft, konnten wir nicht überprüfen.« würde für eine Distanzierung genügen.

Ob eine derartige Aussage dann aber noch werbewirksam ist, darf bezweifelt werden. In einem solchen Fall sollten Sie sich auf den alten Spruch »Reden ist Silber, Schweigen ist Gold« berufen und lieber gar kein Posting veröffentlichen.

> **Achtung**
> Enthält die fremde Aussage, die Sie wiedergeben möchten, auch eine Beleidigung oder Schmähung (siehe Abschnitt 8.2), nützt Ihnen die beste Distanzierung nichts, weil Sie mit der Veröffentlichung die Ehrverletzung trotzdem weiterverbreiten.

8.4 Pressefreiheit und Laienprivileg

Neben der soeben behandelten Meinungsfreiheit gibt es noch ein weiteres Grundrecht, welches Sie bei der Verbreitung von Aussagen – auch im Social Web – schützt: die Pressefreiheit. Anders als die Meinungsfreiheit schützt die Pressefreiheit nicht die Meinungsäußerung an sich, sondern den gesamten Vorgang von der Beschaffung

Schutz des Vorgangs der Informationsbeschaffung und -verbreitung

von Informationen über die Produktion bis hin zur Verbreitung von Nachrichten und Meinungen. In den folgenden Abschnitten erfahren Sie, unter welchen Voraussetzungen Sie sich auf das Pressegrundrecht berufen können und welche Freiheiten es Ihnen gewährt. Außerdem erläutern wir Ihnen, was es mit dem Laienprivileg auf sich hat.

8.4.1   Wann kann ich mich auf die Pressefreiheit berufen?

Auch Social-Media-Nutzer können sich unter Umständen auf die Pressefreiheit berufen

Die Pressefreiheit ist ein grundgesetzlich geschütztes Recht und garantiert die freie Berichterstattung. Auf die Pressefreiheit können sich nicht nur die Herausgeber von Zeitungen oder die Betreiber eines TV-Senders berufen, sondern auch Anbieter von Social-Media-Auftritten, sofern es sich dabei um ein journalistisches Medium handelt. Daher können auch Blogs (etwa Netzpolitik.org in Abbildung 8.9), Twitter-Accounts (beispielsweise von Medienmacher Konrad Neven DuMont in Abbildung 8.10) oder Facebook-Seiten durchaus der Pressefreiheit unterfallen, wenn die dort veröffentlichten Beiträge zur öffentlichen Meinungsbildung beitragen sollen.

Abbildung 8.9   Das Blog »Netzpolitik.org« bietet redaktionell-journalistische Inhalte und kann sich somit auf den grundrechtlichen Schutz der Pressefreiheit berufen.

Abbildung 8.10 Der Twitter-Account von Konrad Neven DuMont

Rein werbende Inhalte oder PR-Accounts sind dagegen nicht von der Pressefreiheit geschützt.

8.4.2 Welche Freiheiten gibt mir die Pressefreiheit?

Betreiben Sie also nach den oben skizzierten Voraussetzungen ein journalistisches Angebot im Social Web, können Sie in diesem Zusammenhang fremde Tatsachenbehauptungen aufgreifen, wenn Sie folgende Grundsätze berücksichtigen:

Die fremde Aussage darf *nicht offensichtlich unwahr* sein. Wenn Sie also eigentlich wissen müssten, dass eine Tatsache, die Sie journalistisch verarbeiten möchten, falsch ist, ist eine Veröffentlichung nur erlaubt, wenn Sie sich davon distanzieren (siehe Abschnitt 8.3.3).

Keine offensichtliche Unwahrheit

Beispiel

Ihnen kommt zu Ohren, dass ein Schauspieler verstorben sein soll. Allerdings ist dieser Schauspieler in den vergangenen Tagen mehrfach öffentlich aufgetreten. In diesem Fall dürfen Sie die Nachricht über den Tod des Schauspielers nicht verbreiten, da diese offensichtlich nicht stimmen kann. Alternativ können Sie sich davon distanzieren, indem Sie die fremde Behauptung klarstellen.

Bestehen eines öffent-
lichen Interesses

Es muss ein *öffentliches Interesse* an einer Veröffentlichung bestehen. Das öffentliche Interesse kann sich beispielsweise aus dem Auftreten einer Person in der Öffentlichkeit ergeben oder aus der Wichtigkeit einer Information für die Öffentlichkeit.

> **Beispiel**
>
> Ein Bericht über eine Person, die noch nie selbst öffentlich in Erscheinung getreten ist, wäre nicht vom öffentlichen Interesse umfasst. Ein Beitrag über ein Unternehmen, das Insolvenz angemeldet hat, ist klar vom öffentlichen Informationsinteresse gedeckt.

Interessenabwägung
zwischen den Interes-
sen der Öffentlichkeit
und des Betroffenen

Zuletzt müssen Sie vor der Verbreitung von fremden Tatsachen eine *Interessenabwägung* durchführen. Das heißt, Sie müssen sich fragen: »Überwiegen hier die Vorteile der Öffentlichkeit bei einer Veröffentlichung die dem Betroffenen entstehenden Nachteile?« Nur wenn Sie diese Frage klar mit »Ja« beantworten können, ist der Bericht erlaubt. Sofern Sie sich unsicher sind, müssen Sie eigene Recherchen durchführen und vor allem die Quelle der Aussage genau überprüfen.

> **Beispiel**
>
> Berichten Sie über einen Millionenbetrug einer Bank, überwiegt klar das öffentliche Informationsinteresse. Die Bank muss daher die Nachteile einer Berichterstattung hinnehmen. Berichten Sie allerdings über eine schwere Krankheit einer prominenten Person oder Details aus deren Sexualleben, wird in der Regel das persönliche Interesse dieser Person überwiegen, und Sie dürfen die fremde Aussage nicht weiterverbreiten.

8.4.3 Was ist das Laienprivileg, und wer darf sich darauf berufen?

Kein Laienprivileg
bei Unternehmens-
kommunikation

Sofern Sie kein journalistisches Angebot betreiben, können Sie dennoch über das sogenannte Laienprivileg an der herausgehobenen Stellung der Presse teilhaben. Das Laienprivileg ermöglicht Ihnen, unter bestimmten Voraussetzungen Aussagen der Presse ohne weitere Prüfung zu übernehmen. Allerdings müssen Sie hierfür auch tatsächlich Laie, das heißt Privatperson sein. Für die professionelle Unternehmenskommunikation scheidet das Laienprivileg daher von vornherein aus.

Die weiteren Voraussetzungen sind:

1. Sie sollten auf jeden Fall auf die Quelle der Aussage hinweisen (z. B. »Bei Sueddeutsche.de habe ich gelesen, dass ...).

Voraussetzungen des Laienprivileg

2. Sie dürfen nur auf solche Medien vertrauen, bei denen Sie von journalistischer Sorgfalt ausgehen können. Unproblematisch fallen hierunter die aus der Offlinewelt bekannten Tageszeitungen, Zeitschriften und Magazine und deren Onlinependants. Bei privat geführten Veröffentlichungen (z. B. privaten Blogs) müssen Sie eher aufpassen und hinterfragen, ob die Veröffentlichung auch wirklich sauber recherchiert wurde.

3. Sollte die in der Presse veröffentlichte Aussage überholt sein (z. B. durch neu bekannt gewordene Fakten), dürfen Sie die alte Aussage nicht oder nur mit einer Klarstellung versehen veröffentlichen.

Tipp

Zum Laienprivileg können Sie sich Folgendes merken:

▶ Im Rahmen der geschäftlichen Kommunikation sind Sie nicht »Laie« und können sich daher nicht auf das Privileg berufen. Hier gelten die oben aufgeführten Grundsätze.

▶ Im Rahmen privater Veröffentlichungen können Sie auf die Aussagen in den »Mainstream-Medien« vertrauen. Bei kleineren Publikationen sollten Sie Nachforschungen anstellen.

8.5 Rechtliche Folgen bei Beleidigungen und unwahren Tatsachenbehauptungen

Wird eine unwahre Tatsache oder beleidigende Äußerung im Internet veröffentlicht, so gibt es Rechtsbehelfe, mit denen sich der Betroffene dagegen zu Wehr setzen kann. Ein in der Praxis sehr beliebtes – und auch effektives Mittel – ist die Versendung einer Abmahnung. In dieser wird der sich Äußernde dazu aufgefordert, die Äußerungen zu unterlassen und gleichzeitig eine strafbewährte Unterlassungserklärung abzugeben. In der Regel wird zugleich ein Schadenersatzanspruch durch den Betroffenen geltend gemacht.

Bei Beleidigungen und unwahren Tatsachenbehauptungen drohen Abmahnungen

8.5.1 Unterlassungsanspruch

Der *Unterlassungsanspruch* dient dem Schutz des allgemeinen Persönlichkeitsrechts einer Person bzw. der Integrität eines Unternehmens in der Öffentlichkeit. Der sich Äußernde kann aufgefordert werden, die weitere Verbreitung und Tätigung der Aussage zu unterlassen.

Vorbeugender Unterlassungsanspruch und Wiederholungsgefahr

Unterlassungs-anspruch bereits vor Entstehen einer Rechtsverletzung

Ausnahmsweise besteht ein solcher Unterlassungsanspruch, schon bevor überhaupt eine Rechtsverletzung eingetreten ist, wenn die Gefahr einer falschen oder beleidigenden Äußerung schon sehr konkret geworden ist.

> **Beispiel**
>
> Kündigt ein Blogger an, er arbeite an einer Story über angebliche Kinderarbeit in Ihrem Unternehmen, was natürlich nicht stimmt, könnten Sie wegen der sogenannten Erstbegehungsgefahr bereits vor der Veröffentlichung eine Abmahnung versenden.

Verhinderung einer Wiederholung der Rechtsverletzung

Im World Wide Web ist jedoch häufiger die Fallkonstellation anzutreffen, in der eine Rechtsverletzung bereits stattgefunden hat, also die rechtswidrige Aussage bereits bei Facebook, Google+, Twitter oder in einem Forum veröffentlicht wurde. In solch einem Fall gehen die Gerichte davon aus, dass eine Wiederholungsgefahr besteht. Man kann also auch dann den jeweiligen Verfasser abmahnen.

Wer kann abgemahnt werden?

Primär richtet sich ein Unterlassungsanspruch gegen den Verfasser der Äußerung, denn er hat die Aussage getätigt.

Urheber- und Betreiberhaftung

Allerdings ist der Verfasser eines Beitrags nicht immer greifbar. So zeichnen sich Forenmitglieder, Kommentarbeiträge auf Blog-Seiten oder Accounts in sozialen Netzwerken oftmals durch ihre Anonymität aus. Gerade diese Anonymität verleitet manche Person zu ehrverletzenden Äußerungen.

Ist der Verfasser nicht ausfindig zu machen, scheidet ein Vorgehen gegen diesen aus. Es bleibt zunächst nur der Betreiber des Social-Media-Auftritts (der möglicherweise die realen Daten des Verfassers liefern könnte).

Hier findet das sogenannte Notice-and-take-down-Verfahren (mitteilen und herunternehmen) Anwendung. Ein Betreiber muss, sobald er von einem möglicherweise rechtlich zu beanstandenden Eintrag erfährt, diesen prüfen und gegebenenfalls entfernen. Kommt er dieser Prüfpflicht nicht nach, kann der Unterlassungsanspruch direkt gegen ihn gerichtet werden, und es besteht die Möglichkeit, dass er sich zusätzlich schadenersatzpflichtig macht (da er durch sein Verhalten bzw. das Unterlassen die rechtsverletzende Handlung aufrechterhält).

Das Notice-and-take-down-Verfahren

> **Achtung**
>
> Plattformbetreiber werden Sie schon dadurch, dass Sie eine Facebook-Seite oder ein Blog erstellen, auf denen Nutzer Kommentare hinterlassen können. Wie Sie sich verhalten, wenn Ihre Besucher rechtswidrige Äußerungen treffen, lesen Sie in Kapitel 11, »Wenn mal etwas schiefgeht – Haftung im Social Web«.

Sofern Sie nun aus Angst vor einer Betreiberhaftung direkt alle Social-Media-Aktivitäten einstellen, können wir Sie beruhigen. Sie müssen weder Ihr Blog noch Ihre Facebook-Seite ständig auf mögliche Rechtsverletzungen Dritter durchsuchen. Erst wenn Sie auf eine solche aufmerksam gemacht werden, müssen Sie unverzüglich prüfen und handeln.

Keine Überprüfungspflicht des Seitenbetreibers

> **Achtung**
>
> Auch wenn Sie keine Überwachungspflicht haben, müssen Sie dafür sorgen, dass Beschwerden Sie ohne zeitliche Verzögerung erreichen. Sie sollten also mindestens einmal werktäglich Ihr E-Mail-Postfach und Ihren Briefkasten auf mögliche Hinweisschreiben überprüfen.

8.5.2 Beseitigungsanspruch

Parallel zum Anspruch auf Unterlassung besteht bei rechtswidrigen Äußerungen auch immer ein *Beseitigungsanspruch*. Der Unterschied zwischen den beiden Ansprüchen ist, dass der Unterlassungsanspruch in die Zukunft gerichtet ist, während der Beseitigungsanspruch die momentane Rechtsverletzung betrifft. In der Praxis werden die beiden Ansprüche häufig gleich behandelt, sodass wir an dieser Stelle auf die Ausführungen in Abschnitt 8.5.2 verweisen.

Der Beseitigungsanspruch dient der Wiederherstellung des rechtmäßigen Zustands

8.5.3 Schadenersatz

Der Schadenersatz setzt eine schuldhafte Schadenherbeiführung voraus

Schadenersatz kann dann eingefordert werden, wenn durch eine rechtswidrige Aussage ein Schaden entstanden ist, der unmittelbar auf der Äußerung beruht. Dies kann z. B. dann der Fall sein, wenn ein Kunde auf seinem Blog ein Produkt generell als fehlerhaft beschreibt, weil (unrichtigerweise) Fehler in der Konstruktion vorliegen würden. Sollte sich diese Mitteilung verbreiten und potenzielle Kunden somit vom Kauf abhalten, entgeht dem Verkäufer folglich Gewinn. Der Verfasser der unrichtigen Äußerung müsste diesen entgangenen Gewinn dann ersetzen, wenn er die Aussage schuldhaft in die Welt gesetzt hat. Eine schuldhafte Verbreitung unwahrer Behauptungen wäre z. B. gegeben, wenn er die Fakten nicht überprüft und durch die Äußerung einfach seinen Frust über das Produkt zum Ausdruck gebracht hat. Die Schadenshöhe muss dann für den konkreten Einzelfall nachgewiesen und berechnet werden, was in der Praxis häufig nicht gelingt.

> **Hinweis**
>
> Die schwierige Nachweisbarkeit eines entgangenen Gewinns durch eine unwahre Tatsachenbehauptung im Social Web ist auch der Grund, weshalb uns keine einzige Gerichtsentscheidung hierzu bekannt ist.

Nicht nur materielle, sondern auch immaterielle Schäden können einen Ersatzanspruch auslösen

Neben einem Schadenersatz für die Verbreitung unwahrer Tatsachen ist auch bei Verstößen gegen das Persönlichkeitsrecht (z. B. in Form einer ehrverletzenden Schmähkritik) ein Anspruch auf den Ersatz von immateriellen Schäden denkbar. Dafür muss die Äußerung allerdings eine gewisse Tragweite haben (das kann z. B. ein grober Eingriff in die Intimsphäre sein: »Der Geschäftsführer von Firma A ist todkrank.«), und sie darf nicht durch andere Rechtsmittel regulierbar sein.

Über die Höhe des Schadenersatzes entscheidet ein Gericht

Der Umfang des Schadenersatzes muss dabei im Einzelfall gerichtlich festgestellt werden und sollte zumindest so hoch sein, dass er eine abschreckende Wirkung hat, um eine Wiederholung zu vermeiden. Allerdings sind Beträge in Millionenhöhe, wie sie häufig in den Vereinigten Staaten von Amerika zugesprochen werden, in der deutschen Justiz weder üblich noch denkbar.

Beispiel

Der Rapper Bushido veröffentlichte 2011 auf seiner Facebook-Seite einen Kommentar über eine Teilnehmerin von Big Brother. Dieser enthielt unter anderem folgende Aussagen: »Du Nutte!!!!!!«, »... du Kacke!!!«, »... hat so nen ekeligen Cellulitiskörper pfui Teufel«. Daraufhin forderte die Teilnehmerin Unterlassung und Schadenersatz in Höhe von 100.000 Euro von Bushido. Das Landgericht Berlin sprach ihr schließlich 8.000 Euro zu.

Tipp

Merken Sie sich folgende Regel: Ein Schadenersatzanspruch kommt nur dann in Betracht, wenn konkret nachweisbar ist, dass durch die unwahre und schuldhafte Äußerung Gewinne entgangen sind, oder wenn ein krasser Fall einer Ehrverletzung vorliegt.

8.5.4 Gegendarstellung

Der von der Persönlichkeitsrechtsverletzung Betroffene hat die Möglichkeit, eine sogenannte *Gegendarstellung* abzugeben. Auf diesem Weg kann er zu den Äußerungen Stellung beziehen und öffentlich seine Sicht der Dinge kundgeben. Ob die erstmalig aufgestellte Behauptung wahr ist oder nicht, wird dabei allerdings nicht geprüft.

Probates Mittel zur Wiedergutmachung in der Öffentlichkeit

Die Voraussetzungen für den Anspruch auf Gegendarstellung sind sehr streng und müssen allesamt erfüllt sein:

1. Veröffentlichung in einem journalistischen Medium:
   Die Äußerung muss in einem periodischen Druckwerk (z. B. einer Zeitung) oder einem journalistisch-redaktionell gestalteten Angebot (z. B. Blog) erschienen sein (siehe Abschnitt 8.4.1).

2. Tatsachenbehauptung:
   Eine Gegendarstellung kann nur in Bezug auf eine Tatsachenbehauptung getätigt werden. Meinungen können nicht korrigiert werden.

3. Kein Ausschlussgrund:
   In manchen Fällen kann trotz falscher Tatsachendarstellung kein Gegendarstellungsanspruch durchgesetzt werden, insbesondere wenn die Gegendarstellung an sich falsch ist oder der Äußernde seine Äußerung bereits korrigiert hat.

4. Schriftform:

    Die Gegendarstellung muss bei dem jeweiligen Medium in Schriftform und mit Unterschrift des Betroffenen eingereicht werden. E-Mail oder Fax reicht nicht aus.

5. Frist:

    Die Gegendarstellung muss unmittelbar nach Kenntnis des Betroffenen bei dem Medium eingereicht werden. Liegt die Veröffentlichung mehr als drei Monate zurück, ist der Anspruch verjährt.

6. Beteiligte:

    Anspruchsinhaber ist jede Person (auch juristische Person, also Unternehmen), die durch die Veröffentlichung betroffen ist. Der Anspruch richtet sich gegen den verantwortlichen Redakteur oder den Verlag.

Hinweis

Sie werden sicherlich bemerkt haben, dass der Gegendarstellungsanspruch keine falsche Tatsachenbehauptung voraussetzt. Es reicht aus, dass der Anspruchsteller geltend macht, durch die verbreitete Äußerung betroffen zu sein (z. B. durch Nennung seines Namens).

Verpflichtung zur kostenlosen Veröffentlichung

Liegen die Voraussetzungen vor, muss das entsprechende Medium die Gegendarstellung kostenlos abdrucken bzw. online veröffentlichen. Dies hat in der nächstfolgenden Ausgabe (bei Onlinemedien unverzüglich) an gleicher Position und mit gleicher Schrift wie die Erstveröffentlichung zu geschehen. Wurde die Veröffentlichung auch über Social-Media-Kanäle verbreitet, muss hier ebenfalls eine Gegendarstellung in gleicher Form erfolgen.

Beispiel

Im November 2012 veröffentlichte die Website Bild.de einen Bericht, in dem behauptet wurde, dass der Schauspieler Ben Tewaag mit einer Machete auf seinen Nachbarn losgegangen sei. Dies wurde von Bild.de auch via Twitter verbreitet. Nachdem Ben Tewaag eine Gegendarstellung abgegeben hatte, musste Bild.de diese auf ihrer Website (siehe Abbildung 8.11) und auch auf Twitter (siehe Abbildung 8.12) veröffentlichen.

Abbildung 8.11   Eine Gegendarstellung muss exakt in dem Rahmen erfolgen, in dem die Rechtsverletzung stattgefunden hat. Wird eine ehrverletzende Äußerung oder eine falsche Tatsachenbehauptung auf der Titelseite publiziert, reicht es nicht, wenn die Gegendarstellung auf Seite 3 abgedruckt wird. Sie muss ebenfalls auf der Titelseite an genau der gleichen Position und in der gleichen Größe publiziert werden.

Abbildung 8.12   Die Gegendarstellung auf Twitter kann über den Link erreicht werden.

Das Medium muss die Gegendarstellung unverändert veröffentlichen, darf aber einen Zusatz hinzufügen, in dem es sich von der Gegendarstellung distanziert (»Wir sind zur Veröffentlichung dieser Gegendarstellung rechtlich verpflichtet.«) oder diese bestätigt (siehe Abbildung 8.13).

Redaktionseigener Zusatz zur Gegendarstellung

Abbildung 8.13 Hier stimmt die Bild in ihrer Redaktionsanmerkung der Gegendarstellung zu.

Tipp

Für den Fall, dass Sie selbst einmal eine Gegendarstellung durchsetzen möchten, haben wir ein Musterschreiben in Kapitel 14, »Mustertexte«, am Ende dieses Buchs vorbereitet.

8.5.5 Berichtigungsanspruch

Der *Berichtigungsanspruch* ist gesetzlich nicht geregelt, sondern eine Schöpfung der Rechtsprechung. In der Praxis wird er häufig als »Widerrufsanspruch« bezeichnet. Das Ziel des Berichtigungsanspruchs ist ein ähnliches wie bei der Gegendarstellung.

Die Berichtigung wird von der Redaktion selbst verfasst

Der Unterschied zwischen beiden Ansprüchen besteht darin, dass bei der Gegendarstellung eine Stellungnahme des Betroffenen veröffentlicht werden muss (siehe Abschnitt 8.5.4), wohingegen bei der Berichtigung das Medium selbst die Richtigstellung vornehmen muss. Anders als beim Gegendarstellungsanspruch muss der Anspruchsteller beim Berichtigungsanspruch zudem nachweisen, dass die getroffene Äußerung falsch ist.

8.5.6 Strafrechtliche Folgen

Aufgrund ihrer denkbar schweren Folgen können Beleidigungen strafrechtliche Konsequenzen mit sich bringen

Neben den zivilrechtlichen Ansprüchen des Betroffenen (Unterlassung, Schadensersatz, Gegendarstellung, Berichtigung) können ebenso strafrechtliche Konsequenzen bei rechtswidrigen Äußerungen greifen. In Betracht kommen Sanktionen nach dem Strafgesetzbuch (StGB) wegen Beleidigung, übler Nachrede oder Verleumdung. Dabei erstreckt sich der Strafrahmen von Geldstrafen bis hin zu Freiheitsstrafen von bis zu fünf Jahren. Diese Delikte werden allerdings nur auf Antrag des Betroffenen verfolgt, d. h., die Staatsanwaltschaft wird hier nicht von sich aus tätig.

8.6 Was tun bei einem Shitstorm?

Die enorme Verbreitung sozialer Medien in der Bevölkerung hat auch dazu geführt, dass sich in bestimmten Konstellationen eine massenhafte öffentliche Entrüstung in den Social-Media-Kanälen eines Unternehmens entlädt. In einem solchen Shitstorm (zusammengesetzt aus den englischen Wörtern shit = Scheiße und storm = Sturm) geht es häufig nicht mehr um die sachliche Kritik, sondern um die Verbreitung von Unwahrheiten, Beleidigungen und Schmähungen.

Was versteht man unter dem Begriff »Shitstorm«?

Beispiel

Ein prominentes Beispiel eines solchen sprichwörtlichen »Wurst-Case-Szenarios« ist die Facebook-Seite des Bankinstituts »DiBa«. Die Bank hatte im Dezember 2011 einen TV-Spot mit dem bekannten Basketballstar Dirk Nowitzki geschaltet. Dieser bekommt im Laufe des Spots in einer Metzgerei eine Extrascheibe Wurst von der Verkäuferin geschenkt (als Symbol für die Extraleistungen der DiBa). Kurz darauf begann eine Gruppe von Veganern, auf der Facebook-Seite der DiBa ihren Unmut über den Spot zu äußern (siehe Abbildung 8.14). Hauptkritikpunkt war, dass der Spot keine Rücksicht auf Veganer und Vegetarier nehme und suggeriere, nur durch Fleischkonsum werde man »groß und stark«. Schon einen Tag nach diesen ersten Postings brach ein Sturm der Entrüstung über die DiBa herein, der in insgesamt 1.400 Postings und mehr als 15.000 Kommentaren gipfelte. Thema war jetzt allerdings kaum noch die Kritik an dem Spot, sondern eine generelle Diskussion über verschiedene Ernährungsweisen. Am 17. Januar 2012 beendete die DiBa schließlich die Auseinandersetzung, indem sie ankündigte, künftige Beiträge zum »Wurstkrieg« zu löschen (siehe Abbildung 8.15).

Sofern es bei einem Shitstorm zu unwahren Tatsachenäußerungen und Beleidigungen kommt, greifen natürlich die in Abschnitt 8.5 genannten rechtlichen Instrumente ein. Ob ein solches rechtliches Eingreifen allerdings zielführend ist, ist mehr als fraglich. Mahnen Sie einen Nutzer wegen einer Äußerung ab, leitet dies im Zweifel ein Vielfaches an neuen negativen und rechtswidrigen Äußerungen ein. Der Shitstorm weitet sich dadurch noch mehr aus.

Ein Shitstorm erfordert eine sensible Reaktion. Ein Zurückschlagen kann oft mehr Schaden anrichten

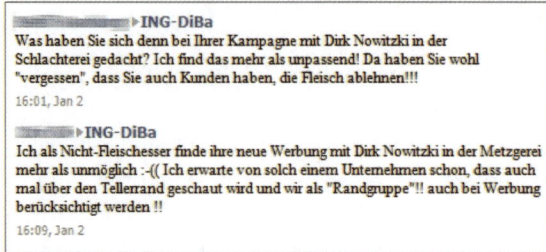

Abbildung 8.14 Die ersten Postings zum Werbespot der ING-DiBa auf der Facebook-Seite der Bank. Solange es bei zwei Kommentaren bleibt, ist dies sicherlich kein Problem. Ein Shitstorm mit vielen Hundert Kommentaren kann die Seite jedoch lahmlegen oder zumüllen. (Screenshot: der-bank-blog.de)

Abbildung 8.15 Eine Stellungnahme zu den Postings der Nutzer sollte äußerst sensibel erfolgen, um sich als Unternehmen nicht dem Vorwurf auszusetzen, man würde kritische Stimmen einfach nicht zu Wort kommen lassen. Das Posting der DiBa zur Beendigung der Diskussion trifft hier wohl den richtigen Ton.

Tipps zum Umgang mit Shitstorms

In der Praxis haben sich daher abseits einer rechtlichen Verfolgung folgende Tipps zum Umgang mit Shitstorms bewährt:

▶ Reagieren Sie auf Kritiker und zeigen Sie, dass Sie die Kritik ernst nehmen.

▶ Kündigen Sie an, dass Sie gern für sachliche Diskussionen offen sind, beleidigende oder unwahre Beiträge allerdings löschen werden.

▶ Löschen Sie nur rechtswidrige Beiträge. Das Löschen von unliebsamer, aber berechtigter Kritik löst häufig Zensurdiskussionen aus.

▶ Sobald die Auseinandersetzung abebbt oder sich im Kreis dreht, können Sie ankündigen, dass Sie alle weiteren Beiträge zu diesem Thema entfernen werden, die alten Beiträge allerdings genügend Raum für weitere Diskussionen bieten.

Nicht jede kritische Äußerung artet in einen Shitstorm aus. So kann es bei manchen Äußerungen auch sinnvoll sein, die kritischen Äußerungen erst mal unkommentiert stehen zu lassen und abzuwarten, ob sich weitere Nutzer echauffieren.

Abwarten kann bei kritischen Äußerungen hilfreich sein

Beispiel

Die Beiträge in Abbildung 8.16 auf der Facebook-Seite von Mercedes-Benz entstanden, kurz nachdem bekannt wurde, dass Mercedes-Benz einen von Studenten erstellten inoffiziellen Werbespot bei einem Wettbewerb mit einem Preisgeld prämiert hatte. Stein des Anstoßes war, dass in dem Werbespot das Kind Adolf Hitler von einem Mercedes überfahren und dies mit den Worten »Erkennt Gefahren, bevor sie entstehen« kommentiert wird. Mercedes-Benz äußerte sich auf Facebook nicht zu den kritischen Beiträgen, sodass diese schnell in der Masse anderer Nutzerbeiträge untergingen.

Abbildung 8.16   Kritische Äußerungen auf der Facebook-Seite von Mercedes-Benz

257

Tipp

Das Portal gutefrage.net bietet unter der Internetadresse *https://dialog.gutefrage.net* ein kostenloses Whitepaper zum richtigen Umgang mit Shitstorms an.

9   Datenschutz im Social Web

In Zeiten von Datenskandalen und Schnüffeleien durch Geheimdienste (Stichwort: PRISM) wächst bei den Nutzern von Social Media das Bewusstsein für den Schutz ihrer persönlichen Daten. In diesem Kapitel lernen Sie, wie Sie als Unternehmen mit diesen Daten professionell und rechtssicher umgehen. Dadurch werden Ihre Social-Media-Aktivitäten für sensibilisierte Nutzer attraktiver, und Sie vermeiden Bußgelder und Abmahnungen.

Nicht wenige Leser mögen beim Thema Datenschutz an eine trockene, vielleicht sogar langweilige Materie denken. Vor allem im Social-Media-Bereich wäre dies aber eine übereilte Fehleinschätzung, denn aufgrund der Dynamik sozialer Medien sind spannende Entwicklungen dieses Rechtsgebiets garantiert. Medienberichte, runde Tische bis zu Anhörungen im Bundestag rund um die Streitthemen IP-Adressen, Google Analytics oder den Umgang mit dem Facebook-»Gefällt mir«-Button – kein anderes Thema steht derart im Fokus der öffentlichen Diskussion wie der Umgang mit personenbezogenen Daten im Internet.

Der Datenschutz steht häufig im Fokus der Öffentlichkeit

Damit einher geht allerdings auch eine stetig wachsende Unübersichtlichkeit und Rechtsunsicherheit des ohnehin schon komplexen Datenschutzes und macht diesen zu einer viel diskutierten und kaum nachvollziehbaren Materie. Nicht nur juristische Laien, die erstmals mit dieser in Berührung kommen, drohen daher leicht im Dschungel der datenschutzrechtlichen Regelungen und Pflichten die Orientierung zu verlieren.

Das Datenschutzrecht ist eine komplexe und unübersichtliche Materie

In Anbetracht dessen bleibt dieses Kapitel auf Bereiche begrenzt, die für Anbieter von Social Media in der täglichen Praxis besonders bedeutsam sind und die in weiten Teilen problemorientiert dargestellt werden. Beides erleichtert Ihnen den Einstieg in die Thematik erheblich. Nur sofern es für Ihr Verständnis unerlässlich ist, werden grundsätzliche Fragestellungen erörtert. So erfahren Sie eingangs beispielsweise, ob deutsches Recht auf international verfügbare

Social-Media-Dienste anwendbar ist, wann datenschutzrechtliche Vorschriften überhaupt eingreifen und welchen Grundregeln jedes Angebot in diesem Fall genügen muss. Im Anschluss erläutern wir Ihnen einzelne Fragen und typische Konstellationen des Datenschutzes bei Social Media, etwa wie Nutzereinwilligungen wirksam einzuholen und wie Datenschutzerklärungen richtig zu gestalten sind. Auch Probleme rund um die Themen Einsatz von Social Plugins, Facebook-Apps, und Trackingtools werden dargelegt und mögliche Lösungen dazu aufgezeigt, wie Sie hier datenschutzkonform handeln können. Abschließend erfahren Sie, welche rechtlichen Konsequenzen Ihnen drohen, wenn Ihre Social-Media-Aktivitäten die Vorschriften des Datenschutzes nicht erfüllen.

Rechtslage in Österreich

Die nachfolgend angesprochenen Leitlinien des Datenschutzrechts gelten grundsätzlich auch für Österreich. Da das Datenschutzrecht bereits heute EU-weit durch die Datenschutzrichtlinie vereinheitlicht wurde, ergeben sich nur wenige Abweichungen. Diese werden wir entsprechend in Infokästen kenntlich machen.

9.1 Ursachen von Datenschutzproblemen im Social Web

Die Probleme im Datenschutz haben viele Ursachen

Um die vielen problematischen Aspekte des Datenschutzes im Zusammenhang mit sozialen Medien besser zu verstehen, lohnt sich ein Blick auf ihre Ursachen. Diese sind, ebenso wie das Social Web selbst, äußerst vielfältig.

9.1.1 Neues Rechtsgebiet mit vielen Fragen und wenigen Antworten

Als Teil des Web 2.0 erleben soziale Medien eine wachsende Bedeutung erst seit einigen Jahren. Dementsprechend ist das Social-Media-Recht insgesamt ein noch sehr junges Gebiet, das viele neue Fragen aufwirft, die teilweise noch nicht vollständig geklärt sind (Stichwort »Neuland«).

Hinzu kommt, dass so manche gesetzliche Regelung auf die modernen und sich immer rasanter fortentwickelnden Technologien von sozialen Medien ursprünglich nicht zugeschnitten sind oder der Gesetzgeber mit nötigen Anpassungen nicht Schritt halten kann. Nicht für alle der stetig neu eingeführten oder geänderten Funktionen von sozialen Medien und den damit einhergehenden Änderungen im Verhalten ihrer Nutzer hält das Gesetz daher eine eindeutige Lösung bereit.

Die gesetzlichen Regelungen erfassen nicht jede Neuerung im WWW immer sofort und umfassend

> **Hinweis**
>
> Maßgeblich für den Datenschutz im Social Web sind das Bundesdatenschutzgesetz (BDSG) mit seinen allgemeinen datenschutzrechtlichen Vorschriften und das Telemediengesetz (TMG), das spezielle und vorrangige Vorschriften für den Onlinebereich vorsieht. Nur sofern dieses keine (abschließenden) Regeln bereithält, darf das BDSG für die Beurteilung des Datenschutzes bei Social Media herangezogen werden.

Um den sich wandelnden technischen und sozialen Verhältnissen Rechnung zu tragen, enthalten deshalb viele Datenschutzvorschriften sehr allgemeine und flexibel iinterpretierbare Begriffe. Beispielsweise wird die Verwendung bestimmter Daten erlaubt, die für die Nutzung eines Onlineangebots »erforderlich« sind. Weil diese Begriffe zwangsläufig sehr unbestimmt sind, können daraus wiederum weitere rechtliche Unsicherheiten entstehen.

Das Datenschutzrecht ist offen gestaltet, um den stetigen Änderungen Herr zu werden

In anderen Rechtsgebieten werden derartige Minenfelder dadurch entschärft, dass Gerichte letztlich über die Zweifelsfragen entscheiden und der Praxis damit deutliche Vorgaben an die Hand geben. Auf dem Gebiet des (Online-)Datenschutzes mangelt es aber an einer solchen klärenden Rechtsprechung beinahe vollständig. Denn Streitfälle werden nur in den seltensten Fällen vor den Gerichten ausgetragen, was nicht zuletzt auch an den vergleichsweise milden Strafen und Bußgeldern bei Verstößen liegt (siehe Abschnitt 9.11.1).

9.1.2 US-Plattformen kollidieren mit EU-Datenschutz

Speziell im Bereich von Social Media tritt darüber hinaus das sehr unterschiedliche Datenschutzverständnis in Europa einerseits und den USA andererseits als Problemursache zutage. Während nach dem europäischen Grundkonzept das Erheben und Verwenden von

Verschiedene Grundprinzipien des Datenschutz in der EU und den USA

Nutzerdaten nämlich im Normalfall verboten, also nur dann rechtlich zulässig ist, wenn der Nutzer einwilligt oder das Gesetz dies ausnahmsweise gestattet (Opt-in-Prinzip, Näheres dazu siehe Abschnitt 9.6), ist der US-amerikanische Datenschutz durch den freieren Opt-out-Gedanken geprägt. Dieser erlaubt Unternehmen, persönliche Daten von Nutzern zu erheben und zu verwenden, sofern der Nutzer dem nicht widerspricht.

Relevant werden die Unterschiede, weil die Plattformbetreiber in den USA sitzen und sich nach amerikanischem Recht richten

Da die etablierten Social-Media-Plattformen von Facebook über Twitter und Google+ bis hin zu YouTube von US-amerikanischen Unternehmen ausgehend von den dortigen Marktverhältnissen entwickelt wurden, liegt ihrer technischen Ausgestaltung das hiesige Grundverständnis eines deutlich weniger strengen Datenschutzes zugrunde. Einige Funktionen oder Einstellungen dieser Plattformen sind daher nach den europäischen – und vor allem den strengen deutschen Maßstäben – kritisch zu bewerten.

Beispiel

Behält ein Nutzer bei Facebook nach der Eröffnung eines Accounts die Standardeinstellungen für die Privatsphäre unverändert bei, gibt er damit unter Umständen sogar Informationen zu seinem Leseverhalten preis. Klickt er nämlich beispielsweise auf einen in einer Facebook-Gruppe geposteten Link, erscheint in der Chronik (Timeline) des Nutzers eine entsprechende Meldung inklusive einer Verlinkung, sodass auch der gelesenen Inhalt nachvollzogen werden kann. Ohne eine ausdrückliche Nutzereinwilligung ist dies allerdings datenschutzwidrig.

Besondere Schwierigkeiten für Unternehmen in Europa

Für Social Media nutzende Unternehmen in Europa besteht dabei die Schwierigkeit, dass sie weitgehend den technischen und rechtlichen Vorgaben der jeweiligen Plattform unterliegen. Oftmals verbleiben damit keine Gestaltungsspielräume, um dort angelegte datenschutzrechtliche Verstöße auszubügeln.

Beispiel

Datenschützer halten die Datenschutzerklärungen von Facebook, Google+, Twitter und YouTube in vielerlei Hinsicht für rechtlich fehlerhaft. Weil diese aber grundsätzlich einheitlich für die gesamte Plattform gelten, können Sie diese Fehler nicht durch eigene Maßnahmen beheben (siehe Abschnitt 9.7.1).

9.2 Konsequenzen für den Umgang mit Datenschutzrecht in der Praxis

Als Leitlinie für die tägliche Praxis, insbesondere wenn die rechtliche Bewertung von Fragestellungen, die die sozialen Medien betreffen, unklar ist, empfiehlt es sich für Unternehmen, ihr Social-Media-Angebot möglichst an den von den Datenschutzbehörden aufgestellten Anforderungen auszurichten. Denn die behördlichen Rechtsauffassungen sind nicht nur angesichts der im Datenschutzbereich kaum vorhandenen Rechtsprechung von besonders hoher Bedeutung. Auch überwachen und kontrollieren letztlich die Datenschutzbehörden, ob datenschutzrechtliche Vorschriften befolgt werden, und sind für die Unternehmen in Zweifelsfällen daher vorrangiger Ansprechpartner.

Empfehlenswert ist eine Orientierung an den Vorgaben der Datenschutzbehörden

> **Hinweis**
>
> Die für Sie zuständige Datenschutzbehörde bestimmt sich nach dem Bundesland, in dem Sie Ihren Unternehmenssitz haben. Die zuständigen Datenschutzbehörden sind:
>
> ▸ Baden-Württemberg: Landesbeauftrager für den Datenschutz: *http://www.baden-wuerttemberg.datenschutz.de*
>
> ▸ Bayern: Bayerisches Landesamt für Datenschutzaufsicht: *http://www.lda.bayern.de*
>
> ▸ Berlin: Berliner Beauftragter für Datenschutz und Informationsfreiheit: *http://www.datenschutz-berlin.de*
>
> ▸ Brandenburg: Die Landesbeauftragte für den Datenschutz und das Recht auf Akteneinsicht Brandenburg: *http://www.lda.brandenburg.de*
>
> ▸ Bremen: Die Landesbeauftragte für Datenschutz und Informationsfreiheit Bremen: *http://www.datenschutz-bremen.de*
>
> ▸ Hamburg: Der Hamburgische Beauftragte für Datenschutz und Informationsfreiheit: *http://www.datenschutz-hamburg.de*
>
> ▸ Hessen: Der Hessische Datenschutzbeauftragte: *http://www.datenschutz.hessen.de*
>
> ▸ Mecklenburg-Vorpommern: Der Landesbeauftragte für Datenschutz und Informationsfreiheit Mecklenburg-Vorpommern: *http://www.lfd.m-v.de*
>
> ▸ Niedersachsen: Der Landesbeauftragte für den Datenschutz Niedersachsen: *http://www.lfd.niedersachsen.de*

- ▸ Nordrhein-Westfalen: Der Landesbeauftragte für Datenschutz und Informationsfreiheit Nordrhein-Westfalen: *https://www.ldi.nrw.de*
- ▸ Rheinland-Pfalz: Der Landesbeauftragte für den Datenschutz Rheinland-Pfalz: *http://www.datenschutz.rlp.de/de/index.php*
- ▸ Saarland: Die Landesbeauftragte für Datenschutz und Informationsfreiheit Saarland: *http://www.lfdi.saarland.de*
- ▸ Sachsen: Der Sächsische Datenschutzbeauftragte: *http://www.saechsdsb.de*
- ▸ Sachsen-Anhalt: Der Landesbeauftragte für den Datenschutz Sachsen-Anhalt: *http://www.sachsen-anhalt.de/index.php?id=31919*
- ▸ Schleswig-Holstein: Unabhängiges Landeszentrum für Datenschutz Schleswig-Holstein: *https://www.datenschutzzentrum.de*
- ▸ Thüringen: Der Landesbeauftragte für den Datenschutz Thüringen: *http://www.tlfdi.de/tlfdi*

Der Bundesbeauftragte für den Datenschutz (erreichbar unter *http://www.bfdi.bund.de/Vorschaltseite_DE_node.html*) ist zuständig für die Überwachung von öffentlichen Stellen (Behörden) des Bundes und Telekommunikationsunternehmen. Für Sie wird er daher nur in Ausnahmefällen der richtige Ansprechpartner sein.

Rechtslage in Österreich

In Österreich wacht die Österreichische Datenschutzkommission über die Einhaltung des Datenschutzes. Sie erreichen die Behörde über die Internetadresse *http://www.dsk.gv.at*.

Rechtsunsicherheiten als unternehmerisches Risiko

Auch bei größtem Bemühen wird es Social-Media-Dienstleistern angesichts der skizzierten Unsicherheiten in der Regel nicht möglich sein, ihr Angebot vollständig datenschutzkonform zu gestalten. Wenn auf eine Präsenz in sozialen Medien nicht gänzlich verzichtet werden soll, müssen die damit verbundenen rechtlichen Unsicherheiten als unternehmerisches Risiko hingenommen werden.

Besondere Praxislösungen für Social Plugins

So existieren beispielsweise für die datenschutzrechtlich hoch problematischen Social Plugins, insbesondere den Facebook-Like-Button, Praxislösungen, die zwar einen annähernd rechtskonformen Einsatz ermöglichen, jedoch mit gewissen Restrisiken verbunden bleiben (siehe Abschnitt 9.8). Andere Datenschutzverstöße, die beispielsweise durch den Einsatz von Facebook-Apps (siehe Abschnitt 9.9) oder die Einbindung von Datenschutzerklärungen entstehen, sind in der Rechtspraxis hingegen noch gänzlich ungelöst, werden aber von den Aufsichtsbehörden – zumindest bislang – schlichtweg ignoriert.

Achtung

Die rechtliche Unsicherheit stellt keinesfalls einen Freibrief für ein sorgloses Datenschutzgebaren dar. Im Normalfall sollten Sie Ihre Social-Media-Aktivitäten an den Anforderungen der Behörden ausrichten. Alternative oder rechtlich unsichere Lösungswege sollten nur ausnahmsweise und unter Einbeziehung des (Kosten-)Risikos, vor allem im Hinblick auf mögliche Bußgelder, erwogen und umgesetzt werden.

9.3 Wann gilt der Datenschutz?

Beim Betrieb eines Social-Media-Auftritts fallen nicht selten unzählige Daten an, welche häufig auch noch im Ausland erhoben, gespeichert oder verarbeitet werden. Allerdings unterfällt nicht jeder dieser Schritte automatisch den (deutschen) Datenschutzregeln. In den folgenden Abschnitten sehen Sie, in welchen Fällen der deutsche Datenschutz eingreift und welche Daten hiervon betroffen sind.

9.3.1 Gilt das deutsche Datenschutzrecht auf internationalen Plattformen?

Wegen der oft internationalen Ausrichtung von Social-Media-Präsenzen stellt sich für die Inhaber zunächst die entscheidende Frage, ob die Regeln des deutschen Datenschutzes auf das jeweilige Angebot überhaupt Anwendung finden. Nur dann nämlich sind die in diesem Kapitel dargestellten Fragen und Probleme überhaupt relevant.

Anders als manchmal irrigerweise angenommen, ist dafür allerdings nicht entscheidend, wo die jeweils erhobenen Daten gespeichert werden (z. B. Serverstandort o. Ä.). Ausgangspunkt aller Überlegungen sollte vielmehr der Unternehmenssitz des für die Daten verantwortlichen Unternehmens sein, wobei einige Ausnahmen zu beachten sind. Die folgende Tabelle verdeutlicht Ihnen, wann Sie die in diesem Kapitel beschriebenen Regelungen beachten müssen.

Für die Frage nach dem anwendbaren Recht kommt es nicht darauf an, in welchem Land die Daten gespeichert werden

Ausgangslage	Anwendbares Recht
Unternehmenssitz oder Niederlassung in Deutschland	Hier gilt das deutsche Datenschutzrecht.
Unternehmenssitz innerhalb der EU (z. B. Frankreich)	Das Datenschutzrecht des jeweiligen Sitzlandes ist anzuwenden (hier: Frankreich)
Unternehmenssitz außerhalb der EU, Datenverarbeitung in Deutschland	Hier gilt das deutsche Datenschutzrecht.

Tabelle 9.1   Übersicht, in welchen Fällen mit Auslandsbezug welches Datenschutzrecht gilt.

Beispiel

Im Fall von Facebook war in der Vergangenheit lange unklar, ob Facebook Inc. in den USA., Facebook Ltd. in Irland oder sogar die deutsche Niederlassung von Facebook für die Datenverarbeitung des sozialen Netzwerks verantwortlich ist. Nachdem das Oberverwaltungsgericht (OVG) Schleswig entschieden hat, dass Facebook Ltd. in Irland als verantwortliche Stelle zu werten ist, weil dort über die Datenverarbeitung entschieden wird, findet das Sitzprinzip Anwendung. Für deutsche Facebook-Nutzer gilt also irisches und nicht etwa deutsches Datenschutzrecht.

Beachten Sie, dass stets der Unternehmenssitz des für die Datenverwendung verantwortlichen Anbieters maßgeblich ist. Obwohl, wie im Fallbeispiel gesehen, für die Facebook irisches Datenschutzrecht gilt, muss ein in Deutschland ansässiges Unternehmen dann die deutschen Datenschutzregeln beachten, wenn es über eine Facebook-App eigenständig zusätzliche Daten von Nutzern erhebt und verwendet, etwa bei einem auf der Facebook-Fanseite durchgeführten Gewinnspiel.

Rechtslage in Österreich

Die oben dargestellte Tabelle können Sie eins zu eins übertragen. Sitzt Ihr Unternehmen in Österreich, müssen Sie österreichisches Recht beachten. Sitzt Ihr Unternehmen in der EU und verarbeitet Daten in Österreich, so ist das Recht des Sitzlandes maßgeblich. Sitzt Ihr Unternehmen außerhalb der EU und verarbeitet Daten in Österreich, gilt wiederum österreichisches Recht.

9.3.2   Für welche Art von Daten gilt das Datenschutzrecht?

Das deutsche (und europäische) Datenschutzrecht zielt darauf ab, das Grundrecht der »informationellen Selbstbestimmung« zu schützen. Dieses besagt, dass jeder selbst bestimmen kann, ob und welche Informationen zu seiner Person preisgegeben werden. Daher müssen Sie das Datenschutzrecht immer dann beachten, wenn Sie im Social Web sogenannte personenbezogene Daten verarbeiten. Dies sind im Grundsatz solche Angaben, aus denen eine einzelne Person bestimmt werden kann.

Das Grundrecht auf informationelle Selbstbestimmung wird hergeleitet aus Art. 2 Abs. 1 i. V. m. 1 Abs. 1 GG

Beispiel

Folgende Daten sind beispielsweise personenbezogen:

- Name
- Geburtsdatum
- Wohnanschrift
- Geschlecht
- Telefonnummer

- E-Mail-Adresse (außer es handelt sich um eine Fantasieadresse)
- Kfz-Kennzeichen
- IP-Adresse (umstritten, siehe unten)

Immer wenn Sie (theoretisch) aus einer Angabe einen Bezug zu einer einzelnen Person herstellen können, handelt es sich um ein personenbezogenes Datum. Bei der aufgeführten IP-Adresse ist zurzeit eine juristische Diskussion im Gang, die wir Ihnen an dieser Stelle gern ersparen möchten und Ihnen deshalb raten, auch die IP-Adresse als »personenbezogen« zu betrachten.

Auch die IP-Adresse sollte als personenbezogen betrachtet werden

---

Rechtslage in Österreich

Beim Thema IP-Adresse herrscht in Österreich etwas mehr Rechtsklarheit. Das österreichische Recht kennt nämlich die nur »indirekt personenbezogenen Daten«. Das sind Daten, die zwar irgendwie auf eine Person rückverfolgbar sind, aber nicht mit legalen Mitteln. Solche Daten dürfen in Österreich gespeichert und verarbeitet werden. Da es im österreichischen Recht keine legale Möglichkeit gibt, als Betreiber einer Website oder eines Social-Media-Auftritts an den Inhaber einer IP-Adresse zu gelangen, dürfen Sie in Österreich IP-Adressen uneingeschränkt abspeichern.

> **Tipp**
>
> Sobald Sie bei Ihren Social-Media-Aktivitäten mit Daten umgehen, die auch nur möglicherweise zu einzelnen Personen zurückverfolgt werden können, sollten Sie das Thema Datenschutz bedenken und gegebenenfalls recherchieren oder auch professionellen Rechtsrat einholen, um festzustellen, ob Sie die Datenschutzgesetze beachten müssen.

9.4 Was muss beim Datenschutz beachtet werden?

Das Datenschutzrecht kennt einige Grundregeln, die Sie beim Umgang mit personenbezogenen Daten (siehe oben) immer beachten müssen und die wir Ihnen daher vorab anhand einiger Beispiele nahebringen möchten.

9.4.1 Grundsatz: Es ist alles verboten, was nicht ausdrücklich erlaubt ist

Gesetzliche oder persönliche Erlaubnis

Das Datenschutzrecht geht von dem Grundsatz aus, dass ein Umgang mit personenbezogenen Daten grundsätzlich verboten ist. Nur wenn eine gesetzliche oder persönliche Erlaubnis vorliegt, ist eine Verarbeitung legal. Daher müssen Sie sich vor jeder Datenverarbeitung fragen, ob Sie sich auf eine solche Erlaubnis berufen können.

> **Beispiel**
>
> Wenn Sie auf Ihrem Firmen-Blog ein Gewinnspiel veranstalten möchten, benötigen Sie persönliche Daten der Teilnehmer. Da es keine gesetzliche Ausnahme für eine Datenverarbeitung bei Gewinnspielen gibt, brauchen Sie eine persönliche Erlaubnis (= Einwilligung) der Teilnehmer, ihre Daten zu verwenden. Diese können Sie beispielsweise über ein Hinweisfeld mit einer Checkbox einholen (siehe Abschnitt 9.6).

9.4.2 Transparenz

Jeder Umgang mit personenbezogenen Informationen soll für die Betroffenen transparent gestaltet sein. Unternehmen sind deshalb verpflichtet, die folgenden Regeln einzuhalten:

Informations- und Aufklärungspflichten: Alle Betroffenen sind zu unterrichten, ob und gegebenenfalls welche Informationen über sie erhoben werden. Sie sollen ferner wissen, wie und zu welchen Zwecken ihre Daten verwendet werden. Vor allem bei einer Einwilligungserklärung des Nutzers und der Datenschutzerklärung (siehe Abschnitt 9.7) ist dies zu beachten.

Direkterhebung: Im Regelfall sollen Daten beim Betroffenen selbst und nicht bei Dritten beschafft werden. Nur so ist sichergestellt, dass der Betroffene von der Erhebung seiner Daten überhaupt Kenntnis hat und frei über eine Preisgabe entscheiden kann.

> **Beispiel**
>
> Möchten Sie bei dem oben beschriebenen Gewinnspiel die erhobenen Daten auch dazu nutzen, den Teilnehmern Werbematerial per Post oder E-Mail zukommen zu lassen, müssen Sie darauf ausdrücklich hinweisen. Vergisst ein Teilnehmer die Eingabe seiner Adresse, so dürfen Sie diese nicht in einem sozialen Netzwerk »recherchieren«, sondern müssen den Betroffenen direkt danach fragen.

9.4.3 Zweckbindungsgrundsatz

Bereits vor der Erhebung von Daten muss ein bestimmter Zweck für ihre Verarbeitung festgelegt und dem Betroffenen mitgeteilt werden. Daten dürfen also nicht einfach »ins Blaue hinein« auf Vorrat gespeichert werden. Ohne erneute Einwilligung des Nutzers oder eine spezielle gesetzliche Erlaubnis darf dieser ursprüngliche (Verarbeitungs-)Zweck grundsätzlich auch nicht geändert werden, sondern muss bestehen bleiben.

Die Datenerhebung muss einem bestimmten, feststehenden Zweck dienen

> **Beispiel**
>
> Haben Sie im Rahmen des oben aufgeführten Gewinnspiels die Daten zum Zweck der Durchführung des Gewinnspiels erhoben, ist es Ihnen verwehrt, diese Daten für Werbemaßnahmen zu nutzen oder in Ihr CRM-System einzuspeisen.

9.4.4 Erforderlichkeit und Datensparsamkeit

Um den Betroffenen so wenig wie möglich zu tangieren, dürfen nur solche und nur so viele Daten beschafft und verwendet werden, wie

Keinen Datenvorrat anlegen

dies für das jeweilige Angebot unbedingt erforderlich ist. Folglich ist es weder erlaubt, Daten der Nutzer ohne bestimmten Anlass, gewissermaßen auf Vorrat, zu sammeln, noch, diese länger zu speichern, als der ursprüngliche Erhebungszweck es erfordert.

Beispiel

In unserem oben genannten Gewinnspielbeispiel bedeutet dies, dass Sie Name, Adresse und gegebenenfalls auch das Geburtsdatum abfragen dürfen, um das Gewinnspiel ordnungsgemäß durchführen zu können (siehe Abbildung 9.1). Nicht erlaubt wären allerdings Fragen nach Familienstand, Beruf, Anzahl der Kinder etc. Außerdem müssen Sie die Daten nach Durchführung des Gewinnspiels löschen.

Abbildung 9.1 Das Gewinnspiel auf www.neon.de macht es vor: Hier werden nur die Daten abgefragt, die zwingend erforderlich sind. Das ist zum einen der Name des Teilnehmers und zum anderen dessen E-Mail-Adresse, um ihn im Gewinnfall erreichen zu können. Die Frage nach dem Beruf oder der Konfektionsgröße wäre für das Gewinnspiel überflüssig.

9.4.5   Widerruflichkeit

Eine Einwilligung gilt nicht für ewig

Betroffene sind berechtigt, die zum Umgang mit ihren Daten erteilte Einwilligung jederzeit zu widerrufen. Das kann in jeder beliebigen Form, also schriftlich, per E-Mail oder als Nachricht über eine Social-Media-Plattform, geschehen. Macht ein Nutzer von seinem Widerrufsrecht Gebrauch, dürfen seine Daten nicht mehr genutzt und müssen umgehend gelöscht werden. Außerdem müssen Sie den Nutzer darüber aufklären, dass er das Recht zum Widerruf besitzt.

Beispiel

Für das Blog-Gewinnspiel bedeutet dies, dass Sie die Teilnehmer darauf hinweisen müssen, dass sie ihre Einwilligung jederzeit widerrufen dürfen. Macht ein Teilnehmer davon Gebrauch und bittet Sie per Mail um Löschung, müssen Sie diesem Wunsch unverzüglich nachkommen.

9.5   Datenverarbeitung ohne Einwilligung der Betroffenen

Wie wir bereits oben beschrieben haben, benötigen Sie für jeden Umgang mit personenbezogenen Daten eine gesetzliche oder persönliche Erlaubnis. Je nach individueller Gestaltung eines Social-Media-Angebots ist es aus Gründen der Praktikabilität oder Nutzerfreundlichkeit manchmal nur schwer möglich oder nicht gewünscht, die Nutzer um ihr Einverständnis in die Datenverwendung zu bitten. Fehlt es aber an einer Einwilligung, dürfen Sie die personenbezogenen Daten Ihrer Nutzer nur in den Fällen erheben und verwenden, in denen das Gesetz dies gestattet. Für Onlinedienste wie Social-Media-Präsenzen erlaubt das Telemediengesetz (TMG) die Datenverarbeitung abhängig davon, welche Arten von Daten anfallen, ausschließlich in den folgenden Fällen:

Die Erlangung einer Einwilligung ist nicht immer einfach

Verwendung von *Bestandsdaten*: Gemeint sind damit alle Daten, die der Abwicklung des vertraglichen Verhältnisses zwischen dem Betreiber des Social-Media-Angebots und dem Nutzer dienen. Typisches Beispiel sind die Registrierungsdaten für eine nur nach Anmeldung zugängliche Kommentarfunktion in einem Blog (zum Beispiel für die FAZ-Blogs in Abbildung 9.2), wie Vor- und Nachname, Identifizierungsinformationen oder die gegebenenfalls personenbezogene E-Mail-Adresse. Bestandsdaten dürfen nur erhoben und verarbeitet werden, sofern sie zur Vertragsabwicklung erforderlich (siehe oben Abschnitt Erforderlichkeit und Datensparsamkeit) sind, sodass ein Blog-Betreiber im Rahmen der Registrierung nicht ohne Weiteres z. B. das Alter der User abfragen kann, sondern nur wenn dies etwa

Bestandsdaten dürfen nur bei Erforderlichkeit im Rahmen der Vertragsabwicklung abgefragt werden

wegen der Blog-Inhalte notwendig ist. Auch dürfen die Daten nur für die genannten Erhebungs- und nicht für andere Zwecke (z. B. Newsletter-Werbung) genutzt werden.

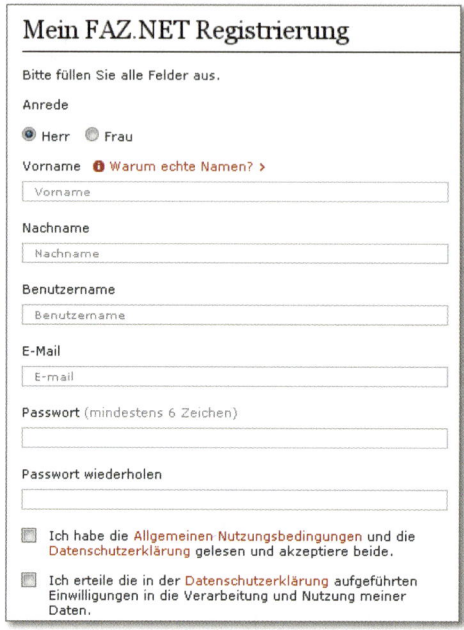

Abbildung 9.2 In der Anmeldemaske für die Kommentarfunktion im FAZ-Blog muss der Nutzer seine Bestandsdaten eingeben. Eine Begründung, weshalb der bürgerliche Name des Nutzers mit angegeben werden muss, wird von der FAZ auch mitgeliefert. Darüber hinaus muss der Nutzer in die Datenschutzerklärung einwilligen.

Nutzungsdaten dürfen nur temporär, also bis zum Ende der eigentlichen Nutzung, gespeichert werden

Verwendung von *Nutzungsdaten*: Als Nutzungsdaten dürfen Social-Media-Betreiber nach dem Gesetz all diejenigen Informationen speichern und verwenden, die notwendig sind, damit der Besucher ein Social-Media-Angebot überhaupt nutzen oder der Dienst gegebenenfalls abgerechnet (Abrechnungsdaten) werden kann. Dazu zählen vor allem technische Daten über die Verbindung, wie sie etwa in Logfiles vorkommen, sowie nach Meinung der Datenschutzbehörden auch die IP-Adresse. Der Umgang mit den Nutzungsdaten muss darauf beschränkt bleiben, die Inanspruchnahme des Social-Media-Angebots durch den Besucher zu ermöglichen. Sie sind daher nach dem Ende der Nutzung zu löschen, es sei denn, sie sind für eine Abrechnung mit dem Nutzer nötig, weil das Angebot nur entgeltlich verfügbar ist.

Erstellung von *Nutzungsprofilen*: Sobald Betreiber (pseudonyme) Nutzungsprofile von den Besuchern ihres Angebots erstellen, gelten besondere Regeln. Näheres hierzu wird in Abschnitt 9.10.1 dieses Kapitels erläutert.

9.6 Die richtige Einwilligungserklärung

Die vom Gesetz vorgesehenen Fälle, in denen personenbezogene Daten der Nutzer zulässigerweise verwendet werden dürfen, sind auf die wenigen oben beschriebenen Ausnahmefälle beschränkt. In der Praxis wird es deshalb oftmals notwendig sein, dass Sie vor einer Datenerhebung die Einwilligung der Nutzer einholen. Zwar ermöglicht Ihnen dies im Hinblick auf den Datenschutz ein flexibleres Handeln und eröffnet damit Gestaltungsspielräume für Ihre Social-Media-Präsenz, damit die Nutzereinwilligung aber rechtlich wirksam ist, müssen Sie einige strenge gesetzliche Vorgaben beachten.

Zunächst müssen Nutzer normalerweise in die Verwendung ihrer Daten in schriftlicher Form einwilligen. Um einen Medienbruch zu vermeiden, lässt das Gesetz für den Onlinebereich aber eine weniger strenge elektronische Form genügen. Social-Media-Anbieter können die Einwilligung der Nutzer also etwa durch anklickbare Schaltflächen, Kontrollkästchen bzw. Checkboxen, Webformulare, aber auch per E-Mail einholen, wenn sie dabei die folgenden Anforderungen einhalten:

Die digitalen Ausnahmen zur schriftlichen Form der Einwilligung

Freiwilligkeit: Seine Entscheidung darf der Nutzer immer nur völlig frei und nicht aufgrund von äußerem Druck treffen.

Freiwilligkeit

Eindeutige Erklärung: Damit sichergestellt ist, dass der betroffene Nutzer ausdrücklich einwilligt, muss er eine aktive Handlung vornehmen. Praktisch umsetzen lässt sich ein solches Opt-in, indem der Nutzer aufgefordert wird, eine elektronische Schaltfläche anzuklicken oder eine Checkbox zu aktivieren. Ein bloßes Einblenden des Texts der Einwilligungserklärung, beispielsweise im Rahmen der Kommentarfunktion eines Blogs, genügt dafür nicht.

Der Nutzer muss aktiv in die Datennutzung einwilligen

Tipp

Für die Benutzerfreundlichkeit von Social-Media-Angeboten stellen Opt-in-Lösungen eine Hürde dar. Insofern sind manche Fachleute der Auffassung, dass für die elektronische Datenschutzeinwilligung auch Opt-out-Lösungen, zum Beispiel durch voraktivierte Checkboxen ausreichen. Um rechtliche Risiken zu vermeiden, sollten Sie Ihr Social-Media-Angebot aber unbedingt nach dem beschriebenen Opt-in-Ansatz gestalten.

Lückenlose Informa-
tion des Nutzers

Bewusste Einwilligung: Um die Tragweite seiner Entscheidung erkennen zu können, muss der Nutzer vom Social-Media-Betreiber vor seiner Einwilligungserklärung ausreichend darüber informiert werden, wer welche Daten von ihm wozu erhebt und wie sie verwendet werden. In der Praxis genügt es, hierfür zum Beispiel eine Einwilligungserklärung mit entsprechenden Angaben (ein Muster finden Sie in Kapitel 14, »Mustertexte«) auszugsweise auf dem Bildschirm darzustellen oder auf einen solchen Text zu verlinken. Allein ein Verweis auf die Datenschutzerklärung (dazu mehr in Abschnitt 9.5) wird im Regelfall nicht genügen.

Tipp

Wenn Sie die elektronische Einwilligungs- und die allgemeine Datenschutzerklärung kombinieren, müssen Sie dem Nutzer klar aufzeigen, in was er einwilligt und worüber er lediglich informiert wird. Die Einwilligung muss im Gesamttext deshalb besonders deutlich hervorgehoben werden, und es sollte eine aktive Einwilligungshandlung des Nutzers erfolgen.

Abrufbarkeit der
Einwilligung durch
den Nutzer

Protokollierung und Abrufbarkeit: Jede erklärte Einwilligung muss protokolliert werden (z. B. über Logfiles) und ihr Inhalt für den Nutzer jederzeit abrufbar sein, etwa über die auf der Social-Media-Präsenz verfügbare Datenschutzerklärung mit dem hervorgehobenen Einwilligungstext.

Keine erschwerte
Kontaktaufnahme

Hinweis auf Widerrufsmöglichkeit: Der Nutzer ist darauf hinzuweisen, dass er seine Einwilligung zur Verwendung seiner Daten jederzeit widerrufen kann. Damit dies tatsächlich möglich ist, muss der Anbieter auf seiner Social-Media-Präsenz entsprechende Kontaktaufnahmemöglichkeiten (Abmelde-Button, Webformular, E-Mail-Adresse etc.) bereitstellen.

Hinweis

Nehmen Sie diese strengen Anforderungen nicht auf die leichte Schulter. Denn im Zweifelsfall ist der Social-Media-Anbieter für das Vorliegen der rechtsgültigen Einwilligung des Nutzers beweispflichtig. Andernfalls drohen die in Abschnitt 9.11 dargestellten Konsequenzen.

Checkliste: Einwilligung in die Datenverwendung

▶ Haben Ihre Nutzer die freie Wahl, ob sie einwilligen oder nicht?

▶ Ist eine aktive Nutzerhandlung (Schaltfläche, Checkbox o. Ä.) vorgesehen?

▶ Wurde der Nutzer durch die Einwilligungserklärung ausreichend informiert?

▶ Haben Sie die Einwilligung des Nutzers protokolliert (z. B. Logfiles)?

▶ Kann der Nutzer den Text der Einwilligungserklärung jederzeit noch einmal abrufen?

▶ Haben Sie den Nutzer auf sein Recht zum Widerruf der Einwilligung hingewiesen?

9.7   Die Datenschutzerklärung

Ebenfalls eminent wichtig für Onlineangebote, in der täglichen Praxis aber häufig missverstanden, ist die sogenannte Datenschutzerklärung. In dieser legt der Social-Media-Betreiber umfassend offen, welche Daten er bei der Nutzung seiner Präsenz vom Besucher zu welchem Zweck erhebt und was mit diesen Daten im Anschluss daran geschieht.

Durch diese Unterrichtung wird die Datenverwendung für den Nutzer transparent und hilft ihm bei der Entscheidung, ob er den betreffenden Social-Media-Dienst tatsächlich nutzen will. Fehlt die Datenschutzerklärung, wird daher das Selbstbestimmungsrecht betroffener Nutzer beeinträchtigt. Gegen den Anbieter können dann hohe Bußgelder (siehe Abschnitt 9.11.1) verhängt werden.

9.7.1   Wann ist eine Datenschutzerklärung notwendig?

Beim Aufbau eines neuen Social-Media-Angebots gilt es zunächst, herauszufinden, ob hierfür eine eigene Datenschutzerklärung überhaupt zwingend notwendig ist. Ebenso wie beim Impressum (siehe Kapitel 2.3, »Wer bin ich – die Impressumspflicht in den sozialen Netzwerken«) verlangt das Gesetz dies nämlich nur dann, wenn die Social-Media-Präsenz als selbstständiges Telemedium zu werten ist. Da meist aber bereits die Betreiber der Social-Media-Plattformen Datenschutzerklärungen bereitstellen, ergeben sich typischerweise die folgenden Fallkonstellationen.

Selbstständige Social-Media-Angebote ohne übergreifende Datenschutzerklärung

Wenn ein Blog betrieben wird, ist regelmäßig von der Pflicht zur Vorhaltung einer Datenschutzerklärung auszugehen

Zweifellos eine eigene Datenschutzerklärung benötigen völlig eigenständige Social-Media-Angebote in Form von Blogs, die auf einem gesonderten Webspace oder Server, meist unter einer eigenen Domain, geführt werden. Typischerweise gilt Gleiches aber auch bei Blogs, die Teil der großen Blogging-Netzwerke wie beispielsweise Googles Blogger.com oder Wordpress.com sind. Denn diese Plattformen verfügen nicht über eine übergreifend einheitliche Datenschutzerklärung, auf die sich die einzelnen Blog-Betreiber stützen können. Im Gegensatz dazu müssen die Inhaber einzelner Profile in Businessnetzwerken (z. B. LinkedIn, XING) keine gesonderten Datenschutzerklärungen vorhalten, weil die dortigen Profile überhaupt keine selbstständigen Social-Media-Präsenzen darstellen.

Präsenzen auf Social-Media-Plattformen mit vorhandener Datenschutzerklärung

Unterschiede ergeben sich bei Social-Media-Netzwerken, die eine übergreifende Datenschutzerklärung für die gesamte Plattform bereithalten, was jedenfalls auf die großen Anbieter Facebook, Google+, Twitter (siehe Abbildung 9.3) und YouTube zutrifft.

Im Normalfall müssen die hier integrierten einzelnen Profile, also etwa der unternehmenseigene YouTube-Kanal oder die Unternehmens-Fanseite bei Facebook, nicht mit einer gesonderten Datenschutzerklärung versehen sein, da eine solche ja bereits vom Plattformbetreiber gestellt wird.

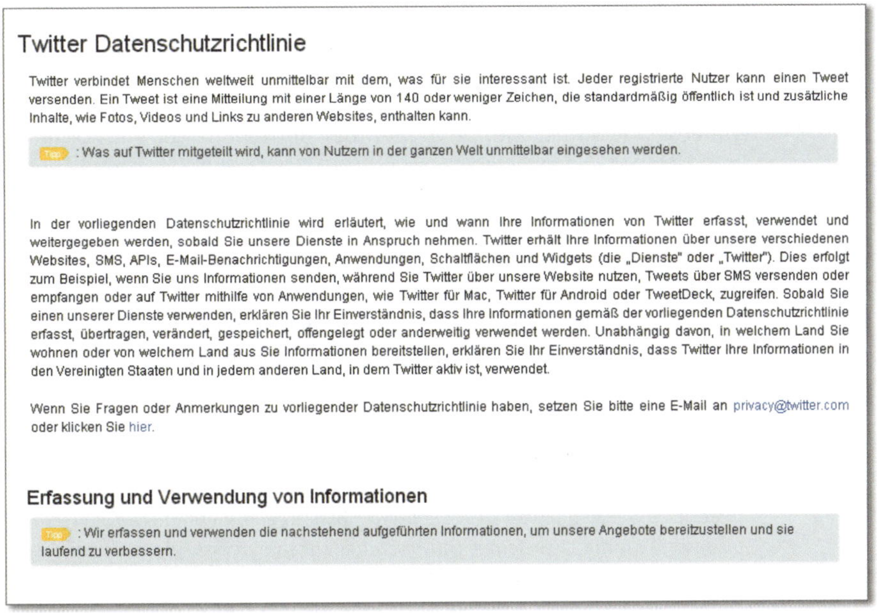

Twitter Datenschutzrichtlinie

Twitter verbindet Menschen weltweit unmittelbar mit dem, was für sie interessant ist. Jeder registrierte Nutzer kann einen Tweet versenden. Ein Tweet ist eine Mitteilung mit einer Länge von 140 oder weniger Zeichen, die standardmäßig öffentlich ist und zusätzliche Inhalte, wie Fotos, Videos und Links zu anderen Websites, enthalten kann.

> **Tipp** : Was auf Twitter mitgeteilt wird, kann von Nutzern in der ganzen Welt unmittelbar eingesehen werden.

In der vorliegenden Datenschutzrichtlinie wird erläutert, wie und wann Ihre Informationen von Twitter erfasst, verwendet und weitergegeben werden, sobald Sie unsere Dienste in Anspruch nehmen. Twitter erhält Ihre Informationen über unsere verschiedenen Websites, SMS, APIs, E-Mail-Benachrichtigungen, Anwendungen, Schaltflächen und Widgets (die „Dienste" oder „Twitter"). Dies erfolgt zum Beispiel, wenn Sie uns Informationen senden, während Sie Twitter über unsere Website nutzen, Tweets über SMS versenden oder empfangen oder auf Twitter mithilfe von Anwendungen, wie Twitter für Mac, Twitter für Android oder TweetDeck, zugreifen. Sobald Sie einen unserer Dienste verwenden, erklären Sie Ihr Einverständnis, dass Ihre Informationen gemäß der vorliegenden Datenschutzrichtlinie erfasst, übertragen, verändert, gespeichert, offengelegt oder anderweitig verwendet werden. Unabhängig davon, in welchem Land Sie wohnen oder von welchem Land aus Sie Informationen bereitstellen, erklären Sie Ihr Einverständnis, dass Twitter Ihre Informationen in den Vereinigten Staaten und in jedem anderen Land, in dem Twitter aktiv ist, verwendet.

Wenn Sie Fragen oder Anmerkungen zu vorliegender Datenschutzrichtlinie haben, setzen Sie bitte eine E-Mail an privacy@twitter.com oder klicken Sie hier.

Erfassung und Verwendung von Informationen

> **Tipp** : Wir erfassen und verwenden die nachstehend aufgeführten Informationen, um unsere Angebote bereitzustellen und sie laufend zu verbessern.

Abbildung 9.3   Der Microbloggingdienst Twitter hält eine eigene Datenschutzerklärung für seine Plattform bereit (www.twitter.com/privacy). Diese entfaltet ihre Wirkung auch zwischen den einzelnen Nutzern, sodass eine eigene Datenschutzerklärung in vielen Fällen obsolet ist.

Hinweis

Nach Auffassung vieler Datenschützer entsprechen die Datenschutzerklärungen z. B. von Google oder Facebook nicht den gesetzlichen Anforderungen, weil die Datenverwendung dem Nutzer nicht transparent genug dargestellt wird. Die Datenschützer sehen hierbei auch die Betreiber von Social-Media-Auftritten wie zum Beispiel Facebook-Seiten in der Pflicht und fordern eine Löschung der entsprechenden Seiten. Etwas Klarheit hat ein Urteil des Verwaltungsgerichts Schleswig im Oktober 2013 gebracht. Das Gericht sah die Betreiber von Facebook-Seiten nicht in der Verantwortung für die Datenverarbeitung durch Facebook. Insofern dürfte sich derzeit das rechtliche Risiko des Betriebs einer Facebook-Seite in Grenzen halten.

Von dieser allgemeinen Datenschutzerklärung wird allerdings lediglich die mit der üblichen Datenverwendung verbundene Plattformnutzung abgedeckt. Erweitert ein Inhaber seine Präsenz über den standardmäßigen Funktionsumfang hinaus und verlangt im Zuge

Bei Erweiterung des Profils ist eigene Datenschutzerklärung erforderlich

dessen den Nutzern noch weitere Daten ab, muss er ausnahmsweise zusätzlich eine eigenständige Datenschutzerklärung bereitstellen.

Typischerweise betrifft dies Facebook-Apps (siehe Abschnitt 9.9) wie etwa Gewinnspiele, bei denen der Betreiber über ein Formular die dafür notwendigen Kontakt- oder andere Informationen des Nutzers abfragt.

Tipp

Dass Betreiber von Facebook-Apps eine eigene Datenschutzerklärung haben müssen, schreibt Facebook auch selbst in seinen Richtlinien für Developer (*https://developers.facebook.com/policy/Deutsch*) vor. Dort heißt es unter II.3:

»*Du wirst Datenschutzrichtlinien haben, die anderen Nutzern mitteilen, welche Nutzerdaten du verwenden wirst und auf welche Weise diese verwendet, angezeigt, weitergegeben oder übertragen werden. Darüber hinaus wirst du die URL deiner Datenschutzrichtlinie in der Anwendungskonsole angeben, und musst auch einen Link zur Datenschutzrichtlinie deiner Anwendung in jedem Anwendungsmarktplatz integrieren, der dir die Funktionalität hierzu zur Verfügung stellt.*«

Kommen Sie Ihrer Verpflichtung nicht nach, droht unter anderem die Sperrung oder gar Löschung Ihrer Facebook-Firmenseite.

9.7.2 Wie platziere ich die Datenschutzerklärung?

Die Datenschutzerklärung muss ohne große Schwierigkeiten auffindbar sein

Ähnlich wie bei der Impressumspflicht stellt sich auch bei der Datenschutzerklärung die Herausforderung, wo und wie diese auf der Social-Media-Präsenz einzubinden ist. Nach den gesetzlichen Vorgaben muss der Anbieter Sorge tragen, dass die Datenschutzerklärung jederzeit und ohne großen Suchaufwand abgerufen werden kann.

Umsetzen lässt sich dies dadurch, dass die Datenschutzerklärung als zwingend in den Nutzungsvorgang, etwa in die Anmeldung oder Kommentarfunktion eines Blogs, eingebaut oder ein auf sie verweisender Link auf zumindest der Startseite platziert wird. Eingebürgert hat sich dabei eine Verlinkung im unteren Seitenbereich (Footer), wie dies exemplarisch auch beim Energieanbieter Polarstern umgesetzt ist (siehe Abbildung 9.4).

Für die individuelle Benennung des Verweises oder Kontrollkästchens existieren zwar keine festen Vorgaben, jedoch sollte sie unmissverständlich sein. Üblich sind hier etwa »Datenschutzerklä-rung«, »Datenschutzbestimmungen«, »Datenschutz«, »Privacy« oder ähnliche Bezeichnungen, die den Nutzer eindeutig über den In-halt der Erklärung informieren.

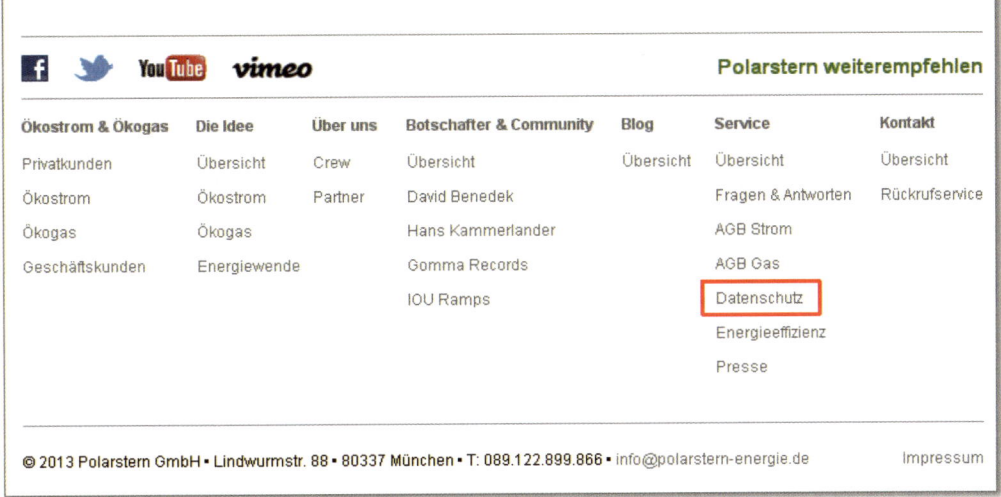

Abbildung 9.4   Der Footer der Website www.polarstern-energie.de hält einen Link zur Datenschutzerklärung bereit. Dieser Link ist einfach durch das Scrollen zum Seitenende zu erreichen.

Hinweis

Für den Betrieb von Facebook-Apps gelten prinzipiell die gleichen Vor-gaben, wie Sie in Abschnitt 9.9 nachlesen können.

9.7.3   Die Datenschutzerklärung richtig formulieren

Inhaltlich soll die Datenschutzerklärung über »Art, Umfang und Zwecke« der Datenerhebung und -verwendung unterrichten. Diese nur sehr schwammigen gesetzlichen Vorgaben bedeuten, dass der Nutzer umfassend zu informieren ist, welche personenbezogenen Daten das Social-Media-Angebot von ihm wie und wozu erhebt, was danach mit den Daten geschieht und welche Rechte der betroffene Nutzer hat.

Die Datenschutzerklä-rung dient der Auf-klärung des Nutzers. Entsprechend ver-ständlich sollte diese auch formuliert sein

In der Praxis sollte eine Datenschutzerklärung deshalb zumindest die folgenden Fragen beantworten und Punkte ansprechen:

- ▶ Allgemeine Erläuterung, was personenbezogene Daten sind.
- ▶ Welche personenbezogenen Daten werden bei Nutzung des Angebots erhoben und verwendet?

Tipp

Sinnvoll ist es hier, dem Nutzer zu beschreiben, ob und gegebenenfalls inwieweit er die Datenerhebung durch sein Verhalten steuern oder beeinflussen kann.

- ▶ Für welche Zwecke werden die erhobenen Daten verwendet (z. B. Gewinnbenachrichtigung)?
- ▶ Werden die Daten an Dritte übermittelt und gegebenenfalls an wen (z. B. Partnerunternehmen)?
- ▶ Findet eine Übermittlung ins Ausland, insbesondere außerhalb der EU/EWR, statt?
- ▶ Welche Analysedienste oder -tools werden gegebenenfalls eingesetzt?

Hinweis

Google verlangt bei der Verwendung seines Analysediensts Google Analytics die Verwendung eines bestimmten Texts (siehe Abschnitt 9.10, »Den Besucher analysieren – Google Analytics und andere Trackingtools«).

- ▶ Welche Arten von Cookies finden gegebenenfalls Verwendung?

Tipp

Hier sollte der Nutzer auf mögliche Deaktivierungen durch entsprechende Browsereinstellungen hingewiesen werden.

- ▶ Hinweise auf das Widerspruchsrecht des Nutzers, falls z. B. Nutzerprofile erstellt oder Werbenachrichten versendet werden.
- ▶ Hinweise auf die Auskunftsrechte, die dem Nutzer bezüglich seiner Daten zustehen.
- ▶ Über welche Kontaktdaten kann sich der Nutzer in Datenschutzangelegenheiten an den Anbieter wenden? Dabei geht es vor allem um seine Ansprüche auf Auskunft, Berichtigung und

Löschung seiner Daten und einen möglichen Widerruf seiner Einwilligung.

Tipp

Die Kontaktinformationen sollten leicht auffindbar und gegebenenfalls
hervorgehoben sein, damit Nutzer wissen, an wen sie sich wenden
können.

▶ Angaben dazu, welche Folgen eine verweigerte Einwilligung auf
   die Nutzung des Social-Media-Angebots hat.

Der Text der Datenschutzerklärung muss allgemein verständlich
sein. Das wird erreicht, indem der Text in deutscher Sprache verfasst
und nach Möglichkeit auf allzu komplizierte juristische Fachsprache
verzichtet wird.

*Die Datenschutzerklä-
rung muss in der Lan-
dessprache verfasst
sein (Deutsch)*

Ein Muster einer korrekt abgefassten Datenschutzerklärung finden
Sie in Kapitel 14, »Mustertexte«, dieses Buchs. Beachten sollten Sie
aber, dass eine rechtssichere Datenschutzerklärung stets einer An-
passung auf die individuelle Gestaltung des Social-Media-Angebots
bedarf.

Tipp

Eine weitere Möglichkeit, Datenschutzerklärungen für Ihr individuelles
Angebot zu erstellen, sind Generatoren für Datenschutzerklärungen,
die Sie im Web in großer Zahl finden. Um rechtlich auf der sicheren
Seite zu stehen, sollten die damit erstellten Ergebnisse aber nicht un-
geprüft übernommen werden.

Checkliste: Datenschutzerklärung

Wenn Sie vor dem Erstellen Ihres Social-Media-Auftritts folgende
Punkte klären, befinden Sie sich auf der sicheren Seite:

▶ Benötigt meine Social-Media-Präsenz überhaupt eine eigene
   Datenschutzerklärung (siehe Abschnitt 9.7.1)?

▶ Ist die Datenschutzerklärung richtig in mein Angebot eingebunden
   (siehe Abschnitt 9.7.2)?

▶ Sind in meiner Datenschutzerklärung alle erforderlichen Inhalte
   enthalten, und werden diese verständlich wiedergegeben (siehe
   Abschnitt 9.7.3)?

9.8   Social Plugins und Like-Buttons rechtssicher einsetzen

Durch Apps und Plug-ins fördern die sozialen Netzwerke die Nutzer-kommunikation auch außerhalb der Plattform

Ein wesentliches Merkmal des Web 2.0 besteht darin, verschiedenste Inhalte Dritter in das eigene Onlineangebot einzubinden und zu vernetzen. Eine besondere Rolle nehmen dabei die *Social Plugins* der sozialen Netzwerke ein, die nicht nur eine plattformübergreifende Ansprache, sondern auch eine solche Interaktion der Nutzer ermöglichen.

So erlaubt Facebook Webseitenbetreibern, auf ihren Präsenzen unter anderem die »Gefällt mir«-Schaltfläche (»Like«-Button), mit dem Nutzer des sozialen Netzwerks bestimmte Inhalte positiv bewerten können, sowie andere Elemente der Facebook-Plattform einzubauen. So hat beispielsweise die Therme »Neptunbad« in Abbildung 9.5 die sogenannte Like-Box auf ihrer Website eingebunden und präsentiert damit eine Auswahl von »Fans« der Öffentlichkeit.

Abbildung 9.5   Die Like-Box der Facebook-Fanseite des Neptunbads ist auf der Unternehmens-Website www.neptunbad.de zu sehen. Angezeigt werden hier die Facebook-Nutzer, die den zum Neptunbad gehörenden »Gefällt mir«-Button angeklickt haben. Dieser Button findet sich zum einen direkt auf der Website des Neptunbads und zum anderen in dessen Facebook-Profil (Unkenntlichmachung nachträglich hinzugefügt).

Auch Google+ bietet ähnliche Plug-ins an, wie beispielsweise die Google+-Box (siehe Abbildung 9.6).

Mittels dieser Social Plugins können die jeweiligen Nutzer Inhalte auch auf fremden Webseiten empfehlen, an ihre Freunde senden, mit Kommentaren versehen und vieles mehr.

Abbildung 9.6   Die Google+-Box ermöglicht Besuchern der Website, sich durch Anklicken des »Folgen«-Buttons direkt mit dem Seiteninhaber in Google+ zu vernetzen. So ermöglichen Sie den Besuchern Ihrer Seite einfach, Ihnen bei Google+ zu folgen, ohne dass ihre Webseite verlassen werden muss.

Von dem so entstehenden Geflecht von Beziehungen profitiert aber nicht allein der Nutzer. Vielmehr kann beispielsweise Facebook mithilfe des entstehenden sogenannten Social Graph Profile seiner Nutzer und ihrer Verhaltensweisen erstellen und dementsprechend z. B. auf ihre Vorlieben angepasste Werbung einblenden.

Netzwerke nutzen die Datenflut, um effizienter zu werben

In datenschutzrechtlicher Hinsicht werfen sowohl die bloße Einbindung von Drittinhalten als auch der Einsatz von Social Plugins rechtliche Fragen auf. Wie Sie dabei eventuelle Probleme so weit wie möglich umschiffen, zeigen Ihnen die nachstehenden Hinweise.

9.8.1   Warum ist die Einbindung von Drittinhalten überhaupt problematisch?

Sobald ein Besucher Onlineangebote mit darin eingebundenen fremden Inhalten aufruft, benötigt der Drittbieter dessen IP-Adresse, damit er die entsprechenden Daten an den Nutzer übertragen kann. Integrieren Sie also beispielsweise ein YouTube-Video in Ihre Facebook-Fanseite oder das von Ihnen betriebene Blog, wird beim Abrufen des Videoclips die Nutzer-IP auch an die Server von YouTube übertragen. Gleiches geschieht, wenn Sie fremde Werbeinhalte im Rahmen Ihrer Onlinepräsenz verwenden. Sofern man IP-Adressen als personenbezogene Daten ansieht (siehe Abschnitt 9.3.2), liegt hier eine datenschutzrelevante Übermittlung vor, die entweder vom Gesetz oder einer Einwilligung des Nutzers legitimiert sein muss.

Onlineanbieter können sich bei der Einbindung fremder Inhalte grundsätzlich auf das Telemediengesetz stützen, das die Verwendung personenbezogener Nutzerdaten immer dann erlaubt, wenn dies für die Inanspruchnahme des Webangebots erforderlich ist.

Denn ohne eine IP-Übermittlung wären die eingebundenen Inhalte für die Besucher überhaupt nicht abrufbar. Was aber zum Inhalt des Angebots gehören soll, müssen Anbieter letztlich frei bestimmen und somit auch über einfache Drittinhalte entscheiden können.

Hinweis

Entscheidungen von Gerichten, ob eingebundene Drittinhalte für Onlineangebote tatsächlich erforderlich und deshalb datenschutzrechtlich zulässig sind, stehen zwar noch aus, sodass eine gewisse Rechtsunsicherheit in dieser Frage bestehen bleibt, In der Praxis besteht bezüglich eines möglichen Datenschutzverstoßes jedoch nur ein geringes Risiko.

Rechtslage in Österreich

Da in Österreich die Speicherung der IP-Adresse rechtlich möglich ist, stellt sich dieses Problem nicht. Sie können daher Drittinhalte problemlos einbinden. Anders ist die Situation nur, wenn neben der IP-Adresse noch andere Daten, z. B. der Name, übertragen werden (wie bei Social Plugins, Näheres dazu siehe unten).

9.8.2   Was muss bei der Einbindung des Like-Buttons und anderen Social Plugins beachtet werden?

Deutlich problematischer ist die Situation hingegen bei Social Plugins wie dem Like-Button von Facebook zu bewerten, da diese weit mehr Informationen als nur die jeweilige IP-Adresse übermitteln, ohne dass der Nutzer davon erfährt. Konflikte mit dem Datenschutz sind hier vorprogrammiert.

Hinweis

Die Darstellung in diesem Abschnitt beschränkt sich auf den Facebook-Like-Button, sie lässt sich allerdings eins zu eins auf andere Social Plugins von Facebook und anderen Netzwerken (Google+, Twitter etc.) übertragen.

Je nachdem, ob ein Facebook-Nutzer, der Ihre Website mit dem Social Plugin aufruft, bei Facebook eingeloggt ist oder nicht, werden schon beim Seitenaufruf folgende Daten an das Netzwerk übertragen:

Website-Besucher im sozialen Netzwerk eingeloggt	Website-Besucher nicht im Netzwerk eingeloggt
▸ Eindeutige Benutzerkennung ▸ IP-Adresse ▸ Informationen über Betriebssystem und Browser ▸ aufgerufene Website, sodass das Surfverhalten eindeutig nachvollzogen werden kann	▸ IP-Adresse ▸ Informationen über Betriebssystem und Browser ▸ aufgerufene Website

Tabelle 9.2   Diese Tabelle zeigt, welche Daten an Facebook übertragen werden, wenn ein Facebook-Nutzer eine Website mit dem Social Plugin aufruft.

Klickt der Besucher Ihrer Website dann noch auf ein aktives Element des Social Plugin, werden zusätzlich folgende Daten an das soziale Netzwerk übermittelt:

Website-Besucher im sozialen Netzwerk eingeloggt	Website-Besucher nicht im Netzwerk eingeloggt
Information, dass das Element (z. B. »Gefällt mir«) angeklickt wurde. Diese Information wird dann im Profil/Stream des jeweiligen Netzwerks angezeigt.	Pseudonym, mit dem das Surfverhalten nachvollzogen werden kann.

Tabelle 9.3   Übersicht, welche zusätzlichen Daten bei einer Interaktion mit dem Social Plugin an Facebook übertragen werden.

Problematisch an dieser Datenübermittlung an Facebook oder die anderen sozialen Netzwerke ist, dass sie bereits beim Aufruf Ihrer Website beginnt und der Nutzer dieser nicht widersprechen kann. Das widerspricht insbesondere den Grundsätzen der Transparenz und der Widerruflichkeit (siehe oben). Aus diesem Grund haben die deutschen Datenschutzbehörden im sogenannten »Düsseldorfer Kreis« in einem Beschluss festgestellt, dass Social Plugins, die selbstständig Daten an Dritte übertragen, nach deutschem Datenschutzrecht grundsätzlich nicht zulässig sind.

Die Datenübermittlung startet schon mit Aufruf der Website und nicht etwa erst, wenn ein Plug-in angeklickt wird

Um allerdings trotz dieser Problematik Social Plugins einsetzen zu können, bietet es sich an, auf die sogenannte Zwei-Klick-Lösung zu

Zwei-Klick-Lösung für mehr Rechtssicherheit

setzen. Diese zeichnet sich dadurch aus, dass beim Aufruf einer Website zunächst nur eine nicht aktive Schaltfläche eingeblendet wird, die vom Besucher mit einem Klick aktiviert werden muss. Zuvor hat der Besucher auch die Möglichkeit, sich über die Datenübertragung zu informieren. Erst nach der Aktivierung kann auf »Gefällt mir« geklickt werden. Auf eine solche Methode setzen auch große Websites wie beispielsweise Zeit.de (siehe Abbildung 9.7 und Abbildung 9.8).

Abbildung 9.7　Bei Zeit.de ist eine vorherige Aktivierung erforderlich, um die Social-Media-Dienste nutzen zu können. Hier ist der Social-Media-Bereich noch inaktiv und enthält den Hinweis auf die erforderliche Aktivierung.

Abbildung 9.8　Nach der Aktivierung hat der Nutzer die Möglichkeit, die Empfehlungen über das Plug-in einzusehen.

Die Einbuße in der Nutzerfreundlichkeit wird durch die Rechtssicherheit kompensiert

Auch wenn diese Zwei-Klick-Lösung mit Einbußen in der Nutzerfreundlichkeit verbunden sein mag, mindert sie doch die datenschutzrechtlichen Risiken für den Betreiber der Webseite ganz erheblich. Denn die Besucher geben ihre Daten nicht automatisch, sondern nur nach einer aktiven Zustimmung preis.

Eine solche Zwei-Klick-Lösung können Sie für Ihre Website selbst programmieren oder auf externe Erweiterungen (Plug-ins) setzen. Achten Sie in jedem Fall auf folgende Punkte:

► In der ersten Ansicht (nicht aktives Plug-in) dürfen Sie in aller Regel nicht die Originalgrafiken (z. B. den Like-Button) der Plattformbetreiber verwenden, da dies in den Nutzungsbedingungen der Plattformen ausgeschlossen wird. Bei einem Verstoß droht die Sperrung des Accounts!

► Geben Sie Ihren Nutzern die Möglichkeit, sich vor der Aktivierung des Social Plugin über die Datenübermittlung zu informieren, und platzieren Sie einen entsprechenden Link oder Hinweis.

Tipp

Eine kostenlose Lösung, die diese Anforderungen im Wesentlichen erfüllt und die sich leicht auf Websites einsetzen lässt, bietet der Heise-Verlag unter *www.heise.de/extras/socialshareprivacy* an.

Rechtslage in Österreich

Aufgrund der ähnlichen Rechtslage in Österreich ergeben sich bei Social Plugins dieselben Probleme, die sich aus unserer Sicht nur mit der Zwei-Klick-Lösung einigermaßen praxisnah lösen lassen. Setzen Sie also auch als Österreicher die oben beschriebene Lösung um.

9.8.3   Die Nutzung von Insight-Statistiken (Facebook Insights/Google+ Platform Insights)

Ein ähnliches Bild der rechtlichen Situation wie bei Empfehlungsschaltflächen und Social Plugins zeichnet sich bei Facebook-Fanseiten. Für diese stellt Facebook den Seitenbetreibern nämlich das Analysewerkzeug Facebook Insights bereit, mit dem detaillierte statistische Informationen über die Nutzer gesammelt und zur Auswertung der Social-Media-Präsenz genutzt werden können. Unternehmen erfahren beispielsweise, wie sich die Fanzahlen entwickeln oder wie ihre Nutzer mit den einzelnen Inhalten der Fanseite interagieren. Hinzu kommen demografische Angaben über die betreffenden Seitenbesucher.

Die Analysewerkzeuge helfen, die Entwicklung der Fanseite zu überwachen und Schwachstellen aufzudecken, die optimiert werden können

Hinsichtlich der Erhebung der zu analysierenden Daten liegt keine Einwilligung vor

Dadurch gerät Insights in Konflikt mit dem Datenschutz. Bei angemeldeten Facebook-Nutzern werden die Aktionen auf der besuchten Fanseite zusammen mit den Informationen des Facebook-Profils, also personenbezogen, gespeichert. Eine dafür notwendige Einwilligung fehlt und kann auch nicht rechtssicher eingeholt werden (siehe Abschnitt 9.6). Von nicht angemeldeten Fanseitenbesuchern erstellt Facebook zwar wiederum nur pseudonyme Nutzerprofile, räumt ihnen aber weder die Möglichkeit eines Widerspruchs ein noch wird der Besucher darauf hingewiesen.

Dementsprechend vertreten deutsche Datenschutzbehörden die Ansicht, dass Unternehmen, die eine Facebook-Fanseite betreiben, ebenso wie durch Social Plugins einen Rechtsverstoß begehen. Da ein ähnlicher Lösungsansatz wie das Zwei-Klick-Konzept (siehe Abschnitt 9.8) hier noch nicht existiert, können Sie eine Facebook-Fanseite in der Praxis aktuell nicht ohne rechtliche Risiken betreiben. Gleiches gilt übrigens für das Analysewerkzeug Google+ Platform Insights, das bei Ihrer Unternehmensseite auf Google+ zum Einsatz kommt.

Hinweis

Wie hoch hier das Risiko von Sanktionen ist, lässt sich allgemein kaum einschätzen. Denn die Datenschutzbehörden der einzelnen Bundesländer gehen gegen Rechtsverstöße mit unterschiedlicher Konsequenz und Härte vor. Nachdem das Thema in den Jahren 2011 und 2012 sehr kontrovers diskutiert wurde, ist derzeit etwas Ruhe eingekehrt. Im Moment müssen Sie daher kaum damit rechnen, wegen des Betriebs einer Facebook-Seite ein Bußgeld zahlen zu müssen.

Rechtslage in Österreich

Aus Österreich ist uns kein Fall bekannt, in dem ein Betreiber einer Facebook-Seite von der Datenschutzbehörde angeschrieben wurde. Insofern ist die Gefahr von Bußgeldern auch hier als relativ gering einzuschätzen.

9.9   Was ist bei Facebook-Apps zu beachten?

Vor allem für Betreiber von Facebook-Fanseiten sind Facebook-Apps heute nahezu unverzichtbar. Denn mit den selbstausführenden Anwendungen lässt sich der Funktionsumfang der Plattform vielfältig erweitern, sodass Unternehmen die Seitenbesucher mit Computerspielen, Verlosungen, Gutscheinaktionen, Fotowettbewerben und vielen anderen Features ansprechen können.

Die Facebook-Apps bringen eine enorme Funktionserweiterung mit sich. Sie steigern die Attraktivität eines Profils

Mit diesen Erweiterungen geht aber auch eine höhere Verantwortlichkeit einher. Da die funktionserweiternde App eigenständig weitere Daten der Nutzer erhebt, ist insoweit der App-Betreiber und nicht Facebook datenschutzrechtlich verantwortlich. Wenn Sie Facebook-Apps also auf Ihrer Präsenz verwenden, müssen Sie selbst für den Datenschutz Sorge tragen.

Zunächst einmal erteilt der Besucher bei Nutzung der Facebook-App, also z. B. des Gewinnspiels, durch einen Anmeldedialog die erforderliche Einwilligung, sodass die Nutzung seiner Daten erlaubt ist, soweit die beschriebenen Grundsätze (siehe Abschnitt 9.4) eingehalten werden. Zusätzlich müssen Sie aber in jedem Fall eine eigene Datenschutzerklärung bereitstellen, in der Sie dem Nutzer unter anderem erläutern, welche Daten er im Zusammenhang mit der Facebook-App zu welchem Zweck preisgibt und was mit diesen geschieht. Vorbildlich gelöst ist dies beispielsweise in der App Click 'n' Style des Versandhändlers Otto. Hier ist die Datenschutzerklärung mit einem Klick aus der App heraus erreichbar (siehe Abbildung 9.9).

> **Hinweis**
>
> Details zur Erstellung einer Datenschutzerklärung finden Sie oben in Abschnitt 9.7. Eine Muster-Datenschutzerklärung haben wir am Ende des Buchs in Kapitel 14, »Mustertexte«, abgedruckt.

Dass Anbieter diese Pflichten einzuhalten haben, ergibt sich nicht nur aus dem Gesetz, sondern auch aus den Nutzungsbedingungen von Facebook. Dort schreibt Facebook nämlich neben den gesetzlichen Regelungen auch noch weitergehende Vorgaben für App-Anbieter vor, etwa hinsichtlich der Datennutzung außerhalb von Facebook oder bei der Werbung.

Datenschutzvorgaben können sich auch aus den Nutzungsbedingungen ergeben

Abbildung 9.9   Die Click 'n' Style-App von Otto enthält einen sehr gut sichtbaren Hinweis auf die Datenschutzerklärung.

> **Tipp**
>
> Die Facebook-Richtlinien für Apps finden Sie unter *https://developers.facebook.com/policy/Deutsch*.

9.10   Den Besucher analysieren – Google Analytics und andere Trackingtools

Das Wissen um das Besucherverhalten ist wichtig, um ein optimiertes Angebot erstellen zu können und dadurch eine größere Nutzerbindung zu erreichen

Um die Wirkung der eigenen Onlinepräsenz – sei es des Blogs oder der Aktivitäten auf Twitter, YouTube, Google+ und Facebook – auf die Nutzer verstehen und verbessern zu können, setzen Unternehmen heutzutage fast lückenlos Trackingtools und -dienste wie zum Beispiel Google Analytics (siehe Abbildung 9.10) ein. Diese Werkzeuge zur Webanalyse helfen den Betreibern, mehr über die Seitennutzung und das Besucherverhalten zu erfahren und anhand der gewonnenen Erkenntnisse ihr Angebot entsprechend anzupassen.

Typischerweise werden Informationen darüber gesammelt, von woher die Besucher das Angebot ansurfen, welche Bereiche und Links sie anklicken, wie oft und wie lange sie welche Seiten und Inhalte ansehen und welche anderen Interaktionen sie vornehmen.

Abbildung 9.10 Google Analytics zeigt nicht nur mithilfe einer Fieberkurve den Traffic auf der Seite an, sondern schlüsselt diesen auch noch in die einzelnen Typen auf.

Auf diese Weise entstehen umfassende Profile über die Aktivitäten von Nutzern im Netz, die detailliert auf ihre Interessen und Vorlieben schließen lassen. Genutzt wird dies etwa für eine zielgerichtete Werbeansprache (Behavioral Targeting), sodass dem Besucher eines Tech-Blogs nach der Lektüre eines Beitrags zum Thema »Tablets« auf einer anderen Webseite Werbeangebote des neuesten Apple iPad eingeblendet werden.

Auch wenn Profile in der Regel nur pseudonym gebildet werden und daher nicht direkt einem Nutzer namentlich zuzuordnen sind, schaffen Nutzertracking und -analyse dennoch die potenzielle Gefahr eines »gläsernen Internetnutzers«. Denn es besteht stets die Möglichkeit, dass Nutzerprofile mit personenbezogenen Daten zusammengeführt werden und damit Interessen, Lebensgewohnheiten, Konsumverhalten und Vorlieben einer ganz bestimmten Person offengelegt werden. In diesem Fall wäre die Privatsphäre komplett aufgehoben.

Der gläserne Nutzer

9.10.1 Grundsätze beim Nutzertracking

Aufgrund dessen sind beim Nutzertracking bzw. der Webanalyse strenge datenschutzrechtliche Anforderungen zu beachten. Je nachdem, wie die entstehenden Nutzerprofile ausgestaltet sind, stellt das Gesetz unterschiedliche Regeln für das Nutzertracking auf:

Erstellen von personenbezogenen Profilen

Wenn es um personen-bezogene Daten geht, sollten Sie immer den Datenschutz und seine Voraussetzungen im Hinterkopf haben

Mit einigen Analysetools können Sie nicht nur statistische Informationen, sondern auch personenbezogene Profile erstellen. So bietet beispielsweise das Tool Woopra eine detaillierte Auswertung von Besucher-/Kundenaktivitäten an (siehe Abbildung 9.11). Für eine solche Datenverarbeitung benötigen Sie unbedingt die Einwilligung Ihrer Besucher (Opt-in), die Sie im Rahmen der Anmeldung zu Ihrem Angebot (Webshop, Blog, Forum) einholen können.

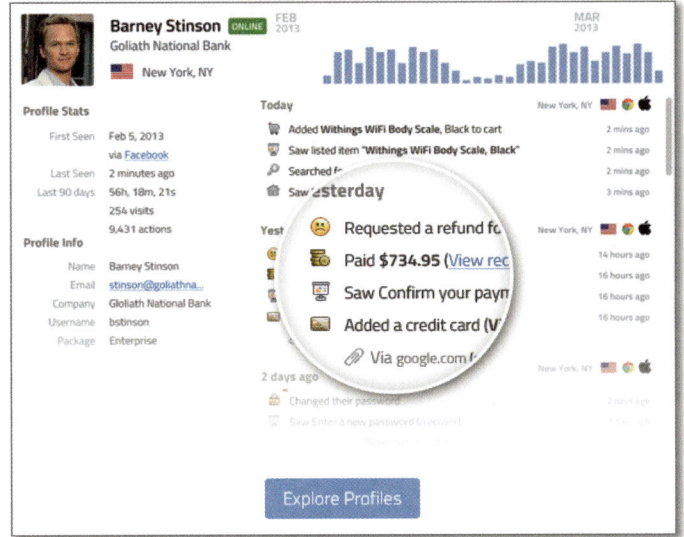

Abbildung 9.11   Das Analysetool Woopra (www.woopra.com) fasst eine Menge Nutzerdaten zusammen und erstellt auf diese Weise ein sehr aussagekräftiges Profil über einen konkreten Nutzer bzw. dessen Nutzungsverhalten und Interessen.

Hinweis

Da wir davon ausgehen, dass auch IP-Adressen personenbezogene Daten sind (siehe Abschnitt 9.3.2), sollten Sie diese beim Tracking nur in anonymisierter Form erheben. Wie das möglich ist, wird am Beispiel von Google Analytics in Abschnitt 9.10.2 erläutert.

Erstellen von pseudonymen Profilen

Weniger strenge Vorgaben gelten dagegen, wenn nur pseudonyme Profile erstellt werden. Sie sind zulässig, bis der Nutzer dagegen widerspricht (Opt-out). Daher muss er über das Tracking informiert und ihm muss eine Widerspruchsmöglichkeit eingeräumt werden. Außerdem darf keine Verknüpfung der pseudonymen Profile mit personenbezogenen Nutzerdaten erfolgen.

Erleichterte Regeln gelten für pseudonyme Profile, sofern kein Personenbezug zu einem Nutzer hergestellt wird

Um die trotz der pseudonymen Datenerfassung verbleibenden Restgefahren gering zu halten, darf grundsätzlich nur der Anbieter selbst und nicht Dritte das Nutzertracking ausführen. Damit Analysedienste von Drittanbietern (wie z. B. Google Analytics) dennoch zulässigerweise eingesetzt werden können, müssen diese einen Vertrag über eine sogenannte Auftragsdatenverarbeitung abschließen. Eine solche Vereinbarung räumt dem Betreiber umfassende Weisungs- und Kontrollrechte bezüglich der Nutzerdaten gegenüber dem Drittanbieter ein, sodass dieser sprichwörtlich wie ein »verlängerter Arm« des Ersteren und nicht mehr wie ein Dritter fungiert.

> **Tipp**
>
> Das Erfordernis eines Vertrags über die Auftragsdatenverarbeitung vermeiden Sie, indem Sie die Analysedienste nicht in die Hände Dritter legen, sondern ein Trackingtool auf dem eigenen Server installieren. Möglich ist das z. B. mit der Open-Source-Software Piwik, das Sie unter *http://de.piwik.org* kostenlos herunterladen können.

Erstellen von anonymen Profilen

Überhaupt keinen datenschutzrechtlichen Beschränkungen unterliegt das Tracking lediglich, wenn die Profilinformationen vollständig anonymisiert sind. Hier greifen Datenschutzbestimmungen schon überhaupt nicht ein.

Anonyme Daten sind nicht durch das Datenschutzrecht geschützt

> **Tipp**
>
> Verwenden Sie möglichst vollständig anonyme Nutzerprofile. So gehen Sie den komplizierten rechtlichen Anforderungen aus dem Weg.

9.10.2 Der rechtssichere Einsatz von Google Analytics

Als prominentester Dienst für Nutzertracking und -analyse gilt wohl Google Analytics. Das Tool kann nicht nur zur Analyse von einfachen Webseiten wie Blogs, sondern auch zur Messung von Social-Media-Aktivitäten bei Twitter, YouTube, Facebook & Co. eingesetzt werden (siehe Abbildung 9.12).

Abbildung 9.12   Google Analytics erlaubt die Auswertung von netzwerkübergreifenden sozialen Aktivitäten.

Weil die Nutzung zudem kostenlos ist, bildet es für Web- und Social-Media-Anbieter oft die erste Anlaufstelle, wenn es um die Analyse des eigenen Onlineangebots geht.

Google hat Änderungen bei Analytics umgesetzt

Nachdem Datenschutzbehörden Google Analytics im Jahr 2009 als datenschutzwidrig eingestuft und Webseitenbetreibern Bußgelder für den Verwendungsfall angedroht hatten, war Google nach langem Ringen gezwungen, einige Veränderungen an seinem Dienst vorzunehmen. Seitdem kann Google Analytics auch nach Ansicht der Behörden wieder rechtmäßig eingesetzt werden, wenn Sie sämtliche der folgenden Hinweise umsetzen:

Verwendung verkürzter IP-Adressen (IP-Masking)

Um mit Sicherheit auszuschließen, dass das Tracking personenbezogene Daten in Form der IP-Adresse erfasst, verwenden Sie die Codeerweiterung anonymizeIp. Dadurch werden die letzten Stellen (8 Bit) der Nutzer-IP gelöscht und somit anonymisiert.

Tipp

Wie Sie die Erweiterung anonymizeIp bei Google Analytics einsetzen, können Sie unter *https://developers.google.com/analytics/devguides/collection/gajs/methods/gaJSApi_gat?#_gat._anonymizeIp* nachlesen.

Angepasste Datenschutzerklärung verwenden

Klären Sie die Nutzer in der Datenschutzerklärung über den Einsatz von Google Analytics und die damit verbundene Datenerfassung auf, wobei auch das IP-Masking erläutert werden sollte. Das Muster einer Datenschutzerklärung inklusive eines Teils zu Google Analytics finden Sie in Kapitel 14, »Mustertexte«.

Browser-Add-on als Widerspruchsmöglichkeit

Damit Nutzer die Möglichkeit erhalten, die Aufzeichnung ihrer Daten zu verhindern, stellt Google ein Browser-Add-on zur Verfügung, mit dem Google Analytics für die Zukunft deaktiviert werden kann. Auch über diese Widerspruchsmöglichkeit müssen Sie den Nutzer in der Datenschutzerklärung belehren.

Widerspruch durch Add-on

Tipp

Das Browser-Add-on zur Deaktivierung von Google Analytics lässt sich unter *https://tools.google.com/dlpage/gaoptout?hl=de* für die gängigsten Browser (Internet Explorer, Google Chrome, Mozilla Firefox, Apple Safari, Opera) kostenlos herunterladen.

Schriftlicher Vertrag mit Google über Auftragsdatenverarbeitung

Für den notwendigen Vertrag über die Auftragsdatenverarbeitung stellt Google einen vorformulierten Mustertext bereit, den Sie unterschreiben und an die Google-Niederlassung in Irland senden müssen. Darin verpflichtet sich Google, mit den Nutzerdaten nach Maßgabe deutscher Datenschutzvorschriften zu verfahren.

Auftragsdatenverarbeitung wird häufig als ADV abgekürzt

Tipp

Der Mustertext für den Auftragsdatenverarbeitungsvertrag kann unter *http://www.google.com/analytics/terms/de.pdf* heruntergeladen werden.

Die Adresse von Google Irland lautet:

Google Ireland Ltd., Gordon House, Barrow Street, Dublin 4, Ireland

Verbot der Verknüpfung mit anderen Nutzerdaten

Google verspricht, die Nutzungsprofile nicht mit personenbezogenen Daten aus Diensten wie Google+ zu verknüpfen und somit bestimmten Personen zuzuordnen. Ob dies eingehalten wird, können
Sie freilich nicht kontrollieren.

Löschen von Altdaten

Altdaten müssen ge-
löscht werden

Alle vor den Neuerungen Ende 2009 durch Google erstellten
Google-Analytics-Profile sind unrechtmäßig angefertigt. Sie müssen
sämtliche dieser Altdaten daher löschen.

Übersicht zu alternativen Analysediensten

Neben Google Analytics existieren noch zahlreiche andere Analysedienste am Markt. Die hier skizzierten Grundsätze gelten auch für diese
Dienste. Eine ausführliche Übersicht über die in Deutschland legal ein-
setzbaren Analysedienste finden Sie bei der Xamit Bewertungsgesell-
schaft mbH unter *http://www.xamit-leistungen.de/downloads/*
Files.php?f=XamitStudieWebstatistikenimTest.pdf.

Rechtslage in Österreich

Österreicher haben es beim Thema Google Analytics um einiges einfacher. Nach österreichischem Recht besteht für den Betreiber einer
Website (derzeit) keine legale Möglichkeit, zu erfahren, welche Person
genau hinter einer IP-Adresse steckt. Daher fehlt in Österreich bei der
IP-Adresse der Personenbezug. Das Datenschutzrecht greift überhaupt
nicht ein. Daher dürfen Sie in Österreich Google Analytics uneingeschränkt nutzen.

9.11   Folgen von Datenschutzverstößen

Nichts ist perfekt! Auch die bestbetreute Social-Media-Präsenz kann
fehlerhaft sein. Ganz besonders im komplizierten Dschungel des Onlinedatenschutzes sind Rechtsverstöße nahezu an der Tagesordnung.

Im Gegensatz zu dieser Häufigkeit fällt die Schwere der Konsequen-
zen von Datenschutzverstößen meist vergleichsweise gering aus. Im
Wesentlichen droht Ihren Social-Media-Aktivitäten hier von vier
Fronten Gefahr:

9.11.1 Bußgelder durch Behörden

Unmittelbare Sanktionen drohen vonseiten der Datenschutzbehörden. Missachten Social-Media-Anbieter typische datenschutzrechtliche Pflichten wie die zur Bereitstellung einer korrekten Datenschutzerklärung, kann dies als Ordnungswidrigkeit gewertet und mit Bußgeldern in Höhe von bis zu 50.000 Euro pro Regelverletzung belegt/sanktioniert werden.

In der Praxis allerdings führen Verstöße nicht immer sofort zu finanziellen Strafen. Nicht selten wählen Datenschutzbehörden nämlich ein stufenweises Vorgehen und ordnen gegenüber dem verantwortlichen Unternehmen zunächst die Beseitigung des rechtsverletzenden Verhaltens an, bevor sie Bußgelder verhängen.

Die Sanktion durch Bußgelder wird von den Behörden eher zögerlich eingesetzt

> **Hinweis**
>
> Auf einem anderen Blatt steht, ob die Behörden tatsächlich gegen vorliegende Datenschutzverstöße eines Unternehmens vorgehen. Als eine nicht rechtliche, sondern rein tatsächliche Frage lässt sich dies niemals prognostizieren. Beachten sollten Sie hier aber, dass Behörden häufig erst aufgrund von Hinweisen, beispielsweise von ehemaligen oder unzufriedenen Mitarbeitern oder Konkurrenten, einschreiten.

9.11.2 Abmahnungen von Wettbewerbern

Während in weiten Teilen des Onlinerechts Regelverstöße schnell teure Abmahnungen von Konkurrenten nach sich ziehen, besteht bei datenschutzrechtlichen Verfehlungen ein nur geringes Abmahnrisiko.

Nach dem Gesetz dürfen Wettbewerber wegen Rechtsverstößen nämlich nur gegen ein anderes Unternehmen mit einer Abmahnung vorgehen, wenn dieses eine sogenannte Marktverhaltensvorschrift, die auch das Interesse aller Marktteilnehmer an einem unverfälschten Wettbewerb schützt, verletzt hat. Weil Datenschutzbestimmungen vorrangig die Privatsphäre des Einzelnen im Blick haben, verneinen die meisten Gerichte grundsätzlich ihren marktbezogenen Charakter. So hat mit dieser Begründung etwa das KG Berlin eine wettbewerbsrechtliche Abmahnung eines Onlinehändlers durch ein Konkurrenzunternehmen wegen datenschutzwidriger Verwendung des Facebook-Like-Buttons abgelehnt.

Datenschutzverletzungen sind meist keine Wettbewerbsrechtsverletzungen. Daher ist eine Abmahnung von Mitbewerbern selten

Ausnahmsweise anders ist die Rechtslage, wenn Regeln bewusst und zum eigenen Vorteil missachtet werden. Weil hier der Markt/Wettbewerb tangiert wird, sollen Wettbewerber des verantwortlichen Unternehmens ausnahmsweise auch Datenschutzverstöße mit einer Abmahnung quittieren dürfen. Im Social-Media-Bereich ist dies allerdings noch nie vorgekommen und daher zu vernachlässigen.

> **Achtung**
>
> Auch wenn Sie eine Abmahnung aus den oben genannten Gründen für unberechtigt halten, sollten Sie darauf reagieren. Ansonsten laufen Sie Gefahr, mit erheblichen Mehrkosten wegen eines angestrengten gerichtlichen Verfahrens belastet zu werden.

9.11.3 Vorgehen von Nutzern

Abgesehen von einer Aufforderung zum Löschen verfolgen betroffene Nutzern nur selten aktiv ihr Rechte

Daneben können auch betroffene Nutzer gegen Unternehmen mit datenschutzwidrigen Social-Media-Angeboten vorgehen. Sie sind beispielsweise berechtigt, die Löschung von unzulässig gesammelten Daten oder gar Schadenersatz zu verlangen – notfalls im Klageweg. In der Praxis haben diese Fälle aber Seltenheitswert, weil viele Betroffene angesichts der unsicheren Rechtslage und des Kostenrisikos die rechtliche Konfrontation oft scheuen oder Verstöße erst gar nicht erkennen oder nachweisen können. Aus Unternehmenssicht kommt erleichternd hinzu, dass die Streitwerte im Datenschutzrecht mit meist wenigen Hundert Euro sehr gering sind und daher ein nur unerhebliches wirtschaftliches Risiko darstellen.

> **Achtung**
>
> Beachten Sie, dass hier Fälle von unverlangt zugesandter elektronischer Werbung (sogenanntem Spam) über Facebook & Co eine Ausnahme bilden. Weil Datenschutzvergehen hier häufig mit Wettbewerbs- oder zivilrechtlichen Verstößen einhergehen, holen Mitbewerber und Verbraucher(verbände) des Öfteren zum Gegenschlag aus. Gerichte nehmen dabei je nach Fall Streitwerte zwischen 4.500 bis 10.000 Euro für ungewollte Werbe-E-Mails an.

9.11.4 Ansehensverlust in der Öffentlichkeit

Negative Publicity oder Imageeinbußen wiegen oftmals schwerer als die finanziellen Schäden. Ansehensverluste sind dabei nicht nur in der Öffentlichkeit oder bei Geschäftspartnern, sondern auch bei einzelnen Nutzern möglich.

Selbst weniger bedeutsame Fehler, wie beispielsweise eine unvollständige Datenschutzerklärung oder der unbedachte Einsatz von Empfehlungsschaltflächen bzw. Google Analytics, wird von den heutzutage meist gut informierten Nutzern zumindest als mangelnde Professionalität wahrgenommen. Das gilt umso mehr, als es sich bei Social Media um einen sehr datenschutzsensiblen Bereich handelt.

Hinweis

Jede Medaille hat zwei Seiten: Umgekehrt haben Sie in den Wirren des Onlinedatenschutzes als Anbieter die Chance, durch eine praxisgerechte und datenschutzkonforme Gestaltung Ihres Social-Media-Angebots das Vertrauen der Nutzer zu gewinnen und sich so einen Wettbewerbsvorteil zu sichern.

9.12   Die neue EU-Datenschutzgrundverordnung – was ändert sich?

Das in diesem Kapitel behandelte Datenschutzrecht steht vor einem großen Wandel. Sorgen bisher nationale Gesetze und die dahinterstehende EU-Richtlinie für den Regelungsrahmen, so soll in Zukunft eine EU-Verordnung das Datenschutzrecht innerhalb der EU vereinheitlichen.

Veränderung des Datenschutzrechts durch eine EU-Reform

Wann diese Verordnung des Europäischen Parlaments und des Rats zum Schutz natürlicher Personen bei der Verarbeitung personenbezogener Daten und zum freien Datenverkehr – so der volle Name – in Kraft treten wird, steht noch in den Sternen. Auch der Inhalt steht noch nicht vollkommen fest, da zu dem vorgelegten Entwurf derzeit über 3.000 Änderungsanträge eingegangen sind (*http://www.europarl.europa.eu/committees/de/libe/amendments.html?action=0#menuzone*).

Die wesentlichen für Social Media relevanten Kernpunkte der neuen Verordnung können an dieser Stelle allerdings bereits dargestellt werden:

Die EU-Datenschutz-verordnung wird zahl-reiche Bereiche des Datenschutzes neu regeln

▶ Ziel der EU-Datenschutzverordnung ist die Vereinheitlichung des Datenschutzes innerhalb der EU. In allen Staaten soll gleiches Recht gelten. Das wird insbesondere außereuropäische Konzerne betreffen, die sich bislang das Land mit dem niedrigsten Datenschutzniveau in der EU ausgesucht haben (Facebook und Google betreiben ihr Europageschäft aus Irland).

▶ Die neue Verordnung wird wohl ein *Recht auf Vergessenwerden* beinhalten. Das bedeutet, dass der Betroffene ein Recht auf Löschung aller Daten hat, die über ihn gespeichert sind. Das entspricht in etwa der in Deutschland bereits geltenden Rechtslage (siehe Abschnitt 9.4.5).

▶ Der Entwurf der neuen Verordnung sieht deutlich höhere Sanktionen bei Datenschutzverstößen vor. Anders als bislang (siehe Abschnitt 9.11.1) kann als Bußgeld ein Betrag in Höhe von zwei Prozent des Jahresumsatzes des jeweiligen Unternehmens verhängt werden.

▶ Geregelt in der Datenschutzverordnung wird wohl auch das *Recht auf Datenportabilität*. Unternehmen müssen ihre Angebote dann so gestalten, dass Nutzer ihre Daten problemlos zu einem anderen Anbieter »mitnehmen« können.

▶ Das Prinzip der *Datensparsamkeit* (siehe Abschnitt 9.4.4) wird unmittelbar im Gesetzestext verankert.

▶ Sollte ein Unternehmen einen Datenschutzverstoß bei sich feststellen, muss es diesen nach der Verordnung innerhalb von 24 Stunden sowohl der zuständigen Datenschutzbehörde als auch den Betroffenen mitteilen. Momentan ist diese Zeitspanne nicht im Gesetz geregelt.

▶ Ob die Verordnung tatsächlich 2015 kommt und die oben genannte Punkte beinhalten wird, ist noch unsicher. Wir empfehlen Ihnen daher, sich regelmäßig über den aktuellen Stand zu informieren, gern auch auf unserer Website *www.wbs-law.de*.

Hinweis

Den aktuellen Stand des Verordnungsentwurfs können Sie sich unter folgender URL ansehen: *http://eur-lex.europa.eu/smartapi/cgi/sga_doc? smartapi!celexplus!prod!DocNumber&lg=EN&type_doc=COMfinal&an_doc= 2012&nu_doc=11*.

Darüber hinaus bietet die Website des Europäischen Datenschutzbeauftragten ständig aktuelle Informationen zur geplanten Datenschutzverordnung: *https://secure.edps.europa.eu/EDPSWEB/edps/lang/de/Con-
sultation/Reform_package* (siehe Abbildung 9.13).

Abbildung 9.13   Informationen zu der Datenschutzreform finden Sie auch
auf der Website des Europäischen Datenschutzbeauftragten. Gerade wenn Sie
mit Ihrem Unternehmen in den sozialen Netzwerken präsent sind und dabei
Schnittpunkte mit dem Datenschutz entstehen, lohnt sich ein gelegentliches
Update in dieser Materie.

10 Social Media Marketing – Werbung im Social Web

Der Mehrwert der sozialen Medien wurde längst entdeckt. Unternehmen haben erkannt, wie gut die potenziellen Kunden über die diversen Netzwerke anzusprechen sind – und das auch noch persönlich. Diese Möglichkeiten der individuellen Werbung bietet nur das Internet, und zwar ganz besonders unter Verwendung der sozialen Netzwerke.

Social-Media-Plattformen eignen sich vortrefflich dazu, mit Freunden und Verwandten ohne großen Aufwand in Kontakt zu bleiben. Neben dieser als Individualkommunikation zu bezeichnenden Nutzung werden die Plattformen allerdings von Unternehmen vorwiegend zu Werbungs- und Marketingzwecken genutzt. »Ist doch naheliegend«, könnte man da sagen, denn wo sonst haben Sie als Unternehmer die Chance, potenzielle Kunden direkt anzusprechen. Nicht zu vergessen ist auch der Faktor des Teilens! Dies ist die moderne Art der guten alten Mundpropaganda, und diese ist ja bekanntlich die beste Werbung. In Zeiten von straffen Verbraucherschutzregeln und Werberegularien im Wettbewerbsrecht können Sie mit Ihrem Unternehmen allerdings nicht unbedacht die Werbetrommel in den sozialen Netzwerken rühren. Insbesondere müssen Sie bedenken, dass Werbung nicht bloß das ist, was Sie in irgendwelchen Anzeigen oder auf Werbebannern sehen. Als Werbung ist vielmehr jede Äußerung einzuordnen, die den Zweck hat, den Absatz von Waren oder Dienstleistungen zu erhöhen. In diesem Kapitel erläutern wir Ihnen daher, worauf Sie bei der werblichen Ansprache Ihrer »Fans« und »Follower« achten müssen, um nicht mitunter teuren Abmahnungen Ihrer Konkurrenz ausgesetzt zu sein.

Für Unternehmen bieten Social-Media-Plattformen eine Vielzahl von Werbe- und Marketingmöglichkeiten

10.1 Aussagen in der Werbung

Was Sie in der Werbung tun dürfen und was Sie lassen sollten, hat der Gesetzgeber festgelegt. Und zwar aus gutem Grund. Es bedarf nicht allzu viel Fantasie, sich vorzustellen, mit was für Maßnahmen geworben werden würde, wenn sich die Unternehmen und insbesondere die überaus kreativen Werbeagenturen nicht an gewisse Regeln halten müssten. Um ein Sodom und Gomorrha der Werbenden zu vermeiden, gibt es verschiedene Gesetze wie z. B. das Gesetz gegen den unlauteren Wettbewerb, kurz UWG. Darüber hinaus stellen auch die Betreiber der einzelnen Social-Media-Plattformen eigene Bedingungen für die Werbung in ihrem Netzwerk auf. Sollten Sie also ein Profil auf Facebook, Twitter oder Google+ betreiben, müssen Sie diese ebenfalls beachten. In den folgenden Abschnitten zeigen wir Ihnen alle gesetzlichen und plattformeigenen Regeln auf, die Sie bei der Werbung im Social Web beachten müssen.

10.1.1 Gesetzliche Regeln für die Werbung im Social Web

Zweck der Werberegulierung ist der Schutz der Verbraucher und Mitbewerber vor unlauteren Methoden

Wer Werbung machen möchte, muss sich an die Regeln halten. Los geht es dabei mit den einfachen Regeln, wie etwa jener, nur wahre Tatsachen über das beworbene Produkt zu verbreiten. Auch sollte klar sein, dass es untersagt ist, einen Konkurrenten in den sprichwörtlichen Dreck zu ziehen. Das Gesetz gegen den unlauteren Wettbewerb hat die Aufgabe, Mitbewerber vor unfairem Konkurrenzkampf und Verbraucher vor aufgedrängter und unwahrer Werbung zu schützen.

Die »Schwarze Liste« des Wettbewerbs

Im Anhang zu § 3 Absatz 3 UWG findet sich die sogenannte »schwarze Liste«. Durch diese können Sie in relativ kurzer Zeit einen Eindruck davon erlangen, an welche Regeln sich die von Ihnen eingesetzte Werbung halten muss.

Hinweis

Die »schwarze Liste« finden Sie frei abrufbar im Internet unter *http:// www.gesetze-im-internet.de/uwg_2004/anhang_26.html*.

Jeden einzelnen Punkt der schwarzen Liste hier zu besprechen, würde wohl einer Gesetzeskommentierung gleichkommen und den Rahmen des Kapitels und vermutlich auch den des Buchs sprengen. Wir empfehlen Ihnen daher, die Liste vor der Aufnahme von Werbeaktivitäten einmal komplett durchzulesen. Die meisten Punkte erklären sich dann von selbst. Sollte Ihnen doch einmal etwas unklar sein, wenden Sie sich am besten an einen spezialisierten Rechtsanwalt.

Neben den 30 speziellen Punkten auf der schwarzen Liste stellen die Gesetze noch einige allgemeinen Regeln für Werbung auf, die wir Ihnen in den folgenden Abschnitten erläutern möchten.

Trennung zwischen redaktionellen Inhalten und Werbung

Da Internetnutzer heutzutage auf jeder Website geradezu mit Werbung bombardiert werden, hat sich ein gewisser Abnutzungseffekt eingestellt. Werbebanner werden von den Internetnutzern kaum noch wahrgenommen. Was liegt da näher, als die Werbung etwas versteckter zum Beispiel in redaktionellen Texten unterzubringen?

Diese vermeintlich gute Idee ist rechtlich verboten. Nach dem sogenannten *Trennungsgebot* dürfen Sie zum Beispiel in einem Bericht Ihres Reise-Blogs keine Werbung für die Mietwagenfirma machen, mit der Sie kooperieren.

Das Trennungsgebot verlangt vielmehr eine klare Trennung zwischen dem redaktionellen Teil und dem kommerziellen Teil Ihres Internetangebots. So könnten Sie in Ihren Fließtext zum Beispiel eine kleine Werbeanzeige einbetten, die offensichtlich nicht mit dem redaktionellen Text in Verbindung steht (siehe Abbildung 10.1).

Das Trennungsgebot fordert eine strikte Trennung von journalistischem Inhalt und Werbung

Abbildung 10.1   Werbeanzeige innerhalb eines Blog-Beitrags

Werbung muss stets als solche zu erkennen sein

Ausreichend wäre es auch, neben dem redaktionellen Text eine Werbung zu schalten, die durch die Überschrift »Werbung« oder »Reklame« gekennzeichnet ist. Das Trennungsgebot gilt ebenfalls für Werbelinks. Darunter versteht man Links, die in einen Text eingebettet sind und direkt zu einem Produkt führen. Um das Beispiel des Reise-Blogs nochmals zu bemühen: Hier wäre eine direkte Verlinkung zu dem Mietwagenunternehmen kennzeichnungspflichtig. Ein Hinweis zu der kommerziellen Verlinkung im Text sollte gut sichtbar vor dem eigentlichen Text platziert werden.

> **Hinweis**
>
> Sofern Sie keinerlei redaktionelle Beiträge veröffentlichen, sondern Ihre Social-Media-Kanäle ausschließlich mit (Eigen-)Werbung befüllen, gibt es nichts, was Sie trennen müssten. In diesem Fall müssen Sie nicht vor jeden Beitrag darauf hinweisen, dass dies Werbung ist.

Werbung mit Alleinstellung

Alleinstellungsbehauptungen kennt jeder aus der Werbung. So trifft beispielsweise der ADAC auf seiner Facebook-Seite die Aussage, er sei »Deutschlands größter Verkehrsclub« (siehe Abbildung 10.2).

Abbildung 10.2   Was könnte mehr »alleinstellend« sein, als zu behaupten, man sei der Beste oder der Größte? So verfährt der ADAC auf seiner Facebook-Seite.

Auch Aussagen wie

► »Das größte Möbelhaus in NRW«,

► »Marktführer«,

- »Der schnellste Lieferservice« oder

- »Hamburgs billigster Döner«

fallen unter den Begriff der Alleinstellungsbehauptung. Solche oder ähnliche Aussagen sind schnell getätigt, und die Konsequenzen daraus sind oft härter als gedacht, denn wenn Sie Ihr eigenes Unternehmen oder Produkt über alle anderen stellen, ist damit je nach Formulierung auch eine Herabwürdigung der Konkurrenz passiert. Darin kann ein Wettbewerbsverstoß liegen, der wiederum zu einer Abmahnung führen kann.

Achtung: Eine Herabwürdigung der Konkurrenz ist schnell passiert

Natürlich ist es Ihnen erlaubt, Ihr Produkt mit einem Konkurrenzprodukt in der Werbung zu vergleichen (dazu weiter unten mehr). Wenn Sie aber eine Alleinstellung behaupten wollen, muss diese auch anhand objektiver Kriterien nachgewiesen werden können. Nach einheitlicher Rechtsprechung genügt es für Alleinstellung nicht, dass Sie als Werbender nur einen geringfügigen Vorsprung vor Ihren Mitbewerbern haben, denn der Verbraucher erwartet bei einer solchen Werbung eine erhebliche Sonderstellung Ihres Unternehmens oder Produkts.

Tipp

Wenn Sie mit einem Alleinstellungsmerkmal werben möchten, beachten Sie folgende Punkte:

- Die Alleinstellungsbehauptung muss objektiv wahr sein, das heißt, Sie müssen im Zweifel beweisen können, dass Sie »das größte Möbelhaus in NRW« sind.

- Sie müssen sich deutlich unter Ihren Mitbewerbern hervorheben. Es reicht beispielsweise nicht aus, wenn Ihr Möbelhaus nur zehn Quadratmeter größer als das Ihrer Konkurrenz ist.

Keine Alleinstellungswerbung ist eine solche, die von den Empfängern als nichtssagend oder ersichtlich übertrieben aufgefasst wird. Hierunter fallen Aussagen wie

Eine Übertreibung ist keine Alleinstellungswerbung

- »Besser als bei Mutti«,

- »Das beste Eis des Sommers« oder

- »Die weltentspannteste Allnet Flat!« (siehe Abbildung 10.3).

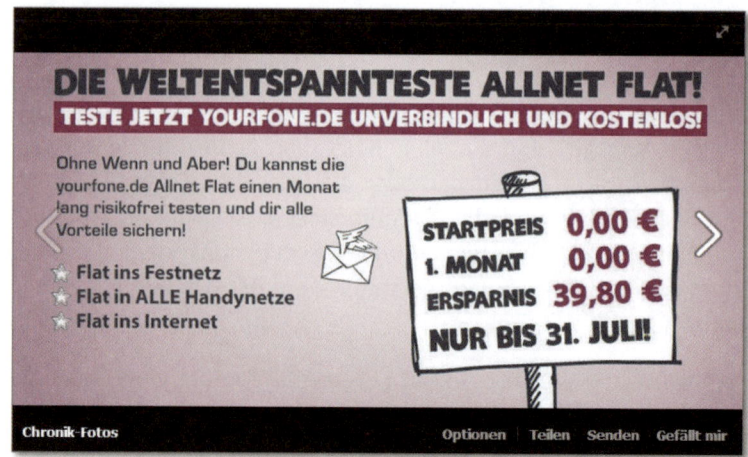

Abbildung 10.3 Die Werbegrafik auf der Yourfone.de-Facebook-Seite verspricht Entspannung pur. Und zwar mehr als man sonst wo bekäme. Dass dies bloß eine lustige Werbeidee ist und nicht tatsächlich zum Relaxen einladen soll, dürfte jedem klar sein.

Der Vergleich mit Konkurrenten

Vergleiche bieten sich an, um das eigene Produkt in der Gegenüberstellung zum Konkurrenzprodukt zu platzieren

Gerade im Social-Media-Bereich ist das Werbewerkzeug des *Vergleichs* kraftvoll. Nirgendwo sonst haben Sie die Möglichkeit, gezielt die Leute zu erreichen, die sich für eines Ihrer Produkte interessieren könnten. Ein Produktvergleich mit dem Konkurrenzprodukt kann aus verschiedenen Gründen sinnvoll sein. So können Sie beispielsweise ein neues Produkt dergestalt präsentieren, dass die potenziellen Käufer dieses Produkt etwa vom Funktionsumfang her sofort richtig einordnen können. Außerdem können Sie zum Beispiel besondere Stärken Ihres Produkts gegenüber bestimmter Konkurrenzprodukte hervorheben. Gerade eine vergleichende Bildwerbung bietet sich für die Social-Media-Plattformen an.

Wenn Sie für Ihr Produkt eine vergleichende Werbung in Betracht ziehen, sollten Sie die folgenden Vorgaben beachten:

Der direkte Vergleich

Erforderlich ist zunächst, dass Sie Ihr Produkt mit einem konkreten Konkurrenzprodukt vergleichen. Dies kann auf direkte Weise geschehen. So hat etwa eine Fast-Food-Kette das Maskottchen eines Konkurrenzetablissements als Fremdgeher geoutet und somit seinen »Whopper« mit dem »Big Mac« verglichen (siehe Abbildung 10.4).

Abbildung 10.4   Die Werbefigur Ronald McDonald bei Burger King

Sie können Ihr Produkt auch indirekt mit einem Konkurrenzprodukt vergleichen. Von einem indirekten Vergleich spricht man dann, wenn der Werbende das Konkurrenzprodukt nicht eindeutig darstellt, also nicht etwa die Marke mit abbildet, aber ein durchschnittlicher Betrachter sofort erkennt, dass ein Konkurrenzprodukt gemeint ist. Diese Idee hatte FedEx, als sie den vorderen Teil eines DHL-Lieferwagens auf den eigenen Lieferwagen lackieren ließ (siehe Abbildung 10.5) und somit deutlich machte, dass FedEx immer etwas schneller ist.

Der indirekte Vergleich

Abbildung 10.5   Immer eine Fahrzeuglänge voraus ... und somit auch schneller mit den versendeten Paketen am Ziel. Das suggeriert die vergleichende Werbung von FedEx.

Für den Vergleich ist keine Namensnennung erforderlich

Bei einem Vergleich kann einerseits die Erkennbarkeit des Mitbewerbers genügen oder andererseits die Erkennbarkeit des Konkurrenzprodukts. Dafür ist es nicht erforderlich, dass der Konkurrent oder dessen Produkt beim Namen genannt wird. So ist für eine Erkennbarkeit auch ausreichend und zulässig, wenn Sie an die Werbung eines Mitbewerbers anknüpfen, wie das folgende Beispiel zeigt:

Beispiel

Auf der Facebook-Seite der Gemeinde Welschen-Ennest im Sauerland, auf der sich die Bürger regelmäßig über die Aktualitäten im Dorf erkundigen, postet der ansässige Bauer Anton, der seinen Kartoffelabsatz mithilfe von Social Media vorantreiben will, den Werbetext »wir haben die dicksten Kartoffeln«. Eine Woche Später wirbt Bauer Fritz auf derselben Facebook-Seite mit dem Werbetext: »unsere Kartoffeln sind noch viel dicker«. Der zweite Werbetext verlangt für das Verständnis die Kenntnis des ersten Werbetexts und baut somit auf diesem auf bzw. knüpft an diesen an.

Verwenden Sie nur objektive Merkmale zum Vergleich

In Ihrer vergleichenden Werbung müssen Sie auf *objektive und vom Verbraucher nachprüfbare Merkmale der Produkte*, wie zum Beispiel Größe oder Gewicht, abstellen. Auch ein Vergleich der Preise zweier konkurrierender Produkte ist zulässig. Von dieser Möglichkeit hat etwa Amazon bei der Werbung für den Kindle Fire HD im Frühjahr 2013 Gebrauch gemacht. Die Geräte werden in der Werbung zunächst als technisch gleichwertig angepriesen. Am Ende des Werbespots wird der Preis beider Produkte eingeblendet (siehe Abbildung 10.6).

Der Grat zu einem sogenannten *unlauteren Vergleich* ist jedoch schmal. Sie dürfen z. B. nicht ganz allgemein hervorheben, dass Ihre Leistungen denen der »anderen Mitbewerber« weit »überlegen« sind. Sie müssen den oder die Mitbewerber bzw. das Konkurrenzprodukt, mit dem Sie sich oder Ihr Produkt vergleichen, zumindest erkennbar machen.

Achtung

Wenn Sie das Produkt eines Mitbewerbers in Ihre Werbung einbauen, können Sie davon ausgehen, dass dies dem Mitbewerber nicht unbedingt passt. Um Abmahnungen zu vermeiden, sollte die Werbung daher rechtlich wasserdicht sein!

Abbildung 10.6 Absolut nachprüfbar und somit höchst objektiv ist die Preisangabe. Dies hat sich Amazon für den Kindle Fire HD zunutze gemacht.

Das bringt uns zu der Frage, wer eigentlich als Mitbewerber zu betrachten ist. Ein Wettbewerb ist gegeben, wenn Sie mit einem anderen Unternehmen in einem Wettbewerbsverhältnis stehen. Dieses Unternehmen ist also dann Ihr Mitbewerber, wenn Sie mit diesem um Kunden für ein vergleichbares Produkt kämpfen.

> **Beispiel**
> Die Smartphone-Hersteller Apple und Samsung kämpfen für das konkrete Produkt um dieselben Kunden und sind somit Mitbewerber. Die Mitbewerberstellung ergibt sich also nicht aus den Unternehmen an sich, sondern knüpft an ein konkretes Produkt (im Beispiel etwa ein Smartphone) an. Nur weil Apple und Samsung Konkurrenten auf dem Smartphone-Markt sind, gilt dies aber nicht auch für das TV-Endgeräte-Segment oder Kühlschränke.

Ein Vergleich ist außerdem auch dann unzulässig, wenn durch ihn eine Verwechslungsgefahr geschaffen wird. Eine Verwechslungsgefahr besteht dann, wenn Kunden dazu gebracht werden, Ihr Produkt mit dem des Mitbewerbers zu verwechseln.

Keine Verwechslungsgefahr schaffen

Eine Beeinträchtigung des Rufs Ihres Mitbewerbers ist unzulässig

Ebenso darf der Ruf des Mitbewerbers durch Ihre Werbung nicht geschädigt werden. Eine solche Rufschädigung liegt insbesondere dann vor, wenn eine Verunglimpfung oder Verächtlichmachung des Vergleichsprodukts bzw. des Mitbewerbers selbst aus der Werbung folgt.

Gerade hier lauert die Gefahr, für rufschmälernde Äußerungen abgemahnt zu werden

Achten Sie also darauf, dass Sie das Produkt des Mitbewerbers, die Marke des Mitbewerbers oder den Mitbewerber selbst nicht verächtlich machen. Eine solche verächtliche Behandlung ist anzunehmen, wenn Sie den Mitbewerber bzw. dessen Produkt unsachlich, also ohne objektiven (nachweisbaren) Grund, kritisieren und dadurch dessen Ruf beeinträchtigen. Dabei kommt es nicht darauf an, ob Sie wirklich davon überzeugt sind, dass das Produkt des Mitbewerbers »nur für die Mülltonne taugt«. Alles was Sie über das Produkt eines Mitbewerbers sagen, muss den Tatsachen entsprechen, also nachweisbar sein. Eine Verächtlichmachung liegt etwa auch dann vor, wenn Sie das Produkt als von minderwertiger Qualität bezeichnen. Jedoch dürfen Sie umgekehrt sehr wohl sagen, dass Ihr Produkt hochwertiger als das des Mitbewerbers ist. Sie sollten es vermeiden, das Produkt eines anderen als Imitation Ihres eigenen Produkts darzustellen oder dem Konkurrenzprodukt die Seriosität abzusprechen. Auch sollten Sie es unterlassen, den Mitbewerber selbst zu verunglimpfen. Eine Aussage über das »Lotterleben« des Mitbewerbers hat, selbst wenn sie der Wahrheit entspricht, rein gar nichts mit den zu vergleichenden Produkten zu tun und ist somit unlauter.

> **Tipp**
> Schmutzige Wäsche sollte in der vergleichenden Werbung nicht gewaschen werden.

Marken- und Urheberrechtsverletzung durch vergleichende Werbung

Vergleichende Werbung birgt auch die Gefahr einer Marken- oder Urheberrechtsverletzung. Wenn Sie ein Vergleichsprodukt in Ihrer Werbung nutzen und dieses dabei mit abgebildet wird, besteht die Möglichkeit, dass Sie die Markenrechte des Mitbewerbers verletzen – so etwa bei der Pepsi-Werbung in Abbildung 10.7, in der der Mitarbeiter der Coca-Cola-Company sein Getränk umfüllt. Hier bildet der Werbende, nämlich »Pepsi«, die Marke »Coca-Cola« mit ab.

Abbildung 10.7   Pepsi verwendet hier ganz offensichtlich die Wortmarke
Coca-Cola und das Coca-Cola-Logo. In einer unbefugten Nutzung kann eine
Markenrechtsverletzung liegen.

Hinweis

Sofern Sie in einer vergleichenden Werbung fremde Marken verwen-
den, achten Sie darauf, dass die in diesem Abschnitt aufgeführten Vo-
raussetzungen für vergleichende Werbung eingehalten sind. Für diesen
Fall hat der Europäische Gerichtshof nämlich die Nutzung der fremden
Marke erlaubt. Halten Sie sich nicht an die Vorgaben, begehen Sie eine
Markenrechtsverletzung, die mitunter sehr teuer werden kann.

Zwar wird in der Abbildung des vergleichenden Konkurrenzprodukts
regelmäßig auch eine Urheberrechtsverletzung liegen, das Urheberrecht tritt aber hinter das Wettbewerbsrecht zurück, wenn die Abbildung unter Beachtung der Zulässigkeitsvoraussetzungen für eine
vergleichende Werbung erfolgt und nur die Unterscheidbarkeit der
Produkte zum Ziel hat, die durch die Werbung objektiv herausge-
stellt werden sollen.

*Das Urheberrecht tritt
in der Regel zurück*

Hinweis

In Bezug auf das Urheberrecht gilt also das Gleiche wie für das Markenrecht. Solange Sie in Ihrer Werbung die Regeln für vergleichende Werbung einhalten, kann Ihnen nichts passieren.

> **Checkliste**
>
> Beachten Sie also Folgendes, wenn Sie eine vergleichende Werbung planen:
>
> ▶ Vergleichen Sie nur konkrete Produkte miteinander. Möglich ist es aber auch, dass Sie sich mit einem Mitbewerber vergleichen.
>
> ▶ Denken Sie bei einem Produktvergleich daran, dass Sie objektiv nachprüfbare Kriterien heranziehen. Ihre eigene Meinung hat bei einem solchen Vergleich nichts zu suchen.
>
> ▶ Schmutzige Wäsche hat in einer vergleichenden Werbung nichts verloren.
>
> ▶ Behalten Sie die Marken- und Urheberrechte des Mitbewerbers im Hinterkopf und lassen Sie Ihre Werbeidee am besten schon vor der Umsetzung prüfen: Sollte eine Änderung aus rechtlicher Sicht erforderlich sein, sparen Sie sich so etwaige weitere Produktionskosten.

Schleichwerbung

Schleichwerbung ist eine Werbung, die nicht sofort als solche zu erkennen ist. Darin liegt die große Gefahr für den Verbraucher

Der Begriff *Schleichwerbung* bezeichnet eine Werbeform, die grundsätzlich nicht sofort als solche zu erkennen ist bzw. an einem Ort auftaucht, an dem nicht mit ihr gerechnet wird, wodurch Verbraucher den Werbecharakter nicht oder nicht sofort erkennen können. Dabei ist das Attribut »schleichend« nicht ganz treffend. Besser passen würde der Begriff »tarnend«. Denn diese Werbung schleicht nicht, sie tarnt sich vielmehr in Aussagen, Bewertungen, Empfehlungen etc. Und hier liegt das Problem: Nach dem Transparenzgebot, das für die Werbung an sich gilt, müssen Werbung und PR immer als solche erkennbar sein und von redaktionellen Inhalten getrennt werden (siehe oben).

Man könnte sich fragen, wieso Schleichwerbung eigentlich unzulässig ist. Es könnte ja sogar angenehmer sein, nie wieder mit irgendwelchen nervigen Werbebannern in den sozialen Netzwerken belästigt zu werden. Dies ist aber nur eine Seite der Medaille. Durch die getarnten Werbebotschaften, die z. B. von einem Idol des Verbrauchers an diesen herangetragen werden, kann die Entscheidungsfreiheit beeinträchtigt werden. Eine Aussage von einem Prominenten oder einem augenscheinlich »unabhängigen« Blogger über ein bestimmtes Produkt wird von einem Verbraucher in der Regel als persönliche Meinungsäußerung aufgefasst, was dieser Aussage wiederum viel mehr Wert zukommen lässt.

Beispiel

Das unabhängige Blog RSV-Blog, das über Erfahrungen mit Rechtsschutzversicherungen berichtet, veröffentlichte 2006 einen Artikel über die ARAG-Versicherung, in der dieser »nachhaltige Inkompetenz« vorgeworfen wurde (siehe Abbildung 10.8). In den Kommentaren äußerten dann viele Kunden der ARAG ebenfalls ihren Ärger über ihre Versicherung. Ein Eintrag fiel den Blog-Betreibern allerdings auf, denn dort wurde die ARAG über alle Maße gelobt:

»Die ARAG ist die beste Rechtsschutzversicherung, die es gibt. Einmal angefragt, schon kam die Deckungszusage, mein Anwalt als auch ich sind begeistert. Weiter so ARAG und mit dem neuen Produkt Recht & Heim ist die ARAG unschlagbar. Eine der fairsten und kompetentesten Versicherungen, die ich kenne.«

Eine Recherche brachte zutage, dass dieser Eintrag von einem ARAG-Mitarbeiter verfasst worden war, ohne dass dies in dem Kommentar deutlich gemacht wurde. Das mit dem Fall schließlich befasste Landgericht Hamburg sah darin eine unzulässige Schleichwerbung und erließ eine einstweilige Verfügung gegen die ARAG.

Abbildung 10.8 Ein Paradebeispiel für Schleichwerbung war ein Blog-Kommentar über die ARAG im RSV-Blog.

Der Verbraucherschutz will die Reflexion über die Werbung erhalten

Eine offensichtliche Werbung hingegen wird vom Verbraucher deutlich mehr hinterfragt als eine vermeintlich aus tiefster Überzeugung getätigte Aussage. So verlangt es der Verbraucherschutz, dass dieser ureigene Schutzmechanismus des Verbrauchers nicht durch getarnte Werbemaßnahmen umgangen wird.

Achtung

Selbstverständlich dürfen Sie Ihre durchaus positive Meinung auch über Ihr eigenes Unternehmen oder Produkt äußern. Seien Sie hierbei jedoch vorsichtig, wie und wo Sie dies tun! Wenn Sie etwa einen positiven Beitrag zu Ihrem Produkt auf Ihrem privaten Twitter-Account posten (der keinen Bezug zu Ihrem Unternehmen aufweist), wäre dies eine Aussage, die dazu dient, den Wettbewerb zu fördern, die aber nicht als Werbung kenntlich gemacht ist. Der Beitrag wäre rechtswidrig.

Tipp

Sollten Sie Beiträge über Ihr Unternehmen verfassen und diese nicht über die offiziellen Unternehmenskanäle verbreiten, empfehlen wir Ihnen, immer deutlich zu machen, dass Sie für das Unternehmen tätig sind.

Wer schleichend wirbt, muss mit Abmahnungen rechnen

Bedenken sollten Sie die möglichen Konsequenzen einer enttarnten Schleichwerbung. Abgesehen von kostspieligen Abmahnungen oder einstweiligen Verfügungen wird ein solcher Fauxpas bei Ihrer Kundenzielgruppe voraussichtlich zu einem Vertrauensverlust führen und für sehr schlechte PR sorgen. Nicht zuletzt muss das »schleichwerbende« Unternehmen mit einem Ausschluss aus einigen Bewertungsportalen rechnen.

10.1.2   Die Werberichtlinien von Facebook, Twitter & Co.

Zu den gesetzlichen Regelungen gesellen sich die Nutzungsbedingungen der Plattformen

Nun haben wir Ihnen die wichtigsten gesetzlichen Regeln für Werbung nähergebracht. Selbstverständlich sind die sozialen Netzwerke kein rechtsfreier Raum, sodass diese Regeln auch in diesen Netzwerken Geltung haben. Jedoch können die Netzwerkbetreiber selbst noch weitere Werberegelungen festlegen, da sie als Betreiber quasi ein Hausrecht für die Plattform haben. Verstoßen Sie gegen diese Regeln, hat das schwerwiegende Konsequenzen. Neben finanziellen

Entschädigungszahlungen droht mitunter auch der Ausschluss Ihres Unternehmens von der Plattform.

Die nachfolgenden Hinweise über die Zulässigkeit von Werbung auf den einzelnen Plattformen befassen sich ausschließlich mit Werbung, die Sie öffentlich auf Ihrem Profil verbreiten. Für Informationen zur Werbung mit Blick auf einzelne Nutzer schauen Sie bitte weiter unten in den Abschnitt 10.2, »Direktmarketing im Social Web«.

Nachfolgend möchten wir Ihnen eine Zusammenfassung der Werberichtlinien verschiedener Social-Media-Plattformen an die Hand geben, damit Sie Ihr Handeln danach ausrichten können.

> **Tipp**
> Die Werberichtlinien werden von den Plattformbetreibern von Zeit zu Zeit überarbeitet und geändert. Sie sollten sich daher regelmäßig (etwa jedes Vierteljahr) darüber vergewissern, dass Sie noch auf dem aktuellen Stand sind. Die Links zu den jeweiligen Werberichtlinien finden Sie im entsprechenden Abschnitt.

Werbung auf Facebook

Facebook ist die Nummer eins der sozialen Netzwerke. Dementsprechend wird diese Plattform für Ihre Werbeaktivitäten eine große Rolle spielen. Die Macht von Facebook spiegelt sich auch in den Werberichtlinien wider, die teilweise sehr detaillierte Vorgaben zu werblichen Inhalten machen.

> **Tipp**
> Die kompletten Werberichtlinien von Facebook finden Sie unter *https://www.facebook.com/ad_guidelines.php*. Die unten stehenden Ausführungen beziehen sich auf den Stand 10. April 2013.

Facebook bietet grundsätzlich zwei Möglichkeiten der Werbung an: Werbeanzeigen (siehe Abbildung 10.9) und Unternehmensseiten (siehe Abbildung 10.10). Falls Sie Ihre Werbebotschaften nicht nur in Werbeanzeigen auf Facebook, sondern auch auf einer eigenen Unternehmensseite verbreiten möchten, müssen Sie zusätzlich auch die Nutzungsbedingungen für Seiten einhalten, die Sie unter *https://www.facebook.com/page_guidelines.php* abrufen können.

Abbildung 10.9   Gesponserte Werbeanzeigen auf Facebook erscheinen klein und am Rand des Bildschirms.

Abbildung 10.10   Eine Unternehmensseite auf Facebook wirkt attraktiver und trägt weniger das Werbeimage. Eine solche Seite transportiert viel mehr ein bestimmtes vom Unternehmen gewähltes Image. Sportlicher Traumurlaub mit TUI? Wow, gefällt mir …

Benutzerkonten | Bei Facebook dürfen Sie für Ihr Unternehmen nur ein Werbekonto anlegen. Das Anlegen von mehreren Werbekonten für ein einzelnes Unternehmen ist unzulässig. Erlaubt ist es hingegen, mehrere Facebook-Seiten für ein Unternehmen anzulegen. Dies hat beispielsweise die Deutsche Telekom AG getan und neben der Unternehmensseite eine eigene Seite für ihren Kundenservice (»Telekom-hilft«, *www.facebook.com/telekomhilft*) eingerichtet.

Ein Benutzerkonto pro Unternehmen

Links zu anderen Seiten | Sofern Sie in Ihrer Werbung auf Facebook einen Link auf eine (externe) Zielseite setzen (beispielsweise Ihren Onlineshop), gilt Folgendes:

▶ Die Zielseite muss funktionieren.

▶ Auf der Zielseite dürfen weder Pop-up- noch Pop-under-Fenster erscheinen.

▶ Der Nutzer muss die Möglichkeit haben, die Zielseite jederzeit wieder zu verlassen.

▶ Die Zielseite muss erkennbar das beworbene Produkt oder die beworbene Dienstleistung enthalten.

▶ Auf der Zielseite dürfen keine verbotenen Produkte (z. B. Raubkopien von Computerspielen) angeboten werden.

Werbung auf der Unternehmensseite | Auf Ihrer Unternehmensseite dürfen nur Sie werben. Sie dürfen keinen »Werbeplatz« an Dritte vermitteln.

Beispiel

Betreiben Sie für Ihren Buchladen eine Facebook-Seite, dürfen Sie dort keine Werbung für den benachbarten Bäcker schalten.

Hinweis

Dies gilt grundsätzlich auch für die beliebten »Sponsored Posts« oder »Sponsored Stories«, also von Dritten bezahlte Beiträge, da diese ebenfalls als Werbeplatz aufzufassen sind.

Sponsored Posts

Klarheit der Werbeaussagen | Besucher Ihres Profils müssen klar erkennen können, wofür geworben wird.

Entsprechend müssen Ihre Werbeinhalte gestaltet sein. Werben Sie am besten nicht »um den heißen Brei«! Verboten sind auch falsche, irreführende oder täuschende Werbeinhalte.

Gestaltung der Werbung | Auch zur Gestaltung der Werbung macht Facebook Ihnen Vorschriften. Werben Sie mit Bildern, dürfen diese Bilder nicht mehr als 20 Prozent Text enthalten. Facebook liefert unter *https://www.facebook.com/help/468870969814641* einige Beispiele, um klarzumachen, was hiermit gemeint ist (siehe Abbildung 10.11).

Abbildung 10.11   Bei diesem Werbeflyer nimmt der Text ca. 50 Prozent der Gesamtfläche ein. Diese Werbeanzeige ist nach der 20-Prozent-Regel unzulässig.

Darüber hinaus sind folgende Elemente in der Gestaltung von Werbung auf Facebook tabu:

▶   Die Darstellung von illegalen Handlungen, beispielsweise einer Straftat.

- Die Wiedergabe von Hassbotschaften.

- Inhalte für Erwachsene, insbesondere Nacktheit und sexuell provokante Posen.

- Schockierende Darstellungen.

- Darstellungen übermäßiger Gewalt.

Verbotene Werbeinhalte | Gewisse Werbethemen hat Facebook stärker reguliert:

- Sie dürfen auf Facebook nicht für Dienstleistungen oder Produkte für Erwachsene werben. Hiervon umfasst sind z. B. Sexspielzeug und Potenzmittel. Werbung für Verhütungsmittel ist im Rahmen der Zielgruppenvorgaben (siehe unten) möglich.

  Für manche Produkte darf auf Facebook keine Werbung geschaltet werden

- Für Alkohol dürfen Sie in bestimmten Ländern (z. B. Afghanistan, Ägypten, Saudi-Arabien) überhaupt nicht werben. In den übrigen Ländern müssen Sie die allgemein geltenden Regeln für Alkoholwerbung beachten, insbesondere dürfen Sie nicht suggerieren, dass Alkoholkonsum bei Jugendlichen »in« ist. Weitere Infos hierzu finden Sie unter *https://www.facebook.com/help/110094 445754628*.

- Werbung für Dating-Seiten mit sexueller Ausrichtung ist verboten.

- Werbung für Tabak und andere Drogen ist ebenfalls untersagt.

- In Bezug auf Onlineglücksspielwerbung müssen Sie sich eine Genehmigung von Facebook einholen. Werbung für zulässiges Offlineglücksspiel ist aber grundsätzlich erlaubt. Weitere Hinweise zur Werbung für Glücksspiele finden Sie unter *https:// www.facebook.com/help/247824495237141*.

- Verschreibungspflichtige Medikamente dürfen auf Facebook nicht beworben werden. Apotheken dürfen nach Genehmigung durch Facebook aber durchaus werben.

- Nahrungsergänzungsmittelwerbung ist generell erlaubt, solange die beworbenen Produkte keine anabolischen Steroide, Wachstumshormone oder ähnliche fragwürdige Substanzen enthalten.

- Für Schadsoftware (Trojaner, Viren) oder sogenannte Crapware (Software, die sich unbemerkt installiert) darf nicht geworben werden.

- ▶ Für Abonnements (Zeitschriften, Klingeltöne etc.) darf nur unter engen Voraussetzungen geworben werden. So muss insbesondere in dem Werbetext auf die wiederkehrende Abrechnungskomponente hingewiesen werden.

- ▶ Für unzulässige Geschäftsmodelle (z. B. Schneeballsysteme) darf ebenfalls keine Werbung geschaltet werden.

- ▶ Werbung für Waffen, Munition oder Sprengstoff ist auf Facebook untersagt.

Herabwürdigende oder ehrverletzende Inhalte sind verboten

Werbeanzeigen dürfen keine Beleidigungen, Angriffe, Belästigungen, Bedrohungen, kein Mobbing und keine Erniedrigungen enthalten. Sie dürfen nicht schockierend, respektlos oder sensationsheischend sein oder übermäßige Gewaltdarstellungen wiedergeben.

Zielgruppenspezifische Werbung | Ein Vorteil von Werbeanzeigen auf Facebook ist, dass Sie Ihre Werbung sehr zielgruppenspezifisch schalten können. So ist es beispielsweise möglich, Ihre Werbung für Ihr neues E-Bike nur bei Damen gehobenen Alters aus ländlichen Regionen anzeigen zu lassen. Eine solche zielgruppenspezifische Werbung unterliegt allerdings weiteren Bedingungen, die zusätzlich zu den allgemeinen Werberichtlinien gelten.

Tipp

Die Bedingungen für zielgruppenspezifische Werbung finden Sie hier: *https://www.facebook.com/ads/manage/customaudiences/tos.php*.

Ihre Werbeanzeigen müssen stets die entsprechenden Zielgruppenanforderungen beachten. Verwenden Sie bestimmte Zielgruppenkriterien niemals zur Provokation der Nutzer.

Beispiel

Sie dürfen als Zielgruppe Ihrer Werbung nicht die oben beschriebenen Damen über 60 auswählen und dann in Ihrer Werbeanzeige schreiben: »Wir haben etwas für alte Schachteln.«

Nach den Facebook-Nutzerbedingungen darf sich der Text von Werbeanzeigen weder direkt noch indirekt durch den Werbeinhalt oder durch die Zielgruppenansprache auf die persönlichen Eigenschaften der Nutzer in den nachfolgend aufgezählten Gruppen beziehen:

Für bestimmte Zielgruppen ist eine Direktansprache verboten

▶ Rasse oder ethnische Herkunft

▶ Religion oder Weltanschauung

▶ Alter

▶ sexuelle Orientierung oder Sexualleben

▶ Geschlechtsidentität

▶ Behinderung oder Krankheit

▶ Finanzstatus und -informationen

▶ Mitgliedschaft in einer Gewerkschaft

▶ Vorstrafen

Beispiel

Eine Werbeanzeige mit dem Slogan »Arm dran? – Jetzt unseren günstigen Kredit abgreifen« wäre nicht erlaubt, weil sie sich auf den Finanzstatus des Angesprochenen bezieht.

Gewonnene Nutzerdaten | Sofern Sie über Facebook Nutzerdaten erhalten, dürfen Sie diese nur für Marketingzwecke innerhalb von Facebook verwenden. Eine Nutzung außerhalb von Facebook oder eine Weitergabe an Dritte ist nicht erlaubt.

Werbung auf Google+

Google+ ist als direkte Konkurrenz zu Facebook gestartet und hat sich inzwischen insbesondere im Businessbereich etabliert. Sollte Ihr Produkt oder Ihre Dienstleistung sich also hauptsächlich an Unternehmenskunden richten, denken Sie sicherlich über eine Präsenz im Social Network von Google nach. Anders als Facebook bietet Google+ (zurzeit) keine Möglichkeit, Werbebanner auf dem Netzwerk zu schalten. Insofern sind Sie darauf angewiesen, Ihre eigene Unternehmensseite zur Verbreitung von Werbebotschaften zu nutzen, wie das Beispiel der Google+-Seite von DaWanda zeigt (siehe Abbildung 10.12).

Google+ gibt es keine Werbebanner

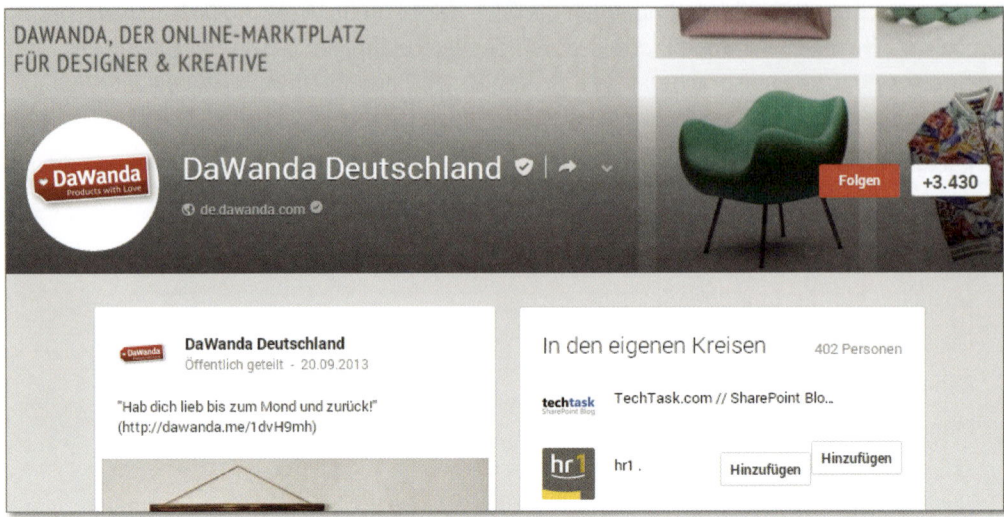

Abbildung 10.12   Die Google+-Seite von DaWanda ist eine eigene Werbebotschaft. Dies ist im Rahmen der Nutzungsbedingungen auch grundsätzlich zulässig.

Neben den Google+-Werberichtlinien sind auch die Nutzungsbedingungen für Seiten zu beachten

Google hat die entsprechenden Regeln in einer »Wettbewerbs- und Werberichtlinie für Google+ Seiten« zusammengefasst. Darüber hinaus müssen Sie die »zusätzlichen Nutzungsbedingungen für Google+ Seiten« beachten und auch die »Inhalts und Verhaltensrichtlinien für Nutzer« einhalten.

> **Tipp**
>
> Unter folgenden Adressen erreichen Sie die relevanten Bedingungen:
>
> ▸ *http://www.google.com/intl/de_ALL/+/policy/pagescontestpolicy.html*
> ▸ *http://www.google.com/intl/de_ALL/+/policy/pagesterm.html*
> ▸ *http://www.google.com/intl/de_ALL/+/policy/content.html*

Viele Vorschriften macht Ihnen Google allerdings nicht, wenn Sie Ihre Google+-Seite werblich nutzen möchten. Die wichtigsten Regeln haben wir Ihnen hier zusammengefasst:

Werbung auf Unternehmensseiten | Auf Ihrer Unternehmensseite dürfen Sie nur für sich werben. Werbung für Dritte ist auf Ihrem Profil untersagt.

Werbeinhalte | Die Inhalte, die Sie auf Ihrer Google+-Seite veröffentlichen, müssen den allgemeinen Bedingungen für Inhalte auf Google+ entsprechen.

Wofür Sie nicht werben dürfen

▶ Kontrollierte Güter, wie Arzneimittel, Alkohol, Tabak, Feuerwerkskörper und gesundheitsfördernde Produkte dürfen auf Google+ überhaupt nicht beworben werden.

▶ Auch die Bewerbung von Onlineglücksspiel, Sportwetten und Kasinos ist verboten.

▶ Unter Umständen dürfen Sie auch keine Werbung für Begleitservices (Escort-Services) und ähnliche Dienstleistungen auf Google+ verbreiten.

▶ Sie dürfen mit Ihrer Werbung keine illegalen Aktivitäten (z. B. Betrug) fördern.

▶ Über Ihre Werbebotschaften darf keine schädliche Software (z. B. Viren, Würmer und Schadcode) verbreitet werden.

▶ Ihre Werbeaussagen dürfen keinen Hass auf Personen aufgrund ihrer ethnischen Zugehörigkeit, Religion, sexuellen Orientierung, Behinderung, ihres Alters, Veteranenstatus, Geschlechts oder ihrer geschlechtlichen Identität fördern.

▶ Verboten sind auch Werbeinhalte, in denen Kinder missbraucht werden (z. B. Kinderpornografie).

▶ Ihre Werbeinhalte dürfen kein eindeutig sexuelles Material (Nacktheit, sexuelle Aktivitäten) enthalten oder kommerzielle Pornoseiten anpreisen.

▶ Die Darstellung von grundloser Gewalt ist verboten.

▶ Ihre Werbung darf andere Personen weder belästigen noch beschimpfen.

Durchführung von Gewinnspielen und ähnlichen Werbeaktionen | Wettbewerbe, Gewinnspiele, Angebote, Gutscheine und ähnliche Werbeaktionen dürfen nicht direkt auf Google+ durchgeführt werden. Stattdessen dürfen Sie diese Aktionen von Ihrer Google+-Seite aus verlinken. Die Aktionen müssen den gesetzlichen Bedingungen entsprechen, und Sie müssen Google von der Haftung für die Aktionen freistellen.

Gewinnspiele direkt auf Google+ sind untersagt

> **Tipp**
> Mehr zum Thema Gewinnspiele lesen Sie in Abschnitt 10.3.

Werbung auf Twitter

Auch auf Twitter können Sie über Ihr Unternehmensprofil sehr einfach und effektiv Werbebotschaften verbreiten. Neben den oben angesprochenen gesetzlichen Voraussetzungen (siehe Abschnitt 10.1.1) müssen Sie die Twitter-AGB und die »Richtlinien für Werbekunden« beachten.

> **Tipp**
> Die AGB von Twitter finden Sie hier: *https://twitter.com/tos*. Die Richtlinien für Werbekunden können unter *https://support.twitter.com/ groups/56-policies-violations/topics/239-advertiser-policies/articles/201 70372-richtlinien-und-best-practices-zu-sensiblen-kategorien* nachgelesen werden.

Verbotene Werbeansprachen | Twitter hat ähnlich wie Facebook eine »No-go-Liste«. Auf dieser Liste finden sich bestimmte Schlagwörter, die Sie als Werbender auf Twitter nicht nutzen dürfen, um Ihre Follower in der Timeline direkt anzusprechen.

Die No-go-Liste von Twitter

Die folgenden Themenfelder stehen bei Twitter auf dem »Werbeindex«:

▶ Rasse oder ethnische Herkunft

▶ Gesundheit

▶ Sexualleben

▶ politische Einstellung oder Parteizugehörigkeit

▶ Mitgliedschaft in einer Gewerkschaft

> **Beispiel**
> Eine Werbebotschaft wie »Leiden Sie unter Migräne? Wir haben da was für Sie!« wäre also unzulässig.

Links zu anderen Seiten | Twitter erlaubt eine Linksetzung bei-
spielsweise zu der Homepage oder dem Facebook-Profil Ihres Unternehmens. Das ausschließliche Verbreiten von Links ordnet Twitter
jedoch als Spam ein. Bei wiederholten Verstößen kann dies zur Löschung oder Sperrung Ihres Twitter-Accounts führen.

*Nutzen Sie Ihren
Account nicht als blo-
ßen »Linkverteiler«*

> **Tipp**
>
> Twitter wird Ihre Linksetzungen nicht als Spam einordnen, wenn Sie
> regelmäßig persönliche Dinge posten. Daher der Tipp: Geben Sie
> Ihrem Unternehmen eine Persönlichkeit! Teilen Sie Ihren Kunden Neu-
> igkeiten aus dem Betrieb mit! Dies ist durchaus dazu geeignet, Ihren
> Betrieb sympathisch zu machen.

Werbung auf XING

Das in Deutschland sehr beliebte Businessnetzwerk XING bietet Unternehmen ebenfalls die Möglichkeit, ein sogenanntes Unternehmensprofil zu erstellen (siehe Abbildung 10.13).

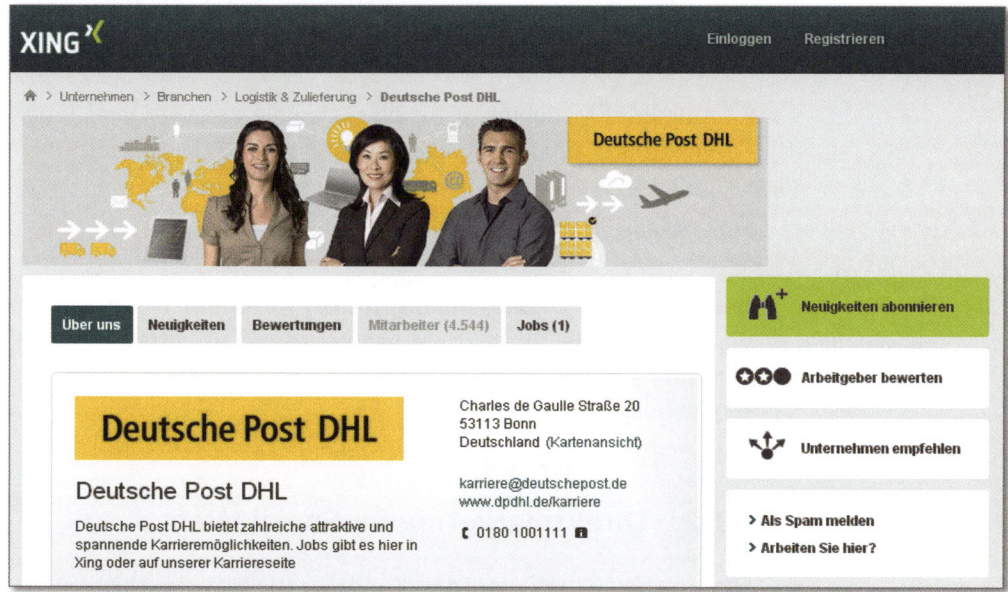

Abbildung 10.13 Auch die Deutsche Post DHL ist auf den XING-Zug
aufgesprungen und präsentiert sich in diesem Netzwerk.

Welche Inhalte auf solchen Profilen zulässig sind, regeln die XING-AGB für Unternehmensprofile.

> **Tipp**
>
> Die kompletten AGB für Unternehmensprofile von XING finden Sie unter *http://www.xing.com/app/user?op=tandc&what=cp#paragraph-05*.

Einhaltung der gesetzlichen Vorschriften | Zunächst verpflichtet Sie XING dazu, die gesetzlichen Vorschriften zu beachten. Das ist aber selbstverständlich und beinhaltet noch keine Einschränkung Ihrer Werbung auf XING.

Verlinkung von Websites | Sie dürfen auf Ihrem XING-Unternehmensprofil nur solche Websites verlinken, die mit Ihrem Unternehmen im Zusammenhang stehen.

Ausschließlich Werbung im Zusammenhang mit Ihrem Unternehmen

Inhalte des Unternehmensprofils | Ihr Unternehmensprofil auf XING darf nur solche Inhalte aufweisen, die in einem Zusammenhang mit Ihrem Unternehmen stehen. Ausdrücklich verboten sind Folgendes:

▶ Multilevel-Marketing, d. h., Sie dürfen die Besucher Ihres Profils nicht dazu auffordern, andere Kunden bzw. Besucher zu vermitteln.

▶ Unzulängliche Inhalte.

Regulierung der Beitragsgestaltung

Gestaltung des Unternehmensprofils | XING macht Ihnen kaum Vorschriften, wie Sie Ihr Unternehmensprofil zu gestalten haben. Verboten sind nur ÜBERTRIEBENE GROSSSCHREIBUNG und Zeichensetzung!!!!!!!

10.2   Direktmarketing im Social Web

Ein probates Mittel, um einen Kunden gezielt zu erreichen, ist das Direktmarketing. Wie es der Name bereits verrät, handelt es sich dabei um Werbung, die einem bestimmten Kunden direkt zugeht. Auch dafür scheinen die sozialen Netzwerke geradezu prädestiniert! Hier kennen Sie als Unternehmer nämlich Ihre Kunden, da diese in der Regel Ihre virtuellen Freunde oder Fans sind. Stellt sich nur die Frage, ob Sie dieses Wissen und die daraus resultierenden Möglichkeiten auch für Ihre Werbung nutzen dürfen.

10.2.1 Werbung per Direct Message

Direct Message ist die Königin des Marketings. Durch direkte und personalisierte Nachrichten können genau die Nutzer erreicht werden, die Sie erreichen möchten. Das Ganze hat nur einen wesentlichen Haken: Die Nutzer müssen mit dem Empfang Ihrer Werbebotschaft einverstanden sein. Diesbezüglich thronen die gesetzlichen Regeln aus dem Gesetz gegen unlauteren Wettbewerb (UWG) über allen sozialen Netzwerken. Aber nicht nur das Gesetz stellt Anforderungen an die direkte Werbung, auch die einzelnen Plattformen haben zusätzliche Regeln aufgestellt, die für die werbenden Nutzer gleichermaßen verbindlich sind wie das Gesetz.

Gezieltes und effektives Werben mit Direct Messages

Facebook

Facebook bietet verschiedene Möglichkeiten der Kommunikation an. So können Sie persönliche Nachrichten schreiben oder einen Eintrag auf der Pinnwand eines Freundes hinterlassen. Diese Möglichkeiten können Unternehmen jedoch nur zum Teil nutzen.

Persönliche Nachrichten | Nachrichten, die Sie direkt an einen Facebook-Nutzer senden, dürfen nach den Nutzungsbedingungen keine Werbebotschaften enthalten, wenn der Empfänger nicht ausdrücklich in den Empfang von Werbenachrichten eingewilligt hat. Da Sie mit Ihrem Unternehmensprofil bei Facebook jedoch ohnehin keine Nachricht aus eigener Initiative an einen anderen Nutzer senden können, hat diese Regelung keine allzu große Relevanz. Sofern Sie auf eine Nutzeranfrage antworten, hat sich der Empfänger mit dem Empfang Ihrer Antwort nämlich durch die zuvor gestellte Frage einverstanden erklärt (siehe Abbildung 10.14).

Bei persönlichen Nachrichten muss der Verbraucher/Werbeempfänger den ersten Schritt machen

Achten Sie bei Ihrer Antwort aber darauf, dass diese keine ungebetene Werbung enthält, sondern dass Sie die gestellte Frage adäquat beantworten, wenn wie im Beispiel gewünscht, auch mit Werbung. Die bloße Frage nach den Öffnungszeiten Ihres Ladenlokals wird hingegen keine Einwilligung für den Empfang von Werbung enthal-

Die Anfrage enthält die Einwilligung, eine korrespondierende Antwort zu erhalten

ten. Außerdem liegt in dieser einmaligen Kommunikation zwischen Ihnen und dem anderen Nutzer keine Einwilligung in den fortlaufenden Empfang von Werbung. Eine nicht genehmigte Werbebotschaft gilt nach den Nutzungsbedingungen von Facebook als Spam. Mehr zum Thema Spam im Social Web erfahren Sie etwas weiter unten in Abschnitt 10.2.2.

Abbildung 10.14 Ein Unternehmer kann grundsätzlich mit einem Kunden über die Funktion der persönlichen Nachrichten kommunizieren. Dies erfordert jedoch, dass der Kunde den Unternehmer als Erstes anschreibt. Das Privileg der ersten Nachricht ist dem Unternehmer verwehrt.

Problemlos können Sie die persönlichen Nachrichten aber für die Kommunikation mit einem Geschäftspartner nutzen. Die unerbetene Versendung von Werbung an andere Unternehmen ist jedoch genauso unzulässig wie die Versendung an eine Privatperson.

Kooperationsanfragen Auch eine Nachricht, die der Anfrage hinsichtlich einer Kooperation dient, ist unbedenklich. Einschränkende Voraussetzung ist aber, dass sich die Anfrage auf die Profession des Angefragten bezieht. So können Sie als Werbeagentur bei einem Texter wegen einer Kooperation im Bereich Webtexte anfragen. Eine Anfrage, die sich auf den Verkauf Ihrer Beratungsleistungen bezieht, wäre unzulässig.

Unternehmer haben keinen Zugriff auf die Pinnwände von Privatpersonen **Pinnwandnachrichten |** Die Nutzung der Pinnwand ist für ein Unternehmen seitens Facebook technisch eingeschränkt. An fremden Pinnwänden bzw. in einer fremden Chronik können Sie nur dann Beiträge oder Kommentare hinterlassen, wenn es sich bei diesem

Profil ebenfalls um ein Unternehmensprofil handelt. Die Pinnwände von privaten Nutzern bleiben Ihnen als Unternehmen komplett versperrt. Auch an der Pinnwand eines anderen Unternehmens dürfen Sie nicht ohne Genehmigung Werbung posten. Hier gilt das bereits zu den persönlichen Nachrichten Geschilderte: Werbung ohne Einwilligung ist unzulässig und somit Spam. Zur vollen Verfügung steht Ihnen lediglich Ihre eigene Chronik. Hier können Sie sowohl einen neuen Beitrag erstellen wie auch den Kommentar eines anderen Nutzers kommentieren. Ihre Beiträge und Kommentare in Ihrer eigenen Chronik dürfen natürlich Werbung enthalten, denn schließlich geht es um Ihrer eigene Seite.

Klickt ein Facebook-Nutzer den »Gefällt mir«-Button auf Ihrer Seite an, sieht er alle von Ihnen an Ihrer eigenen Pinnwand geschriebenen Beiträge in seinem Nachrichtenstrom. Dabei werden natürlich auch Ihre neuesten Werbeangebote, die Sie auf Ihrer Pinnwand veröffentlicht haben, mit in den Nachrichtenstrom eingebunden, wie das Beispiel in Abbildung 10.15 zeigt. Auf diese Weise können Sie die »Fans« Ihres Unternehmens legal über alle Neuigkeiten unterrichten.

Ihre Beiträge im Nachrichtenstrom der Nutzer

Markieren von anderen Nutzern und Unternehmen | Die Funktion, Freunde auf einem Bild zu markieren, sollte Ihnen aus Ihrer privaten Facebook-Nutzung bekannt sein. Mit Ihrem Unternehmensprofil haben Sie lediglich die Möglichkeit, andere Unternehmensprofile zu markieren. Die ungebetene Markierung eines anderen Unternehmens zum Beispiel auf einer Werbegrafik von Ihnen oder in einem Ihrer Beiträge ist wie eine normale Werbung zu behandeln. Ohne die Einwilligung des Unternehmens ist dies unzulässig.

Markieren ist werben

Google+

Auch Google+ bietet seinen Nutzern mehrere Möglichkeiten der Kommunikation an. Dazu gehören die persönlichen Nachrichten sowie die Pinnwandeinträge.

Persönliche Nachrichten | Google+ weist darauf hin, dass das Senden von Nachrichten mit unerwünschten Werbeinhalten genauso wenig gestattet ist wie das Versenden von Massenwerbemails.

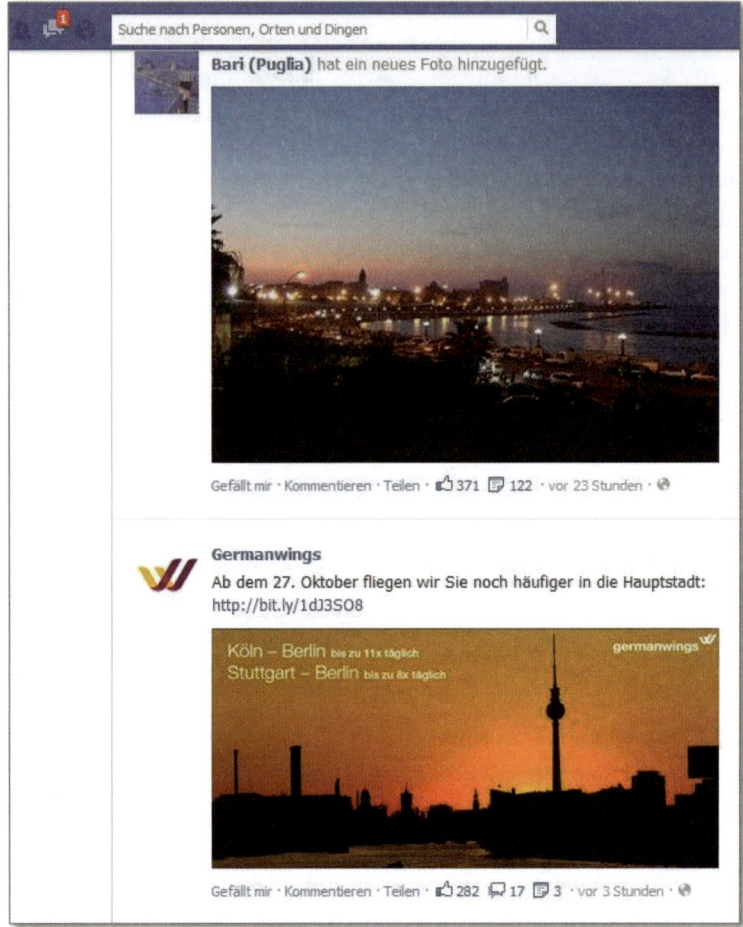

Abbildung 10.15   Wenn einem das Profil der Stadt Bari oder jenes der Airline Germanwings gefällt, tauchen alle von diesen Seiten veröffentlichten Beiträge im eigenen Nachrichtenstrom auf. So erreichen diese Seiten ihre Interessenten in zulässiger Weise direkt, ohne sich um eine Einwilligung bemüht zu haben.

Auf Google+ gibt es keine direkten Nachrichten

Persönliche Nachrichten wie bei Facebook gibt es bei Google+ ohnehin nicht. Vielmehr kann eine Nachricht nur dann zu einem bestimmten Empfänger gelangen, wenn der Empfängerkreis der Mitteilung entsprechend eingestellt ist.

Pinnwandnachrichten | Bedenkenlos ist aber auch bei Google+ ein Beitrag auf Ihrer eigenen Pinnwand, bei Google+ Stream genannt.

Der Stream von Google+ ist in etwa das Pendant zum Nachrichten-strom auf Ihrer Facebook-Startseite. Wenn Sie einen Beitrag auf Ihrem Stream veröffentlichen, haben Sie bei Google+ die Möglich-keit, den Empfängerkreis zu bestimmen. Da Sie grundsätzlich mög-lichst viele Nutzer erreichen wollen, sollten Sie hier ÖFFENTLICH ein-stellen (siehe Abbildung 10.16). Dadurch kann jeder, der Ihre Seite aufruft oder abonniert hat, Ihren Beitrag sehen.

Abbildung 10.16   Ist ein einziger Empfänger ausgewählt, hat die Mitteilung den Charakter einer persönlichen Nachricht. Ist als Empfänger ein bestimmter Kommunikationskreis oder sogar die Öffentlichkeit gewählt, erscheint die Mitteilung in den jeweiligen Streams.

Nicht zulässig wäre es wiederum, wenn Sie einen solchen Stream-Beitrag mit werbendem Inhalt an eine bestimmte Person ohne des-sen Einwilligung senden. Sollte also zum Beispiel Jakob Wahlers in Abbildung 10.17 nicht eingewilligt haben, Werbebotschaften zu er-halten, wäre eine solche Nachricht nicht erlaubt.

Nachrichten an eine bestimmte Person nur mit Einwilligung

Abbildung 10.17   Eine Mitteilung nur an den Kollegen Wahlers wäre lediglich mit einer entsprechenden Einwilligung zulässig.

Werbenachrichten bei mutmaßlichem Interesse | Stellen Sie sich vor, Sie lesen auf dem Profil eines Google+-Nutzers, dass dieser von einem Produkt schwärmt, das auch von Ihnen hergestellt oder ver-trieben wird. Hier könnten Sie sich nun fragen, ob Sie diesem Nutzer eine Werbenachricht als persönliche Nachricht senden dürfen. An-ders als Facebook bietet Google+ nämlich technisch gesehen die Möglichkeit hierzu.

Mutmaßliches Interesse reicht nicht für eine Einwilligung

Das bloße Interesse an einem Produkt ist jedoch nicht ausreichend, um eine Einwilligung in den Empfang von Werbung daraus abzuleiten. Das bedeutet in diesem Fall, dass Sie trotz des Interesses keine Werbenachricht verschicken dürfen. Jedoch sind die Risiken einer Abmahnung oder irgendwelcher Sanktionen durch eine Markierung Ihrer Nachricht als Spam relativ gering, da der Empfänger Ihrer Nachricht sich vermutlich darüber freuen wird. Rein rechtlich betrachtet, wäre eine solche Werbung jedoch eindeutig unzulässig.

Auf ein konkretes Gesuch darf geantwortet werden

Werbung auf ein Gesuch | Anders stellt sich die Situation dar, wenn Sie auf der Pinnwand eines Nutzers ein konkretes Gesuch lesen. Eine Nachricht von Ihnen an diesen Nutzer wäre dann wohl weniger als Werbung, sondern eher als konkretes Angebot zu werten und somit zulässig.

Twitter

Der Microbloggingdienst Twitter mag zwar im Vergleich zu Facebook und Google+ deutlich weniger Funktionen haben, jedoch besteht auch hier die Möglichkeit, Botschaften so zu senden, dass sie nur der Empfänger lesen kann, und auch so, dass diese von jedem gelesen werden können.

Persönliche Nachrichten | Bei Twitter können Sie, ähnlich wie bei Facebook, direkte Nachrichten an Ihre Fans, bei Twitter »Follower« genannt, senden. Ein wesentlicher Unterschied zu Facebook besteht bei Twitter jedoch darin, dass auch Sie in die »Gunst der ersten Nachricht« kommen dürfen und nicht wie bei Facebook nur dann mit einem anderen Nutzer über eine private Nachricht kommunizieren können, wenn dieser Sie zuerst angeschrieben hat.

Über die persönliche Nachricht darf auch bei Twitter nur nach vorheriger Einwilligung geworben werden

Wie sollte es anders sein: Auch bei Twitter gelten für die direkten Nachrichten dieselben gesetzlichen Regelungen wie bei Facebook & Co.: Sie dürfen keine ungebetene Werbebotschaft versenden. Wenn Ihnen ein anderer Nutzer folgt, bedeutet dies nicht automatisch auch eine Einwilligung in den Empfang von direkter Werbung. Die werbewirksame Kommunikation mit einem anderen Nutzer ist selbstverständlich dann erlaubt, wenn dieser Sie etwa durch eine Anfrage dazu aufgefordert hat.

Hinweis

Twitter hat eine neue Funktion eingeführt, mit der Sie auch solchen Nutzern Nachrichten schicken können, die Ihnen nicht folgen. Hier gilt selbstverständlich dieselbe Rechtslage – direkte Werbebotschaften sind nur mit Einwilligung des Empfängers erlaubt.

Die Twitter-Timeline | Alles was Sie selbst twittern, landet auf der Timeline jener Nutzer, die Ihnen folgen. Auf diese Weise können Sie Ihre Unternehmens- und Produktneuigkeiten zu den Leuten transportieren, die daran interessiert sind. So landet beispielsweise eine Werbebotschaft der Lufthansa über Flüge in die Städte Delhi und Peking auf der Timeline eines jeden Followers der Lufthansa (siehe Abbildung 10.18). Das Veröffentlichen einer Werbebotschaft auf Ihrer Seite ist zulässig. Wer Ihnen folgt, muss damit leben, alles das zu lesen, was Sie auf Ihrer Seite veröffentlichen.

Wenn Sie viele Follower haben, erreichen Sie mit Ihren Botschaften viele potenzielle Kunden

Abbildung 10.18   Alles was die Lufthansa twittert, landet in der Timeline ihrer Follower. Für ein Unternehmen sollte die Marschroute bei Twitter also lauten: möglichst viele Follower bekommen.

Erwähnungen (@) | Sie können einen anderen Twitter-Nutzer aber auch direkt über die Timeline anschreiben, indem Sie ihn in Ihren Tweet mit einbinden. Dies ist über die Nennung des Twitter-Namens in Verbindung mit dem @-Zeichen möglich, z. B. »Hallo @Solmecke!«. Eine Nachricht, die auf diese Weise versendet wird, landet in der Timeline des Angesprochenen und erreicht diesen somit in direkter Weise. Im Unterschied zu einer persönlichen Nachricht kann diese Nachricht ebenso von jedem anderen gelesen werden. Eine

Werbung über @Nachrichten

335

Werbebotschaft in einen solchen Tweet einzubinden, wie in Abbildung 10.19 geschehen, wäre wie bei einer persönlichen Nachricht unzulässig.

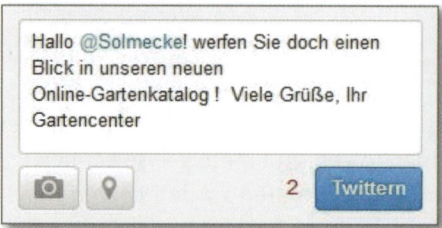

Hallo @Solmecke! werfen Sie doch einen
Blick in unseren neuen
Online-Gartenkatalog ! Viele Grüße, Ihr
Gartencenter

2 Twittern

Abbildung 10.19   Eine solche Werbung per @-Erwähnung auf Twitter ist, ebenso wie eine persönliche Nachricht, ohne Einwilligung unzulässig. Während Sie bei der Veröffentlichung eines Tweets ohne die Einbindung eines anderen Nutzers niemanden direkt anschreiben, sondern Ihre Follower gewissermaßen zu Ihnen kommen, um Ihren Beitrag zu lesen, senden Sie bei der Einbindung eines @Nutzers eine konkrete Botschaft an diesen.

Die Verwendung von Hashtags dient der leichteren Auffindung der Tweets

Hashtags (#) | Anders stellt sich die Situation bei der Verwendung von sogenannten Hashtags dar. Durch die Verwendung des Rautezeichens (#) vor einem Wort können Sie Ihre Nachricht kategorisieren und mit Schlagwörtern versehen. Dies führt zu einer leichteren Auffindbarkeit Ihrer Nachricht, da Twitter solche Hashtags erkennt und bündelt. So hat beispielsweise der Energiedienstleister Polarstern in Abbildung 10.20 die Hashtags »#Energieeffizienz #Energie #Strom« in seine Werbebotschaft eingebaut.

Polarstern @polarstern_nrgi   22m
Hunderte Euro sparen: besonders sparsame Haushaltsgeräte
bit.ly/16TgvSF #Energieeffizienz #Energie #Strom
Öffnen

Abbildung 10.20   Twitter-Nutzer, die sich für diese Schlagwörter interessieren, haben es so leichter, Ihre Tweets zu finden. Gibt ein Nutzer etwa »#Energieeffizienz« ein, wird ihm auch der Beitrag von Polarstern angezeigt, ohne dass er konkret nach Polarstern gesucht hat.

Eine solche Kategorisierung der Werbenachricht ist rechtlich unbedenklich, da keine Nutzer direkt angeschrieben werden. Nur wenn ein Nutzer sich für eines der verwendeten Schlagwörter interessiert und dieses bei Twitter sucht, wird er auf Ihre Werbebotschaft aufmerksam.

XING

Auch bei XING ist eine unerwünschte Werbung an eine Privatperson nicht erlaubt. Etwas anderes gilt aber für die Kommunikation zwischen Unternehmen bzw. Freiberuflern auf dieser Plattform. Ziel von XING ist es, Unternehmer und andere Professionelle zusammenzubringen. Ein Unternehmer darf einen anderen Unternehmer bzw. Freiberufler auf XING daher in bestimmten Fällen direkt anschreiben bzw. umwerben:

Bestimmte Formen der direkten Aussprache sind bei XING erlaubt

▶ Das Hinzufügen als Kontakt ist erlaubt, schließlich hat sich der Hinzugefügte bei XING angemeldet, um Kontakte zu knüpfen.

▶ Wenn sich ein XING-Nutzer in einer Gruppe anmeldet, erlaubt er gleichzeitig, dass er Gruppen-Newsletter und Veranstaltungseinladungen von ihr empfangen kann. Rechtlich besteht auch hier kein Risiko, wenn Sie über den Newsletter lediglich solche Nachrichten versenden, die sich auf das Thema der Gruppe beziehen.

▶ Nicht erlaubt ist das direkte werbliche Anschreiben eines XING-Mitglieds, ohne dass eine Verbindung besteht. Sie dürfen also nicht auf XING nach Mitarbeitern eines IT-Unternehmens suchen und diese wegen Ihrer neuesten Produkte anschreiben.

▶ Anders ist der Fall zu beurteilen, wenn Sie den Nutzer bereits kennen, zum Beispiel von einer Messe, und dieser Sie als Kontakt bestätigt hat. Persönliche Werbebotschaften sind in diesem Fall erlaubt. Sie sollten Sie sich dann aber um eine persönliche Ansprache bemühen und keine Massenmails versenden. Auch ein penetrantes Anschreiben wäre unzulässig.

▶ Ebenfalls erlaubt ist es, Nutzer anzuschreiben, die auf Ihrem Profil zu konkreten Angeboten auffordern. Schreibt beispielsweise ein XING-Nutzer, dass er »interessante Angebote für eine Betriebshaftpflicht« sucht, dürfen Sie ihm als Versicherungsagentur ein entsprechendes Angebot unterbreiten. Auch hier ist aber eine persönliche Ansprache ein Muss, um nicht in den Verdacht des Spammens zu geraten. Beziehen Sie sich am besten auf die Suchmeldung des Nutzers auf seinem Profil.

> **Checkliste: Werbung per Direct Message**
>
> Bei Werbung über eine direkte Nachricht sollten Sie Folgendes beachten:
>
> ▸ Kontakt- und Freundschaftsanfragen dürfen Sie grundsätzlich an jeden stellen. Den Empfang einer solchen Anfrage haben alle Nutzer durch die Anmeldung bei der jeweiligen Plattform akzeptiert. Achten Sie aber darauf, dass Ihre Anfrage keine Werbebotschaft enthält.
>
> ▸ Es gilt der gesetzliche Grundsatz: Ohne vorherige Einwilligung keine direkte, persönliche Werbenachricht – egal ob über eine persönliche Nachricht oder auf der Pinnwand eines anderen Nutzers.
>
> ▸ Verwenden Sie Ihre eigene Pinnwand. Hier können Sie Werbebotschaften posten, die dann von Ihren Fans und Freunden über den Nachrichtenstrom gesehen werden. Selbiges gilt für Twitter und Google+.
>
> ▸ Auf konkrete und an Sie gerichtete Gesuche und Anfragen dürfen Sie mit einer entsprechenden Werbung antworten.

10.2.2   Spam im Social Web

Die Bedeutung von Spam in den sozialen Netzwerken unterscheidet sich nicht groß von jener, die Ihnen bereits etwa von E-Mails bekannt sein dürfte. Als Spam im Social Web werden Nachrichten oder Pinnwandeinträge bezeichnet, die meist einen kommerziellen Inhalt haben und nicht vom Empfänger gewünscht waren.

Wer Spam-Nachrichten versendet, muss die Sperrung seines Accounts befürchten

Die Konsequenzen für den Spam-Versender in den sozialen Netzwerken sind durchaus beachtlich und mit negativen Folgen verbunden. Im Gegensatz zum E-Mail-Spam hat der Empfänger in den sozialen Netzwerken die Möglichkeit, eine Nachricht sofort als Spam zu markieren und diese beim Betreiber zu melden. Sollten Sie wegen des Versendens von Spam aufgefallen bzw. gemeldet worden sein, kann dies neben einer Verwarnung auch die Löschung Ihres Unternehmensprofils zur Folge haben.

Außerdem steht dem Nutzer, der Ihre Spam-Nachrichten erhält, ein Unterlassungs- und gegebenenfalls auch Schadenersatzanspruch zu.

Darüber hinaus besteht die Gefahr einer teuren Abmahnung durch Wettbewerber, denn unzulässiges Spamming beinhaltet immer auch einen Wettbewerbsverstoß.

Tipp

Unterlassen Sie es, Spam-Nachrichten zu versenden! Bauen Sie sich im Social Web eine »Fan-Gemeinde« auf oder gewinnen Sie möglichst viele »Follower«.

10.2.3 Was muss ich beim Newsletter-Versand über das Social Web beachten?

Neben der Werbung per Direct Message in den sozialen Netzwerken ist der *Newsletter* nach wie vor eine attraktive Werbeform. Dieser hat in seiner tatsächlichen Form jedoch nur auf der Plattform XING Einzug in das Social Web gefunden – andere Plattformen geben Ihnen keine Möglichkeit, Newsletter zu versenden.

Der klassische Newsletter kann nur bei XING versendet werden

Der Versand eines Newsletters zu Werbezwecken ist ebenfalls am Maßstab des Wettbewerbsrechts zu messen. Sofern keine ausdrückliche Einwilligung des Adressaten vorliegt, gilt ein Werbe-Newsletter als Belästigung/Spam. Ohne eine derartige Einwilligung ist die Werbung wettbewerbswidrig und kann zu Abmahnungen führen.

Einwilligungserfordernis

Außerhalb von sozialen Netzwerken hat sich eine umfangreiche Rechtspraxis herauskristallisiert, wie Sie rechtssicher Newsletter an Kunden und Interessenten versenden können.

Hinweis

In aller Kürze zeigen wir Ihnen hier die wichtigsten Voraussetzungen für einen abmahnsicheren Newsletter-Versand außerhalb von Social Networks auf:

▸ Newsletter dürfen nur mit ausdrücklicher Einwilligung des Empfängers versendet werden.

▸ Die einzuholende Einwilligungserklärung darf nicht in den AGB oder Nutzungsbedingungen versteckt werden. Es ist ein hervorgehobener Hinweis auf den Newsletter-Versand notwendig.

▸ Zu Beweiszwecken bietet sich das sogenannte Double-opt-in-Verfahren an, bei dem der Nutzer den Newsletter zunächst mit einer Checkbox anfordert und dann eine Bestätigungsmail von Ihnen bekommt. Diese E-Mail enthält einen Link, den der Nutzer zur Bestätigung nochmals anklicken muss.

▸ Jeder verschickte Newsletter muss die Möglichkeit bieten, sich unkompliziert wieder abmelden zu können.

Der XING-Newsletter darf an alle Gruppenmitglieder versendet werden

Der Newsletter-Versand bei XING unterliegt allerdings nicht derart beschwerlichen Anforderungen wie etwa einem Double-Opt-in-Verfahren. Bei XING werden die Newsletter nur innerhalb von Gruppen versendet. Die Versendung erfolgt durch den Moderator an die Gruppenmitglieder, die durch den Beitritt in die Gruppe die Einwilligung in den Empfang erklärt haben. Wenn Sie also eine Gruppe bei XING eröffnen und Interessenten für diese Gruppe gewinnen, können Sie sie problemlos mit einem Newsletter über Ihr Unternehmen und Ihre Produkte auf dem Laufenden halten.

10.2.4 Tell-a-Friend-Funktion rechtssicher nutzen

Bei dieser Form der Werbung wird die Werbebotschaft nicht durch das Unternehmen selbst, sondern durch eine eigenverantwortlich handelnde Privatperson versendet. In einigen Onlineshops, zum Beispiel bei Amazon (siehe Abbildung 10.21), gibt es einen Button, über den Kunden ein bestimmtes Produkt an einen Freund via Facebook empfehlen können.

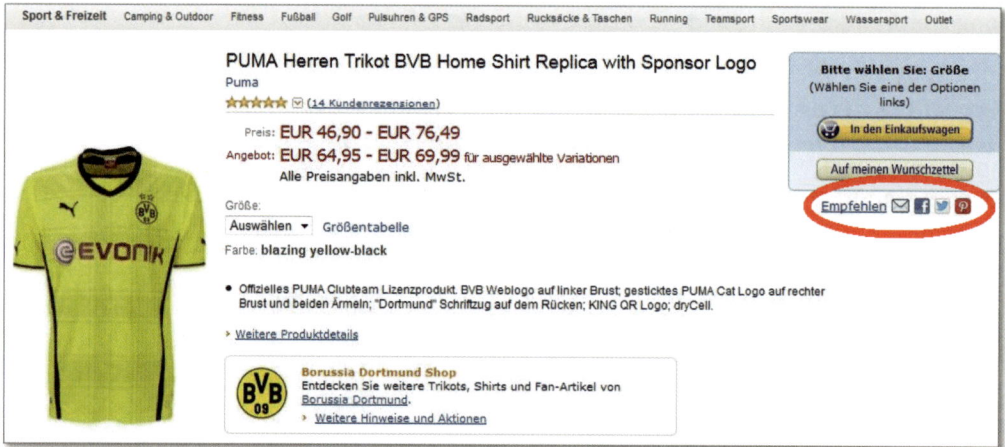

Abbildung 10.21 Die Tell-a-Friend-Funktion verfolgt den Grundsatz des Weitersagens. Empfehlungen von Bekannten oder Freunden sind schließlich immer noch die beste Werbung. So findet sich z. B. bei Amazon ein »Empfehlen«-Button.

Wenn ein Kunde diesen Button anklickt, hat er je nach Gestaltung die Wahl, ob sein Freund eine persönliche Nachricht oder eine Nachricht an seiner Pinnwand über das bestimmte Produkt erhält.

Der Kunde kann diese Empfehlung auch an seiner eigenen Pinnwand veröffentlichen (siehe Abbildung 10.22). Außerdem kann ein Begleittext wie z. B. »Hey! Genau das hast du doch gesucht!« eingegeben werden.

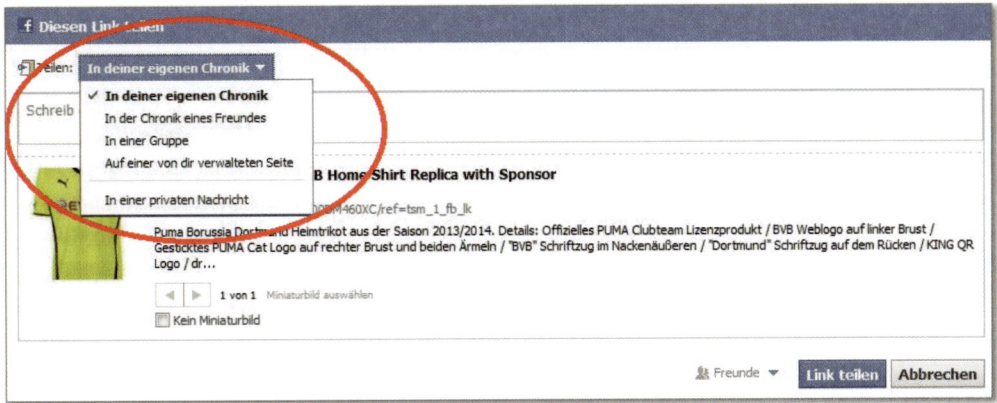

Abbildung 10.22   Man kann nicht nur wählen, über welches Netzwerk man das Produkt empfehlen möchte. Darüber hinaus kann man sich aussuchen, ob die Empfehlung an der eigenen Pinnwand oder der eines Freundes landen soll.

Sie sehen also, dass Werbung über die Tell-a-Friend-Funktion keine Werbemaßnahme ist, die in den sozialen Netzwerken selbst vorgenommen wird. Sie wirkt nur in diese Netzwerke hinein.

Unter welchen Voraussetzungen die Versendung von »Tell-a-Friend-Nachrichten« rechtmäßig ist, ist in Rechtsprechung und Literatur noch nicht abschließend geklärt. So kann eine »Tell-a-Friend-Funktion« aus Sicht des OLG Nürnberg unter wettbewerbsrechtlichen Gesichtspunkten rechtmäßig sein, wenn die Nachricht außer dem Empfehlungstext des Freundes keine weiteren Werbebotschaften mehr enthält.

Nach einer neuen Rechtsprechung des Bundesgerichtshofs (BGH) ist eine Tell-a-Friend-Nachricht, obwohl durch einen Dritten versandt, stets eine geschäftliche Handlung des anbietenden Unternehmens und somit als Werbung zu qualifizieren. Dies hat zur Folge, dass auch stets eine Werbung vorliegt, die dem Empfänger ohne Einwilligung zugestellt wird.

Rechtsprechung des BGH zur Tell-a-Friend-Funktion

Maßgeblich ist nach dem BGH, dass der Versand der Empfehlungs-E-Mails auf die zur Verfügung gestellte Tell-a-Friend-Funktion des

Unternehmers zurückgeht und dieser beim Adressaten der Empfehlungs-E-Mail als Absender erscheint.

Tell-a-Friend-Werbung ist risikoreich

Es ist zu erwarten, dass sich in künftigen Prozessen die unteren Instanzen der Rechtsprechung des BGH anschließen und nicht etwa die Erwägungen die OLG Nürnberg berücksichtigen. Das Anbieten des Tell-a-Friend-Service ist momentan also mit einem größeren Risiko behaftet.

Wenn Sie aber unbedingt eine Tell-a-Friend-Funktion im Onlineshop Ihres Unternehmens anbieten möchten, sollten Sie zumindest darauf achten, dass die an den Empfänger gesendete Nachricht außer der Botschaft des Absenders keine Werbemitteilung enthält. Eine bloße Produktbeschreibung nach objektiven Kriterien (wie in Abbildung 10.23) sollte aus unserer Sicht dagegen unproblematisch sein. Jedoch weisen wir ausdrücklich darauf hin, dass es hierzu noch keine Rechtsprechung gibt.

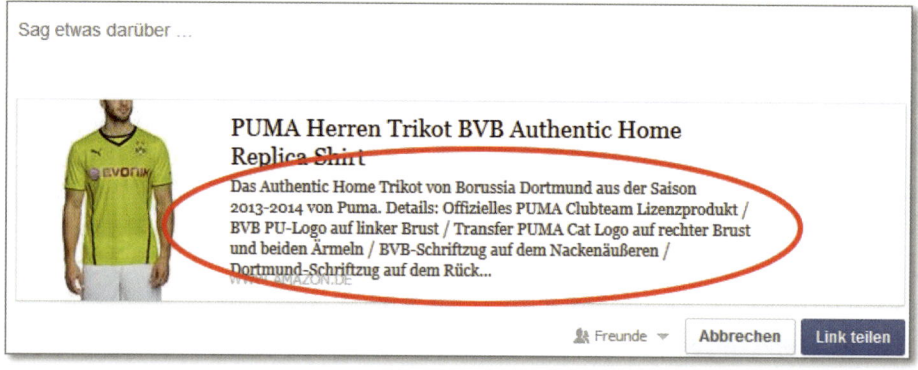

Abbildung 10.23   Reine Produktbeschreibung nach objektiven Kriterien bei der Empfehlen-Funktion auf Amazon

Das Versprechen von Prämien für die Absendung einer Botschaft an einen Freund ist nicht zulässig.

10.3   Gewinnspiele im Social Web veranstalten

Sie müssen die Menschen dazu bringen, sich für das Profil Ihres Unternehmens zu interessieren. Was könnte da besser funktionieren als das In-Aussicht-Stellen eines Gewinns? Denn bei der Möglichkeit, einen tollen Preis zu ergattern, bekommt doch nahezu jeder erst einmal große Augen. In diesem Kapitel soll Ihnen nahegebracht werden, was bei Gewinnspielen in den sozialen Netzwerken zulässig ist und worauf Sie achten sollten, damit Ihr Gewinnspiel ein Sechser im Lotto für Ihr Unternehmen wird. Zunächst gilt es jedoch, sich einen Überblick über die gesetzlichen Regelungen zu verschaffen.

10.3.1   Gesetzliche Regeln für Gewinnspiele

Wie bei der normalen Werbung, so ist es auch bei den Gewinnspielen: Es gibt die gesetzlichen Vorschriften sowie die jeweiligen Vorschriften der einzelnen Plattformen. Die gesetzlichen Regelungen gelten dabei natürlich für alle Plattformen gleich und können einzig durch die Nutzungsbedingungen verschärft werden.

Der Unterschied zwischen Gewinnspielen und Glücksspielen

Wenn Sie eine Werbeaktion mit einer Gewinnmöglichkeit veranstalten wollen, dann seien Sie auf der Hut. Denn ohne eine staatliche Genehmigung dürfen Sie lediglich Gewinnspiele, nicht jedoch Glücksspiele veranstalten. Diese kleine, aber feine Unterscheidung kann große Konsequenzen nach sich ziehen. Wird ein Glückspiel ohne staatliche Lizenz veranstaltet, begeben Sie sich nämlich in einen strafrechtlich relevanten Bereich. Damit Sie diese Gefahr für sich ausschließen können, erläutern wir hier kurz die Unterschiede zwischen einem Gewinn- und einem Glücksspiel.

Die Unterscheidung zwischen Gewinn- und Glücksspiel ist sehr wichtig. Das Ausrichten eines Glücksspiels ohne entsprechende Lizenz ist strafbar

Um ein *Glücksspiel* handelt es sich dann, wenn ein entgeltlicher Einsatz geleistet werden muss und die Zufallsbezogenheit des Spiels hinsichtlich des Gewinns im Vordergrund steht. Das Entgelt muss dabei den »Einsatz« darstellen. Dies ist nicht der Fall, wenn sich der Teilnehmer für die Teilnahme kostenpflichtig ins Internet einwählt. Ein typischer Fall für Glücksspiel ist das in Deutschland verbotene Online-Roulette. Ein *Gewinnspiel* setzt dagegen kein Entgelt zur Teilnahme voraus.

> **Tipp**
>
> Sie sollten sich tunlichst davor hüten, Glücksspiele im Internet anzubieten. Da sich Glücksspiele aufgrund ihrer Entgeltlichkeit aber eher nicht zu Marketingzwecken eignen, dürfte das Thema für Sie sowieso keine große Rolle spielen.

Kopplung der Teilnahme an den Erwerb von Waren oder Dienstleistungen (»Kaufen und gewinnen!«)

Ein beliebtes Mittel ist es, die Teilnahme an einem Gewinnspiel von einem vorherigen Warenerwerb abhängig zu machen. So können Sie beispielsweise beim Unternehmen Swirl ein iPad gewinnen, wenn Sie die entsprechenden Fixierband-Müllbeutel dieser Firma kaufen (siehe Abbildung 10.24).

Abbildung 10.24   Bei dem Kauf von speziellen Müllbeuteln kann man ein iPad abstauben. Das sollte doch kaufmotivierend sein, oder? Jedenfalls ist es rechtlich unbedenklich.

Entgegen dem gesetzlichen Wortlaut ist die Kopplung zulässig

Diese Form der Teilnahmevoraussetzung war bis zum Jahr 2010 allerdings unzulässig, da diesbezüglich im deutschen Wettbewerbsrecht eine Verbotsnorm bestand.

> **Hinweis**
>
> Die Regelung, die eine solche Teilnahmevoraussetzung verbietet, findet sich zwar immer noch im Gesetz gegen unlauteren Wettbewerb, jedoch hat der Bundesgerichtshof auf Veranlassung des Europäischen Gerichtshofs, der die Regelung für eine europarechtswidrige Einschränkung des Wettbewerbs hielt, mit einer Änderung der Rechtsprechung reagiert (Urteil vom 5. Oktober 2010, Az. I ZR 4/06).

Die Folge daraus ist, dass Sie nun grundsätzlich ein Gewinnspiel für alle Käufer eines bestimmten Produkts anbieten dürfen. In welcher Form der Gewinn angeboten wird, also zum Beispiel in Form eines Geldgewinns oder eines Traumhauses, spielt dabei keine Rolle.

> **Tipp**
>
> Mit einer solchen erlaubten Kopplung schlagen Sie zwei Fliegen mit einer Klappe. Sie steigern Ihren Warenumsatz und bleiben bei Ihren Kunden im Gespräch.

Transparenz bei den Teilnahmebedingungen

Die Werbung mit einem Gewinnspiel muss transparent sein. Daher ist es erforderlich, den Teilnehmer über alle relevanten Belange des Gewinnspiels zu informieren. So müssen etwa die Teilnahmebedingungen klar und unmissverständlich angegeben werden. Unter den Teilnahmebedingungen sind die Voraussetzungen zu verstehen, die vom Teilnehmer erfüllt werden müssen, um bei dem Gewinnspiel mitmachen zu dürfen.

Die Teilnahmebedingungen müssen klar und unmissverständlich sein

> **Tipp**
>
> Halten Sie die Teilnahmebedingungen für alle Teilnehmer zum Download bereit und verweisen Sie vor der Teilnahme etwa mit einem Hyperlink auf diese Bedingungen. So sollten Sie dem Gebot der Transparenz genügen.

Zu den Teilnahmebedingungen gehören auf jeden Fall die nachfolgenden Informationen:

▶ Name und Kontaktdaten des Veranstalters.

▶ Anleitung, was der Spieler tun muss, um teilzunehmen (z. B. die Notwendigkeit, ein über das Internet bereitgehaltenes Teilnahmeformular auszufüllen, die erfolgreiche Teilnahme an einem Onlinespiel, die richtige Beantwortung einer Gewinnfrage, der Erwerb einer Ware oder Dienstleistung).

▶ Einsendeschluss für die Teilnahme.

▶ Information, wie die Gewinnermittlung erfolgt (Verlosung, Höchstpunktzahl, Eingangsnummer des Teilnahmeantrags o. Ä.).

> ▸ Information, wie der Gewinner benachrichtigt wird (telefonisch, schriftlich, via E-Mail o. Ä.).

> ▸ Eventuelle Kostenpflicht durch die Teilnahme.

> ▸ Information, wie der Gewinner den Preis erhält (Zustellung, persönliche Übergabe oder Abholung) und wer die Kosten der Übergabe trägt.

Die Teilnahmevoraussetzungen müssen dem Teilnehmer vor der Teilnahme zur Verfügung gestellt werden

In der Werbung, in der auf das Gewinnspiel hingewiesen wird, sind aber zunächst dem Medium angepasste und abgespeckte Informationen über das Gewinnspiel ausreichend, soweit der Verbraucher durch die Werbung selbst noch nicht automatisch an dem Gewinnspiel teilnimmt. Es ist in der Regel zulässig, dass ein Werbebanner nur mit den Preisen des Gewinnspiels wirbt, ohne bereits alle für das Gewinnspiel relevanten Informationen wiederzugeben, wenn sichergestellt ist, dass für dadurch aufmerksam gewordene Interessenten rechtzeitig vor der Teilnahme am Spiel die Bedingungen ersichtlich sind.

Tipp

Betrachten Sie Ihre Teilnahmebedingungen als Gewinnspiel-AGB und gestalten Sie diese mit größter Sorgfalt, um eventuellen Problemen aus dem Weg zu gehen.

Transparenz bei den Gewinnmöglichkeiten

Sie müssen den Teilnehmern Ihres Gewinnspiels nicht zwangsläufig eröffnen, um welche Preise es sich handelt. So können Sie zum Beispiel einen Überraschungspreis im Wert von 1.000 Euro als Gewinn angeben. Wichtig ist nur, dass Sie bei den Teilnehmern keinen falschen Eindruck über den Gewinn erwecken und diese somit gewissermaßen in die Irre führen.

Keine Irreführung hinsichtlich der Gewinnmöglichkeiten

Ein falscher Eindruck hinsichtlich des Gewinns entstünde etwa dann, wenn Sie falsche Angaben über die Gewinnchance oder über Art und Wert des Gewinns machten. Ein Überraschungspaket im Wert von 1.000 Euro anzupreisen und tatsächlich nur eines im Wert von 20 Euro bereitzuhalten, wäre eine irreführende Angabe und somit unzulässig. Die einfache Angabe »Viele tolle Gewinne!« ist zu ungenau. Ausreichend ist es aber, mehrere Gewinnklassen zu nennen und jeweils repräsentative Preise als Beispiele zu nennen.

Nicht zulässig ist es, wenn der Gewinn von der Zahlung eines Geld-
betrags oder der Übernahme von Kosten abhängig gemacht wird.

Keine Werbung mit angeblicher Gewinnzusage

Wer kennst sie nicht? Die bunt blinkenden Banner, die verlauten lassen, dass man der millionste Kunde sei und daher sein Traumhaus
gewonnen hätte (siehe Abbildung 10.25). Sooft man eine solche
Werbung jedoch zu Gesicht bekommt, so unzulässig ist sie auch.
Diese Gewinnzusagen dienen in der Regel dazu, eine Anschlusswer-
bung durchzuführen.

Abbildung 10.25   Mit solchen unerlaubten Gewinnzusagen begibt sich der
Versender auf dünnes Eis. Durch die Gewinnzusage führt er die Empfänger in
die Irre und begeht somit eine Wettbewerbsverletzung.

Rechtlich ist in einem solchen blinkenden und funkelnden Banner
leider auch keine tatsächliche Gewinnzusage zu sehen, da diese aufgrund ihrer nicht gegebenen Verkörperung (beispielsweise als Brief
oder E-Mail) nicht die Voraussetzungen für Gewinnzusagen erfüllt.
Das soll aber nicht bedeuten, dass Sie jetzt solche Gewinnzusagen in
den sozialen Netzwerken platzieren können, wie es Ihnen gefällt.
Davon abgesehen, dass die sozialen Netzwerke selbst etwas dagegen
haben, liegt in der Gewinnzusage eine Irreführung, die wettbewerbswidrig ist. Diese Werbeform kann Ihnen also Abmahnungen
einbringen!

Angebliche Gewinn-
zusagen lösen nur
dann einen Anspruch
aus, wenn diese ver-
körpert oder verkör-
perbar sind

Nutzung der Teilnehmerdaten für weitere Zwecke

Der Umstand, dass die Teilnehmer Ihres Gewinnspiels Ihnen persönliche Daten überlassen haben, bedeutet nicht gleichzeitig, dass Sie
diese Daten auch für weitere Werbezwecke nutzen dürfen.

Die Teilnehmerdaten dürfen nicht ohne Einwilligung für Werbung genutzt werden

Weitere Werbung darf dem Teilnehmer nur dann zugesendet werden, wenn dieser wiederum in den Empfang der Werbung eingewilligt hat. Die Einwilligung erfordert ihrerseits eine vollständige Belehrung darüber, mit welcher Art von Werbung der Teilnehmer zu rechnen hat und in welchem Umfang ihn diese erreichen wird.

Freiwillige Angaben kennzeichnen

Grundsätzlich sollten Sie nur Daten abfragen, die für das Gewinnspiel erforderlich sind. Wenn Sie weitere Angaben abfragen möchten, wie zum Beispiel das Geschlecht oder den favorisierten Fußballverein, müssen Sie diese Angaben als freiwillig kennzeichnen.

Beachten Sie auch, dass Sie nach den Nutzungsbedingungen der gängigen sozialen Netzwerke die Daten, die Sie über diese Netzwerke gesammelt haben, auch nur innerhalb dieser Netzwerke und nicht außerhalb, etwa für externe Werbezwecke, nutzen dürfen.

> **Hinweis**
>
> Mehr zum Datenschutz und der erlaubten Verwendung von Nutzerdaten erfahren Sie in Kapitel 9, »Datenschutz im Social Web«.

Veröffentlichung der Gewinner

Wenn Sie den Gewinner Ihres Gewinnspiels auf Ihrer Facebook-Seite veröffentlichen möchten, müssen Sie sich dafür dessen Erlaubnis einholen. Ansonsten dürfen Sie den Gewinner nur in anonymisierter Form benennen, wie Abbildung 10.26 zeigt. Darüber hinaus können Sie den Gewinner selbstverständlich persönlich anschreiben und ihm die frohe Nachricht überbringen.

Abbildung 10.26   Eine Gewinnbenachrichtigung sollte in anonymisierter Form erfolgen. Dies erfüllt auch vollkommen den Zweck der öffentlichen Benachrichtigung: Die Öffentlichkeit sieht, dass es tatsächlich einen Gewinner gibt, und der Gewinner selbst wird in der Regel merken, dass er gemeint ist.

»Der Rechtsweg ist ausgeschlossen«

Der Rechtsweg wird bei allen möglichen Gewinnspielen immer ganz gern ausgeschlossen. Ein vertraglicher Ausschluss ist nach der Rechtsprechung grundsätzlich möglich, wenn sich dieser ausdrücklich und verständlich aus den Teilnahmebedingungen ergibt und der Teilnehmer in diese Teilnahmebedingungen eingewilligt hat. Der Ausschluss hat aber nicht zur Folge, dass die Teilnehmer keinen gerichtlichen Schutz suchen können. Wenn ein Teilnehmer über Gewinne getäuscht wird oder seine Daten missbraucht werden, kann er sehr wohl gerichtlichen Schutz erlangen. Solche Verstöße können unter Umständen schadenersatzbegründend sein und sogar als Straftat gewertet werden.

Der Ausschluss ist kein Freifahrtschein des Veranstalters

Jugendschutz

Grundsätzlich würden wir Ihnen empfehlen, nur volljährige Personen für die Teilnahme am Gewinnspiel zuzulassen, um jugendschutzrechtlichen Problemen aus dem Weg zu gehen. Dieser Ausschluss ist dann ein Problem, wenn Jugendliche zu Ihrer Kundenzielgruppe gehören. Wenn sich das Gewinnspiel auch an Jugendliche unter 18 Jahren richten soll, müssen Besonderheiten berücksichtigt werden. Speziell für Gewinnspiele, die im Internet angeboten werden, gelten neben allgemeinen jugendschutzrechtlichen Vorschriften auch teilweise besondere Regelungen des Rundfunkstaatsvertrags und der darauf beruhenden Gewinnspielsatzung der Länder. Diese hier in Gänze auszuführen, würde jedoch den Rahmen sprengen.

Tipp

Falls Sie Gewinnspiele an Minderjährige richten wollen, empfehlen wir Ihnen, folgende Punkte zu beachten:

▶ Sie sollten Teilnehmer unter 14 Jahren komplett vom Gewinnspiel ausschließen, da bis zu diesem Alter die strengsten Jugendschutzvorschriften gelten.

▶ Entgegen der neueren Rechtsprechung (siehe oben) sollten Sie die Möglichkeit der Teilnahme am Gewinnspiel nicht an einen Kauf koppeln.

> ▸ Außerdem sollten Sie darauf achten, dass die Preise den Jugend-schutzvorschriften entsprechen. So dürfen beispielsweise keine DVDs mit FSK 16 an 14-Jährige verlost werden.
>
> ▸ Falls Sie unsicher sind, holen Sie sich professionellen Rechtsrat ein, oder wenden Sie sich an die zuständigen Jugendschutzbehörden.

Folgen unzulässiger Gewinnspiele

Ein Imageschaden und ein Vertrauensverlust sind die Folgen eines unzulässigen Gewinn-spiels

Rechtlich unzulässige Gewinnspiele können für Sie teuer werden. Abmahnungen von Mitbewerbern oder Wettbewerbsvereinen, ver-bunden mit der Aufforderung zur Abgabe einer strafbewehrten Un-terlassungserklärung, sind im Wettbewerbsrecht keine Seltenheit. Das bereits begonnene, aber unzulässige Gewinnspiel muss beendet werden. Vorhandene Materialien wie Teilnahmescheine oder Wer-bemittel müssen Sie vernichten. Auch die versprochenen Gewinne dürfen wegen der sofortigen Unterlassungsaufforderung nicht mehr ausgegeben werden. Dies kann in Ihrem Kundenkreis zu einem gro-ßen Imageverlust führen. Achten Sie also darauf, dass Sie die gesetz-lichen Grenzen nicht überschreiten.

Checkliste

Wenn Sie Gewinnspiele als Werbemittel einsetzen möchten, beachten Sie die folgenden Punkte:

▸ Bedenken Sie den Unterschied zwischen Gewinnspiel und Glücks-spiel.

▸ Die Kopplung eines Gewinns an den Warenkauf ist zulässig.

▸ Machen Sie klare Angaben über die Teilnahmebedingungen.

▸ Machen Sie klare Angaben über die Gewinnchancen und Gewinne.

▸ Werben Sie nicht mit angeblichen Gewinnzusagen.

▸ Die Nutzung von Teilnehmerdaten ist nur dann zulässig, wenn die Teilnehmer darin eingewilligt haben. Beachten Sie dann auch die Vorgaben des sozialen Netzwerks.

▸ Veröffentlichen Sie keine vollständige Daten der Gewinner auf Ihrer Social-Media-Präsenz.

▸ Dürfen Minderjährige teilnehmen? Falls ja, beachten Sie die zwin-genden Jugendschutzvorschriften.

10.3.2   Vorgaben der Plattformbetreiber

Wenn es bei den gesetzlichen Regelungen bezüglich der Gewinnspiele bleiben würde, könnten wir Sie nun ruhigen Gewissens starten lassen. Dem ist jedoch nicht so. Zusätzlich zu den erläuterten Regelungen haben einige Social Networks noch eigene Werberegelungen aufgestellt. Andere wiederum machen es sich ganz einfach und verbieten Gewinnspiele grundsätzlich. Im Folgenden stellen wir Ihnen die Gewinnspielregeln der wichtigsten Netzwerke vor.

Facebook

Facebook hat neben den gesetzlichen Regelungen noch eine Handvoll eigener Gewinnspielregeln festgelegt. Diese Regeln wurden allerdings im August 2013 geändert und haben in diesem Zuge eine Lockerung erfahren. War es einem Unternehmen bis zum Sommer nur möglich, Gewinnspiele über dafür programmierte Apps anzubieten, kann nun auch die Pinnwand des Unternehmens als Gewinnspielbasis dienen.

Änderung der Facebook-Gewinnspielregeln

Die gesetzlichen Regelungen | Wenn Sie ein Gewinnspiel bei Facebook veranstalten möchten, wird von Ihnen verlangt, dass Sie sich an die gesetzlichen Vorgaben halten. Sie müssen den Teilnehmern also vor dem Gewinnspiel die Teilnahmebedingungen zu Verfügung stellen und die Transparenzvorgaben hinsichtlich der Gewinne wahren, um nur zwei Beispiele zu nennen. Alle Regeln, die für ein Gewinnspiel eingehalten werden müssen, haben wir Ihnen in Abschnitt 10.3.1 ausführlich erläutert.

Allgemeine Anforderungen von Facebook | Wie erwähnt, hat Facebook die Anforderungen an Gewinnspiele auf der Plattform etwas gelockert. Facebook gibt vor, dass Sie die Teilnehmer Ihres Gewinnspiels darauf hinweisen, dass Facebook in keiner Verbindung zu diesem Gewinnspiel steht und dass Sie für alle Belange hinsichtlich dieses Gewinnspiels die Verantwortung tragen. Außerdem verlangt Facebook von Ihnen eine Freistellung von jedem Teilnehmer. Diese Anforderungen erscheinen auf den ersten Blick als erfreulich kleine Hürde auf dem Weg zum eigenen Gewinnspiel, vergessen Sie aber nicht, dass die oben genannten gesetzlichen Regeln zusätzlich beachtet werden müssen.

Freistellung von Facebook

Die Zeiten, in denen ein Gewinnspiel bei Facebook ausschließlich als App angeboten werden durfte, sind Geschichte. Für Sie als Veranstalter von Gewinnspielen auf der Facebook-Präsenz Ihres Unternehmens ergeben sich daraus viele neue Möglichkeiten. Aber wo neue Möglichkeiten entstehen, da gibt es auch immer neue Stolperfallen und Hindernisse. Daher werden wir kurz die neuen Möglichkeiten und deren potenzielle Gefahren erörtern, um Sie rechtssicher auf die Gewinnspielbühne zu entlassen.

Eine Gewinnspiel-App ist nicht mehr obligatorisch

Gewinnspiele auf der Pinnwand | Wenn Sie im Namen Ihres Unternehmens über Facebook einen tollen Preis als Gewinn ausloben möchten, dürfen Sie dies von nun an direkt auf der Facebook-Pinnwand Ihres Unternehmens machen. Während sich die Facebook-Nutzer früher über eine speziell programmierte Gewinnspiel-App zur Teilnahme anmelden mussten, ist die Teilnahme nun in manchen Fällen schon durch einen Klick möglich. So können Sie den in Aussicht gestellten Preis unter allen Nutzern verlosen, die »Gefällt mir« unter einem Ihrer Beiträge angeklickt haben. Auch ist es nunmehr erlaubt, die Teilnahme von der Kommentierung eines Beitrags auf Ihrer Pinnwand abhängig zu machen. Sie können den glücklichen Gewinner dann unter allen Kommentatoren auswählen, wie dies Petras Blumenladen in Abbildung 10.27 tut. Allerdings fehlen dort die Distanzierung von Facebook (siehe oben) und ein Hinweis auf die Teilnahmebedingungen (siehe Abschnitt 10.3.1). Sie könnten aber auch denjenigen gewinnen lassen, dessen Kommentar wiederum den meisten Nutzern »gefällt«.

Abbildung 10.27   Ganz so einfach, wie Petra es sich hier macht, ist es trotz der Lockerung der Gewinnspielregeln auch nicht. Bei dem Gewinnspiel von Petras Blumenladen fehlen unter anderem die obligatorischen Teilnahmebedingungen.

Wenn Sie sich bereits in Abschnitt 10.3.1 in die gesetzlichen Regelungen für Gewinnspiele eingelesen haben, könnten sich Ihnen jedoch nun einige Fragen aufdrängen, wie etwa: Wo verorte ich die Teilnahmebedingungen für das Gewinnspiel auf meiner Pinnwand, die ich jedem Teilnehmer vor der Teilnahme an dem Gewinnspiel bereitstellen muss? Darüber hinaus fordert Facebook ja auch noch, dass ich den Teilnehmern bestimmte Informationen weitergebe, etwa über die Freistellung.

Ein Beispiel, wie dies gut umgesetzt werden kann, zeigt die Baumarktkette OBI. Diese hatte auf der Facebook-Pinnwand ein Gewinnspiel gestartet, an dem man teilnehmen konnte, indem man einen Kommentar unter das veröffentlichte Bild setzte (siehe Abbildung 10.28).

Beispiel für eine gute Umsetzung

Abbildung 10.28   Bei dem Gewinnspiel auf der Facebook-Seite von OBI werden die Teilnahmebedingungen über einen Link zur Verfügung gestellt.

Teilnahmebedingungen in einem weiteren Bild

Um den Gewinnspielbeitrag nicht zu überfrachten, lagerte OBI die Teilnahmebedingungen in ein weiteres Bild aus, das in dem Gewinnspielbeitrag verlinkt wurde (siehe Abbildung 10.29). Diese konnten mit einem Klick auch vergrößert und damit lesbar gemacht werden.

Abbildung 10.29   Die Gewinnspielbedingungen des OBI-Gewinnspiels konnten einfach durch den Link erreicht werden. Diese Verlinkung ist rechtlich absolut unbedenklich und empfehlenswert.

Beispiel

Ein Negativbeispiel eines Gewinnspiels über die Facebook-Pinnwand hat im Herbst 2013 der Radiosender Charivari geliefert. Dieser postete auf seiner Facebook-Seite ein Foto von zwei Moderatoren, die Geldscheine in den Händen hielten. Versehen war der Eintrag mit den Worten: »10.000,- Euro!!! Der letzte Facebook-Kommentar bekommt die Kohle! *herold & jenna«. (siehe Abbildung 10.30). Ihnen wird auffallen, dass hier sehr viele Informationen fehlen und das Gewinnspiel so nicht hätte gestartet werden dürfen:

▶ Die gesetzlichen Voraussetzungen für Gewinnspiele werden nicht eingehalten, da für den Teilnehmer nicht transparent ist, wann das Gewinnspiel endet (siehe Abschnitt 10.3.1).

- Dieser Gesetzesverstoß verletzt gleichzeitig die Facebook-Gewinnspielregeln.
- Es fehlt eine Distanzierung und Freistellung von Facebook.

Wir haben einen von deiner Seite geposteten Inhalt entfernt

Wir haben dies von Facebook entfernt, da es die Standards der Facebook-Gemeinschaft verletzt:

10.000.- Euro!!! Der letzte Facebook-Kommentar bekommt die Kohle!! *herold & jenna

Abbildung 10.30   Gleich mehrere Fauxpas hat sich der Radiosender bei diesem Gewinnspiel erlaubt. Nicht nur gesetzliche Vorgaben wurden ignoriert, auch die Nutzungsbedingungen von Facebook waren dem Gewinnspielveranstalter anscheinend unbekannt.

Das sah dann kurze Zeit später auch Facebook so und entfernte das Gewinnspiel von der Facebook-Seite des Radiosenders, was wiederum einen Shitstorm auf der gleichen Facebook-Seite auslöste.

Dieses Beispiel zeigt, dass die Durchführung von Gewinnspielen über die Facebook-Pinnwand mit einem gewissen Risiko belegt ist.

Nicht jedes Gewinnspiel ist rechtmäßig

Bei einer Facebook-App sind Sie sehr viel flexibler, was die Gestaltung anbelangt. Sie können, wie der Discounter LIDL in Abbildung 10.31, die Teilnahmebedingungen einfach verlinken und auch die Distanzierung von Facebook problemlos unterbringen.

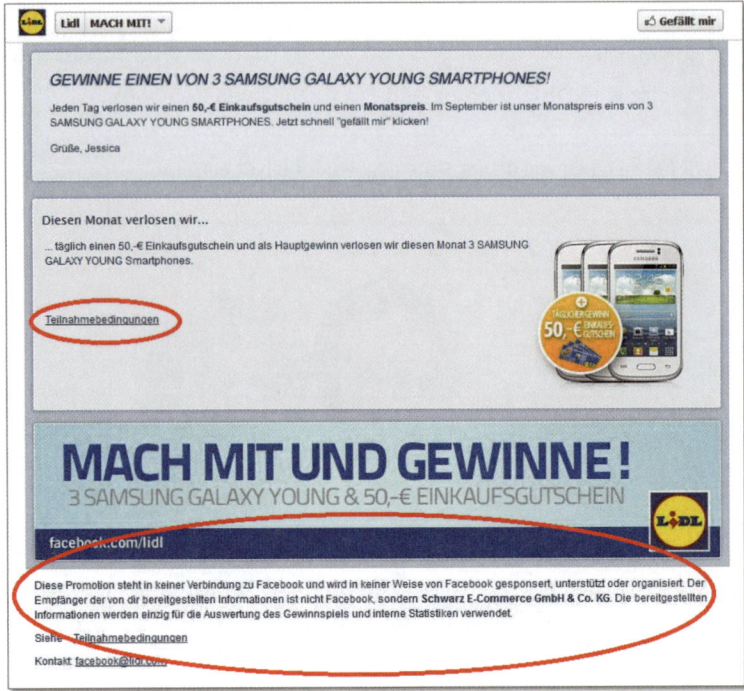

Abbildung 10.31 Eine immer noch sehr gute Lösung: eine Gewinnspiel-App. Zwar mag es aufwendiger und zeitintensiver sein, eine solche App zu erstellen, dafür wirkt ein Gewinnspiel über eine solche App regelmäßig deutlich professioneller als etwa das von Petras Blumenladen in Abbildung 10.27.

Eine Gewinnspiel-App kann Vorteile bieten

Selbstverständlich ist es möglich, die Teilnahmebedingungen und alle weiteren obligatorischen Informationen im selben Beitrag wie das Gewinnspiel auch auf Ihrer Pinnwand zu veröffentlichen oder darauf über einen Link hinzuweisen, eleganter wird jedoch die Lösung mit der App sein.

> **Tipp**
>
> Trotz der Möglichkeit, die eigene Pinnwand für Gewinnspiele zu nutzen, empfehlen wir, auf eine eigenständige Gewinnspiel-App zu setzen. Achten Sie darauf, dass die App Hinweise zu den Gewinnspielbedingungen (siehe Abschnitt 10.3.1, »Gesetzliche Regeln für Gewinnspiele«) und zu Ihrer Datenschutzerklärung (siehe Abschnitt 9.10, »Was ist bei Facebook-Apps zu beachten?«) enthält.

Gewinnspiele via persönlicher Nachricht | Wer kennt nicht die TV-Gewinnspiele, die oft im Rahmen des Sportprogramms am Abend laufen? Dabei wird eine banal einfache Frage gestellt, die entweder mit Möglichkeit A oder mit Möglichkeit B beantwortet werden kann. Die Lösung möge dann gefälligst als SMS an eine eingeblendete Nummer gesendet werden. Ähnlich können Sie nun auch bei Facebook verfahren. Sie könnten etwa eine Rätselfrage stellen, die der Teilnehmer durch Senden einer persönlichen Nachricht an Ihr Unternehmen beantworten kann.

Die Teilnahme durch das Senden einer persönlichen Nachricht ist zulässig

Achtung

Sobald ein Nutzer Ihnen eine persönliche Nachricht schickt, können Sie mit diesem über dieses »Nachrichtensystem« kommunizieren. Der Umstand, dass ein Nutzer an einem Ihrer Gewinnspiele teilnimmt, berechtigt Sie jedoch nicht dazu, ihm fortan Werbung in Form von persönlichen Nachrichten zu senden.

Keine Aufforderung zum Einbinden des Gewinnspiels in die eigene Chronik (»Teilen«) | Nach wie vor nicht zulässig ist es, wenn Sie zum Beispiel zwei Kinogutscheine unter all jenen Nutzern zur Verlosung stellen, die einen Beitrag von Ihnen teilen. Eine solche Aufforderung hätte zur Folge, dass der Nutzer das Gewinnspiel mit in seine Chronik einbindet. Eine solche Einbindung als Voraussetzung zur Teilnahme an einem Gewinnspiel will Facebook verhindern. Begründet wird dieses Verbot damit, dass die Chronik eines Nutzers lediglich authentischen Publikationen vorbehalten sein und keine werblichen Inhalte beinhalten soll.

Die Chronik der Nutzer ist nur authentischen Publikationen vorbehalten

Keine Verlinkung von Nutzern | Dabei handelt es sich um das Verlinken von anderen Personen oder von sich selbst auf einem Foto oder in einem Beitrag durch Nennung des Namens. So wäre es eine schöne Idee, einen Preis unter allen Personen zu verlosen, die auf einem Bild verlinkt wurden, das Ihr Firmenlogo zeigt. Diese Verlinkungen sind von Facebook aber ebenso ungern gesehen wie die Einbindung von Werbung und Gewinnspielen in die Chronik der Nutzer und wird daher aus denselben Gründen untersagt.

Das Verlinken auf Bildern als Teilnahmevoraussetzung ist untersagt

Google+

Bei Google+ ist in der Werberichtlinie festgeschrieben, dass Sie auf Google+ selbst keine Wettbewerbe, Gewinnspiele oder ähnliche Werbeaktionen durchführen dürfen. Was Ihnen jedoch gestattet ist, ist das Setzen eines Hyperlinks auf eine externe Seite, auf der Sie dann ein Gewinnspiel anbieten können. Diese Möglichkeit hat beispielsweise der Mobilfunkanbieter Congstar genutzt und verlost über einen Link auf Google+ die Möglichkeit, ein neues Handy zu testen (siehe Abbildung 10.32).

Abbildung 10.32   Congstar bietet einen Gewinnspiellink auf Google+ an. Dieser Verweis wird von Google+ geduldet und ist nach den Nutzungsbedingungen wie auch nach den gesetzlichen Vorschriften zulässig.

Bezüglich des Gewinnspiels müssen Sie Google von jeder Haftung freistellen und die Verantwortung dafür übernehmen, dass die oben erläuterten gesetzlichen Regeln eingehalten werden.

> **Hinweis**
>
> Die Google+-Wettbewerbs- und Werberichtlinien finden Sie hier: *http://www.google.com/intl/de_ALL/+/policy/contestspolicy.html*

Twitter

Auch Twitter kocht bei den Gewinnspielen ein eigenes Süppchen. Im Gegensatz zu Google+ hat Twitter einige wenige Regeln für Gewinnspiele bzw. Wettbewerbe mit einem Twitter-Account.

Hinweispflicht gegenüber den Teilnehmern | Wenn Sie auf Twitter ein Gewinnspiel anbieten, müssen Sie den Teilnehmern kommunizieren, dass diese nicht mit mehreren Accounts an Ihrem Gewinnspiel teilnehmen dürfen. Insbesondere die Erstellung weiterer Accounts für die Teilnahme zur Erhöhung der Gewinnchancen ist nicht zulässig. Diese Regelung sollte zwar eine Selbstverständlichkeit bei Gewinnspielen sein, wird jedoch von Twitter noch mal ausdrücklich gefordert. Kommen Sie daher diesem Wunsch nach und weisen Sie die Teilnehmer explizit darauf hin.

Ein Teilnehmer mit mehreren Twitter-Accounts darf nur mit einem Account an dem Gewinnspiel teilnehmen

Keine Mehrfach-Tweets | Twitter verbietet außerdem, dass Sie Regeln festsetzen, die die Nutzer dazu anspornen oder auffordern, mehrfach dieselben Tweets nacheinander zu versenden. Eine Gewinnchancenerhöhung durch die Aufforderung: »Wer dies am häufigsten retweetet, gewinnt!« ist laut Twitter also unzulässig.

Kein Massen-Retweeten

Teilnehmer sollen mit @Nutzernamen antworten | Wenn die Updates den @Nutzernamen (des Gewinnspielveranstalters) und eine Antwort an Sie enthalten, können Sie alle Updates und Teilnehmer in Ihrer Timeline überblicken.

#Hashtags | Sie sollten Nutzer darauf hinweisen, Hashtags (siehe oben) zu verwenden, die in einem Zusammenhang mit dem Gewinnspiel oder Ihrem Unternehmen stehen, wie etwa #Solmecke-Gewinnspiel oder #WBS.

Befolgen der allgemeinen Twitter-Regeln | Neben den sehr überschaubaren Sonderregeln für ein Gewinnspiel weist Twitter darauf hin, dass auch die allgemeinen Nutzungsregeln von Twitter zu beachten sind. So kann eine zu häufig ausgesprochene Einladung zum Gewinnspiel als Spam im Sinne der Twitter-Nutzungsbedingungen klassifiziert werden. Diese Gefahr besteht dann, wenn Sie versuchen, bestimmte Nutzer immer wieder mit demselben Werbetext zu Ihrem Gewinnspiel einzuladen.

Allgemeine Twitter-Regeln beachten

Da wir an dieser Stelle nicht die gesamten Nutzungsbedingungen von Twitter wiedergeben können, empfehlen wir Ihnen, diese einmal sorgfältig durchzulesen, um vermeidbaren Fehlern bei der Twitter-Nutzung vorzubeugen.

Hinweis

Die Twitter-Wettbewerbsrichtlinien finden Sie unter *https://support.twitter.com/groups/56-policies-violations/topics/237-guidelines/articles/490446-richtlinien-fur-wettbewerb-auf-twitter#*.

Die allgemeinen Twitter-Regeln können Sie unter folgender URL abrufen: *https://support.twitter.com/articles/87137-die-twitter-regeln*.

Checkliste

Bevor Sie im Social Web Gewinnspiele veranstalten, machen Sie sich bitte über folgende Punkte Gedanken:

▸ Werden die gesetzlichen Vorgaben beachtet? (Abschnitt 10.1.1)

▸ Werden die Regelungen der Plattformbetreiber beachtet? (Abschnitt 10.3.2)

Beachten Sie, dass die Plattformbetreiber ihre Nutzungsbedingungen relativ häufig ändern. Prüfen Sie daher vor einem Gewinnspiel stets, ob sich die Regeln geändert haben! Sie erreichen die einschlägigen Regeln normalerweise auch nach einer Änderung über die von uns angegebenen Links, andernfalls aber immer über die Hilfeseiten der Plattformen.

10.4 Bewertungsportale und Nutzermeinungen

Eigenbewertung ohne Hinweis sind verboten

Ob in einem Bewertungsportal wie Yelp oder auf der Facebook-Seite des Unternehmens selbst: Eine positive Bewertung von einem Kunden ist mehr wert als jede kommerzielle Werbung. Und dabei ist es geradezu banal, einfach eine solche Kundenmeinung selbst zu erstellen. Verlockend, oder? Darf sich ein Unternehmen etwa bei Facebook, Google+ oder in irgendwelchen Blogs positiv über das eigene Produkt oder negativ über einen Konkurrenten äußern, ohne kenntlich zu machen, wer diese Bewertung abgegeben hat? Die sehr einfache Antwort darauf lautet: Nein.

10.4.1 Gefälschte Nutzermeinungen

Imageschäden durch gefälschte Nutzermeinungen

Viele Konsumenten suchen vor einer Kaufentscheidung auf speziellen Plattformen wie Yelp, aber auch in sozialen Netzwerken wie Facebook oder auf Blogs nach Erfahrungsberichten anderer Nutzer, bevor sie sich für den Kauf eines Produkts entscheiden. Auf diese

Weise ist es den Suchenden oft möglich, eine ehrliche und unge-
schönte Meinung über ein konkretes Produkt oder eine Dienstleistung zu erhalten. An einer positiven Stimmung in der »Nutzer-Be-
wertungs-Range« sind die Unternehmen natürlich stark interessiert.

Daher haben bereits manche Unternehmen Blogger oder PR-Agen-
turen damit beauftragt, positive Produktberichte etwa in Blogs zu
verbreiten oder das Ansehen eines Produkts oder einer Marke durch
entsprechende Beiträge positiv zu beeinflussen. Dieses unter dem
Namen »Astroturfing« bekannte Verhalten ist jedoch aus wettbe-
werbsrechtlicher Sicht absolut unzulässig, da solche Fake-Bewertun-
gen grundsätzlich dazu geeignet sind, die Verbraucher in die Irre zu
führen. Auch Aussagen auf Ihrer Unternehmensseite wie etwa: »Unsere Kunden sagen über uns ...« sollten nur dann verwendet, wenn
diese auch der Wahrheit entsprechen.

Astroturfing

Abbildung 10.33   Über eine solche Bewertung freut sich natürlich jeder
Anwalt ... wenn J. Wahl(ers) nicht selbst Anwalt in unserer Kanzlei wäre.

Sie sollten von dieser Art der Werbung also tunlichst die Finger lassen! Nicht nur, weil Ihnen bei Bekanntwerden solcher Praktiken ein
Ausschluss von dem Bewertungsportal oder dem sozialen Netzwerk

*Abmahnungen und
Strafzahlungen als
Folge*

361

droht – deutlich schwerwiegendere Konsequenzen wird der daraus resultierende Imageverlust für Ihr Unternehmen haben. Auch Abmahnungen aufgrund von Wettbewerbsverstößen mit hohen Strafzahlungen sind als Folge denkbar.

10.4.2   »Gekaufte« Bewertungen

Durch die Nutzerbewertungen kann ein Kunde eine Einschätzung aus erster Hand eines anderen Käufers erlangen und so von dessen Erfahrungen profitieren. Die Zeiten, in denen man sich auf halb gare Werbeaussagen verlassen musste, sind damit vorbei.

Eine Prämie ist für eine Bewertung nur dann zulässig, wenn der Bewertende darauf hinweist

Diesem Zweck wird aber entgegengewirkt, wenn dem Bewertenden von dem Produktanbieter eine Prämie für eine positive Bewertung in Aussicht gestellt wird. Dadurch entsteht die Gefahr, dass der bewertende Kunde seine Objektivität kurzzeitig vergisst. Ein solcher Anreiz ist deshalb nur dann zulässig, wenn es dem Bewertenden ausdrücklich freisteht, eine Negativbewertung abzugeben, ohne auf die Prämie verzichten zu müssen. Nach dem OLG Hamm ist es außerdem noch erforderlich, dass der bewertende Kunde in seiner Bewertung angibt, dass er eine Prämie für das Erstellen der Bewertung erhalten hat.

> **Beispiel**
>
> Ein Onlinehändler für Tintenpatronen bot seinen Kunden 10 Prozent Rabatt an, wenn die Kunden den Shop in einem bestimmten Bewertungsportal bewerten würden. Sollte die Bewertung mindestens durchschnittlich ausfallen, wurden sogar 25 Prozent Rabatt versprochen. Das OLG Hamm sah darin ein unzulässiges Erkaufen der Bewertung und verurteilte den Onlinehändler zur Unterlassung dieses Verhaltens.

10.4.3   Nutzermeinungen von Betriebsangehörigen

Hinweis auf die Betriebszugehörigkeit

Nun kann es aber auch sein, dass Ihre Mitarbeiter selbst Produkte bei Ihnen erwerben und diese auch korrekt und objektiv bewerten möchten. Schließlich können sie als »normale Kunden« auch von dem Produkt überzeugt sein. Wenn ein Mitarbeiter Ihres Unternehmens eine durchaus ernst gemeinte Bewertung abgeben möchte, ist es empfehlenswert, dass dieser seine Tätigkeit bei Ihrem Unternehmen durch einen Zusatz entsprechend deutlich macht. Natürlich wird in den meisten Fällen niemand prüfen, ob derjenige, der eine Bewertung abgibt, eventuell mit dem Bewerteten unter einer Decke steckt. Sollte ein solcher Fall jedoch bekannt werden, wird es schwer möglich sein, glaubhaft darzulegen, dass Ihr Mitarbeiter tatsächlich aus eigenem Antrieb und aus eigener Überzeugung diese positive Bewertung abgeben hat.

> **Tipp**
>
> Natürlich können und sollen Sie Ihren Mitarbeitern nicht verbieten, ihre Meinung über Produkte oder Dienstleistungen aus Ihrem Haus zu bewerten. Um die dargestellten Probleme aber zu vermeiden, sollten Sie eine Mitarbeiterrichtlinie für unternehmensrelevante Kommunikation festlegen. Darin kann etwa geregelt sein, dass die Betriebszugehörigkeit bei gewissen Äußerungen zu kennzeichnen ist. Vorteil einer solchen Richtlinie: Jeder weiß, wohin der Hase läuft, und gut gemeinte Aktionen enden nicht im PR-Desaster! In Kapitel 12, »Social Media im Arbeitsverhältnis«, finden Sie ausführliche Informationen zu den Social Media Guidelines.

10.5   Social Media Monitoring

Natürlich haben Sie als Unternehmer ein Interesse daran, herauszufinden, wie Ihr Unternehmen, ein bestimmtes Produkt oder eine konkrete Kampagne bei der Zielgruppe ankommt. Früher musste man auf Umfragen zurückgreifen oder die Käufer mit Bewertungs-E-Mails belästigen, um an solche Daten zu gelangen. Und wie es so ist, nehmen sich viele Menschen nur dann die Zeit für eine solche Bewertung, wenn sie nicht zufrieden sind.

An dieser Stelle bieten die sozialen Netzwerke ein großes Potenzial. Das Social Media Monitoring, also die Beobachtung der sozialen Medien, gibt Ihnen die Möglichkeit, eine Einschätzung und Bewertung Ihrer Produkte oder Dienstleistungen aus erster Hand, nämlich vom Kunden selbst, zu erlangen. Und das ganz ohne lästige Umfragen. Die Nutzer der sozialen Netzwerke geben nämlich eine ganze Menge an Einschätzungen, Bewertungen und Tipps über Beiträge im öffentlichen Raum der sozialen Netzwerke weiter. Diese Beiträge können völlig legal, weil öffentlich geäußert, beobachtet werden.

Einschätzung und Bewertung des eigenen Social-Media-Auftritts

> **Achtung!**
> Nur für die Öffentlichkeit zugängliche Beiträge, etwa auf der Face-book-Pinnwand eines Kunden mit einer entsprechenden Privatsphäre-Einstellung, dürfen für das Monitoring verwendet werden. Sofern nicht öffentliche Daten verwendet werden, bräuchten Sie eine Einwilligung der jeweiligen Person, da Sie ansonsten Datenschutzrechte verletzen würden.

Stimmungsanalyse über den Erfolg der letzten Werbe-kampagne

Durch das systematische Beobachten und Analysieren aller öffent-lichen Social-Media-Beiträge erlangen Sie schnell einen Ein- und Überblick in Themen und Meinungen über Ihr Produkt oder Ihr Un-ternehmen und gleichzeitig auch eine ehrliche Bewertung durch Ihre Zielgruppe. So haben Sie etwa die Möglichkeit, eine Stimmungsana-lyse bei Facebook dahin gehend zu durchzuführen, wie Ihre letzte Werbekampagne bei Ihrer Zielgruppe angekommen ist. Social Media Monitoring können Sie entweder selbst mit einer bestimmten Soft-ware vornehmen oder sich in die Hände eines darauf ausgerichteten professionellen Unternehmens begeben.

> **Checkliste**
> Sofern Sie Social Media Monitoring betreiben möchten, achten Sie auf folgende Punkte:
>
> ▶ Gesetzlich erlaubt ist nur das Monitoring von öffentlich zugängli-chen Informationen, d. h. von öffentlichen Bewertungsportalen und Profilseiten.
>
> ▶ Das Sammeln von Informationen aus privaten Profilen ist ein Daten-schutzverstoß und daher nicht erlaubt.
>
> ▶ Speichern Sie oder Ihr Monitoring-Anbieter auch Bewertungsin-halte (z. B. Texte oder Bilder), müssen Sie die Urheberrechte hieran beachten. Bilder haben grundsätzlich urheberrechtlichen Schutz. Wann dies bei Texten der Fall ist, können Sie in Abschnitt 5.1, »Der rechtliche Schutz von Texten«, nachlesen.

11 Wenn mal etwas schiefgeht – Haftung im Social Web

Die sozialen Netzwerke bieten ihren Nutzern unglaublich viele Möglichkeiten und große Freiheiten. Jedoch dort, wo viele Individuen aufeinandertreffen, sind Regelungen erforderlich, die dem Miteinander eine Struktur geben. Welche Regeln es zu beachten gilt, wurde bereits ausführlich in den anderen Kapiteln erläutert. Was aber, wenn trotzdem mal etwas schiefläuft? Wie sollten Sie reagieren, wenn Sie wegen eines Fehlverhaltens abgemahnt werden? Und wofür müssen Sie überhaupt geradestehen?

In diesem Kapitel möchten wir Ihnen darlegen, in welchen Situationen Sie aufmerksam werden müssen, um nicht in die Haftungsfalle zu tappen. Dabei geht es allerdings weniger um einen möglichst wasserdichten Haftungsausschluss, denn ein solcher ist nur begrenzt einsetzbar.

Wir wollen Ihnen vielmehr aufzeigen, worauf Sie achten müssen, um mit dem, was Sie in den sozialen Netzwerken machen, erst gar nicht in haftungsrechtliche Schwierigkeiten zu geraten. Außerdem werden wir erläutern, inwiefern Sie für fremde Inhalte auf Ihrem eigenen Profil oder auf einer externen Homepage haften. Und wenn das Kind in den »Haftungsbrunnen« gefallen ist? Auch dann kann man es noch retten, sofern man richtig reagiert.

Im Social Web gibt es zahlreiche Haftungsfallen

Es mag aber auch vorkommen, dass Sie der Geschädigte sind und eigene Ansprüche verfolgen wollen. Wir sagen Ihnen, wie man dann am besten vorgeht.

Rechtslage in Österreich

Grundsätzlich gilt auch beim Thema Haftung, dass die Regelungen in Österreich sich gar nicht oder nur leicht von denen in Deutschland unterscheiden. Sie können daher in den meisten Fällen die nachfolgenden Ausführungen auch auf Österreich übertragen. Sofern sich Abweichungen ergeben, machen wir das in Infokästen kenntlich.

11.1 Haftung für eigene Inhalte

In Haftungsfragen sollten Sie sich in erster Linie auf Ihre eigenen Inhalte konzentrieren. Hier sollte es nämlich am einfachsten sein, haftungsrelevante Fehler auszuschließen. An dieser Stelle möchten wir Ihnen aber klar kommunizieren, dass es ausdrücklich um den Ausschluss von *haftungsrechtlich relevanten Fehlern* geht und nicht etwa um den Ausschluss der Haftung an sich. Machen Sie sich bewusst, dass Sie grundsätzlich für jeden Ihrer Inhalte haften müssen. Solange diese aber keine Rechte verletzen, brauchen Sie sich auch keine Sorgen zu machen.

Verletzung der Rechte Dritter Wenn Sie Kommentare oder Bilder auf Ihrer Pinnwand veröffentlichen oder Beiträge von anderen Nutzern kommentieren, können Haftungssituationen für Sie entstehen, wenn Sie mit Ihrem Posting die Rechte Dritter verletzen. In den vorherigen Kapiteln haben wir Ihnen ausführlich dargelegt, was Sie im Hinblick auf Fotos, Videos, Texte, Marken etc. dürfen und was nicht.

Das Posting von Christian Solmecke in Abbildung 11.1 würde beispielsweise die Persönlichkeitsrechte der freundlichen jungen Dame verletzen, hätte er nicht vorher um deren Einwilligung in das Foto gefragt.

Seien Sie mit Ihren eigenen Inhalten also vorsichtig und prüfen Sie diese vor der Veröffentlichung noch einmal auf eine mögliche Rechtsverletzung.

Tipp:

Die nachfolgend aufgezählten Rechtsverletzungen spielen gerade in den sozialen Netzwerken eine große Rolle. Untersuchen Sie Ihre Inhalte also speziell mit Blick auf diese Formen von Rechtsverletzung:

▶ Verletzung des Persönlichkeitsrechts von Dritten durch eine ehrverletzende Äußerung.

▶ Verletzung des Wettbewerbsrechts durch die Verächtlichmachung eines Konkurrenten oder dessen Produkte.

▶ Verletzung von Urheberrechten.

▶ Achten Sie auch darauf, dass Sie ein fehlerfreies Impressum haben.

Abbildung 11.1   Dieses Foto wurde bei der Vorbereitung zu einer Sendung aufgenommen. Wenn die junge Dame mit dem Puderquaste nicht mit einer Veröffentlichung des Fotos einverstanden gewesen wäre, könnte in der Veröffentlichung eine Rechtsverletzung liegen.

Zu den Inhalten, die für Sie haftungsrechtliche Konsequenzen haben können, zählen aber nicht nur solche Beiträge, die Sie selbst erstellt oder verfasst haben. So ist es ebenfalls möglich, dass Sie für einen Inhalt haftungsrechtlich belangt werden können, der eigentlich gar nicht aus Ihrer Feder stammt – etwa dann, wenn Sie sich die Inhalte oder Beiträge von dritten Personen *zu eigen machen*. Von einem »Zu-eigen-Machen« geht die Rechtsprechung aus, wenn die Äußerung oder der Beitrag aus der Sicht eines Beobachters als Ihr eigener erscheint. Da diese Einschätzung allerdings sehr offen ist, möchten wir Ihnen ein paar Beispiele dafür geben.

Zu-eigen-Machen fremder Inhalte

11.1.1   Kommentieren oder markieren

Wenn Sie einen Beitrag auf Ihrer Profilseite zustimmend kommentieren oder den Beitrag eines Dritten teilen und sich diesbezüglich zum Beispiel durch ein »so sehe ich das auch« oder »interessanter Beitrag« äußern, machen Sie sich den ursprünglich nicht von Ihnen stammenden Beitrag zu eigen.

Zu-eigen-Machen durch einen Kommentar

Selbstverständlich liegt auch ein Zu-eigen-Machen vor, wenn Sie zum Beispiel den Namen oder das Logo Ihrer Firma auf einem fremden Bild platzieren oder in ein fremdes Video einfügen.

11.1.2 Teilen und empfehlen

Wie Sie wissen, können Sie bei Facebook Inhalte durch Teilen oder Empfehlen auf Ihrer Profilseite veröffentlichen, die Sie auf einer anderen Seite gefunden haben. Eine Haftungsrelevanz tritt dabei jedoch erst dann ein, wenn Sie den geteilten oder empfohlenen Beitrag wie oben dargelegt kommentieren. Teilen Sie also beispielsweise den kritischen Text aus Abbildung 11.2 und enthält dieser Rechtsverletzungen, könnten Sie hierfür ebenfalls haftbar gemacht werden.

Abbildung 11.2 Auch geteilte Inhalte können für Sie haftungsrelevant werden. Voraussetzung dafür ist, dass Sie sich mit dem transportierten Inhalt des Beitrags identifizieren und sich nicht ausreichend von diesem distanzieren.

> **Achtung**
> Auch das Anklicken des »Gefällt mir«-Buttons kann eine wohlwollende Position zum Inhalt ausdrücken und daher ebenfalls zu einem Zu-eigen-Machen führen.

11.1.3 Zusammenstellen, prüfen und editieren

Zu-eigen-Machen durch Zusammenstellung

Sollten Sie auf Ihrem Profil Inhalte verbreiten, die Sie zwar nicht erstellt, aber gezielt ausgewählt und eventuell überarbeitet haben, liegt ebenfalls ein Zu-eigen-Machen vor. So sah es auch der BGH

(BGH-Urteil vom 12.11.2009, Az. I ZR 166/07) im Fall einer Online-kochrezept-Plattform. Bei Chefkoch.de wurden Rezepte von Nutzern angenommen und vor der Veröffentlichung auf der Homepage auf ihre Richtigkeit überprüft. Außerdem untersuchte der Seitenbetreiber eventuell beigefügte Bilder danach, ob ein Dritter urheberrechtliche Ansprüche an diesen Bildern haben könnte. Erst dann wurden die Rezepte samt Bildern veröffentlicht. Der Bundesgerichtshof hat befunden, dass aufgrund dieser Vorauswahl, Überprüfung und Zusammenstellung der Beiträge durch den Seitenbetreiber nicht mehr nur ein bloßer Nutzerbeitrag vorliegt, sodass sich der Betreiber die Beiträge zu eigen gemacht hat.

11.1.4 Verwertung der Inhalte

Möchten Sie die von den Nutzern bereitgestellten Inhalte wirtschaftlich verwerten, so wie es mit den Kochrezepten gemacht wurde, wird ebenfalls ein Zu-eigen-Machen angenommen. Dies gilt insbesondere dann, wenn Sie sich von den Nutzern ausdrücklich das Recht zur wirtschaftlichen Nutzung einräumen lassen.

Die wirtschaftliche Verwertung von Nutzerbeiträgen

Tipp

Sie sollten sich merken: Eine Haftung entsteht also nicht nur bezüglich der von Ihnen veröffentlichten Inhalte, sondern auch dann, wenn Sie die Beiträge von anderen auf Ihrem Profil derart wiedergeben, dass es sich für einen Dritten so darstellt, als käme der Beitrag von Ihnen. Für eine Haftung muss es also so aussehen, dass Sie sich mit diesem Beitrag identifizieren. Diese Gefahr besteht insbesondere bei den genannten Beispielen.

11.2 Haftung für fremde Inhalte

Neben den eigenen und den zu eigen gemachten Beiträgen kann es auch passieren, dass Sie für einen gänzlich fremden Beitrag haften müssen. Diese Haftung kann immer dann eintreten, wenn Sie fremde Inhalte in Ihrem Profil einbinden oder aber andere Nutzer Beiträge auf Ihrer Profilseite veröffentlichen. Als Inhaber eines Accounts in einem sozialen Netzwerk werden Sie rechtlich als der Betreiber des entsprechenden Angebots angesehen. Im Folgenden möchten wir Sie für die Fälle sensibilisieren, in denen eine Haftung für fremde Inhalte eintreten kann.

11.2.1   Selbst veröffentlichte fremde Beiträge

Sofern Sie selbst fremde Beiträge veröffentlichen, indem Sie beispielsweise ein YouTube-Video in Ihrem Blog einbinden, oder über einen sogenannten RSS-Feed fremde Inhalte auf Ihrer Facebook-Seite posten, kann hier ebenfalls ein Zu-eigen-Machen vorliegen (siehe oben).

Fremd bleibt ein von Ihnen veröffentlichter Beitrag allerdings dann, wenn Sie bei diesem nicht Ihren eigenen Senf dazugeben, etwa durch einen Kommentar. Ein Beitrag ist für Sie also fremd, obwohl Sie ihn in Ihr Profil eingebunden haben, wenn Sie keine Anhaltspunkte für eine Identifizierung mit der Aussage des Beitrags hinterlassen haben. Das ist etwa bei der Einbindung von RSS-Feeds oder der Einbettung von Videos möglich.

RSS-Feeds

Ein RSS-Feed bietet eine einfache Möglichkeit, fremde Neuigkeiten oder Beiträge im eigenen Profil anzubieten

Die weit verbreitete Einbindung fremder Webinhalte im RSS-Format (Really Simple Syndication) wird dazu genutzt, um Nachrichten und andere Inhalte zu abonnieren oder auszutauschen und auf diese Weise das eigene Onlineangebot zu erweitern. Bei der bloßen Einbindung wird der Beitrag ohne weiteres Editieren durch den einbindenden Seitenbetreiber übernommen. Die abonnierten Beiträge werden dann selbstverständlich auch den Besuchern Ihres Profils angezeigt. So können Sie etwa die Wettervorhersagen, aktuelle Neuigkeiten von der Börse oder den Newsticker Ihres favorisierten Fußballvereins in Ihre Seite einbinden. Während eine RSS-Einbindung bei Blogs schon längst üblich ist, kann man einen RSS-Feed über bestimmte Tools mittlerweile auch bei Facebook in sein Profil einbinden. In Abbildung 11.3 haben wir auf der Facebook-Seite unseres fiktiven Blumenladens den RSS-Feed des Pflanzenlust-Blogs eingebunden.

Wird ein solcher RSS-Feed in einem Facebook-Profil eingebunden, stellt sich die Frage, wie der Profilinhaber für die über den RSS-Feed eingebundenen gegebenenfalls rechtswidrigen Inhalte haftet.

Abbildung 11.3 Über den RSS-Feed können automatisch die Inhalte und Beiträge eines Blogs in das eigene Profil eingebunden werden. Ist die Einbindung einmal erfolgt, erscheinen alle Beiträge des Blogs automatisch in Ihrem Profil.

Diesbezüglich ist danach zu unterscheiden, ob der Profil- oder Blog-Betreiber den fremden Beitrag erkennbar als fremden Beitrag belässt oder ob er ihn noch selbst editiert.

Bloße Übernahme des RSS-Feeds oder Bearbeitung

> **Beispiel**
>
> Das LG Berlin hatte 2010 einen Fall zu entscheiden, in dem der Betreiber eines »Social-News-Diensts« einen ehrverletzenden und somit rechtswidrigen Onlinebeitrag einer Zeitung über den RSS-Dienst eingebunden hatte. Vor der Einbindung veränderte der Betreiber außerdem die Überschrift und den Text des Beitrags. Das LG Berlin kam zu dem Ergebnis, dass der Betreiber sich den Beitrag durch die Abänderung zu eigen gemacht hat.

Bei einem Zu-eigen-Machen trifft den Betreiber der Profilseite oder des Blogs also eine Prüfpflicht hinsichtlich einer Rechtsverletzung bei dem Beitrag. Kommt der Betreiber der Prüfpflicht nicht nach und ist

Das Zu-eigen-Machen begründet eine Prüfungspflicht

der Beitrag tatsächlich rechtswidrig, trifft ihn die Haftungspflicht als sogenannter Störer.

Beispiel

Etwa zwei Jahre später hatte der BGH einen ähnlichen Fall zu entscheiden (BGH-Urteil vom 27.3.2012 – *VI ZR 144/11*). Der Betreiber eines Informationsportals bot auf seiner Seite Nachrichten aus verschiedenen Medien unter Nutzung eines RSS-Diensts an und stellte diese seinen Lesern unverändert zu Verfügung. Einer dieser Feeds, eine Nachrichtenmeldung von einer Zeitung, enthielt ein heimlich aufgenommenes Bild einer Inhaftierten beim Freigang. Die Verbreitung dieses Bilds wurde der Zeitung später gerichtlich untersagt. Der Seitenbetreiber, der dieses Bild noch immer online angeboten hatte, wurde abgemahnt. Daraufhin entfernte auch er das Bild. Trotzdem weigerte er sich, die Anwaltskosten der Betroffenen zu übernehmen. Um die Frage nach den Kosten zu klären, musste das Gericht erörtern, ob der Betreiber schon vor der Aufforderung durch die Betroffene das Bild von seiner Seite hätte entfernen müssen. Der BGH ist dabei zu dem Ergebnis gekommen, dass den Betreiber keine Pflicht zur Entfernung bereits vor der Aufforderung traf. Begründet wurde diese Entscheidung damit, dass der Seitenbetreiber die Meldung nicht eigens verfasst habe. Auch habe er den betreffenden Beitrag nicht verändert oder bearbeitet und daher sich nicht zu eigen gemacht. Der Beitrag war außerdem hinreichend deutlich als fremd gekennzeichnet. Da es sich folglich um einen fremden Beitrag handelte, traf den Betreiber eine Prüfungspflicht erst dann, als er auf die Rechtsverletzung aufmerksam gemacht wurde.

Auch eine Störerhaftung des Seitenbetreibers hat der BGH abgelehnt, obwohl der Betreiber durch sein Handeln die Verbreitung der betreffenden Inhalte gefördert habe. Dies wurde damit begründet, dass den Seitenbetreiber keine Pflicht treffen könne, stets alle übernommenen Meldungen auf mögliche Rechtsverletzungen zu überprüfen.

Bei einer Übernahme ohne ein Zu-eigen-Machen entsteht die Prüfungspflicht erst, wenn die Rechtsverletzung bekannt ist

Wenn ein Beitrag also schlicht übernommen wird und dessen Fremdheit ausreichend erkennbar ist, trifft den Betreiber einer Profilseite oder eines Blogs, auf der bzw. dem ein RSS-Feed eingebunden ist, eine Prüfungspflicht erst dann, wenn er von einer Rechtsverletzung erfahren hat. Ausreichend für das Entstehen der Prüfungspflicht ist es aber auch schon, wenn der Betreiber zwar nicht ausdrücklich auf die Rechtsverletzung hingewiesen wird, es aber Anzeichen für diese gibt.

Achtung

Bevor Sie einen RSS-Feed in Ihr Profil einbinden, sollten Sie sicher sein, dass der Lieferant der Neuigkeiten damit einverstanden ist. Die Beiträge in dem RSS-Feed sind nämlich urheberrechtlich geschützt. Meist ist die Einbindung aber nicht nur gestattet, sondern auch gewünscht, da der Anbieter sich dadurch eine größere Aufmerksamkeit für seine Angebote und Informationen verspricht.

Framing und Embedding von Videos

Das für die RSS-Feeds in Bezug auf Texte und Bilder Gesagte ist der Sache nach auch auf die Einbettung von Videos anzuwenden. Sofern Sie ein Video von einer anderen Seite in Ihrem Profil einbetten möchten und selbst eine Stellungnahme zu diesem Video hinzufügen, machen Sie sich dieses Video zu eigen. Daraus entsteht für Sie die Pflicht, das Video auf rechtswidrige Inhalte zu prüfen. Binden Sie das Video hingegen ein und stellen die Fremdheit dieses Videos klar, trifft Sie keine originäre Prüfungspflicht.

Prüfungspflichten bei Videos

Achtung

Zu beachten ist jedoch gerade bei der Einbettung von Videos, dass die Urheberrechte des Berechtigten verletzt sein könnten. Mehr hierzu erfahren Sie in Kapitel 3, »Die Verwendung von Bildern und Videos im Social Web«.

11.2.2 Haftung für Angestellte

Für die Handlungen Ihrer Mitarbeiter müssen Sie dem Gesetz nach geradestehen. Deren Beiträge werden nämlich so behandelt, als wären es Ihre eigenen Beiträge. Als Folge daraus müssen Sie die durch eine Angestelltenäußerung hervorgerufene Rechtsverletzung beseitigen und im Wege einer Unterlassungserklärung zusichern, dass eine solche Rechtsverletzung nicht mehr vorkommt. Gegebenenfalls müssen Sie auch Schadenersatz leisten.

Tipp

An dieser Stelle möchten wir Ihnen noch einmal dazu raten, einen Leitfaden für die Nutzung von sozialen Netzwerken für alle Betriebsangehörigen aufzustellen. Sofern Sie nämlich nachweisen können, dass Sie

Ihre Mitarbeiter ausreichend instruiert haben, können Sie Ihre Haftung ausschließen. Mehr zu einem Social-Media-Leitfaden finden Sie in Kapitel 12, »Social Media im Arbeistverhältnis«.

Rechtsverletzung im Rahmen oder außerhalb des Arbeitsauftrags

Bei der Frage nach der Haftung für das Handeln Ihrer Mitarbeiter muss grundsätzlich danach unterschieden werden, ob deren Handlung während der Arbeitszeit, also innerhalb des Arbeitsauftrags, vorgenommen wurde oder ob dies nicht während der Arbeitszeit und somit außerhalb des Arbeitsauftrags geschah.

Rechtsverletzung innerhalb des Arbeitsauftrags

Keine räumliche oder zeitliche Abgrenzung

Wann eine Handlung innerhalb eines Arbeitsauftrags liegt, kann oft nicht räumlich oder zeitlich eingeschränkt werden. Haben Sie beispielsweise einen Social-Media-Beauftragten in Ihrem Betrieb, der dazu verpflichtet ist, ein dynamisches Profil Ihres Unternehmens zu gewährleisten, wird dieser eventuell auch in seiner Freizeit, also zum Beispiel am Wochenende, an einem Feiertag oder spät abends, jedenfalls aber außerhalb der Bürozeiten, in den Social-Media-Profilen Ihres Betriebs aktiv sein, um dort zum Beispiel Nutzeranfragen oder Kommentare zu beantworten oder auch Bilder und Grüße zu posten. So ist auch das Bild in Abbildung 11.4 an einem Feiertag und damit außerhalb der regulären Arbeitszeit von Germanwings auf Facebook veröffentlicht worden.

Nur weil Beiträge eines Mitarbeiters außerhalb der Arbeitszeit oder von zu Hause aus erstellt werden, bedeutet dies aber nicht, dass es auch außerhalb des Arbeitsauftrags geschieht. Auch wenn die Ausführung des Arbeitsauftrags wie im genannten Beispiel während der Freizeit des Angestellten erfolgt, liegt darin trotzdem eine Handlung für das Unternehmen und geschieht in dessen Namen. Für eine mögliche Rechtsverletzung haftet dann das Unternehmen.

Rechtsverletzung außerhalb des Arbeitsauftrags

Arbeitgeberhaftung nur bei Berechtigung zur Nutzung des Accounts außerhalb der Arbeitszeit

Die Haftung muss das Unternehmen aber nur dann übernehmen, wenn der Angestellte zur Ausführung des konkreten Arbeitsauftrags außerhalb der Arbeitszeit berechtigt war. Wenn es zum Beispiel in Ihrem Betrieb üblich ist, dass alle Mitarbeiter während der Bürozeit in den Social-Media-Profilen des Unternehmens aktiv sind, nach der

Bürozeit die Nutzung des Unternehmensprofils jedoch untersagt ist oder nur noch Ihr Beauftragter für Öffentlichkeitsarbeit befugt ist, die Unternehmens-Accounts zu nutzen, gestaltet sich die Haftungsfrage etwas anders.

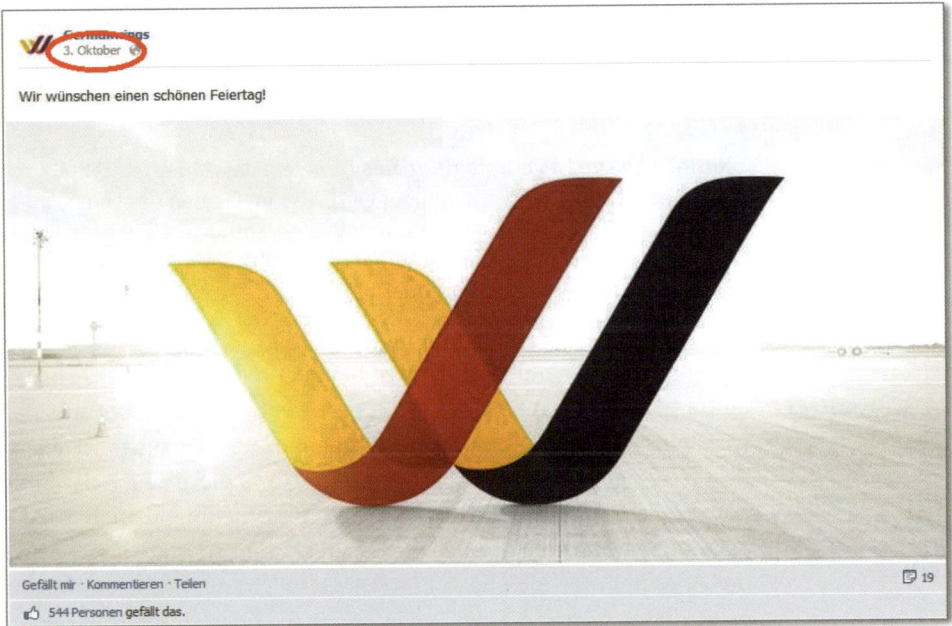

Abbildung 11.4   Das Posting von Germanwings wurde am 3. Oktober auf dem Facebook-Profil der Airline veröffentlicht. Es ist gut möglich, dass z. B. der Social-Media-Beauftragte dieses Posting von zu Hause aus erstellt und veröffentlicht hat und dafür nicht extra ins Büro gefahren ist, da ansonsten dieser Tag ja ein Feiertag ist. Innerhalb des Arbeitsauftrags oder etwa nicht?!

Ein Angestellter, der nicht den Auftrag hat, auch außerhalb der Arbeitszeit in den Unternehmensprofilen aktiv zu sein, hat auch keine Berechtigung, diese zu nutzen. Wird er dennoch über ein Firmenprofil im Namen des Unternehmens aktiv, handelt er ohne einen entsprechenden Arbeitsauftrag und somit wohl auch gegen innerbetriebliche Regeln. Begeht der Angestellte dabei auch noch eine Rechtsverletzung, stellt sich erneut die Haftungsfrage.

Hier kann kurz und knapp gesagt werden, dass Sie als Arbeitgeber für eine solche unbefugte Handlung nicht einstehen müssen. Jedoch bestätigt wie so oft die Ausnahme die Regel. Falls Sie als Arbeitgeber davon wussten, dass Ihr Angestellter auch in seiner Freizeit für die

Grundsätzlich keine Haftung für die unbefugte Account-Nutzung

375

Firma in den sozialen Netzwerken aktiv ist, obwohl er dazu nicht beauftragt ist, und dieses Verhalten geduldet haben, müssen Sie für diese dennoch Handlungen haften.

Der Grund dafür liegt auf der Hand: Wenn Sie sich die Arbeit des Angestellten zunutze gemacht und Vorteile daraus gezogen haben, müssen Sie auch die Haftung für die Handlung übernehmen.

Achtung

Rosinen picken ist verboten! Wenn Sie wissen, dass ein Angestellter für Ihr Unternehmen nach außen tätig wird, also im Namen des Unternehmens handelt, trifft Sie die Haftung für die Handlung. Dabei spielt es keine Rolle, ob der Mitarbeiter seiner Anstellung nach grundsätzlich zu der Handlung beauftragt war oder nicht.

Ein Handeln außerhalb des Arbeitsauftrags liegt auch dann vor, wenn die Kompetenzen überschritten werden

Ein Angestellter handelt aber nicht bloß dann außerhalb des Arbeitsauftrags, wenn er außerhalb der Bürozeit unbefugt die Accounts der sozialen Netzwerke Ihres Unternehmens nutzt. Denkbar ist auch, dass Sie einem Angestellten zwar gestatten und diesen auch dazu beauftragen, den Facebook-Account des Unternehmens auch außerhalb der Arbeitszeit »im Auge zu behalten«, den Twitter-Account soll der Angestellte jedoch nach der Bürozeit nicht mehr nutzen. Macht er es dieser Vorgabe zum Trotze dennoch, überschreitet er seinen Arbeitsauftrag.

Haftung durch Duldung!

Eine Haftung kommt für Sie wiederum nur dann in Frage, wenn Sie von der regelmäßigen außerhalb des Arbeitsauftrags liegenden Nutzung wussten und diese geduldet haben.

Achtung

Und sollten Sie einmal in die unliebsame Situation kommen, einen Angestellten entlassen zu müssen, ist es unbedingt ratsam, alle Passwörter Ihrer Social-Media-Accounts zu ändern, sofern die betreffende Person diese kannte. Bei einem Missbrauch durch einen verärgerten ehemaligen Mitarbeiter können Probleme entstehen, die Sie auf diese Weise einfach vermeiden können.

Social Media Guidelines sind empfehlenswert

Wie Sie bisher sehen, sind die Grenzen, wann und wofür Sie bei Handlungen Ihrer Angestellten haften, relativ verschwommen. Gerade in den Zeiten, in denen es problemlos möglich ist, die Arbeit vom heimischen PC aus zu erledigen, wird es häufig Überschneidungen geben. In den meisten Fällen werden Ihre Angestellten nur Gutes im Sinn haben, wenn sie sich denken: »Ich beantworte mal eben die Kundenanfrage auf Facebook für die Firma.« Um die benannten Probleme eindämmen zu können, sollten Sie Ihren Mitarbeiter klare Anweisungen zur Nutzung der Social-Media-Profile geben.

11.2.3 Haftung für Agenturen

Wenn Sie zu dem Entschluss gekommen sind, dass Ihnen die tägliche Arbeit mit den sozialen Netzwerken zu zeitintensiv ist und Sie für diese Art der Öffentlichkeitsarbeit auch keinen Angestellten von seinem originären Betätigungsfeld abziehen wollen, bleibt Ihnen die Möglichkeit, etwa eine Agentur oder einen sonstigen Dienstleister mit der Betreuung Ihrer Accounts zu beauftragen. Hinsichtlich der Haftung gilt aber auch bei dieser Beauftragung das, was für Ihr Haftungsverhältnis zu den Angestellten gilt.

Haftung für Agenturen und andere Dienstleister

Grundsätzlich müssen Sie also für das haften, was die Agentur in Ihrem Namen bzw. mit Ihrem Profil alles veranstaltet. Dies kann wiederum zu Abmahnungen führen, woraus sich für Sie die Pflicht ergibt, die jeweiligen Abmahnkosten zu tragen und eine Unterlassungserklärung hinsichtlich der Rechtsverletzung abzugeben. Lediglich einen Schadenersatzanspruch können Sie vermeiden, wenn Sie die Agentur bzw. den Dienstleister gewissenhaft ausgesucht haben.

Nehmen wir nun an, Sie haben eine Agentur dazu beauftragt, das Facebook-Profil Ihres Unternehmens nach einer von Ihnen vorgegebenen Marschroute aktuell zu halten. Hinsichtlich der Inhalte hat die Agentur dabei im Rahmen Ihrer Vorgaben freie Hand. So wählt die Agentur eines schönen Tages ein im Internet gefundenes Zitat einer berühmten Persönlichkeit, weil es wunderbar zu einem Ihrer Produkte passt, und veröffentlicht dieses Zitat auf Ihrer Profilseite. Natürlich genügt die Veröffentlichung dabei nicht den Voraussetzungen des Zitatrechts, die wir Ihnen in Kapitel 5, »Die richtige Verwendung von Texten«, vorgestellt haben. So kommt es also zu einer Urheberrechtsverletzung hinsichtlich des Zitats. Da Sie der Seiteninhaber sind, werden Sie vom Urheber des Zitats in Anspruch ge-

Haftung für Rechtsverletzungen durch die Agentur

nommen, müssen die Kosten der Abmahnung tragen und sollen Schadenersatz leisten.

Regressansprüche gegen die Agentur

Da Sie die Spielregeln kennen, folgen Sie im vorstehenden Beispiel dem Verlangen des Geschädigten. Jetzt fragen Sie sich jedoch, ob Sie die entstandenen Kosten durch die Abmahnung von der Agentur zurückverlangen können.

Die Antwort lautet: Ja! Sie können die Agentur oder den Dienstleister hier in die Verantwortung nehmen und sich die Kosten ersetzen lassen. Schließlich hat die Agentur den Fehler gemacht.

Haftungsausschluss durch die Agentur

Versteckte Haftungsausschlüsse beachten

Wie immer gibt es auch hier eine Ausnahme, und die heißt Haftungsausschluss. Wenn sich die Agentur zuvor von einer derartigen Haftung im Vertrag mit Ihnen befreit hat, haben Sie leider keine Möglichkeit, Ihr Geld zurückzubekommen. Um einer solchen Situation vorzubeugen, sollten Sie den Vertrag zu einer beauftragten Agentur oder zu einem Dienstleister genauestens auf Haftungsausschlüsse hin kontrollieren. Ein solcher Haftungsausschluss kann sich in der Leistungsbeschreibung des Vertrags befinden und in etwa wie folgt lauten: »Die von der Agentur gelieferten Bilder oder Zitate sind lediglich Vorschläge. Der Auftraggeber muss vor der Nutzung für den Erwerb der Rechte und die Nutzungserlaubnis sorgen.« Einen Haftungsausschluss in den allgemeinen Geschäftsbedingungen brauchen Sie hingegen nicht zu fürchten, da dieser bezüglich der Leistungpflichten der Agentur in aller Regel unzulässig sein wird.

> **Tipp**
>
> Sofern Sie einen freien Mitarbeiter oder eine Agentur mit der Betreuung Ihrer Social-Media-Profile beauftragen, nehmen Sie Ihre Social Media Guidelines mit in den Vertrag auf. Auf diese Weise werden dem Betreffenden klare Regeln hinsichtlich des Umgangs mit dem Account gesetzt.

11.2.4 Welche Haftung trifft mich bei User-generated Content?

Zweck und Ziel Ihrer Social-Media-Präsenz ist vor allem, mit Ihren Kunden in einen Dialog zu treten. Dies führt dazu, dass alle Nutzer des jeweiligen sozialen Netzwerks die Möglichkeit haben, Ihnen eine öffentliche Botschaft zum Beispiel auf Ihrer Facebook-Pinnwand zu hinterlassen. So weit, so gut; schließlich kommt es Ihnen gerade darauf an.

Aber was passiert, wenn ein Nutzer Ihnen ein urheberrechtlich geschütztes Bild an die Pinnwand heftet, ohne vom Urheber dazu berechtigt zu sein?

Beispiel

Einen solchen Fall hatte das Landgericht Stuttgart zu entscheiden (20.07.2012 – 17 O 303/12). In diesem Fall postete ein Fan ein urheberrechtlich geschütztes Bild auf der Facebook-Fanseite eines Sängers. Als der Urheberrechteinhaber dies herausbekam, mahnte er den Betreiber der Fanseite ab und verlangte die Löschung des Bilds von der Fanseite. Dieser Aufforderung ist der Betreiber jedoch nicht nachgekommen. Darauf klagte der Urheberrechteinhaber auf Unterlassung und bekam Recht.

Dieses Beispiel macht deutlich, dass Sie für alles das haftbar gemacht werden können, was auf Ihrer Seite passiert. Zwar muss auch der Nutzer, der ein urheberrechtlich geschütztes Werk oder eine ehrverletzende Äußerung (also eine Beleidigung) über einen Dritten auf Ihrer Facebook-Pinnwand veröffentlicht hat, haften, dennoch können Sie in die Situation kommen, den Kopf für solche Rechtsverletzungen hinhalten zu müssen.

Der Profilanbieter trägt stets ein Haftungsrisiko für die in seinem Profil veröffentlichten Inhalte

Was diesen *User-generated Content*, also den durch einen Nutzer beigetragenen Inhalt, betrifft, besteht für Sie als Seiteninhaber oft eine Störerhaftung.

Störerhaftung bei User-generated Content

Störer sind Sie immer dann, wenn Sie die Rechtsverletzung zwar nicht selbst begangen haben (Sie selbst haben in dem genannten Beispiel das Bild nicht veröffentlicht), zu dieser Rechtsverletzung aber auf irgendeine andere Weise beigetragen haben oder wenn sie Ihnen irgendwie zuzurechnen ist (das Bild wurde auf Ihrer Seite veröffentlicht).

Erinnern Sie sich diesbezüglich an das Urteil des BGH, das wir in Abschnitt 11.2.1 besprochen haben: Danach müssen Sie für fremde Inhalte auf Ihrer Seite erst ab dem Moment haften, ab dem Ihnen die

Haftung für fremde Inhalte erst ab dem Moment der Kenntnis

Rechtswidrigkeit des jeweiligen Beitrags bekannt ist oder Ihnen sich diese aufdrängt. Dies lässt sich auch aus dem Urteil des LG Stuttgart herleiten, denn der Sänger, um dessen Seite es ging, wurde erst verklagt, nachdem er sich geweigert hatte, die das Urheberrecht verletzende Bildveröffentlichung zu löschen. In dem Moment, in dem er um die Löschung gebeten wurde, ist ihm die Rechtswidrigkeit aber bekannt geworden. Also haftete er fortan als Störer.

Hinweis

Ab wann Sie genau für User-generated Content einstehen müssen, den Sie sich nicht zu eigen gemacht haben, lesen Sie in Abschnitt 11.4.3, »Das Notice-and-take-down-Verfahren«.

Tipp

Kommen Sie einer Löschungsaufforderung durch den Rechteinhaber in jedem Fall nach. Sollten Sie Zweifel an der Berechtigung des Auffordernden haben, konsultieren Sie innerhalb der Ihnen genannten Löschungsfrist einen Rechtsanwalt. Ein »Ignorieren« kann teuer werden!

11.3 Haftung für Links und Einbindungen (Embedded Content)

Ein Link ist nichts anderes als ein Verweis. Man könnte ihn guten Gewissens als Verkehrsschild beschreiben, das den suchenden Autofahrer an sein gewünschtes Ziel führt. Durch diese Möglichkeit der Weiterleitung eines Besuchers Ihres Profils können Links Ihren Onlineauftritt deutlich bereichern. Dadurch können Sie nämlich Ihr eigenes Angebot um fremdproduzierte Inhalte erweitern und so von diesen profitieren. Jedoch hat auch die Linknutzung ihre (rechtlichen) Grenzen. Damit Sie diese nicht versehentlich überschreiten, möchten wir sie Ihnen jetzt vorstellen.

11.3.1 Setzen eines Deep-Links

Verlinkungen schaffen ein noch größeres Angebot

Durch Verlinkungen zu anderen Internetseiten können Sie Ihr Google+- oder Facebook-Profil schnell und einfach mit neuen Inhalten zieren. Auch bei Twitter ist die Linksetzung eine interessante

Möglichkeit, Ihren Followern größere Texte oder andere Medien anzubieten. Bei der Verlinkung ist zwischen Deep-Links und Links auf die Startseite einer Internetseite zu unterscheiden. Anders als ein Link auf die Startseite einer Homepage führt ein Deep-Link nicht auf diese Startseite, sondern direkt auf eine Unterseite dieser Website, wie beispielsweise in Abbildung 11.5 gezeigt.

Abbildung 11.5 Per Deep-Link gelangt man direkt auf eine Unterseite einer Website. So können Sie Ihre Kunden durch einen Deep-Link z. B. direkt zu einem für sie interessanten Artikel weiterleiten. Das dabei die Startseite der Zieladresse übersprungen wird, ist nach dem BGH kein Problem.

Der BGH hat festgestellt, dass Sie nicht jedes Mal beim Inhaber der verlinkten Seite nachfragen müssen, wenn Sie einen Link zu einem Inhalt setzen möchten.

Keine Erlaubnis erforderlich

> **Beispiel**
>
> In dem berühmten Paperboy-Fall wollte eine Verlagsgruppe verhindern, dass Interessenten über einen Deep-Link direkt zu den gewünschten Artikeln weitergeleitet werden konnten, ohne die Startseite der jeweiligen Zeitung passieren zu müssen. Die Deep-Links wurden von dem Paperboy-Service vorgenommen. Dieser Dienst hat Nutzern die Möglichkeit gegeben, einen Interessenschwerpunkt zu definieren, woraufhin Paperboy die Internetseiten der Zeitungen hinsichtlich relevanter Artikel durchsucht und dem Nutzer einen direkten Link zu diesen Artikeln zu Verfügung gestellt hat.
>
> Der BGH hat dem Begehren der Verlagsgruppe, diese ungewünschten Verlinkungen zu verbieten und wenn überhaupt nur eine Verlinkung zu der Startseite der Internetseite der jeweiligen Zeitung zuzulassen, eine Absage erteilt (BGH-Urteil vom 17.7.2003 – I ZR 259/00).

Urheber- und wettbewerbsrechtliche Unbedenklichkeit eines Deep-Links

Nach dem höchsten deutschen Zivilgericht ist eine solche Verlinkung sowohl urheberrechtlich wie auch wettbewerbsrechtlich unbedenklich, sodass Sie fremde Seiten auch ohne das Einverständnis des Seitenbetreibers verlinken dürfen. Diese »Linkfreiheit« gilt natürlich nicht nur für Zeitungsartikel, sondern auch für andere Inhalte. Der Homepage-Betreiber kann einer Linksetzung nur dadurch entgegenwirken, dass er eine technische Vorkehrung in Form einer Zugriffssperre für einen bestimmten Link bzw. seine gesamte Internetseite einrichtet. Die Umgehung einer solchen Zugriffsperre, egal wie einfach dies sein mag, ist selbstverständlich rechtswidrig. Sofern eine solche Zugriffssperre nicht besteht, dürfen Sie ohne Bedenken Links, auch Deep-Links, setzen, wie Sie möchten.

11.3.2   Haftung für den Inhalt der verlinkten Seite

Auch wenn Sie bedenkenlos einen normalen Link oder einen Deep-Link in Ihr Profil bei Facebook oder aber bei Twitter einbinden dürfen, bedeutet dies nicht, dass Sie mit dem Link nichts mehr zu tun haben. Durch den Verweis von Ihrem Profil auf eine andere Homepage kommen nämlich haftungsrechtliche Fragen hinsichtlich des Inhalts, auf den Sie verweisen, auf Sie zu. Ihre Haftung entsteht aber nicht unbedingt sofort durch das Setzen eines Links. Um für den Inhalt des Verweises geradestehen zu müssen, ist vorausgesetzt, dass Sie sich den Inhalt entweder zu eigen gemacht haben oder dass Sie als Störer verantwortlich sind.

Hinweis

Aufmerksame Leser werden bemerken, dass es bei der Haftung häufig darauf ankommt, ob Sie sich fremde Inhalte zu eigen machen bzw. als Störer verantwortlich sind.

Zu eigen machen

Die Frage, wann ein *Zu-eigen-Machen* vorliegt, haben wir bereits zu Beginn dieses Kapitels ausführlich beantwortet. Kurz und knapp gesagt, liegt ein solches Zu-eigen-Machen dann vor, wenn Sie den Link derart in Ihr Profil einbinden, dass der Eindruck entsteht, der Inhalt, zu dem der Link führt, stammt von Ihnen.

Außerdem liegt ein Zu-eigen-Machen vor, wenn sich aus den Umständen ergibt, dass Sie die verlinkten Aussagen teilen bzw. unterstützen.

Beispiel

Wird beispielsweise Ihr Konkurrent auf einer Website herabgewürdigt und Sie twittern diesen Link mit dem Kommentar »sehr interessant«, machen Sie sich die herabwürdigenden Inhalte zu eigen.

Der Kommentar muss den Inhalt des Links noch nicht einmal unbedingt gutheißen. Auch ein neutrales Statement wie etwa »schaut euch das mal an« genügt, da man auf diese Weise zeigt, dass man sich mit dem Inhalt auseinandergesetzt hat. Grundsätzlich wird für die Frage, ob ein Kommentar dazu führt, dass sich der Kommentator den Inhalt zu eigen macht, aber auf den Gesamtzusammenhang der Darstellung von Link und Kommentar abzustellen sein.

Ein neutraler Kommentar genügt bereits für das Zu-eigen-Machen

---

Tipp

Um nicht in die Gefahr zu kommen, sich versehentlich fremde Aussagen zu eigen zu machen, sollten Sie sich bei kritischen Verlinkungen immer von dem Link distanzieren.

Rechtslage in Österreich

Da im österreichischen E-Commerce-Gesetz eine Haftung für Links grundsätzlich ausgeschlossen wird, ist die Hürde für ein Zu-eigen-Machen höher als in Deutschland zu bewerten. Allerdings kann auch in Österreich ein Zu-eigen-Machen vorliegen, wenn durch den Seitenbetreiber zum Ausdruck gebracht wird, dass ohne den Link seine Seite nicht vollständig ist.

Verlinkung zu rechtswidrigen Inhalten

Störerhaftung für einen Link

Eine Haftung kommt auch dann infrage, wenn man eine Rechtsverletzung zwar nicht selbst begangen, zu dieser aber auf irgendeine Weise beigetragen hat. Sie haften dann als *Störer*. Eine Störerhaftung kann sich für Sie zum einen dann ergeben, wenn der Inhalt, auf den Sie verlinken, offensichtlich rechtswidrig ist. Offensichtlich rechtswidrig wäre ein Link in Ihrem Facebook-Profil oder bei Twitter beispielsweise dann, wenn dieser zu einer Internetseite führt, auf der man die aktuellen Top-100-Singlecharts kostenfrei herunterladen kann. Sie könnten dann von den Rechteinhabern der jeweiligen Musikstücke abgemahnt und in Anspruch genommen werden.

Tipp

Das Merkmal der offensichtlichen Rechtswidrigkeit ist nicht immer zweifelsfrei gegeben. Um Irrtümern und einer daraus resultierenden Haftung aus dem Weg zu gehen, merken Sie sich folgende Faustformel:

Immer dann, wenn Ihr gesunder Menschenverstand Alarm schlägt und Sie sich fragen, ob eine Aussage oder ein Angebot im Internet legal ist, gehen Sie vorsichtshalber von einer Rechtswidrigkeit aus.

So kommt man ohne große Anstrengung der grauen Zellen zu dem Ergebnis, dass eine Internetseite, die die aktuellen Top-100-Singlecharts kostenlos zum Download bereitstellt, wohl kaum legal sein kann.

Verlinkung von offensichtlich rechtswidrigem Inhalt

Auch bei ehrverletzenden Aussagen und fadenscheinigen Behauptungen über eine andere Person oder ein anderes Unternehmen sollten Sie vorsichtig sein und gegebenenfalls von einer Verlinkung absehen. Gerade für einen Rechtslaien wird es im letztgenannten Beispiel schwierig sein, nach juristischen Maßstäben zwischen einer zulässigen Meinungsäußerung und einer unzulässigen und rechtswidrigen Schmähkritik zu unterscheiden. Sofern sich der Rechtsverstoß eines Inhalts auf einer Internetseite also geradezu aufdrängt, sollten Sie von einer Verlinkung absehen.

Es gibt jedoch auch Inhalte, deren Verlinkung zwar rechtswidrig wäre, bei denen sich dieses aber nicht offensichtlich zeigt. So mag es etwa sein, wenn Sie einen Link zu einem urheberrechtlich geschützten Text setzen, die Veröffentlichung dieses Texts auf der verlinkte Seite wurde aber von dem Urheberrechteinhaber nie gestattet. Wenn Sie einen Inhalt verlinken, trifft Sie eine gewisse Prüfungspflicht. Diese geht jedoch grundsätzlich nicht über die bereits angesprochene offensichtliche Rechtswidrigkeit hinaus. Wenn sich aber der tatsächliche Rechteinhaber bei Ihnen meldet und Sie dazu auffordert, den Link von Ihrer Seite zu entfernen, müssen Sie diese Beschwerde gewissenhaft prüfen. Sollten Sie dann zu dem Ergebnis kommen, dass die Aufforderung des Rechteinhabers begründet ist, müssen Sie den Link entfernen. Hier trifft Sie eine Haftung also erst ab der Kenntnis der Rechtswidrigkeit.

Verlinkung von nicht offensichtlich rechtswidrigem Inhalt

Merken Sie sich:

Für die Linkhaftung kommt es auf drei wesentliche Punkte an:

1. Es handelt sich bei dem verlinkten Inhalt um einen fremden Inhalt.

2. Dieser Inhalt ist rechtswidrig.

3. Sie als Seiteninhaber (Facebook-Profil, Twitter-Account) haben entweder Kenntnis von der Rechtswidrigkeit dieser Inhalte, haben sich den Inhalt zu eigen gemacht (z. B. durch einen Kommentar) oder verletzen eine zumutbare Prüfungspflicht (gehen einem Hinweis auf die Rechtswidrigkeit nicht nach).

Rechtslage in Österreich

Im österreichischen Recht (genauer im E-Commerce-Gesetz) ist die Haftung für Links ausdrücklich geregelt. Danach ist ein Betreiber einer Website oder eines Social-Media-Auftritts für den Inhalt der verlinkten Seite nicht verantwortlich, wenn er von rechtswidrigen Inhalten keine Kenntnis hat bzw. diese auch nicht kennen musste und er – sobald er von rechtswidrigen Inhalten erfährt – den Link unverzüglich entfernt.

11.3.3 Haftung für Einbindungen (Embedded Content)

Gerade bei Facebook oder Google+ ist es einfach, ein Video von YouTube oder MyVideo einzubinden. Sofern es sich dabei um Videoclips handelt, die von Ihnen selbst produziert sind, ist dies nicht nur problemlos zulässig, sondern auch noch eine hervorragende Möglichkeit, Werbung für Ihr Unternehmen zu machen. Auf diese Weise können Sie interaktiv mit Ihren Kunden und anderen Interessierten in Kontakt zu treten. Auch wir nutzen diese Möglichkeit und binden unsere eigenen YouTube-Videos bei Facebook & Co. ein (siehe Abbildung 11.6).

Abbildung 11.6 Hier sehen Sie die Einbindung eines unserer YouTube-Videos auf unserer Facebook-Seite »Die Aufklärer«. Da wir dieses Video selbst hergestellt haben, gibt es keine Rechte, die wir mit der Verwendung des Videos verletzen könnten. Wäre uns der Rechtsanwalt in dem Video jedoch unbekannt, wären wir gut beraten, das Video nicht einfach auf unserer Seite zu integrieren.

Rechtsverletzungen durch ein selbst angefertigtes Video

Kritisch kann es werden, wenn Sie ein Video einbinden, das Sie zwar selbst hergestellt haben, in dem Sie aber Urheberrecht verletzen, oder wenn Sie ein fremdes Video einbinden, das Sie bei YouTube gefunden haben. Zwar wird man bei einem YouTube-Video nicht zwangsläufig davon ausgehen müssen, dass dieses Video rechtswidrig ist, denn auch die Musikverlage und Interpreten stellen ihre Musikclips bei YouTube ein, um aber auf Nummer sicher zu gehen, sollte man beim Rechteinhaber, also zum Beispiel dem Musiklabel, eine Erlaubnis einholen oder auf eine Einbindung ganz verzichten. Bitte lesen Sie zu diesem Thema noch mal Abschnitt 3.5, »Besonderheiten bei der Verwendung von Videos«, zu den Besonderheiten der Verwendung von Videos.

11.3.4 Unnötig: der Disclaimer

Nun könnten Sie sagen: Was interessiert mich die Linkhaftung. Ich habe doch einen guten Disclaimer! Vorab zur Erklärung: Hinter diesem Anglizismus verbirgt sich nichts anderes als ein pauschaler Haftungsausschluss, der auf vielen Websites (auch großen, siehe Abbildung 11.7) zu finden ist.

*Der Haftungs-
ausschluss*

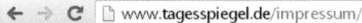

Weitere Information: Mit Urteil vom 12. Mai 1998 hat das Landgericht Hamburg entschieden, dass man durch die Anbringung eines Links die Inhalte der gelinkten Seite ggf. mit zu verantworten hat. Dies kann - so das Landgericht - nur dadurch verhindert werden, dass man sich ausdrücklich von diesen Inhalten distanziert. Der Betreiber dieser Internetseiten hat auf diesen Seiten Links zu anderen Seiten im Internet gelegt. Für alle diese Links gilt: Der Betreiber möchte ausdrücklich betonen, dass er keinerlei Einfluss auf die Gestaltung und die Inhalte der gelinkten Seiten hat. Deshalb distanziert sich der Betreiber hiermit ausdrücklich von allen Inhalten aller gelinkten Seiten und macht sich deren Inhalte nicht zu Eigen. Diese Erklärung gilt für alle auf diesem Internetportal angebrachten Links und für alle Inhalte der Seiten, zu denen Banner oder andere Werbeformen führen.

Abbildung 11.7 Viele Worte, wenig Wirkung. Ein Disclaimer wie der hier abgebildete ist zu oberflächlich und zu unkonkret, um einen Haftungsausschluss herbeizuführen.

Der Disclaimer beginnt häufig mit den Worten:

>»Mit Urteil vom 12. Mai 1998 hat das Landgericht Hamburg entschieden, dass man durch die Anbringung eines Links die Inhalte der gelinkten Seite ggf. mit zu verantworten hat. Dies kann – so das Landgericht – nur dadurch verhindert werden, dass man sich ausdrücklich von diesen Inhalten distanziert.«

Es folgt dann eine pauschale Distanzierung von allen verlinkten Inhalten:

>»Wir als Betreiber dieser Webseite distanzieren uns hiermit ausdrücklich von allen verlinkten Inhalten. Für Rechtsverletzungen auf den verlinkten Websites haften wir nicht.«

Es wäre tatsächlich schön, wenn man sich von den haftungsrechtlichen Fragen der Linksetzung einfach dadurch verabschieden könnte, dass man einen Disclaimer unter den Link setzt. An der Wahl des Konjunktivs merken Sie aber bereits, dass es so einfach nicht ist. Zwar mag es grundsätzlich möglich sein, die eigene Haftung für einen Link durch einen Disclaimer auszuschließen. Es ist jedoch höchst umstritten, wie ein solcher Haftungsausschluss ausgestaltet sein muss.

Disclaimer sind häufig zu oberflächlich

So ist ein Haftungsausschluss mit dem Text »Hiermit distanzieren wir uns ausdrücklich von den verlinkten Seiten« von eben dem in vielen Disclaimern zitierten Urteil des LG Hamburg als viel zu oberflächlich und daher unwirksam eingeordnet worden. Ein solcher Disclaimer hat daher keine rechtliche Wirkung.

Eindeutige Distanzierung vom fremdem Inhalt erforderlich

Erforderlich wäre es, eine eindeutige Distanzierung oder zumindest eine Neutralität zu dem verlinkten Inhalt herzustellen. Vereinzelt wird aber auch die Auffassung vertreten, dass die Anbringung eines Disclaimers grundsätzlich kontraproduktiv sei, weil die Gerichte, die einen eventuellen Rechtsstreit zu entscheiden hätten, der Auffassung sein könnten, dem Seiteninhaber sei die mögliche Rechtswidrigkeit des Links bewusst, sodass er gerade deswegen einen Disclaimer verwendet hätte.

> **Tipp**
> Wir empfehlen Ihnen, auf pauschale Disclaimer zu verzichten, und sich lieber im Einzelfall von einem Link ausreichend zu distanzieren, indem Sie beispielsweise schreiben: »Hier ein interessanter Text, wir halten die Aussage aber für abwegig.«

11.4 Abgemahnt, was nun?

Die Abmahnung ist das Schreckgespenst des Internetzeitalters, allein Google liefert bei dem Wort Abmahnung ca. 1,16 Millionen Treffer (siehe Abbildung 11.8).

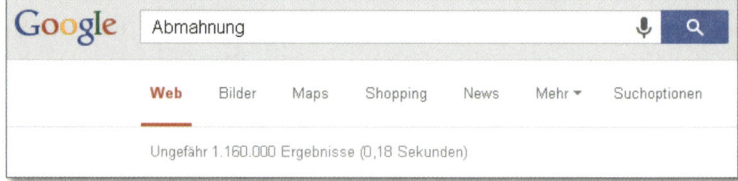

Abbildung 11.8 Über eine Million Treffer verzeichnet Google bei der Suche nach dem Wort »Abmahnung«.

Grund für die Angst vor einer Abmahnung sind die unangenehmen Folgen, die mit einer solchen regelmäßig einhergehen. Ziel dieses Buchs ist es unter anderem, Sie hinsichtlich des rechtssicheren Umgangs mit den sozialen Netzwerken so zu schulen, dass Sie die Abmahnfallen kennen und diesen aus dem Weg gehen können, um sich die teuren Briefe vom Anwalt der Konkurrenz zu ersparen.

Was wir Ihnen noch nicht verraten haben, ist, wie Sie vorgehen sollten, falls Sie doch einmal abgemahnt werden. Hopfen und Malz sind nämlich nicht bereits in dem Moment verloren, in dem der Briefträger Ihnen die Abmahnung zugestellt hat. Man kann seine Situation nach dem Erhalt einer Abmahnung allerdings leider auch verschlechtern. Wie Sie richtig reagieren und wovon wir Ihnen tunlichst abraten, möchten wir Ihnen nun darlegen.

11.4.1 Was ist eine Abmahnung?

Eine Abmahnung ist eine meist schriftlich verfasste, außergerichtliche Aufforderung einer Person gegenüber einer anderen Person oder einem Unternehmen, eine bestimmte Handlung oder ein bestimmtes Verhalten zu unterlassen.

Aufforderung zur Beseitigung und Unterlassung

Ein Abmahnschreiben wird häufig von einer Kanzlei im Auftrag eines Rechteinhabers versendet und umfasst mehrere Seiten. Wir haben Ihnen in Abbildung 11.9 und Abbildung 11.10 einmal eine Originalabmahnung auszugsweise abgedruckt.

Die Berechtigung der abmahnenden Person, ein Unterlassen zu fordern, wird Unterlassungsanspruch genannt. Auf einen solchen Anspruch kann der Abgemahnte, sofern er eine gerichtliche Auseinandersetzung vermeiden will, nur mit einer Unterlassungserklärung antworten. Wie man eine solche Unterlassungserklärung abgibt, soll weiter unten besprochen werden.

Sinn und Zweck einer Abmahnung

Eine besondere Bedeutung kommt der Abmahnung im gewerblichen Rechtsschutz, insbesondere im Wettbewerbsrecht und im Urheberrecht, zu. Wer gegen einen Wettbewerbsverstoß mit einer Abmahnung vorgehen darf, wird durch das in diesem Buch bereits angesprochene Gesetz gegen den unlauteren Wettbewerb (UWG) bestimmt. Danach ist es jedem Gewerbetreibenden möglich, einen Mitbewerber abzumahnen, der Waren oder gewerbliche Leistungen gleicher oder ähnlicher Art herstellt, mit ihnen handelt oder sie sonst in den geschäftlichen Verkehr bringt. Außerdem dürfen rechtsfähige Verbände zur Förderung gewerblicher Interessen abmahnen. Bei Abmahnungen im Urheberrecht ist ausschließlich der Rechteinhaber, also der Musiker, das Plattenlabel, der Fotograf etc. berechtigt. Der Abmahnende beauftragt in der Regel einen Anwalt mit der Durchsetzung seiner Interessen. So kommt es, dass durch die Abmahnung selbst bereits Anwaltskosten entstehen. Wenn die Abmahnung berechtigt ist oder der Abgemahnte die Unterlassungserklärung ohne Weiteres abgibt, kann der Mahnende verlangen, die Anwaltskosten ersetzt zu bekommen. Zusätzlich zu den Anwaltskosten wird üblicherweise ein Schadenersatz für die Rechtsverletzung verlangt.

Beispiel für Abmahnungen

WALDORF RECHTSANWÄLTE · BEETHOVENSTRASSE 12 · 80336 MÜNCHEN   RECHTSANWÄLTE

Frau
    JOHANNES WALDORF
    BJÖRN FROMMER
    MARC HÜGEL
    FRANK RICHERT
    AXEL GILLESSEN
    STEFFEN DIETZ
    KATJA NIKOLAUS
    THOMAS JANKER

BEETHOVENSTRASSE 12
80336 MÜNCHEN

TELEFON: 0 89/5 20 57 21-0
TELEFAX: 0 89/5 20 57 23-0

01.02.2014

Getty Images International   Aktennummer:
./.

Unlizenzierte Vervielfältigung und öffentliche Zugänglichmachung geschützter Werke

Sehr geehrte Frau,

in vorbezeichneter Angelegenheit sind wir beauftragt, die rechtlichen Interessen der Getty Images International wahrzunehmen. Die ordnungsgemäße Bevollmächtigung wird anwaltlich versichert. Mit unserer Einschaltung sind etwaige von unserer Mandantschaft unterbreitete Vergleichsangebote hinfällig.

Unsere Mandantschaft ist der weltweit führende Anbieter von Bild- und Filmmaterial. Sie vermarktet das Bildmaterial einer Vielzahl der besten Fotografen und Filmemacher weltweit exklusiv.

Anlass unserer Beauftragung ist die unerlaubte Verwendung von geschütztem Bildmaterial unserer Mandantschaft. Durch unerlaubte Bildverwendungen entstehen unserer Mandantschaft erhebliche Schäden. Auch den unmittelbar an den Lizenzgebühren beteiligten Urhebern wird dadurch die Entlohnung für die Nutzung ihrer Werke vorenthalten.

Abbildung 11.9   Eine solche Abmahnung wegen einer Urheberrechtsverletzung hat natürlich deutlich mehr Seiten, als hier zu sehen sind. Oben werden der Rechteinhaber und der Rechtsverletzer genannt. Diese wurden für das Buch natürlich gelöscht.

II.

Durch die Verwendung des oben genannten Bildmaterials haben Sie in mehrfacher Hinsicht gegen die Rechte unserer Mandantschaft verstoßen.

Das streitgegenständliche Bildmaterial erfüllt die Anforderungen des § 2 Abs. 1 Nr. 5, Abs. 2 UrhG an Lichtbildwerke und unterliegt daher dem Schutz des Urheberrechtsgesetzes (UrhG).

Dessen ungeachtet wäre das streitgegenständliche Bildmaterial in jedem Fall gemäß § 72 UrhG urheberrechtlich geschützt.

»Gemäß § 72 Abs. 1 UrhG sind Lichtbilder […] genauso geschützt wie Lichtbildwerke.« (Wanckel, Foto- und Bildrecht, 2. Aufl. 2006, S. 217)

Die Verwendung geschützter Werke unserer Mandantschaft ohne deren Zustimmung ist als **unzulässige Vervielfältigung** und **öffentliche Zugänglichmachung** im Sinne der **§§ 16, 19a UrhG** urheberrechtswidrig.

Unsere Mandantschaft ist als ausschließliche Rechteinhaberin auch berechtigt, sämtliche aus der urheberrechtswidrigen Nutzung des streitgegenständlichen Bildmaterials resultierenden Rechte geltend zu machen.

III.

Aufgrund dieser Rechtsverletzungen stehen unserer Mandantschaft **Unterlassungs-, Auskunfts- und Schadensersatzansprüche**, insbesondere gemäß §§ 97, 101 UrhG, 242 BGB zu.

Der **Unterlassungsanspruch** unserer Mandantschaft **erlischt nicht bereits durch die Entfernung des Bildmaterials** aus dem streitgegenständlichen Internetauftritt. Die für den Unterlassungsanspruch maßgebliche Wiederholungsgefahr kann nach ständiger Rechtsprechung des Bundesgerichtshofes allein durch Abgabe einer strafbewehrten Unterlassungserklärung ausgeräumt werden.

Abbildung 11.10   Auf Seite zwei der Abmahnung geht es dann schon mehr zur Sache. Hier wird der konkrete Verstoß benannt, und dessen Folgen werden dargelegt. Auf den weiteren Seiten folgt dann meist noch der Vordruck einer Unterlassungserklärung.

Achtung

Wenn man die Unterlassungsverpflichtungserklärung des Gegners sofort unterschreibt, kann man mit Blick auf die Kosten eine Menge falsch machen. So ist beispielsweise der geforderte Schadenersatz nicht immer angemessen. Wird eine Unterlassungserklärung mit einem überhöhten Schadenersatz abgegeben, ist man verpflichtet, diesen auch zu leisten. Wie Sie richtig reagieren, erfahren Sie im folgenden Abschnitt.

11.4.2   Wie reagiert man richtig auf eine Abmahnung?

Keine Panik, aber auch keine Zeit verlieren, so heißt die Devise, wenn Sie eine Abmahnung aus dem Briefkasten gefischt haben. Wir möchten Sie ausdrücklich davor warnen, eine erhaltene Abmahnung einfach zu ignorieren. Durch ein solches Verhalten riskieren Sie mit großer Wahrscheinlichkeit ein kostspieliges Gerichtsverfahren.

Die richtige Reaktion auf eine Abmahnung: Nicht ignorieren

Keine vorschnelle Abgabe der Unterlassungserklärung

Auch die der Abmahnung beigelegte Unterlassungsverpflichtungserklärung sollten Sie nicht überstürzt unterschreiben, da diese oft zu viel von Ihnen verlangen und bezüglich der daraus entstehenden Pflichten zu unpräzise sind. Außerdem enthalten die vorgefertigten Unterlassungsverpflichtungserklärungen meist ein Schuldanerkenntnis, das sich nachteilig auswirken kann, sowie eine überzogene Vertragsstrafe.

In den meisten Fällen empfiehlt es sich, seinen Anwalt zu konsultieren

Gehen Sie daher auf Nummer sicher und besprechen Sie Ihr weiteres Vorgehen mit einem Anwalt. Zwar ist es ärgerlich, bei einer ungebetenen Abmahnung noch weitere Kosten durch die eigene Verteidigung zu produzieren, in vielen Fällen wird sich dies aber im Endeffekt kostensenkend auswirken.

Um adäquat auf eine Abmahnung reagieren zu können, nehmen Sie sich die folgenden Hinweise zu Herzen:

Einhalten der Frist

Egal ob die Abmahnung begründet oder unbegründet ist: Eine Reaktion innerhalb der Frist ist ratsam

Abmahnungen sind stets mit einer aus Sicht des Abgemahnten viel zu kurzen Frist versehen. Das Empfinden der »zu kurzen« Frist ist leider meist trügerisch. Die Frist einer Abmahnung muss nämlich nur angemessen sein. Angemessen bedeutet in diesem Zusammenhang, dass die Frist gerade so lang ist, dass der Abgemahnte innerhalb dieser Frist die Möglichkeit hat, die Abmahnung auf ihre Berechtigung hin zu überprüfen. Dafür genügt im Regelfall eine Woche. Eine Antwortpflicht besteht für Sie zwar nicht, wenn Sie zu Unrecht abgemahnt wurden, wie es das OLG Hamburg festgestellt hat (*Beschluss vom 24.11.2008 – Az.: 5 W 117/08*), jedoch müssen Sie auch dann innerhalb der gesetzten Frist herausfinden, ob der Anspruch aus der Abmahnung besteht oder nicht, um notfalls fristgerecht das Unterlassen erklären zu können.

> **Achtung**
>
> Es bringt leider nichts, eine erhaltene Abmahnung einfach in den Papierkorb zu werfen und im Falle des Falles vor Gericht zu behaupten, diese Abmahnung sei Ihnen nie zugegangen. Nach dem BGH (Beschluss vom 21.12.2006 – I ZB 17/06) genügt es für die Vermutung des Zugangs, wenn der Abmahnende glaubhaft darlegen kann, dass er die Abmahnung zu Ihnen geschickt hat. Das Risiko des Zugangs tragen Sie als Empfänger.

Prüfung des Sachverhalts

Zuallererst sollte die Abmahnung auf ihre Berechtigung hin überprüft werden. Dies bedeutet zum einen, dass festgestellt werden
muss, um welches verletzte Recht es geht. Dabei könnte es sich etwa
um eine Markenrechtsverletzung, eine Urheberrechtsverletzung,
einen Verstoß gegen die Regeln des Gesetzes gegen den unlauteren
Wettbewerb (UWG) oder um eine Persönlichkeitsrechtsverletzung
handeln. Zum anderen sollte überprüft werden, ob der Abmahnende überhaupt dazu berechtigt ist, Sie abzumahnen. Diese Berechtigung ist nur dann gegeben, wenn er auch tatsächlich der verletzte Rechteinhaber ist oder diesen vertritt bzw. wenn er ein
Mitbewerber im Sinne des UWG ist.

*Konkrete Verletzung
und Berechtigung des
Abmahnenden*

> **Hinweis**
>
> Ein Gewerbetreibender kann nur dann durch das Verhalten eines an-
> deren Gewerbetreibenden durch unlauteren Wettbewerb beeinträch-
> tigt werden, wenn es sich bei diesen Gewerbetreibenden um Mitbe-
> werber handelt. Von Mitbewerbern spricht man dann, wenn sich die
> Gewerbetreibenden mit ähnlichen oder gleichen Produkten um diesel-
> ben Kunden bemühen. So sind Apple und Samsung auf dem Smart-
> phone-Markt als Mitbewerber einzuordnen.

Weiterhin ist es möglich, dass Sie erst gar kein Recht verletzt haben,
weil Sie die erforderliche Lizenz zur Nutzung einer bestimmten
Marke oder das Nutzungsrecht bezüglich eines urheberrechtlich geschützten Bilds oder Musikstücks haben. Liegt ein Nutzungsrecht
vor, ist die Abmahnung unbegründet. Ein solcher Irrtum kann selbstverständlich auch der abmahnenden Partei unterlaufen.

Bestehen einer Lizenz?

Die Abmahnung muss ferner das ernstliche Verlangen beinhalten,
dass das verletzende Verhalten eingestellt wird. Außerdem müssen
gerichtliche Maßnahmen für den Fall angedroht werden, dass keine
Unterlassungs- und Verpflichtungserklärung abgegeben wird.

Kontakt mit der Gegenseite

Eine Kontaktaufnahme mit der Gegenseite ist unerlässlich. Lediglich
über die Art sollten Sie sich Gedanken machen. Sofern der Fall glas-
klar ist und Sie eindeutig nachweisen können, dass Sie die Ihnen vorgeworfenen Rechtsverletzung nicht begangen haben, können Sie ru-

higen Gewissens den Anwalt der Gegenseite kontaktieren. Ein solch klarer Fall mag etwa gegeben sein, wenn Sie eine Nutzungslizenz hinsichtlich der Nutzung eines Markennamens haben und dies auch nachweisen können, Ihnen aber trotzdem eine Markenrechtsverletzung durch die angeblich unberechtigte Nutzung des Markennamens vorgeworfen wird.

> **Tipp**
>
> Bitten Sie den gegnerischen Rechtsanwalt in so einem Fall um eine schriftliche Bestätigung hinsichtlich der Erledigung der Abmahnung.

Bei einer eigenen Kontaktaufnahme sollten Sie sehr vorsichtig sein. Der gegnerische Anwalt wird alles (rechtlich zulässige) versuchen, um seinen Mandanten gut zu vertreten

Wenn eine Rechtsverletzung nicht offensichtlich ausgeschlossen werden kann, sollten Sie sich einen Rechtsbeistand suchen, der die Kontaktaufnahme für Sie übernimmt. Dies mag entweder durch eine direkte Kontaktaufnahme oder durch die Abgabe einer eventuell modifizierten Unterlassungserklärung erfolgen. In jedem Fall raten wir Ihnen dringend davon ab, den gegnerischen Rechtsanwalt selbst zu kontaktieren, wenn Sie die Rechtsverletzung nicht zu 100 Prozent nachweislich ausschließen können. Der Grund dafür liegt darin, dass Ihr Gegenüber im Auftrag seines Mandanten handelt und daher versuchen wird, das für diesen beste Ergebnis herauszuholen. So besteht die Gefahr, dass der gegnerische Rechtsanwalt Ihnen ein Zugeständnis entlockt, dessen weitreichende Konsequenzen für Nichtjuristen schwer zu überblicken sind.

Den Verstoß beseitigen

Keine Beseitigung ohne vorherige Beweissicherung

Wenn Sie festgestellt haben, welche Rechtsverletzung Ihnen zur Last gelegt wird, sollten Sie sich darum kümmern, diese zu beseitigen. Bevor Sie jedoch irgendwelche Inhalte oder Beiträge von Ihrer Facebook- oder Google+-Seite löschen, wäre es ratsam, den Rechtsverstoß zum Beispiel mittels eines Screenshots zu dokumentieren.

Falls Sie einen Rechtsanwalt mit Ihrer Vertretung beauftragen möchten, sollten Sie mit der Löschung warten, bis Ihr Rechtsbeistand Ihnen diesbezüglich grünes Licht gegeben hat. Nachdem Sie den Verstoß beseitigt haben, müssen Sie dafür sorgen, dass sich dieser nicht wiederholt. Dies gilt auch schon vor der Abgabe der Unterlassungserklärung. Wenn der Verstoß zum Beispiel darin liegt, dass Sie ein urheberrechtlich geschütztes Foto ohne das erforderliche Nutzungsrecht auf Ihrem Facebook-Profil verwendet haben, sollten Sie verhindern, dass dieses Foto nach der Löschung erneut auf Ihrer Seite auftaucht. Diese Gefahr besteht vor allem dann, wenn Sie einen Mitarbeiter mit der Pflege Ihrer Auftritte in den sozialen Netzwerken beauftragt haben und dieser von der Abmahnung noch nichts weiß.

> **Achtung**
>
> Ein erneuter Verstoß nach der Abgabe einer Unterlassungserklärung kann sehr unangenehme Folgen haben. Sie begehen damit nämlich gleichzeitig eine Vertragsverletzung und müssen eine entsprechende Strafe bezahlen. Mehr zur Vertragsstrafe finden Sie weiter unten.

Bedenken Sie bei der Löschung, dass die Rechtsverletzung eventuell nicht nur auf einem Kanal stattgefunden hat. Gerade wenn Ihr Unternehmen in mehreren sozialen Netzwerken präsent ist, wird die Werbung und Kommunikation in allen Netzwerken gleich sein. So müssten Sie den Rechtsverstoß nicht nur bei Facebook, sondern auch bei Google+, Twitter und XING entfernen.

Feststellen, auf wie vielen Kanälen die Rechtsverletzung stattgefunden hat

Nach der Rechtsprechung ist Ihre Aufgabe mit der Löschung der Inhalte von Ihren Profilen aber noch nicht erledigt. So haben die Landgerichte Saarbrücken (Urteil vom 10.12.2008, Az. *9 O 258/08*) und Hamburg (Urteil vom 22.06.2006, Az. 302 O 743/05) ausdrücklich festgestellt, dass Ihre Löschungspflicht auch den sogenannten Cache von Suchmaschinen wie Google umfasst. Daher sollten Sie nach der konkreten Ihnen zur Last gelegten Rechtsverletzung bei Google suchen und, falls Sie diese dort finden können, eine Löschung vornehmen. Google bietet hierfür ein Werkzeug an: *https://support.google.com/webmasters/answer/164734?hl=de&from=156412&rd=1* finden können.

Löschung bei Suchmaschinen

Nicht beabsichtigte Rechtsverletzung

Es kann vorkommen, dass Sie für eine Rechtsverletzung abgemahnt werden, die Ihnen gar nicht bewusst war und die Sie auch gar nicht begehen wollten. Wenn Sie beispielsweise eine Lizenz für ein Bild erworben haben, das Sie für Ihre Werbung auf Facebook verwenden, der Lizenzgeber aber gar nicht berechtigt war, Ihnen diese Nutzungslizenz einzuräumen, begehen Sie unwissend und gutgläubig

Kein Schadenersatz bei unverschuldeter Rechtsverletzung

eine Urheberrechtsverletzung. Die Lizenz, die Ihnen von dem ominösen Anbieter eingeräumt wurde, ist also wertlos. Natürlich trifft Sie an der Rechtsverletzung in einem solchen Fall keinerlei Schuld. Die Schuldfrage ändert aber leider nichts daran, dass Sie die Abmahnkosten tragen müssen und die Unterlassungserklärung abzugeben haben. Schadenersatz müssen Sie in einem Fall der »unverschuldeten Rechtsverletzung« allerdings nicht leisten.

> **Rechtslage in Österreich**
>
> In Österreich müssen Sie auch ohne Schuld an einer Urheberrechtsverletzung dem Verletzten ein angemessenes Entgelt bezahlen. Dieses wird in der Regel so hoch sein wie eine Lizenzgebühr, die Sie dem Verletzten hätten bezahlen müssen.

> **Tipp**
>
> Günstige oder kostenlose Bilder mit Lizenzen finden Sie auf Seiten wie Fotolia.de oder auf creativecommons.org.

Wie gebe ich eine Unterlassungserklärung ab?

Wenn die Rechtsverletzung erst einmal begangen ist, hat der Verletzte oftmals eine erneute Rechtsverletzung zu befürchten. Dem soll mit einer Unterlassungserklärung entgegengewirkt werden. Der Vordruck einer solchen Unterlassungserklärung liegt einem Abmahnschreiben in der Regel bei. Dabei ist aber Vorsicht geboten, denn oft hat der Abmahnende sehr viele, gar zu viele Forderungen.

Unterlassungs-erklärung = Vertrag

Eine Unterlassungserklärung ist grundsätzlich nichts anderes als ein Vertrag zwischen dem Abmahnenden und dem Abgemahnten. Wie Sie wissen, sollten Sie jeden Vertrag vor der Unterzeichnung prüfen. Vom Abmahnenden zur Verfügung gestellte Unterlassungserklärungen haben oftmals den Nachteil, dass sie den Abgemahnten deutlich benachteiligen. So werden etwa zu hohe Abmahnkosten gefordert, oder eine Schuldanerkenntnis wird verlangt, die wiederum die Grundlage für weitere Schadenersatzforderungen darstellt.

Verhandeln der Abmahnungsdetails

Wie jeder andere Vertrag kann glücklicherweise auch die Unterlassungserklärung gewissermaßen ausgehandelt werden. So haben Sie die Möglichkeit, die von Ihnen verlangte Erklärung in bestimmten Grenzen zu modifizieren, also abzuändern. Die wesentlichen Eckpunkte, wie etwa die Verpflichtung zur Unterlassung weiterer Rechtsverstöße oder die Vereinbarung einer Vertragsstrafe bei Wiederholung der Rechtsverletzung, müssen aber in jedem Fall bestehen bleiben. Trotzdem empfiehlt es sich, die nachfolgend aufgeführten Punkte vor der Abgabe der Erklärung unter die Lupe zu nehmen und gegebenenfalls abzuändern:

Umfang der Unterlassungsverpflichtung

Nicht selten verlangt der Abmahnende mehr, als ihm zusteht. So sind pauschale Forderungen wie, die Rechte des Abmahnenden nicht erneut zu verletzen, deutlich zu weit gehend und außerdem zu unkonkret. Auch die Unterlassungsforderung hinsichtlich der Verwendung von Bildern, an denen Sie vielleicht sogar Nutzungsrechte erworben haben, ist nicht gerechtfertigt. Achten Sie also darauf, dass sich die Unterlassungserklärung nur auf die gerügte Rechtsverletzung bezieht. Ausnahmsweise können Sie die Unterlassungserklärung aber auch auf noch nicht geahndete Rechtsverstöße gegenüber dem Abmahnenden ausweiten, wenn Sie befürchten, dafür in Zukunft noch abgemahnt zu werden. So wäre es, wenn Sie zwei urheberrechtlich geschützte Bilder vom selben Fotografen für Ihre Werbung auf Facebook verwenden und nun für das erste abgemahnt wurden. Dabei handelt es sich dann um eine vorbeugende Unterlassungserklärung.

Zu weit gehenden Forderungen des Abmahnenden sollte nicht nachgekommen werden

> **Tipp**
>
> Eine vorbeugende Unterlassungserklärung kann nicht nur dann abgegeben werden, wenn Sie bereits abgemahnt wurden. Sollte Ihnen auffallen, dass Sie zum Beispiel versehentlich ein Bild verwendet haben, ohne die erforderliche Nutzungslizenz erworben zu haben, und dadurch das Urheberrecht an diesem Bild verletzt haben, können Sie dem Rechteinhaber gegenüber auch dann eine Unterlassungserklärung abgeben, wenn dieser von der Rechtsverletzung noch gar nichts mitbekommen hat. Die Zulässigkeit einer solchen vorbeugenden Unterlassungserklärung hat unlängst auch das höchste deutsche Zivilgericht, der BGH, bestätigt.

Die Vertragsstrafe | Wenn Sie die Unterlassungserklärung abgeben, verpflichten Sie sich nicht nur, die Rechtsverletzung nicht zu wiederholen, sondern darüber hinaus auch noch zur Zahlung einer empfindlich hohen Vertragsstrafe, falls Sie sich nicht an dieses Versprechen halten.

Die Empfindlichkeit der Vertragsstrafe

Das Merkmal der Empfindlichkeit ist dabei erforderlich, weil die Vertragsstrafe Ihr Versprechen, die Rechtsverletzung nicht mehr begehen zu wollen, absichern und eine Wiederholungsgefahr ausschließen soll.

Der Hamburger Brauch

Die Höhe der Vertragsstrafe ist entweder direkt in der Unterlassungsverpflichtungserklärung festgelegt und beträgt meist etwa 5.001 Euro oder richtet sich nach dem sogenannten Hamburger Brauch. Der Hamburger Brauch besagt, dass der Abmahnende im Fall einer Wiederholung der Rechtsverletzung die Höhe der Vertragsstrafe nach eigenem Ermessen festsetzen muss. Diese Festsetzung kann dann zur Absicherung des Abgemahnten durch ein Gericht überprüft werden. Der positive Effekt dieses Vorgehens ist, dass der Abmahnende aufgrund der gerichtlichen Überprüfbarkeit die Höhe der Vertragsstrafe von vornherein angemessen bestimmt, da sich durch eine unangemessen hohe Vertragsstrafe sein Prozesskostenrisiko erhöht. Mit einer Vertragsstrafe, die nach dem Hamburger Brauch bemessen wird, können Sie als zu Recht Abgemahnter gut leben. Ändern Sie daher der Höhe nach anderslautende Vertragsstrafen entsprechend ab.

Schadenersatz ist nicht obligatorisch bei einer Abmahnung

Der Schadenersatz | Der Schadenersatz wird zwar regelmäßig in einer Abmahnung mitgefordert, ist aber für eine Unterlassungserklärung nicht obligatorisch. Nur weil Sie versehentlich an einer Rechtsverletzung mitgewirkt haben, müssen Sie sie nicht vorsätzlich oder fahrlässig, also schuldhaft begangen haben.

Befindet sich also ein Schuldanerkenntnis in der Unterlassungserklärung, sollten Sie genau prüfen, ob Sie ein Verschulden hinsichtlich der Ihnen vorgeworfenen Rechtsverletzung trifft. Schuld haben Sie dann, wenn Sie die Rechtsverletzung vorsätzlich oder fahrlässig begangen haben. Vorsatz liegt dann vor, wenn Sie wussten, dass Sie eine Rechtsverletzung begehen, und dies auch wollten bzw. in Kauf genommen haben. Fahrlässig haben Sie dann gehandelt, wenn Sie zum Beispiel einfach irgendein Bild aus dem Internet für Ihre Werbung verwendet haben, ohne zu prüfen, ob diesbezüglich eine Nutzungslizenz erforderlich ist. Da eine solche Prüfung nicht immer einfach ist, empfehlen wir hier die Konsultation eines Anwalts.

Außerdem sollten Sie in der Unterlassungserklärung vermerken, dass Sie diese zwar als »rechtsverbindlich« verstehen, jedoch keine »Rechtspflicht« anerkennen. Die Anerkennung der Rechtspflicht käme bei einem eventuell nachfolgenden Prozess einem Schuldanerkenntnis gleich.

Keine Anerkennung von Rechtspflichten

Checkliste: Unterlassungserklärung

Folgende Punkte sollten Sie bei der Abgabe Ihrer Unterlassungserklärung beachten:

▶ Unterlassungsgegenstand prüfen: Schauen Sie nach, ob Sie lediglich die konkret vorgekommene Rechtsverletzung zukünftig unterlassen sollen.

▶ Prüfung der Vertragsstrafe: Das Modell des Hamburger Brauchs ist eine gute Lösung.

▶ Kein Schuldanerkenntnis.

▶ Keine Anerkennung irgendwelcher Rechtspflichten! Eine Anerkennung der Rechtsverbindlichkeit ist dagegen in Ordnung.

▶ Handeln Sie innerhalb der Ihnen gesetzten Frist.

Missbräuchliche Abmahnung

Bevor Sie eine Unterlassungserklärung abgeben, sollten Sie noch prüfen, ob die Gegenseite nicht den Zweck verfolgt, sich durch die Abmahnung ausschließlich bereichern zu wollen. Sinn und Zweck einer Abmahnung ist es, eine Rechtsverletzung zu beenden und ihr vorzubeugen. Es gibt jedoch auch findige und moralisch äußerst fragwürdige Zeitgenossen, die entdeckt haben, dass sich das Werkzeug der Abmahnung hervorragend dazu eignet, den eigenen Kontostand zu erhöhen. So mag es sein, wenn ein Rechtsanwalt im Auftrag eines Unternehmens Impressumsverstöße abmahnt und die Erlöse durch die Abmahnungen bzw. durch die von den Abgemahnten zu zahlenden Rechtsanwaltskosten den Umsatz des Unternehmens übersteigen. In so einem Fall wird man davon ausgehen können, dass der einzige Unternehmenszweck jener ist, einen Grund zu

Abmahnende Trittbrettfahrer

schaffen, der rechtlich eine Abmahnung rechtfertigt. Eine solche Abmahnung verfolgt natürlich nicht das Ziel der Sicherung des Rechts-
friedens, sondern dient lediglich der Bereicherung der Abmahnenden und ist somit missbräuchlich.

Tipp

Wenn Sie eine Abmahnung erhalten, dann recherchieren Sie doch einfach mal den Namen der abmahnenden Rechtsanwaltskanzlei im Internet! Oft sind die Ergebnisse einer solchen Recherche sehr aufschluss-
reich.

Keine Reaktions-
pflicht bei missbräuch-
lichen Abmahnungen

Auf eine missbräuchliche Abmahnung müssen Sie nicht weiter reagieren. Bevor Sie diese aber in den Papierkorb schleudern, wäre es,
vor allem bei nicht eindeutigen Fällen, sinnvoll, zuvor Ihren Rechtsanwalt ein Auge darauf werfen zu lassen.

Gegenabmahnung

Gegenabmahnungen
erlauben ein »Zurück-
abmahnen«, wenn Sie
bei dem Gegner auch
eine Rechtsverletzung
finden

Gegenabmahnungen stammen aus dem Bereich des Wettbewerbsrechts und sind etwa bei Urheberrechtsverletzungen kaum möglich.
Wenn Sie von einem Ihrer Konkurrenten eine Abmahnung für ein
fehlerhaftes Impressum auf Ihrer Facebook-Seite erhalten, könnten
Sie ein Auge auf dessen Impressum werfen. Finden Sie darin einen
rechtlich zu beanstandenden Fehler, können Sie Ihren Konkurrenten
»zurück« abmahnen. Die finanziellen Ansprüche aus den Abmahnungen heben sich dann regelmäßig gegeneinander auf.

Wenn Sie mit dem Gedanken spielen, einen Konkurrenten zuerst
abzumahnen, sollten Sie zunächst vor Ihrer eigenen Tür kehren.

11.4.3   Das Notice-and-take-down-Verfahren

Das Notice-and-take-down-Verfahren bietet einer Person, deren
Rechte über das Internet verletzt wurden, eine Möglichkeit, um unkompliziert und schnell, aber auch effektiv, gegen die Rechtsverletzung vorgehen zu können. Das Verfahren kommt – wie sein Name –
ursprünglich aus den USA, setzt sich allerdings auch im europäischen
Rechtsraum immer mehr durch.

In unserer Sprache würde man dieses Verfahren wohl »Anzeigen und
von der Seite nehmen« nennen. Und eben genau so funktioniert die-

ses Verfahren, das am besten anhand eines kleinen Beispiels (siehe Abbildung 11.11) beschrieben werden kann.

Abbildung 11.11 Wird eine Rechtsverletzung auf einer Facebook-Seite oder in einem Google+-Profil festgestellt, kann der Verletzte den Seitenbetreiber darauf aufmerksam machen und verlangen, dass der entsprechende Beitrag von der Seite entfernt wird.

Im Beispielbild schreibt der Nutzer einen Kommentar auf unsere Facebook-Pinnwand, der dessen Unmut über RA Hotzenplotz ausdrückt. Natürlich schlägt der Nutzer in diesem Beispiel etwas über die Stränge und beleidigt den Herrn Hotzenplotz, wodurch dieser wohl in seinem Persönlichkeitsrecht verletzt sein wird.

Rechtsanwalt Hotzenplotz wird dieser Beitrag natürlich absolut nicht gefallen, sodass er ein großes Interesse daran hat, dass dieser rechtsverletzende Beitrag von unserer Facebook-Pinnwand verschwindet. Nun kann sich der Verletzte an denjenigen wenden, der diesen Beitrag verfasst hat, oder aber auch an denjenigen, der die Seite betreibt, über den der Beitrag publiziert wird. Dass Sie als Seiteninha-

Der Verletzte kann sich an den Verletzer oder Seitenbetreiber wenden ber rechtlich als Diensteanbieter verantwortlich sind, haben wir bereits erläutert. Allein aus dem Umstand, dass irgendein Nutzer einen Beitrag auf eine Facebook-Seite stellt, entsteht für den Seitenbetreiber aber nicht zwangsläufig eine Haftungssituation.

> **Achtung**
>
> Eine Haftungssituation entsteht allerdings sehr wohl dann, wenn sich der Seitenbetreiber den Beitrag zu eigen macht! Lesen Sie dazu Näheres in Abschnitt Welche Haftung trifft mich bei User-generated Content?.

Das Notice-and-take-down-Verfahren kann die Haftung des Seitenbetreibers auslösen

Eine vorsorgliche Prüfungspflicht hinsichtlich aller fremden Beiträge auf Ihrer Seite trifft Sie als Seitenbetreiber nicht. Wenn sich der durch den Beitrag Verletzte jetzt aber an Sie im Rahmen des Notice-and-take-down-Verfahrens wendet, kann dies die Haftungssituation sehr wohl ändern. Dieses Verfahren hat bestimmte Voraussetzungen, die gegeben sein müssen, um eine Haftung als Seitenbetreiber entstehen zu lassen. Konkretisiert wurden diese Voraussetzungen durch den BGH (Urteil vom 25.10.2011, Az. VI ZR 93/10), als dieser sich mit der Frage der Haftung von Google bezüglich ehrenrühriger Tatsachenbehauptungen auf Google Blogspot befassen musste.

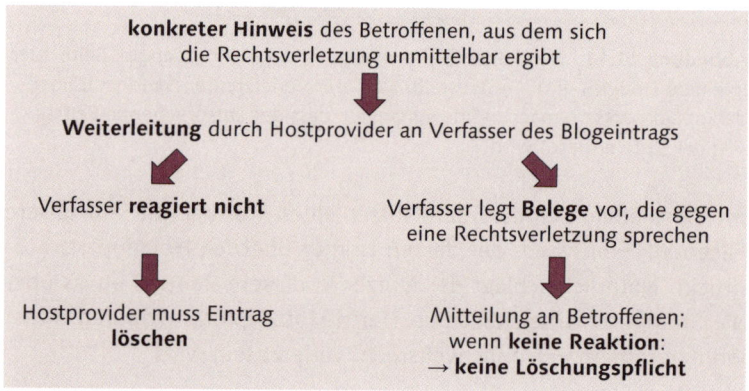

Abbildung 11.12   Die Grafik zeigt den Ablauf eines Notice-and-take-down-Verfahrens.

Der Grafik in Abbildung 11.12 können Sie entnehmen, dass der erste Schritt einen Hinweis bezüglich der Rechtsverletzung des Verletzten an den Hostprovider oder Seitenbetreiber erfordert. Der Hinweis muss dabei so konkret sein, dass der Hostprovider oder der Seitenbetreiber die Rechtsverletzung ohne größere Schwierigkeiten ausfindig machen kann.

Hinweis

Ein Hinweis (Notice) muss daher beispielsweise Datum und Uhrzeit des entsprechenden Beitrags enthalten. Außerdem muss die Rechtsverletzung konkret bezeichnet werden. Eine Angabe wie »auf Ihrer Website findet sich eine Äußerung, die meine Rechte verletzt« genügt nicht. Darüber hinaus muss sich die Rechtsverletzung leicht nachvollziehen lassen. Eine Beleidigung oder überprüfbare unwahre Tatsachenbehauptungen sind leicht nachvollziehbar. Auch Urheber- oder Markenrechtsverletzungen sind regelmäßig leicht nachzuvollziehen.

Neben dem Hinweis enthält das Notice-and-take-down-Schreiben eine Frist, innerhalb der die Rechtsverletzung ausgeräumt sein soll. Diese muss ausreichend lang sein, sodass der Seitenbetreiber Nachforschungen über die behauptete Rechtsverletzung anstellen und diese gegebenenfalls entfernen kann. Diese Nachforschung umfasst regelmäßig die Kontaktaufnahme mit dem Verfasser des vermeintlich rechtsverletzenden Beitrags, um diesem die Möglichkeit zu geben, die Rechtsverletzung zu bestreiten.

Die Frist im Notice-and-take-down-Verfahren

So könnte im Fall einer angeblichen Rechtsverletzung durch das Hochladen eines urheberrechtlich geschützten Bilds derjenige, der das Bild hochgeladen hat, durch eine entsprechende Lizenz dazu berechtigt gewesen sein. Diese Lizenz müsste er dem Seitenbetreiber gegenüber nachweisen, sodass dieser dem angeblich Verletzten ausreichend begründet mitteilen kann, dass keine Rechtsverletzung vorliegt. Kann der Verfasser des Beitrags diesen Nachweis der Berechtigung nicht erbringen oder reagiert er überhaupt nicht, ist der Betreiber der Facebook-Seite zur Löschung des Beitrags bzw. des Bilds verpflichtet. Wenn der angeblich Verletzte jedoch nicht auf die Antwort des Seitenbetreibers, mit der dieser die Berechtigung für den Beitrag übermittelt, reagiert, besteht keine Löschungspflicht.

Wie Sie sehen, sitzt man als Seitenbetreiber bei den sozialen Netzwerken zwischen den Stühlen des angeblich Verletzten und des vermeintlichen Täters. Wichtig ist für Sie als Seitenbetreiber, dass Sie

Die Rolle des Seitenbetreibers im Verfahren

sich an die Ihnen gesetzten Fristen halten, um eine eigene Haftung erst gar nicht entstehen zu lassen.

Tipp

Sollte sich jemand in Form eines Notice-and-take-down-Verfahrens an Sie wenden, halten Sie sich an die folgenden Schritte:

▶ Gehen Sie dem Hinweis auf eine Rechtsverletzung auf Ihrer Seite unbedingt nach, denn mit diesem Hinweis entsteht eine Aufklärungspflicht!

▶ Erfragen Sie bei dem Verfasser des vermeintlich rechtsverletzenden Beitrags, ob dieser in irgendeiner Form eine Berechtigung hinsichtlich des Beitrags hat.

▶ Besteht keine Berechtigung oder reagiert der Verfasser nicht in der Ihnen vom Verletzten gesetzten Frist, löschen Sie den Beitrag unverzüglich!

▶ Besteht eine Berechtigung, teilen Sie diese dem angeblich Verletzten mit.

▶ Halten Sie sich unbedingt an die Ihnen gesetzte Frist!

11.5   Eigene Ansprüche durchsetzen

Auch wenn eine Abmahnung ein Ärgernis ist, hat sie doch ihre Daseinsberechtigung. Ziel einer Abmahnung ist es schließlich, eine andere Person oder ein anderes Unternehmen auf ein Fehlverhalten aufmerksam zu machen. So könnten auch Sie in eine Situation kommen, in der Sie überlegen müssen, einen Mitbewerber für sein Verhalten im Wettbewerb abzumahnen, um Ihre eigenen Rechte zu schützen. Wie Sie richtig vorgehen, um einen belastenden Rechtsverstoß auszuräumen, möchten wir Ihnen auf den folgenden Seiten darlegen.

11.5.1   Prüfung des Sachverhalts

Prüfungsschritte zur Feststellung einer Rechtsverletzung

Um möglicherweise einen eigenen Anspruch durchsetzen zu können, müssen Sie den konkreten Sachverhalt zunächst einmal genau unter die Lupe nehmen.

Wenn Sie zum Beispiel ein von Ihnen hergestelltes urheberrechtlich geschütztes Foto auf der Facebook- oder Google+-Seite eines anderen finden, gibt es mehrere Prüfungsschritte, um eine Rechtsverletzung festzustellen.

Zuallererst ist natürlich erforderlich, dass Sie sich sicher sind, dass die Rechte an dem Corpus Delicti wirklich Ihnen gehören. Das mag anders sein, wenn Sie diese zum Beispiel vollständig an einen Verlag abgetreten haben.

Sollten Sie sich sicher sein, dass Sie immer noch der Rechteinhaber sind, wäre in einem weiteren Schritt zu prüfen, ob der vermeintliche Rechtsverletzer vielleicht eine Nutzungslizenz hinsichtlich der vorgenommenen Nutzung hat.

Vorliegen einer Nutzungslizenz?

> **Hinweis**
>
> Um herauszufinden, ob der vermeintliche Rechtsverletzer eine Nutzungslizenz hat, müssen Sie natürlich wissen, wer diese Person ist. Dazu mehr in Abschnitt Bestimmung des Gegners, »Bestimmung des Gegners«.

Eine möglicherweise erteilte Nutzungslizenz kommt logischerweise nur infrage, wenn das verletzte Recht lizenziert werden kann, also etwa hinsichtlich der Verwendung eines urheberrechtlich geschützten Werks oder bezüglich der Verwendung einer Marke. Bei einer Persönlichkeitsrechtsverletzung durch eine Beleidigung brauchen Sie natürlich keine rechtfertigenden Nachforschungen anzustellen.

Rechtliche Möglichkeit der Lizenzierung?

Sollte im Fall der Verwendung eines urheberrechtlich geschützten Bilds keine Nutzungslizenz vorliegen, muss weiter überprüft werden, ob ein gesetzlicher Ausnahmetatbestand wie zum Beispiel das Zitatrecht eine Nutzung erlaubt.

Vorliegen einer gesetzlichen Ausnahme?

Kommen Sie nach diesen Überprüfungen zu dem Ergebnis, dass tatsächlich eine Rechtsverletzung vorliegt, sollten Sie die Beweise dafür sichern. Dazu fertigen Sie am besten Screenshots der Rechtsverletzung an. So haben Sie die Rechtsverletzung gewissermaßen fixiert, was für Sie von großem Vorteil ist, da Sie die Rechtsverletzung beweisen müssen, wenn die Gegenseite diese bestreitet und die Sache vor Gericht landet. Neben dem Screenshot kommt auch der Beweis durch einen Zeugen infrage. Wenn Sie die Möglichkeit haben, sowohl einen Screenshot wie auch einen Zeugenbeweis zu erlangen, ist die Beweisführung ein Kinderspiel. Eine Zeugenaussage sollte

Denken Sie unbedingt an die Beweissicherung

dabei im Idealfall schriftlich fixiert werden, um dem Vergessen vorzubeugen.

11.5.2 Bestimmung des Gegners

Wahl des richtigen Gegners

Wenn Sie sich dazu entschlossen haben, dass Sie etwas unternehmen möchten und die Rechtsverletzung nicht einfach über sich ergehen lassen wollen, muss der Gegner bestimmt werden. Wie Sie in diesem Kapitel bereits erfahren haben, sind oft mehrere Verursacher an einer Rechtsverletzung beteiligt, sodass Ihnen dann offensteht, zu entscheiden, gegen welchen Sie vorgehen möchten.

Der eigentliche Täter

Urheber der Rechtsverletzung

Als den eigentlichen Täter möchten wir denjenigen bezeichnen, der die Rechtsverletzung sozusagen ins Leben gerufen hat. Das ist also derjenige, der den urheberrechts-, den markenrechts- oder den persönlichkeitsrechtsverletzenden Beitrag auf der Pinnwand in einem sozialen Netzwerk oder einem Blog erstellt hat.

Der ursprüngliche Rechtsverletzer

Der Schuldige hinter dem Rechtsverletzer

Es ist auch vorstellbar, dass zwar der Täter den Stein der Rechtsverletzung ins Rollen gebracht hat, jemand anderer dies aber zu verschulden hat. Wenn der Täter zum Beispiel die Nutzungsrechte eines Bilds in einem Fotoarchiv erworben hat, dieses Fotoarchiv jedoch selbst nicht die Rechte an dem Bild hatte, mag ein solcher Fall vorliegen. In diesem Fall können Sie sich auch direkt an den Archivbetreiber wenden.

Der Störer

Die Störerhaftung des Seiteninhabers

Wie Sie bereits wissen, ist der Störer nicht derjenige, der die schädliche Handlung vorgenommen hat, sondern »nur« jemand, der diese Handlung auf irgendeine Weise unterstützt. Die Störerhaftung kann jeden treffen, der einen rechtswidrigen Beitrag in Form eines Bilds, eines Texts, eines Videos oder in jeder erdenklich anderen Form öffentlich bereithält, sodass andere Zugriff darauf haben. Störer ist danach also der Seitenbetreiber, auf dessen Facebook- oder Google+Profil eine Rechtsverletzung durch einen anderen Nutzer in Form eines Beitrags erfolgt, aber auch die Plattformbetreiber selbst.

Die Auswahl

Für welchen dieser möglichen Gegner Sie sich entscheiden, steht Ihnen frei. In den meisten Fällen ergibt sich aber aus dem Zusammenhang, gegen wen eine Maßnahme am meisten Früchte tragen wird. Ihr Ziel sollte es sein, dass die Rechtsverletzung schnellstmöglich beseitigt wird und Sie die durch die Rechtsverfolgung entstandenen Kosten zurückerhalten. Daher ist es wohl am sinnvollsten, den »greifbarsten« Gegner ausfindig zu machen. So wird es bei einem anonymen rechtsverletzenden Beitrag in einem Blog schwierig sein, den tatsächlichen Täter ausfindig zu machen. Erfolg versprechender wäre es, gegen den Blog-Betreiber oder in einer etwas anderen Konstellation gegen den Seiteninhaber der Facebook-Fanseite vorzugehen. Nachdem Sie die Greifbarkeit der Gegner herausgefunden haben, spielt auch deren Solvenz eine Rolle, wenn Sie Ihre Kosten ersetzt haben möchten.

Denken Sie praktisch: Wer kann die Rechtsverletzung am schnellsten beseitigen?

> **Tipp**
>
> Machen Sie die Auswahl Ihres Gegners nach Möglichkeit von Ihren Interessen abhängig! Suchen Sie sich also einen Gegner aus, der
>
> ▸ greifbar ist,
> ▸ solvent ist und
> ▸ die Rechtsverletzung vollständig beseitigen kann.

11.5.3 Wahl der richtigen Vorgehensweise

Bis jetzt haben Sie also die genaue Rechtsverletzung dokumentiert, die Beweise gesichert und sich überlegt, gegen wen Sie vorgehen möchten. Nun steht noch die Frage aus, auf welche Weise Sie gegen Ihren Gegner vorgehen wollen. Auch hierbei sollte die Wahl der Mittel dem gewünschten Ziel folgen, um für Sie ein optimales Ergebnis zu erreichen.

Berechtigungsanfrage

Bevor Sie jemanden direkt abmahnen, ist es in manchen Fällen des Urheber- und des Markenrechts sinnvoll, eine Berechtigungsanfrage zu stellen. Durch diese Berechtigungsanfrage soll geklärt werden, ob derjenige, den Sie abmahnen möchten, nicht vielleicht doch dazu berechtigt war, das geschützte Bild oder das geschützte Markenzei-

Klärung einer eventuellen Befugnis

chen zu verwenden. Eine untaugliche Abmahnung würde Kosten erzeugen, die Sie sich bzw. Ihrem Unternehmen ersparen sollten.

Abmahnung

Hier wird der Spieß nun umgedreht. Wenn wir Ihnen vor einigen Seiten noch erläutert haben, wie Sie sich im Idealfall verhalten, wenn Sie eine Abmahnung bekommen haben, möchten wir Ihnen nun darlegen, wann es sinnvoll ist, das Werkzeug der Abmahnung selbst zu verwenden.

Die Abmahnung als kostengünstige und zeitsparende Möglichkeit zur Rechtsverfolgung

Während die Abmahnung für den Abgemahnten oft ein Ärgernis mit Zeitdruck und einem gewissen Kostenfaktor ist, stellt sie sich für den Abmahnenden als kostengünstige und zeitsparende Möglichkeit zur Rechtsverfolgung dar. Die Abmahnung erlaubt es dem Verletzten, den Verletzenden mit gewissem Druck zur Beendigung der Rechtsverletzung zu veranlassen, ohne kostspielige und langwierige gerichtliche Schritte einleiten zu müssen. Zwar steht es Ihnen in einigen Fällen frei, Ihren Gegner auch sofort zu verklagen, dies birgt allerdings auch ein Risiko: Falls dieser Ihren Anspruch vor Gericht ohne Gegenwehr anerkennt, haben Sie zwar gewonnen, müssen dann nach der Zivilprozessordnung aber die Gerichtskosten tragen. Der Grund für diese Kostenverteilung liegt darin, dass der Rechtsverletzer durch das sofortige Anerkenntnis den Eindruck erweckt, dass Sie das gleiche Ergebnis auch erreicht hätten, wenn Sie ihn vorab außergerichtlich kontaktiert hätten. Im Urheberrecht und im Wettbewerbsrecht ist eine Abmahnung vor einem Gerichtsverfahren jedoch vorausgesetzt.

Die folgenden Punkte müssen Sie beachten, wenn Sie Ihr Ziel mit einer Abmahnung erreichen wollen:

Hohe Kostengefahr bei ungerechtfertigter Abmahnung

Richtige Einschätzung des Sachverhalts | Wenn Sie das Werkzeug der Abmahnung nutzen möchten, sollten Sie absolut sicher sein, dass Ihre Abmahnung berechtigt ist. Sie müssen also tatsächlich durch den Abgemahnten in einem Ihrer Rechte verletzt sein. Ist dies nicht der Fall und Sie mahnen die falsche Person oder eine tatsächlich nicht vorhandene Rechtsverletzung ab, kann es passieren, dass Sie vom Kosten-Bumerang getroffen werden. Im Fall einer unberechtigten Abmahnung treffen den Abgemahnten nämlich keinerlei Verpflichtungen Ihnen gegenüber. Jedoch kann der Abgemahnte ihm entstandene Kosten etwa durch die Mandatierung eines Rechtsanwalts zu seiner Verteidigung von Ihnen ersetzt verlangen.

Form der Abmahnung | Die Abmahnung war bis Oktober 2013 immer formfrei. Diese Formfreiheit gibt es durch eine Gesetzesänderung im Urheberrecht für urheberrechtliche Abmahnungen nun nicht mehr. Wenn Sie also eine Abmahnung wegen der unberechtigten Nutzung eines urheberrechtlich geschützten Bilds bei Google+ oder Facebook anstreben, muss Ihre Abmahnung bestimmte Angaben enthalten. Gesetzlich vorgeschrieben sind folgende Informationen in klarer und verständlicher Weise:

Eine Abmahnung muss bestimmte Angaben erhalten

- ▶ Name oder Firma des Verletzten, wenn der Verletzte nicht selbst, sondern ein Vertreter abmahnt,
- ▶ die genaue Bezeichnung der Rechtsverletzung,
- ▶ eine Aufschlüsselung der geltend gemachten Zahlungsansprüche als Schadenersatz- und Aufwendungsersatzansprüche und,
- ▶ wenn eine Aufforderung zur Abgabe einer Unterlassungsverpflichtung enthalten ist, Angaben dazu, inwieweit die vorgeschlagene Unterlassungsverpflichtung über die abgemahnte Rechtsverletzung hinausgeht.

Achtung

Wenn Ihre Abmahnung diese Voraussetzungen nicht erfüllt, ist sie nach dem Gesetz unwirksam! Zudem hat die Missachtung der Vorgaben zur Folge, dass die Abmahnung als unberechtigt gilt. Daher kann der Abgemahnte Ersatz von Aufwendungen, die für die Rechtsverteidigung notwendig waren, Ihnen gegenüber geltend machen.

Im Fall einer Persönlichkeitsrechtsverletzung oder eines Wettbewerbsverstoßes ist es weiterhin möglich, formfrei abzumahnen. So können Sie den vermeintlichen Verletzer sowohl mündlich in einem persönlichen Gespräch als auch am Telefon oder per E-Mail abmahnen. In der Regel ist es aber aus Beweisgründen sinnvoller, die Abmahnung schriftlich zu verfassen und sie dem Abzumahnenden mit der Post zustellen zu lassen. Ein Zeuge für die Aufgabe bei der Post kann dabei nie schaden!

Formfreie Abmahnung bei einer Persönlichkeitsrechtsverletzung

Genaue Beschreibung der rechtsverletzenden Handlung

Aufforderung der Beseitigung der Rechtsverletzung | Dass Sie den Abgemahnten in der Abmahnung dazu auffordern müssen, die Rechtsverletzung zu beseitigen, sollte klar sein. Damit dieser Ihrem Begehren auch adäquat nachkommen kann, sind Sie dazu verpflichtet, die verletzende Handlung des Abgemahnten genau zu beschreiben, sodass keine Zweifel hinsichtlich der Rechtsverletzung aufkommen können. Wollen Sie zum Beispiel, dass ein Bild, dessen Urheber Sie sind, von einer Facebook-Seite verschwindet, müssen Sie dem Abgemahnten darlegen, wo sich dieses Bild auf seiner Seite befindet. Daher sollten Sie etwa Datum und Uhrzeit des Beitrags mit angeben. Am besten nehmen Sie den Link, unter dem die Rechtsverletzung zu finden ist, mit in die Abmahnung auf, sodass der Abgemahnte genau weiß, worum es geht.

Strafbewehrte Unterlassungsverpflichtungserklärung | Die Unterlassungsverpflichtungserklärung, oder auch einfach nur Unterlassungserklärung genannt, ist das Herzstück der Abmahnung. In dieser von Ihnen vorzufertigenden Erklärung wird noch einmal genau dargelegt, wodurch die Rechtsverletzung zustande gekommen ist, welches Verhalten zukünftig unterlassen werden muss, welche Strafe den Unterlassungserklärenden trifft, wenn er sich nicht daran hält, und welche Kosten im Fall der Wiederholung auf diesen zukommen. Ein Beispiel einer Original-Unterlassungserklärung haben wir Ihnen in Abbildung 11.13 abgedruckt.

Der Vordruck einer Unterlassungserklärung macht Ihre Forderungen deutlich und lässt diese zur Verhandlungsgrundlage werden

Wie Sie in diesem Kapitel bereits erfahren haben, hat der Abgemahnte durchaus die Möglichkeit und das Recht, die Unterlassungserklärung zu modifizieren, d. h. abzuändern. Dennoch sollten Sie in der von Ihnen sozusagen als Vordruck erstellten Unterlassungserklärung eindeutig zum Ausdruck bringen, was Sie fordern und welche Konsequenzen eine Wiederholung der Rechtsverletzung haben soll. Die in der Unterlassungserklärung geforderte Vertragsstrafe für den Fall der Wiederholung der rechtsverletzenden Handlung wird nach dem Hamburger Brauch festgelegt. Diesbezüglich können Sie einfach schreiben, dass die Vertragsstrafe, die im Fall einer Wiederholung eintritt, »in der Höhe vom Unterlassungsgläubiger nach billigem Ermessen bestimmt wird und im Streitfall vom Gericht überprüft werden kann«.

Unterlassungserklärung

Hiermit verpflichtet sich

- Unterlassungsschuldner -

gegenüber

Getty Images International, 2nd Fl, Block 4, Bracken Business Park, Sandylord, Dublin 18, Irland

- Unterlassungsgläubiger -

es ab sofort zu unterlassen, geschütztes Bildmaterial, an dem die Unterlassungsgläubigerin die ausschließlichen Nutzungsrechte inne hat, ohne deren Zustimmung zu vervielfältigen bzw. vervielfältigen zu lassen und/oder Vervielfältigungen von Bildmaterial, an dem die Unterlassungsgläubigerin die ausschließlichen Nutzungsrechte inne hat, ohne deren Zustimmung öffentlich zugänglich zu machen und/oder machen zu lassen,

insbesondere Vervielfältigungen der Lichtbildwerke Nr. AB00153, 636216-001, AB81803, 200152075-001 und 200245364-001 ohne Zustimmung der Unterlassungsgläubigerin herzustellen bzw. herstellen zu lassen und/oder anderweitig zu vervielfältigen bzw. vervielfältigen zu lassen und/oder öffentlich zugänglich zu machen bzw. öffentlich zugänglich machen zu lassen. Der Unterlassungsschuldner verpflichtet sich für jeden einzelnen Fall der schuldhaften Zuwiderhandlung zur Zahlung einer angemessenen Vertragsstrafe an den Unterlassungsgläubiger. Die Höhe der Vertragsstrafe wird vom Unterlassungsgläubiger nach billigem Ermessen bestimmt und kann im Streitfall vom zuständigen Gericht überprüft werden.

Köln, den ....

....

Im Original an: Waldorf Rechtsanwälte, Beethovenstr. 12, 80336 München
Vorab per Telefax an: 0 89/52 05 72-30

Unterlassungserklärung zur Akte

Abbildung 11.13 Aus dem Vordruck der Unterlassungserklärung ergibt sich genau, welche Pflichten den Abgemahnten treffen sollen. Natürlich muss die Erklärung erst abgegeben werden, bevor diese Pflichten verbindlich werden.

Fristsetzung | Weiterhin müssen Sie den Abgemahnten dazu auffordern, die Rechtsverletzung und die erwünschte Unterlassungserklärung binnen einer von Ihnen gesetzten Frist zu beseitigen bzw. abzugeben. Diese Frist muss in ihrer Länge so bemessen sein, dass der Abgemahnte der Aufforderung in dieser Zeit auch nachkommen kann. Dieses Angemessenheitskriterium ist dabei die einzige Regel für die Fristsetzung.

Die gesetzte Frist sollte von vornherein angemessen sein

So kann eine extrem kurze Frist von ein bis zwei Tagen bei einer schwerwiegenden Persönlichkeitsrechtsverletzung in Form einer Beleidigung angemessen sein, während eine Frist bei einer Urheberrechtsverletzung auch ein bis zwei Wochen lang sein darf. Im Wettbewerbsrecht werden in der Regel Wochenfristen (7 Tage) gesetzt.

Eine unangemessene Frist verlängert sich automatisch auf ein angemessenes Maß

Zerbrechen Sie sich nicht allzu sehr den Kopf über die Angemessenheit der von Ihnen zu setzenden Frist. Setzen Sie zum Beispiel bei einer Urheberrechtsverletzung eine deutlich zu kurze Frist von einem Tag, hat dies lediglich zur Folge, dass automatisch eine angemessene Frist von etwa einer Woche in Gang gesetzt wird. Die Abmahnung und die Aufforderung zur Abgabe der Unterlassungserklärung bleiben wirksam.

Kosten

Ungebetene Kosten können Ihnen auf verschiedene Weise entstehen. So können Sie durch die Rechtsverletzung einen Schaden erleiden, der finanziell auszugleichen ist. Außerdem können Sie eigene finanzielle Mittel für Ihre Rechtsverfolgung, also zum Beispiel für die Beauftragung eines Rechtsanwalts, der die Abmahnung für Sie erstellt hat, aufgewendet haben. Solche Kosten können Sie vom Gegner einfordern.

Kosten der Rechtsverfolgung | Sofern Sie einen Rechtsanwalt mit Ihrer Rechtsverfolgung beauftragen, müssen Sie die Kosten in der Regel zwar vorschießen, können diese bei einer berechtigten Abmahnung aber vom Abgemahnten gleichzeitig mit der Abmahnung einfordern.

Die Kosten richten sich nach dem Streitwert

Die Höhe der Kosten richtet sich in der Regel nach dem Streitwert des Verfahrens. Konkrete Angaben zu den Kosten zu machen, die Sie vom Abgemahnten verlangen können, ist jedoch nur schwerlich möglich. Hierfür wäre die Betrachtung des Einzelfalls erforderlich. Bei den Kosten der Rechtsverfolgung ist es zum Beispiel wichtig, ob die Abmahnung aufgrund einer Wettbewerbsrechts-, Urheberrechts- oder Persönlichkeitsrechtsverletzung erfolgt. So wäre bei einer Abmahnung wegen einer Urheberrechtsverletzung die neu eingeführte Kostendeckelung hinsichtlich der Geltendmachung der eigenen Anwaltskosten bei der Abmahnung einer Privatperson zu beachten.

Die Grenze von 1.000 Euro gilt nur, wenn keine besondere Unbilligkeit vorliegt

Dabei darf nach dem Gesetz nur noch von einem zugrunde liegenden Streitwert in Höhe von 1.000 Euro ausgegangen werden. Diese gilt aber nur dann, wenn es dadurch nicht zu einer besonderen Unbilligkeit kommt. In der folgenden Tabelle haben wir Ihnen einige Beispiele für Rechtsanwaltskosten aufgeführt.

Streitwert	Rechtsanwaltskosten für die Abmahnung (inkl. MwSt.)
500 Euro	83,54 Euro
1.000 Euro	147,56 Euro
2.500 Euro	334,75 Euro
5.000 Euro	492,54 Euro
10.000 Euro	887,03 Euro
50.000 Euro	1.822,96 Euro
100.000 Euro	2.348,94 Euro

Tabelle 11.1   Beispiele für Rechtsanwaltskosten

Rechtslage in Österreich

In Österreich richten sich die Rechtsanwaltskosten für eine Abmahnung grundsätzlich nach dem Streitwert. Weitere Informationen hierzu finden Sie in einem Dokument der Rechtsanwaltskammern unter *http:// www.rechtsanwaelte.at/downloads/mein_recht_ist_kostbar.pdf*.

Schadenersatz | Neben den Kosten für die Abmahnung kann ein finanzieller Schaden direkt aus der Rechtsverletzung resultieren. Dieser finanzielle Schaden sollte natürlich ebenfalls ausgeglichen werden. Der Schadenersatz hat grundsätzlich die Aufgabe, Sie in finanzieller Hinsicht so zu stellen, wie Sie stünden, wenn der schädigende Vorfall nicht eingetreten wäre. Dass bedeutet für Sie, dass Sie nicht einfach eine beliebige Summe X als Schaden deklarieren und diese von Ihrem Gegner einfordern können.

Vielmehr müssen Sie darlegen können, wodurch Ihnen ein finanzieller Schaden entstanden ist. Die gängigen Schadensposten im Urheberrecht und im Wettbewerbsrecht sind der entgangene Gewinn, die Herausgabe des Gewinns und der fiktive Schaden. Bei einer Persönlichkeitsrechtverletzung ist im Einzelfall abzuwägen, ob ein Schadenersatzanspruch besteht.

Darlegungslast hinsichtlich des tatsächlich entstandenen Schadens

Entgangener Gewinn | Der entgangene Gewinn bemisst sich danach, welchen Gewinn Sie erzielt hätten, wenn die Rechtsverletzung ausgeblieben wäre. Hierfür müssen Sie jedoch konkret nachweisen, dass Sie einen Gewinn erwirtschaftet hätten, wenn die Rechtsverletzung ausgeblieben wäre.

Herausgabe des Gewinns | Einfacher als der entgangene Gewinn gestaltet sich die Durchsetzung der Gewinnherausgabe gegenüber dem Schädiger. Diese kommt immer dann infrage, wenn jemand mit einem Ihnen zustehenden Recht Geld verdient hat. Das wäre etwa der Fall, wenn der Schädiger eines Ihrer Bilder in seinem Stockarchiv für 5 Euro pro Stück verkauft hat. Die Schwierigkeit hierbei ist allerdings, dass Sie nachweisen müssen, welchen Gewinn der Schädiger tatsächlich erzielt hat.

Die fiktive Schadensberechnung kommt in der Praxis sehr häufig vor

Der fiktive Schaden | Angenommen, der Schädiger nutzt eines Ihrer Bilder für eine Werbekampagne seines Unternehmens. Jedoch hatte er kein Nutzungsrecht hinsichtlich dieses Bilds. In so einem Fall überprüft das Gericht, wie viel der Schädiger hätte zahlen müssen, wenn er die Nutzungslizenz bei Ihnen erworben hätte. Hier ist es hilfreich, wenn Sie nachweisen können, wie viel eine solche Nutzungslizenz normalerweise kostet, etwa durch einen Katalog oder durch Rechnungen von anderen Lizenzerteilungen. So wird dann eine fiktive Lizenzgebühr errechnet, die gleichzeitig den fiktiven Schaden darstellt. »Fiktiv« ist der Schaden deshalb, weil Sie in so einem Fall ja tatsächlich keinen finanziellen Schaden, also keine Vermögensminderung, erlitten haben, sondern nur einen möglichen Vermögenszuwachs nicht bekommen haben.

Klageverfahren

Das Klageverfahren kommt für Sie nur dann infrage, wenn Sie gegen eine Persönlichkeitsrechtsverletzung vorgehen möchten oder Ihr Gegner trotz einer Abmahnung wegen einer Urheber- oder Wettbewerbsrechtsverletzung keine Anstalten macht, der Aufforderung zur Abgabe einer Unterlassungserklärung nachzukommen. Eine Urheberrechtsverletzung und eine Wettbewerbsrechtsverletzung setzen vor der Klage eine Abmahnung voraus. Da Sie bei einer Persönlichkeitsrechtsverletzung die Wahl haben, ob Sie Ihren Gegner abmahnen oder gleich klagen wollen, möchten wir hier kurz die Unterschiede aufzeigen:

Konsequenzen einer wiederholten Rechtsverletzung | Findet nach Abgabe einer Unterlassungserklärung ein erneuter Rechtsverstoß durch den Abgemahnten statt, muss dieser eine Vertragsstrafe in horrender Höhe an Sie zahlen. Zweck der schmerzhaft hohen Geldstrafe war es schließlich, den Abgemahnten von einer Wiederholung abzuhalten. Wählen Sie jedoch ein Gerichtsverfahren statt einer Abmahnung und wird Ihr Gegner dann verurteilt, hat er bei einer erneuten Rechtsverletzung zu Ihren Lasten ein Ordnungsgeld an den Staat zu zahlen und nicht etwa eine Vertragsstrafe an Sie. In dieser Hinsicht ist eine Abmahnung für den Verletzten sinnvoller.

Eingreifen der vereinbarten Vertragsstrafe

Kosten und Dauer des Verfahrens | Kurz gesagt: Gerichtsverfahren dauern lange und sind teuer. Wenn Sie klagen, müssen Sie damit rechnen, dass das Verfahren acht bis zwölf Monate dauert. Dies ist für Sie insbesondere deshalb keine Lösung, weil die Rechtsverletzung bis zum Urteil weiter bestehen bleibt. Dem könnte man einzig mit einem einstweiligen Verfügungsverfahren entgegenwirken; dazu gleich mehr. Außerdem liegen die Kosten eines Gerichtsverfahrens üblicherweise um mehr als das Dreifache über den Kosten der Abmahnung. Nicht zu vergessen ist gerade mit Blick auf die Kosten das Sprichwort: »Vor Gericht und auf hoher See sind Sie in Gottes Hand.« Dies bedeutet in etwa so viel wie: »Man kann sich nie sicher sein, wie das Gericht entscheidet.« Geht es schlecht für Sie aus, müssen Sie eventuell in die nächste Instanz gehen. Das kostet noch mehr Zeit und noch mehr Geld.

Klageverfahren bedeuten ein hohes Kostenrisiko und einen großen Zeitaufwand

Anwaltszwang | Bei einem Streitwert ab 5.001 Euro muss die Klage vor dem Landgericht erhoben werden. Eine Klage vor dem Landgericht setzt voraus, dass die Parteien durch einen Rechtsanwalt vertreten werden.

Tipp

Aus unserer Sicht ist es immer sinnvoll, eine Rechtsverletzung zunächst im Wege einer Abmahnung zu verfolgen. Erst wenn diese nicht den gewünschten Erfolg herbeiführt, sollten Sie über eine Klage nachdenken.

> **Rechtslage in Österreich**
>
> In Österreich sind die Landesgerichte erst ab einem Streitwert von 15.000 Euro zuständig. Aber auch vor dem Bezirksgericht benötigen Sie einen Anwalt, sofern der Streitwert über 5.000 Euro liegt.

Einstweilige Verfügung

Das einstweilige Verfügungsverfahren dient einer schnellen Erlangung von Rechtsschutz

Sie haben also entdeckt, dass jemand auf seiner Facebook-Fanpage unberechtigterweise ein Bild von Ihnen verwendet. Auf die Abmahnung hat der Gegner nicht reagiert. Jetzt wollen Sie das Klageverfahren anstreben. Aber wie bereits gesagt, das kann ewig dauern, und die Rechtsverletzung bleibt für diese Zeit weiterhin online.

Hier haben unsere Gerichte die Möglichkeit, im Wege der einstweiligen Verfügung diese unzumutbaren Folgen abzumildern. Das einstweilige Verfügungsverfahren ist allerdings kein Ersatz für das Klageverfahren, sondern nur eine vorläufige Entscheidung des Gerichts, die bis zum Urteil im Klageverfahren gilt, um fortdauernde Rechtsverletzungen zu unterbinden.

Dieses Verfahren unterscheidet sich in einigen Punkten wesentlich von einem normalen Klageverfahren:

Das einstweilige Verfügungsverfahren muss binnen eines Monats nach der Feststellung der Rechtsverletzung beantragt werden

Antragsfrist | Sie müssen die einstweilige Verfügung innerhalb eines Monats nach der Entdeckung der Rechtsverletzung beantragen. Diese Voraussetzung besteht deshalb, weil es jemandem, der von einer Rechtsverletzung zum Beispiel schon ein halbes Jahr weiß, durchaus zugemutet werden kann, diese bis dahin anscheinend zumutbare Beeinträchtigung weiter zu ertragen. Durch sein Verhalten hat der Geschädigt dann nämlich gezeigt, dass kein Grund für besondere Eile besteht. Hervorzuheben ist hier, dass die Monatsfrist nicht mit dem Beginn der Verletzung, also etwa der Veröffentlichung eines Beitrags, sondern mit der Kenntnisnahme des Verletzten beginnt. Die Monatsfrist sollte jedoch regelmäßig genügend Zeit bieten, zunächst eine außergerichtliche Einigung durch eine Abmahnung zu suchen und im Fall des Scheiterns die gerichtlichen Schritte vorzubereiten.

Verfügungsgrund | Eine einstweilige Verfügung kann nicht einfach aus Spaß erlassen werden. Vielmehr muss ein Verfügungsgrund bestehen. Ein solcher besteht, wenn die Durchsetzung des Anspruchs ohne die einstweilige Verfügung gefährdet wäre. Sie müssen dem Gericht also klarmachen, dass Ihnen schwere Nachteile drohen, wenn Ihrem Gegner sein Verhalten nicht sofort untersagt wird.

Erforderlichkeit eines besonderen Verfügungsgrunds

Keine Anhörung des Gegners | Bei einem einstweiligen Verfügungsverfahren wird der Gegner anders als bei einem Klageverfahren nicht geladen und auch nicht angehört. Die einzige »Verteidigungsmöglichkeit«, die ihm bleibt, ist die Einreichung einer Schutzschrift beim zuständigen Gericht. Dabei handelt es sich um einen Schriftsatz, der verhindern soll, dass im Rahmen des einstweiligen Verfügungsverfahrens eine Entscheidung zu seinem Nachteil ergeht.

Kein Urteil | Das einstweilige Verfügungsverfahren wird grundsätzlich nicht durch ein Urteil beendet, sondern durch einen Beschluss.

Kosten und Dauer des Verfahrens | Die Kosten eines einstweiligen Verfügungsverfahrens liegen regelmäßig unter denen des normalen Gerichtsverfahrens. Dies kann wohl hauptsächlich mit dem geringeren Aufwand des Gerichts begründet werden. Die Dauer beläuft sich auf wenige Tage.

Strafverfahren | Das Strafverfahren ist unabhängig von der zivilrechtlichen Durchsetzung Ihrer Ansprüche zu sehen. Ein Strafverfahren ist aber nur dann möglich, wenn eine Straftat begangen wurde.

Straf- und Zivilverfahren sind grundsätzlich zu trennen

Beispiel

Sie wurden auf der Pinnwand Ihrer Facebook-Seite beleidigt. Hierin liegt eine Persönlichkeitsrechtsverletzung, die Sie zivilrechtlich mit Abmahnung, Klage und einstweiliger Verfügung verfolgen können. Gleichzeitig liegt auch eine strafbare Beleidigung vor, sodass Sie die Person ebenfalls bei der Polizei oder der Staatsanwaltschaft anzeigen können.

Ein zusätzliches Straf-verfahren kann für Sie unter gewissen Um-ständen sinnvoll sein

Ein Strafverfahren ist für Sie vor allem dann sinnvoll, wenn Sie dadurch die Möglichkeit haben, an weitere Informationen zu gelangen, die Ihnen ansonsten verwehrt blieben. So können Sie von Twitter zwar verlangen, dass ein Sie beleidigender Beitrag gelöscht wird. Falls dieser Beitrag unter einem Pseudonym verfasst wurde, erfahren Sie aber trotzdem nicht, wer die Beleidigung verfasst hat. Ein Anspruch gegen Twitter, den Namen des Täters preiszugeben, haben Sie nicht.

Anders wäre dies im Fall eines Strafverfahrens gegen den unbekannten Täter. Dann kann Twitter durch einen Gerichtsbeschluss zur Mitteilung der Identität des Täters verpflichtet werden. Auf diese Weise erfahren auch Sie, wer der Urheber der unrühmlichen Tat war, und können diesen abmahnen und zur Unterlassung auffordern oder sogar verklagen.

Weitere Möglichkeiten

Wenn Sie eine Rechtsverletzung festgestellt haben, so haben Sie natürlich auch die Möglichkeit, den Schädiger zunächst freundschaftlich auf seinen Verstoß hinzuweisen. So könnten Sie diesem anbieten, dass er zur Beilegung der Angelegenheit einfach die übliche Lizenzgebühr an Sie zahlt.

Zudem besteht bei den sozialen Netzwerken die Möglichkeit, Verstöße gegen die Nutzungsbedingungen zu melden. Die Netzwerke halten (wie Facebook in Abbildung 11.14) eigene Formulare hierfür bereit. Oft wird ein Verstoß gegen das Recht auch einen Verstoß gegen die Nutzungsbedingungen der einzelnen Plattformen verwirklichen.

Abbildung 11.14 In dem Formular von Facebook zur Meldung von Rechtsverletzungen haben Sie die Möglichkeit, die vorhandene Rechtsverletzung genauer zu bezeichnen.

Auch bei Google+ ist es möglich, einen Verstoß zu melden, wie Abbildung 11.15 zeigt.

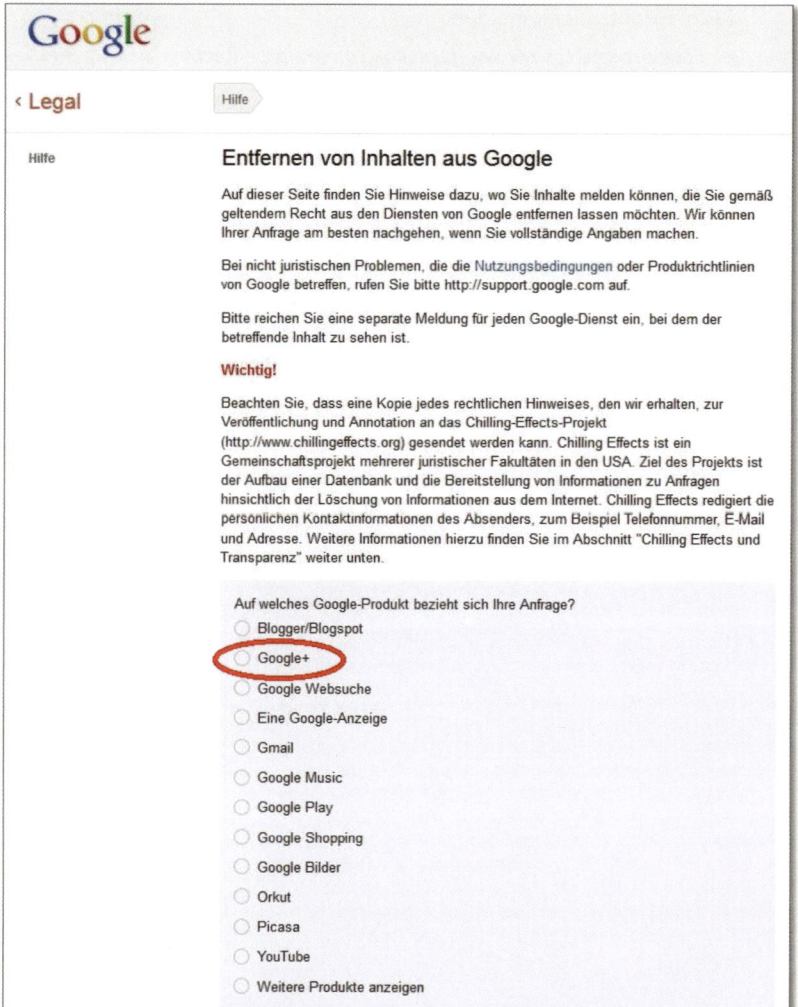

Abbildung 11.15   Bei Google+ müssen Sie angeben, auf welcher Google-Plattform die Rechtsverletzung besteht.

Im schlimmsten Fall kann bei wiederholten Verstößen die Kontolöschung des Nutzers erfolgen. Somit bringen Sie den Schädiger mit der Meldung in eine gewisse Drucksituation, die dazu beitragen kann, dass sich solche Vorkommnisse nicht wiederholen.

Account-Sperrung bei wiederholten Verstößen

Tipp

Unter folgenden Adressen können Sie bei den großen Netzwerken Rechtsverletzungen melden:

- Facebook: *https://www.facebook.com/help/contact/208282075858952?rdrhc*
- Twitter: *https://support.twitter.com/articles/116962*
- Google+: *https://support.google.com/legal/troubleshooter/1114905?rd=1#ts=1115655*
- YouTube: *http://www.youtube.com/yt/copyright/de/copyright-complaint.html*

Sollte ein Netzwerk kein Formular für die Meldung von Rechtsverstößen bereitstellen, können Sie auch eine E-Mail schreiben oder das Netzwerk per Briefpost oder Fax auf die Rechtsverletzung aufmerksam machen.

12 Social Media im Arbeitsverhältnis

Geliked – gekündigt! So einfach kann es manchmal sein, wenn Social-Media-Nutzung und Arbeitsverhältnis kollidieren. In diesem Kapitel zeigen wir Ihnen, welche Schnitt- und Konfliktpunkte die Nutzung von Social Media durch Arbeitnehmer haben kann und wie Sie durch klare Social Media Guidelines arbeitsrechtliche Rechtsstreitigkeiten vermeiden können.

Auch das Web 2.0 ist längst nicht mehr reines Privatvergnügen, sondern hat in die Arbeitswelt Einzug gehalten und sich dort fest etabliert. Das betrifft zunächst einmal die Nutzung sozialer Medien durch die Angestellten, sei es beruflich oder zum Privatvergnügen während der Arbeits- und Freizeit. Aber auch ein Großteil der deutschen Unternehmen selbst nutzt Social Media: Im Jahr 2012 verfügten bereits ca. 85 Prozent der Firmen in Deutschland über ein aktives Profil bei Facebook, Twitter & Co. – Tendenz weiter steigend. Neben vielen anderen Gründen kommen die neuen Kommunikationskanäle besonders häufig – nicht sonderlich überraschend – zur Reputationssteigerung, Zielgruppenansprache sowie Kundenbindung und -kommunikation zum Einsatz und sollen so zum Unternehmenserfolg beitragen.

Den daraus erwachsenden Möglichkeiten und beinahe unerschöpflichen Potenzialen stehen aber auch nicht unerhebliche Herausforderungen und Probleme gegenüber. Denn fehlerhafte oder unkontrollierte Mitarbeiteraktivitäten in sozialen Medien können Ihr Unternehmen auf unterschiedliche Weise beeinträchtigen. Im Fokus stehen hier meist negative Äußerungen über das Unternehmen oder andere rufschädigende Verhaltensweisen – und zwar sowohl solche, die während der Arbeitszeit stattfinden, als auch die im privaten Freizeitrahmen.

Social Media birgt im Arbeitsverhältnis zahlreiche Risiken

> **Beispiel**
>
> Im Jahr 2011 eröffneten einige Mitarbeiter des Automobilkonzerns Daimler eine Facebook-Gruppe mit dem Titel »Daimler-Kollegen

gegen Stuttgart 21«. Dort wurde – neben Politikern – auch der Chef des Konzerns, Dieter Zetsche, als »Spitze des Lügenpacks« im Zusammenhang mit dem Bahnhofsprojekt Stuttgart 21 bezeichnet. Fünf Daimler-Mitarbeiter drückten daraufhin den »Gefällt mir«-Button. Als der Konzern davon erfuhr, wurden die Mitarbeiter zu einem Gespräch mit der Personalabteilung zitiert. Grund für die Ermahnung war nicht die kritische Haltung zu Stuttgart 21, sondern die öffentliche Beleidigung ihres Chefs. Die Gruppe wurde von Daimler auch als problematisch an Facebook gemeldet und kurze Zeit später gelöscht.

Welche negativen Verhaltensweisen im Zusammenhang mit Social Media problematisch sind und unter Umständen arbeitsrechtlich untersagt oder sogar – beispielsweise mit einer Kündigung – sanktioniert werden können, möchten wir Ihnen in diesem Kapitel aufzeigen. Wir geben Ihnen außerdem praktische Handlungshinweise an die Hand, wie Mitarbeiter bei der Nutzung und beim Umgang mit sozialen Medien im Unternehmensalltag bereits vorbeugend durch verbindliche Vorgaben in die richtigen Bahnen gelenkt werden können. Zuletzt erfahren Sie, was es im Hinblick auf Firmen-Accounts in sozialen Medien zu beachten gilt, wenn die das Profil verwaltenden Mitarbeiter aus Ihrem Unternehmen ausscheiden, sodass mühsam aufgebaute Social-Media-Profile im Unternehmensinteresse langfristig erhalten bleiben.

Mitarbeiter kommunizieren auch über private Accounts berufliche Dinge

Im geschäftlichen Bereich bedeutsam sind Social-Media-Dienste aber nicht nur durch von der Firma betriebene Accounts und Profile, die von Beiträgen der Mitarbeiter lebendig gestaltet werden. Auch über ihre persönlichen Accounts oder Profile kommunizieren die meisten Arbeitnehmer neben privaten auch zu beruflichen Zwecken. Sowohl unternehmensintern als auch mit außen stehenden Dritten ersetzen Posts in Gruppen, Chatnachrichten oder andere Kommunikationswege in Social Media zunehmend Telefonate, E-Mails oder manchmal sogar das persönliche Gespräch. Infolgedessen verschwimmen die Grenzen privater und geschäftlicher Kommunikation selbst in eigentlich privaten Netzwerken zusehends. Andere Plattformen wie XING oder LinkedIn dienen von vornherein primär dem Aufbau und der Pflege professioneller Kontakte. Von all dem profitieren allerdings nicht nur die Arbeitnehmer selbst. Eine gute Vernetzung, intern wie extern, kann auch für das beschäftigende Unternehmen selbst sehr positiv wirken.

Umgekehrt sind allerdings schwerwiegende Konsequenzen für Firmen möglich, wenn Mitarbeiter durch ihre Äußerungen in sozialen Medien den Ruf des Unternehmens oder anderer Angestellter schädigen, geheime Geschäftsinformationen über Social Media nach außen dringen oder sich Arbeitnehmer im Namen des Unternehmens ungewollt äußern und so negative Publicity entsteht.

Rechtslage in Österreich

Generell ist das Arbeitsrecht in Deutschland und in Österreich sehr stark durch die Rechtsprechung geprägt. Entscheidungen sind häufig sehr vom Einzelfall abhängig. Nichtsdestotrotz können Sie die hier an deutschen Gerichtsentscheidungen aufgezeigten Leitlinien auch für Österreich übernehmen. Größere Unterschiede zwischen der deutschen und der österreichischen Rechtslage bestehen nicht.

12.1 Negative Äußerungen über den Arbeitgeber im Social Web

In der juristischen Praxis der letzten Jahre stetig an Bedeutung gewonnen haben vor allem Fälle, in denen negative Postings oder andere Äußerungen von Mitarbeitern über ihre Arbeitgeber oder Kollegen und Vorgesetzte im Fokus stehen. Insbesondere die Frage, bei welchen Aussagen das betroffene Unternehmen gegenüber dem betreffenden Angestellten eine Kündigung aussprechen darf, beschäftigt immer wieder die Arbeitsgerichte.

Zwar sind Verunglimpfungen von Arbeitgeber und Kollegen an sich keineswegs ein neues Phänomen, Hintergrund der gestiegenen Bedeutung dieser Fälle ist aber, dass die rasanten technischen und sozialen Veränderungen durch soziale Medien einen erheblichen Einfluss darauf haben, wie negative Meinungen über die Firma oder Kollegen nach außen wirken, etwa weil deutlich mehr Menschen sie online wahrnehmen können oder sie im Web 2.0 länger und jederzeit verfügbar sind.

Im WWW getätigte Aussagen haben eine große Reichweite und werden für lange Zeit gespeichert

Genau darin liegen nämlich deutlich erhöhte Gefahren einer nachhaltigen Rufschädigung für Unternehmen und ihre Marken durch kritische Aussagen Angestellter. Um in solchen Fällen auf rechtlich gesichertem Boden reagieren zu können, erhalten Sie nachfolgend einen Überblick darüber, welche Arbeitnehmeräußerungen in sozialen Medien Sie dulden müssen und wann ein Vorgehen gegen die Betroffenen möglich ist. Umgekehrt erfahren interessierte Arbeitnehmer, welche Aussagen Sie tunlichst unterlassen sollten, um das Risiko arbeitsrechtlicher Konsequenzen zu vermeiden.

> **Tipp**
>
> Im Einzelfall kann es nicht nur aus unternehmenspolitischer, sondern auch aus wirtschaftlicher Sicht sinnvoll sein, in Reaktion auf negative Äußerungen über das Unternehmen eine (fristlose) Kündigung nicht nur auszusprechen, sondern auch in einem eventuellen streitigen Gerichtsverfahren konsequent weiterzuverfolgen. Denn nicht selten fällt der aus einer Rufschädigung resultierende Schaden weitaus höher aus als die Kosten eines erfolglosen arbeitsgerichtlichen Verfahrens, in dem unabhängig von seinem Ausgang jede Partei ihre eigenen Kosten trägt.

12.1.1 Meinungsfreiheit versus Treue- und Rücksichtnahmepflichten

Der Arbeitgeber darf grundsätzlich kritisiert werden

Wie im realen Leben ist Kritik am Arbeitgeber auch im Social Web kein vollständiges Tabu. Angesichts der Meinungsfreiheit ist es Arbeitnehmern gestattet, ihre kritischen Ansichten frei zu äußern, auch wenn dies das eigene Unternehmen oder Kollegen und Vorgesetzte betrifft. Sachlich fundierte und angemessene Kritik, beispielsweise über Unternehmenspolitik, Betriebsklima, Gehaltsniveau oder Führungsstil in der aktuellen oder ehemaligen Firma, dürfen Arbeitnehmer in Karrierenetzwerken wie XING und LinkedIn ebenso wie über andere Social-Media-Kanäle äußern. Etwas anderes käme einer privaten Zensur gleich.

Allerdings gilt diese Freiheit nicht grenzenlos, und sie ist im Vergleich zu unternehmensfremden Personen für Arbeitnehmer auch zusätzlich eingeschränkt. Anders als Außenstehende sind diese wegen ihres Arbeitsvertrags gegenüber dem Arbeitgeber nämlich besonders zu Loyalität und Rücksichtnahme verpflichtet. Mit negativen Posts oder Kommentaren über ihr berufliches Umfeld müssen Mitarbeiter also besonders zurückhaltend sein. Daneben haben sie sich selbstverständlich auch an alle rechtlichen Mindestregeln zu halten, die jedermann bei seinen Äußerungen in sozialen Medien zu beachten hat.

> **Hinweis**
>
> Mehr zu den allgemeinen Regeln, die für jedermann bei Äußerungen gelten, lesen Sie in Kapitel 8, »Die Verbreitung von Aussagen im Social Web«.

Insofern lassen sich von Angestellten über das Unternehmen getätigte Negativaussagen in unterschiedliche Kategorien einteilen.

12.1.2 Strafbare Äußerungen

Extremfälle bilden Verhaltensweisen des Arbeitnehmers, die unabhängig vom Arbeitsverhältnis verboten sind und gegebenenfalls sogar strafrechtlich geahndet werden können. Hiervon umfasst sind:

Grundsätzliche Verbote gelten auch im Arbeitsverhältnis

▶ *Beleidigungen*: Ehrverletzende Äußerungen im Social Web mit ehrverletzendem Charakter können auf Anzeige des Beleidigten nach § 185 StGB mit Geld- oder Freiheitsstrafe bis zu einem Jahr geahndet werden. Möglich sind aber nicht nur Beleidigungen von Vorgesetzten und Kollegen, sondern auch von Personenmehrheiten, also beispielsweise des Kollegiums, der Geschäftsführung oder des Unternehmens selbst. Mehr zum Thema Beleidigungen lesen Sie in Abschnitt 8.2, »Die Verbreitung von Aussagen im Social Web«.

▶ *Unwahre Tatsachenbehauptungen*: Auch bei über Social Media veröffentlichten Tatsachenbehauptungen, die andere Personen verächtlich machen können, stehen strafrechtliche Konsequenzen im Raum. Ist solch eine gepostete Tatsache unwahr oder kann der Arbeitnehmer sie zumindest nicht beweisen, macht er sich wegen übler Nachrede (§ 186 StGB) strafbar. Macht er entsprechende Posts sogar wider besseres Wissen, liegt eine Verleumdung (§ 187 StGB) vor. Mehr zu diesem Thema lesen Sie in Abschnitt 8.3.2, »Die Verbreitung von unwahren Tatsachen«.

▶ *Formalbeleidigung*: Und selbst Kommentare, die nur wahre Aussagen enthalten, können ehrverletzend und damit strafbar sein. Wer zum Beispiel Tatsachen veröffentlicht, dabei aber einen besonders herabwürdigenden Ton, gehässige Einkleidungen oder eine übertriebene Öffentlichkeit wählt, kann wegen einer sogenannten Formalbeleidigung belangt werden. Hierzu lesen Sie mehr in Abschnitt 8.3.1, »Die Verbreitung von wahren Tatsachen«.

Arbeitsrechtliche Sanktionen und Strafanzeigen

Als Reaktion hierauf kann der Arbeitgeber auf eine breite Palette juristischer Instrumentarien zurückgreifen. Neben eventuellen arbeitsrechtlichen Sanktionen kann er Anzeige erstatten und so eine strafrechtliche Verfolgung wegen Beleidigung, übler Nachrede oder Verleumdung in Gang bringen.

> **Hinweis**
>
> Eine eventuelle strafrechtliche Verfolgung ist unabhängig von arbeitsrechtlichen Konsequenzen. Auch wenn ein Verfahren gegen einen Arbeitnehmer wegen Beleidigung eingestellt wird, bleibt eine deswegen ausgesprochene Kündigung grundsätzlich wirksam.

12.1.3 Arbeitgeberschädigende Kritik

Öffentliche und nicht öffentliche Kritik

Für den Job gefährlich sind aber nicht nur beleidigende Aussagen. Selbst sachliche Kritik kann Arbeitnehmer in sozialen Medien in juristische Kalamitäten bringen. Denn nur unternehmensintern, etwa im Büro kommuniziert, ist diese erlaubt. Nichts anderes gilt für das Web 2.0, sodass Arbeitnehmer auch beispielsweise innerhalb geschlossener Facebook-Gruppen, die auf Mitarbeiter des Unternehmens begrenzt sind, sanktionslos Kritik an ihrem Arbeitgeber üben dürfen.

Über die als öffentlich zu wertenden Kanäle sozialer Medien geäußerte Arbeitgeberkritik ist dagegen strenger zu beurteilen, und sie vermag, auch wenn sie sachlich geschieht, unter Umständen zu arbeitsrechtlichen Sanktionen führen.

> **Hinweis**
>
> Wann Äußerungen im Social Web als öffentlich gelten, haben wir weiter unten in Abschnitt 12.1.8 beleuchtet.

Rufschädigung ist unzulässig

Obwohl die Meinungsfreiheit regelmäßig auch kritische Stellungnahmen erlaubt, überwiegen die Interessen des Unternehmens jedenfalls ausnahmsweise dann, wenn aufgrund solcher Bekundungen aus den eigenen Reihen konkrete Gefahren für die Abläufe oder den Ruf des Unternehmens drohen und sie im Wettbewerb schaden, beispielsweise weil sie erheblich abschreckend auf bestehende oder künftige Kunden und Geschäftspartner wirken. Im Social-Media-

Umfeld kann dies insbesondere durch die heute üblichen sogenannten Shitstorms der Fall sein.

Dabei spielt auch immer eine Rolle, wie deutlich die Kritik ausgefallen ist und ob sie vor dem Hintergrund, vor dem sie geäußert wurde, angemessen erscheint. Speziell wenn Kritik über soziale Netzwerke verbreitet wird, muss aber auch berücksichtigt werden, dass diese Art der Verbreitung in kürzester Zeit einen sehr großen Personenkreis erreichen kann. Das Bild des Unternehmens in der Öffentlichkeit kann deswegen viel schneller und in größerem Umfang beschädigt werden, als dies bei gegenüber einzelnen Personen oder in Printmedien geäußerter Kritik der Fall wäre. Bei den beschriebenen Gefährdungssituationen für das Unternehmen kann daher eine Abmahnung ausgesprochen werden. Eine direkte Kündigung kommt angesichts der Meinungsfreiheit kaum in Betracht.

12.1.4 Negativäußerungen über Kunden und Geschäftspartner

Ähnlich wie beleidigende Social-Media-Beiträge in Richtung des Arbeitgebers sind Diffamierungen seiner Kunden oder Geschäftspartner zu behandeln. Es besteht allerdings ein wichtiger Unterschied: Macht der Arbeitnehmer Aussagen nur intern gegenüber seinem Arbeitgeber oder Vorgesetzten, nicht aber gegenüber den betroffenen Dritten selbst oder in der Öffentlichkeit, ist in aller Regel eine Abmahnung oder gar Kündigung nicht zulässig.

Äußerungen in der Öffentlichkeit sind gefährlich

> **Beispiel**
>
> Bezeichnet ein Arbeitnehmer in einer geschlossenen Kollegengruppe auf Facebook einen Kunden als »Abschaum«, wird ihm deshalb nicht gekündigt werden können. Die gleiche Aussage in einem öffentlichen Blog-Beitrag dagegen rechtfertigt in der Regel eine fristlose Entlassung.

12.1.5 Unternehmensschädliche Privataktivitäten im Social Web

Nicht nur direkt über oder zumindest in Bezug auf ein Unternehmen im sozialen Netz gemachte Negativ-Statements können für dessen Ruf schädigend sein. Auch Aktivitäten von Arbeitnehmern, die zum puren Privatvergnügen in sozialen Medien geschehen, können

Die Wirkung des Privatlebens in das Arbeitsleben hinein

427

schneller als gedacht auf den Arbeitgeber zurückfallen und so unter Umständen sein Ansehen beeinträchtigen.

Beispiel

Ein Vertriebsleiter eines bekannten Unternehmens stellt auf der Facebook-Seite »Die peinlichsten Partybilder« (siehe Abbildung 12.1) einige Schnappschüsse von seinem letzten »Alkoholabsturz« sowie Bilder mit stark sexuell anzüglichen Inhalten ein und teilt die Posts mit all seinen Facebook-Freunden. Zu diesen Kontakten gehören auch mehrere Ansprechpartner von wichtigen Großkunden seines derzeitigen Unternehmens.

Abbildung 12.1 Gerade Arbeitnehmer, die ihren Betrieb nach außen vertreten, müssen darauf achten, dass sie nicht übermäßig negativ auffallen. Das bedeutet nicht, dass man kein Bier mehr in der Öffentlichkeit trinken darf. Bei der bildlichen Dokumentation von Exzessen und deren Veröffentlichung z. B. auf der oben genannten Facebook-Seite sollte man sich allerdings zurückhalten.

Auch private Posts können sich auf das Arbeitsverhältnis auswirken

Bei peinlichen oder delikaten Inhalten wie im Beispiel kann auch rein privat Gepostetes indirekt für den Arbeitgeber kompromittierend wirken. Ob dieser dann aber arbeitsrechtliche Maßnahmen ergreifen kann, hängt immer von den einzelnen Umständen und den Auswirkungen auf den Ruf des Unternehmens ab. Denn zu seinem Verhalten in der Freizeit darf der Arbeitgeber seinen Beschäftigten grundsätzlich keinerlei Vorschriften machen Und im Normalfall werden durch die privaten Arbeitnehmeraktivitäten in sozialen Medien Unternehmensinteressen auch überhaupt nicht tangiert.

Anders ist dies nur zu beurteilen, wenn der Arbeitnehmer – wie im obigen Beispiel – eine herausgehobene oder repräsentative Position im Unternehmen einnimmt oder sehr viele oder wichtige Kontakte zu Kunden und anderen Geschäftspartnern wahrnehmen muss. Tauchen in sozialen Medien für diesen Personenkreis oder die gesamte Öffentlichkeit sichtbar dann stark kompromittierende Fotos auf, kann ausnahmsweise eine Abmahnung oder sogar Kündigung gerechtfertigt sein. Hierfür reicht aber nicht jedes Foto oder Video einer feuchtfröhlichen und ungehemmten Party aus. Der Privatsphäre des Arbeitnehmers geschuldet, bleiben Sanktionen für private Inhalte auf Extremfälle beschränkt.

Bei einer repräsentativen Position sollte man bedenken, dass man auch immer für das Unternehmen auftritt

12.1.6 Mögliche Sanktionen für den Arbeitnehmer

In arbeitsrechtlicher Hinsicht sind die beschriebenen Fälle, in denen Angestellte auf Facebook, Twitter & Co. Posts oder andere Beiträge verfassen, die dann als rufschädigend oder beleidigend wahrgenommen werden, leider nicht immer eindeutig einzuordnen. Für den Arbeitgeber stellt sich dann nicht nur die grundlegende Frage, ob er überhaupt gegen den stänkernden Arbeitnehmer vorgehen kann. Er muss zusätzlich einschätzen können, welche der bestehenden arbeitsrechtlichen Maßnahmen er gegebenenfalls aufgrund der konkreten Äußerung ergreifen darf.

Die Wahl der richtigen Maßnahme erfordert vom Arbeitgeber Fingerspitzengefühl

Als Sanktionen für ein negatives Verhalten von Angestellten kommen grundsätzlich die folgenden Maßnahmen in Betracht, die der Arbeitgeber infolge eines Fehlverhaltens seiner Mitarbeiter einseitig ergreifen kann:

▸ *Abmahnung*: Verletzt der Arbeitnehmer seine vertraglichen Pflichten nicht nur unerheblich, kann der Arbeitgeber ihn mit der Abmahnung auffordern, dieses Verhalten künftig zu unterlassen. Sie dient damit der Warnung des Arbeitnehmers und geht im Normalfall einer außerordentlichen Kündigung voran.

▸ *Ordentliche (verhaltensbedingte) Kündigung*: Bei einer ordentlichen Kündigung muss der Arbeitgeber grundsätzlich nur die jeweils gesetzlich vorgeschriebene oder vereinbarte Kündigungsfrist einhalten, ohne dass ein Kündigungsgrund notwendig ist. Lediglich wenn für den Arbeitnehmer in seinem Unternehmen Kündigungsschutz nach dem Kündigungsschutzgesetz (KSchG) besteht, ist die Kündigung nur aus betriebs-, personen- und verhaltensbedingten Gründen möglich. Nur Letztere kommen in Betracht, wenn sich der Arbeitnehmer unternehmensschädlich in soziale Medien äußert.

▶ *Außerordentliche (fristlose) Kündigung*: Für eine außerordentliche oder auch fristlose Kündigung benötigt der Arbeitgeber stets einen wichtigen Grund, der es ihm unzumutbar macht, den Arbeitnehmer weiterhin zu beschäftigen. Weil diese lediglich als letztes Mittel dient, wird vor einer fristlosen Kündigung normalerweise eine Abmahnung notwendig sein. Entbehrlich ist sie lediglich bei besonders schweren Verfehlungen des Arbeitnehmers, die nur aufgrund einer umfassenden Abwägung im jeweiligen Fall festzustellen sind.

Welche Sanktionen dem Arbeitgeber in der jeweiligen Situation zustehen, entscheidet sich in der Praxis meist erst im Zuge eines (etwaigen) streitigen Verfahrens vor dem Arbeitsgericht, in dem sich der gekündigte Mitarbeiter gegen Maßnahmen des Unternehmens mit einer sogenannten Kündigungsschutzklage wehren kann.

Abwägung der Umstände des konkreten Einzelfalls

Um aber bereits im Vorfeld eines solchen gerichtlichen Streits den Erfolg einer Abmahnung oder Kündigung zumindest tendenziell prognostizieren zu können, um auf dieser Grundlage abzuschätzen, ob man dieses Risiko eingehen will, ist eine umfassende Abwägung zu treffen.

Beispiel

Dass die Entscheidung, ob eine vom Arbeitnehmer getätigte Beleidigung zur Kündigung berechtigt, immer vom Einzelfall abhängig ist, zeigt folgendes Beispiel. In einem Fall, den das hessische Landesarbeitsgericht zu entscheiden hatte, schrieb ein Mediengestalter in einer öffentlichen Facebook-Gruppe über seinen Arbeitgeber: »Ich kotze gleich ... So asoziale Gesellschafter gibt es wohl kaum ein zweites Mal.« Prompt hatte er die Kündigung im Briefkasten. Zu Unrecht, wie das Gericht entschied. Zwar seien die Aussagen grob beleidigend gewesen, allerdings müsse auch berücksichtigt werden, dass der Mann schon 28 Jahre in dem Betrieb gearbeitet und sich entschuldigt habe.

Bei arbeitsrechtlichen Sanktionen müssen Sie als Arbeitgeber stets sorgfältig alle Umstände des individuellen Falls abzuwägen. Im folgenden Abschnitt möchten wir Ihnen einige Kriterien für die Entscheidung vorstellen, die vor allem im Social Web wichtig sein können.

Tipp

Beachten Sie, dass kaum eine arbeitsrechtliche Fallgestaltung der anderen exakt gleicht. Deshalb und angesichts der Wichtigkeit der Thematik ist sowohl Arbeitgebern als auch Arbeitnehmern im Zweifel eine anwaltliche Beratung bei einem Spezialisten zu empfehlen.

12.1.7   Allgemeine Kriterien bei arbeitsrechtlichen Sanktionen

In der Rechtsprechung haben sich einige allgemeine Kriterien herauskristallisiert, die bei der Bewertung unternehmensschädlicher Äußerungen (unabhängig vom Internet) immer zu berücksichtigen sind. Besonders wichtig sind die Fragen,

▶ ob die Auseinandersetzung vom Arbeitgeber (mit-)verursacht worden ist,

▶ welcher betriebliche und branchenübliche Umgangston herrscht,

▶ wie ernsthaft die Aussagen des Arbeitnehmers gemeint waren und

▶ ob Dritte von der Äußerung Kenntnis genommen haben.

Neben diesen allgemeinen Abwägungsgesichtspunkten sind vor allem die Besonderheiten der Kommunikation auf Facebook, Twitter & Co. in die Abwägung, wie schwer eine Negativäußerung wiegt und welche arbeitsrechtliche Sanktion sie rechtfertigt, mit einzubeziehen.

Wegen der starken Fallorientierung des Arbeitsrechts und auch um Ihnen als Leser möglichst praxisnahe Beurteilungs- und Entscheidungskriterien an die Hand zu geben, sollen diese nachfolgend an bereits durch die Gerichte entschiedenen Fällen aufgezeigt werden.

12.1.8 Öffentlichkeit der Äußerung

Kritik im rein privaten Umfeld ist absolut unbedenklich

Nicht alle ihrem Inhalt/ihrer Aussage nach ehrverletzenden Aussagen vermögen eine Mitarbeiterkündigung rechtfertigen. Entscheidend dafür und ebenso für die Frage, ob nur eine ordentliche oder eine fristlose Kündigung ausgesprochen werden darf, ist unter anderem, ob sie in einem vertraulichen Rahmen, dem Kreis der Kollegen oder gar der Öffentlichkeit erfolgte. Denn Gespräche im engen Familien- und Freundeskreis sind durch die Privatsphäre des Arbeitnehmers besonders geschützt. Ebenso verhält es sich mit dem Kollegengespräch, allerdings nur wenn dieses vertraulich geführt wird und der Äußernde vom Stillschweigen ausgehen kann. Je mehr Personen, insbesondere aus dem Unternehmen, einen diffamierenden Verbalangriff jedoch wahrnehmen können, desto gravierender ist er zu werten. Und auch mit zunehmender Zahl von Kunden oder Geschäftspartnern, denen die fragliche Aussage zugänglich ist, spitzt sich die Lage zu.

Äußerungen im Social Web sind in der Regel öffentlich

Kommentare und Postings sind regelmäßig nicht privat

In sozialen Medien sind die veröffentlichten Posts und Kommentare regelmäßig einer breiten Öffentlichkeit zugänglich. Fanseiten, Twitter-Accounts oder YouTube-Kanäle von Unternehmen dienen ja gerade dem Zweck, eine möglichst hohe Anzahl an Fans, Followern oder Abonnenten zu erreichen. Negative Aussagen zum eigenen Unternehmen, etwa in einem via Twitter geführten Interview, wären zweifelsfrei öffentlich und daher äußerst schwerwiegend.

Öffentlich einsehbare Kommunikation

Und auch private Social-Media-Profile mit 130 und mehr Kontakten stellen heute eher den Durchschnitt, wenn nicht gar die Untergrenze dar. Insbesondere bei Netzwerken wie XING und LinkedIn, aber auch bei Google+, in denen nur oder hauptsächlich/vorwiegend geschäftliche Kontakte bestehen, sind Zahlen von mehreren Hundert bis Tausend Kontakten keine Seltenheit.

Angesichts dessen sind im Grundsatz die in Social Media getroffenen Aussagen daher als öffentlich und damit nicht als Kommunikation mit vertraulichem Charakter anzusehen. Zwar wurde in einigen Urteilen sogar angenommen, dass alle in Social Media gemachten Äußerungen öffentlich sind, es ist aber stets mit Blick auf den Einzelfall zu prüfen, ob nicht ausnahmsweise der gewählte Kommunikationskanal den Schutz der Äußerung als vertraulich gebietet.

Beispiel

Unter der Rubrik »Arbeitgeber« seines Facebook-Profils trug ein Auszubildender die folgenden Angaben ein: »Menschenschinder & Ausbeuter Dämliche Scheiße für Mindestlohn minus 20 % erledigen. Leibeigener?« (siehe Abbildung 12.2) Die Angaben im Profil waren nach den Privatsphäre-Einstellungen des Arbeitnehmers auf »öffentlich« gestellt. Sein Arbeitgeber kündigte dem Azubi daraufhin fristlos.

Abbildung 12.2   Bei den sozialen Netzwerken kommt es für die Beurteilung, ob eine Kommunikation privat oder öffentlich geführt wird, auf den potenziellen Empfängerkreis an. Eine persönliche Nachricht an einen Freund wird privat sein. Das Veröffentlichen einer Mitteilung auf der eigenen oder einer fremden Pinnwand ist regelmäßig öffentlich. Auch Personenangaben wie die im Bild sind Mitteilungen des Profilinhabers. Bei einer entsprechenden Privatsphäre-Einstellung sind diese öffentlich.

Was es bedeutet, Informationen auf Facebook »öffentlich« einzustellen, beschreibt Facebook in den eigenen Anwenderrichtlinien so:

> »Jeder, also auch Personen außerhalb von Facebook, kann diese Informationen sehen.«

Es sind also alle Internetnutzer, selbst Internetnutzer ohne Facebook-Account, in der Lage, auf diese Informationen zuzugreifen, beispielsweise mittels einer öffentlichen Suchmaschine wie Google. Da kaum ein Kommunikationskanal denkbar ist, der eine noch größere Öffentlichkeit (potenziell) erreicht, kann eine vertrauliche Äußerung hier nicht angenommen werden.

Erreichbarkeit des Inhalts sogar für nicht im Netzwerk registrierte Internetnutzer

Beispiel

Daher wertete das Gericht im oben beschriebenen Fall die Profilanga-
ben richtigerweise nicht nur als grobe, sondern auch als öffentlich
kundgegebene Beleidigung. Gerade wegen dieser Öffentlichkeit be-
fand es die Beleidigung als so schwerwiegend, dass sogar eine außerordentliche Kündigung des Ausbildungsverhältnisses, die normalerweise besonders hohen Anforderungen unterliegt, gerechtfertigt war.

Sichtbarkeit auf Freundesliste beschränkt

Aber selbst wenn ein Arbeitnehmer seine Beiträge nur auf seinen So-
cial-Media-Freundeskreis beschränkt, heißt das nicht, dass hiermit
eine Öffentlichkeit ausgeschlossen ist.

Abbildung 12.3   Auch der eigene Freundeskreis stellt regelmäßig eine Öffentlichkeit dar. Zu dem Freundeskreis im Social Web gehören nämlich nicht
nur die drei bis vier wahren Freunde einer Person. Dass der Freundeskreis
etwa bei Facebook mehrere Hundert Nutzer umfasst, ist keine Seltenheit.

Unterschiedliche Defi-
nitionen von Freund-
schaft

Grund dafür ist, dass die Gerichte – richtigerweise – annehmen, dass
der Begriff »Freundschaft« im Social Web etwas anderes bedeutet
als im realen Leben und hierunter auch gänzlich Unbekannte fallen
können.

Beispiel

In einer über seine Facebook-Chronik geführten Unterhaltung mit einem ehemaligen Kollegen beleidigte ein Arbeitnehmer seinen direkten Vorgesetzten wegen Ärgers um zwei erhaltene Abmahnungen erheblich. In diversen Posts bezeichnete er diesen unter anderem als
»kleinen Scheißhaufen«, »Drecksau«, »Wichser« und »faules Schwein,
der noch nie gearbeitet hat in seinem Scheißleben«. Die Kommunikation war zwar nicht »öffentlich«, aber für alle seine Facebook-Freunde

einsehbar, darunter 36 Nutzer aus dem Kollegenkreis. Der Arbeitgeber sprach daraufhin die fristlose, hilfsweise eine ordentliche Kündigung aus.

Das Gericht sah in der Kommunikation nicht nur eine grobe Beleidigung. Es wertete die Posts ebenfalls als öffentliche Äußerung. Schon die relativ hohe durchschnittliche Anzahl von Facebook-Freunden von aktuell ca. 130 zeige, dass Kontakte in sozialen Netzwerken dem Nutzer im Normalfall nicht ebenso eng bekannt sind wie herkömmliche Freunde im realen Leben außerhalb des Web 2.0. Selbst bei geringen Freundeszahlen von etwa 30 bis 50 wisse der sich äußernde Nutzer nicht, welcher Personenkreis genau seine Aussagen wahrnimmt. Außerdem habe der Nutzer auch bei auf die Freundesliste beschränkten Posts keinerlei Kontrolle mehr über seine geäußerten Diffamierungen, weil die Facebook-Freunde die Posts ungehindert mit beliebigen Dritten teilen könnten. Diffamierende Posts auf Facebook oder anderen sozialen Medien, die lediglich auf die Freundesliste begrenzt sind, stellten deshalb kein vertrauliches Privatgespräch im engen Freundeskreis dar und sind nicht gestattet.

Kollegen im »Freundeskreis«

Noch erschwerend für den Mitarbeiter wirkt es, wenn sich in der Freundesliste neben privaten Kontakten auch eine erhebliche Anzahl an Arbeitskollegen befindet. Dann werden die geposteten Inhalte nämlich (auch) der Betriebsöffentlichkeit zugänglich gemacht.

Betriebsöffentlichkeit

Beispiel

Im oben beschriebenen Beispiel hatte der Arbeitnehmer auch über 30 Arbeitskollegen in seiner Freundesliste. Daher nahm das Gericht an, der Arbeitnehmer hätte seine Aussage ebenso gut am »schwarzen Brett« im Betrieb seines Arbeitgebers aushängen können. Den in seiner Facebook-Chronik gemachten Beleidigungen fehlte daher nicht nur jeder private Rahmen, sondern ihnen komme auch eine erhebliche Wirkung innerhalb des Betriebs zu, weil die Aussagen sehr vielen Mitarbeitern bekannt geworden seien. Die Kündigung war daher rechtens.

Nur ausnahmsweise vertrauliche Kommunikation

Aber nicht alle über die sozialen Medien kommunizierten Beleidigungen finden deshalb öffentlich statt. Auch ein über Facebook & Co. verbreitetes Statement kann, wenn auch nur ausnahmsweise,

Das vertrauliche Gespräch im Social Web

den Charakter eines vertraulichen Gesprächs im privaten (Freundes-) Kreis haben. Dies zeigt der folgende Fall.

> **Beispiel**
>
> Auf ihrem privaten Facebook-Account, der nur für Freunde einsehbar war, postete eine (schwangere) Arbeitnehmerin kritische Aussagen über ihren privaten Mobilfunkanbieter O2. Zufällig handelte es sich bei diesem gleichzeitig um einen wichtigen Kunden ihres Arbeitgebers. Dabei äußerte sie sich mit den abfälligen Worten: »Boah kotzen die mich an von O2, da sperren die einfach das Handy, obwohl man schon bezahlt hat … und dann behaupten die, es wären keine Zahlungen da … Solche Penner … Naja, ab nächsten Monat habe ich einen neuen Anbieter …« Da ihr Arbeitgeber eine irreparable Beschädigung der Kundenbeziehung fürchtete und den Post deshalb als geschäftsschädigend ansah, kündigte er der Angestellten fristlos.
>
> Das Gericht sah hier eine Kündigung nicht als gerechtfertigt an. Trotz des rüden Tons zweifelte es bereits daran, das Posting als Beleidigung bzw. Schmähkritik einzuordnen, da die Arbeitnehmerin das Verhalten ihres Mobilfunkanbieters O2 im sachlichen Zusammenhang mit der Abwicklung ihres privaten Handyvertrags kritisiert, nicht aber das Unternehmen in Bausch und Bogen diffamiert habe.
>
> Vor allem unterstrichen die Richter aber zutreffend den Unterschied zwischen Posts im öffentlichen und im nicht öffentlichen Bereich – auch in Social Media. Bei rein privater Kommunikation im »geschlossenen Freundeskreis« dürfe der Arbeitnehmer nämlich darauf vertrauen, dass seine Äußerungen nicht nach außen gelangen und deshalb weder der Betriebsfrieden gestört noch sein Vertrauensverhältnis zum Arbeitgeber belastet wird. Solche Statements unterfielen dann seinem allgemeinen Persönlichkeitsrecht. In der Abwägung, ob überhaupt und, falls ja, in welcher Form eine Kündigung im Einzelfall rechtens ist, müsse eine solche »abgeschirmte Kommunikation« zugunsten des Arbeitnehmers berücksichtigt werden.

Ob eine Äußerung vertraulich ist, hängt von den Umständen ab

Für den vertraulichen Charakter einer Social-Media-Äußerung entscheidend sind daher immer sämtliche Umstände des Einzelfalls. Die Beurteilung nach einem festen Schema verbietet sich strikt. Um dennoch griffige Kriterien zur Verfügung zu haben, sollten Sie beispielsweise anhand der folgenden Kriterien differenzieren:

1. Welchen Kommunikationskanal bzw. welche Mitteilungsart hat der sich äußernde Arbeitnehmer gewählt?

2. Aus welchen Personengruppen (Freunde, Kollegen etc.) setzen sich seine Kontakte zusammen?

3. Welche konkreten Privatsphäre-Einstellungen hat der Arbeitnehmer für seinen Account bzw. den jeweiligen Kommunikationsakt gewählt?

Kommunikationskanal	Kriterien
Profilangaben	Entscheidend sind die Privatsphäre-Einstellungen des eigenen Profils. Vertraulichkeit kommt allenfalls in Betracht, wenn die Publikumsauswahl auf enge Freunde beschränkt ist und diese auf eine geringe Personenzahl begrenzt ist.
Chronikeinträge/Posts	Auch hier sind die Privatsphäre-Einstellungen (Publikumsauswahl) entscheidend. Vertraulichkeit entfällt aber stets beim Posten in einer fremden Chronik, da dann diese Person darüber entscheiden kann, wer die Kommunikation einsehen kann.
Facebook-Gruppen	Entscheidend ist, ob es sich um eine offene oder geschlossene Gruppe handelt und ob im letzteren Fall die Gruppe auf eine geringe Personenzahl begrenzt ist.
Chatnachrichten	Persönliche Chatnachrichten sind vertraulich, da der Absender dies erwartet und der Empfänger die Nachricht nach den Gerichten auch nicht veröffentlichen darf.

Je nach Kommunikationskanal ist eine Äußerung unterschiedlich zu bewerten

Tabelle 12.1 Anhand der Kriterien in dieser Tabelle können Sie die Vertraulichkeit einer Äußerung im Social Web einschätzen.

12.1.9 Gewicht der Kommunikation im Social Web

Eine weitere Besonderheit negativer Statements über den Arbeitgeber oder Kollegen in sozialen Medien besteht in den weiteren Umständen der Äußerung. Die dort gemachten Einträge wiegen nämlich oftmals schwerer als vergleichbare mündliche Aussagen ähnlichen Inhalts, die in einem persönlichen Gespräch, zum Beispiel im Büro unter Kollegen, fallen.

Beispiel

Nachdem ihn seine Kollegen beim Chef wegen angeblichen »Krankfeierns« seiner Ansicht nach zu Unrecht angeschwärzt hatten, revanchierte sich ein Arbeitnehmer, indem er diese per Facebook-Post angriff. Er stellte den Sachverhalt richtig und bezeichnete in seinen Verbalattacken seine Kollegen als »Speckrollen« sowie »Fische« und vermutete, dass ihnen »jemand ins Gehirn geschissen« hätte, sie »schlechten Sex« gehabt und »keine Freunde« hätten. Der Beitrag war nur für sein Facebook-Freunde und Freunde von Freunden sichtbar. Dennoch reagierte sein Arbeitgeber sofort mit der außerordentlichen, hilfsweise der ordentlichen Kündigung. Gegenüber den oben dargestellten Beispielen sind die hier gemachten diffamierenden Äußerungen zwar nur mäßig beleidigend. Dennoch werteten die Richter das Posting grundsätzlich als Kündigungsgrund.

Das Internet vergisst nie!

Im Rahmen von sozialen Medien wie Facebook bedarf es für eine fristlose Kündigung nicht zwingend der öffentlichen oder groben Beleidigung von Arbeitgeber oder Kollegen. Zu berücksichtigen ist im Web 2.0 nämlich auch, dass selbst nur für private Facebook-Freunde wahrnehmbare Äußerungen dauerhaft gespeichert werden und damit schwerer als beispielsweise flüchtige mündliche Beleidigungen wiegen (»das Internet vergisst nie«).

Unbegrenzte Reichweite der Kommunikation

Eine erhöhte Gefährlichkeit besteht auch, weil die Einträge in der Regel sofort weltweit abrufbar sind oder die für Social Media typischen Folgeeinträge (Teilen, Kommentare, Retweets etc.) als Reaktion auslösen und sich so »verfestigen« können. Schon aufgrund dieser (Weiter-)Verbreitung können Negativäußerungen ein Gewicht erlangen, das sonst allein wegen ihres Inhalts kaum erreicht worden wäre. Selbst diffamierende Posts, die nur für private Facebook-Freunde, also nicht öffentlich wahrnehmbar sind, können deshalb einen Kündigungsgrund darstellen.

Tipp

Bei online über soziale Medien mitgeteilter Kritik ist ganz besondere Vorsicht geboten. Auch wenn diese nicht eindeutig eine Beleidigung darstellt, sollte hier ganz besondere Zurückhaltung geübt werden. Denn auch vergleichsweise weniger derbe Posts und Kommentare können leicht zu arbeitsrechtlichen Konsequenzen führen.

12.1.10 Besondere Ausdrucksformen im Social Web

Aber nicht nur Posts und Kommentare mit ausdrücklich diffamierenden Inhalten können Arbeitnehmer den Job kosten. Gerade im Social Web müssen Beleidigungen nicht immer zwangsläufig durch ausdrückliche Beschimpfungen oder rüde Schmähungen geschehen. Denn die vielfältigen auf Facebook & Co. verfügbaren Funktionen bieten im Vergleich zur Offlinewelt andere und neue Möglichkeiten, sich zu äußern und auszudrücken, und können diffamierenden Charakter haben.

Diffamierung durch »Gefällt mir«

In Betracht kommen hier vor allem Empfehlungsschaltflächen wie der Facebook-Like-Button oder eingestellte Bilder und Videos, um eine eindeutige Meinung über Chef und Kollegen kundzutun. Diese sind im Hinblick auf ihre kündigungsrechtliche Bedeutung zu bewerten. Und auch bezüglich des in sozialen Medien herrschenden Umgangstons fragt man sich, ob und wie dieser im Hinblick auf eine eventuelle Kündigung zu werten ist.

Das »Zu-eigen-Machen« einer Diffamierung

> **Beispiel**
>
> Der Ehemann einer Sparkassenmitarbeiterin beleidigte mehrere Vorgesetzte seiner Frau, indem er diese auf Facebook mit Schmähkritiken bedacht hatte. Unter anderem postete er Bilder eines an das Sparkassensymbol angelehnten Fischs mit dem Kommentar: »Unser Fisch stinkt vom Kopf.« In einem weiteren Kommentar teilte er außerdem mit, sein Sparkassensparschwein auf den Namen eines der Vorgesetzten getauft zu haben, und fügte hinzu, dass »irgendwann alle Schweine mal vor dem Metzger« stünden. Unter einem dieser Posts ihres Mannes klickte die Arbeitnehmerin später auf die »Gefällt mir«-Schaltfläche. Bereits diesen »Like« empfand ihre Arbeitgeberin als unzumutbare Beleidigung und kündigte ihr außerordentlich, hilfsweise ordentlich.
>
> Ganz zutreffend ordnete das Arbeitsgericht die Posts des Ehemanns als verbotene Schmähkritik ein, weil Bilder und Kommentare vor allem darauf zielten, die angegriffenen Personen verächtlich zu machen, und es nicht um eine sachliche Auseinandersetzung ging. Für diese Stellungnahme trägt die Arbeitnehmerin zwar selbstverständlich keinerlei Verantwortung, weil es sich nicht um ihre eigene Meinung handelt. Durch das Drücken des »Gefällt mir«-Buttons hat sie der Schmähkritik aber öffentlich zugestimmt und bekräftigt und sich somit selbst beleidigend gegenüber ihren Vorgesetzten geäußert.

Zu bedenken ist aber, dass Nutzer Klicks auf den Like-Button oder andere Empfehlungsschaltflächen oft spontan ohne langes Nachdenken vornehmen und »Likes« deshalb keine allzu hohe Bedeutung zukommt. Sie wiegen insofern deutlich weniger schwer als eine selbst verfasste Aussage, sodass Likes von Arbeitnehmern unter beleidigenden Posts oder Kommentaren anderer Personen im Regelfall zwar für eine Abmahnung, aber nicht für eine Kündigung ausreichen. Dementsprechend lehnte das Gericht im oben genannten Beispiel eine Kündigung der Ehefrau ab, sondern hielt – hier auch in Anbetracht ihrer langen Betriebszugehörigkeit – lediglich eine Abmahnung für ausreichend.

Beleidigung durch Multimedia-Inhalte

Meinungsäußerung oder Verächtlichmachung durch Multimedia

Aber auch multimediale Inhalte wie Videos oder Bilder, die über Social Media veröffentlicht, geteilt oder auf andere Weise verwendet werden, sind unter Umständen geeignet, um seine Meinung über Chef und Kollegen kundzutun. In dieser Situation ist anhand des Gesamtbilds der gemachten Interaktion die damit verbundene Äußerung zu erfassen, um die möglichen arbeitsrechtlichen Konsequenzen zu bewerten.

Abbildung 12.4 Durch das Teilen eines Videos auf Facebook kann eine Meinung ausgedrückt werden. Natürlich kann man auf diese Weise auch mehr oder weniger sachlich kritisieren.

Beispiel

Bereits das bloße Posten eines Musikvideos brachte den Mitarbeiter eines Möbelbeleuchtungsherstellers ins Fadenkreuz seines Arbeitgebers. Der Mann teilte einen Link zum Musikvideo des Songs »Bück dich hoch« der Gruppe »Deichkind« und kommentierte seinen Post mit den Worten »BÜCK DICH HOCH!!!! Hm, mal überlegen. Wieso gefällt mir ausgerechnet das Lied von Deichkind ...« (siehe Abbildung 12.4). Im Text des Songs werden in satirischer/höhnischer Form Karrieretipps wie »Hol die Ellenbogen raus, burn dich aus! ... Fleißig Überstunden, ganz normal! Bück dich hoch. Unbezahlt, scheiß egal, keine Wahl! ... Bück dich hoch, Komm steiger den Profit! Bück dich hoch, sonst wirst du ausgesiebt; bück dich hoch, mach dich beim Chef beliebt; bück dich hoch, auch wenn es dich verbiegt! ... etc.« gegeben.

Die durch das Posting entstandene Zusammenschau aus Musikvideo, Liedtext und Kommentar fasste der Arbeitgeber als Diffamierung des eigenen Unternehmens auf und sprach dem Musikfan die fristlose Kündigung aus.

In den Augen des Arbeitgebers konnte die Äußerung ausschließlich so verstanden werden, dass der Mitarbeiter die im Song beschriebenen Arbeitsbedingungen auch in seinem Unternehmen als gegeben ansah und durch dieses Gleichsetzen zu verstehen gab, dass dort Mitarbeiter aus Profitgier und unter Gefährdung ihrer Gesundheit ausgebeutet würden. Weil das über Facebook gemachte Statement auch für Kunden und Geschäftspartner zugänglich war, betrachtete er das Vertrauen zu seinem Mitarbeiter als irreparabel zerstört.

Dagegen lässt sich zwar einwenden, dass es sich bei dem geposteten Lied, gerade auch wegen des künstlerischen Bezugs, um erlaubte Satire handelt. Weil der Arbeitnehmer in seinem Kommentar aber einen sachlichen Bezug weitgehend vermissen lässt, kann in der anzustellenden Gesamtschau ebenso eine verbotene Schmähkritik angenommen werden. Zu der endgültigen Feststellung, dass eine Kündigung hier gerechtfertigt war, gelangte das Gericht im vorliegenden Fall zwar nicht, weil sich die Parteien vorher durch einen Vergleich einigten, wegen der mit Facebook verbundenen hohen Öffentlichkeit und des schmähenden Charakters der Äußerung hätte dieses Ergebnis aber nahegelegen.

Für die Einordnung solcher oder ähnlicher Fälle ist, wie erläutert, stets eine Gesamtschau aus allen Umständen entscheidend. Deren Bewertung durch das zuständige Arbeitsgericht lässt sich im Einzelfall niemals mit Sicherheit prognostizieren. Auf das Posten von satirischen Videos, Bildern, Liedern oder entsprechenden Begleitkommentaren in Bezug auf den Arbeitgeber sollte daher – jedenfalls

Der Kontext entscheidet über die Bedeutung

wenn der Post sich nicht inhaltlich mit diesen Inhalten beschäftigt – verzichtet werden, wenn juristische Maßnahmen durch den Arbeitgeber ausgeschlossen werden sollen.

12.1.11 Schwierigkeiten beim Nachweis und der Verwertung im Prozess

Erhält ein Arbeitgeber auf legale Weise Kenntnis von beleidigenden oder unternehmensschädigenden Aussagen eines Mitarbeiters im Social Web und entscheidet sich dafür, gegen diese Pöbeleien mit Abmahnung oder Kündigung vorzugehen, so hat er damit sein Ziel noch nicht erreicht. Gerade bei arbeitsrechtlichen Streitigkeiten wird sich der abgestrafte Arbeitnehmer oft mit einer sogenannten Kündigungsschutzklage gerichtlich zur Wehr setzen. Schließlich steht für ihn nicht weniger als sein Arbeitsplatz und damit womöglich die wirtschaftliche Lebensgrundlage auf dem Spiel. Neben der bloßen rechtlichen Problematik stellt sich für den Arbeitgeber in der Praxis daher die besonders bedeutsame Frage, ob und mit welchen Mitteln dem Arbeitnehmer seine kündigungsrelevanten Äußerungen nachweisbar sind und ob die vom Arbeitgeber gegebenenfalls beigebrachten Beweise vor Gericht überhaupt verwertbar sind.

Das Problem der Pseudonyme

Keine grundsätzliche Vermutung für ein Fehlverhalten des Arbeitnehmers

Weil auf vielen Plattformen Nutzer auch unter Kürzeln oder Pseudonymen auftreten dürfen, lassen sich online pöbelnde Arbeitnehmer nicht immer ohne Weiteres namentlich identifizieren. Fällt im Social Web unter dem Klarnamen eines Arbeitnehmers eine kündigungsrelevante Äußerung, so spricht nach Meinung der Gerichte deshalb allein jedenfalls keine grundsätzliche Vermutung dafür, dass die genannte Person diese tatsächlich selbst getätigt, veranlasst oder auch nur gebilligt hat. Ganz besonders gilt dies bei sozialen Medien ohne Zugangsbeschränkungen, beispielsweise Blogs mit Kommentarfunktion. Aber auch Netzwerke wie Twitter, Google+ oder YouTube, die eine Nutzung unter einem Pseudonym zumindest in gewissen Grenzen erlauben, fallen in diese Kategorie.

Anders verhält es sich dagegen bei Facebook. Zwar wird hier in der Regel allein schon wegen der in den Nutzungsbedingungen des Netzwerks verlangten und nach langem Streit von den Gerichten gebilligten Klarnamenpflicht oder – falls entgegen diesen Regeln ein Pseudonym genutzt wird – zumindest anhand anderer Umstände (beispielsweise andere persönliche Angaben, Freundeskreis) der Täter identifizierbar sein. Unter Umständen können aber dennoch Nachweisschwierigkeiten entstehen, wenn mehrere Nutzer, etwa innerhalb der Familie, ein und denselben Account verwenden.

> **Beispiel**
>
> In dem Rechtsstreit, dem das oben angeführte Fallbeispiel zur Beleidigung durch Betätigen des Like-Buttons nachgebildet ist, behauptete die Arbeitnehmerin – allerdings ohne dies näher beweisen zu können –, nicht sie selbst, sondern ihr Ehemann habe den »Gefällt mir«-Button unter dem beleidigenden Post gedrückt. Er kenne die Zugangsdaten zu ihrem Facebook-Account und nutze diesen manchmal ebenfalls.

In Fällen wie diesen spricht im Kündigungsschutzprozess eine dringende Vermutung dafür, dass der als Inhaber des fraglichen Profils oder Account ermittelte Arbeitnehmer die beanstandeten Beiträge selbst verfasst hat. Zumindest dann, wenn er lediglich pauschal behauptet, ein anderer habe seinen Account genutzt, wird daher eine (Verdachts-)Kündigung in aller Regel gerechtfertigt sein. Um die Vermutung zu entkräften, muss der Arbeitnehmer ein eigenes Handeln nicht nur pauschal abstreiten, sondern detailliert belegbare Beispiele für eine anderweitige Nutzung seines Accounts, seine etwaige Verhinderung zur Zeit des fraglichen Veröffentlichung oder Ähnliches vortragen.

Verdachtskündigung

Verwertungsfragen und -verbote

Aber selbst beweisbare Entgleisungen bedeuten für den Arbeitgeber, der arbeitsrechtliche Konsequenzen plant, noch keine Sicherheit in einem später möglichen Gerichtsverfahren. Hat er die Beweise für den Online-Fauxpas des Mitarbeiters unter Verstoß gegen rechtliche Regeln, z. B. solche des Datenschutzes, erlangt, können diese nämlich unverwertbar sein. In Deutschland sind Verbote über die Verwertung von Beweismitteln nicht allgemein geregelt, sondern bedürfen immer einer Entscheidung des einzelnen Falls.

Die Frage der Beweiserlangung

Durch eine heimliche Überwachung können keine verwertbaren Beweise erlangt werden

Für die Verwendung im gerichtlichen Verfahren wertlos sind Beweismittel aber jedenfalls dann, wenn ihre Beschaffung erheblich in das Persönlichkeitsrecht des Arbeitnehmers eingreift. Deshalb können Unternehmen, die arbeitgeberfeindliche Facebook-Kommentare ihrer Angestellten durch die heimliche Überwachung aller Internetaktivitäten am Arbeitsplatz aufspüren und nachweisen, sich im Streitfall nicht auf dieses Beweismaterial stützen. Denn eine lückenlose Überwachung des gesamten Kommunikationsverhaltens, ohne dass z. B. der Verdacht einer Straftat besteht, dringt unbefugt in die Privatsphäre der Arbeitnehmer ein.

Auch der Datenschutz muss bei der Beweissicherung beachtet werden

Ähnlich ist die Lage, wenn beim Sammeln von Beweisen gegen den Arbeitnehmer datenschutzrechtliche Regeln missachtet werden. Hier dürfen die unbefugt erlangten Beweismittel, wie geknipste Screenshots von Facebook-Posts mit beleidigenden Inhalten, aber nur dann nicht gerichtlich verwertet werden, wenn neben den bloßen Datenschutzverstoß zusätzlich noch eine persönlichkeitsrechtliche Verletzung des Arbeitnehmers tritt. Daran – und damit an einem Verbot der Verwertung – fehlt es aber, wenn die betreffende Kommunikation des Arbeitnehmers öffentlich und nicht vertraulich stattfindet, wie dies in Social Media meist der Fall ist (siehe Tabelle oben in Abschnitt 12.1.8).

Unrechtmäßig erschlichene nicht öffentliche Äußerungen sind nicht zulässig

Nicht verwertbar sind gesammelte Beweismittel dagegen, wenn der Arbeitgeber in sozialen Netzwerken recherchiert und sich hierfür Zugang zu nicht öffentlichen Informationen erschleicht, etwa indem er durch (Identitäts-)Täuschung, andere Falschangaben oder Druck und Zwang Zugang zur Facebook-Freundesliste des Arbeitnehmers erhält. Trotz einer kündigungswürdigen Äußerung des Arbeitnehmers kann dies in einem Prozess nicht gegen ihn verwendet werden.

12.2 Verrat von Geschäftsgeheimnissen und Whistleblowing

In der Welt des Web 2.0. können Nachteile für Unternehmen aber bei Weitem nicht nur infolge diffamierender Arbeitnehmeräußerungen entstehen. Eine weitere aus der allgegenwärtigen Präsenz sozialer Netzwerke resultierende Gefahr besteht im Unternehmensalltag darin, dass Mitarbeiter geschäftliche Informationen über diese Kommunikationskanäle nach außen tragen – unabhängig davon, ob das ungewollt oder mit Absicht geschieht. Werden so Unternehmensinterna öffentlich bekannt, kann das nicht nur zu Nachteilen gegenüber konkurrierenden Wettbewerbern, sondern auch zu Imageschäden für das betroffene Unternehmen bei Kunden oder in der Öffentlichkeit führen. Umgekehrt droht dem indiskreten Social-Media-Nutzer eine Abmahnung oder sogar die Kündigung.

12.2.1 Verrat von Geschäftsgeheimnissen

Ein Schutz sämtlicher geschäftlicher Informationen ist aber – zumal im Umfeld von Social Media – weder gewollt noch rechtlich vorgesehen. Betroffen sind daher nicht alle, sondern nur bestimmte Informationen, namentlich sogenannte Betriebs- und Geschäftsgeheimnisse.

Geschützte Informationen

Darunter fallen alle Tatsachen, die den Geschäftsbetrieb des Unternehmens betreffen und nur einem begrenzten Personenkreis bekannt, also nicht offenkundig sind. Außerdem muss der Arbeitgeber sie aufgrund berechtigter wirtschaftlicher Interessen auch geheim halten wollen. Typischerweise betrifft dies wichtiges technisches Know-how (Betriebsgeheimnisse), wirtschaftliche Informationen (Geschäftsgeheimnisse) wie Bilanzen, Kunden- und Preislisten oder Angaben über das Personal (z. B. Gehalt, individuelle arbeitsvertragliche Details). Das Weitergeben von Angaben über Kollegen an einen Headhunter ist also ein absolutes Tabu. Aber auch Informationen, die auf den ersten Blick nicht unbedingt streng vertraulich wirken, gehören in diese Kategorie: Findet sich beispielsweise eine telefonische Durchwahlnummer, die bewusst nur unternehmensintern bekannt gegeben wurde, in einem für unternehmensfremde Personen einsehbaren Post wieder, stellt bereits das einen verbotenen Geheimnisverrat dar. Das gilt sogar, wenn die Information lediglich geschäftlichen Kontakten bekannt wird.

Geschäfts- und Betriebsgeheimnisse

Keiner Geheimhaltungspflicht unterliegen Mitarbeiter dagegen dann, wenn die über das Web 2.0 verbreitete Tatsache bereits offenkundig war, also ohnehin von jedem unschwer in Erfahrung gebracht werden kann. Das jedenfalls trifft zumindest auf alle die Angaben zu, die ein Unternehmen selbst online oder anderweitig bekannt gibt,

Über Öffentliches darf gesprochen werden

wie Informationen zu Mitarbeitern, Kunden oder Geschäftsmodell auf der firmeneigenen Website, der Facebook-Fanseite und in anderem Informationsmaterial.

Ob eine Information ein Geschäftsgeheimnis darstellt, ist nicht immer eindeutig zu beurteilen. Und auch wenn dies naheliegt, kann der Nachweis für das Unternehmen durchaus schwierig sein, wie der folgende Fall des AG Hamburg zeigt.

Beispiel

Die bei einem Softwareunternehmen angestellte Beraterin kündigte und fing an, bei einem Konkurrenzunternehmen zu arbeiten. Ihren XING-Account, den sie überwiegend zur Pflege privater und persönlicher Beziehungen – u. a. zu Diskussionen über ihr Hobby Tauchen – nutzte, verwendete sie weiterhin. Da sich unter ihren Kontakten aber auch einige wenige Mitarbeiter von Kunden und Geschäftspartnern ihres alten Arbeitgebers befanden, verlangte das Softwareunternehmen Unterlassung und beantragte eine einstweilige Verfügung. Die Richter sahen in diesem Fall die bestehenden Kontakte der Mitarbeiterin nicht als Geschäftsgeheimnisse an und lehnten das Ansinnen des Softwareunternehmens ab. Zwar könnten XING-Kontakte Geschäftsgeheimnisse sein. Allerdings unterliegt eben nun auch nicht jeder über XING gespeicherte Kontakt gleich diesem Schutz. Nach Auffassung des Gerichts ist für die Bejahung eines Geschäftsgeheimnisses weiter notwendig, dass die Kontaktaufnahmen über XING, die zur Speicherung dieser Daten geführt haben, im Rahmen der geschäftlichen Tätigkeit erfolgt sein müssen. Weil im vorliegenden Fall aber einige der XING-Kontakte entweder entstanden, bevor die Beraterin bei dem Softwareunternehmen gearbeitet hatte, oder die fraglichen Kontakte Mitarbeiter bei Kunden oder Geschäftspartner derselben wurden, fehlte es an diesem geschäftlichen Bezug. Auch kann ein solcher nicht einfach wegen der berufsorientierten Ausrichtung von XING vermutet werden.

Hinweis

Mehr zu den rechtlichen Problemen rund um den Bestand von Social-Media-Accounts, wenn es zu einem Personalwechsel kommt, finden Sie in Abschnitt 12.5 dieses Kapitels.

Arbeitsvertragliche Rücksichtnahmepflichten des Arbeitnehmers

Über den Bereich von Betriebs- und Geschäftsgeheimnissen ihres Unternehmens hinaus müssen Mitarbeiter auch zu allen anderen dienstlich bekannt gewordenen Tatsachen schweigen, die den Arbeitgeber oder andere Beschäftigte besonders berühren. Das verlangt die arbeitsvertragliche Rücksichtnahmepflicht. Posts und Tweets mit Lästereien, aus denen persönliche Umstände oder Verhaltensweisen von Kollegen oder Vorgesetzten hervorgehen, können deshalb – neben einer möglichen Ahndung als Beleidigung – auch gegen diese Verschwiegenheitsverpflichtung verstoßen und damit arbeitsrechtlich zum Bumerang werden.

Konsequenzen beim Verrat von Geschäftsgeheimnissen

Für den Kernbereich vertraulicher betrieblicher Informationen, nämlich die Geschäftsgeheimnisse, besteht eine Pflicht zur Verschwiegenheit schon allein durch das Gesetz (§ 17 UWG). Zusätzlich sind Arbeitnehmer wegen der gegenüber ihrem Unternehmen bestehenden allgemeinen vertraglichen Rücksichtnahmepflicht und darüber hinaus oft zusätzlich durch eine ausdrückliche Verschwiegenheitsklausel (die sogenannte Non-Disclosure Clause) im Arbeitsvertrag zum Stillschweigen auch hinsichtlich solcher Informationen verpflichtet, die nicht in den Bereich der Geschäftsgeheimnisse fallen.

Verschwiegenheitsklausel

Brechen Mitarbeiter mit diesen Regeln und veröffentlichen per Post, Video oder Blog-Eintrag als Geschäftsgeheimnis zu wertende Informationen, ist dies nach § 17 UWG strafbar und kann mit Geldstrafe oder einer maximal dreijährigen Freiheitsstrafe sanktioniert werden. Dass die preisgegebenen Informationen bereits andernorts in einem sozialen Netzwerk veröffentlicht wurden, ändert nichts, sofern sie sich lediglich unter erhöhtem Aufwand im Internet finden lassen. Außerdem kann den Mitarbeiter die gesamte Bandbreite arbeitsrechtlicher Folgen, also je nach Schwere bis hin zur fristlosen Kündigung, treffen. Letzteres trifft nicht nur in Bezug auf Geschäftsgeheimnisse, sondern auch bei der Preisgabe darüber hinausgehender Informationen zu. Dabei gelten diese Regeln sowohl im Internet als auch in der Offlinewelt, da es unerheblich ist, auf welchem Kanal die geschäftlichen Informationen weitergegeben werden. Eine unberechtigte Offenbarung via Social Media ist insofern keine Besonderheit.

Strafbarkeit der Weitergabe von Informationen

Die Verletzung von sonstigen Geheimhaltungspflichten

Zusätzlich zu diesen gesetzlichen und aus dem Arbeitsvertrag resultierenden Spielregeln können Geheimhaltungspflichten für die Mitarbeiter auch in Richtlinien für die Nutzung sozialer Medien, den sogenannten Social Media Guidelines, festgelegt werden. Das kann

Social Media Guidelines

nicht nur der Klarstellung, sondern auch der näheren Ausgestaltung von Verhaltensregeln zum Geheimnis- und Informationsschutz im Umgang mit dem Web 2.0 dienen. Zwar ist der Arbeitgeber im Grundsatz nicht befugt, seinen Beschäftigten für den privaten Bereich, wie sich die Nutzung von sozialen Netzwerken darstellt, Verhaltensvorschriften aufzuerlegen. Bei Social Media Guidelines besteht in bestimmtem Umfang aber insofern eine Ausnahme, da hier berechtigte Interessen des Unternehmens tangiert sind. Ob diese Unternehmensregeln verbindlich und Verstöße hiergegen damit sanktionierbar sind, hängt von der individuellen Ausgestaltung der Social Media Guidelines ab.

> **Hinweis**
>
> Mehr zum Thema Social Media Guidelines finden Sie in Abschnitt 12.4.

12.2.2 Whistleblowing

Die Frage nach der Sanktionierbarkeit von Whistleblowing

Besondere Probleme treten in der Praxis auf, wenn Arbeitnehmer Informationen anzeigen oder öffentlich machen, um in ihrem Unternehmen bestehende Missstände oder illegale Praktiken aufzudecken. Macht ein Mitarbeiter etwa via Twitter die katastrophalen Zustände in einer Altenpflegeeinrichtung publik oder berichtet eine Angestellte in ihrem Blog über Schmiergeldzahlungen oder andere Fälle von Korruption in ihrer Firma, verletzen beide mit diesen Enthüllungen zwar ihre Geheimhaltungspflichten, indes kann aber kaum übersehen werden, dass Enthüllungen dieser Art auch den Interessen der breiten Öffentlichkeit dienen und damit unter Umständen sogar wünschenswert sein können. In Fällen dieses sogenannten Whistleblowings stellt sich daher mit besonderer Schärfe die Frage, ob arbeitsrechtliche Sanktionen gegen den anzeigenden Arbeitnehmer möglich sind.

> **Tipp**
>
> Je nach Art, Branche und Größe des Unternehmens kann es empfehlenswert sein, zur Entgegennahme innerbetrieblicher Anzeigen eine sogenannte Whistleblowing-Hotline einzurichten. Sie dient dem gesetzeskonformen Verhalten sämtlicher Beschäftigten (Stichwort: Compliance) und kann unangenehme Überraschungen durch Anzeigen ohne Vorwarnung verhindern.

Von solchen Enthüllungen betroffene Arbeitgeber jedenfalls werten das Verhalten in aller Regel als illoyal und reagieren nicht selten prompt mit einer fristlosen Kündigung des Whistleblowers. Da es einen eindeutigen gesetzlichen Schutz, wie beispielsweise den US-amerikanischen sogenannten Sarbanes-Oxley-Act, in Deutschland nicht gibt, riskieren Beschäftigte, die beispielsweise ihren Arbeitgeber oder Kollegen bei der Staatsanwaltschaft anzeigen oder die Presse über Missstände informieren, mit Enthüllungen in sozialen Medien ihren Arbeitsplatz.

Hinweis

Der Sarbanes-Oxley-Act, der unternehmensinterne Meldesysteme für Fehlverhalten im Rechnungs- und Bankwesen vorschreibt, gilt – obwohl es sich um ein US-amerikanisches Gesetz handelt – ausnahmsweise auch für deutsche Unternehmen, wenn sie oder ihre Muttergesellschaft US-börsennotiert sind

---

Anzeige von Missständen als Kündigungsgrund

Aufgrund ihrer Rücksichtnahme- und Verschwiegenheitspflicht müssen Mitarbeiter die Interessen ihres Arbeitgebers an der Vermeidung von Image- oder wirtschaftlichen Schäden infolge negativer Publicity beachten. Berechtigte oder vermeintliche Missstände sind daher, soweit möglich, zunächst intern anzuzeigen, um eine Aufklärung des gemeldeten Verdachts zu ermöglichen. Wenden sich Whistleblower dagegen direkt oder gegen den Willen des Arbeitgebers an die Öffentlichkeit und machen ihre Verdachtsmeldung publik, sehen deutsche Arbeitsgerichte dadurch im Grundsatz eine verhaltensbedingte oder unter Umständen sogar fristlose Kündigung gerechtfertigt.

Bei einer Anzeige von Missständen, ohne vorher den Betrieb intern darauf aufmerksam gemacht zu haben, kann eine außerordentliche Kündigung gerechtfertigt sein

---

Beispiel

Ein Arbeitnehmer erfährt, dass der Leiter der Einkaufsabteilung seines Unternehmens im Zuge von Auftragsvergaben von Geschäftspartnern Schmiergeldzahlungen angenommen hat. Statt diese Bestechlichkeit im geschäftlichen Verkehr (§ 299 StGB) zunächst der Geschäftsführung mitzuteilen, schwärzt er einen Kollegen sofort in einem Beitrag seines Blogs an, woraufhin die Staatsanwaltschaft ermittelt.

Dass der Mitarbeiter seinen Kollegen hier ohne Vorwarnung angeschwärzt hat, ist als Verletzung seiner arbeitsvertraglichen Pflichten zu werten und stellt einen verhaltensbedingten Kündigungsgrund dar. Es besteht nämlich kein Grund, weshalb der Arbeitnehmer vor seiner Veröffentlichung im Web 2.0 nicht zunächst eine interne Klärung versucht hat. Außerdem muss zu seinen Lasten berücksichtigt werden, dass gerade bei der Äußerung in Social Media die Gefahr des Kontrollverlusts besonders hoch ist und damit das Risiko erheblicher Nachteile für den Arbeitgeber beträchtlich steigt. Allerdings dürfte hier zunächst eine Abmahnung notwendig sein.

Ausnahmsweise erlaubtes Whistleblowing

Ein großes öffentliches Interesse kann das Whistleblowing rechtfertigen

Zu berücksichtigen ist jedoch, dass sowohl der Whistleblower als auch die Allgemeinheit ein gewichtiges Interesse daran haben können, bestehende Missstände oder strafbares Fehlverhalten in Unternehmen zur Anzeige oder an die Öffentlichkeit zu bringen. Überwiegen diese Interessen die genannten Arbeitgeberinteressen, sind arbeitsrechtliche Sanktionen gegen den Whistleblower nicht gerechtfertigt. Solch ein erlaubtes Whistleblowing, bei dem eine Kündigung des Mitarbeiters unverhältnismäßig ist, haben die Arbeitsgerichte ausnahmsweise in den folgenden Fällen angenommen:

▶ *Abwehr von Gefahren und Gesetzesverstößen*: Ein öffentliches Interesse an der Anzeige besteht, wenn sie der Abwehr von schweren Gefahren oder Gesetzesverstößen dient. Soll das Whistleblowing etwa vor Gefahren für die Gesundheit der Bevölkerung schützen (z. B. Dioxin- und Gammelfleischskandal), bleibt die Anzeige des Arbeitnehmers ohne arbeitsrechtliche Folgen.

▶ *Recht oder Pflicht zur Anzeige*: Für den Arbeitnehmer ist ein Unterlassen der Anzeige ferner unzumutbar, wenn er sich ohne entsprechende Meldung des mit dem Whistleblowing mitgeteilten Sachverhalts selbst einer möglichen Strafverfolgung aussetzt oder er gesetzlich zu einer Anzeige berechtigt ist.

▶ *Schwerwiegende Straftat*: Handelt es sich bei dem angezeigten Vorgesetzten- oder Kollegenverhalten um eine schwerwiegende Straftat, kommt eine Kündigung des Whistleblowers ebenfalls nicht in Betracht.

▶ *Nicht zu erwartende Aufklärung*: Geht der Arbeitnehmer berechtigterweise davon aus, dass eine unternehmensinterne Aufklärung der gemeldeten Problematik unterbleiben wird, ist das Whistleblowing als zulässig zu werten.

Beispiel

Stellt der Datenschutzbeauftragte einer Firma etwa Verstöße gegen Datenschutzbestimmungen in Bezug auf die unternehmenseigene Facebook-Fanpage fest, die der Arbeitgeber nicht behebt, muss der Datenschutzbeauftragte nach § 4g Abs. 1 S. 2 BDSG die zuständige Aufsichtsbehörde einschalten.

Aspekte der Entscheidung im Einzelfall

Nicht alle Fallkonstellationen lassen sich mithilfe dieser Kategorien beurteilen. Ob arbeitsrechtliche Sanktionen gegen einen Arbeitnehmer wegen Whistleblowings möglich und insbesondere seine Kündigung zulässig ist, entscheiden die Arbeitsgerichte stets aufgrund einer Abwägung der kollidierenden Interessen des Arbeitgebers, Schäden von seinem Unternehmen abzuwenden oder gering zu halten, mit denen des Whistleblowers und der Öffentlichkeit an der Aufklärung und Verfolgung von Straftaten. In diese Abwägung sind dabei die vielfältigen in der nachfolgenden Tabelle zusammengefassten Aspekte, entweder für oder gegen ein Kündigungsrecht des Arbeitgebers, einzustellen. Wie üblich können die arbeitsrechtlichen Folgen von der Abmahnung über eine ordentliche verhaltensbedingte Kündigung bis hin zur fristlosen Kündigung aus wichtigem Grund reichen.

Erforderlichkeit einer Interessenabwägung

Für eine Kündigung des Whistleblowers sprechende Aspekte	Gegen eine Kündigung des Whistleblowers sprechende Aspekte
Arbeitnehmer hat Missstände/Straftaten zunächst nicht unternehmensintern angezeigt.	Arbeitnehmer hat auf Missstände/Straftaten zunächst innerbetrieblich aufmerksam gemacht.
	Veröffentlichung dient der Abwehr von Gefahren oder Gesetzesverstößen.
	Es besteht eine gesetzliche Anzeigepflicht oder ein gesetzliches Anzeigerecht.

Tabelle 12.2 Die Tabelle listet Aspekte auf, die für und gegen die Kündigung eines Whistleblowers sprechen.

Für eine Kündigung des Whistleblowers sprechende Aspekte	Gegen eine Kündigung des Whistleblowers sprechende Aspekte
	Es droht eine schwerwiegende Straftat.
	Die interne Aufklärung ist nicht zu erwarten.
Whistleblower handelt aus un- billigen Motiven, z. B. aus Rache oder anderen persönlichen Motiven.	Whistleblower handelt aufgrund billiger Motive, z. B. Pflichtbe- wusstsein.
Veröffentlichung über Social Media geht über das für die Anzeige erforderliche Maß hinaus.	Die Anzeige betrifft Themen von hohem öffentlichem Interesse.

Tabelle 12.2 Die Tabelle listet Aspekte auf, die für und gegen die Kündigung eines Whistleblowers sprechen. (Forts.)

12.3 Anschein, für das Unternehmen zu sprechen

Die Grenze zwischen Privat- und Berufsle- ben verschwimmt im Social Web sehr leicht

Im Social Web führen Arbeitnehmer nicht selten quasi ein Doppel- leben: Einerseits sind sie dort als Privatpersonen, andererseits als Mitarbeiter ihres Unternehmens aktiv – für die anderen Nutzer ist dies nicht immer leicht ersichtlich. Wenn sie dabei durch ihr Verhal- ten in einem sozialen Netzwerk den Anschein vermitteln, im Namen, auf Weisung oder zumindest mit Billigung ihres Arbeitgebers zu han- deln, können für den Arbeitgeber mehr als bloße Unannehmlichkei- ten entstehen. Vor allem bei positiven Mitarbeiteraussagen über das eigene Unternehmen ist die Grenze zwischen gutem Marketing und Schleichwerbung nur allzu leicht überschritten.

12.3.1 Haftung für den Mitarbeiter und arbeits- rechtliche Konsequenzen

Pflicht zur Beseitigung und Unterlassung

Dem Arbeitgeber droht dann, dass er für das Verhalten seines Ar- beitnehmers einstehen muss. Eine solche Haftung für den Mitarbei- ter kann zum einen die Pflicht zur Beseitigung des Rechtsverstoßes und das Versprechen, ihn nicht erneut zu begehen, beinhalten. Aber auch zur Zahlung von Schadenersatz und der Übernahme eventueller Abmahnkosten wird der Arbeitgeber vom Gesetz unter Umständen verpflichtet. War der Mitarbeiter zu der scheinbar für seinen Arbeitgeber erfolgten Social-Media-Äußerung nicht berechtigt, kann das Unternehmen wiederum ihm gegenüber arbeitsrechtlichen Sanktionen ergreifen.

12.3.2 Mitarbeiterhandeln im Rahmen des Arbeitsauftrags

In jedem Fall haftet das Unternehmen für rechtliche Verstöße, die der Arbeitnehmer »geschäftlich« im Rahmen seiner Arbeitstätigkeit begangen hat. Ob dies der Fall ist, lässt sich nicht allein an Kategorien wie Arbeitszeit oder Freizeit, oder ob diese vom Privat- oder Firmencomputer erfolgt sind, festmachen. Entscheidend ist vielmehr, ob der Mitarbeiter mit der jeweiligen konkreten Social-Media-Tätigkeit beauftragt war.

Haftung für Rechtsverletzungen im Rahmen des Arbeitsauftrags

Tipp

Unternehmen sollten deshalb keinesfalls sämtliche Arbeitnehmer aufrufen, sich an den Social-Media-Aktivitäten des Unternehmens zu beteiligen, sondern die Zahl der hierfür Zuständigen begrenzen. Ferner gilt: Je klarer die Anweisungen an diese Mitarbeiter, wie und in welchem Umfang sie im Web 2.0 handeln dürfen, gehalten sind, desto stärker ist die Unternehmenshaftung eingegrenzt.

12.3.3 Agieren außerhalb des Arbeitsauftrags

Sind Arbeitnehmer in Social Media unterwegs, ohne dass dies zu ihrem Arbeitsauftrag gehört, haftet das Unternehmen für etwaige Rechtsverstöße im Normalfall nicht. Der Arbeitgeber kann für private Social-Media-Beiträge nur dann zur Verantwortung gezogen werden, wenn er zu dem Rechtsverstoß einen Beitrag geleistet hat, indem er Mitarbeiter schlecht auswählt, anleitet oder überwacht, oder indem ihm die unerlaubten Mitarbeiteraktivitäten sogar bekannt sind, er aber trotzdem nicht einschreitet.

Deutlich problematischer sind dagegen Fälle zu beurteilen, in denen nicht klar ist, ob der betreffende Mitarbeiter innerhalb seines Ar-

Handlung entgegen dem Arbeitsauftrag

beitsauftrags oder sogar entgegen internen Weisungen und damit rein privat gehandelt hat.

Tipp

Um das Haftungsrisiko möglichst gering zu halten, sollten Unternehmen ihre Mitarbeiter daher stets anweisen, im Rahmen ihrer privat betriebenen Blogs oder Social-Media-Accounts einen Hinweis darauf zu geben, dass das Angebot einen rein privaten Charakter hat, das nicht für oder im Namen des Unternehmens betrieben wird (siehe Abbildung 12.5).

Abbildung 12.5   Auf der Facebook-Seite von Jürgen Domian findet sich die Angabe, dass es sich um die rein private Seite des Moderators handelt.

Unter Umständen muss der Arbeitgeber auch für private Äußerungen haften

Für Privatäußerungen seiner Mitarbeiter muss das Unternehmen zwar grundsätzlich nicht einstehen. Falls aber der Eindruck entsteht, der Mitarbeiter blogge, poste oder twittere für das betreffende Unternehmen, können ausnahmsweise doch die genannten Haftungsfolgen ausgelöst werden, wie folgender Fall zeigt.

Beispiel

In einem öffentlich zugänglichen Blog verteidigte ein Mitarbeiter einer Rechtschutzversicherung vehement die Produkte seines Arbeitgebers mit den Worten:

»Die A. ist die beste Rechtsschutzversicherung, die es gibt. Einmal angefragt, schon kam die Deckungszusage, mein Anwalt als auch ich sind

---

begeistert. Weiter so A. und mit dem neuen Produkt R. & H. ist die A. unschlagbar. Eine der fairsten und kompetentesten Versicherungen, die ich kenne.«

Dem waren verschiedene negative Eintragungen in dem Blog vorausgegangen. In dem Kommentar, den er von einem Computer des Arbeitgebers aus verfasste, unterließ der Mitarbeiter, es offenzulegen, dass er selbst für diese Rechtsschutzversicherung tätig war. Letztere will sich den Verstoß nicht zurechnen lassen, weil der Blog-Eintrag ohne ihr Einverständnis und entgegen den unternehmensinternen Social Media Guidelines erfolgt sei und es sich nur um eine private Meinungsäußerung handele. Das Gericht wertete den Blog-Eintrag als verbotene Schleichwerbung, für die das Versicherungsunternehmen einstehen müsse. Zwar verteidigte sich der Beklagte damit, dass er sich privat geäußert und keine geschäftliche Werbung gemacht habe. Entscheidend für die Unterscheidung von privatem und geschäftlichem Verhalten ist aber, ob das jeweilige Verhalten objektiv als wirtschaftliche Förderung des in Rede stehenden Unternehmens aufzufassen ist. Dabei kommt es auf die Einzelfallumstände an, weshalb das Gericht angesichts der extrem positiven Bewertung und dem verwendeten Firmencomputer hier davon ausging, dass der Schreiber sein Unternehmen wirtschaftlich fördern wollte. Alles andere widerspricht nach Ansicht des Gerichte der Lebenswahrscheinlichkeit.

Weil ein Unternehmen für Wettbewerbsverstöße wie diesen für ihre Beauftragten, wozu auch Mitarbeiter jeder Art zählen, selbst dann haftet, wenn es von dem Mitarbeiterverhalten keine Kenntnis hat und es auch sonst kein Verschulden trifft, muss die Rechtsschutzversicherung für den Schleichwerbungseintrag des Arbeitnehmers einstehen.

Haftung auch bei Unkenntnis des Unternehmens

Tipp

Zur Minimierung von Haftungsrisiken können Mitarbeiter in Social Media Guidelines (siehe unten) vom Arbeitgeber sogar verpflichtet werden, die oben empfohlenen Hinweise auf den Privatcharakter ihrer Social-Media-Angebote zu geben. Zwar besteht grundsätzlich arbeitgeberseitig kein Recht, Mitarbeiter im privaten Rahmen anzuweisen, hier ist aber ausnahmsweise ein Weisungsrecht des Arbeitgebers für den Privatbereich des Arbeitnehmers anzunehmen, da seine berechtigten Interessen betroffen sind.

12.4   Regeln für das Social Web – Social Media Guidelines

Es erstaunt immer wieder aufs Neue, zu welchen Äußerungen sich Menschen im vermeintlichen Schutz des Internets hinreißen lassen. Das belegen nicht nur die angeführten Fallbeispiele negativer oder sonst unerlaubter Aussagen von Arbeitnehmern im Social Web eindrucksvoll. Um diesen mit einer unkontrollierten Social-Media-Nutzung verbundenen Risiken entgegenzutreten, empfiehlt es sich für Unternehmen, sogenannte Social Media Guidelines einzuführen.

Schärfung des Problembewusstseins der Mitarbeiter

Solche Leitlinien ermöglichen dem Arbeitgeber, das notwendige Problembewusstsein für den Bereich der sozialen Medien bei den Mitarbeitern zu schaffen und ihnen Verhaltensregeln für einen verantwortungsvollen Medienumgang zu geben. Die Regeln können dabei von bloßen Empfehlungen bis hin zu verbindlichen Anweisungen reichen und so im Idealfall als Instrument positiver Steuerung der Mitarbeiter oder im Ernstfall als Grundlage für arbeitsrechtliche Sanktionen dienen.

Social Media Guidelines haben präventiven Charakter

Zwar ist es dem Arbeitgeber – zumindest im dienstlichen Bereich – möglich, die Benutzung sozialer Medien sogar komplett zu verbieten, das liefe aber nicht nur der Realität und gängiger Praxis im Unternehmensalltag zuwider. Vielmehr wäre es eine schwer durchsetzbare, unter Umständen wenig kluge Entscheidung, die wachsende Verbreitung und Verankerung sozialer Medien auch im Unternehmensumfeld zu ignorieren und die daraus erwachsenden Vorteile nicht zu nutzen. Auch geht es nicht darum, die Mitarbeiter einfach durch strenge Regelungen festzuzurren. Stattdessen ist es sinnvoll, Social Media Guidelines als präventive Maßnahme aufzufassen, mit denen nicht nur auf das jeweilige Unternehmen individuell zugeschnittene Regeln für soziale Medien geschaffen werden, sondern durch die auch eine Unternehmensphilosophie abgebildet und kommuniziert werden kann.

12.4.1   Erstellen von Social Media Guidelines

Die Akzeptanz der Guidelines bei Mitarbeitern ist entscheidend

Entscheidet sich ein Arbeitgeber dafür, Social Media Guidelines einzuführen, wird ihre Akzeptanz durch alle beteiligten Personen von entscheidender Bedeutung für den Erfolg der Leitlinien sein. Deshalb und um ein zum eigenen Unternehmen passendes Regelwerk zu finden, sollten bei der Ausarbeitung von Social-Media-Leitlinien mehrere Faktoren berücksichtigt werden:

▶ *Unternehmensziele und -philosophie*: Durch Social Media Guidelines können Ziele und die Philosophie des Unternehmens im Bereich der sozialen Medien unterstützt werden. Denn die Richtlinien bieten Unternehmen nicht nur die Gelegenheit, sich allgemein zum Thema Social Media zu positionieren, sondern auch, um ein bestimmtes Bild oder die Philosophie des Unternehmens abzubilden, etwa indem durch ein aktives oder ungewöhnliches Auftreten der Mitarbeiter im Social Web das Bild eines modernen und technikaffinen Unternehmens gezeichnet wird.

▶ *Bedürfnisse der Belegschaft*: Soweit möglich, sollten in den Verhaltensrichtlinien die vorhandenen Fähigkeiten und bestehenden Bedürfnisse berücksichtigt werden. In einem IT-Start-up mit einem Team mit entsprechenden Kompetenzen ist es deshalb in der Regel sinnvoll, die rechtlichen Aspekte der Social Media Guidelines zu betonen, während ein technisches Verständnis sozialer Medien nicht vermittelt werden muss.

▶ *Öffentlichkeitsschutz von Mitarbeitern*: Stets bedacht werden sollte, dass die für das Unternehmen in den sozialen Medien agierenden Mitarbeiter Ziel von Kritik oder sogar persönlichen Angriffen sein können. Um ihre private Identität in der Öffentlichkeit zu schützen, sollten daher klare Regeln zur Preisgabe von privaten Informationen definiert werden, deren Reichweite je nach Affinität der Mitarbeiter zu sozialen Medien stark variieren kann.

▶ *Bereichsspezifische Regeln*: Als Folge ihrer verschiedenen Aufgaben im Zusammenhang mit Social Media sind die einzelnen Abteilungen oft mit ganz unterschiedlichen rechtlichen Risiken konfrontiert. Meist ist es deshalb sinnvoll, für die einzelnen Unternehmensteile auch ergänzende oder angepasste Regeln aufzustellen, sodass für das mit Social Media Monitoring befasste HR-Team andere Regelungen (oder zusätzliche Spezialregelungen) gelten als für den Customer-Service, der im direkten und öffentlichen Kontakt mit dem Kunden steht.

▶ *Schadens- und Haftungsrisiko für Unternehmen*: Je nachdem, auf welchem Gebiet ein Unternehmen agiert, können unterschiedliche rechtliche Risiken in sozialen Medien besonders relevant werden. Während stark in der Öffentlichkeit stehende Unternehmen insbesondere unternehmens- oder kundenkritische Social-Media-Aussagen ihrer Mitarbeiter samt den daraus entstehenden Schäden fürchten müssen, besteht für technologieorientierte Firmen vor allem die Gefahr des Know-how-Verlusts, sollten Geschäfts- und Betriebsgeheimnisse über soziale Medien ausgeplaudert werden.

12.4.2   Form von Social Media Guidelines

Schritfliche Social Media Guidelines können von Mitarbeitern als langweilig empfunden werden

Als Web 2.0-Regelwerke für die Mitarbeiter werden Social Media Guidelines in den meisten Fällen schriftlich verfasst werden. Zwingend ist dies allerdings nicht. Schriftliche Leitlinien haben zwar den Vorteil, dass die detaillierten Regeln für alle Beteiligten klar und eindeutig niedergelegt sind, unter Umständen besteht aber die Gefahr, dass Mitarbeiter die leicht als langweilig empfundenen Texte nicht oder nur vereinzelt einsehen, verinnerlichen und akzeptieren. Daher bieten sich als aufmerksamkeitswirksamere Alternativen zu schriftlichen Richtlinien innovative Formen wie beispielsweise Videos an.

> **Hinweis**
>
> Unter folgenden Links finden Sie gelungene Umsetzungen von Social Media Guidelines in Videoform:
>
> ▶ Tchibo, »Herr Bohne geht ins Netz«: *http://www.youtube.com/watch?v=e_mLQ_eWk_o*
>
> ▶ Krones, »11 Tips for your online life«: *https://www.youtube.com/watch?v=89ePqSpRtC0* (siehe Abbildung 12.6)
>
> ▶ Linde, »Social Media Richtlinien bei Linde«: *http://www.youtube.com/watch?v=TFtNU_yBRNM*

Und auch interaktive Mischformen aus Text- und audiovisuellen Elementen sind durchaus denkbar.

Wenn die Guidelines vertraglichen Charakter haben sollen, ist eine schriftliche Fixierung erforderlich

Sofern die Leitlinien zur Social-Media-Nutzung aber verbindlich und nicht nur im Sinne bloßer Empfehlungen ausgestaltet werden sollen, muss dies durch individualvertragliche Ergänzung des Arbeitsvertrags oder – sofern ein Betriebsrat existiert – mittels Betriebsvereinbarung umgesetzt werden (siehe dazu mehr in Abschnitt 12.4.4). Um eine schriftliche Fassung der Social Media Guidelines kommt das Unternehmen dann nicht herum.

Abbildung 12.6   Die Social Media Guidelines müssen nicht in einem alt-backenen DIN-A4-Ordner serviert werden. Man kann diese auch aufgelockert und dadurch umso einprägsamer z. B. in einem Video präsentieren. So hat dies auch die Krones AG gemacht. Egal für welche Form Sie sich entscheiden: Wichtig ist nur, dass Ihre Mitarbeiter die Guidelines wahrnehmen und ak-zeptieren.

12.4.3   Inhalte von Social Media Guidelines

Letztlich gestalten die inhaltlich in den Social Media Guidelines ge-machten Vorgaben lediglich die arbeitsvertraglichen Pflichten der Mitarbeiter näher aus. Zu welchen Punkten die Social-Media-Richt-linien aber Regelungen treffen, hängt stets von den oben genannten Faktoren ab; dies lässt sich nicht allgemein, sondern nur individuell für jedes Unternehmen beantworten. Im Normalfall sollten dennoch die folgenden Aspekte angesprochen werden:

Generelle Regeln

▶ Gestattung oder Verbot privater Social-Media-Aktivitäten am Ar-beitsplatz.

▶ Regeln zum zeitlichen und inhaltlichen Umfang und Grenzen der Nutzung von Social Media.

▶ Hinweise auf die Risiken und die einzuhaltenden rechtlichen Bestimmungen (z. B. Urheber-, Wettbewerbs- und Datenschutz-recht).

Social Media Guide-lines sollten zu allge-meinen Fragen, zur dienstlichen und zur privaten Nutzung von Social Media Regelun-gen enthalten

▶ Bestimmungen zur IT-Sicherheit (Viren, Trojaner und andere Gefahren).

▶ Eigenverantwortung der Mitarbeiter.

▶ Gegebenenfalls arbeitsrechtliche Sanktionen bei Regelverstößen.

▶ Nennung eines verantwortlichen Ansprechpartners für Social Media im Unternehmen.

Dienstliche Nutzung

▶ Festlegung, welche Mitarbeiter über welche sozialen Medien nach außen kommunizieren sollen und/oder dürfen.

▶ Anlegen von Social-Media-Profilen im oder unter dem Namen des Unternehmens.

▶ Regeln zur internen Abstimmung der veröffentlichten Inhalte.

▶ Pflicht, die Autorenschaft in veröffentlichten Beiträgen offenzulegen.

▶ Regeln für den Umgang mit Kunden, Kollegen und Konkurrenten.

▶ Hinweise zur Reaktion auf empfangene negative Kritik.

▶ Herausgabepflicht sämtlicher Account- und/oder Kundendaten bei Ausscheiden.

Private Nutzung

▶ Regelungen zur Privatnutzung dienstlicher Social-Media-Accounts.

▶ Verbot, dienstliche E-Mail-Adressen für private Social-Media-Aktivitäten zu nutzen.

▶ Distanzierung vom Unternehmen bei privaten Äußerungen (»ich« statt »wir«).

▶ Empfehlungen und/oder Regeln zu unerwünschter Unternehmens- und Mitarbeiterkritik, Geheimhaltungspflichten und anderen Loyalitätspflichten.

Tipp

Die möglichen Inhalte von Social Media Guidelines sind vielfältig. Um eine Überfrachtung zu vermeiden, konzentrieren Sie sich im Zweifel aber auf die für Ihr Unternehmen wesentlichen Regelungen. Ein Muster für die Ausgestaltung solcher Richtlinien finden Sie in Kapitel 14, »Mustertexte«.

12.4.4 Verbindlichkeit der Social Media Guidelines

Wie bereits gesehen, können Social Media Guidelines als verbindliche Regeln oder lediglich als Hinweise mit Empfehlungscharakter ausgestaltet sein. Möchte ein Unternehmen solche Richtlinien implementieren, muss es daher entscheiden, ob sein Regelwerk für die Mitarbeiter verpflichtend oder arbeitsrechtlich unverbindlich sein soll.

Dieser Charakter entscheidet etwa über die Frage, ob bei Missachtung der Social Media Guidelines arbeitsrechtliche Konsequenzen gegen den jeweiligen Mitarbeiter möglich sind oder eben nicht. Verstößen gegen die Spielregeln kann nämlich nur dann mit einer Abmahnung oder Kündigung begegnet werden, wenn die Guidelines bindend sind.

Nur Verstöße gegen verbindliche Regeln können zu Sanktionen führen

Umgekehrt kann dies aber auch nachteilig sein. Denn die Einführung verbindlicher Social Media Guidelines ist an strenge Anforderungen, wie gegebenenfalls die Beteiligung des Betriebsrats, geknüpft (siehe Abschnitt 12.4.5). Werden diese nicht erfüllt, sind die Guidelines rechtlich nicht wirksam und die Mitarbeiter damit nicht zu ihrer Befolgung verpflichtet. Auch sinkt oft die Akzeptanz solcher zunächst zwangsweise vom Arbeitgeber auferlegten und dann als illegal erkannten Regeln unter den Mitarbeitern. In Anbetracht dessen mag es für manche Unternehmen sinnvoller sein, auf die ohne Weiteres einzuführenden bloßen Social-Media-Empfehlungen zu bauen, die zudem schneller angepasst werden können und deshalb als flexibler gelten. Je höher Kompetenz und Eigenverantwortlichkeit der Mitarbeiter in diesem Bereich sind, desto eher kann auf verbindliche Regeln und damit auf die mit ihrer Umsetzung verbundenen Komplikationen verzichtet werden. Welche Lösung insgesamt für den Arbeitgeber passender erscheint, ist aber wie so oft eine Frage des einzelnen Falls, die sich einer pauschalen Beantwortung entzieht.

Im Vergleich zum bloßen Nutzungshinweis ist die Wirksamkeit von verbindlichen Regeln an besondere Voraussetzungen geknüpft

12.4.5 Anforderung an verbildliche Social-Media-Richtlinien

Sollen Social Media Guidelines verbindlich gestaltet werden, müssen unbedingt sämtliche der nachfolgend erläuterten Anforderungen beachtet werden. Sobald eine Regelung dies verfehlt, ist sie unwirksam. Allerdings betrifft das dann nicht die Social-Media-Richtlinien in ihrer Gesamtheit, sondern nur die betreffende Einzelregelung.

Wirksamkeitsvoraussetzungen

▶ *Erkennbarkeit*: Den Mitarbeitern muss die Verbindlichkeit der Guidelines, an denen sie ihr Handeln ausrichten sollen, bewusst gemacht und deshalb deutlich für sie erkennbar werden. Das kann nicht nur durch ausdrücklich formulierte Hinweise in den Richtlinien geschehen. Auch wenn Mitarbeiter den Guidelines zustimmen, entweder indem sie eine entsprechende Ergänzung ihres Arbeitsvertrags unterschreiben oder der Betriebsrat zustimmt, wird die Verbindlichkeit ausreichend deutlich. Sogar der Umstand, dass in den Richtlinien Sanktionen für Regelverstöße angedroht werden, wird regelmäßig genügen.

▶ *Keine Anweisungen entgegen dem Arbeitsvertrag*: Bindende Guidelines legen fest, wie Mitarbeiter sich im Web 2.0 zu verhalten haben. Aus Sicht des Arbeitgebers sind sie insofern eine Möglichkeit, sein gegenüber den Arbeitnehmern zustehendes Weisungsrecht (das Direktionsrecht) wahrzunehmen. Dabei dürfen aber niemals die im Arbeitsvertrag gezogenen Grenzen überschritten werden. Social-Media-Richtlinien können einen als Softwareentwickler angestellten Arbeitnehmer also nicht verpflichten, den Corporate Blog seines Unternehmens zu führen, da dies nicht zu seinen vertraglich definierten Aufgabengebieten zählt.

▶ *Keine Vorschriften für den privaten Lebensbereich*: Auch der private Lebensbereich der Mitarbeiter stellt eine Grenze des Direktionsrechts dar. Privat getätigte Äußerungen seiner Arbeitnehmer können Unternehmen daher grundsätzlich auch durch Social Media Guidelines nicht reglementieren. Sie können beispielsweise nicht generell die Nutzung sozialer Netzwerke verbieten. Ausnahmen bestehen aber, wenn gegenüber der Meinungsfreiheit wichtige Unternehmensinteressen überwiegen. Wegen ihrer arbeitsvertraglichen Treue- und Rücksichtnahmepflicht müssen sich Mitarbeiter dann ausnahmsweise auch für ihr privates Handeln im Netz Weisungen vom Arbeitgeber erteilen lassen. Gemeint sind insbesondere die folgenden in den Abschnitten 12.1 bis 12.3 detailliert beschriebenen Mitarbeiteräußerungen in Social Media:

  ▸ Beleidigende oder andere negative Aussagen.

  ▸ Verrat von Geschäfts- und Betriebsgeheimnissen.

  ▸ Schwere wirtschaftliche Schäden durch Unternehmenskritik.

▸ Scheinbares Auftreten für das Unternehmen und verbotene Schleichwerbung.

Obwohl die Fälle eigentlich allesamt als Privatangelegenheiten des Arbeitnehmers einzustufen sind, dürfen Social Media Guidelines zu diesen Themen verbindliche Vorschriften vorsehen, an die die Mitarbeiter auch gebunden sind.

Privates Handeln darf nur ausnahmsweise in Guidelines geregelt werden

▸ *Ordnungsgemäße Beteiligung des Betriebsrats*: Existiert in Ihrem Unternehmen ein Betriebsrat, muss dieser nach § 87 Abs. 1 Betriebsverfassungsgesetz (BetrVG) an der Entscheidung beteiligt werden, wenn Regelungen in den Guidelines getroffen werden sollen, die die Betriebsordnung oder technische Einrichtungen betreffen, mit denen das Verhalten oder die Leistung der Arbeitnehmer überwacht werden kann. Sollen Social-Media-Richtlinien also Regelungen und/oder Verpflichtungen hinsichtlich

Der Betriebsrat muss in bestimmten Fällen beteiligt werden

▸ der privaten Nutzung von Social Media am Arbeitsplatz,

▸ des Umgangs mit Kollegen in sozialen Netzwerken,

▸ einer Meldepflicht von Verstößen in sozialen Netzwerken,

▸ der Wahrung betrieblicher Geheimnisse oder der Privatsphäre von Kollegen, oder

▸ der Leistungskontrollen und Stichproben über die private Social-Media-Nutzung

enthalten, ist eine Mitbestimmung des Betriebsrats vorgesehen. In aller Regel geschieht das durch eine besondere Vereinbarung zwischen Unternehmen und diesem Organ (Betriebsvereinbarung).

▸ *Keine willkürlichen Regeln*: Als verbindlich angeordnete Verhaltensvorschriften müssen die Guidelines immer durch sachliche betriebliche Belange begründet und dürfen nicht willkürlich festgelegt sein. So dient die zwingende Anordnung an die Mitarbeiter, in allen Social-Media-Beiträgen den Verfasser offenzulegen, offensichtlich dem betrieblichen Interesse, eventuelle Verstöße gegen gesetzliche oder interne Vorschriften einer Person zuordnen zu können.

▸ *Bestimmtheit und Transparenz der Guidelines*: Und nicht zuletzt müssen Regeln, die verbindlich sein sollen, transparent und bestimmt formuliert sein. Damit für Mitarbeiter klar ist, wie sie sich zu verhalten haben, müssen die Verhaltensregeln für das

Klare transparente Regelungen dienen der Rechtssicherheit

Social Web bestimmt genug und nicht zu allgemein formuliert sein. Fehlt dies oder ist die Verhaltensanweisung nicht transparent, bleibt auch in diesem Fall der betreffende Teil der Social Media Guidelines nur eine unverbindliche Empfehlung.

Hinweis

Das Aufstellen von Social Media Guidelines als rechtliche Leitplanken birgt vielfältige Probleme. Eine beispielhafte Ausgestaltung solcher Richtlinien finden Sie im Muster in Kapitel 14, »Mustertexte«. Um aber rechtssichere und individuell angepasste Richtlinien zu erstellen, sollte bei der Einführung im Zweifel ein spezialisierter Rechtsanwalt hinzugezogen werden.

Tipp

Unter *www.social-media-guidelines.com* finden Sie weitere Hinweise und Beispiele für Social Media Guidelines.

12.5 Was geschieht mit Social-Media-Profilen nach Beendigung des Arbeitsverhältnisses?

Da in Zeiten des Web 2.0 viele Arbeitnehmer ihre Kundenverbindungen über berufsorientierte Netzwerke wie XING oder LinkedIn nicht nur verwalten und langfristig pflegen, sondern dort auch neue geschäftliche Kontakte akquirieren, sind oft erhebliche Mengen wichtiger Kundendaten inklusive geschäftlicher Korrespondenz in sozialen Netzwerken, namentlich im Benutzerkonto des zuständigen Mitarbeiters, enthalten. Vergleichbar ist die Lage bei Social-Media-Accounts wie »firmeneigenen« Facebook-, Google+-, Twitter oder YouTube-Accounts.

12.5.1 Personalwechsel als Gefahrenherd

Wem gehören die Geschäftskontakte im Profil?

Verlässt ein Beschäftigter zu einem späteren Zeitpunkt sein Unternehmen, drängt sich ungeachtet der Gründe für den Personalwechsel die Frage auf, wem das zur Kundenkommunikation genutzte Profil samt der enthaltenen Kundendaten nun »gehört«, also rechtlich zusteht.

Aus der Sicht des Unternehmens wird dabei vor allem entscheidend sein, ob es zu einem Verlust der Kunden- und Geschäftskontakte kommt, da dies nicht nur einen Abfluss betrieblicher Geheimnisse, sondern bei Mitarbeiterwechseln häufig auch einen entsprechenden Zufluss bei Konkurrenten bedeutet. Beinahe ebenso wichtig ist aber, in welcher Form der Arbeitnehmer die Geschäftskontakte herausgeben muss, also ob er dem Unternehmen den gesamten Benutzer-Account zu übertragen oder diesem nur die wesentlichen Kundeninformationen einschließlich der geführten Korrespondenz mitzuteilen hat.

> **Hinweis**
>
> Keinesfalls dürfen Arbeitnehmer die im Rahmen ihrer Tätigkeit gesammelten Kontakte beim Ausscheiden aus dem Unternehmen »mitnehmen«, also kopieren und für sich oder neue Arbeitgeber nutzen (siehe Fallbeispiel des weitergenutzten XING-Accounts). Andernfalls droht wegen des Verrats von Geschäfts- oder Betriebsgeheimnissen nach § 17 UWG eine Strafbarkeit (siehe oben). Nicht verwehrt ist es dem Arbeitnehmer aber, gesammelte Kontakte zu verwerten, an die er sich persönlich erinnert.

12.5.2   Berufliche Accounts müssen herausgegeben werden

Arbeitsrechtliche Grundsätze verpflichten einen ausscheidenden Arbeitnehmer zunächst, dem Unternehmen alle Informationen zu hinterlassen, die für das Fortführen der von ihm ausgeübten Tätigkeiten notwendig sind. Die beispielsweise in seinem XING-Profil verwalteten Daten von Firmenkunden einbehalten darf er daher nach seinem Weggang nicht.

Dagegen muss der Account selbst nur dann an den Arbeitgeber übertragen werden, wenn dieser als ein Arbeitsmittel anzusehen ist, das dem Arbeitnehmer vom Unternehmen lediglich für die Dauer seiner Tätigkeit überlassen wurde. Nur solche Mittel hat der Beschäftigte bei Beendigung seines Arbeitsverhältnisses an den Arbeitgeber

Der Account steht dem Arbeitgeber zu, wenn dieser als Arbeitsmittel zu beurteilen ist

herauszugeben. Maßgeblich für diese Einordnung ist insofern, dass der fragliche Social-Media-Account dienstlich genutzt wird. Dient er dagegen der rein privaten Nutzung durch den Mitarbeiter, steht er diesem auch nach Ende der Beschäftigung zu.

Für die Frage, ob es sich um ein »gestelltes« Arbeitsmittel handelt, ist der Einzelfall zu betrachten

Dabei ergibt es sich letztlich aus dem Gesamteindruck des jeweiligen Einzelfalls, wem das Benutzerkonto als Inhaber zusteht. Für die Entscheidung, ob dies das Unternehmen oder aber der ausscheidende Mitarbeiter ist, können insbesondere die folgenden Punkte als Indizien herangezogen werden. So spricht es etwa für ein dienstliches Benutzerkonto, das dem Unternehmen als Inhaber zuzuordnen ist, wenn

▶ eine geschäftliche E-Mail-Adresse und/oder die Unternehmensanschrift bei der Anmeldung hinterlegt werden,

▶ der Arbeitgeber finanziell für den Social-Media-Account aufkommt und

▶ der Arbeitnehmer den Account, unter Umständen sogar auf Weisung, während der Arbeitszeit nutzt.

Dagegen wird es als Anzeichen dafür, dass der Account eines berufsorientierten Netzwerks rein privat genutzt wird, zu werten sein, wenn der Mitarbeiter das betreffende Benutzerkonto

▶ im eigenen bzw. unter eigenem Namen anmeldet,

▶ ohne Verwendung des Firmennamens erstellt,

▶ unter Angabe seiner privaten E-Mail-Adresse und seiner Privatanschrift anlegt und

▶ die gegebenenfalls anfallenden Kosten (z. B. Premium-Mitgliedschaft bei XING) des betreffenden Accounts selbst trägt.

Tipp

Angesichts dieser vielfältigen Indizien ist nicht immer eine klare Einordnung des Accounts als privat oder geschäftlich möglich. Unternehmen sollten daher vorsorglich eindeutige Regeln und eine klare Praxis, etwa durch Social Media Guidelines, schaffen.

12.5.3   Herausgabepflicht bei privaten Social-Media-Accounts

Führt die Anwendung dieser Kriterien dazu, dass eine rein private Nutzung vorliegt, muss der Arbeitnehmer nach Beendigung des Arbeitsverhältnisses das Benutzerkonto nicht an den Arbeitgeber herauszugeben, sondern er darf den Account ohne Einschränkung weiter nutzen. Insofern hat der Arbeitgeber keinen Anspruch auf Herausgabe der zugehörigen Zugangsdaten.

Privat genutzte Accounts verbleiben beim Arbeitnehmer

Tipp

Ein privater Nutzer-Account unterliegt dem Telekommunikationsgeheimnis (§ 88 TKG), das die Privatsphäre des Mitarbeiters im Bereich der Kommunikation schützt und strikt zu wahren ist. Verletzt das Unternehmen nämlich dieses auch grundrechtlich abgestützte Geheimnisrecht, kann sich der Unternehmer bzw. die Geschäftsführung sogar nach § 206 StGB strafbar machen.

Trotzdem muss der Beschäftigte seinem Arbeitgeber alle Informationen, die zum Fortführen der Kundenbeziehungen erforderlich sind, zur Verfügung stellen und anschließend löschen. So kann es deshalb sein, dass der ausscheidende Mitarbeiter bestimmte Dateninhalte aus seinem privaten Benutzerkonto dem Unternehmen mitteilen oder auf andere Weise zur Verfügung stellen muss. Gemeint sind damit in erster Linie Kundeninformationen und Kontaktdaten, aber auch geschäftliche Korrespondenz, soweit sie von wirtschaftlichem Belang sind. Das muss selbstverständlich nicht nur aktuelle Korrespondenz aus laufenden Projekten sein, sondern kann sich auch auf solche Geschäftsunterlagen beziehen, die der Arbeitgeber aus gesetzlichen Gründen (z. B. handels- und steuerrechtlichen Aufbewahrungspflichten) benötigt.

Herausgabe und anschließende Löschung geschäftlicher Informationen und Daten

12.5.4   Herausgabepflicht bei beruflichen Accounts

Lassen die angeführten Indizien auf eine dienstliche Nutzung schließen, hat der Mitarbeiter den insofern als Arbeitsmittel einzustufenden Social-Media-Account selbst herauszugeben, wozu er nicht nur gesetzlich, sondern in vielen Fällen auch ausdrücklich nach dem Arbeitsvertrag verpflichtet sein wird. In der Praxis erfüllt der ehemalige Beschäftigte die Herausgabe, indem er die entsprechenden Zugangs-

Herausgabe des Accounts durch Überlassung der Zugangsdaten

daten an den Arbeitgeber mitteilt. Letzterer kann den Account dann uneingeschränkt nutzen und den ehemaligen Mitarbeiter von jeder künftigen Nutzung ausschließen.

Oft wird der Arbeitnehmer aber auch private Kontakte und Aufzeichnungen in dem dienstlichen Account abgelegt haben. Dann muss ihm der Arbeitgeber zwingend die Möglichkeit einräumen, alle privaten Daten vor der Herausgabe des Accounts zu löschen. Das verlangt der Datenschutz sogar dann, wenn nur eine rein dienstliche Nutzung des Benutzerkontos durch den Arbeitgeber erlaubt war.

Tipp

Das Telekommunikationsgeheimnis inklusive der oben genannten Folgen bei seiner Verletzung gilt auch für dienstliche Accounts, die der Mitarbeiter zulässigerweise ebenfalls privat nutzt. Da sich eine entsprechende Berechtigung bereits daraus ergeben kann, dass eine Privatnutzung geduldet wird, kann es für Unternehmen unter Umständen ratsam sein, hier Klarheit schaffen und diese durch Social Media Guidelines zu untersagen.

12.5.5 Durchsetzung der Account-Herausgabe

In der Unternehmenspraxis werden häufig Mischformen vorliegen, etwa Privat-Accounts, mit denen dienstliche Kontakte verwaltet werden. Wie gesehen, bleibt dem Unternehmen hier zwar zumindest der Herausgabeanspruch bezüglich der für die Geschäftstätigkeit notwendigen Kundendaten, erfolgt die Beendigung des Arbeitsverhältnisses aber im Streit und hat der Mitarbeiter die Daten ausschließlich über seinen privaten Account verwaltet, bleibt dem Arbeitgeber für den Fall, dass die Herausgabe verweigert wird, nur der Klageweg.

Beweisschwierig-keiten des Unterneh-mens

Es liegt auf der Hand, dass dies in der Praxis mit nicht unerheblichen Schwierigkeiten verbunden sein kann, insbesondere was die durch das Unternehmen zu erbringenden Beweise angeht. Denn im Zweifel hat das Unternehmen keinen Einblick darin, über welche Kontakte der Mitarbeiter verfügt und ob diese im Rahmen der arbeitsvertraglich geschuldeten Tätigkeit gewonnen und verwaltet wurden. Hilfreich wäre insofern ein Recht des Arbeitgebers auf entsprechende Auskunft durch den Mitarbeiter, ohne den der Nachweis für das Unternehmen äußerst schwierig sein kann, wie der folgende Fall des AG Hamburg zeigt.

Beispiel

Im bereits skizzierten Fallbeispiel der bei einem Softwareunternehmen beschäftigten Beraterin, die zu einem Konkurrenten gewechselt ist und ihren XING-Account mitgenommen hatte, wurde das betreffende Profil überwiegend zur privaten Kontaktpflege, insbesondere zu Diskussionen über das Tauchen als das leidenschaftliche Hobby der Mitarbeiterin, genutzt. Insofern war von der Beweislage unklar, ob die Kontakte im Rahmen der geschäftlichen Tätigkeit zustande gekommen waren.

Trotz der berufsorientierten Ausrichtung des in Rede stehenden Netzwerks XING erteilte das Gericht der von dem Softwareunternehmen vertretenen Auffassung eine Absage, die Mitarbeiterin träfe eine sogenannte sekundäre Darlegungslast, aufgrund dieser sie nachweisen müsse, dass es sich nicht um Kontakte im geschäftlichen Rahmen gehandelt habe.

Keine Beweispflicht des Mitarbeiters

Es ist nicht Aufgabe der Mitarbeiterin, selbst vorzutragen, wie die Kontakte zustande gekommen sind. Denn dem Softwareunternehmen ist es nicht von vornherein unzumutbar, sich selbst die diesbezüglichen Informationen zu verschaffen, zum Beispiel durch Befragen von Kollegen, Vorgesetzten oder sogar der Kontaktpartner der Mitarbeiterin. Der geschäftliche Bezug kann nicht einfach vermutet, sondern muss vom ehemaligen Arbeitgeber bewiesen werden.

Hinweis

Ganz sprichwörtlich sind recht haben und Recht bekommen verschiedene Dinge. Auch wenn die Erfolgsaussichten, einen solchen Herausgabeanspruch geltend zu machen, theoretisch gut sind, können sie faktisch eher vage sein. Unternehmen sollten im Zweifel daher einen spezialisierten Fachmann zurate ziehen, der die Erfolgsaussichten eines gerichtlichen Vorgehens in solchen Fällen zuverlässig beurteilen kann.

13 Die Übertragung von Social-Media-Projekten

Geschafft! Ihre Seite ist berühmt. Sie, bzw. Ihr Profil, haben viele Freunde, Fans und Follower. Das ist das Ergebnis harter und konsequenter Social-Media-Arbeit. Sie können nun die Früchte Ihrer Arbeit ernten und Ihre Profile weiterentwickeln und ausbauen. Sie könnten die Präsenzen aber auch weiterverkaufen oder vermieten ...

Eine Übertragung von Social-Media-Projekten kann im Wesentlichen nur in zwei Situationen Sinn ergeben. Entweder Sie veräußern den gesamten Betrieb und möchten dem Erwerber auch die Präsenzen in den sozialen Netzwerken überlassen, oder Sie führen ein Projekt in den sozialen Netzwerken, das seiner selbst wegen besteht und nicht etwa dazu dient, ein bestimmtes Unternehmen zu repräsentieren. In den folgenden Abschnitten lernen Sie, wie Sie in diesen Fällen Ihre Social-Media-Projekte rechtssicher veräußern können.

> **Rechtslage in Österreich**
> Grundsätzlich gilt auch in diesem Kapitel, dass die rechtlichen Voraussetzungen für eine Übertragung eines Social-Media-Projekts in Deutschland und Österreich sehr ähnlich sind. Daher ergeben sich für die Übertragung von Social-Media-Projekten keine rechtlichen Unterschiede in Österreich.

13.1 Verkaufen und Vermieten von Social-Media-Accounts und Blogs

Die zunächst alles entscheidende Frage lautet: Darf ich meinen Social-Media-Account bzw. mein Blog überhaupt verkaufen oder vermieten? Bei den Social-Media-Profilen handelt es sich, wie Sie wissen, nicht um tatsächlich tastbare Gegenstände (juristisch: Sachen), die Sie im Wege eines Eigentumserwerbs von Facebook,

Der Verkauf eines Accounts ist rechtlich betrachtet grundsätzlich möglich

Twitter & Co. erworben haben. Vielmehr erlangt man durch den Vertragsschluss, der gemeinhin als Anmeldung bei einem solchen Netzwerk bezeichnet wird, bestimmte Nutzungsrechte hinsichtlich der jeweiligen Plattform. Solche Nutzungsrechte können in Deutschland (und Österreich) grundsätzlich veräußert werden. Bei einer Veräußerung tritt dann der Käufer in den bestehenden Vertrag des Verkäufers mit dem sozialen Netzwerk ein.

Mitspracherecht des Plattformbetreibers

Da dieser Verkauf auch den ursprünglichen Vertragspartner, z. B. Facebook, direkt betrifft (schließlich wechselt dann der Vertragspartner von Facebook), hat dieser ein Mitspracherecht. Genauer gesagt, der Verkauf hängt von der Zustimmung des Plattformbetreibers ab.

13.1.1   Veräußern eines Social-Media-Accounts bzw. eines Blogs

In den nachfolgenden Abschnitten stellen wir dar, welche Plattformbetreiber eine Übertragung eines Accounts grundsätzlich ermöglichen und welche Voraussetzungen hierfür bestehen.

Facebook

Facebook erlaubt eine Übertragung, behält sich aber ein Recht zur Zustimmung vor

Facebook hat nichts gegen eine Übertragung des Accounts. Die Zustimmungserfordernis in die Übertragung und die Möglichkeit, eine solche zu erhalten, hat Facebook auch in die eigenen Nutzungsbedingungen mit aufgenommen. Zu finden ist der entscheidende Passus im Gliederungspunkt 4.9 unter folgender Adresse: *https://www.facebook.com/legal/terms?locale=de_DE*. Wie aus den Nutzungsbedingungen hervorgeht, ist eine schriftliche Erlaubnis von Facebook erforderlich. Daher empfehlen wir, auch einen schriftlichen Antrag auf Zustimmung an Facebook zu stellen.

> **Tipp**
>
> Wie Sie schon aus den anderen Kapiteln dieses Buchs wissen, sollten Sie sich Genehmigungen immer schriftlich erteilen lassen. Nur so können Sie im Zweifel (vor Gericht) nachweisen, dass eine Genehmigung auch wirklich vorlag.

Google+

Google schließt in seinen Nutzungsbedingungen für Google+ die Übertragung eines Google+-Account nicht aus. Insofern können Sie auch hier versuchen, einen Antrag auf Zustimmung zur Übertragung Ihres Google+-Accounts zu stellen.

Auch bei Google+ gibt es keinen ausdrücklichen Ausschluss

> **Achtung**
>
> Bevor Sie einen Account veräußern, sollten Sie bei dem Plattformbetreiber auf jeden Fall anfragen, ob er einer Übertragung zustimmen würde! Sollten Sie nämlich bereits den Kaufvertrag mit dem Käufer geschlossen haben und der Plattformbetreiber verweigert die Zustimmung hinsichtlich der Übertragung, haben Sie ein Problem. Dann ist die Übertragung mangels Zustimmung nämlich unmöglich, woraus Schadenersatzansprüche des Käufers entstehen können. Dies gilt nicht nur für Google+, sondern für alle Plattformen!

Twitter

Twitter weist in den Nutzungsbedingungen ausdrücklich darauf hin, dass die Veräußerung des Accounts untersagt ist. Insofern können Sie sich die Mühe, einen Antrag auf Zustimmung zu stellen, hier sparen.

Ein Twitter-Profil darf nicht veräußert werden

> **Hinweis**
>
> Sollten Sie einen Twitter-Account auf eine andere Person übertragen, verstoßen Sie damit auch gegen die Nutzungsbedingungen von Twitter, was den Ausschluss von der Plattform zur Folge haben kann.

XING

Bei XING kommt im Prinzip nur die Übertragung eines Unternehmensprofils in Betracht. Denn wer will schon sein persönliches Profil veräußern? Ein Unternehmensprofil kann nach vorheriger Zustimmung durch XING an einen anderen übertragen werden. Dies schreibt XING in den Nutzungsbedingungen für Unternehmensprofile in Unterpunkt 6.3 fest.

> **Hinweis**
>
> Die Nutzungsbedingungen von XING für Unternehmensprofile können Sie unter *https://www.xing.com/app/user?op=tandc&what=cp* abrufen.

Blogs

Keine Zustimmungs-schwierigkeiten bei der Blog-Veräußerung

Bei der Veräußerung eines Blogs bestehen diese Zustimmungsprobleme in der Regel nicht. Klar, bei einem Blog spielt normalerweise auch keine dritte Partei mit!

Hinweis

Etwas anderes gilt nur, wenn Sie Ihr Blog bei einem Blog-Anbieter wie Google Blogger, Wordpress.com oder Tumblr betreiben. Dann muss der jeweilige Anbieter natürlich seine Genehmigung erteilen.

Beachten Sie den Vertrag zum Host-provider

Einzig zu beachten ist, dass das Blog selbst oft auf dem Server eines externen Anbieters liegt. Hier wäre es möglich, dass der Käufer in den Vertrag des Verkäufers mit dem Hostprovider eintritt. Dies sollte jedoch keine Probleme bereiten. Ist der Hostprovider nicht mit einer Vertragsübernahme einverstanden, kann der Vertrag gekündigt und das Blog über einen anderen Server angeboten werden.

Tipp

Bei einem Verkauf eines Social-Media-Accounts oder eines Blogs sind noch zahlreiche weitere rechtliche Gesichtspunkte zu beachten, die vom jeweiligen Einzelfall abhängen und die wir daher an dieser Stelle nicht darstellen können. Lassen Sie sich bei einem solch weitreichenden Geschäft daher vorher von einem Experten beraten.

13.1.2 Vermieten eines Accounts oder eines Blogs

Bei Blogs ist die Vermietung von »freien Flächen« an interessierte Werbende längst gang und gäbe. So ist es dem Blog-Betreiber möglich, seine kreative Arbeit am Blog oder die emsig erstellten Beiträge für das Blog zu finanzieren. Dabei gilt natürlich: je bekannter das Blog, desto höher die Kosten für eine Werbefläche. So hat der Spiegel auf seinem Firmen-Blog die Freiflächen beispielsweise an zwei renommierte Unternehmen vermietet (siehe Abbildung 13.1).

Eine hohe Reichweite können Sie aber nicht nur mit einem Blog erzielen. Wenn man bedenkt, dass Twitter-Accounts mit mehreren Tausend Followern oder Facebook-Fanseiten mit weit über Hunderttausend Fans keine Seltenheit sind, kommt man zwangsläufig zu der Frage, ob es nicht lohnenswert wäre, auch in den jeweiligen Profilen eine kleine Ecke für einen Sponsor bereitzuhalten oder diesem gelegentliche Werbenachrichten zu genehmigen.

Abbildung 13.1   Werbeeinblendungen auf dem »Spiegelblog« sorgen für zusätzliche Einnahmen. An wen der Blog-Betreiber seine Werbeflächen vermietet, steht ihm frei.

In diesem Punkt unterscheiden Blogs und soziale Netzwerke jedoch gewaltig. Während der Blog-Betreiber der Alleinherrscher seines Inhalts und der Gestaltung des Blogs ist, ist der Nutzer des Profils eines sozialen Netzwerks in das Regelungskorsett dieses jeweiligen Netzwerks gezwängt.

Ein Profil in den sozialen Netzwerken darf regelmäßig nicht als Werbefläche vermietet werden

So verbietet Facebook in den Nutzungsbedingungen in Punkt 4.4 die Vermietung der eigenen Chronik für den eigenen kommerziellen Profit. Twitter verbietet die kommerzielle Vermietung des Streams nicht direkt, stellt jedoch ausdrücklich fest, dass Spam nicht erwünscht ist. Dabei ist das Verständnis von Spam bei den Herrschaften von Twitter weit und dynamisch. Bei Twitter dürfen Sie zwar grundsätzlich Werbenachrichten veröffentlichen, achten Sie aber in jedem Fall darauf, dass Sie nicht nur Werbebotschaften twittern. Ein solches Twitter-Verhalten wäre nach der Twitter-Definition nämlich als Spam zu qualifizieren.

> **Achtung**
>
> Vergessen Sie nicht, dass die Werbung von dem redaktionellen Teil eines Beitrags erkennbar getrennt sein muss! Andernfalls kommen Sie schnell in den Bereich der Schleichwerbung. Mehr dazu lesen Sie in Kapitel 10, »Social Media Marketing – Werbung im Social Web«.

13.2   Wem gehören die Inhalte?

Damit wäre geklärt, bei welchem sozialen Netzwerk eine Anfrage hinsichtlich einer Übertragung Aussicht auf Erfolg hätte. Doch selbst wenn Sie von der jeweiligen Plattform grünes Licht bekämen, bedeutet dies nicht, dass Sie Ihren Account einfach so auf jemand anderen übertragen können. Ihr Account enthält nämlich in aller Regel Daten und Inhalte, an denen Rechte anderer bestehen.

13.2.1   Rechte an den Inhalten auf Ihrem Social-Media-Profil

Eigene und fremde Beiträge getrennt betrachten

Ihr Profil besteht im Grunde aus zwei verschiedenen Komponenten: Zum einen sind da die Beiträge, die Sie selbst veröffentlicht haben, zum anderen finden sich auf Ihrer Seite Kommentare und Bilder von anderen Nutzern. Es stellt sich natürlich die Frage, ob Sie nun jeden Nutzer fragen müssen, ob dieser seinen Beitrag auch für den neuen Inhaber Ihres Accounts zur Verfügung stellen möchte. Dies ist nicht so, denn diese Arbeit hat Ihnen Facebook bereits abgenommen. Facebook lässt sich von allen Nutzern Nutzungsrechte an allen veröffentlichten Inhalten einräumen und außerdem das Recht, diese Nutzungsrechte an andere weiterzugeben (das sogenannte Recht zur Unterlizenzierung).

> **Hinweis**
>
> In den Nutzungsbedingungen von Facebook finden Sie den entsprechenden Satz unter Ziffer 2.1:
>
> »Du gibst uns eine nicht-exklusive, übertragbare, unterlizenzierbare, gebührenfreie, weltweite Lizenz zur Nutzung jeglicher IP-Inhalte, die du auf oder im Zusammenhang mit Facebook postest (›IP-Lizenz‹).«

Insofern ist auch der Erwerber Ihrer Facebook-Seite berechtigt, die dort veröffentlichten Inhalte weiter darzustellen. Möchte ein Nutzer das nicht, muss er die Inhalte von Facebook löschen – dann erlischt nämlich auch die oben erwähnte Lizenz.

> **Tipp**
>
> Die Facebook-Nutzungsbedingungen können Sie jederzeit unter *https://www.facebook.com/legal/terms?locale=de_DE* aufrufen.

13.2.2   Rechte an den Inhalten in Ihrem Blog

Anders als in den sozialen Netzwerken mit einem großen Plattformbetreiber gestaltet es sich bei einem Blog. Bevor Sie ein Blog verkaufen oder kaufen, müssen Sie sich Gedanken über die Lizenzierung der Inhalte dieses Blogs machen.

Nutzungsrecht an den vom Verkäufer erstellten Inhalten

Der Verkäufer, der auch gleichzeitig Blog-Betreiber ist, wird sein Blog regelmäßig mit interessanten Beiträgen gefüttert haben, denn sonst würde es ja keine Kaufinteressenten geben.

Wenn neben der »Blog-Grundstruktur« auch die Beiträge auf den Käufer übertragen werden sollen, muss dies separat vereinbart werden. Sofern sie keinem weiteren Schutz unterfallen, mag dies keine große Rolle spielen. Wenn Ihre Blog-Beiträge jedoch eine gewisse schöpferische Höhe erreicht haben – etwa wenn Sie eigene Gedichte auf Ihrem Blog veröffentlicht haben –, dann müssen Sie die Nutzungsrechte an diesen Beiträgen mit übertragen. Gleiches gilt natürlich für selbst hergestellte Bilder.

Separate Vereinbarung über den Verkauf der Inhalte

Möglich ist auch, dass in dem Blog Bilder veröffentlicht sind, für die der Blog-Betreiber Nutzungsrechte hat, zu dessen Übertragung er jedoch nicht berechtigt ist. In solch einem Fall müsste sich der Käufer selbst um eine Nutzungserlaubnis bei dem Urheber bemühen oder die entsprechenden Inhalt löschen.

Nicht übertragbare Nutzungsrechte des Blog-Betreibers

Nutzungsrechte an Beiträgen und Bildern von Blog-Besuchern

Auch die von Besuchern oder Nutzern des Blogs erstellten Beiträge können einen urheberrechtlichen Schutz erfahren.

So wird dieses ohne Schwierigkeiten bei einem vom Nutzer selbst hergestellten und auf dem Blog veröffentlichten Bild anzunehmen sein. Der Kommentar eines Blog-Besuchers kann unter denselben Umständen einen urheberrechtlichen Schutz erfahren wie ein Beitrag des Blog-Inhabers. Denken Sie an das Beispiel mit dem Gedicht.

Keine stillschweigende Einwilligung in die Weiterveräußerung

Wenn ein Blog-Besucher einen schriftlichen Beitrag oder aber ein Bild auf einem Blog veröffentlicht, willigt er in die blogspezifische Nutzung dieser Inhalte ein. Diese Nutzungseinwilligung umfasst aber nicht zwangsläufig auch, dass der Blog-Inhaber die Inhalte des Blog-Besuchers mit dem Blog an jemand anderen veräußern darf.

Von einer entsprechenden Einwilligung können Sie nur dann ausgehen, wenn anzunehmen ist, dass es dem Blog-Besucher nicht darauf ankam, bei dem Blog-Inhaber persönlich zu veröffentlichen, sondern nur darauf, in irgendeinem Blog präsent zu sein. Dies herauszufinden, ist natürlich im Einzelfall sehr schwierig. Im Zweifel sollten Sie daher die Nutzerbeiträge auf einem Blog nicht mit verkaufen

> **Hinweis**
> Wenn Sie ein Blog betreiben, dann lassen Sie sich umfangreiche Rechte von einem Blog-Nutzer an dessen Beiträgen und Bildern einräumen. So sind Sie im Fall der Veräußerung des Blogs in der Lage, die Inhalte mit zu veräußern. Die Einwilligung kann vor dem Veröffentlichen des Beitrags durch Ankreuzen eines entsprechenden Hinweises durch den Blog-Besucher erfolgen.

13.3　Datenschutzrechtliche Probleme

Neben den oben beschriebenen urheberrechtlichen Fragestellungen können auch datenschutzrechtliche Probleme bei der Übertragung eines Social-Media-Projektes entstehen. Hierbei sollten Sie insbesondere an die Daten der registrierten Nutzer in einem Blog und die Daten von Kommentatoren in den sozialen Netzwerken denken. In den folgenden Abschnitten zeigen wir Ihnen, wann eine Übertragung der Nutzerdaten möglich ist.

13.3.1　Die Daten der registrierten Nutzer in einem Blog

Weitergabe personenbezogener Nutzerdaten

An die Daten der Blog-Besucher und -Nutzer kommen Sie als Blog-Inhaber insbesondere dann, wenn eine Registrierung obligatorisch ist, um Beiträge im Blog erstellen zu können. So kommen Sie etwa in den Besitz der E-Mail-Adressen der registrierten Blog-Nutzer, die regelmäßig Kommentare verfassen oder das Blog abonniert haben.

Hier stellt sich die Frage, ob Sie diese Daten ebenfalls mit dem gesamten Blog-Projekt an den Käufer weitergeben dürfen. Grundsätzlich brauchen Sie für eine solche Datenweitergabe die Einwilligung der entsprechenden Person. Sie sollten daher Ihre registrierten Nutzer mit einer E-Mail anschreiben und sie um diese Einwilligung bitten, wie es in Abbildung 13.2 geschieht.

> Sehr geehrter Nutzer, wir möchten Sie auf diesem Wege darauf hinweisen, dass wir unseren Blog an XY veräußert haben. Der neue Betreiber XY würde Sie sehr gerne weiterhin über die aktuellen Themen informieren und Sie diesbezüglich regelmäßig über neue Blogeinträge per E-Mail informieren. Wenn Sie weiterhin die E-Mails des Blogs empfangen möchten, klicken Sie bitte den nachfolgenden Bestätigungslink an:
> http://link.zur.bestaetigung.de/nutzung-der-Mailadresse.
>
> Viele Grüße,
> Ihr Blog-Team

Abbildung 13.2   Durch Anklicken des Links kann der Empfänger in die Übertragung seiner Daten einwilligen. Dieses Verfahren in Anlehnung an das Opt-in-Prinzip ist empfehlenswert, um eine rechtlich einwandfreie Übertragung der Daten vornehmen zu können.

13.3.2   Kommentare von Nutzern in den sozialen Netzwerken und in Blogs

Aber nicht nur die Mailadressen der Blog-Besucher haben eine datenschutzrechtliche Relevanz. Zwar dürfen die Kommentare von Nutzern, wie bereits besprochen, wegen der entsprechenden Lizenzierung an das soziale Netzwerk übertragen werden, problematisch ist aber der datenschutzrechtliche Aspekt. Die abgegebenen Kommentare der Nutzer in den sozialen Netzwerken stellen personenbezogene Daten dar, wenn diese mit dem Namen des Nutzers veröffentlicht werden, wie es in den sozialen Netzwerken üblich ist.

Auch die Kommentare der Nutzer können eine Personenbezogenheit aufweisen

Gleiches gilt auch für Blogs mit ähnlichen Kommentarfunktionen. Daher wäre es aus datenschutzrechtlichen Gründen wiederum doch erforderlich, die Einwilligung der Nutzer für die Weitergabe eines Kommentars einzuholen.

Hier hilft Ihnen aber das Bundesdatenschutzgesetz: Danach dürfen personenbezogene Daten wie etwa der Kommentar eines Nutzers in Verbindung mit dessen Namen nämlich dann weitergegeben wer-

Ausnahmeregelung des Bundesdatenschutzgesetzes

den, wenn diese öffentlich zugänglich sind, also ohnehin von jedermann eingesehen werden können.

Bei der Veräußerung einer Social-Media-Präsenz wird es sich im Regelfall um ein öffentliches Profil handelt, das sogar ohne ein Log-in in das soziale Netzwerk sichtbar ist, wie beispielsweise die Google+-Seite von Borussia Dortmund in Abbildung 13.3 und unsere eigene Facebook-Seite in Abbildung 13.4 zeigen.

Bei öffentlichen Daten ist keine Einwilligung erforderlich

In beiden Beispielen dürften die Kommentare (mit den Nutzernamen) bei einer theoretischen Veräußerung der Fanseite ohne besondere Einwilligung mit übertragen werden, obwohl es sich dabei um personenbezogene Daten handelt.

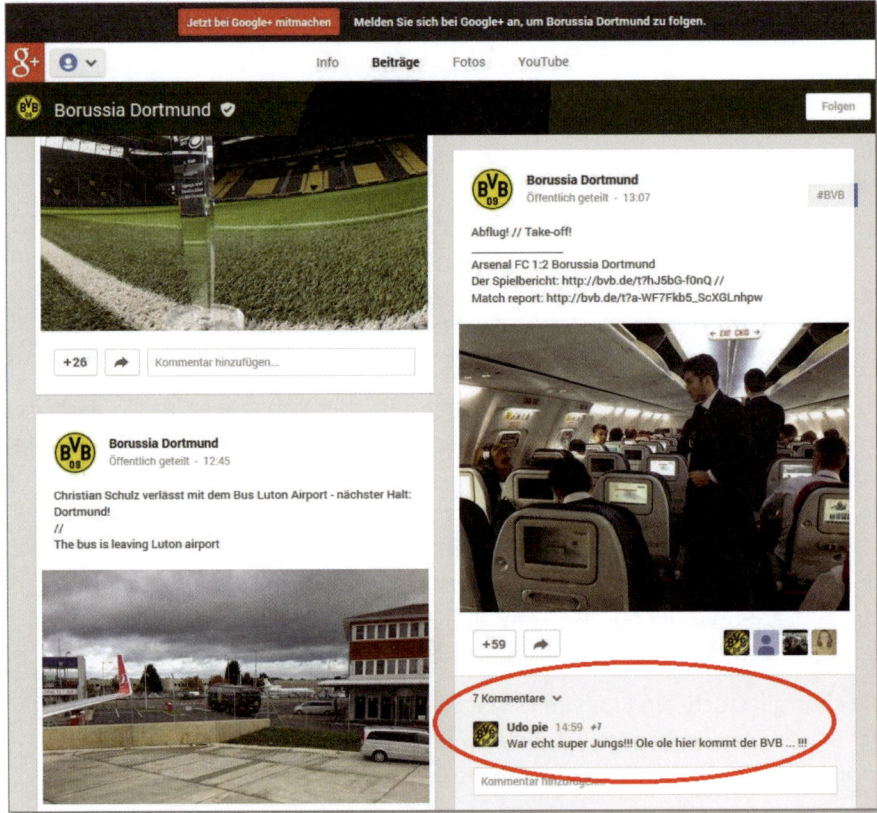

Abbildung 13.3 Das öffentliche Google+-Profil von Borussia Dortmund ist auch von jedem einsehbar, der nicht bei Google+ registriert ist. Daher handelt es sich bei allen Kommentaren in diesem Profil um öffentlich zugängliche Kommentare.

Abbildung 13.4   Wie bei Google+, so ist es auch bei Facebook. Hier kann zum Beispiel das öffentliche Profil unserer Kanzlei von jedermann eingesehen werden, egal ob man bei Facebook registriert ist oder nicht.

Einzuschränken ist diese Ausnahme des Datenschutzgesetzes nur dann, wenn der Kommentator ein schutzwürdiges Interesse daran hat, dass der Kommentar nicht übertragen wird. Wann ein solches Interesse besteht, ist aber höchst fraglich, zumal der Kommentator auch nach einer theoretischen Veräußerung der Fanseite stets die Möglichkeit hat, seinen Kommentar zu löschen.

Ausnahme von der Ausnahme bei einem schutzwürdigen Interesse des Kommentators

13.4   Nebenpflichten, Haftung und Gewährleistung

Mit der Beachtung der urheber- und datenschutzrechtlichen Vorschriften ist es bei der Übertragung von Social-Media-Projekten noch nicht getan. Auch die Punkte Nebenpflichten, Gewährleistung und Haftung sollten Sie im Rahmen einer Veräußerung immer im Blick haben und gegebenenfalls vertraglich regeln.

13.4.1   Vereinbarung von Nebenpflichten

Sofern Sie der Käufer eines Blogs oder einer Fanseite in den sozialen Netzwerken sind, sollten Sie mit dem Verkäufer gewisse Nebenpflichten vereinbaren. So wäre es ratsam, die Vereinbarung zu treffen, dass der Verkäufer nicht dazu berechtigt ist, ein neues identisches oder ähnliches Blog mit demselben Themengebiet zu eröffnen bzw. ein ähnliches Projekt in den sozialen Netzwerken zu starten. Würde der Verkäufer nämlich so vorgehen, bestünde für Sie die Gefahr, dass er Ihnen Fans und Abonnenten des gerade erst erstandenen Blogs oder Projekts abjagt; er kennt schließlich die Vorlieben und Interessen seiner ehemaligen Fangemeinde.

13.4.2   Gewährleistung

Eine Gewährleistungsbegrenzung ist bei einem Verkauf an einen Unternehmer möglich

Gewährleistungsansprüche des Käufers gegenüber dem Verkäufer können nur dann bestehen, wenn der Käufer wirksam in den Vertrag anstelle des Verkäufers eingetreten ist. Sollte der Käufer Unternehmer sein, ist es möglich, die Gewährleistungspflichten des Verkäufers zu begrenzen. Hier würde es Sinn ergeben, eine solche Gewährleistungsbegrenzung vorzunehmen. Ein Gewährleistungsfall würde bei dem Verkauf eines Social-Media-Accounts etwa dann auftreten, wenn noch eine andere Person außer dem Verkäufer Rechte an diesem Account hätte.

13.4.3   Haftung

Unwirksamkeit der Übertragung bei fehlender Zustimmung

Ein großes Problem ergibt sich für den Verkäufer dann, wenn der Plattformanbieter dem Vertrag über den Wechsel des Account-Inhabers nicht zugestimmt hat, der Verkäufer dem Käufer den Account jedoch trotzdem übertragen hat. Die Übertragung des Accounts ist dann nämlich unwirksam. Dies hat zur Folge, dass der Verkäufer weiterhin für Rechtsverletzungen haftet, die über den Account begangen werden.

> **Tipp**
>
> Hier sollten Sie als Verkäufer eine Haftungsfreistellung mit in den Vertrag aufnehmen.

Sollten Sie auf der Verkäuferseite stehen, achten Sie ebenfalls darauf, dass Sie tatsächlich über alle Rechte, die Sie dem Käufer verschaffen, auch verfügen dürfen. Besonders relevant ist diese Frage zum Beispiel bei Bildern, die sich in dem Blog oder auf der Fanseite in einem Profil befinden. Haben Sie bezüglich dieser Bilder keine Genehmigung, Nutzungsrechte zu erteilen, begehen Sie durch die Weitergabe eine Urheberrechtsverletzung.

Prüfen Sie, ob Sie die zu übertragenden Rechte auch tatsächlich übertragen dürfen

> **Checkliste zum Verkauf**
>
> Die folgenden Punkte sollten Sie bei der Umsetzung Ihrer Verkaufspläne im Hinterkopf behalten:
>
> ▸ Gestattet die jeweilige Plattform einen Verkauf in ihren Nutzungsbedingungen, bzw. schließt diesen nicht kategorisch aus?
>
> ▸ Bin ich dazu berechtigt, eine Nutzungserlaubnis an allen auf der Seite bzw. in dem Profil vorhandenen Inhalten einzuräumen?
>
> ▸ Wenn ich nicht der Urheber aller Inhalte auf dem Profil bzw. der Seite bin, habe ich das Recht, dem Käufer hinsichtlich der fremden Inhalte ein Nutzungsrecht einzuräumen?
>
> ▸ Haben die Nutzer in die Weitergabe ihrer Daten eingewilligt?
>
> ▸ Sollten Nebenpflichten, Gewährleistungs- und Haftungsausschlüsse vereinbart werden?
>
> Generell gilt, dass Sie sich bei einem solch komplexen Geschäft wie der Übertragung eines Social-Media-Auftritts rechtlichen Rat bei einem spezialisierten Rechtsanwalt einholen sollten. Nur so können Sie sicher sein, später nicht Ansprüchen des Vertragspartners, der Nutzer oder des Plattformbetreibers ausgesetzt zu sein.

14 Mustertexte

Auf den folgenden Seiten finden Sie Mustertexte, die Ihnen dabei helfen sollen, einen rechtssicheren Auftritt in den sozialen Netzwerken zu betreiben. Sie können diese Mustertexte frei verwenden. Beachten Sie dabei, dass Sie den Text an bestimmten Stellen durch die Angabe Ihrer Daten oder anderer wesentlicher Informationen ergänzen müssen. Grundsätzlich gilt für solche Mustertexte, dass diese lediglich eine Hilfestellung geben sollen. Eine absolut rechtssichere Verwendung von Impressum, Teilnahmebedingungen und Einwilligungen erfordert natürlich eine einzelfallbezogene Herstellung des entsprechenden Texts.

14.1 Impressum

Als ausführliches Beispiel möchten wir auf unser Impressum bei Facebook hinweisen. Wenn Sie den IMPRESSUM-Button bei Facebook anklicken, werden Sie direkt zu dem Impressum auf unserer Homepage weitergeleitet. Sie finden unser Impressum über den folgenden Link: *http://www.wbs-law.de/impressum*. Ein Leitfaden zur Impressumspflicht finden Sie auf der Homepage des Bundesministeriums für Justiz unter folgendem Link: *http://www.bmj.de/DE/Service/StatistikenFachinformationenPublikationen/Fachinformationen/Leitfaden zurImpressumspflicht/_node.html*. Ebenfalls empfohlen werden kann die Seite *www.impressum-generator.de*. Hier können Sie sich ein Impressum mit Ihren Angaben generieren.

Impressum

Angaben gemäß § 5 TMG:

Max Meier GbR
Musterweg
12345 Musterstadt

Vertreten durch:

Max Meier

> **Hinweis**
>
> Wenn es mehrere Vertretungsberechtigte gibt, müssen diese auch ge-
> nannt werden.

Kontakt:

Telefon: (02 21) 11 12 22
Fax: (02 21) 11 12 23
E-Mail: *max@meier.de*

Umsatzsteuer-ID:

DE111111111

Verantwortlich für den Inhalt nach § 55 Abs. 2 RStV:

Max Meier
Meierweg
11122 Meierstadt

> **Hinweis**
>
> Dieser Abschnitt ist nur erforderlich, wenn Sie journalistisch oder re-
> daktionell gestaltete Texte auf Ihrem Angebot veröffentlichen.

14.2   Datenschutzerklärung

Datenschutzerklärung

Die Murmel Verwaltungsgesellschaft mbH (im Folgenden: MUR-
MEL) beachtet alle einschlägigen gesetzlichen Datenschutzvorgaben
(deutsche Datenschutzgesetze, europäische Datenschutzrichtlinien
und jedes andere anwendbare Datenschutzrecht). Mit dieser Datenschutzerklärung informieren wir Sie als Kunden über Art, Umfang
und Zweck der Erhebung und Verwendung personenbezogener Daten. Sie können diese Erklärung jederzeit auf der Website www.mur-
mel.cc/datenschutz abrufen.

1. Verantwortliche Stelle/Kontakt

Verantwortliche Stelle im Sinne der Datenschutzgesetze (BDSG)
ist die

Murmel Verwaltungsgesellschaft mbH

Landstraße 14

12345 Kugelhausen

www.mumel.cc

Sollten Sie Fragen oder Anregungen zum Datenschutz haben, können Sie sich gern auch per E-Mail an uns unter info@murmel.cc wenden.

2. Erhebung und Verwendung von Daten

Wenn Sie uns mit der Erbringung einer Dienstleistung oder der Zusendung von Ware beauftragen, werden Ihre persönlichen Daten ohne Ihre gesonderte Einwilligung nur insoweit verwendet, wie es für die Erbringung der Dienstleistung oder die Durchführung des Vertrags notwendig ist.

Hierzu zählt insbesondere die Weitergabe Ihrer Daten an Transportunternehmen, Kreditunternehmen, Zahlungsdienstleister oder andere zur Erbringung der Dienstleistung oder Vertragsabwicklung eingesetzte Servicedienste.

Mit vollständiger Vertragsabwicklung werden Ihre Daten für die weitere Verwendung gesperrt und nach Ablauf der steuer- und handelsrechtlichen Aufbewahrungsfristen gelöscht, sofern Sie nicht ausdrücklich in eine weitergehende Nutzung eingewilligt haben.

3. Zugriff auf die Website von MURMEL/Verwendung von Cookies

Beim Zugriff auf die Website von MURMEL übermittelt Ihr Browser aus technischen Gründen automatisch Daten. Folgende Daten werden bei MURMEL getrennt von anderen Daten, die Sie unter Umständen an MURMEL übermitteln, gespeichert:

▶ Datum und Uhrzeit des Zugriffs

▶ Browsertyp/-version

▶ Verwendetes Betriebssystem

▶ URL der zuvor besuchten Webseite

▶ IP-Adresse

Diese Daten werden ausschließlich aus technischen Gründen gespeichert und werden zu keinem Zeitpunkt einer bestimmten Person zugeordnet.

Die Website www.murmel.cc verwendet Cookies. Dabei handelt es sich um kleine Textdateien, die auf Ihrem Rechner abgelegt werden. Nach dem Ende der Browsersitzung werden die meisten der von uns verwendeten Cookies wieder von Ihrer Festplatte gelöscht (»Sitzungs-Cookies«). Die sogenannten »dauerhaften Cookies« verbleiben dagegen auf Ihrem Rechner und ermöglichen es uns so, Sie bei Ihrem nächsten Besuch wiederzuerkennen.

Es ist unseren Partnerunternehmen nicht gestattet, über unsere Website personenbezogene Daten mittels Cookies zu erheben, zu verarbeiten oder zu nutzen.

Die Hilfe-Funktion der meisten Webbrowser erklärt Ihnen, wie Sie Ihren Browser davon abhalten, neue Cookies zu akzeptieren, wie Sie Ihren Browser darauf hinweisen lassen, wenn Sie ein neues Cookie erhalten, oder auch wie Sie sämtliche erhaltenen Cookies ausschalten. Ähnliche Funktionen wie Flash Cookies, die durch Browser-Add-ons genutzt werden, können Sie durch die Änderung der Einstellungen des Browser-Add-ons oder auch über die Website des Herstellers des Browser Add-ons ausschalten oder löschen.

4. Verwendung von Facebook Social Plugins

Diese Website www.murmel.cc verwendet sogenannte Social Plug-ins (im Folgenden»Plug-ins«) des sozialen Netzwerks Facebook , das von der Facebook Inc., 1601 S. California Ave, Palo Alto, CA 94304, USA, (im Folgenden: Facebook) betrieben wird. Die Plug-ins erkennen Sie an einem Facebook-Logo oder dem Zusatz »Soziales Plug-in von Facebook« bzw. »Facebook Social Plugin«. Eine Übersicht über die Facebook Social Plugins und deren Aussehen finden Sie unter http://developers.facebook.com/plugins.

Wenn Sie eine Seite unseres Webauftritts von MURMEL aufrufen, die ein solches Plug-in enthält, baut Ihr Browser eine direkte Verbindung mit den Servern von Facebook auf. Der Inhalt des Plug-ins wird von Facebook direkt an Ihren Browser übermittelt und von diesem in die Webseite eingebunden.

Durch die Einbindung der Plug-ins erhält Facebook die Information, dass Ihr Browser die entsprechende Seite eines Webauftritts von MURMEL aufgerufen hat, auch wenn Sie kein Facebook-Konto besitzen oder gerade nicht bei Facebook eingeloggt sind. Diese Information (einschließlich Ihrer IP-Adresse) wird von Ihrem Browser direkt und unmittelbar an einen Server von Facebook in den USA übermittelt und dort gespeichert.

Sofern Sie bei Facebook eingeloggt sind, kann Facebook den Besuch einer Website von MURMEL Ihrem Facebook-Konto unmittelbar zuordnen. Sofern Sie mit den Plug-ins interagieren, etwa den »Gefällt mir«-Button betätigen oder einen Kommentar abgeben, wird die entsprechende Information ebenfalls unmittelbar an einen Server von Facebook übermittelt und dort gespeichert. Die Informationen werden außerdem auf Facebook veröffentlicht und Ihren Facebook-Freunden angezeigt.

Wenn Sie nicht wünschen, dass Facebook die über den Webauftritt von MURMEL gesammelten Daten Ihrem Facebook-Konto zuordnet, sollten Sie sich unbedingt vor Ihrem Besuch einer Website von MURMEL bei Facebook ausloggen.

Zweck und Umfang der Datenerhebung sowie die weitere Verarbeitung und Nutzung Ihrer Daten durch Facebook sowie Ihre diesbezüglichen Rechte und Einstellungsmöglichkeiten zum Schutz Ihrer Privatsphäre können Sie den Datenschutzhinweisen von Facebook unter http://www.facebook.com/policy.php entnehmen.

Hinweis

Diesen Abschnitt benötigen Sie nur, wenn Sie Facebook Social Plugins verwenden.

5. Google Analytics

Diese Website benutzt Google Analytics, einen Webanalysedienst der Google Inc. 1600 Amphitheatre Parkway, Mountain View, CA 94043, United States (»Google«).

Google Analytics verwendet sog. »Cookies«, Textdateien, die auf Ihrem Computer gespeichert werden und die eine Analyse der Benutzung der Website durch Sie ermöglichen. Die durch den Cookie erzeugten Informationen über Ihre Benutzung dieser Website werden in der Regel an einen Server von Google in den USA übertragen und dort gespeichert. Im Falle der Aktivierung der IP-Anonymisierung auf dieser Webseite wird Ihre IP-Adresse von Google jedoch innerhalb von Mitgliedstaaten der Europäischen Union oder in anderen Vertragsstaaten des Abkommens über den Europäischen Wirtschaftsraum zuvor gekürzt. Nur in Ausnahmefällen wird die volle IP-Adresse an einen Server von Google in den USA übertragen und dort gekürzt. Im Auftrag des Betreibers dieser Website wird Google diese Informationen benutzen, um Ihre Nutzung der Website auszuwerten, um Reports über die Websiteaktivitäten zusammenzustellen und um weitere mit der Websitenutzung und der Internetnutzung verbundene Dienstleistungen gegenüber dem Websitebetreiber zu erbringen. Die im Rahmen von Google Analytics von Ihrem Browser übermittelte IP-Adresse wird nicht mit anderen Daten von Google zusammengeführt. Sie können die Speicherung der Cookies durch eine entsprechende Einstellung Ihrer Browser-Software verhindern; wir weisen Sie jedoch darauf hin, dass Sie in diesem Fall gegebenenfalls nicht sämtliche Funktionen dieser Website vollumfänglich werden nutzen können. Sie können darüber hinaus die Erfassung der durch das Cookie erzeugten und auf Ihre Nutzung der Website bezogenen Daten (inkl. Ihrer IP-Adresse) an Google sowie die Verarbeitung dieser Daten durch Google verhindern, indem sie das unter dem folgenden Link verfügbare Browser-Plug-in herunterladen und installieren: *http://tools.google.com/dlpage/gaoptout?hl=de.*

Wir möchten angesichts der Diskussion um den Einsatz von Analysetools mit vollständigen IP-Adressen darauf hinweisen, dass, um eine direkte Personenbeziehbarkeit auszuschließen, auf dieser Website IP-Adressen nur gekürzt weiterverarbeitet werden, da wir Google Analytics mit der Erweiterung »_anonymizeIp()« verwenden.

> **Hinweis**
> Falls Sie Google Analytics einsetzen, empfehlen wir Ihnen die Lektüre des Abschnitts 9.10.2, »Der rechtssichere Einsatz von Google Analytics«.

6. Eingebettete Videos und Bilder von externen Internetseiten

Einige unserer Seiten enthalten eingebettete Inhalte von YouTube oder Instagram. Beim alleinigen Aufrufen einer Seite aus unserem Internetangebot mit eingebundenen Videos oder Bildern aus unserem YouTube- und/oder Instagram-Kanal werden keine personenbezogenen Daten, mit Ausnahme der IP-Adresse, übermittelt. Die IP-Adresse wird im Fall von YouTube an die Google Inc., im Fall von Instagram an die Instagram Inc.,181 SouthPark Street Suite 2 San Francisco, California 94107, (»Instagram«) übermittelt.

Hinweis

Hier sollten Sie diejenigen Drittanbieter aufführen, von denen Sie Content in Ihre Website einbinden.

7. Newsletter und E-Mail-Benachrichtigungen

MURMEL bietet Ihnen einen kostenlosen Newsletter-Service. Mit dem Newsletter informiert MURMEL Sie über Neuigkeiten zum Unternehmen und zu ihrem Angebot. Um den Newsletter zu erhalten, benötigen wir Ihre E-Mail-Adresse und Ihren Namen. Diese können Sie im Rahmen eines Registrierungsprozesses auf der Website www.murmel.cc angeben.

Sie können den Newsletter jederzeit abbestellen. Jeder Newsletter enthält die Information, wie der Newsletter durch Sie mit Wirkung für die Zukunft abbestellt werden kann, sowie einen entsprechenden Link.

8. Kontaktformular

Sie haben die Möglichkeit, sich über unser Kontaktformular mit Ihren Fragen an uns zu wenden. Die Eingabe der Daten erfolgt ausdrücklich auf freiwilliger Basis. Die eingegebenen personenbezogenen Daten werden vertraulich behandelt und für den vorgesehenen Zweck gemäß den jeweils geltenden datenschutzrechtlichen Bestimmungen genutzt. Eine Weitergabe der Daten an Dritte außerhalb unseres Unternehmens erfolgt nicht.

9. Löschung Ihrer Daten

Soweit Ihre Daten für die vorgenannten Zwecke nicht mehr erforderlich sind, werden sie gelöscht. Soweit Daten aus gesetzlichen Gründen aufbewahrt werden müssen, werden diese gesperrt. Die Daten stehen einer weiteren Verwendung dann nicht mehr zur Verfügung.

10. Auskunfts- und Berichtigungsrecht

Selbstverständlich haben Sie das Recht, auf Antrag Auskunft über die von MURMEL zu Ihrer Person gespeicherten Daten zu erhalten. Ebenso haben Sie das Recht auf Berichtigung unrichtiger Daten, Sperrung und Löschung. Wenden Sie sich dazu bitte an info@murmel.cc oder postalisch an die eingangs angegebene Anschrift.

12. Sicherheit

MURMEL bedient sich technischer und organisatorischer Sicherheitsmaßnahmen, um die von Ihnen zur Verfügung gestellten Daten vor zufälligen oder vorsätzlichen Manipulationen, Verlust, Zerstörung oder dem Zugriff unberechtigter Personen zu schützen. Diese Sicherheitsmaßnahmen werden entsprechend der technologischen Entwicklung fortlaufend verbessert. Im Übrigen sind alle Mitarbeiter und Erfüllungsgehilfen auf das Datengeheimnis des Bundesdatenschutzgesetzes verpflichtet.

13. Änderungen dieser Datenschutzerklärung

MURMEL behält sich vor, diese Datenschutzerklärung zu ändern. Die aktuelle Fassung der Datenschutzerklärung ist stets auf der Website von MURMEL unter www.murmel.cc/datenschutz abrufbar.

14.3 Muster-Einwilligungserklärung in die Zusendung von Werbung per E-Mail

14.3.1 Versand eines Newsletters

Wenn Sie die Einwilligung für das Zusenden eines Newsletters abfragen möchten, empfiehlt sich die nachfolgende Formulierung:

»Bitte senden Sie mir künftig Ihren kostenlosen Newsletter per E-Mail zu. Diesen kann ich jederzeit z. B. durch eine E-Mail an (*hier: Ihre E-Mail-Adresse*) wieder abbestellen.«

14.3.2 Einwilligung für weitere werbliche E-Mails

Eine Einwilligung in den Erhalt von Werbung via E-Mail können Sie mit dieser Formulierung einholen:

»Ich bin mit der Zusendung von Informationen über Ihre neuen Produkte und Dienstleistungen einverstanden. Diese Einwilligung kann ich jederzeit schriftlich z. B. per Brief oder per E-Mail an (*hier: Ihre E-Mail-Adresse*) mit Wirkung für die Zukunft widerrufen.«

Hinweis

Beachten Sie die strengen gesetzlichen Vorgaben beim Newsletter-Versand. Um nachzuweisen, dass der Nutzer tatsächlich seine Einwilligung erteilt hat, sollten Sie auf das sogenannte Double-Opt-in-Verfahren setzen.

14.4 Social Media Guidelines

Hinweis

Die folgenden Richtlinien sollen als Anleitung für die Mitarbeiter des Unternehmens zur privaten wie beruflichen Nutzung von Social-Media-Kanälen wie Facebook, Twitter, Blogs, Foren, YouTube, Flickr etc. dienen. Ziel ist insbesondere, sowohl das Unternehmen als auch Sie als Mitarbeiter vor den Folgen unbedachter und möglicherweise geschäftsschädigender Aktivitäten zu schützen.

Einleitung

[…]

Hinweis

Einleitend sollte kurz definiert werden, welche Ziele mit den folgenden Richtlinien verfolgt werden sollen. Abhängig davon, ob und in welchem Umfang Ihr Unternehmen selbst im Social-Media-Bereich aktiv ist, kann eine solche Einleitung durchaus ausführlicher gestaltet werden. Insbesondere können an dieser Stelle auch die positiven Erwartungen im Hinblick auf die Darstellung des Unternehmens im Web 2.0 formuliert werden.

Nutzungsumfang von Social Media

Aktive Teilnahme an Social Computing in all seinen Facetten kann sehr zeitaufwendig sein. Achten Sie daher darauf, dass Ihre eigentlichen Aufgaben innerhalb des Unternehmens nicht unter Ihren Social-Media-Aktivitäten leiden.

Hinweis

Der Abschnitt zum Umfang der Social-Media-Nutzung ist an dieser Stelle bewusst kurz gehalten, da die diesbezügliche Gestaltung ganz besonders von den Vorgaben des jeweiligen Unternehmens abhängt. Außerdem bestehen oftmals bereits Vereinbarungen über die private Internetnutzung der Mitarbeiter, sodass eine entsprechende Regelung in den Social Media Guidelines entbehrlich ist. Wichtig ist, dass der obige Passus keinesfalls verwendet wird, wenn die private Internetnutzung z. B. in einer Betriebsvereinbarung oder im Arbeitsvertrag gänzlich ausgeschlossen worden ist.

Eigenverantwortlichkeit

Grundsätzlich sind Sie für jegliche Äußerungen privater oder beruflicher Natur selbst verantwortlich. Einmal eingestellte Inhalte sind gerade im Internet oftmals sehr lange verfügbar. Wägen Sie daher vor der Veröffentlichung von Beiträgen sorgfältig deren Inhalt ab.

Hinweis

Die Eigenverantwortlichkeit hinsichtlich der Onlineaktivitäten ist eigentlich ebenso selbstverständlich wie die Achtung von gesetzlichen Vorschriften und allgemeinen Verhaltensregeln. Dennoch sollte auf die entsprechenden Hinweise keinesfalls verzichtet werden, da sie in der scheinbaren Anonymität des Netzes oftmals verdrängt werden. Hieran knüpft dann auch der nächste Punkt an.

Gesetzliche Vorgaben

Beachten Sie auch bei der Nutzung von Social Media geltende gesetzliche Vorgaben wie beispielsweise des Datenschutz-, Urheber- und Markenrechts.

Netikette

Auch im Internet sind die allgemeinen Regeln des Anstands zu beachten. Verhalten Sie sich also respektvoll etwa gegenüber anderen Diskussionsteilnehmern oder Wettbewerbern. Informieren Sie sich darüber hinaus über die jeweiligen Verhaltenskodizes der von Ihnen genutzten Plattformen.

Transparenz

Transparenz und Offenheit sind sowohl im privaten als auch im geschäftlichen Bereich unerlässlich für den Aufbau vertrauensvoller Beziehungen. Verstecken Sie sich daher nicht hinter einem Pseudonym oder gar vollkommener Anonymität. Transparentes Auftreten umfasst neben der Nennung des richtigen Namens sowie der Unternehmenszugehörigkeit auch einen entsprechenden Umgang mit Fehlern. Gestehen Sie diese offen ein, indem Sie beispielsweise bereits veröffentlichte Beiträge offen korrigieren und nicht einfach kommentarlos löschen.

Hinweis

Ein transparentes Auftreten ist eng mit den inhaltlichen Richtlinien verknüpft, da es mehr Bewusstsein für das eigene Handeln schafft. Darüber hinaus wird das Unternehmen so in die Lage versetzt, Vorfälle im Zusammenhang mit Internetveröffentlichungen besser aufklären zu können.

Kenntlichmachung privater Meinungen

Wenn Sie öffentlich einen Kommentar im Zusammenhang mit unserem Unternehmen abgeben, tun Sie dies in der ersten Person Singular (»ich« statt »wir«). Kennzeichnen Sie darüber hinaus, dass es sich um die Äußerung einer privaten Meinung handelt, indem Sie an geeigneter Stelle einen entsprechenden Hinweis hinterlegen. Dies gilt ebenfalls für die Abgrenzung von Meinungsäußerungen gegenüber geäußerten Tatsachen.

Hinweis

An dieser Stelle können auch Vorschläge bzw. Vorgaben dahin gehend gemacht werden, wie der entsprechende Hinweis zu gestalten bzw. zu platzieren ist, etwa im Impressum eines privaten Blogs.

Unternehmensschädigende Äußerungen

Denken Sie auch bei Ihren Social-Media-Aktivitäten an Ihre Verbundenheit gegenüber dem Unternehmen. Kritische und gegebenenfalls geschäftsschädigende Äußerungen sind insbesondere im beruflichen Bereich zu unterlassen. Aber auch privat geäußerte Kritik kann negative Folgen für den geschäftlichen Erfolg des Unternehmens und damit auch für seine Mitarbeiter haben. Gleiches gilt für Aussagen über Partner oder Kunden.

Hinweis

Soweit es sich um bewusste Geschäfts- oder Rufschädigungen, Drohungen und Beleidigungen, falsche Tatsachenbehauptungen oder den Betriebsfrieden ernstlich gefährdende Äußerungen handelt, sind diese auch durch den Arbeitgeber sanktionierbar. Durch das Aufzeigen entsprechender Konsequenzen (Abmahnung, Kündigung) kann diesem Abschnitt daher noch mehr Nachdruck verliehen werden. Der Hinweis, dass auch eine in aller Regel zulässige, da von der Meinungsfreiheit gedeckte kritische Auseinandersetzung im privaten Bereich negative Folgen für Unternehmen und Mitarbeiter haben kann, schärft insoweit das Bewusstsein der Belegschaft.

Verschwiegenheitspflicht

Vertrauliche Informationen des Unternehmens sowie von Kunden sind ebenso zu behandeln. Achten Sie daher auch und insbesondere bei der Nutzung von Social Media auf die Wahrung von Betriebs- und Geschäftsgeheimnissen.

Hinweis

Auch bezüglich der Verschwiegenheitspflicht kann sich ein Aufzeigen der gegebenenfalls gravierenden Folgen einer Zuwiderhandlung anbieten. So berechtigt das Verraten von Betriebs- oder Geschäftsgeheimnissen den Arbeitgeber im Einzelfall zur fristlosen Kündigung. Die Verschwiegenheitspflicht ergibt sich aus dem Arbeitsvertrag und ist immer dann anzunehmen, wenn ein berechtigtes betriebliches Interesse des Arbeitgebers an der Geheimhaltung vorliegt. Insofern kann es aber im Einzelfall sinnvoll sein, den Umfang der Verschwiegenheitsverpflichtung näher zu konkretisieren.

Ansprechpartner

Sollten Sie im Rahmen des Web 2.0 auf positive oder negative Beiträge oder Reaktionen, die das Unternehmen und/oder seine Produkte betreffen, stoßen, teilen Sie dies bitte [Kontaktdaten des Ansprechpartners] mit. An die gleiche Stelle können Sie sich auch wenden, wenn Unsicherheiten oder Fragen bezüglich der Umsetzung dieser Richtlinien bestehen.

14.5   Gewinnspielbedingungen

Teilnahmebedingungen
»MURMEL CHALLENGE 2013«

1. Gewinnspiel und Veranstalter

Veranstalter des Onlinegewinnspiels »MURMEL CHALLENGE« (nachfolgend »Gewinnspiel«) ist die Murmel Verwaltungsgesellschaft mbH, Landstraße 14, 12345 Kugelhausen (nachfolgend »Veranstalter«). Die Teilnahme an dem Gewinnspiel richtet sich ausschließlich nach den nachfolgenden Teilnahmebedingungen.

2. Teilnahme

2.1 Teilnahmeberechtigt ist jede Person ab 18 Jahren mit Wohnsitz in Deutschland. Ausgeschlossen von der Teilnahme sind Mitarbeiter des Veranstalters sowie deren Angehörige.

2.2 Die Teilnahme an dem Gewinnspiel ist ausschließlich in dem Zeitraum [Zeitraum mit genauen Daten ergänzen] möglich. Die Teilnahme am Gewinnspiel ist kostenlos.

2.3 Die Teilnahme an dem Gewinnspiel erfolgt über die Seite www.murmel.cc (nachfolgend »Webseite«). Das Gewinnspiel ist dort unter dem Reiter »Gewinnspiel« verfügbar.

2.4 Jede Person, die an dem Gewinnspiel teilnehmen möchte, muss zwei auf der Webseite vorgehaltene Online-Games absolvieren. Die jeweils gültige Spielanleitung wird auf der Webseite zum Abruf bereitgehalten.

2.5 Nach Abschluss der beiden Online-Games muss sich der Teilnehmer online registrieren. Für die Registrierung ist die vollständige und wahrheitsgemäße Angabe sämtlicher abgefragten Daten, Vor- und Nachname, E-Mail-Adresse, Geburtsdatum, erforderlich.

> **Hinweis**
> In diesem Abschnitt sollten Sie Aufbau und Ablauf des Gewinnspiels so genau wie möglich beschreiben.

2.6 Nur vollständig ausgefüllte Registrierungen nehmen an dem Gewinnspiel teil. Unzutreffende Angaben oder unvollständig ausgefüllte Registrierungen führen zum Ausschluss von der Gewinnvergabe. Für verspätete und/oder unvollständige Eingänge kann der Veranstalter nicht verantwortlich gemacht werden.

2.7 Die Teilnahme und die Gewinnchancen hängen in keiner Weise von der Anzahl der Absolvierungen der Online-Games oder den im Rahmen der Online-Games erzielten Punkte ab.

3. Durchführung und Abwicklung

3.1 Unter allen vollständig durchgeführten Registrierungen werden folgende Preise verlost:

▶ Eine Reise für 2 Personen nach Thailand inkl. Flug und Übernachtung in einem 4****-Hotel im Wert von 2.000 Euro.

▶ Ein Apple iPad der aktuellen Generation mit 32 GB Speicher im Wert von 500 Euro.

▶ 20 Erlebnisgutscheine des Portals meinschoenertag.de im Wert von je 100 Euro.

3.2 Der Gewinner wird bis zum [Datum bitte ergänzen] per E-Mail benachrichtigt und hat den Erhalt der Benachrichtigung und die Inanspruchnahme des Gewinns bis zum [Datum bitte ergänzen – üblich ist eine Frist von ein bis zwei Wochen ab Gewinnbenachrichtigung] an die in der Benachrichtigung genannten Kontaktwege zu bestätigen, anderenfalls wird der Gewinn an einen anderen Gewinnspielteilnehmer vergeben.

3.3 Der Anspruch auf den Gewinn verfällt ebenfalls, wenn die Übermittlung des Gewinns nicht innerhalb von vier Wochen nach der ersten Benachrichtigung über den Gewinn aus Gründen, die in der Person des Gewinners liegen, erfolgen kann. Die Übermittlung des Reisegutscheins bzw. der Reiseunterlagen erfolgt nur innerhalb Deutschlands kostenfrei für einen einmaligen Zustellversuch. Ansonsten hat der Gewinner Transportkosten und sonstige Abgaben (Zollgebühren, Steuern etc.) zu tragen. Die zu verlosende Reise wird durch die [Reiseveranstalter wenn bekannt ergänzen] ausgerichtet und durchgeführt. Der Veranstalter ist für die Organisation und die Durchführung der Reisen nicht verantwortlich.

3.4 Der Anspruch auf den Gewinn kann nicht abgetreten oder übertragen werden. Der Gewinn ist weder auszahlbar noch ergänzbar oder änderbar. Sollte der Gewinn, gleich aus welchem Grund, nicht zur Verfügung gestellt werden können, behält sich der Veranstalter das Recht vor, einen gleichwertigen Ersatzpreis zu vergeben.

4. Ausschluss von der Teilnahme

4.1 Bei einem Verstoß gegen diese Teilnahmebedingungen behält sich der Veranstalter das Recht vor, Teilnehmer vom Gewinnspiel auszuschließen.

4.2 Weiterhin behält sich der Veranstalter das Recht vor, Teilnehmer auszuschließen, die sich unerlaubter Hilfsmittel bedienen oder sich anderweitig durch Manipulation Vorteile verschaffen (insbesondere Sammel- oder Mehrfachteilnahmen). Dies liegt vor, wenn zum Beispiel automatische Skripte, Hackertools, Trojaner oder Viren eingesetzt werden oder wenn ein Teilnehmer sich durch andere unerlaubte Mittel einen Vorteil verschafft. Des Weiteren können unwahre Personenangaben sowie der Einsatz von »Fake-Profilen« zum Ausschluss führen. Gegebenenfalls können in diesen Fällen auch nachträglich Gewinne aberkannt und/oder zurückgefordert werden.

5. Vorzeitige Beendigung bzw. Abbruch des Gewinnspiels

Der Veranstalter ist berechtigt, das Gewinnspiel vorzeitig abzubrechen, auszusetzen oder zu verändern, wenn unvorhergesehene, außerhalb des Einflussbereichs des Veranstalters liegende Umstände eintreten, die die ursprüngliche Durchführung erschweren oder für den Veranstalter unzumutbar machen. Hierzu gehören insbesondere, jedoch nicht abschließend, das nicht gestattete Eingreifen Dritter, technische Probleme mit Hard- oder Software, die außerhalb des Machtbereichs des Veranstalters liegen, sowie Rechtsverletzungen, die im unmittelbaren Zusammenhang mit der Durchführung des Gewinnspiels stehen, hier insbesondere das manipulative Eingreifen in den Ablauf des Gewinnspiels.

6. Datenschutz

Der Veranstalter erhebt und nutzt die personenbezogenen Daten der Teilnehmer ausschließlich im gesetzlich zulässigen Rahmen. Einzelheiten zur Art und dem Umfang der Datenverarbeitung ergeben sich aus der Datenschutzerklärung, die Sie unter www.murmel.cc/gewinnspiel abrufen können.

Hinweis

Bei einem Gewinnspiel sollten Sie immer auch eine gültige Datenschutzerklärung bereithalten. Ein Muster hierzu finden Sie oben.

---

7. Haftung des Veranstalters

Für eine Haftung des Veranstalters auf Schadenersatz gelten unbeschadet der sonstigen gesetzlichen Anspruchsvoraussetzungen die nachfolgenden Haftungsausschlüsse und -begrenzungen:

7.1 Der Veranstalter haftet unbeschränkt, soweit die Schadensursache auf Vorsatz oder grober Fahrlässigkeit beruht.

7.2 Weiter tritt eine Veranstalterhaftung für leicht fahrlässig verursachte Verletzungen von wesentlichen Pflichten, deren Verletzung die Erreichung des Vertragszwecks gefährdet, oder für die Verletzung von Pflichten, deren Erfüllung die ordnungsgemäße Durchführung des Gewinnspiels überhaupt erst ermöglichen und auf deren Einhaltung die Vertragspartner regelmäßig vertrauen, ein. Der Haftungsumfang beschränkt sich für den Veranstalter in einem solchen Fall jedoch bloß auf den vorhersehbaren, vertragstypischen Schaden.

7.3 Der Veranstalter haftet nicht für die leicht fahrlässige Verletzung anderer als den vorstehend benannten Pflichten.

7.4 Die bezeichneten Haftungsbeschränkungen gelten nicht bei Verletzungen von Leben, Körper und Gesundheit, für einen Mangel nach Übernahme von Beschaffenheitsgarantien für die Beschaffenheit eines Produkts und bei arglistig verschwiegenen Mängeln. Die Haftung nach dem Produkthaftungsgesetz bleibt unberührt.

7.5 Der Haftungsausschluss bzw. die Haftungsbeschränkung des Veranstalters gilt ebenso für die persönliche Haftung von Vertretern und Erfüllungsgehilfen des Veranstalters oder dessen Arbeitnehmern.

8. Hinweise und Bedingungen von Facebook

8.1 Das Gewinnspiel steht in keiner Verbindung zu Facebook und wird in keiner Weise von Facebook gesponsert, unterstützt oder organisiert.

8.2 Den Teilnehmer entstehen gegenüber Facebook keinerlei Ansprüche aus der Teilnahme am Gewinnspiel oder durch einen Gewinn bei dem Gewinnspiel.

8.3 Anfragen und Hinweise durch die Teilnehmer sind ausschließlich an den Veranstalter und nicht an Facebook zu richten.

Hinweis

Dieser Abschnitt ist wichtig, wenn Sie Ihr Gewinnspiel über Facebook organisieren. Ansonsten können Sie ihn auch streichen.

9. Schlussbestimmungen

9.1 Der Rechtsweg ist ausgeschlossen.

9.2 Es gilt das Recht der Bundesrepublik Deutschland unter Ausschluss des Internationalen Privatrechts und des ins Deutsche Recht übernommenen UN-Kaufrechts (CISG).

9.3 Sollten einzelne dieser Bestimmungen ungültig sein oder werden, bleibt die Gültigkeit der übrigen Bedingungen hiervon unberührt.

Glossar

Abmahnung Eine Abmahnung ist eine in aller Regel schriftliche Aufforderung gegenüber einer Person oder einem Unternehmen, ein bestimmtes, rechtsverletzendes Verhalten zu unterlassen. Sie wird mit der Aufforderung verbunden, eine strafbewehrte → Unterlassungserklärung abzugeben, um eine gerichtliche Auseinandersetzung zu vermeiden. Versendet werden die mehrere Seiten langen Abmahnschreiben häufig von Rechtsanwälten im Auftrag des jeweiligen Rechteinhabers, Mitbewerbers oder auch Wettbewerbsvereins. Erfolgt Abmahnung berechtigterweise, ist der Empfänger verpflichtet, die geforderte Unterlassungserklärung abgeben.

Abmahnkosten Durch das Einschalten eines Rechtsanwalts entstehen für den Abmahnenden nicht unerhebliche Kosten. Ist die Abmahnung berechtigt, muss der Abmahnungsempfänger diese Abmahnkosten tragen. Wie hoch die Rechtsanwaltskosten im Einzelfall sind, ergibt sich aus dem der Abmahnung zugrunde liegenden → Gegenstands- bzw. Streitwert.

Account Steht abgekürzt für User-Account (Benutzerkonto, Nutzerkonto) und ist eine Zugangsberechtigung zu einem zugangsbeschränkten sozialen Netzwerk oder einem anderen Onlineangebot. Ein Account erfordert die Registrierung des Benutzers mit zumindest einem Benutzernamen und einem zugehörigen Passwort. So können persönliche Daten, Einstellungen und Berechtigungen des Benutzers gespeichert werden.

Account-Grabbing Account-Grabbing bezeichnet ein Phänomen, bei dem Nutzer auf bekannten Social-Media-Plattformen gezielt Accounts mit dem Namen vorrangig bekannter Personen, Unternehmen oder Marken belegen. Dabei dient die Registrierung vorwiegend dazu, den Unternehmen die jeweiligen Domains gegebenenfalls gegen Zahlung eines »Lösegelds« anzubieten.

AGB Allgemeine Geschäftsbedingungen, kurz AGB, sind für eine große Zahl von Verträgen vorformulierte Vertragskonditionen, die eine Partei des Vertrags der anderen vor dem Vertragsschluss stellt. Auch bei von Anbietern als »Nutzungsbedingungen«, »Teilnahmebedingungen«, »Terms« oder ähnlich bezeichneten Regelungen handelt es sich um AGB. Die AGB müssen für den Nutzer vorab einsehbar sein und von ihm akzeptiert werden. Um Nutzer vor Fallstricken im sogenannten Kleingedruckten zu schützen, unterliegen AGB einer besonders strengen rechtlichen Kontrolle.

Anbieterkennzeichnung Anbieterkennzeichnung ist die rechtliche Bezeichnung für → Impressum.

Anspruch Ein Anspruch steht im juristischen Sprachgebrauch für das Recht, von einer anderen Person etwas verlangen zu dürfen, etwa die Zahlung von Geld aufgrund eines Zahlungsanspruchs. Es kann aber auch ein Unterlassungsanspruch bestehen, der den Inhaber berechtigt, beispielsweise das Unterlassen künftiger rechtsverletzender Handlungen zu verlangen.

Anwaltszwang Mit Anwaltszwang ist gemeint, dass die Parteien eines Rechtsstreits nicht die Wahl haben, ob sie sich vor Gerichten durch einen Rechtsanwalt vertreten lassen möchten, sondern dies tun müssen. Sämtliche Handlungen und Aussagen der Parteien selbst haben dann keine rechtliche Wirkung. Ab einem Streitwert von 5.001 Euro muss beispielsweise die Klage vor dem Landgericht durch einen Anwalt erhoben werden. Ebenso gilt dies vor den Oberlandesgerichten und dem Bundesgerichtshof.

Applikation/App Mit Applikation (auch Anwendung, App) werden Programme bezeichnet,

die eine bestimmte Funktion für Benutzerbe-
dürfnisse bieten. Im Rahmen von Social-Media-
Angeboten sind Applikationen als selbstständige
Anwendungen zu betrachten, die nicht Bestandteile der Plattform sind. Apps auf Facebook etwa
müssen daher unter Umständen eine eigene Datenschutzerklärung haben.

Astroturfing Unter Astroturfing fallen sämtliche Verhaltensweisen, mit denen künstlich unzutreffende Positivbewertungen von Anbietern,
Produkten oder Dienstleistungen in der Onlinewelt herbeigeführt werden. Oft geschieht dies,
indem etwa Unternehmen oder deren Mitarbeiter getarnt als scheinbar neutrale Nutzer oder
Kunden in Bewertungsportalen oder Social-
Media-Plattformen möglichst viele gute Bewertungen hinterlassen oder negative Kritik
zerstreuen. Solche Beeinflussungen stellen irreführende Werbung und unlauteres Geschäfts-
handeln dar und sind verboten.

Auftragsdatenverarbeitung Die Auftragsdatenverarbeitung betrifft Konstellationen, in
denen jemand aufgrund einer beauftragten Tätigkeit für eine andere Stelle → personenbezogene Daten erhebt, verarbeitet oder nutzt. So
liegt eine Auftragsdatenverarbeitung oft beim
Outsourcing bestimmter Tätigkeiten vor, beispielsweise wenn der Versand von Werbenachrichten oder die Kundenbetreuung im Callcenter
durch externe Dienstleister vorgenommen wird.
Normalerweise sind die damit einhergehenden
Datenübermittlungen nur erlaubt, wenn die Betroffenen hierin einwilligen. Bei der Auftragsdatenverarbeitung ist die Weitergabe der personenbezogenen Daten aber ausnahmsweise
erlaubt. Das Gesetz fordert dafür, dass ein
schriftlicher Vertrag abgeschlossen wird, in dem
sich der Externe verpflichtet, die Anweisungen
des Auftraggebers bezüglich der Daten zu befol-
gen und technische und organisatorische Siche-
rungsmaßnahmen zu treffen. Der Auftraggeber
bleibt dabei voll für die Daten verantwortlich.

BDSG Abkürzung für → Bundesdatenschutzgesetz.

Bundesdatenschutzgesetz Das Bundesdatenschutzgesetz (BDSG) legt zusammen mit den
Länderdatenschutzgesetzen und anderen spezi-
fischeren Regelungen wie dem → Telemediengesetz die Regeln für den Umgang mit personenbezogenen Daten, die manuell oder in
automatisierten Systemen verarbeitet werden,
fest.

Beiwerk Mit Beiwerken sind im Bereich des Ur-
heber-, Marken- und Persönlichkeitsrechts solche Personen sowie geschützte Marken oder
Werke bezeichnet, die sich nach dem Gesamteindruck zufällig in einem Bild befinden und keinen prägenden Abbildungsgegenstand darstellen. Liegt lediglich ein solches Beiwerk vor, darf
das Bild auch ohne Zustimmung der abgebildeten Person, des Urhebers oder Markeninhabers
verwendet und veröffentlicht werden.

Benutzerkonto → Account

Betriebsvereinbarung Als Betriebsvereinbarung wird ein Vertrag zwischen Arbeitgeberun-
ternehmen und Betriebsrat bezeichnet. Neben
Abreden zwischen diesen Betriebsparteien kann
sie auch (wie ein Gesetz oder Tarifvertrag) verbindliche Regeln für alle Arbeitnehmer eines Betriebs enthalten, etwa wenn → Social Media
Guidelines als Betriebsvereinbarung umgesetzt
werden.

BGB → Bürgerliches Gesetzbuch

Bürgerliches Gesetzbuch Das Bürgerliche Gesetzbuch (BGB) ist das zentrale Gesetz des allgemeinen deutschen Privatrechts und enthält Regeln zu den wichtigsten rechtlichen Beziehungen
unter und zwischen Privatpersonen und Unternehmen. Allerdings bietet das Bürgerliche Gesetzbuch keine abschließende Regelung des
Zivilrechts, sondern wird durch zahlreiche spezielle Gesetze ergänzt oder ersetzt. Wo bereichsspezifische Regeln aber fehlen, findet das BGB
als ein allgemeines Recht für »jedermann« Anwendung.

Community Community (auch Onlinecommu-
nity, Netzgemeinschaft) bezeichnet eine beson-

dere Gruppe von Nutzern, die sich über das Internet begegnen. Unter Community kann aber auch die Onlineplattform zu verstehen sein, die hierzu genutzt wird. Findet die Kommunikation auf einer Plattform zum gegenseitigen Austausch von Meinungen, Eindrücken und Erfahrungen statt, spricht man auch von sozialen Medien.

Confirmed Opt-in → Opt-in

Creative-Commons-Lizenz Creative Commons (CC) ist eine Non-Profit-Organisation, die vorgefertigte Standardlizenzverträge zur Verfügung stellt, mit denen digitale Medieninhalte kostenlos verbreitet werden können. Damit soll die unentgeltliche Veröffentlichung von Urheberrechtswerken gefördert werden. Momentan gibt es sechs verschiedene CC-Lizenzverträge, nach deren Regeln jedermann mit dem CC-lizenzierten Inhalt mehr machen darf, als das Urheberrechtsgesetz ohnehin schon erlaubt. Welche Freiheiten genau zusätzlich eingeräumt werden, hängt davon ab, welcher der sechs Verträge eingesetzt wird.

Crowdsourcing Beim Crowdsourcing machen sich Unternehmen die Ideen und die Arbeitskraft von freiwillig mitwirkenden Nutzern über das Internet zu eigen. Dies geschieht, indem kreative Verbraucher in eine Werbekampagne integriert werden, beispielsweise wenn sie angeregt werden, ein neues Design oder einen Werbeslogan für ein Produkt zu kreieren. In aller Regel erfolgt dies über das Web 2.0.

Daten → personenbezogene Daten

Datenschutz Zum Datenschutz zählen alle rechtlichen Maßnahmen zum Schutz der Privatsphäre bei der Verarbeitung personenbezogener Daten. Der Datenschutz soll die »informationelle Selbstbestimmung« des Einzelnen garantieren, indem jede natürliche Personen selbst entscheiden können soll, welche Informationen über sie erhoben, verwendet und weitergegeben werden. Nicht zum Datenschutz gehört der technische Schutz der Daten. Dies ist Aufgabe der Datensicherheit.

Datenschutzerklärung Eine Datenschutzerklärung (auch Privacy Policy) informiert den Nutzer eines Onlineangebots (→ Telemedien) detailliert über die in diesem Zusammenhang stattfindende Erhebung und Verwendung seiner personenbezogenen Daten. Der Anbieter muss den Besucher nicht nur über Art, Umfang und Zweck der geplanten Datenerhebung und -verarbeitung verständlich unterrichten, sondern auch, ob und weshalb sie gegebenenfalls an Dritte weitergegeben werden. Und nicht zuletzt enthält die Datenschutzerklärung Hinweise für den Nutzer auf seine Rechte hinsichtlich seiner personenbezogenen Daten, insbesondere sein Auskunfts- und Widerspruchsrecht. Die Datenschutzerklärung eines Webangebots muss nicht zwingend als solche bezeichnet werden, sodass Anbieter ihren Nutzern die notwendigen Informationen auch als »Datenschutzhinweise« oder schlicht unter »Datenschutz« verfügbar machen können.

Deep-Link Ein Deep-Link (»tiefe Verlinkung«) meint eine Verlinkung, die nicht etwa auf die Startseite einer anderen Webpräsenz, sondern noch tiefer in die Seite hinein verweist, etwa auf einen bestimmten Inhalt einer beliebigen Unterseite der Zielwebseite. Dabei kann es sich um verschiedene Arten von Inhalten, beispielsweise um ein Video, ein Text oder ein Bild, handeln. Sofern keine Schutzmechanismen der Zielwebseite umgangen werden, die einen Zugriff auf die tief verlinkten unterbinden sollen, ist das Setzen von Deep-Links rechtlich erlaubt.

Direct Message Direct Message steht für direkte und personalisierte Nachrichten an die Werbeempfänger. → Direktmarketing

Direktmarketing Unter Direktmarketing fallen solche Werbemaßnahmen, die dem werbenden Unternehmen die Möglichkeit bieten, den potenziellen Kunden direkt und durch personalisierte Informationen anzusprechen. In elektronischer Form, sei es per SMS, E-Mail oder via Social Media, sind diese Werbemaßnahmen rechtlich nur erlaubt, wenn im Vorfeld der Empfänger sein Einverständnis gegeben hat (→ Opt-in). Andernfalls gilt die Werbung als unlauterer Spam und ist damit als verboten zu werten.

Diensteanbieter Der rechtliche Begriff Diensteanbieter bezeichnet den Betreiber eines Onlineangebots sowie die hinter einer Webplattform stehenden Unternehmen. Das Gesetz beschreibt dies als jede natürliche oder juristische Person, die eigene oder fremde → Telemedien zur Nutzung bereithält oder den Zugang zur Nutzung vermittelt oder – sofern es sich um audiovisuelle Mediendienste auf Abruf handelt – die die angebotenen Inhalte wirksam kontrolliert. Deshalb betreibt nicht nur das Unternehmen Twitter selbst mit seiner Twitter-Plattform einen Telemediendienst. Auch Unternehmen, die einen Twitter-Account haben, sind Anbieter im Sinne des Gesetzes. Nach den Regeln des → Telemediengesetzes unterliegen diese Anbieter verschiedenen Pflichten, etwa ein Impressum oder eine Datenschutzerklärung verfügbar zu halten. Anbieter können außerdem – je nach ihrer Tätigkeit – bestimmten Regeln zur Haftung unterliegen.

Disclaimer Der Begriff Disclaimer (to disclaim, abstreiten) wird im Internet häufig als vermeintlicher Fachausdruck für einen Ausschluss der Haftung verwendet. Tatsächlich handelt es sich hierbei nicht um einen Rechtsbegriff. Disclaimer sind in den seltensten Fällen rechtlich wirksam, weil die Haftung in den → AGB nicht durch einen einfachen Hinweis, wie er oftmals in E-Mails und auf Webseiten verwendet wird, ausgeschlossen werden kann.

Double Opt-in → Opt-in

Einbetten → Embedding

Einstweilige Verfügung Unter einer einstweiligen Verfügung ist die vorläufige Entscheidung des Gerichts in einem Eilverfahren zu verstehen. Ein solches ist notwendig, wenn ein ordentliches gerichtliches Klageverfahren in Anbetracht eines Rechtsverstoßes zu spät käme und daher der betreffenden Partei ein Abwarten nicht zugemutet

werden kann. Das einstweilige Verfügungsverfahren ist allerdings kein Ersatz für das Klageverfahren, sondern nur eine vorläufige Entscheidung des Gerichts, die bis zum Urteil im Klageverfahren gilt, um fortdauernde Rechtsverletzungen zu unterbinden. Eine endgültige Klärung des Rechtsstreits muss mit einer ordentlichen Klage verfolgt werden, die neben dem einstweiligen Rechtsschutz betrieben werden kann. Durch Abgabe einer Abschlusserklärung kann die unterlegene Partei dies aber verhindern.

Einverständnis Einverständnis bezeichnet die Zustimmung zu einer Handlung oder einem Rechtsgeschäft. Damit eine zustimmungsbedürftige Handlung legal ist, muss das Einverständnis schon vorab bei ihrer Vornahme vorliegen, sonst ist sie illegal. Nur durch vorangehendes Einverständnis (→ Einwilligung) wird der Rechtsverstoß beseitigt. Durch eine nachträgliche Zustimmung (Genehmigung) hingegen kann die Rechtsverletzung zwar für den Zeitraum bis zur Genehmigung nicht beseitigt, aber vom Rechteinhaber nicht mehr verfolgt werden.

Einwilligung Einwilligung ist ein vorab erteiltes → Einverständnis. Für ihre rechtliche Wirksamkeit werden an die Einwilligung je nach Situation unterschiedliche Anforderungen gestellt. Im Datenschutzrecht etwa muss sie freiwillig, informiert und eindeutig erfolgen. In anderen Rechtsgebieten, etwa im Urheberrecht, kann sie auch konkludent erteilt werden.

Embedding Unter Embedding ist das Einbetten externer Inhalte in das eigene Webangebot derart zu verstehen, dass sie zusammen mit diesem dargestellt werden. So findet man etwa häufig YouTube-Videos, die in Blogs eingebunden und sozusagen durch ein Fenster auf Servern von YouTube einsehbar sind. Durch das Embedding muss der Blog-Anbieter weder einen eigenen Videoplayer betreiben noch die Videodateien selbst bereithalten. Ob Embedding eine Form der urheberrechtlichen Nutzung ist und daher der Zustimmung des Urhebers bedarf, haben

Gerichte noch nicht abschließend geurteilt. Infolge des Embeddings haftet der Betreiber aber für den auf seinem Onlineangebot eingebundenen Inhalt.

Empfehlungsschaltfläche Empfehlungsschaltflächen bezeichnen in ein Onlineangebot integrierte Plug-ins von sozialen Netzwerken, die dazu dienen, anderen Nutzern des Netzwerks das Angebot oder Inhalte zu empfehlen. Empfehlungsschaltflächen werden von allen sozialen Netzwerken bereitgestellt, die wohl bekannteste ist die »Gefällt mir«-Schaltfläche (auch Like-Button) von Facebook. Weil Empfehlungsschaltflächen per Einbettung in Onlineangebote integriert und die dabei vom Benutzer erhobene IP-Adresse als personenbezogenes Datum angesehen wird, sind Schaltflächen wie der Like-Button datenschutzrechtlich problembehaftet. Abhilfe kann durch die sogenannte Zwei-Klick-Lösung erreicht werden.

Fan Ein Fan bei Facebook ist ein Nutzer, der eine bestimmte Facebook-Fanseite geliked, also die »Gefällt mir«-Schaltfläche gedrückt hat. Mittlerweile ist der Begriff nicht mehr im offiziellen Sprachgebrauch von Facebook enthalten.

Fanseite Fanseiten (auch Facebook-Seiten oder Fanpages) können auf Facebook für (oft prominente) Einzelpersonen, Unternehmen, Organisationen, Bands, Vereine, aber auch für Bücher, Filme oder Webseiten eingerichtet werden. Auf der Fanseite kann der Betreiber interessante Statusmeldungen, Posts, Links, Fotos, Videos oder sonstige Informationen einstellen. Beispielsweise durch Apps kann der Umfang einer Facebook-Fanpage erweitert werden. Betreiber einer Fanseite müssen ein eigenes Impressum bereithalten. Siehe auch → Seite.

Fliegender Gerichtsstand Mit Gerichtsstand wird in der Fachsprache der Ort des zuständigen Gerichts bezeichnet. Bei unerlaubten Handlungen im Internet wird dieser vielfach an den Orten begründet, an denen die Rechtsverletzung zur Kenntnis gelangt – was letztlich bedeutet, dass der Kläger sich den Gerichtsort in der gesamten Bundesrepublik aussuchen kann. Infolge eines solchen »fliegenden Gerichtsstands« wählen Kläger häufig das Gericht aus, von dem sie sich aufgrund vergangener Urteile eine günstige Entscheidung versprechen (sogenanntes Forum-Shopping). Um diese oft nicht sehr gerechte Praxis zu verhindern, hat der Gesetzgeber den fliegenden Gerichtsstand mit dem Gesetz gegen unseriöse Geschäftspraktiken zumindest bei bestimmten Urheberrechtsstreitigkeiten wie Filesharing-Abmahnungen seit Oktober 2013 abgeschafft.

Follower Als Follower wird im Universum von Twitter ein Nutzer genannt, der einem anderen Nutzer folgt, indem er dessen Nachrichten (Tweets) abonniert. Ähnlich verhält es sich bei Google+. Jeder Inhaber eines Twitter-Accounts kann dabei selbst entscheiden, ob er seine Tweets allen Nutzern verfügbar machen oder auf eine Gruppe von bekannten Followern beschränken will. Fehlt eine solche Beschränkung, entspricht ein Follower damit einem → Fan, im Fall von Zugangsschranken einem → Freund bei Facebook. Allerdings sind die Übergänge hier fließend und überschneiden sich vielfach.

Framing Framing ist eine bestimmte Art von → Embedding, bei dem die Einbindung der fremden Onlineinhalte in das eigene Angebot technisch durch Frames bzw. iFrames realisiert wird.

Freund In sozialen Medien können andere Nutzer als Freunde bestätigt werden, mit denen dann bestimmte Inhalte empfangen und geteilt werden (können), zu denen weitere Nutzer, die nicht zur Freundesliste hinzugefügt wurden, keinen Zugang haben. Freunde lassen sich in nach verschiedenen Merkmalen erstellten Freundeslisten zusammenfassen, sodass sich Inhalte nach bestimmten Personenkategorien austauschen lassen. Siehe auch → Follower und → Fan.

Gefällt mir-Schaltfläche → Empfehlungsschaltfläche

Gegenabmahnung Eine Gegenabmahnung kann als Reaktion auf eine → Abmahnung erfolgen. In ihr wird der Abmahnende aufgefordert, seine unberechtigte Abmahnung inklusive der dort behaupteten Ansprüche nicht länger aufrechtzuerhalten. Zugleich wird Klageerhebung zur Feststellung der Rechtslage angedroht und der Gegner aufgefordert, die Kosten der Gegenabmahnung zu übernehmen.

Gegenstandswert Der Gegenstandswert bezeichnet den in Geld bemessenen Wert des streitigen Gegenstands zwischen den Parteien. Im streitigen Verfahren vor Gericht spricht man dabei vom Streitwert. Wichtig ist der Gegenstands- oder Streitwert, weil sich auf ihm basierend die Höhe der Rechtsanwaltsgebühren berechnet, was sich beispielsweise auf die Abmahnungskosten auswirkt. Anders als bei Streit um Geldforderungen ist der Gegenstands- oder Streitwert bei Internetstreitigkeiten, etwa wegen Marken-, Urheber- oder Wettbewerbsrechtsverletzungen, nicht immer eindeutig zu bestimmen und muss daher geschätzt werden. Grob gesprochen, handelt es sich dabei um den Betrag, der durch die vergangene Verletzungshandlung entstanden ist und den eine fortgesetzte Rechtsverletzung künftig verursachen würde. In Filesharing-Fällen ist der Gegenstands- bzw. Streitwert seit Inkrafttreten des Gesetzes gegen unseriöse Geschäftspraktiken regelmäßig auf 1.000 Euro begrenzt und damit die Rechtsanwaltskosten auf rund 150 Euro.

Genehmigung Genehmigung ist das nachträgliche → Einverständnis.

Geschäftliches Handeln Als geschäftlich ist jedes Handeln einzuordnen, wenn es auf die Förderung des Absatzes eines eigenen oder fremden Unternehmens abzielt. Geschäftliches Handeln deckt sich damit weitgehend mit der sehr weit zu fassenden → Werbung und wird von der Rechtsprechung fast ebenso schnell angenommen, etwa wenn Blogs Werbung zur zumindest teilweisen Deckung ihrer Kosten einblenden. An ein geschäftliches Handeln wird eine Vielzahl rechtlicher Pflichten geknüpft, etwa die Impressumspflicht für Onlineanbieter oder die Beachtung der Regeln des → Wettbewerbsrechts, vor allem beim → Direktmarketing.

Gesetz gegen den unlauteren Wettbewerb Das Gesetz gegen den unlauteren Wettbewerb (UWG) ist in Deutschland die gesetzliche Grundlage für einen fairen Wettbewerb. Seine Regeln sollen bestimmte unlautere Verhaltensweisen am Markt unterbinden und sicherstellen, dass Unternehmen als → Mitbewerber nicht mit unfairen Mitteln untereinander konkurrieren. Dazu zählt auch, den Verbraucher vor unlauterer Werbung, etwa im Bereich → Direktmarketing, zu schützen.

Gewerbetreibender Gewerbetreibende sind Personen, die einer selbstständigen Unternehmertätigkeit zu Erwerbszwecken nachgehen, ohne Arbeitnehmer oder Freiberufler (z. B. Architekten, Journalisten) zu sein.

Viele Selbstständige im Social-Media-Bereich, sofern sie nicht freiberuflich tätig sind, sind daher Gewerbetreibende.

Gewerblicher Rechtsschutz Der Begriff des gewerblichen Rechtsschutzes bezieht sich auf eine Reihe von Gesetzen, deren gemeinsames Ziel im Schutz des geistigen Eigentums (Intellectual Property) und seinen Leistungsergebnissen liegt. Neben anderen Gebieten zählen als Social-Media-relevante Gebiete hierzu etwa das Marken- und das Wettbewerbs-, aber auch das Urheberrecht.

Haftung Haftung beschäftigt sich mit der Frage, wann jemand rechtlich für etwas verantwortlich gemacht wird und gegebenenfalls rechtliche Sanktionen tragen muss. Haften bedeutet also für etwas einstehen müssen, wobei zwei wichtige Fragen bestehen: Wann muss gehaftet werden, und wie sieht diese Haftung aus? Regelmäßig besteht eine Haftung nur für rechtliche Verstöße, die man selbst begeht. Nur in Ausnahmefällen, auch im Onlinebereich, wird man auch für die Regelverstöße anderer verantwortlich gemacht, etwa durch → Zu-eigen-Machen fremder Inhalte oder in Fällen der → Störerhaftung.

Haftungsprivileg Haftungsprivileg bezeichnet das Erleichtern einer bestehenden Haftung. Im Onlinebereich privilegieren Regeln des → Telemediengesetzes solche Anbieter, die sich fremden, beispielsweise nutzergenerierten Inhalt zu eigen gemacht haben. Auch wenn die Inhalte rechtsverletzend sind, haftet der Anbieter erst ab dem Zeitpunkt, in dem er hiervon Kenntnis erhält. Beseitigt er den Rechtsverstoß nicht unverzüglich und unternimmt er nichts, ist er voll verantwortlich. Er kann dann etwa abgemahnt werden und ist zur Unterlassung oder sogar zum Schadensersatz verpflichtet. Siehe auch → Notice-and-take-down.

Hashtag Hashtags sind Schlagwörter mit vorangestelltem Rautezeichens (#), durch deren Verwendung Nachrichten insbesondere in Twitter kategorisiert werden können. Dies führt zu einer leichteren Auffindbarkeit der betreffenden Nachricht, da Twitter solche Hashtags erkennt und bündelt. Auf diese Weise lassen sich z. B. Diskussionsströme zu einer Thematik nachverfolgen.

Hyperlink Ein Hyperlink ist ein elektronischer Verweis im Word Wide Web. Beim Anklicken des Hyperlinks wird automatisch das dort angegebene Ziel aufgerufen.

Impressum Mit Impressum wird die im World Wide Web für geschäftsmäßige Onlineangebote notwendige → Anbieterkennzeichnung bezeichnet. Es enthält bestimmte Informationen über die für das Angebot verantwortlichen Personen oder Unternehmen, damit diese im Fall von Rechtsverletzungen leicht auffindbar sind. In § 5 des → Telemediengesetzes hat der Gesetzgeber festgeschrieben, welche Angaben das Impressum unbedingt enthalten muss.

IP-Adresse Unter IP-Adresse (IP ist die Abkürzung von Internetprotokoll, auf dem das Internet basiert) versteht man eine eindeutige Zahlenkombination, die jedem ins Internet eingewählten Gerät zugewiesen wird (z. B. 192.168.1.2), um Datenübertragungen zu ermöglichen. Ruft ein Nutzer ein Webangebot auf, wird die IP-Adresse übermittelt, damit der Server die von ihm verschickten Datenpakete – ähnlich der Postanschrift auf einem Briefumschlag – mit der Zahlenfolge versehen und die aufgerufenen Inhalte zum anfragenden Nutzer übertragen kann.

Juristische Person Als juristische Person wird eine Vereinigung von Personen oder Vermögensmassen bezeichnet, die das Gesetz als rechtlich selbstständig ansieht. Hierzu zählen beispielsweise die GmbH, die Unternehmensgesellschaft (UG), die AG und der eingetragene Verein (e. V.). Ebenso wie → natürliche Personen haben juristische Personen selbst eigene Rechte und Pflichten, können beispielsweise selbst gegen andere Personen klagen und verklagt werden.

Kommerzielle Nutzung → geschäftliches Handeln

Konkurrent → Mitbewerber

Konsument → Verbraucher

Konto Abkürzung für Benutzerkonto → Account

Kuratierungsplattform Unter dem Kuratieren von Inhalten versteht man, diese zusammenzutragen und einzuordnen, kurz: das Aufbereiten fremder Inhalte im World Wide Web. Auf sogenannten Kuratierungsplattformen können Nutzer einfach Inhalte sammeln, zusammenstellen und mit anderen teilen, neben Pinterest unter anderem auch bei Tumblr oder Gimmebar. Problematisch unter rechtlichen Gesichtspunkten ist es, dass beim Sammeln und Teilen von Inhalten leicht Verstöße, etwa Urheberrechtsverletzungen, passieren können und sich dann die Frage nach der → Haftung der Nutzer, etwa durch → Zu-eigen-Machen, stellt.

Lauterkeit Wettbewerb → Wettbewerbsrecht

Like-Button → Empfehlungsschaltfläche

Link Abkürzung für → Hyperlink.

Lizenz Durch eine Lizenz erhält der jeweilige Lizenznehmer die Erlaubnis, Dinge zu tun, die ohne diese Lizenz verboten sind. Insbesondere wird der Begriff der Lizenz verwendet, wenn es um die Erlaubnis geht, das geistige Eigentum wie etwa Marken, urheberrechtlich geschützte Software, Videos oder Grafiken zu nutzen. Wer anderen eine Lizenz beispielsweise für seine Marken- oder Urheberrechte erteilt, heißt → Lizenzgeber. Umgekehrt wird derjenige, der die Lizenz zur Nutzung des betreffenden Rechts erhält, als → Lizenznehmer bezeichnet. In welcher Art und Weise der Inhalt vom Lizenznehmer verwendet werden darf, richtet sich nach den Lizenzbedingungen, in denen unterschiedlichste Konditionen vereinbart werden.

Lizenzgeber → Lizenz

Lizenznehmer → Lizenz

Markengesetz Im Markengesetz (MarkenG, amtlich als »Gesetz über den Schutz von Marken und sonstigen Kennzeichen« bezeichnet) sind die rechtlichen Regeln für den Schutz von Marken, geschäftlichen Bezeichnungen und geografischen Herkunftsangaben enthalten. Es schützt damit das geistige Eigentum und ist Teil des gewerblichen Rechtsschutzes.

MarkenG → Markengesetz

Mitbewerber Mitbewerber (auch Konkurrenten, rechtlich Wettbewerber) stehen zueinander in einem Wettbewerbsverhältnis, kämpfen also am Markt um Kunden für ein vergleichbares Produkt. Insofern sind Google+ und Facebook Mitbewerber, weil sie als soziale Netzwerke um die gleichen Nutzer buhlen. Twitter und Coca-Cola stehen hingegen in keinem Wettbewerbsverhältnis.

Natürliche Person Der Begriff der natürlichen Person bezeichnet einen Menschen in seiner rechtlichen Rolle als Träger von Rechten und Pflichten. Von natürlichen Personen zu unterscheiden sind die → juristischen Personen.

Notice-and-take-down Das Verfahren Notice-and-take-down (deutsch etwa »anzeigen und herunternehmen«) ermöglicht es, schnell und effektiv Rechtsverletzungen im Internet beseitigen zu können. In einem ersten Schritt erhält der Onlineanbieter dabei einen Hinweis auf einen Verstoß durch Inhalte auf der von ihm betriebenen Plattform, verbunden mit der Bitte um Entfernung. Anschließend kann er im Hinblick auf die behauptete Rechtsverletzung Aufklärung suchen und – bei Bestätigung des Verdachts – den entsprechenden Content entfernen.

Nutzergenerierte Inhalte → User-generated Content

Nutzungsbedingungen → AGB

Öffentlich Öffentlich im Rechtssinne ist etwas, das prinzipiell jedermann zugänglich ist. Das gilt für soziale Medien und die Informationen darin selbst dann, wenn sie durch eine Registrierung zugangsbeschränkt sind. Nicht öffentlich sind aber Informationen, die nur einer bestimmten Personengruppe zugänglich sind.

Öffentliches Interesse Öffentliches Interesse ist ein in Gesetzen häufig verwendeter Rechtsbegriff, der die Belange des Gemeinwohls über die Einzelinteressen stellt. Allerdings gilt dieser Gedanke immer nur in einzelnen Fällen. So dürfen etwa im Bildnisrecht bekannte Personen fotografiert und die Bilder veröffentlicht werden, wenn die Öffentlichkeit ein berechtigtes Interesse daran hat, informiert zu werden, etwa in einem Korruptionsprozess eines Politikers.

Onlineangebot → Telemedien

Opt-in Opt-in (to opt for something, etwas optieren) bezeichnet ein Grundkonzept bzw. Verfahren insbesondere im Bereich des → Direktmarketings. Danach muss der → Verbraucher bei Werbekontaktaufnahmen – sei es telefonisch, per E-Mail, SMS oder in irgendeiner anderen Weise elektronisch – vorher explizit bestätigen, dass er mit der Werbezusendung einverstanden ist.

Ohne dieses Opt-in ist die Direktmarketingmaßnahme rechtlich verboten. Für den Nachweis des Opt-in bietet sich das sogenannte Double-Opt-in-Verfahren an, bei dem der Nutzer beispielsweise einen Newsletter zunächst mit einer Checkbox anfordert und dann eine Bestätigungsmail erhält. Die E-Mail enthält wiederum einen Link, den der Nutzer zur Bestätigung seiner Identität nochmals anklicken muss, um die Anmeldung abzuschließen. Nur dieses Verfahren bietet dem werbenden Unternehmen den sicheren Beweis des Opt-in des Verbrauchers. Kein sicheres Verfahren für den Werbenden stellt hingegen das sogenannte Single-Opt-in dar, bei dem auf die zusätzliche Bestätigung verzichtet wird. Das Gegenteil dieses Konzepts ist das sogenannte → Opt-out-Verfahren.

Opt-out Beim Opt-out als dem Gegenteil zum → Opt-in-Verfahren werden Werbenachrichten ohne eine vorab eingeholte Einwilligung versendet, und dem Empfänger wird lediglich die Möglichkeit gegeben, sich nachträglich abzumelden (Opt-out). Bei elektronischen Direktmarketingmaßnahmen ist dies rechtlich nicht genügend. Ebenso wenig ist ein sogenannter → Confirmed Opt-in ausreichend, bei dem Nutzern nach der Anmeldung und vor dem Versand von Werbung eine Anmeldebestätigung mit dem Hinweis zugesendet wird, dass ein Widerspruch gegen die Werbemaßnahme möglich ist.

Persönliches Profil Persönliche Profile in Social Networks dienen im Gegensatz zu → Seiten natürlicher Personen meist zu ihrer persönlichen Darstellung. Eine Nutzung für geschäftliche oder berufliche Zwecke als eine Person des öffentlichen Lebens ist bis zu gewissen Grenzen (Maximalanzahl von Freunden bei Facebook) aber gestattet.

Personenbezogene Daten Personenbezogene Daten sind alle Angaben mit Personenbezug. Ein solcher besteht dann, wenn eine Information über eine Person selbst oder ihr Verhalten eindeutig einer bestimmten natürlichen Person zugeordnet ist oder diese Zuordnung zumindest mittelbar erfolgen kann. Im zweiten Fall spricht man auch von personenbeziehbaren Daten. Typischerweise haben Name, Geburtsdatum, Wohnanschrift, Telefonnummer und E-Mail-Adresse (außer es handelt sich um eine Fantasieadresse) Personenbezug. Jeder Umgang mit personenbezogenen Daten bedarf einer Einwilligung der betroffenen Person oder einer gesetzlichen Erlaubnis. Anders ist dies nur bei anonymisierten Daten, die keinen Personenbezug mehr aufweisen.

Pressefreiheit Die Pressefreiheit ist ein Grundrecht, das die freie Meinungsbildung gewährleistet, und steht für das Recht von Presse und anderen Medien der Offline- und Onlinewelt, ihre Tätigkeit frei und ohne Zensur von Informationen und Meinungen ausüben zu können. Einen besonders starken Schutz genießen Journalisten, der selbst etwa Hobby-Bloggern zukommen kann, sofern das Blog als Presseerzeugnis zu werten ist.

Pseudonyme Nutzerprofile Pseudonym sind Nutzerprofile, bei denen die Informationen zwar nicht einer namentlichen Person, aber deren Pseudonym zugeordnet werden kann. Dabei mag es sich beispielsweise um eine Nutzer-ID oder einen Profilnamen, aus dem kein Klarname hervorgeht, handeln. Nutzerprofile dürfen von Onlineanbietern nur pseudonym erstellt und nicht mit → personenbezogenen Daten zusammengeführt werden, wenn der Nutzer nicht einwilligt.

Rechteinhaber Rechteinhaber meint Personen, denen ein bestimmtes Recht zusteht. Es kann sich dabei um Rechtspositionen etwa im Bereich des Marken-, Urheber- oder auch Wettbewerbsrecht handeln.

RSS-Feed RSS ist die Abkürzung für »Really Simple Syndication« (»wirklich einfache Verbreitung«) und steht für eine internetweite Technologie, die es ermöglicht, Informationen von

Webseiten zu abonnieren. So macht es RSS möglich, den Fortschritt eines bestimmten Themas auch automatisiert zu verfolgen. Die im RSS-Feed automatisch aktualisierten Inhalte können leicht in eigene Onlineangebote wie Blogs integriert werden. Hier ist aber Vorsicht geboten: Zum einen benötigt man für urheberrechtlich geschützte Inhalte wie Texte die Einwilligung des Berechtigten, zum anderen entsteht mit dem Einbinden auch eine Haftung für diese Inhalte.

Retweet Der Begriff Retweet bezeichnet bei Twitter die Weiterverbreitung eines fremden Tweets an die eigenen → Follower im eigenen Namen. Siehe auch → Teilen.

RStV, Rundfunkstaatsvertrag Der Rundfunkstaatsvertrag (RStV, amtlich »Staatsvertrag für Rundfunk und Telemedien«) ist ein Vertrag zwischen allen deutschen Bundesländern, der einheitliche Regelungen für den Rundfunk und auch Mediendienste schafft. So enthält er etwa Vorschriften zur Impressumspflicht journalistischer Onlineangebote.

Schleichwerbung Von Schleichwerbung spricht man, wenn werbende Äußerungen so verschleiert werden, dass nicht mehr offenbar ist, dass es sich um Werbung handelt. Weil der Verbraucher über den Werbecharakter getäuscht wird, ist Schleichwerbung verboten. Indem der Verbraucher nämlich an neutrale Aussagen über ein Produkt oder eine Leistung glaubt und diese seiner Entscheidung zugrunde legt, sitzt er tatsächlich einer Werbeaussage auf. Dadurch wird seine Freiheit, sich unbeeinflusst zu entscheiden, verletzt. Siehe auch → Trennungsgebot/Transparenzgebot. Schleichwerbung kann deshalb als unlauter abgemahnt werden.

Seite In sozialen Netzwerken werden Profile von normalen Nutzern wie auch beispielsweise für Unternehmen, Organisationen, Bands, Vereine oder berühmte Personen erstellt. Solche als Seiten (auch Pages) bezeichneten Profile können mit Statusmeldungen, Fotos oder Videos von den Betreibern gefüllt werden. Von Seiten zu unterscheiden sind → persönliche Profile.

Share → Teilen

Shitstorm Shitstorm bezeichnet ein Onlinephänomen, bei dem sich öffentliche Entrüstung von Nutzern über eine bestimmte Person, einen Account oder eine Firma zu einem wahren Sturm, etwa durch massenhafte Kritik in sozialen Medien, zusammenbraut. In einer solchen Welle der Empörung mischen sich sachliche Kritiken oft mit unsachlichen bis hin zu beleidigenden Äußerungen. Da eine solche Netzhetze aus Blog-Kommentaren, Twitter-Nachrichten oder Facebook-Posts für Promis oder Unternehmen äußerst unangenehm und folgenreich sein kann, sollten rechtliche Schritte in diesem Zusammenhang gut überdacht werden. Gegenstück zum Shitstorm ist der sogenannte Candystorm, bei dem das jeweilige Ziel mit positiven Äußerungen überschüttet wird.

Social Media Guidelines Die Social Media Guidelines eines Unternehmens enthalten die Spielregeln für die Mitarbeiter für den Umgang mit sozialen Medien. Solche Leitlinien können ein Bewusstsein für die mit Social Media verbundenen Risiken schaffen und Verhaltensregeln für den Umgang mit diesen aufstellen. Je nachdem, ob sie lediglich empfehlend oder verbindlich sind, können sie Mitarbeitern zur Orientierung oder dem Unternehmens im Ernstfall als Basis arbeitsrechtlicher Sanktionen dienen.

Social Media Der Begriff Social Media (auch soziale Medien) beschreibt ein Sammelsurium digitaler Medien, Anwendungen und Technologien. Gemeinsam ist ihnen, dass die Nutzer nicht nur an der Gestaltung der Onlineinhalte mitwirken, sondern diese auch, etwa mittels Nachrichten und Kommentaren, gemeinsam erstellen und untereinander austauschen können. Siehe auch → Web 2.0.

Social Plugins Social Media Plugins sind Erweiterungen, die Websites, Blogs oder andere Angebote mit sozialen Netzwerken wie Facebook,

Twitter & Co. verbinden. Mittels dieser Social Plugins können die jeweiligen Nutzer im Netzwerk Inhalte auch auf fremden Angeboten empfehlen, an ihre Freunde senden, mit Kommentaren versehen und vieles mehr. Viele dieser Social Plugins, wie der Facebook-Like-Button, sind datenschutzrechtlich problematisch.

Soziale Netzwerke In der Onlinewelt sind soziale Netzwerke (auch Social Networks) lose in einer → Community verbundene Menschen. Können die Nutzer solcher Netzwerke gemeinsam eigene Inhalte erstellen, bezeichnet man dies auch als soziale Medien. Zu den größten sozialen Netzwerken zählen Twitter, Google+, Facebook und YouTube.

Spam Als Spam (auch Junk, deutsch Abfall) werden unerwünschte, oft auf elektronischem Weg übertragene Werbenachrichten bezeichnet, die dem Empfänger unverlangt zugestellt werden. Das elektronische Versenden von elektronischen Spam, auch über soziale Medien, ist aufgrund des → Opt-in-Prinzips verboten und verstößt gegen das → Wettbewerbsrecht.

Stockarchiv Unter Stockarchiven versteht man Onlinedatenbanken für Stockfotos und Vektorgrafiken, die dort zur Nutzung unter verschiedenen → Lizenzen angeboten werden.

Störer Störer sind Personen, die eine Rechtsverletzung zwar nicht selbst begangen, durch ihr Verhalten aber dennoch – vielleicht sogar unwissentlich – dazu beigetragen haben und infolge der sogenannten → Störerhaftung dafür einstehen müssen.

Störerhaftung Die → Haftung des → Störers für Rechtsverletzungen. Oft haftet als Störer, wer seinen Prüf- oder Kontrollpflichten nicht ordentlich nachkommt. Werden etwa raubkopierte Filme bei YouTube eingestellt und weist der → Rechteinhaber auf diesen Verstoß hin, muss YouTube den urheberrechtsverletzenden Clip entfernen. Zusätzlich muss aber sichergestellt werden, dass das Video nicht erneut auf die Plattform hochgeladen wird, ansonsten haftet

YouTube als Störer. Ähnliches gilt in der Offlinewelt, wo der Inhaber eines Internetanschlusses für Rechtsverstöße, beispielsweise durch Filesharing, haftbar gemacht werden kann.

Streaming Mit Streaming ist ein technisches Verfahren im Onlinebereich gemeint, bei dem etwa Audio- und Videodaten gleichzeitig empfangen und wiedergegeben werden. Man spricht insofern von (Live-)Video- oder Audiostream.

Streitwert → Gegenstandswert

Teilen Unter »Teilen« in Social Media versteht man das Weiterleiten von Inhalten, die andere Nutzer erstellt haben. Der geteilte Inhalt erscheint dann unter dem eigenen Namen. Nahezu alle sozialen Netzwerke stellen zum Teilen spezielle Funktionen bereit, wie beispielsweise das → Retweeten im Netzwerk Twitter. Weil mit dem Teilen im eigenen Namen ein Zu-eigen-Machen einhergeht, setzt man sich hier der Gefahr aus, für die fremden Inhalte zu haften.

Telemedien Ein Telemedium steht in der juristischen Fachsprache für elektronische Informations- und Kommunikationsdienste. Umfasst sind damit beinahe sämtliche Angebote der Onlinewelt, zum Beispiel Suchmaschinen, Portale, Webmaildienste, Blogs, Foren und soziale Netzwerke. Die rechtlichen Spielregeln für den Betrieb von Telemedien sind größtenteils im → Telemediengesetz zusammengefasst.

Telemediengesetz Das Telemediengesetz (TMG) stellt rechtliche Regeln für → Telemedien auf und ist damit eins der zentralen Regelwerke des Internetrechts. Es enthält unter anderem Vorschriften zu dem → Impressum, der → Datenschutzerklärung und dem Haftungsprivileg für Betreiber von Webangeboten.

Tell-a-Friend Tell-a-Friend ist eine von Onlineangeboten bereitgestellte Funktion und ein Werbeinstrument, mit dem man die jeweilige Webseite an Dritte empfehlen kann. Hierzu gibt man die E-Mail-Adresse eines Bekannten, den eigenen Namen und zumeist auch eine eigene Botschaft in ein Formular ein. Der adressierte

Freund erhält dann eine automatische Nachricht, in der ein Produkt des Anbieters empfohlen wird. Da diese trotz Versendung durch den Nutzer vom Anbieter selbst stammt, sehen die Gerichte darin ein ohne Einwilligung verbotenes → Direktmarketing per E-Mail.

TMG → Telemediengesetz

Trennungsgebot/Transparenzgebot Nach dem Trennungsgebot (auch Transparenzgebot) muss Werbung klar und deutlich von redaktionellen Inhalten wie Blog-Einträgen oder den Posts eines Onlineangebots getrennt werden. Ansonsten stehen unlauteres Verhalten und damit Verstöße gegen das → UWG im Raum. Wenn nämlich der Verbraucher nicht weiß, dass er mit Werbung konfrontiert ist, kann er nicht kritisch hinterfragen und wird in ungerechtfertigter Weise hinters Licht geführt. Siehe auch → Schleichwerbung.

Unterlassungserklärung Mit einer Unterlassungserklärung (auch Unterwerfungserklärung) verpflichtet sich der Erklärende, künftig etwas zu unterlassen und bei Nichtbefolgen eine Vertragsstrafe zu zahlen. Streng betrachtet, ist eine Unterlassungserklärung also ein Vertrag, mit dem bestimmte rechtsverletzende Verhaltensweisen für die Zukunft ausgeschlossen werden. Besonders häufig kommen Unterlassungserklärungen im Marken-, Urheber- und Wettbewerbsrecht vor und werden meist im Zusammenhang mit einer → Abmahnung gefordert.

Urheber Nach den Worten des Gesetzes ist Urheber der Schöpfer eines Werks. Das kann immer nur derjenige sein, der an der Produktion des Werks selbst und direkt beteiligt war. Als ursprünglichem → Rechteinhaber stehen ihm sämtliche Rechte an dem Werk zu. Zwar kann er diese später übertragen (→ Lizenz), nicht aber die Urheberschaft selbst.

Urheberrechtsgesetz Das deutsche Urheberrechtsgesetz (UrhG, amtlich »Gesetz über Urheberrecht und verwandte Schutzrechte«) dient dem Schutz des Urheberrechts und ähnlichen

Leistungsschutzrechten. Es regelt den Umgang mit schöpferisch entstehenden Werken, beispielsweise Texten, Videofilmen oder Bildern, aber auch von Software oder Datenbanken.

UrhG → Urheberrechtsgesetz

User-generated Content Mit User-generated Content (auch nutzergenerierte Inhalte) sind alle digitalen Inhalte im Web gemeint, die nicht von den Webseitenbetreibern erzeugt und bereitgestellt werden. Wie der Name schon verrät, umfasst der Begriff vielmehr solche Inhalte im Netz, insbesondere im Social Web, die von den Nutzern des Angebots selbst erstellt werden. Aus diesem Grund ist der Begriff auch im Zusammenhang mit Social Media gebräuchlich. Für User-generated Content haftet der Betreiber des Webangebots nur eingeschränkt, er unterliegt also einem → Haftungsprivileg.

UWG → Gesetz gegen den unlauteren Wettbewerb

Verbraucher Unter Verbraucher (oder auch Konsument) versteht man eine natürliche Person, die Produkte oder Dienstleistungen für ihre privaten, nicht beruflichen Bedürfnisse erwirbt. Gehen Verbraucher mit Unternehmen Geschäftsbeziehungen ein, sind sie meist stark unterlegen. Um ihre Rechte zu stärken, werden Verbraucher in vielen Bereichen durch spezielle Verbraucherschutzgesetze geschützt.

Virales Marketing Virales Marketing ist eine moderne Werbeform, bei der Kunden dazu bewegt werden, bestimmte Unternehmen oder Produkte per Mund-zu-Mund-Propaganda zu vermarkten. Angelehnt ist der Begriff an die medizinische Assoziation. Die Werbebotschaft für ein Produkt soll sich rasend wie ein Virus verbreiten. Rechtlich gesehen, ist virales Marketing dann problematisch, wenn die Werbekampagne als solche nicht erkennbar ist. Sie kann in dem Fall als Schleichwerbung verboten sein.

Web 2.0 Als Sammelbegriff steht Web 2.0 für das moderne »Mitmach-Internet«. In Anlehnung an die Versionsnummern von Softwareprogrammen bezeichnet 2.0 eine neue Generation des Webs, in der Nutzer nicht nur passiv Inhalte konsumieren, sondern selbst Content bereitstellen, austauschen und anderweitig interagieren. Sie publizieren, kommentieren, bewerten und vernetzen sich mit anderen. Weil hier das soziale Element im Vordergrund steht, werden die Begriffe Web 2.0 und Social Media (fälschlicherweise) oft synonym verwendet.

Werbung Im juristischen Sprachgebrauch ist Werbung sehr weit zu verstehen. Der Begriff umfasst jede Äußerung bei der Ausübung eines Handels, Gewerbes, Handwerks oder freien Berufs mit dem Ziel, den Absatz von Produkten oder anderen Leistungen zu fördern. Deshalb ist nahezu jedes unternehmerische Gebaren werblich, wenn es nicht einer bestehenden Geschäftsbeziehung dient. Siehe auch → geschäftliches Handeln.

Werk Zu den vom Urheberrecht geschützten Werken zählt jede persönliche geistige Schöpfung. Hierzu zählt das Gesetz nicht nur Texte, Fotos, Musikwerke und Videos, sondern auch Datenbanken und Computerprogramme. Voraussetzung für den Schutz ist stets eine gewisse Individualität der Schöpfung. Ansonsten liegt kein geschütztes Werk vor.

Werktitel Werktitel sind die Namen oder Bezeichnungen von urheberrechtlichen Werken, etwa Softwarenamen. Werktitel sind als eine besondere Form der geschäftlichen Bezeichnung nach dem → Markengesetz geschützt. Um schützenswert zu sein, muss ein Titel eine bestimmte Unterscheidungskraft, die sogenannte Kennzeichnungskraft, besitzen.

Wettbewerber → Mitbewerber

Wettbewerbsrecht Im Wettbewerbsrecht werden alle gesetzlichen Regeln zusammengefasst, die Fairness und Lauterkeit im Wettbewerb gewährleisten, wie das → Gesetz gegen den unlauteren Wettbewerb (UWG) und weitere Gesetze, zum Beispiel die Preisangabenverordnung (PAngV). Zum einen betrifft das den fairen Umgang der miteinander im Wettbewerb stehenden Unternehmen, der irreführende Werbung, Spam oder die Diffamierung von Konkurrenten verbietet. Zum anderen zielt es auch auf den Schutz der Verbraucher als Teilnehmer am Markt.

Zitat Zitate sind wörtlich übernommene Stellen aus fremden, urheberrechtlich geschützten Werken. Dementsprechend spricht man von Text-, Musik- oder Filmzitaten, die nach dem Gesetz nur in engen Grenzen gestattet sind. Zum einen müssen Zitate zum Stützen eigener Gedanken dienen. Zum anderen dürfen Zitate nicht länger als für diesen Beleg unbedingt nötig sein und müssen eine Quelle angeben.

Zu-eigen-Machen Zu-eigen-Machen beschreibt Konstellationen, in denen ein Onlineanbieter fremde Inhalte in der Weise nutzt, dass sie als seine eigenen erscheinen. Das Gesetz bestimmt dann, dass der Telemedienanbieter für die fremden Inhalte verantwortlich wird mit der Folge, dass er für sie haftet wie für eigene Inhalte. Ein Zu-eigen-Machen haben Gerichte bei Anbietern bejaht, die fremden Content einer eigenen Vorabprüfung unterziehen oder ihn nutzen, indem sie sich Nutzungsrechte daran einräumen lassen, ihn »branden« oder kommerziell anbieten. Siehe auch → Haftungsprivileg.

Index

- Kundenkontakte herstellen, Kaufentscheidungen beeinflussen

- Für Onlineshops und den stationären Handel

- Erfolgsstrategien, Best Practices, Multichannel-Maßnahmen

Anne Grabs, Jan Sudhoff

Empfehlungsmarketing im Social Web

Kunden gewinnen und Kunden binden

Kaufanreize für Kunden schaffen durch Empfehlungen von Freunden: das ist Social Commerce. Es ist nichts anderes als Mundpropaganda – übertragen auf den Online-Handel – und verknüpft Empfehlungen mit weiteren Kaufanreizen und Ihrer Produktkommunikation.

Ob im Online-Shop oder im lokalen Handel, mit diesem Buch erhalten Sie Grundlagen, Best Practices und zahlreiche Tipps und Tricks an die Hand, wie Sie eine Social-Commerce-Strategie erfolgreich umsetzen. Durch Social Media, mobile, local und online Maßnahmen gewinnen Sie neue und zufriedene Kunden. Vor, während und nach der Kaufphase.

404 Seiten, broschiert, in Farbe, 29,90 Euro
ISBN 978-3-8362-2038-5
erschienen November 2013
www.galileocomputing.de/3300

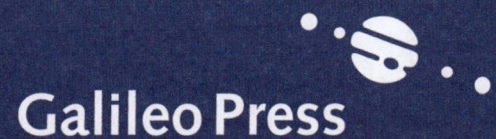

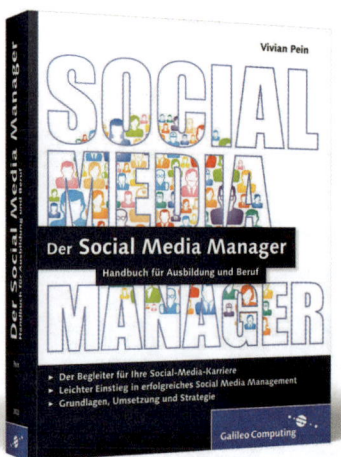

575 Seiten, broschiert,
in Farbe, 29,90 Euro
ISBN 978-3-8362-2023-1
erschienen Oktober 2013
www.galileocomputing.de/3280

Vivian Pein

Der Social Media Manager
Handbuch für Ausbildung und Beruf

Was ist ein Social Media Manager?
Welche Aufgaben nimmt er wahr? Und
welche Ausbildungsmöglichkeiten gibt es
für diesen spannenden neuen Beruf?
Antworten darauf und vieles mehr bietet
das erste deutsche Handbuch für jeden,
der diesen Job anstrebt oder die Stelle im
Unternehmen einführen möchte.

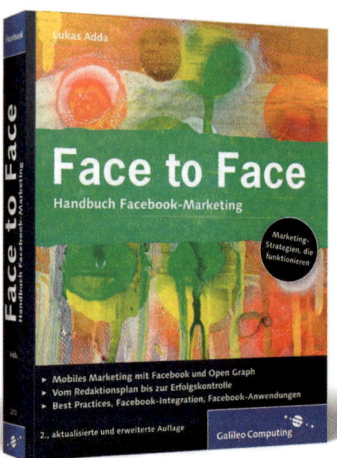

504 Seiten, broschiert,
in Farbe, 29,90 Euro
ISBN 978-3-8362-2212-9
2. Auflage 2013
www.galileocomputing.de/3323

Lukas Adda

Face to Face
Handbuch Facebook-Marketing

Face to Face bietet einen umfassenden
Überblick zum Einsatz von Facebook als
Marketing-Instrument. Inkl. Definition von
Zielen, Strategien und zahlreichen Best
Practices. Lukas Adda gibt Ihnen erprobte
Strategien und kreative Denkanstöße für
erfolgreiche Social-Media-Kampagnen auf
Facebook an die Hand.

Begleiten Sie uns: www.facebook.com/GalileoPressVerlag

- Website-Content verstehen und effizient einsetzen

- Mehr Reichweite mit dem passenden Content-Mix

- Essenzielles Texter-Wissen: Von SEO über Online-PR bis zur Produktbeschreibung

Miriam Löffler

Think Content!

Content-Strategie, Content-Marketing, Texten fürs Web

Content-Marketing ist eines der großen Zukunftsthemen der Branche. Lernen Sie, wie Sie erfolgreiche Content-Strategien für Ihr Online-Unternehmen entwickeln, Content-Strategien für Webseiten erfolgreich planen und umsetzen und erhalten Sie Ideen und Anregungen für effizientes Content-Marketing und spannende Umsetzungen - mit Lösungen für B2B und B2C. Dabei kommt auch das notwendige Rüstzeug nicht zu kurz. Unser Buch wird Ihnen helfen, qualitativ hochwertige Webtexte zu erstellen und Sie erfahren zudem, was ein guter Webtexter leisten muss und wie Sie den wirtschaftlichen Wert guter Text erkennen können.

627 Seiten, broschiert, 29,90 Euro
ISBN 978-3-8362-2006-4
erschienen Februar 2014
www.galileocomputing.de/3251

Galileo Press

522 Seiten, broschiert,
in Farbe, 29,90 Euro
ISBN 978-3-8362-2011-8
erschienen Mai 2013
www.galileocomputing.de/3260

Rebecca Belvederesi-Kochs

Erfolgreiche PR im Social Web

Das praktische Handbuch

Nutzen Sie das Potenzial von Facebook, Twitter & Co.! Stellen Sie sich der Herausforderung einer modernen, dialogorientierten PR-Strategie. Anhand von Praxisbeispielen aus verschiedenen Branchen lernen Sie, soziale Medien systematisch einzusetzen. So wird Ihre digitale PR- und Öffentlichkeitsarbeit zum Erfolg.

538 Seiten, broschiert,
in Farbe, 29,90 Euro
ISBN 978-3-8362-1862-7
2. Auflage 2012
www.galileocomputing.de/3028

Anne Grabs, Karim-Patrick Bannour

Follow me!

Erfolgreiches Social Media Marketing

Folgen Sie der Erfolgsstrategie: Was ist Social Media? Wie gehen Sie damit um? Welche Schritte müssen in welcher Reihenfolge erfolgen? Welche Gefahren drohen und wie können Sie diese minimieren? Inkl. Strategien zum mobilen Marketing, Empfehlungsmarketing, Crowdsourcing, Social Commerce, Google+, Rechtstipps u.v.m.

Das gesamte Buchprogramm: www.galileocomputing.de